编 委 会

2019 年湖北省公益出版基金项目

华中师范大学中央高校基本科研业务费资助项目“国际共产主义运动年鉴研究”（项目编号 :CCNU19TD021)

国际共产主义运动年鉴
（2017）

聂运麟　余维海 / 主编

华中师范大学国外马克思主义政党研究中心
《社会主义研究》编辑部
编

華中師範大學出版社

新出图证（鄂）字 10 号

图书在版编目（CIP）数据

国际共产主义运动年鉴（2017）/聂运麟，余维海主编. —武汉：华中师范大学出版社，2019. 12

ISBN 978-7-5622-8912-8

Ⅰ. ①国… Ⅱ. ①聂… ②余… Ⅲ. ①国际共产主义运动—2017—年鉴 Ⅳ. ①D1-54

中国版本图书馆 CIP 数据核字（2020）第 006199 号

国际共产主义运动年鉴（2017）

主编：聂运麟　余维海	出版人：周挥辉
责任编辑：史小艳　周方羲	责任校对：王　胜
编辑室：学术出版中心	电话：027－67863220/7792
出版发行：华中师范大学出版社	封面设计：胡　灿
社址：湖北省武汉市洪山区珞喻路 152 号	邮编：430079
电话：027－67863426（发行部） 027－67861321（邮购）	传真：027－67863291
网址：http：//press. ccnu. edu. cn	电子信箱：press@mail. ccnu. edu. cn
印刷：武汉中科兴业印务有限公司	督印：刘　敏
开本：787mm×1092mm　1/16	字数：643 千字
版次：2019 年 12 月第 1 版	印次：2019 年 12 月第 1 次印刷
印张：31	定价：238.00 元

欢迎上网查询、购书

序 言（一）

这里首先为《国际共产主义运动年鉴（2016）》的出版补送一个晚到的祝贺。

聂运麟、余维海二位主编说，《国际共产主义运动年鉴（2017）》已在编纂之中，希望我能够写篇序言。看了高放老师为《国际共产主义运动年鉴（2016）》写的博大精深的序言，真的觉得我不够格担当此任。可细细想来，助力这个具有世界意义的学科建设事业是我义不容辞的责任。我是中国高校培养的第一批国际共产主义运动史专业的大学生，对这个学科情有独钟。虽然后来主要从事马克思主义—科学社会主义理论史的教学与研究，但它们是两个密不可分的姐妹学科。理论史以运动史为基础，是运动进程和经验教训的科学结晶和理论阐明。不知运动何谈理论。几十年里，直到退休的年代，我都一直关注、思考和研究国际共产主义运动历史和现实，所以还是要践行承诺，写一点自己的思考与看法。

国际共产主义运动历史发展的新阶段

国际共产主义作为运动和思潮，从欧洲萌生并成长发展直至遍布全世界，几近 200 年了。在我看来，进入 21 世纪快两个十年的今天，它的发展可以说已经到达第三个历史阶段了。

18 世纪后半期英国兴起的产业革命，在西欧形成了人类历史上第一个现代资本主义社会。资产阶级和雇佣劳动阶级的斗争上升为那个社会的主要矛盾，形成了工人阶级反对资本主义的运动及其团体。19 世纪三四十年代，法国工人斗争的秘密社团领导人卡贝、德萨米等人最先把共产主义作为自己斗争的纲领和思想。于是，一种自然的共产主义运动在西欧几国兴起。如马克思、恩格斯所描述的："一个幽灵，共产主义的幽灵，在欧洲游荡。""共产主义已经被欧洲的一切势力公认为一种势力"①。

1847 年第一个跨国的工人组织——正义者同盟在伦敦举行代表大会，请求

① 马克思，恩格斯．共产党宣言［M］．北京：人民出版社，2018：26.

马克思和恩格斯参与他们的事业。鉴于那时自发的无产阶级斗争已经把“共产主义”作为自己的纲领，马克思和恩格斯对共产主义的科学阐明也为同盟所接受，正义者同盟改名为“共产主义者同盟”。于是马克思、恩格斯受同盟委托写作的党的纲领《共产党宣言》，或者叫作《共产主义宣言》在1848年初公布于世。这样，在马克思和恩格斯的科学理论旗帜下，顺应历史发展规律的、作为现代世界历史组成部分的国际共产主义运动，在西欧登上了历史舞台，一个引领无产阶级和人类解放的斗争、追求建设人的全面而自由发展的社会共同体的伟大运动扬帆起航了。

恩格斯当时阐明：那种认为共产主义是一种从一定理论原理出发并由此得出进一步结论的教义的观点是大错特错了。“共产主义不是教义，而是运动。它不是从原则出发，而是从事实出发。共产主义者不是把某种哲学作为前提，而是把迄今为止的全部历史，特别是这一历史目前在文明各国造成的实际结果作为前提。”共产主义的产生是由于大工业的兴起及其带来的后果，世界市场的形成，无产阶级的形成和资本的积累，由此产生的无产阶级和资产阶级之间阶级斗争历史发展的结果①。就是说，国际共产主义运动一开始就成为现代世界历史发展的一个有机构成部分，成为资产阶级开辟的那个时代历史发展的日益强大的动力。因此，共产党人必须以世界历史发展的事实作为前提来研究和认识国际共产主义运动，而不可以固守某种一成不变的先验公式来匡正和剪裁它的历史事实和发展进程。在新的世纪怎样认识与判断世界社会主义运动的高潮和低潮，不能停留在共产国际时代的水平，而需要形成新的思维。

在1848年欧洲革命失败之后，工人阶级反对资本主义的斗争经过一段沉寂后又在社会主义的旗帜下日益强劲地开展起来。1864年，国际工人协会在伦敦成立。1889年，在自由资本主义迅猛发展的基础上，更形成了社会主义工人党声势浩大的国际联合，创立了第二国际。工人政党在欧洲国家普遍建立起来，为工人阶级的处境和权益、尊严和福祉开展了广泛的斗争，特别是登上政治舞台，利用普选权这个新武器，开展夺取公共权力的斗争，开拓了发达国家工人阶级改革资本主义、争取工人阶级解放和全人类解放斗争的新方式新路径，形成了欧美发达国家开展社会主义运动的新局面。这是国际共产主义运动蓬勃发展的第一个光辉的历史时期。

19世纪末20世纪初，资本主义发展到垄断阶段。它把地球领土瓜分完毕，野蛮地掠夺和残酷地盘剥广大殖民地与附属国人民，也把资本主义生产方式及其基本矛盾和社会弊病推向了世界各地，引起了巨大的社会动荡和剧烈血腥的战争，造成了整个世界发展的不平衡性、不确定性，为反对国际资本主义斗争的世界性发展创造了更广大的社会基础和历史机遇。1917年俄历10月，俄国社会民主工党最先领导人民抓住变革时机，夺取十月革命胜利，建立了新兴的苏维埃政

---

① 马克思，恩格斯. 马克思恩格斯文集：第1卷［M］. 北京：人民出版社，2009：671-672.

权，走上了不发达社会主义发展道路，开启了世界社会主义运动新阶段。广大东方的不发达国家工人阶级和人民群众掀起了社会主义革命、人民民主革命、民族解放革命的暴风骤雨，一批人民民主国家、社会主义国家建立起来，乃至建立了共产国际等国际组织，形成了社会主义阵营，给国际资本主义以最为沉重的打击，为工人阶级与人类解放事业的发展打开了新的局面、积累了宝贵的经验，写下了国际共产主义运动又一个辉煌的历史篇章。

1978 年中国改革开放和社会主义的崛起、20 世纪 90 年代苏联东欧社会主义的崩溃，标志着世界社会主义运动进入了新的历史阶段。

这个阶段的世界社会主义运动，和人们过往理解的传统社会主义思想观点、共产国际实行的思想和战略是很不相同的，甚至是格格不入的。在前两个阶段——艰难曲折发展和取得伟大成就的基础上，在变化了的时代条件和日新月异的世界发展进程的推动下，在已经成为世界人民争自由求解放思想体系的马克思主义引领下，反对和变革国际资本主义、争取和实现无产阶级与广大人民自由解放，谋求新社会的历史斗争，星罗棋布、撒满全球，崭新的斗争方式和路径纷呈叠出，中国特色社会主义进入新时代、不发达社会主义成功崛起、发达国家社会民主改良探索前行、新兴经济体国家尝试新的发展道路、发展中国家开展新的斗争，形成了错落有致、各具特色、相互激励的运动新谱系、新格局。国际共产主义运动发展正在呈现出一个史无前例的世界历史形态。

思考和推进当代世界社会主义运动的历史性变革发展，是全世界为人类求解放的紧迫课题与共同使命。编辑出版《国际共产主义运动年鉴》的时代价值和世界历史意义将日益充分展现在人们面前。

中国共产党关于新时代国际共产主义运动的理论和方略

面对国际共产主义运动当代大变局，中国共产党作为忠于马克思主义伟大信仰的强大政党，早在 20 世纪七八十年代之交，就遵循解放思想、实事求是、与时俱进、人民为本、变革创新、独立自主的原则与方法，以对共产党执政规律、社会主义建设规律、人类社会发展规律的不断深化的认识，从更宽广的视野、以更长远的眼光，进行着敏锐的、清醒的、精准的、全盘的思考、探究和把握。

邓小平首先正确分析了运动条件的变化，深刻阐明了和平与发展成为时代主题，提出了运动的战略思想。他指出：“我们怎样搞社会主义和共产主义呢？现在的情况和过去大不一样了。我们走的是十月革命的道路，其他国家再走十月革命的道路就难了，因为条件不一样。”① 又说，“在当代世界形势下，各国的情况千差万别，人民的觉悟有高有低，国内阶级关系的状况、阶级力量的对比又很不一样，用固定的公式去硬套怎么行呢”②？中国共产党理论家胡乔木从理论上指

① 中共中央文献研究室. 邓小平年谱（1975—1997）[M]. 北京：人民出版社，1998：415.

② 邓小平. 邓小平文选：第二卷 [M]. 北京：人民出版社，1994：318.

出："关于社会主义的概念在一百多年的时间特别是近十多年间已经发生了重大的变化。科学社会主义理论，或者说社会主义基本原理绝不是也不可能是一次完成的，现在也没有完成，只是已有很大进步。这里主要是关于共产主义的目标由近变远，作为共产主义第一阶段不仅由短变长，认识到社会主义的实现是一个很长的历史时期，其成熟阶段现在还不能预见。而斯大林、毛泽东、赫鲁晓夫及其后很长一段时间内都认为，向共产主义过渡是当前必须解决，至少是必须和可能立即准备解决的任务。对世界形势则着重资本主义总危机和资本主义国家的革命斗争，而没有或很少想到相反的情况，革命由高潮转入长时期的低潮，而资本主义则转入强大的攻势，这些是马克思主义历史上所始料不及的。现在必须面对现实。"① 面对这样复杂的历史和严峻的现实，中国共产党人，经过几十年总结和研究，从实际出发，总结经验教训，形成了当代共产主义运动变革与转型的理论认识和实践战略。

精准把握当今世界的现实发展是我们提出思想和战略的历史前提。习近平同志阐明，当今世界正在经历新一轮大发展、大变革、大调整。我们的世界，和平与发展是时代主题。新一轮科技革命和产业革命正在孕育成长，经济全球化、世界多极化、社会信息化、文化多元化成为世界发展的强大引擎，全球治理体系和国际秩序变革加速推进，各国经济社会联系日益密切，国际力量对比更趋平衡，人类生活在同一个地球村，休戚与共、息息相关，和平发展与经济全球化大势不可逆转。同时，世界面对的不稳定性、不确定性突出，世界经济增长动能不足，贫富分化日益严重，保护主义、单边主义抬头，经济全球化遭遇波折，地区热点问题此起彼伏，恐怖主义、网络安全、重大传染性疾病、气候变化等非传统安全威胁持续蔓延，人类面临新的共同挑战。

我们的时代，各国之间的联系从来没有像今天这样密切，世界人民对美好生活的向往从来没有像今天这样强烈，人类战胜困难的手段从来没有像今天这样丰富。在这个充满希望也充满挑战的世界，在这个中国特色社会主义发展的新时代，坚持马克思主义信仰和共产主义理想的中国共产党人，绝不因为现实复杂而放弃梦想，绝不因理想遥远而放弃追求。我们要聆听时代声音，大胆应对挑战，不断认识规律，勇于坚持真理、修正错误，用马克思主义观察时代、解读时代、引领时代，在鲜活的新时代中国特色社会主义伟大实践中，吸收、借鉴中华优秀传统文化养分和人类一切优秀文明成果，不断发展、完善和创新改革开放的伟大社会变革，推进中国特色社会主义各项事业，让人民群众追求的美好生活在中国大地上不断生动展现出来，为人类世界的和平发展进步贡献中国的智慧和力量，发展 21 世纪中国的马克思主义。

同时，依据习近平新时代中国特色社会主义思想，中国共产党第十九次代表大会向全世界郑重申明了我国的基本国际方略：坚持推动构建人类命运共同体。

---

① 胡乔木. 胡乔木文集：第二卷［M］. 北京：人民出版社，1993：665-666.

中国人民的梦想同各国人民的梦想息息相通，实现中国梦离不开和平的国际环境和稳定的国际秩序。必须统筹国内国际两个大局，始终不渝走和平发展道路、奉行互利共赢的开放战略，坚持正确义利观，树立共同合作、可持续的新安全观，谋求开放创新、包容互惠的发展前景，促进和而不同、兼收并蓄的文明交流，构筑尊崇自然、绿色发展的生态体系，始终做世界和平的建设者、全球发展的贡献者、国际秩序的维护者。这就是在 21 世纪的世界，中国共产党人坚持与发展马克思主义、推进世界社会主义运动的基本方略，也是马克思主义关于为人类求解放共同斗争思想在当代世界最成功的践行。

与时俱进地认识不断变化的国际共产主义运动

我们生活的当代世界，日新月异、变迁不辍。作为现代世界发展重要组成部分的社会主义运动也在每时每刻地变革创新。高放老师、聂运麟同志、柴尚金同志的序言对此都有精辟深刻的认识和分析，读来很有教益，我深深感到，勇于和善于在理论与实践相结合上认识并破解社会主义运动中层出不穷、极为复杂、十分艰巨的问题是我们的使命。这里说一些不成熟的看法。

两个世纪以来，在马克思主义指引下，世界社会主义运动磅礴全球，改变世界，成就辉煌，形成了伟大的理论、伟大的精神、伟大的传统，这些宝贵的遗产我们必须继承和弘扬。同时，新世纪新课题需要新的理论武器。习近平同志指出："解决中国的问题，提出解决人类问题的中国方案，要坚持中国人的世界观、方法论。如果不加分析把国外学术思想和学术方法奉为圭臬，一切以此为准绳，那就没有独创性可言了。如果用国外的方法得出与国外同样的结论，那也就没有独创性可言了"①。就是说，作为中国共产党人，我们必须坚持习近平新时代中国特色社会主义思想，坚持马克思主义世界观、方法论的中国形态这个最锐利的理论武器，研究新实践，概括新经验，推进 21 世纪马克思主义发展，为世界人民争取人类自由解放事业的发展贡献智慧。

摆在首位的问题是要进一步清理共产国际、苏联共产党那些长时期影响国际共产主义的僵化思想和错误策略。中共中央对共产国际的路线和方式早就持有批评态度。1980 年，胡乔木同志总结说："共产国际犯了两个错误：第一，对第二国际没有留一点余地，把它说成反革命，是社会帝国主义，结果至今共产党同社会民主党很难合作；第二，建立另一个集中的共产国际是一个非常严重的原则错误。每个党采取的任何一个策略步骤是正确还是错误，都要由共产国际的领导人来判断。一个党对另一个党执行纪律制裁、解散，以致可以进行肃反，把领导人杀掉，这谈不上是共产党的原则。从这里就可以产生社会帝国主义。这种组织永远不能搞。"② 尽管这些造成巨大挫折失败的错误得到纠正，但是其教训要永远

---

① 习近平. 习近平谈治国理政：第二卷［M］. 北京：外文出版社，2017：341.

② 胡乔木. 胡乔木谈中共党史［M］. 北京：人民出版社，1999：84.

谨记，其思想影响不可忽视，思维的惯性难免引起回光返照。2008 年国际金融一经济危机之后，有学人再呼“资本主义总危机”论，我国论者今天还在把社会民主党作为世界社会主义的死敌大肆讨伐，世界各地极端“左翼”还在滋存乃至相互攻讦造成不小的内耗，就是证明。当前国际共产主义运动，就是要在对这种僵化思想与错误方略深入开展拨乱反正中前进。

国际共产主义运动的思想理论基础是马克思主义。过去我们曾经单纯偏狭地把马克思主义理解为革命的理论，这是那个历史时代的产物。在社会主义运动已经形成为多样化、多元化、多谱系的局面下，要团结壮大为人类自由解放而斗争的浩荡大军，需要创新思维，形成一个为大家认同的最大公约数。习近平同志“在纪念马克思诞辰 200 周年大会上的讲话”，总结世界社会主义的全部历史和现实，不仅阐明了马克思主义科学的、人民的、实践的和不断发展的开放的理论特质和品格，更界定马克思主义是“人民实现自身解放的思想体系”。“马克思主义博大精深，归根到底就是一句话，为人类求解放。”这些科学的论断，为国际共产主义运动形成新思维和新战略提供了充分的思想基础，让马克思主义成为汇集一切为人类求解放人群的更加灿烂光辉的时代旗帜。在新世纪的实践中，人们将采取正确的态度和适宜沟通的交流方式，既坚持共同追求又独立自主，既相互协调又互相尊重，理智、聪明、智慧地扩大共识，凝心聚力，推进事业。

共产主义运动是国际性的，但是各个共产党都必须在自己国家民族的舞台上奋斗。任何社会霸权思维都是错误的、有害的。实践证明，只有把科学社会主义基本原则同本国具体实际、人民权益、历史文化传统、时代进步要求紧密结合起来，才能在实践中开拓出自己国家运动发展的正确道路。邓小平说过：“我们历来主张世界各国共产党根据自己的特点去继承和发展马克思主义，离开自己国家的实际谈马克思主义，没有意义。所以我们认为国际共产主义运动没有也不可能有中心。我们不赞成搞什么‘大家庭’，独立自主才体现了马克思主义。”① 在经济全球化的地球村时代，怎样不搞“大家庭”，将独立自主和开放包容结合起来，形成同心协力的新形式，为打造人类命运共同体、推进人类和平发展自由解放事业而奋斗，是一个需要全世界社会主义党人费尽心思、不断创新的新课题。

在此对高放老师的逝世表达深切的悼念，我们要继承他的精神，弘扬他的事业，做出无愧于新时代的学术业绩。

2018 年 11 月 25 日于北京世纪城　奚广庆

① 邓小平．邓小平文选：第三卷［M］．北京：人民出版社，1993：191．

序　言（二）

当今国外共产党发展变化的五大亮点

自《共产党宣言》发表 170 年以来，共产党始终是国际共产主义和世界社会主义运动的中坚力量。近年来，国外共产党在谴责批判资本主义制度、坚守社会主义核心价值的基础上，坚持守正创新，强化组织建设，扩大左翼联合阵线，总体上升态势明显，但也面临严峻挑战，其发展变化呈现出以下特点。

一、力量重聚：总体呈恢复性发展态势

当今世界以马克思主义为指导、以共产主义为奋斗目标的共产党有 130 多个(不含被宣布非法或自称共产主义的政治组织)，其中人数过万或执政、参政或拥有议席的共产党有 30 多个。大多数共产党经受住了苏联解体、东欧剧变后生死存亡的考验，站稳了脚跟，开始走出力量严重衰退、思想彷徨迷惘、探索变动不居、目标多变不明的低潮困境时期，进入力量重聚的恢复性发展阶段。

社会主义国家坚持共产党领导，加强执政党自身建设，充分发挥共产党在国家政治中的核心和领导作用。值得一提的是，尼泊尔两大共产党——尼泊尔共产党（联合马列）和尼泊尔共产党（毛主义中心）于 2018 年 5 月实现合并，恢复尼泊尔共产党名称，并执掌尼泊尔国家政权，成为当前世界社会主义发展的一大亮点。

当今西方发达国家基本上都有共产主义性质的政党，有的国家还有多个共产党，如英国现有英国共产党、新英国共产党、英国共产党（马列）等共产党。日本共产党共有党员 40 万人左右，是当今发达国家人数最多、组织程度最高和影响较大的共产党。西班牙共产党联合各方左翼力量，发动民众开展抗议活动，党的影响逐渐扩大。欧洲许多共产党受苏联解体、东欧剧变严重冲击，力量式微，纷纷加入欧洲左翼党以寻机发展。欧洲左翼党现有 27 个正式成员党，8 个观察员党和 3 个伙伴党，在欧洲议会拥有 52 个议席，为欧洲议会第六大党团。

在当今世界共产党的分布中，发展中国家占了大多数。南亚是共产党和左翼政党比较活跃的地区之一。印度共产党（马克思主义）［简称印共（马）］尽管

失去在印度西孟加拉邦和喀拉拉邦的执政地位，在印度人民院的议席减少，但党员人数不减反增，已突破100万人，是世界上党员人数最多的非执政共产党。印共（马）同印度共产党、印度共产党（马列）、印度前进同盟、革命社会党等左翼政党组成左翼阵线，共同开展反对资本主义的斗争。有着近百年历史的南非共产党始终坚持与南非非洲人国民大会（简称非国大）、南非工会大会结成政治同盟，在争取民族独立和人民解放斗争中不断发展壮大，近年来党员人数迅速增加，由十年前的几万人增加到如今的28.5万人，在非国大和南非各级政府中任职的南非共产党员明显增多，有10人出任政府部长、副部长，双双创下该党历史之最。拉美共产主义运动历史悠久，现有20多个共产党。在传统政党力量衰退、年轻人不愿参与政党政治的形势下，巴西、智利、委内瑞拉、厄瓜多尔、秘鲁等国共产党都保持稳定发展，均是本国政坛中的一支重要力量。在智利，只有共产党是党员人数不降反升的传统政党，现有党员4.7万人。巴西共产党现有党员34万人，在巴西政府部门和一些市镇都有巴西共产党员担任部长、市长等职务。

俄罗斯东欧中亚地区重建的共产党多数声称是前共产党的继承者，力量趋于稳定，其探索实践重新得到本国人民的肯定和支持。俄罗斯联邦共产党现有党员16万多人，在2016年俄罗斯国家杜马选举中赢得42席，为杜马第二大党。捷克—摩拉维亚共产党现有党员3.7万人，是捷克国家议会的第三大党，在全国13个州中的9个州执政或参政，该党主席菲利普现任捷克参议院副议长。中亚的哈萨克共产人民党现有党员人数10万人，在议会下院拥有7个席位，塔吉克斯坦共产党和吉尔吉斯共产党人党发展势头良好，在本国议会都有席位。

尽管国际金融危机使得西方资本主义遭受重创，客观上为共产党和左翼力量发展创造了空间，但也有一些共产党没有抓住这一难得机遇实现逆袭，反而让西方民粹主义登堂入室。在传统右翼和民粹政党的夹击下，这些共产党被日益边缘化，处境更加艰难。

二、强化组织：重视发挥共产党传统优势

政党的力量主要体现为组织严密、团结统一。对马克思主义政党而言，依靠和发挥组织力量更为重要，也是共产党传统优势所在。然而，在国际共产主义运动史上，一些共产党没有处理好民主与集中的关系，党组织“官僚化”倾向明显，领导不能正常轮替，干部脱离民众，基层组织萎缩，党员老化；也有一些共产党放弃了马克思列宁主义指导地位和民主集中制原则，组织“扁平化”，活动“民主化”，党内派别林立，纷争分裂不断，党员人数不断减少，传统选民持续流失。近年来，许多共产党深刻认识到“民主化”的弊端，吸取教训，重提民主集中制，强化组织建设。

针对党内存在的政治思想、道德作风蜕化以及“自我演变”“自我转化”问题，越南共产党以前所未有的力度加强党的政治建设和反腐工作，加大干部工作

的巡视力度，查处用人不正之风，要求各级党组织努力建设纯洁、稳固的党，不断提升越共领导力与战斗力。朝鲜在政治体制上开始将“先军政治”体制转变为“党的唯一领导体系”，强化朝鲜劳动党的核心领导作用，重视发挥基层支部的堡垒作用。古巴共产党稳步推进领导层新老交替，确立了领导任期制和任职年龄限制，严把干部选拔任用关，注意民意评价，突出以德为先，初步搭建起老、中、青相结合的新一届中央领导班子。

西欧一些共产党为突破发展困境，重塑党的组织优势，注重发挥党的基层组织作用。法国共产党（简称“法共”）改变以往偏重上层控制的党建模式，重新强调支部堡垒作用，要求法共的集体行动建立在充分发挥基层作用的基础上，让基层组织成为党的思想的传播者和主要行动者。西班牙共产党（简称“西共”）长期淡化共产党色彩以迎合左翼联盟政策，党的“窗口形象”模糊，选民很难看到西共在联盟中的地位和作用。为更好地体现自身积极形象和发挥党对左翼的政治引领作用，西共健全党的各级组织，恢复民主集中制，强化党的纯洁性和战斗力。在最近召开的西共代表大会上，重提列宁主义，恢复民主集中制，强调集中领导，变联邦委员会为中央委员会；提出西共今后仍坚持联合左翼路线，不断扩大左翼联盟，同时强化党对党员的组织要求，要求在左翼联盟中担任公职的西共党员应发挥角色作用，显示西共的行动能力；强调西共在左翼联合阵线中要掌握主动权，发挥西共的引领和主导作用。

当今各国共产党都注重引入信息网络技术，转换基层组织活动方式和影响社会的方式，成立基层网络党支部，增强基层组织活力，加强与民众的联系和沟通，吸引年轻人参与党的日常活动。日本共产党、南非共产党、哥伦比亚共产党等党的章程明确规定，党的基层支部应承担宣传、贯彻党的路线方针和政策主张及了解反馈民意的任务；党的高层干部要密切联系群众，要为劳动人民代言；普通党员要积极参加基层组织活动，完成党组织分配的工作任务。不少党注重以党章、党纲和政治决议等明确基层组织的地位、功能和作用，对基层党组织的基本任务、目标职能和运作方式都做了细致规定。印共（马）吸取地方执政失败教训，强调要采取有力措施，克服党内腐败和党的基层组织涣散等弊端。

然而，由于历史和现实原因，许多共产党的组织发展仍很困难。特别是随着新兴社会运动兴起和年轻人参与传统政治的积极性降低，共产党传统依靠力量流失，党员老化严重，年轻后备力量不足。有的党内纷争、分裂不断，党的领导层和党的基层组织难以形成合力。如摩尔多瓦共产党人党曾执政八年，失去执政地位后，该党数次分裂，党的力量遭受重大损失，被日益边缘化。

三、守正创新：坚持和发展马克思主义

过去一段时间，国外共产党对如何坚持和发展马克思主义、如何革新社会主义的认识并不相同。有的固守马列经典中的个别论断，思想保守僵化，纠缠于教条式的理论争论，以抽象原则来评判当今社会主义现实，批判资本主义仅停留在

抽象的道德评判层面，左翼替代口号无法付诸实践；有的片面强调理论更新和传统变革，提倡多元化，放弃马克思主义指导地位，导致党内分歧和思想混乱，进退失据，处境更加困难；极少数党无视资本主义的新发展和新变化，政策主张激进，很难被当今社会接受，日益被边缘化。

“一切民族都将走向社会主义，这是不可避免的，但是一切民族的走法却不会完全一样。”一些共产党虽然在政策主张上仍有分歧，但普遍认为马克思主义理论不是教条，而是行动指南，必须随着实践的变化而发展。社会主义没有统一模式，要走符合各自国情党情的道路。共产党只有创新，才能摆脱目前困境，有效吸引和领导人民开展社会主义斗争。在2018年纪念马克思诞辰200周年的活动中，许多共产党强调，马克思主义不仅是科学的理论，而且是不断发展的、开放的理论，必须从实际出发，革新和发展马克思主义。只有解放思想，推动党的思想理论和政策主张与时俱进、不断创新，才能凝聚民心，扩大政治影响，为实现世界社会主义新发展提供保障。这些共识开始将共产党和左翼力量凝聚在一起。

执政的共产党理论创新主要表现在对什么是社会主义，如何建设社会主义以及如何处理国家和市场、民主与法治、改革与稳定的关系等一系列重大问题上提出新看法，进行新探索。越南、朝鲜、老挝、古巴都强调要探索本国特色的社会主义，但国情各不相同，因而对本国目前所处阶段及当前任务看法各异，对经济政策的调整也各有侧重。越南共产党强调在政治上坚持党的领导，经济上完善社会主义定向的市场经济体制，文化上全面发展本民族文化，社会建设上要“建设民主、共识的社会”。老挝人革党对国家所处的发展阶段、引入市场机制、实行多种所有制形式等问题有新的认识。古巴强调当前进行的经济社会模式更新的目标是努力探索符合古巴国情的社会主义发展模式，在模式更新进程中必须坚持古巴共产党的领导作用，必须坚持以马列主义、马蒂思想和菲德尔理论为指导。多年来，中越、中老、中古、越老双边对共产党执政和社会主义建设规律的共同探讨越来越深入。2018年7月，第十四次中越两党理论研讨会在越南胡志明市举行，两国政要和专家围绕“中国改革开放和越南革新事业的实践和经验”进行了广泛探讨。中国共产党同老挝人革党、古巴共产党也就改革开放和执政党建设等问题共同举行了多次理论研讨。

执政的共产党坚持和发展马克思主义的做法，对非执政的共产党起到重要的示范作用，特别是中国特色社会主义的创新理论，对国外共产党及左翼力量产生了巨大影响。发达国家共产党将关注的重点转向资本主义社会的各种现实问题，主张通过民主变革、改造现行资本主义社会，最终实现社会主义。澳大利亚共产党副主席马斯特2018年5月在中国深圳参加纪念马克思诞辰200周年专题研讨会时表示，澳共用了很长时间才认识到共产主义并无固定模式，各国共产党都需要找到一条适合自己的路。西班牙共产党认为，恢复列宁主义并不意味着放弃通过竞选方式赢得政权的方针，“需要结合具体情况来制定战略”，坚持“通过选举方式建设社会主义”。芬兰共产党主席瓦萨宁是一名艺术家，他称在马克思主义与现实结合中，他不是以共产党主席的名义出现在人们眼前，而是通过艺术方式，向贫民宣传马克思主义，唤醒人们对政治的关注。一些发展中国家的共产党认为，在当前形势下，通过暴力革命夺取政权是不现实的，主张在现有政治制度下，通过议会选举、与国内左翼力量联合以及开展无产阶级的国际合作等多种斗争形式来扩大党的影响，分阶段走向社会主义。南非共产党宣布进入民族民主革命的第二阶段，主要任务是以反帝、反垄断资本为中心，加速南非经济转型，争取黑人经济解放。在发展理念上强调公平优先，在政策主张上坚持独立自主，突出共产党的特色。拉美共产党主张在新的历史条件下通过民主方式开展合法斗争，强调“革命既不能模仿也不能照搬，而是需要英雄的创造”，需要制定符合各国国情的政治规划。俄罗斯东欧中亚各国共产党强调，要在宪法和法律范围内，为劳动者的权利而斗争，通过党在国家权力机关中的代表实施自己的政策。

四、团结合作：在左翼联合中发挥引领作用

国际金融危机后，反资本主义全球化像一面大旗，召唤众多左翼力量、非政府组织和新兴社会运动投入其中。有着国际主义传统的共产党主张扩大左翼统一战线，共同开展反对国际垄断资本和右翼保守势力的斗争。欧洲一些共产党主张与各种反对资本主义的力量和运动联合，向所有人开放，扩大党的群众基础。法国共产党三十五大上提出，继续推进左翼阵线政策，联合其他反资本主义力量，以左翼阵线为中心开展政治斗争，结盟竞选。西班牙共产党发起抗议政府应对债务危机不力、削减社会福利保障等社会运动，成功扩大了影响，提升了西班牙联合左翼的民意支持率。一些环保主义政党（如绿党）等在各国政坛独树一帜，并成为重要的参政党。

古巴是拉美社会主义的一面旗帜，菲德尔·卡斯特罗和劳尔·卡斯特罗是具有坚定信仰的共产主义者，始终将支援世界社会主义事业当作自己应尽的国际义务。委内瑞拉总统查韦斯逝世后，劳尔·卡斯特罗表示，“古巴将永远和委内瑞拉一起战斗”，两国盟友关系不变，相互倾力支持。针对美西方和拉美右翼政权抵制委内瑞拉制宪大会及马杜罗再次当选委内瑞拉总统的行为，古巴挺身而出，公开承认委内瑞拉制宪大会及总统选举结果，表示将坚定支持委内瑞拉统一社会主义党和委内瑞拉人民的革命事业。古巴主动要求承办 2018 年“圣保罗论坛”，希望借此平台进一步凝聚左翼共识，引领拉美左翼深化团结合作。

共产党执政的国家信念相通、道路相近、命运相连，联合抵制西方“颜色革命”、打造命运共同体的意愿强烈，传统友谊历久弥新。近年来，越南共产党、古巴共产党、朝鲜劳动党和老挝人革党都派高级代表团出席世界共产党和工人党国际会议，加强同各国共产党之间交往，重视共产党治国治党经验交流。作为世界社会主义运动的中流砥柱，社会主义国家团结合作，能够鼓舞各国共产党的人心士气，有力地推动了世界社会主义运动向前发展。

虽然当前世界社会主义力量出现重兴趋势，但世界格局演变和“黑天鹅”现象频现，助推民粹主义政党崛起。许多共产党除了继续受到右翼排斥打压外，还面临民粹主义挑战，民众基础和生存空间被进一步压缩。如何在左翼阵线中发挥共产党的政治引领作用，不断推进世界社会主义事业发展，是当今国外共产党必须破解的核心难题。

五、分享借鉴：“向东看”已成趋势

近年来，西方极端政党与民粹主义融合聚变，加速西方政党政治碎片化和资本主义国家政治极化，西方主要国家危机感加深。中国由大变强，引起美国等西方国家警觉，各种打压掣肘纷至沓来。特朗普坚持“美国优先”，不仅向中国发动贸易战，还向盟国收取“保护费”，资本主义世界体系日显裂痕，优势和吸引力越来越小。许多发展中国家开始抛弃过去照搬西方的做法，期待分享和借鉴中国的发展经验，以探索符合自身实际的发展道路。

2018 年 5 月，纪念马克思诞辰 200 周年专题研讨会在深圳成功举办，来自 50 个国家的 70 多个共产党共聚一堂，共同交流治国治党经验和探讨未来发展之策，引起各方强烈反响。与会的各国共产党领导干部认为，习近平新时代中国特色社会主义思想是对马克思主义的创新发展，对 21 世纪世界社会主义发展产生重大影响，对其他共产党探索自己的道路也具有启示意义。国外共产党十分赞赏习近平总书记提出的构建人类命运共同体理念，认为中国倡导并推动的“一带一路”建设是构建人类命运共同体的重大举措，通过“一带一路”把广大发展中国家特别是那些长期被国际多边机制边缘化的落后国家带上了共同繁荣发展的列车，展现出中国共产党建设美好世界的决心和担当。

中国特色社会主义的成功实践，对国外共产党及其他左翼力量形成了巨大吸引力，为人类对更好社会制度的探索提供了另一种全新的选择。亚洲、非洲、拉美等广大发展中国家共产党希望学习中国在扶贫减贫、乡村振兴和实行民族平等政策等方面的经验，期待中国发挥“榜样”示范作用，引领他们实现跨越式发展。越南共产党领导人高度关注中共十九大思想成果，责成越南中央理论委员会和胡志明国家政治学院成立专项课题组，对习近平新时代中国特色社会主义思想进行深入研究。

中国特色社会主义道路不是封闭、僵化的，而是开放、发展的。虽然国外共产党重视学习中国特色社会主义理论和实践创新经验，希望将其转化为具有世界意义的“中国方案”，但也存在一些质疑声音，认为中国出现贫富差距有违社会主义公平公正原则。对此，中国应理性对待，随着改革开放和社会主义现代化事业的不断发展，中国特色社会主义制度必然会越来越完善，中国特色社会主义道路也必然越走越宽广。“我们要把自己的事情做好，这本身就是对构建人类命运共同体的贡献。我们也要通过推动中国发展给世界创造更多机遇，通过深化自身实践探索人类社会发展规律并同世界各国分享。我们不‘输入’外国模式，也不

‘输出’中国模式，不会要求别国‘复制’中国的做法。”① 与马克思主义给中国带来独立解放和民族复兴的希望之光一样，科学社会主义在中国的继承、发展和强盛，必然推动世界社会主义运动向前发展。

中共中央对外联络部研究室　柴尚金

① 习近平. 习近平在中国共产党与世界政党高层对话会上的主旨讲话［EB/OL］.（2017-12-01）［2019-12-01］. http：//politics. people. com. cn/n1/2017/1201/c1024－29681175. html.

目　　录

2017年中、越、老、朝、古发展动态概述·导论

共产党是以马克思主义为指导以建立共产主义社会为目标的工人党（或“社会主义国家的执政党”），良好的党风党貌对保障执政安全和国家政治稳定具有重要意义。中、越、老、朝、古近年相继召开党的全国代表大会并迅速进入落实党代会提出各项方针政策的新时期。五国执政党重视政治建设和廉政建设，加强党的领导，强化反腐败斗争，治理执政环境，维护政治安全。同时，关注经济民生，优化经济结构，调整增长模式，促进经济稳定发展。但共产党执政仍面临严峻挑战，全面从严治党仍在路上，共建社会主义命运共同体任重道远。

2017年，中、越、老、古、朝五国全面落实党的全国代表大会提出的各项任务，在推动社会经济发展和党的建设方面取得新进展。同时，各国十分关注习近平新时代中国特色社会主义思想，希望学习借鉴中国治党治国经验，加强社会主义国家之间的理论研讨与交流合作，提升共产党执政能力和水平，共同应对以美国为首的西方国家对社会主义国家的打压和严峻的挑战。

一、加强政治建设，以反腐倡廉强化执政党领导地位

2017年是俄国十月社会主义革命胜利100周年。100年来，科学社会主义从书本理论变成现实制度，世界社会主义运动经历了高潮与低潮、凯歌行进到艰苦探索的场景切换。当今，中国、越南、老挝、古巴、朝鲜仍宣称坚持走社会主义道路。作为政治制度相同、发展道路相近的社会主义国家，面对复杂多变的国际环境，党和国家的前途命运紧密相连，维护共产党执政地位，确保国家政治安全，推动社会主义事业不断发展仍是五国当今面临的共性问题和头等大事。

1. 中国反腐败斗争取得压倒性胜利，党风党貌出现新变化

2017年召开的中共十九大，对新时代党的建设提出了更高要求。习近平总书记在十九大报告中说，“党的政治建设是党的根本性建设，决定党的建设方向和效果”“以政治建设为统领”“全面推进党的政治建设、思想建设、组织建设、

作风建设、纪律建设”①。新时代全面从严治党必须旗帜鲜明讲政治，突出政治建设在党的建设中的统领地位，加强和规范党内政治生活，严肃党的政治纪律和政治规矩，坚定不移维护党的团结和统一，确保党始终成为中国特色社会主义事业的坚强领导核心。勇于自我革命，从严管党治党，是中国共产党最鲜明的品格②。党的十八大以来，以习近平同志为核心的党中央以自我革命的政治勇气，着力解决党自身存在的突出问题，以反腐败永远在路上的坚韧和执着，强化不敢腐的震慑，扎牢不能腐的笼子，增强不想腐的自觉，纠正和消除形式主义、官僚主义、享乐主义、奢靡之风取得实效，反腐败斗争取得了压倒性胜利。2017 年，是全面从严治党和惩治腐败的关键一年，一串串数据背后是一系列历史性变革正在发生。2017 年前 9 个月，全国纪检监察机关立案 38.3 万件，处分 33.8 万人，其中省部级及以上干部 56 人（包括副国级官员 1 名，正部级高官 9 名），厅局级干部 2300 余人，县处级干部 1.4 万人，乡科级干部 5.1 万人，一般干部 6.3 万人，农村、企业等其他人员 20.8 万人。“百名红通人员”归案人数过半③。党内法规制度建设步伐明显加快，制定修订了 90 多部党内法规，实现党内法规和国家法律有机衔接。制定国家监察法，成立国家监察委员会，推进国家监察体制改革，将试点工作在全国推开。这些举措是在借鉴古今中外经验基础上，对国家权力配置进行新的调整，是根据中国实际与时俱进的制度创新，将实现对所有行使公权力的公职人员监察全覆盖，形成有效的反腐败体制机制。

2. 越南净化政治生态，“建设纯洁、稳固的党”

越南共产党（简称“越共”）新一届中央领导集体高度重视党建工作，对越南政治体系进行了系统全面的整顿和纠偏，清理党的队伍，净化政治生态，巩固党的领导。越共十二届三中全会审议并通过“关于抵制官僚主义和贪污腐败措施”的决议，加强对经济领域的检查监管。越共十二届四中全会出台了更具行动力的党建工作决议，明确指出党内存在的政治思想、道德作风蜕化以及“自我演变”“自我转化”的各种问题，要求全体党员对照检查，改正自身存在的问题。2017 年，越南共产党以前所未有的力度加强党的建设和反腐工作，努力建设纯洁、稳固的党，不断提升党的领导力与战斗力。主要做法：首先是严明党规党纪和党的政治纪律，遏制党内政治思想、道德品质、生活作风蜕化和“自我演变”“自我转化”现象，大力开展反腐败、反官僚主义、反浪费现象的斗争。2017 年 12 月 7 日，越共中央政治局委员、中央书记处常务小组成员、中央检查委员会

---

① 本书编写组. 中国共产党第十九次全国代表大会文件汇编［M］. 北京：人民出版社，2017-10（1）：50.

② 本书编写组. 中国共产党第十九次全国代表大会文件汇编［M］. 北京：人民出版社，2017-10（1）：27.

③ 新华社“新华视点”记者乌梦达，朱基钗，杰文津. 近 20 名中管干部被立案审查、“百名红通”人员过半归案……聚焦 2017 年中国反腐“成绩单”［EB/OL］.（2017-12-13）.［2018-12-31］http：//www. xinhuanet. com/politics/2017-12/13/c_1122104308. htm.

主任陈国旺签署并颁布关于“处分违纪党员”的102号规定，《规定》指出，在党纪面前，所有党员一律平等，无论党员身居何职，一旦违犯党纪，都应受到及时严肃处理。党纪处分不能代替行政处分、组织处理和司法处理。该《规定》将违纪现象归纳为三类：一是违犯党内组织生活原则，二是违犯国家政策和法令，三是道德品质、生活作风蜕化。对以上违法违纪行为，一旦查实，严惩不贷。其次是狠抓党的作风建设，严格高级领导干部管理规定，重拳惩治腐败，严厉处理了一批省部级现任和退休高官。2017年5月，越共十二届五中全会决定，给予胡志明市书记丁罗升警告并免除中央政治局委员职务的处分。同年12月8日，越共中央政治局委员、中央书记处书记、中组部部长范明政代表中央政治局签署了关于“停止越共中央委员、中央经济部副部长丁罗升同志一切党内活动”的631号决定，十四届国会常委会通过关于“逮捕、羁押、搜查、起诉被告丁罗升并暂时取消其十四届国会代表资格”的456号决议，越南公安部调查机关签署对丁罗升的逮捕令。丁罗升成为第一位因涉贪被捕的越共前中央政治局委员。2017年10月召开的越共十二届六中全会，讨论了中央委员、岘港市委书记阮春英的严重违纪行为，决定给予其纪律处分，撤销其岘港市委书记职务（2015—2020年任期），不再担任十二届中央委员。通过严肃处理一系列严重腐败案件，赢得了全党和全国人民的支持，提升了党和政府的公信力。再次是加强民主和法治建设，严格执行国会质询制度，推进政府机构改革，简政放权。2017年6月13日至15日，越南十四届国会三次会议进行国会代表质询，越南之声广播电台、越南国家电视台同步直播。农业与农村发展部、文化体育与旅游部、卫生部、计划投资部部长分别围绕农业结构化调整、社会道德建设、国家药价管理、加强公共投资和监督等回答了国会代表的质询提问。越南去年首次开通政府热线，回应群众关切。最后是审慎推进党内民主和社会民主，增强党对政府经济工作的指导，突出党对军队和公安系统的直接领导。

3. 老挝人民革命党从严治党，加强党的组织和作风建设

十大后，老挝人民革命党（简称“人革党”）继续推进“三建”（把省建成战略单位、把县建成全面坚强单位、把村建成发展单位）工作，加强党的组织和作风建设，从严治党。为此，老挝人革党不断完善纪检监察制度，修改纪检监察法规，如《政府监察法》和党员禁令等，完善机构设置，加强干部培训，将党内检查和行政监察、纵向监督和横向监督及群众监督和媒体监督有机结合。老挝纪检监察机关贯彻落实老挝人革党十大决议，制订具体明确全面的工作计划，健全体制机制，重视预防和解决党组织和党员干部、军人警察队伍中出现的个人主义、官僚主义和贪污腐败问题，将此列入各级党委和政府的责任清单中，严格考核。2017年1月，老挝人革党中央出台关于“抵制官僚主义和贪污腐败的决议”，认为长期以来自身对官僚主义和贪污腐败的危害性和危险性认识不足，实际工作中存在轻视这一问题或处理这一问题时脱离实际、缺乏重点、不依靠群众等现象。很多部门和地方在处理问题时不按规章制度办事，违犯党的原则和国家

法律，各级领导和管理的政策规定、机制体制等还不够清晰严密。当前令人担忧的官僚现象主要是脱离群众、脱离实际、好讲大话空话，领导敷衍、独断专行，缺乏对问题调查研究、研究解决问题不切实际，不注重跟踪推进，干部纸上谈兵、只说不做、工作虎头蛇尾。贪污腐败现象主要是滥用职权、向前来办事的群众索取小费，钻法律空子，以个人或集体名义出台决定，为个人或团伙谋取私利提供特殊政策，使侵吞集体财产的行为合理合法化，以及蓄意违法谋取私利等。当前日益严重的官僚主义作风与贪污腐败现象正引起全社会广泛关注，削弱了党的领导作用，影响了人民群众对新制度的信任，阻碍了社会发展，也为敌对势力和破坏分子攻击我们党和政治制度以及领导人提供了可乘之机。因此，抵制和打击官僚主义和腐败现象是党和政府的直接任务和责任，各级党委、各部门和领导干部要高度重视，重拳打击，将这一工作长期开展下去。2017 年 3 月，老挝人革党中央政治局、中央书记处常务书记、国家副主席潘凯主持召开 2017 年全党政治生活整风活动动员会，提出要用三个月时间，着重解决党内存在的官僚主义、脱离群众和贪污腐败等问题。不断加强各级党委、纪委、立法机关、审计机关、检察机关和建国阵线、群众组织的监督作用，提高监督力度和效率。特别要重视对腐败风险较高的领域如海关、税收、财政、基建管理投资、土地管理和使用、招标、案件审判等领域的监督检查。对于存在官僚主义和贪污腐败行为的干部，不论职务高低，一律依法依规严肃处理。

4. 朝鲜开始强化“党的唯一领导体系”

2017 年是金正恩执政第 5 个年头。金正恩强调要永远继承金日成、金正日的先军之路、自主之路、社会主义之路。朝鲜在政治体制上，强化“党的唯一领导体系”，实行党政军相互协调、制衡，权力高度集中于最高领导人。修改后的朝鲜宪法规定，国家在朝鲜劳动党（简称“朝党”）领导下进行一切活动，国防委员会是国家权力的最高军事领导机关。所有国家机关均根据民主集中制原则组成并进行活动。在朝党七大和最高人民会议第十三届四次会议上，金正恩先后就任朝鲜劳动党委员长和国务委员长，正式集党政军最高权力于一身，完成由“接班人”向“最高领袖”的转变，朝鲜唯一领导体系进一步巩固完善。金正恩在 2017 年新年致辞中，称“通过历史性的朝党七大，朝军民大力展示了永远跟党走主体大道的钢铁意志，牢固打下了朝鲜革命的万年基石”。“我将怀着纯洁无瑕的心灵，成为竭诚服务我国人民的真正的人民忠仆、忠实的勤务员。同时，我将顽强奋斗，在全党树立为人民忘我服务的革命党风。”“只要紧密团结在朝党周围的千万军民一心团结的威力，我们必将取得胜利。”“让我们按照朝鲜劳动党第七次代表大会绘制的社会主义强国建设宏伟蓝图，向光明奋勇前进。”面对美国及国际社会持续高强度施压，朝鲜集中力量抓民生、拢民心，将外部压力转化为内部动力，维护社会稳定。2017 年年底，时隔 5 年召开朝鲜劳动党支部委员长大会，金正恩全程出席会议，致开、闭幕词并发表重要讲话，表示大敌当前，要求必须重视意识形态斗争，提升党的支部委员长能力，强化发挥基层支部的堡垒作用。

5. 古巴在模式革新中不放弃党的领导

古巴革命领袖菲德尔・卡斯特罗曾说过：“革命成败关键在于党。”古巴共产党（简称“古共”）中央强调，古巴当前进行的经济社会模式更新的目标是努力探索符合古巴国情的社会主义发展模式，在模式更新进程中必须坚持古共的领导作用，必须坚持以马列主义、马蒂思想和菲德尔理论为指导。古巴决定成立菲德尔・卡斯特罗思想和文献研究中心，主要任务是收集整理菲德尔的讲话、演讲、文章等，归纳总结相关精神，并负责向古巴人民进行宣传。古共中央政治局委员、国务委员会第一副主席兼部长委员会第一副主席迪亚斯-卡内尔负责该中心的筹建工作。古共钦佩中共全面从严治党的举措和成效，愿学习与借鉴中共经验，加强古巴共产党自身建设，不断提高党的执政能力和执政水平。

二、重视理想信念教育，加快培养造就高素质干部队伍

1. 中国共产党用习近平新时代中国特色社会主义思想武装全党，从政环境渐渐改善向好

中国特色社会主义进入新时代，新时代要有新的思想武装。习近平新时代中国特色社会主义思想，是马克思主义中国化的最新成果，是中国特色社会主义理论体系的重要组成部分，是全党全国人民为实现中华民族伟大复兴而奋斗的行动指南。中共十九大报告和十九大通过的新党章，把习近平新时代中国特色社会主义思想确立为党必须长期坚持的指导思想，提出用习近平新时代中国特色社会主义思想武装全党的战略任务，并在全党开展“不忘初心、牢记使命”主题教育活动，要求全体党员和干部认真学习习近平新时代中国特色社会主义思想，不断增强工作的原则性、系统性、预见性、创造性，把党的科学理论转化为强大物质力量，按照新时代要求在以新的理念举措不断推动发展的基础上，更好解决我国社会出现的各种问题，更好实现各项事业全面发展，更好发展中国特色社会主义事业。中共历来重视干部队伍建设，一贯要求领导干部必须具备过硬的政治素质和过硬的专业化能力。习近平总书记多次强调，党委的主体责任主要是加强领导，选好用好干部，防止出现选人用人上的不正之风和腐败问题。在这次十九大报告中，习近平总书记提出了“信念坚定、为民服务、勤政务实、敢于担当、清正廉洁”的好干部标准，并指出“要把推进干部能上能下作为重要举措，着力解决不能为、不想为、不敢为的问题，推动形成能者上、庸者下、劣者汰的用人导向和从政环境”。在干部选拔任用上，坚持德才兼备、注重实绩、群众公认的原则，过去曾出现过的任人唯亲、拉帮结伙、封官许愿、跑官要官、买官卖官、拉票贿选、打招呼递条子等种种恶习和不正之风逐渐得到纠正，能者上、庸者下、劣者汰的用人导向和从政环境开始形成。

2. 越共选拔任用领导干部注意民意评价，突出以德为先

2017 年 3 月召开的越南全国党建工作会议提出要大力整顿干部队伍出现的

懒、庸、散等不良现象，以提高干部队伍素质和干部工作质量为重点，加强干部考核评价工作。下半年，越共中央政治局颁布了关于“中央委员会、中央政治局、中央书记处管辖下干部的职务与评价标准”的90号决定，首次就党和国家的高级领导干部职务与评价标准从政治、道德与生活作风、能力与威信等方面进行规范，对中央委员、中央政治局委员、中央书记处书记、总书记、国家主席、政府总理、国会主席、书记处常务书记、党中央部门负责人、中央检查委员会主任、政府各部门部级官员、省市委书记、省市人民议会主席、省市人民委员会主席等的职务与评价标准做出了具体规定。各级领导干部职务评价有章可循，便于监督。越共着力开展干部队伍特别是能力优秀、品质高尚、德高望重、堪当大任的战略级领导干部队伍建设。严把干部选拔任用关，注意民意评价，突出以德为先。加大干部工作的巡视力度，查处用人不正之风。越共中央政治局首次颁布关于干部离岗交流的规定，参与轮岗交流干部应为纳入人事工作规划、具备发展潜力的年轻干部，交流时间不少于三年。担任省级或县级主要领导干部交流任职应遵循异地交流原则。越南通过精简党政机构，建设高效的政治体系。越共十二届六中全会审议通过《关于继续进行机构改革、建设精简高效的政治体系的决议》，要求继续精简党政机构，大幅减少副职数量，至2021年基本完成有关机构的改组工作，公职人员至少比2015年减少10%，在有条件的地方开展省委、县委书记兼任同级人民议会主席，县委、乡委书记兼任同级人民委员会主席的试点工作，也就是在县乡级试行党政领导一肩挑。

3. 古共已确立领导任期制和任职年龄限制，稳步推进领导层新旧交替，初步搭建起老、中、青相结合的新一届中央领导班子

古共七大通过的决议规定，中央委员首任年龄不超过60岁、政治局委员不超过70岁，任期不超过两届。这一规定使党的高层领导任职规范化、制度化，减轻了下届党代会人事换届压力。在政治局委员中，年轻的卡内尔位列第三，这一安排为古共高层新老代际交替打下了基础。2017年1月，古巴举行阅兵和民众游行活动，纪念格拉玛号登陆古巴60周年，古共领导人和党报纷纷发文表示，古巴要继承菲德尔同志遗志，坚决捍卫社会主义革命成果。2017年7月14日，在第八届古巴全国人大第九次会议上，劳尔发表重要讲话，强调“古巴将继续沿着本国人民自主选择的道路前进”。长期以来，古共第一书记、国务委员会主席和部长会议主席三者都是由同一位领导人担任，第九届古巴人民政权大会将选举产生新一届国家和政府领导人，这是古巴革命胜利以来首次产生没有老一代领导人担纲的政府，也是首个没有卡斯特罗担任主要领导人的政府。第九届古巴全国人民政权大会共有代表612名，其中299名为女代表，在代表总数占48.9%，为世界之最。然而，古共领导层的代际交替仍以“稳”为先，劳尔·卡斯特罗多次表示，自己不再担任国家最高领导职务，但革命者不言退休。老一辈革命家将对新人“扶上马、送一程”。

三、优化经济结构，调整增长模式，促进经济稳定发展

1. 中国经济已由高速增长阶段转向高质量发展阶段

2017年，中国坚持稳中求进的总基调，突出稳中有为。以供给侧结构性改革为主线，加快转变发展方式、优化经济结构、转换增长动力，着力构建市场机制有效、微观主体有活力、宏观调控有度的经济体制，更好推动经济发展质量变革、效率变革、动力变革。2017年，经济发展延续了中共十八大以来的好势头，总体平稳、稳中有进，取得的成绩令人鼓舞。我国GDP达到82.7122万亿元，首次超过80万亿元。GDP同比增长6.9%，比上年加快0.2个百分点，实现了2010年以来经济增长首次提速。从国际收支看，年末国家外汇储备近3.1400万亿美元。经济增长转为投资和消费共同拉动，出口回暖是经济增速回升的关键力量。国民经济稳中向好、好于预期，经济活力、动力和潜力不断释放，稳定性、协调性和可持续性明显增强，实现了平稳健康发展。中共十九大制定了实现中华民族伟大复兴的时间表：从2020年到2035年，在全面建成小康社会的基础上，再奋斗15年，基本实现社会主义现代化；从2035年到21世纪中叶，在基本实现现代化的基础上，再奋斗15年，把中国建成富强民主文明和谐美丽的社会主义现代化强国。

2. 古巴稳步推进经济社会模式更新

2017年5月19日，古共七届三中全会通过《古巴社会主义经济社会发展模式更新理论总结》《面向2030年的经济社会发展中长期规划》《党和革命经济社会政策纲要2016—2021》三份文件。5月31日，古巴全国人民政权代表大会特别会议召开，审议古共七大通过的《古巴社会主义经济社会发展模式更新理论总结》等上述三份文件，劳尔出席开幕式并发表重要讲话，他指出古共七大总结了古巴经济社会模式更新的理论，制订了中长期发展规划，已经过160万人次讨论，得到全党同志和全国人民的支持，最终在古共七届三中全会上通过后交付全国人民政权代表大会特别会议审议。古共中央政治局委员、纲要落实和发展委员会主席穆里略介绍文件修改情况：对《理论总结》做出1804处修改，占全部内容92%，对《中长期规划》做出41处修改，对《纲要2016—2021》做出18处修改。他指出，《理论总结》是对古巴革命胜利以来经济社会发展模式的高度概括，具有很强的理论性和现实指导意义。古巴社会主义建设处于新的历史阶段，要对社会主义建设和经济社会发展模式不断进行理论总结，完善古巴社会主义建设实践，丰富古巴社会主义理论内涵。在经济社会模式更新理论指导下，古巴稳步推进经济结构调整和对外开放。古巴鼓励外国投资者参与古巴农业、工业、旅游、生物技术、可再生能源等领域建设，2017年古巴吸收外资总额超过20亿美元。马里埃尔特区自2011年特区开工建设以来，古巴政府年均投入3亿美元用于特区基础设施建设。当前特区A区建设已经完工，来自14个国家的33家企业已获准进入特区建厂，创造直接就业岗位4853个，特区现吸收外资总额达

11.89亿美元。古巴私营企业主要集中于服务行业，截至2016年底，古巴共有私营企业397家，其中132家从事商业和维修行业，116家从事餐饮业，60家从事建筑业，49家从事加工业。全国32%的餐饮、服务行业已转为非公经营，登记个体经济从业人员为53.5万人，其中有5.435万人从事私营出租车业，年营业额2.6亿美元，是古巴私营行业中单位营业额最高的行业之一。针对目前私营出租车行业存在的宰客、偷税漏税等现象，古巴政府决定加强对该行业管理，并计划成立国营出租车公司。近年来，古巴非公合作社快速发展，既丰富了市场物质供应和居民服务内容，也增加了就业。但非公合作社运营过程中存在非法用工、偷税漏税、行贿腐败等不守法纪问题。古巴政府将加强对非公合作社的管理，严格发放休闲餐饮、房屋出租业、农产品销售等非公合作社营业执照。2017年古巴经济增长低于预期2%的目标，制糖工业、旅游业、交通运输业、电信业是主要增长点。2017年，古巴接待外国游客470万人次，同比增长16.5%，旅游直接收入突破30亿美元，同比增长10.5%，为古巴经济稳定和发展作出了重要贡献。2017年6月16日，美国总统特朗普签署《关于加强对古巴政策的总统国家安全备忘录》，宣布“因担忧古巴国内人权状况”，美国政府决定撤销奥巴马政府与古巴达成的“完全不公平”的协议，禁止美国企业与古巴“军方控制的、与情报和国家安全机关相关的”企业进行生意往来，收紧美国公民赴古旅游限制，继续执行对古巴经济、金融封锁和贸易禁运。

3. 朝鲜将农业作为建设经济强国的主攻方向

以朝鲜劳动党第七次全国代表大会为标志，朝鲜正式进入金正恩时代。朝鲜各级党组织和各地方政府正在全面落实七大精神和国家发展战略，誓言建设一个社会主义经济强盛大国。金正恩在2017年新年贺词中要求以“国家发展5年战略”为中心，大力推进社会主义经济强国建设，将农业作为建设经济强国的主攻方向，通过科学耕作提高粮食产量。他提出，2017年“要划时代地发展轻工业、农业和水产业，在改善民生方面取得更大进步”。然而，在国际社会不断收紧制裁的背景下，朝鲜民生水平总体上并未上升，反而有所下降，主要是煤炭工业和相关产业遭到严重冲击，煤炭和劳务出口创汇大幅下降，失业人数增长，国内出现燃油短缺、油价上涨等现象。朝鲜继续推进经济调整，推行房地产市场化模式，允许住宅使用权进入市场进行交易，试行个人挂靠全民单位政策，建立覆盖全国的电商平台，提供网络销售服务。这些措施推动了服务业快速发展，激发了民众的消费热情。

4. 越南、老挝经济保持良好稳定发展势头

越南制定出完善社会主义定向市场经济体制、加快调整经济结构、改革增长模式、加快教育改革、发展人力资源的方针政策，确保经济持续稳定地增长。2017年越南国内生产总值约2206亿美元，人均GDP为2385美元，同比增长6.81%，创近年来新高，首次完成年初制定的全部发展目标。宏观经济保持稳定，通货膨胀控制在3.5%左右，外汇储备515亿美元，进出口总额4250亿美

元，均创历史新高。2018年越南经济发展目标是实现GDP增长6.7%、出口总额增长8%～10%，新成立企业13.5万家。同时，精简机构，减少50%的行政手续，为企业发展创造良好经营环境。2017年是老挝落实人革党十大决议和“八五”规划（2016年至2020年）的第二年，老挝政府继续推进经济结构调整，加大吸引外资力度，加快基础设施建设，努力实现从传统农业向贸易和投资拉动的经济增长方式转变，经济保持7%左右的增长，国内生产总值约158亿美元，人均GDP为2400多美元（而在1986年老挝人均GDP只有114美元）。

四、关注新时代中国特色社会主义成就，打造社会主义国家战略共同体

美国等西方国家一直攻击共产党执政为“极权”，不断变换手段打压现存社会主义国家，甚至扬言不惜动用武力制裁“极权”、铲除“异端”。美国利用核武器问题，对朝鲜制裁不断加码，以“极限施压”迫其改变政策。特朗普一改前任对古巴政策，继续对古巴实行制裁和封锁。美国通过舆论和非政府组织，加紧对越南、老挝进行渗透，鼓动“持不同政见者”起来闹事，谋划“颜色革命”。在当前国际形势深刻复杂演变、世界社会主义发展面临新的历史条件背景下，坚持共产党领导和社会主义道路是现存社会主义国家最大的利益交汇点，意识到有必要推动世界社会主义运动复兴，打造社会主义国家战略共同体。随着中国日益走近世界舞台中央，中国作为世界社会主义运动的定盘星和压舱石，其作用更加突出，中国倡导的构建人类命运共同体理念受到越来越多的国家认同，越共中央总书记阮富仲称习近平提出的构建人类命运共同体主张，体现了中国的全球视野和大国担当。

1. 关注新时代中国特色社会主义

中国作为一个13亿多人口的大国进行社会主义建设，在人类历史上没有先例可循，注定要走一条属于自己的道路。中国特色社会主义进入新时代，是中国日益走向世界舞台中央，不断为人类作出更大贡献的时代。中国对世界经济增长的贡献率超过30%，GDP稳居世界第二，如此经济体量决定了中国的稳定发展本身就是对世界的巨大贡献。习近平新时代中国特色社会主义思想，不仅为中国共产党人立起了新的历史坐标，为马克思主义注入了新的真理力量，为中国特色社会主义事业提供了新的战略指引，也为全世界所有希望从社会主义道路通向现代化的民族和人们树起了一面令人向往的旗帜。中国特色社会主义进入新时代，意味着科学社会主义在21世纪的中国焕发出强大生机活力，在世界上高高举起了中国特色社会主义伟大旗帜；意味着中国特色社会主义道路、理论、制度、文化不断发展，拓展了发展中国家走向现代化的途径，给世界上那些既希望加快发展又希望保持自身独立性的国家和民族提供了全新选择，为构建人类命运共同体、解决人类问题贡献了中国智慧和中国方案。越南作为紧随其后的社会主义国家，对中共十九大成果特别是习近平新时代中国特色社会主义思想高度关注，越

共中央已责成中央理论委员会和胡志明国家政治学院成立专项课题组，对新时代中国特色社会主义理论进行深入研究。老挝是最早认同我国构建命运共同体的周边国家，近年中老两国领导人就命运共同体进行了深入沟通，达成共识，将中老是具有战略意义的命运共同体的表述写入联合声明。老挝国会主席巴妮说，中国现在就是一面旗帜，是推动世界发展的重要力量。古巴共产党中央书记处书记、国际关系部部长巴拉格尔认为，每个国家都应根据自己的历史、社会经济条件和地缘政治情况探索适合自己的发展模式，中国共产党开辟了中国特色社会主义道路，是中国做出的最佳选择。中国倡导的是一个多极世界，并把和平共处、与各国平等合作作为一项基本原则，中国在国际舞台上发挥的作用与日俱增。古巴赞赏中国提出的构建人类命运共同体的理念，坚持在和平、正义、关注人类命运、尊重人民自主权原则的基础上发展对外关系。

2. 期待加强世界左翼力量团结与合作

历史上，社会主义国家具有无产阶级国际主义传统，共产党执政国家命运相连，打造社会主义国家命运共同体成为共识。中国、越南、老挝三国高层互访不断，传统友谊日久弥新，均赞同继续发扬亲密友好传统，密切高层交往，重视加强党建、政治体系建设、融入国际等方面的理论和实践经验交流，进一步提升在政治、经贸、投资、文化、教育培训、卫生、科技等领域的合作成效。越南借纪念俄国十月社会主义革命 100 周年之机，宣示继续走社会主义道路的决心和意志。越共中央总书记阮富仲、原总书记农德孟、国家主席陈大光、原国家主席张晋创、政府总理阮春福、国会主席阮氏金银、原国会主席阮生雄等现任和前任党和国家领导人出席了 2017 年 11 月 5 日越共中央、国会、政府、祖国阵线和河内市委共同举办的纪念大会，阮富仲在大会讲话中高度评价十月革命的意义与影响，称十月革命的胜利开启了俄国历史新纪元，也在人类历史上开辟了新时代，它超越了时间与空间，成为时代的伟大象征，越南人民同全人类始终铭记伟大领袖列宁、布尔什维克党人和苏联各族人民的功勋，重申越南一切革命的胜利都与十月革命和苏联人民至情至理的帮助和支持密不可分。强调越南人民将永远铭记十月革命的巨大历史功绩，吸取其历史教训，继续坚定社会主义理想目标，避免重蹈苏联解体的覆辙，在十月革命精神指引下继续推进社会主义事业。中共、越共、古共、朝鲜劳动党和老挝人革党都派高级代表团出席了 2017 年 11 月 1 日至 4 日在俄罗斯圣彼得堡举行的第十九次世界共产党和工人党国际会议，同来自世界 77 个国家 103 个共产党和工人党的 300 多名代表一起共同纪念俄国十月社会主义革命 100 周年。古巴在美国鼻子底下搞社会主义，长期受美西方国家封锁和打压。菲德尔·卡斯特罗和劳尔·卡斯特罗是具有坚定信仰的共产主义者，将支援世界社会主义事业当作自己应尽的国际义务。同时，积极呼吁世界进步力量特别是拉美左翼联合起来，支持古巴社会主义，打破美国制裁和封锁。2004 年，为反对美国提出的美洲自由贸易区，菲德尔·卡斯特罗和查韦斯提议成立美洲玻利瓦尔联盟，该联盟以左翼思想为指导，推行相对封闭的地区一体化，强调成员国优势互补、联合自强，玻利维亚、厄瓜多尔、尼加拉瓜、多米尼克等左翼政党执政的国家纷纷响应加入。该联盟至今仍是拉美左翼的重要组织，古巴、委内瑞拉理所当然是该组织的旗手。查韦斯逝世后，古委两国坚持盟友关系不变。马杜罗接任总统十天后就访问了古巴，古巴对马杜罗政府也鼎力相助，劳尔表示"古巴将永远和委内瑞拉一起战斗"。从2000年开始，委内瑞拉以优惠价格向古巴提供原油，委内瑞拉优惠供油，成为古巴社会主义政权生存的重要支撑。古巴为委内瑞拉派遣3万余名医务人员、教师、体育教练等，协助委内瑞拉政府开展扫盲和公共卫生服务，委内瑞拉受益民众超过1700万人。两国优势互补，共同发展。2017年8月，在美西方和拉美右翼疯狂抵制马杜罗推动召开委内瑞拉制宪大会的形势下，古巴挺身而出，承认委内瑞拉制宪大会选举结果，强调外部的干涉只会加强拉美左翼力量的团结，表示将坚定坚持委内瑞拉统一社会主义党和委内瑞拉人民继续革命事业。2017年哥伦比亚革命武装力量正式解除武装后，古巴政府宣布向其提供1000个奖学金名额，以帮助这些游击队成员融入社会，首批学员已进入古巴医学专业学习。2018年3月，古巴国务委员会主席兼部长会议主席劳尔·卡斯特罗出席在委内瑞拉首都加拉加斯召开的美洲玻利瓦尔联盟第15届峰会，并参加纪念查韦斯逝世5周年活动。劳尔在峰会上发表讲话，谴责美西方对委内瑞拉经济制裁，对委内瑞拉政府表示坚定支持和大力声援。强调无论谁为古巴新的领导人，古巴都将一如既往地支持委内瑞拉、支持拉美一体化进程。这也是劳尔为凝聚左翼阵营共识的告别之旅，是他在位时最后一次为马杜罗总统站台。

五、在探索中坚持和发展社会主义

1. 坚守社会主义核心价值

社会主义要消灭贫穷。为进一步解决农村贫困问题，缩小东西部地区差距，实现共同富裕的目标，中共中央和国务院在20世纪90年代中期就决定，动员社会各界力量，集中人力、物力、财力，基本解决全国农村贫困人口的温饱问题。这是一场难度很大的攻坚战。经过20多年的不懈努力，中国脱贫攻坚取得了历史性的突破。2012年底，我国有贫困人口9899万人，到2017年底还剩3046万人，5年减少贫困人口6853万人，年均减少1370万人。6000多万贫困人口稳定脱贫，贫困发生率从10.2%下降到4%以下。中共十九大提出到2022年中国现行标准下农村贫困人口实现脱贫。也就是说在未来三年，中国4000多万贫困人口，将全部实现脱贫，每年将有1000多万贫困人口脱贫。通过脱贫攻坚的大量投入，贫困地区的基础设施、公共服务得到显著改善，贫困群众的生产生活条件也得到明显改善；通过易地搬迁、退耕还林、护林员制度，贫困地区生态环境得到明显改善。中共十九大提出，中国特色社会主义进入了新时代，中国社会主要矛盾已经转化为人民日益增长的美好生活需要和不平衡不充分发展之间的矛盾。中国共产党始终坚持以人民为中心，准确把握人民对美好生活需求的转化，从新的历史方位、新的时代坐标来谋划未来，以更高更稳的发展，不断满足人民日益增长的对美好生活的需求。越南、老挝实行以社会主义为定向的市场经济，通过革新开放发展经济。各级政府重视扶贫减困工作，贫困人口逐年减少。朝鲜公开发布《关于严惩反社会主义、非社会主义行业者的公告》，对玷污社会主义形象、侵害社会主义经济制度的行为予以严惩。古巴坚持社会主义分配原则，从20世纪60年代初就开始实行配给制，将食物和日用品平均分配，对7岁以下、70岁以上人群及特殊需要的病人适当照顾。迄今仍实行生活必需品配给制，如面包、大米、食用油、黑豆、咖啡、鸡蛋等配给，由政府提供补贴，民众购买象征支付费用。20世纪70至80年代是古巴商品供应最好的时期，也是民众生活较富裕的时期，除供应日常生活必需品外，还供应衣服鞋帽、儿童玩具、雪茄烟酒等工业品。在20世纪90年代“和平时期的特殊阶段”，工业品配给取消，食品和日用必需品配给也开始减少，但坚持配给制。2011年古共六大，代表们就是否取消配给制进行了热烈讨论，但最终决定保留。配给制既维持了国民经济的正常运转，也保障了普通民众的基本生活需要，50多年来，古巴多数民众已习惯配给制，并视其为社会主义的基本特征，认为取消配给制意味着社会主义制度的改变。古巴革命胜利后，菲德尔·卡斯特罗就提出了“教育普及化”“人人都有机会上大学”的理念，古巴政府对教育的投入年年都在增长。从入学前班开始到博士毕业，学生均不用交学费和书本费，全日制学校提供免费午餐，中小学生提供免费校服。古巴鼓励生育，规定产妇在享受18周全额带薪产假后，还可享受工资额60%的生育福利金至新生儿一周岁；新生儿祖父母或外祖父母每月可享受225古巴比索或本人工资额60%的育儿福利金；家中有2名或以上17岁以下儿童的个体从业者可减免50%的税赋；有2名或以上儿童的家庭，儿童入托费用减免一半。劳尔·卡斯特罗一再强调，要完善社会保障和社会救助，绝不抛弃任何人；既要打破平均主义，落实“按劳分配”的社会主义原则，激发劳动者积极性，也要坚决防止财富集中和贫富分化。

3. 不断探索社会主义

马克思主义认为：“每一个时代的理论思维，都是一种历史的产物，它在不同时代具有完全不同的形式，同时具有完全不同的内容。”① “一切民族都将走向社会主义，这是不可避免的，但是一切民族的走法却不会完全一样。”② 社会主义从空想到科学、从理论到实践、从苏联社会主义到不同国家各具特色的社会主义的历史证明，社会主义是不断发展的有机体，不是一成不变的教条。中国、越南、朝鲜、老挝、古巴都坚持共产党的领导和社会主义道路不变，强调要探索本国特色的社会主义，但各国有不同的国情，各国执政党对本国目前所处的阶段及当前的任务看法各异，因而对“什么是社会主义”“如何建设本国社会主义”的

① 马克思，恩格斯. 马克思恩格斯选集：第4卷［M］. 北京：人民出版社，1995：294.
② 列宁. 列宁选集：第2卷［M］. 北京：人民出版社，1995：777.

理解有差别，对经济政策的调整也各有侧重。多年来，中越、中老、中古、越老双边对共产党执政和社会主义建设规律的共同探讨越来越深入。2017年5月，第十三次中越两党理论研讨会在河南郑州市举行。同年6月，第六次中老两党理论研讨会在海南博鳌举行。中古两党也就改革开放和执政党建设等问题共同举行了多次理论研讨。越老两党之间理论研讨成为两党交流的重要内容，2017年8月越老两党在越南富国岛举行了主题为“快速而持续发展”的理论研讨会。

中国革命和建设经历了一个曲折过程，凡是教条式照搬社会主义理论和别国模式，就会遭遇挫折，凡是自主探索走自己的路，就会实现大发展。中国在走自己的路的过程中，既坚持了科学社会主义基本原则，将马克思主义对社会主义制度的基本设想变为现实，又结合国情实际，吸取历史经验教训，不断改革创新，从而开创了中国特色社会主义的发展道路和发展模式。中国特色社会主义是改革开放以来党的全部理论和实践主题，但中国特色并不意味着中国“离经叛道”，背离了马克思主义和科学社会主义。中国特色社会主义是科学社会主义，不是什么别的主义，不能离开马克思、恩格斯开创的共产主义事业和当今世界社会主义追寻的价值目标，孤立地看中国特色社会主义。中国特色也不是闭关锁国，孤芳自赏，而是在吸收借鉴人类社会创造的一切文明成果的基础上自我变革、自我完善。中国发展成功的实践证明，只有走中国特色社会主义道路，才能破解在经济文化落后国家建成社会主义的难题，才能不断继承和发展马克思主义。40年的改革开放，就是中国特色社会主义制度自我变革的历史。

当前，我们既要充分认识我国依靠制度优势所取得的伟大成就，又要清醒地看到我国许多制度还存在不少需要变革和完善的地方。比如，不科学、不连续、不配套、不平衡、不协调等问题依然突出，造成科技创新能力不强，产业结构不合理，发展方式依然粗放，城乡区域发展差距和居民收入差距大等问题。存在问题，正是我们改革的动力所在。改革就是要不断变革与完善我们的制度体系，实现国家治理体系和治理能力现代化。改革只有进行时，没有完成时。越南共产党十二大对越南革新30年来的实践进行了全面的总结，对越南社会主义定向的市场经济、越南社会主义法权国家等理论进行了系统阐述，提出要继承和创新马克思主义理论，不断推进和深化越南革新事业。老挝人革党提出要贯彻落实老挝人革党十大关于法治政府的决议，加快行政体制改革，加强干部队伍建设，充分体现“党依法执政、政府依法管理社会、法律面前人人平等”的法治理念。目前，古巴共产党高层对社会主义传统的基本理念没有变化，仍强调坚持社会主义计划经济和公有制。虽提个体经济、非国有经营方式等概念，也重视私营经济作用，但不接受“私营经济”概念。由于长期推崇并坚持全面就业和全民社会保障政策，古共六大推出经济社会模式更新七年来，政策调整效果不明显，计划经济和平均主义观念依旧，国企经营普遍亏损，农业生产效率低下，80%食品依赖进口，住房交通问题依然严峻，经济年年低速增长，2017年仅增长约1%，古巴建设“繁荣、可持续的”社会主义任重而道远。老挝人革党于1975年12月执掌政权后即开始在小农经济基础上进行社会主义改造，1986 年党的四大决定实行有原则的全面革新路线，之后 20 多年间，理论上没有什么新突破，只是要求继承完善革新路线，使之更加符合需要。直到 2011 年党的十大才提出要将自然经济转变为商品经济，沿着社会主义方向不断完善市场经济，老挝搞社会主义，主要是参照中国和越南的做法，理论上仍需不断完善。朝鲜实行经济建设与核武发展并进路线，提出建设“最强核强国和军事强国”目标。2017 年朝鲜宣布成功试射“火星-14”型洲际弹道导弹，宣称此举是完善核武力最后一环，朝鲜已具备打击世界任何地方的能力，对美国等西方国家产生强烈刺激。朝鲜威胁“以超过强硬对强硬”，但行动上保持克制，利用平昌冬季奥运会，缓和与韩国关系，开始新一轮外交周旋。我们从越、老、朝、古的探索和发展历程中看到，社会主义制度的巩固和发展是极为复杂、艰巨的长期任务，社会主义改革和发展面临着许多新的问题和挑战，应正确把握社会主义发展多样性特点，总结共产党执政的经验教训，不断推进世界社会主义运动向前发展。

（撰稿人：中共中央对外联络部研究室　柴尚金）

2017 年中国共产党年度发展报告

第一部分　概况

1. 国名：中华人民共和国（简称中国）

2. 人口：139008 万（此为中国大陆总人口数。至 2017 年底，香港特别行政区人口为 7409800 人，澳门特别行政区人口为 653100 人，台湾地区人口为 23162100 人。）

3. 国土面积：约 960 万平方公里（此外，海域面积为 470 多万平方公里。）

4. 政党名称：中国共产党［除此之外还存在 8 个民主党派，分别是中国国民党革命委员会（简称“民革”）、中国民主同盟（简称“民盟”）、中国民主建国会（简称“民建”）、中国民主促进会（简称“民进”）、中国农工民主党、中国致公党、九三学社、台湾民主自治同盟（简称“台盟”）］

5. 成立时间：中国共产党，1921 年 7 月，在上海成立。（8 个民主党派中，中国国民党革命委员会，1948 年 1 月在香港成立；中国民主同盟，1941 年 3 月在重庆成立；中国民主建国会，1945 年 12 月在重庆成立；中国民主促进会，1945 年 12 月在上海成立；中国农工民主党，1930 年 8 月在上海成立；中国致公党，1925 年 10 月在美国旧金山成立；九三学社，1946 年 5 月在重庆成立；台湾民主自治同盟，1947 年 11 月在香港成立。）

6. 党员人数：8956.4 万名（截至 2017 年 12 月 31 日）

7. 中央委员会总书记：习近平

8. 中央政治局成员：（按姓氏笔画为序）丁薛祥、习近平、王晨、王沪宁、刘鹤、许其亮、孙春兰、李希、李强、李克强、李鸿忠、杨洁篪、杨晓渡、汪洋、张又侠、陈希、陈全国、陈敏尔、赵乐际、胡春华、栗战书、郭声琨、黄坤明、韩正、蔡奇为中共中央政治局委员；习近平、李克强、栗战书、汪洋、王沪宁、赵乐际、韩正为中共中央政治局常委。（2017 年 10 月 25 日召开的十九届一中全会选举产生）

9. 政党地位：中国共产党是执政党、领导党；8 个民主党派是参政党。

10. 社会团体或群众组织：中华全国总工会、中国共产主义青年团、中华全国妇女联合会（除此之外，还有 18 个具有特殊政治地位的社会团体，被称为一级社会团体，分别是中华全国青年联合会、中华全国工商业联合会、中国科学技术协会、中华全国归国华侨联合会、中华全国台湾同胞联谊会、中国文化艺术界联合会、中国作家协会、中国法学会、中国人民对外友好协会、中国国际贸易促进会、中国残疾人联合会、宋庆龄基金会、中华全国新闻工作者协会、黄埔军校同学会、中国人民外交学会、中国红十字总会、中国职工思想政治工作研究会、欧美同学会）。

11. 大众传媒的运用：《人民日报》（中共中央主办的中共中央机关报，1948 年 6 月创刊）、新华通讯社（简称新华社，是中国国家通讯社和世界性通讯社，其前身是 1931 年 11 月 7 日在江西瑞金成立的红色中华通讯社，1937 年改为现名）、《求是》（中共中央主办的机关刊物，1988 年 7 月 1 日正式创刊。其前身是《红旗》，1958 年 6 月 1 日于北京创刊）、中央电视台（简称央视、CCTV，是中华人民共和国国家电视台，1958 年 5 月 1 日试播，9 月 2 日正式开播）、中国共产党新闻网（是最集中、最系统、最全面地宣传和介绍中国共产党的权威网站，于 2006 年 7 月 1 日推出）

12. 最近一次会议：中国共产党第十九次全国代表大会于 2017 年 10 月 18 日至 24 日在北京胜利召开。习近平代表十八届中央委员会作报告《决胜全面建成小康社会　夺取中国特色社会主义伟大胜利》。大会选举产生了新一届中央委员会和中央纪律检查委员会，通过了关于十八届中央委员会报告的决议、关于中央纪律检查委员会工作报告的决议，通过了修改后的《中国共产党章程》。

第二部分　中国共产党的产生及发展简史

一、中国共产党在新民主主义革命时期的艰苦卓绝斗争

中国共产党是马克思列宁主义同中国工人运动相结合的产物，是在俄国十月革命和中国五四运动的影响下，在列宁领导的共产国际的帮助下诞生的。

1919 年 5 月在北京爆发的五四运动，是中国新民主主义革命的开端。五四运动中涌现的先进知识分子为中国共产党的创立准备了干部条件。1920 年前后，李大钊、陈独秀、毛泽东、董必武等最早接受马克思列宁主义的革命知识分子，在上海、北京、武汉、长沙、济南、广州等地相继建立了共产党早期组织。1921 年 6 月初，共产国际代表马林和共产国际远东书记处代表尼克尔斯基先后到达上海，与共产党早期组织成员商议，一致认为应尽快召开全国代表大会，正式成立中国共产党。1921 年 7 月 23 日，党的“一大”在上海召开，国内各地的共产党组织和旅日的共产党组织派出 13 名代表，代表全国 50 多名党员。共产国际代表马林和尼克尔斯基出席大会。大会进行到后期，遭到帝国主义密探的干扰，最后一天（7 月 31 日）转移到浙江省嘉兴南湖游船上继续进行。大会通过的《中国共产党第一个纲领》规定：党的名称为“中国共产党”；党的纲领是：“革命军队必须与无产阶级一起推翻资本家阶级的政权”，“承认无产阶级专政，直到阶级斗争结束”，“消灭资本家私有制”，“联合第三国际”①。大会选举产生了党的领导机构——中央局，陈独秀为书记。在党成立前后，与共产国际和党的上海发起组没有联系的恽代英、吴玉章等人，也在各自独立开展建党活动。得知中国共产党成立的消息后，他们所建立的组织宣布自动取消。

中国共产党成立后，在 1922 年 7 月 16 日至 23 日于上海召开的“二大”上明确提出了反帝反封建的民主革命纲领，在 1923 年 6 月 12 日至 20 日于广州召开的“三大”上，正式确定了同孙中山领导的中国国民党建立革命统一战线的政策，在 1925 年 1 月 11 日至 22 日于上海召开的“四大”上提出了无产阶级在民主革命中的领导权问题和工农联盟问题。党领导了全国的工人运动、青年运动、农民运动，推动、帮助国民党进行改组和建立国民革命军，进行北伐战争，取得

① 中共中央文献研究室，中央档案馆. 建党以来重要文献选编［M］. 北京：中央文献出版社，2011：1.

了重大胜利。1927 年 4 月和 7 月，由于蒋介石、汪精卫先后发动血腥屠杀共产党人的反革命政变，国共合作全面破裂，大革命惨遭失败。1927 年 4 月 27 日至 5 月 9 日在武汉召开的“五大”，第一次选举了中央委员会和中央监察委员会。中央委员会选举了中央政治局，并选举陈独秀、张国焘、蔡和森组成中央政治局常务委员会，陈独秀为总书记。但是，“五大”在党面临生死存亡的危急关头，未能为全党指明正确方向。到 1928 年上半年，国民党血腥屠杀共产党员和革命群众达 31 万多人，其中，共产党员 2.6 万人。党员数量从大革命高潮时的近 6 万人锐减到 1 万多人，中国革命进入低潮。

1927 年 8 月 1 日，以周恩来为书记的中共前敌委员会及贺龙、叶挺、朱德、刘伯承等人，率领党掌握或影响下的北伐军 2 万多人在南昌举行武装起义。南昌起义标志着党独立地领导革命战争、创建人民军队和武装夺取政权的开始。1927 年8 月 7 日，中共中央在武汉秘密召开紧急会议（即八七会议），会议彻底清算大革命后期陈独秀的右倾错误，确定土地革命和武装起义的方针，选出以瞿秋白为首的中央临时政治局。此后，党组织领导了秋收起义、广州起义等近百次武装起义。

在国民党血腥屠杀共产党人的白色恐怖下，1928 年 6 月 18 日至 7 月 11 日，中共“六大”在苏联莫斯科召开。大会在共产国际的帮助下，在一系列有关中国革命的根本问题上作出了基本正确的回答。由于共产国际片面强调领导干部的工人成分的意义，六届一中全会选举工人出身的向忠发为中央政治局主席兼中央政治局常务委员会主席，但实际上向忠发并没有起到应有的作用。1930 年 6 月 11 日召开的中央政治局会议，通过了李立三拟定的以武汉为中心的全国中心城市起义和集中全国红军攻打中心城市的冒险计划，从而使“左”倾冒险主义在中央占据了统治地位。9 月下旬，由周恩来、瞿秋白主持召开的六届三中全会纠正了李立三等对革命形势的“左”倾估计，“左”倾冒险主义错误开始得到纠正。1931 年 1 月 7 日召开六届四中全会。从此，以教条主义为基本特征的王明“左”倾错误在党中央开始长达四年的统治。不久，王明离开上海前往莫斯科。根据共产国际远东局的提议，9 月下半月成立临时中央政治局，由博古负总的责任。1934 年 1 月召开的六届五中全会把“左”倾冒险主义错误推向顶点。全会改选了中央政治局，成立了中央书记处，博古仍为中共中央主要负责人。

以毛泽东为代表的中国共产党人顶住来自“左”倾教条主义方面的各种压力和威胁，经过艰辛探索，在实践中逐步走出了一条以农村包围城市、武装夺取政权的革命道路，创造性地发展了马克思列宁主义的革命理论。毛泽东在领导红军创建革命根据地的过程中，通过三湾改编、古田会议等，解决了在农村环境中，在农民为主要成分的情况下，如何从思想建设着手，保持党的无产阶级先锋队性质和建设无产阶级领导的新型人民军队的问题。随着斗争的发展，党创建了十几块革命根据地，建立了中国工农红军一、二、四方面军，连续击败了国民党军队的多次围剿。由于王明“左”倾冒险主义领导造成的第五次反围剿失败，红军不得不进行二万五千里长征。长征途中，1935年1月15日至18日召开的中共中央政治局扩大会议（即遵义会议），批评了“左”倾教条主义者在军事指挥上的错误，确立了毛泽东在红军和党中央的领导地位，使红军和党中央得以在极其危急的情况下保存下来，随后又战胜张国焘的分裂主义，胜利地完成长征。在日本帝国主义加紧对中国的侵略、民族危机空前严重的关头，党中央决定和实行了抗日民族统一战线政策，领导了“一二·九”学生运动，促成了西安事变的和平解决，积极推动国共再次合作。

1937年7月7日，抗日战争全面爆发后，中国共产党从中华民族的根本利益出发，积极履行与国民党达成的将红军主力改编为国民革命军第八路军等协议。抗日战争中，毛泽东提出加强党的建设“伟大的工程”。1938年3月，中共中央作出《关于大量发展党员的决议》。到1938年底，全国党员人数从全国抗战爆发时的4万多人增加到50多万人。1938年10月，毛泽东在党的扩大的六届六中全会上，明确提出“马克思主义的中国化”的问题；1942年起，以延安为中心，整风运动在全党普遍开展。1945年4月23日至6月11日在延安召开的中共“七大”确立毛泽东思想为全党的指导思想，提出了建立联合政府的主张。中国共产党坚持全面抗战路线，在夺取抗日战争胜利的斗争中起了决定性的作用，党的力量也获得空前的发展壮大。到1945年，党员发展到121万人①，党领导的人民军队发展到132余万人，民兵发展到260余万人；党领导的抗日民主根据地即解放区已有19块，面积达到近100万平方公里，人口近1亿。②

抗日战争胜利后，中国共产党顺应民意，力图避免内战，以极大的诚意争取通过和平途径来实现中国的进步与发展。1945年8月28日，毛泽东携周恩来等前往重庆同国民党当局进行和平谈判，周恩来等积极参加了1946年1月于重庆召开的旨在和平建国的政治协商会议。然而，1946年6月26日，国民党军队22万人悍然进攻中原解放区，全面内战爆发。中国共产党在全国人民的全力支持和各民主党派、无党派民主人士的积极合作下，领导中国人民解放军进行了三年多的解放战争，经过辽沈、淮海、平津三大战役和渡江战役等，推翻了国民党在全国的反动统治。1949年9月21日，中国人民政治协商会议召开，选举毛泽东为中央人民政府主席。10月1日，举行开国大典，向全世界宣告中华人民共和国中央人民政府成立。中国历史开始了新的纪元。

二、中国共产党在社会主义革命和建设时期的艰辛探索

中华人民共和国成立后，领导和组织新民主主义革命取得胜利的中国共产党成为在全国范围执政的马克思主义执政党。党领导全国各族人民有步骤地实现从新民主主义到社会主义的转变，肃清了国民党反动派在大陆的残余武装力量和土

① 中共中央党史研究室. 中国共产党的九十年［M］. 北京：中共党史出版社，2016：253.

② 中共中央党史研究室. 中国共产党的九十年［M］. 北京：中共党史出版社，2016：263.

匪，实现了西藏的和平解放，恢复了国民经济，并取得了土地改革、抗美援朝、镇压反革命、“三反”“五反”等运动的胜利。与此同时，党十分注重加强自身建设，根据新中国成立前夕召开的七届二中全会提出的旨在加强执政党建设的严格要求，1949年11月，中共中央决定成立中央及各级党的纪律检查委员会，负责检查中央直属部门和各级党的组织及党员违反党纪的行为。朱德兼任中央纪律检查委员会书记。1950年5月，中共中央发出《关于在全党全军开展整风运动的指示》，要求严格地整顿全党的作风。首先是整顿干部作风。1950年下半年开始，全党整风运动分别进行，于年底结束。1951年2月，中共中央发出《中共中央政治局扩大会议决议要点》，提出以三年时间进行一次整党。整党到1954年春基本结束。经过整党，有41万人被开除出党或被劝告退党。同时，各地积极而又谨慎地发展新党员，党员人数由整党前的580万发展到636.9余万①。为了加强对党员特别是党的高级干部的监督，1955年3月召开的党的全国代表会议决定，成立中央和地方各级党的监察委员会，董必武任中央监察委员会书记。原有的中央及地方各级党的纪律检查委员会撤销。

在中国实现社会主义，是中国共产党创立时就确立的理想信念和奋斗目标。随着新中国成立以来各方面取得的超出预期的成就，中共中央决定从1953年起执行发展国民经济的第一个五年计划。根据毛泽东的设想和建议，1953年6月，中共中央政治局正式讨论、制定了党在过渡时期的总路线。总路线被载入1954年9月召开的第一届全国人大第一次会议通过的《中华人民共和国宪法》，成为党团结和动员全国人民共同为建设一个伟大的社会主义新中国而奋斗的新的纲领。经过几年的努力，人民代表大会制度、中国共产党领导的多党合作和政治协商制度、民族区域自治制度，以及公有制为主体的经济制度得以确立。1956年，社会主义改造基本完成。社会主义政治制度、经济制度的确立，为当代中国的一切发展和进步奠定了制度基础。

从1956年社会主义基本制度建立到1966年“文化大革命”发动前夕，是党领导全国各族人民进行全面的大规模的社会主义建设的十年。党对适合中国国情的社会主义建设道路进行了艰辛探索。毛泽东的《论十大关系》的提出，则是这一探索的开始。以1956年9月15日至27日党的“八大”召开为标志，探索取得了初步成果。“八大”是党在全国执政后召开的第一次全国代表大会。出席大会的代表1026人，代表着全国1073万党员。党员人数比“七大”时增加了8倍。苏联、南斯拉夫、法国等50多个国家的共产党、工人党、劳动党和人民革命党等党的代表团应邀列席大会。大会对社会主义改造基本完成后我国社会主要矛盾的变化作了科学分析，明确提出全国人民的主要任务是集中力量发展社会生产力，实现国家工业化，逐步满足人民日益增长的物质和文化需要。大会还着重

① 中共中央党史研究室. 中国共产党的九十年［M］. 北京：中共党史出版社，2016：452.

提出了执政党的建设问题。邓小平所作《关于修改党的章程的报告》，强调坚持民主集中制和集体领导制度，反对个人崇拜，反对突出个人，反对对个人歌功颂德。大会通过的新党章规定，党的全国代表大会实行常任制，每届任期五年，每年召开一次全国代表大会会议。大会通过的《中国共产党章程》第三十七条明确："中央委员会认为有必要的时候，可以设立中央委员会名誉主席一人。"① 此前，毛泽东已向中央提出，他准备在适当的时候不担任党的主席职务。他还提出不再担任下一届国家主席，并建议修改宪法，规定国家主席、副主席连选只得连任一届。这些可以说是初步酝酿废除实际存在的领导干部职务终身制，准备实行党和国家领导体制改革的重要设想②。大会选举出97名中央委员和73名候补中央委员组成中央委员会。八届一中全会选举毛泽东为中央委员会主席，刘少奇、周恩来、朱德、陈云为副主席，邓小平为总书记，由上述6人组成中央政治局常务委员会。1958年5月5日至23日在北京举行的八大二次会议，正式通过了中共中央根据毛泽东的倡议而提出的社会主义建设总路线及其基本点。这次会议改变了八大一次会议关于国内主要矛盾已经转变的正确分析，认为当前我国社会的主要矛盾仍然是无产阶级同资产阶级、社会主义道路同资本主义道路的矛盾。这就确认了毛泽东关于社会主义社会阶级斗争问题的"左"倾理论观点③。八大二次会议后接着举行的八届五中全会（5月25日），增选林彪为中央委员会副主席、政治局常委。1963年6月至1964年7月，中共中央针对苏联共产党中央委员会1963年3月给中共中央的来信，发表了《关于国际共产主义运动总路线的建议》，随后，以人民日报编辑部、红旗杂志编辑部的名义发表了《苏共领导同我们分歧的由来和发展》等9篇评苏共中央的公开信文章（俗称"九评"）。1966年3月，中苏两党关系中断。(1989年5月中苏两党关系实现正常化。)

从1966年至1976年期间发生的"文化大革命"，是一场由领导者错误发动，被反革命集团利用，给党、国家和人民造成严重灾难的内乱。1966年5月召开的中央政治局扩大会议和同年8月召开的八届十一中全会，是"文革"发动的标志。对中央领导机构进行了错误的改组，成立了所谓的"中央文革小组"，并让它掌握了中央的很大部分权力。1969年4月举行的"九大"和1973年8月举行的"十大"都高度肯定了指导"文革"实践的"无产阶级专政下继续革命的理论"。1971年9月，林彪集团被粉碎。不久，"文革"中被打倒的邓小平等一批老革命家复出。1976年4月，"四五运动"爆发，邓小平被撤销党内外一切职务，华国锋任中共中央第一副主席、国务院总理。同年9月9日，毛泽东逝世。10月6日，江青集团被粉碎。

---

① 中央文献研究室. 建国以来重要文献选编［M］. 北京：中央文献出版社，1994：331.

② 中央中央党史研究室. 中国共产党的九十年［M］. 北京：中共党史出版社，2016：475.

③ 中央中央党史研究室. 中国共产党历史大事记［M］. 北京：人民出版社，1991：232.

1977年7月召开的十届三中全会，决定全部恢复“反击右倾翻案风”时邓小平被撤销的职务。同年8月召开的“十一大”正式宣布“文革”结束，但却继续维护“文革”的错误理论、政策和口号。十一届一中全会选举华国锋为中央委员会主席，叶剑英、邓小平、李先念、汪东兴为副主席。在邓小平、叶剑英等老一辈革命家的大力支持下，1977年至1978年间，胡耀邦积极推动平反冤假错案工作和真理标准讨论，为党和国家的各项工作摆脱“文革”理论和实践的羁绊创造了条件。中国迎来了一个新的历史发展时期。

三、中国共产党在改革开放和社会主义现代化建设新时期的创新发展

1978年12月18日至22日召开的十一届三中全会，是中国共产党历史上的一个重要转折点。全会决定，果断地结束全国范围的大规模的揭批林彪、“四人帮”的群众运动，把全党工作的着重点和全国人民的注意力转移到社会主义现代化建设上来。全会决定停止使用“以阶级斗争为纲”“无产阶级专政下继续革命”等错误口号。全会决定健全党的民主集中制，健全党规党法，严肃党纪。全会选举产生了以陈云为第一书记、邓颖超为第二书记、胡耀邦为第三书记的由100人组成的中央纪律检查委员会。全会在事实上作出了实行改革开放的决策，并开启了对党和国家领导制度的改革①。1979年3月30日，邓小平在党的理论工作务虚会上发表讲话，明确提出：实现四个现代化必须坚持四项基本原则。

1980年2月23日至29日，十一届五中全会召开。全会讨论、通过了《关于党内政治生活的若干准则》，讨论了《中国共产党章程》修改草案，增选胡耀邦、赵紫阳为中央政治局常委。全会通过了为“文革”中被错误打倒的刘少奇平反昭雪的决议。全会还决定，恢复“八大”所决定并在十年间证明是必要和有效的制度，设立中央书记处作为中央政治局和它的常务委员会领导下“负责处理中央日常工作”② 的机构，选举胡耀邦为中央委员会总书记，选举胡耀邦、万里等11人为中央书记处书记，在党的领导体制改革上迈出了重要一步；1980年8月18日至23日召开的中央政治局扩大会议，主要讨论党和国家领导制度的改革问题，邓小平作了《党和国家领导制度的改革》的讲话。这篇讲话是党和国家领导制度改革的纲领。

1981年6月27日至29日召开的十一届六中全会，审议并一致通过《关于建国以来党的若干历史问题的决议》。全会鉴于粉碎“四人帮”以后头两年中华国锋在指导思想上继续犯“左”倾错误，一致同意华国锋辞去中央委员会主席、

---

① 钟德涛. 中国政党制度发展史论［M］. 北京：高等教育出版社，2015：288.

② 中共中央文献研究室. 三中全会以来重要文献选编（上册）［M］. 北京：人民出版社，1982：488.

中央军委主席职务的请求，通过无记名投票，选举胡耀邦为中央委员会主席，赵紫阳、华国锋为中央委员会副主席，邓小平为中央军委主席。中央政治局常务委员会由胡耀邦、叶剑英、邓小平、赵紫阳、李先念、陈云、华国锋组成，并增选习仲勋为中央书记处书记。以这次会议的召开为标志，党在指导思想上完成了拨乱反正的历史任务。

1982年9月1日至11日召开的“十二大”，是中国社会进入改革开放和社会主义现代化建设新的历史时期召开的第一次党的全国代表大会。邓小平在大会开幕词中提出“建设有中国特色的社会主义”① 的命题。胡耀邦在所作的《全面开创社会主义现代化的新局面》报告中，提出了党在新时期的总任务和把党建设成为领导社会主义现代化建设事业的坚强核心的明确要求。“十二大”通过的新党章，清除了“十一大”党章中“左”的错误，吸收了“七大”和“八大”党章的优点。党章明确规定：党必须在宪法和法律的范围内活动；党禁止任何形式的个人崇拜。从1982年9月召开的“十二大”起，中共中央只设总书记，不再设主席、副主席。总书记是中央政治局常委之一，负责召集政治局会议和政治局常务委员会会议，主持中央书记处的工作。十二届一中全会选举胡耀邦为中央委员会总书记，胡耀邦、叶剑英、邓小平、赵紫阳、李先念、陈云为中央政治局常务委员会委员，决定邓小平为中央军委主席。党的“十二大”开始了党中央领导层的新老交替和合作。经过1985年9月相继召开的十二届四中全会、党的全国代表会议、十二届五中全会，中央领导机构成员新老交替迈出了重大步伐，举世瞩目。

1987年10月25日至11月1日，“十三大”召开。赵紫阳在所作的题为《沿着有中国特色的社会主义道路前进》的报告中，提出了党在社会主义初级阶段的基本路线和“三步走”的经济发展战略，系统论述了经济体制改革、政治体制改革、在改革开放中加强党的建设、争取马克思主义在中国的新胜利等重大问题。报告明确提出了政治体制改革的长远目标和近期目标，指出政治体制改革的关键首先是党政分开，党政分开即党政职能分开②。大会通过的《中国共产党章程部分条文修正案》，对中央书记处的职权和产生方式作了调整。大会在党的历史上第一次采取差额选举的办法，选举产生了中央委员会。十三届一中全会选举赵紫阳为中央委员会总书记。

1989年6月23日至24日召开的十三届四中全会，选举江泽民为中央委员会总书记。新的中央政治局常委会由江泽民、李鹏、乔石、姚依林、宋平、李瑞环组成。在新的中央领导集体已卓有成效地开展工作的情况下，邓小平向中央政治局正式提出辞去中央军委主席职务。1989年11月6日至9日召开的十三届五

---

① 中国共产党第十二次全国代表大会文件汇编［M］. 北京：人民出版社，1982：3.

② 中国共产党第十三次全国代表大会文件汇编［M］. 北京：人民出版社，1987：36.

中全会同意邓小平的这一请求，决定江泽民为中央军委主席。经过十三届四中全会和五中全会，顺利实现了中央领导集体的新老交替。

1992年1月18日至2月21日，邓小平视察南方，发表重要谈话，提出了社会主义也可以搞市场经济的重要论断和“三个有利于”的判断标准，强调党的基本路线一百年不动摇。这篇讲话为“十四大”的召开做了重要的思想理论准备。1992年10月12日至18日召开的“十四大”提出，我国经济体制改革的目标是建立社会主义市场经济体制。大会决定不再设立中央顾问委员会。1997年2月19日，邓小平病逝。1997年9月12日至18日召开的“十五大”，将邓小平理论确立为中国共产党的指导思想，提出了党在社会主义初级阶段的基本纲领、依法治国方略和新的“三步走”经济发展战略。

2002年11月8日至14日，“十六大”召开。大会正式代表2114人，特邀代表40人，代表着全国6600多万党员。大会确立“三个代表”重要思想为党的指导思想，提出了全面建设小康社会的具体目标。十六届一中全会选举胡锦涛为中央委员会总书记。2004年9月，十六届四中全会同意江泽民辞去中央军委主席职务，决定胡锦涛任中央军委主席。2005年，中共中央印发《关于进一步加强中国共产党领导的多党合作和政治协商制度建设的意见》，推动多党合作和政治协商的制度化、规范化、程序化建设。2007年10月15日至21日，“十七大”召开。大会正式代表2213人，特邀代表57人，代表着全国7300多万党员。大会创造性地提出并深刻阐述中国特色社会主义理论体系，对科学发展观的时代背景、科学内涵、精神实质、根本要求进行了全面系统阐述。2009年9月，十七届四中全会通过《关于加强和改进新形势下党的建设若干重大问题的决定》，强调建设马克思主义学习型政党，不断提高党的建设科学化水平。

2012年11月8日至14日，“十八大”召开。大会正式代表2268人，特邀代表57人，代表着全国8200多万党员。大会确立科学发展观为党的指导思想，确定了全面建成小康社会和全面深化改革的目标。十八届一中全会选举习近平为中央委员会总书记。“十八大”以来，以习近平为核心的党中央提出了一系列治国理政的新理念新思想新战略，开辟了中国特色社会主义新境界。2017年10月18日至24日召开的“十九大”，指出中国社会主要矛盾已经转化为人民日益增长的美好生活需要和不平衡不充分的发展之间的矛盾，宣告中国特色社会主义进入新时代，确立习近平新时代中国特色社会主义思想为党的指导思想，并明确提出了新时代党的建设总要求。

第三部分　中国共产党的理论和组织状况

一、指导思想

中共十九大修改的《中国共产党章程》指出："中国共产党以马克思列宁主义、毛泽东思想、邓小平理论、'三个代表'重要思想、科学发展观、习近平新时代中国特色社会主义思想作为自己的行动指南。"①

中国共产党从其诞生之日起就始终以先进的科学理论作为自己的指导思想。1921年，中共一大将"马克思列宁主义"作为党的指导思想；1945年，中共七大将"毛泽东思想"确立为党的指导思想并写进党章；1997年，中共十五大将"邓小平理论"确立为党的指导思想并写进党章；2002年，中共十六大将"三个代表"重要思想确立为党的指导思想并写进党章；2007年，中共十七大将"科学发展观"写进党章，2012年被中共十八大确立为党的指导思想；2017年，中共十九大将"习近平新时代中国特色社会主义思想"确立为党的指导思想并载入党章。

二、组织结构和组织原则

1. 组织结构

中国共产党组织机构自上而下分为三级：中央组织、地方组织和基层组织。

中央组织分为党的全国代表大会、中央委员会、中央纪律检查委员会、中央政治局、中央政治局常务委员会、中央军事委员会、中央书记处等。党的全国代表大会每五年举行一次，由中央委员会召集。中央委员会认为有必要，或者有三分之一以上的省一级组织提出要求，可以提前举行；如无非常情况，不得延期举行。党的中央委员会每届任期五年。中央委员会全体会议由中央政治局召集，每年至少举行一次。在党的全国代表大会闭会期间，中央委员会执行党的全国代表大会的决议，领导党的全部工作，对外代表中国共产党，中央政治局和它的常务委员会在中央委员会全体会议闭会期间，行使中央委员会的职权。中央书记处是中央政治局和它的常务委员会的办事机构。中央委员会总书记负责召集中央政治局会议和中央政治局常务委员会会议，并主持中央书记处的工作。党的中央军事

① 中国共产党第十九次全国代表大会文件汇编［M］. 北京：人民出版社，2017：66.

委员会组成人员由中央委员会决定。

党的地方组织分为省、自治区、直辖市，设区的市和自治州的代表大会，县（旗）、自治县、不设区的市和市辖区的代表大会，每五年举行一次。党的地方各级代表大会由同级党的委员会召集，党的省、自治区、直辖市、设区的市和自治州的委员会，每届任期五年，党的县（旗）、自治县、不设区的市和市辖区的委员会，每届任期五年。党的地方各级委员会全体会议，每年至少召开两次。党的地区委员会和相当于地区委员会的组织，是党的省、自治区委员会在几个县、自治县、市范围内派出的代表机关。它根据省、自治区委员会的授权，领导本地区的工作。

企业、农村、机关、学校、科研院所、街道社区、社会组织、人民解放军连队和其他基层单位，凡是有正式党员三人以上的，都应当成立党的基层组织。党的基层组织，根据工作需要和党员人数，经上级党组织批准，分别设立党的基层委员会、总支部委员会、支部委员会。党的基层委员会每届任期三年至五年，总支部委员会、支部委员会每届任期两年或三年。基层委员会、总支部委员会、支部委员会的书记、副书记选举产生后，应报上级党组织批准。

2. 组织原则

中国共产党是根据自己的纲领和章程，按照民主集中制组织起来的统一整体。党的民主集中制的基本原则是：

第一，党员个人服从党的组织，少数服从多数，下级组织服从上级组织，全党各个组织和全体党员服从党的全国代表大会和中央委员会。

第二，党的各级领导机关，除它们派出的代表机关和在非党组织中的党组外，都由选举产生。

第三，党的最高领导机关，是党的全国代表大会和它所产生的中央委员会。党的地方各级领导机关，是党的地方各级代表大会和它们所产生的委员会。党的各级委员会向同级的代表大会负责并报告工作。

第四，党的上级组织要经常听取下级组织和党员群众的意见，及时解决他们提出的问题。党的下级组织既要向上级组织请示和报告工作，又要独立负责地解决自己职责范围内的问题。上下级组织之间要互通情报、互相支持和互相监督。党的各级组织要按规定实行党务公开，使党员对党内事务有更多的了解和参与。

第五，党的各级委员会实行集体领导和个人分工负责相结合的制度。凡属重大问题都要按照集体领导、民主集中、个别酝酿、会议决定的原则，由党的委员会集体讨论，作出决定；委员会成员要根据集体的决定和分工，切实履行自己的职责。

第六，党禁止任何形式的个人崇拜。要保证党的领导人的活动处于党和人民的监督之下，同时维护一切代表党和人民利益的领导人的威信。

三、党员资格

1. 入党条件

现行《中国共产党章程》第一条规定，“年满十八岁的中国工人、农民、军人、知识分子和其他社会阶层的先进分子，承认党的纲领和章程，愿意参加党的一个组织并在其中积极工作、执行党的决议和按期交纳党费的，可以申请加入中国共产党”①。按照这个规定，申请加入中国共产党，必须具备以下五个条件：(1) 年龄在 18 周岁以上；(2) 本人必须具有中国国籍，是从事劳动而不是剥削他人劳动的人；(3) 承认党的纲领和章程，不只是口头上的，更重要的是有决心和行动；(4) 愿意参加党的组织并在其中积极工作。这是列宁主张的必须坚持的一个原则问题。只有全体党员都坚决执行党的决议，才能保证全党在思想上、政治上、行动上的高度一致，党才有战斗力；(5) 愿意按期交纳党费。这是党员关心党的事业，具有组织观念的一种表现。

2. 入党的程序

申请入党的人，要填写入党志愿书，要有两名正式党员作介绍人，要经过支部大会通过和上级党组织批准，并且经过一年预备期的考察，才能成为正式党员。

介绍人要认真了解申请人的思想、品质、经历和工作表现，向他解释党的纲领和党的章程，说明党员的条件、义务和权利，并向党组织作出负责的报告。

党的支部委员会对申请入党的人，要注意征求党内外有关群众的意见，进行严格的审查，认为合格后再提交支部大会讨论。上级党组织在批准申请人入党以前，要派人同他谈话，作进一步的了解，并帮助他提高对党的认识。在特殊情况下，党的中央和省、自治区、直辖市委员会可以直接接收党员。

预备党员必须面向党旗进行入党宣誓。预备党员的预备期为一年。党组织对预备党员应当认真教育和考察。预备党员的义务同正式党员一样。预备党员的权利，除了没有表决权、选举权和被选举权以外，也同正式党员一样。预备党员预备期满，党的支部应当及时讨论他能否转为正式党员。认真履行党员义务，具备党员条件的，应当按期转为正式党员；需要继续考察和教育的，可以延长预备期，但不能超过一年；不履行党员义务，不具备党员条件的，应当取消预备党员资格。预备党员转为正式党员，或延长预备期，或取消预备党员资格，都应当经支部大会讨论通过和上级党组织批准。

3. 对宗教的态度

2016 年 10 月 24 日至 27 日召开的中国共产党第十八届中央委员会第六次全体会议审议通过的《关于新形势下党内政治生活的若干准则》严格规定：党员不准搞封建迷信，不准信仰宗教，不准参与邪教，不准纵容和支持宗教极端势力、

---

① 中国共产党第十九次全国代表大会文件汇编［M］. 北京：人民出版社，2017：79.

民族分裂势力、暴力恐怖势力及其活动。

4. 对其他社会阶级成员入党的态度

2002年，党的十六大对入党条件进行了修订，党章规定，加入党组织的必须是工人、农民、军人、知识分子和其他社会阶层的先进分子。工人、农民、军人、知识分子是中国共产党的阶级基础和主要依靠力量。吸收其他社会阶层的先进分子加入党内，是中国共产党在分析社会发展客观形势变化的基础上组织建设的新发展。

第四部分　中国共产党的国内实践活动

一、2017年中国共产党召开的重大会议

2017年1月6日至8日，中国共产党第十八届中央纪律检查委员会第七次全体会议在北京举行。中共中央总书记、国家主席、中央军委主席习近平发表重要讲话强调，全面加强纪律建设，持之以恒抓好作风建设，把反腐败斗争引向深入，不断增强全面从严治党的系统性、创造性、实效性。全会总结了2016年纪律检查工作，部署2017年工作任务，审议通过了王岐山代表中央纪委常委会所作的《推动全面从严治党向纵深发展　以优异成绩迎接党的十九大召开》工作报告，审议通过了《中国共产党纪律检查机关监督执纪工作规则（试行）》。

2017年10月9日，中国共产党第十八届中央纪律检查委员会第八次全体会议在北京举行。中共中央政治局常委、中央纪委书记王岐山发表讲话。全会审议并通过了十八届中央纪律检查委员会向中国共产党第十九次全国代表大会的工作报告，同意将报告提请中国共产党第十八届中央委员会第七次全体会议审议。

2017年10月11日至14日，中国共产党第十八届中央委员会第七次全体会议在北京举行。中央委员会总书记习近平作了重要讲话。全会决定，中国共产党第十九次全国代表大会于2017年10月18日在北京召开。会议讨论并通过了党的十八届中央委员会向中国共产党第十九次全国代表大会的报告、党的十八届中央纪律检查委员会向中国共产党第十九次全国代表大会的工作报告、《中国共产党章程（修正案）》。会议决定将这3份文件提请中国共产党第十九次全国代表大会审查和审议。

2017年10月18日至24日，中国共产党第十九次全国代表大会在北京胜利召开。大会批准了习近平代表十八届中央委员会所作的报告《决胜全面建成小康

社会　夺取新时代中国特色社会主义伟大胜利》，通过了《关于十八届中央委员会报告的决议》《关于中央纪律检查委员会工作报告的决议》《关于〈中国共产党章程（修正案）〉的决议》。选举产生了新一届中央委员会和中央纪律检查委员会。大会一致同意，在党章中把习近平新时代中国特色社会主义思想同马克思列宁主义、毛泽东思想、邓小平理论、"三个代表"重要思想、科学发展观一道确立为党的行动指南。大会强调，经过长期努力，中国特色社会主义进入了新时代，我国社会主要矛盾已经转化为人民日益增长的美好生活需要和不平衡不充分的发展之间的矛盾。

2017 年 10 月 25 日，中国共产党第十九次全国代表大会选举产生的中央纪律检查委员会在北京举行第一次全体会议。赵乐际主持会议。全会选举了中央纪律检查委员会书记、副书记和常务委员会委员，报中央委员会批准。与会同志列席了中国共产党第十九届中央委员会第一次全体会议。

2017 年 10 月 25 日，中国共产党第十九届中央委员会第一次全体会议在北京举行。习近平主持会议并在当选中共中央委员会总书记后作了重要讲话。全会选举了中央政治局委员、中央政治局常务委员会委员、中央委员会总书记；根据中央政治局常务委员会的提名，通过了中央书记处成员，决定了中央军事委员会组成人员；批准了十九届中央纪律检查委员会第一次全体会议选举产生的书记、副书记和常务委员会委员人选。

2017 年 10 月 26 日，中央军委在北京召开军队领导干部会议。中共中央总书记、国家主席、中央军委主席习近平出席会议并发表重要讲话。习近平总书记强调，中国特色社会主义进入了新时代，国防和军队建设也进入了新时代。人民军队要为实现党在新时代的强军目标，把人民军队全面建成世界一流军队而奋斗。会议总结了上一届中央军委的主要工作，部署了全军学习贯彻党的十九大精神，给新一届军委班子立规矩，对军队各方面工作提出要求。

二、为全面从严治党进行部署

（1）部署全年全面从严治党的总任务。2017 年 1 月 6 日至 8 日，中国共产党第十八届中央纪律检查委员会第七次全体会议在北京举行。中共中央总书记、国家主席、中央军委主席习近平发表重要讲话。全会审议通过了王岐山同志代表中央纪委常委会所作的《推动全面从严治党向纵深发展　以优异成绩迎接党的十九大召开》的工作报告，审议通过了《中国共产党纪律检查机关监督执纪工作规则（试行）》。此次会议公报指出，"党的高级干部要做严肃党内政治生活的表率，党的各级组织要强化党内监督，不断增强全面从严治党的系统性、创造性、实效性"①。

① 中国共产党第十八届中央纪律检查委员会第七次全体会议公报［N］. 人民日报，2017-01-09（1）.

（2）树立党的一切工作到支部的导向。2017 年 4 月 16 日，推进“两学一做”学习教育常态化制度化工作座谈会在北京召开。中共中央总书记、国家主席、中央军委主席习近平作出重要指示，强调“要抓住‘关键少数’，抓实基层支部，坚持问题导向，发挥先进典型示范作用。要落实各级党委（党组）主体责任，保证党的组织履行职能、发挥核心作用，保证广大党员以身作则、发挥先锋模范作用”①。

（3）进一步规范党内政治生活。2017 年 12 月 25 日至 26 日，中共中央政治局召开民主生活会，中共中央总书记习近平主持会议并发表重要讲话。会议以认真学习领会习近平新时代中国特色社会主义思想、坚定维护以习近平同志为核心的党中央的权威和集中统一领导、全面贯彻落实党的十九大各项决策部署为主题，重点对照《中共中央政治局关于加强和维护党中央集中统一领导的若干规定》《中共中央政治局贯彻落实中央八项规定实施细则》，联系中央政治局工作，联系带头执行中央八项规定的实际，联系狠抓党的十九大决策部署的实际，进行自我检查、党性分析，开展批评和自我批评。11 月 30 日中共中央政治局召开会议，审议通过《中国共产党党务公开条例（试行）》。会议指出，推进党务公开，是贯彻落实党的十九大精神的重要举措，是发扬党内民主、发展社会主义民主政治的必然要求，对于推进全面从严治党，加强党内监督，充分调动全党积极性、主动性、创造性具有重要意义。

（4）加强党风廉政建设和反腐败工作。2017 年 5 月 26 日中共中央政治局召开会议，审议《关于修改〈中国共产党巡视工作条例〉的决定》和《关于巡视中央意识形态单位情况的专题报告》。6 月 28 日中共中央政治局召开会议，审议《关于巡视 31 所中管高校党委情况的专题报告》。9 月 18 日中共中央政治局召开会议，研究拟提请党的十八届七中全会讨论的文件，审议《关于五年来中央政治局贯彻执行中央八项规定并以此带动全党加强作风建设情况的报告》。12 月 27 日中共中央政治局召开会议，决定 2018 年 1 月在北京召开中国共产党第十九届中央委员会第二次全体会议，主要议程是讨论研究修改宪法部分内容的建议，会议听取中央纪律检查委员会工作汇报，研究部署 2018 年党风廉政建设和反腐败工作。

（5）研究部署学习宣传贯彻党的重要精神。2017 年 7 月 26 日至 27 日，党中央举办省部级主要领导干部“学习习近平总书记重要讲话精神，迎接党的十九大”专题研讨班，习近平总书记在开班仪式上发表了重要讲话。习近平总书记阐述了党的十八大以来党和国家事业发生的历史性变革，并作出中国特色社会主义进入了新的发展阶段的重大战略判断，提出新的时代条件下要进行伟大斗争、建设伟大工程、推进伟大事业、实现伟大梦想。2017 年 10 月 27 日，十九届中共

① 习近平. 抓住“关键少数” 抓实基层支部 保证广大党员以身作则发挥先锋模范作用［N］. 人民日报，2017-04-17（01）.

中央政治局召开会议，研究部署学习宣传贯彻党的十九大精神，审议《中共中央政治局关于加强和维护党中央集中统一领导的若干规定》和《中共中央政治局贯彻落实中央八项规定的实施细则》。

三、为全面深化改革制定方针

中央全面深化改革领导小组在2017年一共召开了8次会议，研究确定各领域改革的重大原则、方针政策、总体方案，统一部署全国重大性改革，统筹协调处理全局性、长远性、跨地区跨部门的重大改革问题，指导、推动、督促中央有关重大改革措施的组织落实，审议通过文件72个。

2017年2月6日，中央全面深化改革领导小组召开第三十二次会议。会议审议通过了《新时期产业工人队伍建设改革方案》《关于加强党对地方外事工作领导体制改革的实施意见》《关于改革驻外机构领导机制、管理体制和监督机制的实施意见》《关于改革对外工作队伍建设的实施意见》《关于改革援外工作的实施意见》《关于社会智库健康发展的若干意见》等文件，对11个领域的改革问题进行统筹部署。

2017年3月24日，中央全面深化改革领导小组召开第三十三次会议。会议审议通过了《全面深化中国（上海）自由贸易试验区改革开放方案》《关于深化科技奖励制度改革的方案》。听取了就抓好国有企业改革调研、司法体制改革推进落实、抓好上海自由贸易试验区改革试点、推进有关制度创新、扎实推进环保领域改革、推进农村改革工作、抓好重点改革任务落实、抓好全省改革工作、推进医药卫生体制改革、抓实扶贫改革、深化科技创新供给侧结构性改革等方面情况的汇报。

2017年4月18日，中央全面深化改革领导小组召开第三十四次会议。会议审议通过了《关于加快构建政策体系、培育新型农业经营主体的意见》《关于进一步激发和保护企业家精神的意见》《关于建立现代医院管理制度的指导意见》《关于改革完善短缺药品供应保障机制的实施意见》《关于办理刑事案件严格排除非法证据若干问题的规定》《关于完善反洗钱、反恐怖融资、反逃税监管体制机制的意见》《对省级人民政府履行教育职责的评价办法》《关于禁止洋垃圾入境推进固体废物进口管理制度改革实施方案》，对8个领域的改革问题进行统筹部署。

2017年5月23日，中央全面深化改革领导小组召开第三十五次会议。会议审议通过了《关于深化教育体制机制改革的意见》《外商投资产业指导目录（2017年修订）》《关于规范企业海外经营行为的若干意见》《关于建立资源环境承载能力监测预警长效机制的若干意见》《关于深化环境监测改革提高环境监测数据质量的意见》等文件，对9个领域的改革问题进行统筹部署。

2017年6月26日，中央全面深化改革领导小组召开第三十六次会议。会议审议通过了《祁连山国家公园体制试点方案》《中央企业公司制改制工作实施方案》《地区生产总值统一核算改革方案》《统计违纪违法责任人处分处理建议办法》《中国国际进口博览会总体方案》等文件，对 11 个领域的改革问题进行统筹部署。

2017 年 7 月 19 日，中央全面深化改革领导小组召开第三十七次会议。会议审议通过了《关于创新体制机制推进农业绿色发展的意见》《国家技术转移体系建设方案》《关于深入推进公共文化机构法人治理结构改革的实施方案》《关于加强和改进中外人文交流工作的若干意见》《聘任制公务员管理规定（试行）》等文件，对 9 个领域的改革问题进行统筹部署。

2017 年 8 月 29 日，中央全面深化改革领导小组召开第三十八次会议。会议审议通过了《关于完善主体功能区战略和制度的若干意见》《关于探索建立涉农资金统筹整合长效机制的意见》《生态环境损害赔偿制度改革方案》《关于建立健全村务监督委员会的指导意见》《关于加强法官检察官正规化专业化职业化建设全面落实司法责任制的意见》《关于上海市开展司法体制综合配套改革试点的框架意见》，对 6 个领域的改革问题进行统筹部署。

2017 年 11 月 20 日，十九届中央全面深化改革领导小组召开第一次会议。会议审议通过了《关于建立国务院向全国人大常委会报告国有资产管理情况的制度的意见》《关于加强贫困村驻村工作队选派管理工作的指导意见》《农村人居环境整治三年行动方案》《关于在湖泊实施湖长制的指导意见》《全面深化新时代教师队伍建设改革的意见》等文件，对 16 个领域的改革问题进行统筹部署。

四、中央政治局的集体学习

中央政治局在 2017 年共组织了 8 次集体学习，学习的主题主要涉及政治、经济、法律、社会、科学、文化、理论等领域。

(1) 关于经济建设的学习。2017 年 1 月 22 日，中共中央政治局就深入推进供给侧结构性改革进行第三十八次集体学习，明确推进供给侧结构性改革是我国经济发展进入新常态的必然选择，是经济发展新常态下我国宏观经济管理必须确立的战略思路，是当前我国经济发展必须抓紧抓好的一件大事。2017 年 2 月 21 日，中共中央政治局就我国脱贫攻坚形势和更好实施精准扶贫进行第三十九次集体学习，指出要更好地推进精准扶贫、精准脱贫，确保如期实现脱贫攻坚目标。2017 年 4 月 25 日，中共中央政治局就维护国家金融安全进行第四十次集体学习，强调金融活、经济活，金融稳、经济稳，做好金融工作，维护金融安全。2017 年 5 月 26 日，中共中央政治局就推动形成绿色发展方式和生活方式进行第四十一次集体学习，指出必须把生态文明建设摆在全局工作的突出地位，坚持节约资源和保护环境的基本国策，坚持节约优先、保护优先、自然恢复为主的方针。

(2) 关于文化建设的学习。2017 年 9 月 29 日，中共中央政治局就当代世界马克思主义思潮及其影响进行第四十三次集体学习，提出发展 21 世纪马克思主义、当代中国马克思主义，必须立足中国、放眼世界，保持与时俱进的理论品格，深刻认识马克思主义的时代意义和现实意义，锲而不舍地推进马克思主义中国化、时代化、大众化。2017 年 10 月 27 日，十九届中共中央政治局就深入学习贯彻党的十九大精神进行第一次集体学习，强调切实学懂弄通做实党的十九大精神，努力在新时代开启新征程续写新篇章。

(3) 关于党和国家治理能力的学习。2017 年 7 月 24 日，中共中央政治局就推进军队规模结构和力量编成改革，重塑中国特色现代军事力量体系进行第四十二次集体学习，指出深化国防和军队改革是一场攻坚战役，军队要全力以赴，全党全国要大力支持，推动国防和军队改革向纵深发展。2017 年 12 月 8 日，中共中央政治局就实施国家大数据战略进行第二次集体学习，强调中国应该加快完善数字基础设施，推进数据资源整合和开放共享，保障数据安全，加快建设数字中国。

五、2017 年中国共产党开展的纪念活动

2017 年 5 月 27 日，纪念中华人民共和国香港特别行政区基本法实施 20 周年座谈会在北京人民大会堂隆重举行。7 月 1 日，庆祝香港回归祖国 20 周年大会暨香港特别行政区第五届政府就职典礼在香港会展中心隆重举行。7 月 7 日，纪念全民族抗战爆发 80 周年仪式在中国人民抗日战争纪念馆举行。8 月 1 日，庆祝中国人民解放军建军 90 周年大会在北京人民大会堂隆重举行，中共中央总书记、国家主席、中央军委主席习近平在大会上发表重要讲话。9 月 6 日，纪念姚依林同志诞辰 100 周年座谈会在北京人民大会堂举行。9 月 8 日，中国藏语系高级佛学院建院 30 周年纪念大会在北京举行。12 月 13 日，南京大屠杀死难者国家公祭仪式在侵华日军南京大屠杀遇难同胞纪念馆举行，中共中央总书记、国家主席、中央军委主席习近平出席。

六、2017 年中国共产党对政府重大工作的领导

(1) 对政府工作的领导。2017 年 1 月 10 日，中共中央政治局常务委员会召开会议，听取全国人大常委会、国务院、全国政协、最高人民法院、最高人民检察院党组工作汇报，听取中央书记处工作报告。1 月 22 日，中共中央政治局召开会议，决定设立中央军民融合发展委员会，审议《中央政治局常委会听取和研究全国人大常委会、国务院、全国政协、最高人民法院、最高人民检察院党组工作汇报和中央书记处工作报告的综合情况报告》。2 月 21 日，中共中央政治局召开会议，讨论国务院拟提请第十二届全国人民代表大会第五次会议审议的《政府工作报告》，审议《关于巡视中央和国家机关全覆盖情况的专题报告》和《关于推进“两学一做”学习教育常态化制度化的意见》。3 月 31 日，中共中央政治局召开会议，中共中央总书记习近平主持会议，听取 2016 年省级党委和政府脱贫攻坚工作成效考核情况汇报，对推进脱贫攻坚工作提出要求。

(2) 对经济工作的领导。2017 年 4 月 25 日，中共中央政治局召开会议，分

析研究当前经济形势和经济工作，审议《关于巡视中央政法单位情况的专题报告》。7月24日，中共中央政治局召开会议，分析研究当前经济形势，部署下半年经济工作，会议强调，做好下半年经济工作，要坚持稳中求进的工作总基调，更好把握稳和进的关系，把握好平衡，把握好时机，把握好度。12月8日，中共中央政治局召开会议，分析研究2018年经济工作，会议指出，2018年是贯彻党的十九大精神的开局之年，是改革开放40周年，是决胜全面建成小康社会、实施“十三五”规划承上启下的关键一年。做好明年的经济工作，要全面贯彻党的十九大精神，以习近平新时代中国特色社会主义思想为指导，加强党对经济工作的领导。

（3）对军民融合工作的领导。2017年6月20日，中共中央总书记、国家主席、中央军委主席、中央军民融合发展委员会主任习近平主持召开中央军民融合发展委员会第一次全体会议并发表重要讲话。会议审议通过了《中央军民融合发展委员会工作规则》《中央军民融合发展委员会办公室工作规则》《中央军民融合发展委员会近期工作要点》和《省（区、市）军民融合发展领导机构和工作机构设置的意见》。2017年9月22日，中共中央总书记、国家主席、中央军委主席、中央军民融合发展委员会主任习近平主持召开中央军民融合发展委员会第二次全体会议并发表重要讲话。会议审议通过了《“十三五”国防科技工业发展规划》《关于推动国防科技工业军民融合深度发展的意见》《“十三五”期间推进军事后勤军民融合深度发展的实施意见》《经济建设与国防建设密切相关的建设项目贯彻国防要求管理办法（试行）》，部署了当前和今后一个时期的工作。

第五部分　党的国际实践活动

一、2017年中国共产党与社会主义国家执政党的交往活动

1. 中国共产党与古巴共产党

中共中央政治局常委、中央书记处书记刘云山于2017年6月21日下午在北京会见了古巴共产党中央书记处书记、国际关系部部长巴拉格尔率领的古巴共产党代表团。刘云山指出，中方坚定支持古巴走社会主义道路，愿与古方一道，不断创新交流合作的方式，进一步深化党际交流、加强务实合作，更好地促进各自党的建设和国家发展。巴拉格尔指出，古方愿深化两党交流合作，把古中关系提升到更高水平。

中共中央书记处书记、中央纪委副书记赵洪祝应古巴共产党邀请率中共代表团访问古巴，赵洪祝于 2017 年 5 月 19 日在哈瓦那分别会见了古巴共产党中央政治局委员、国务委员会副主席巴尔德斯，古巴共产党中央书记处书记、组织和干部政策部部长阿尔瓦雷斯，同古巴国务委员会副主席、总审计长贝赫拉诺举行了工作会谈。赵洪祝指出，中方将坚定不移地与古巴开展互利双赢的合作，坚定不移地与古巴做改革发展的伙伴，推动双边关系再上新台阶。古巴领导人强调，古方将深入研究借鉴中共治党治国经验，愿同中方在反腐败和追逃追赃方面加强交流与合作。

中共中央对外联络部部长宋涛于 2017 年 6 月 19 日在北京会见了古巴共产党中央政治局委员、古巴全国人民政权代表大会主席拉索及其率领的代表团。中方与古方共同指出要不断深入开展多层次、宽领域的交流与合作，进一步加强党际交往与两国治国理政经验的交流。8 月 17 日，宋涛在北京会见了古巴共产党中央委员、圣斯皮里图斯省委第一书记蒙特阿古多率领的古共代表团。中古双方就交流互鉴治党治国理政经验、丰富党际交流的形式、深化合作内涵进行了进一步的交流。12 月 3 日上午，宋涛在北京会见了来华出席中国共产党与世界政党高层对话会的古巴共产党中央政治局委员、工人中央工会总书记吉拉特。双方高度评价中古两党两国关系，就下一阶段两国执政党之间加强交流合作交换意见，达成广泛共识。

2. 中国共产党与朝鲜劳动党

2017 年 11 月 17 日下午，朝鲜劳动党中央政治局常委、中央副委员长崔龙海在平壤会见了中共中央总书记习近平特使、中共中央对外联络部部长宋涛。宋涛通报了中国共产党第十九次全国代表大会的主要精神和历史性贡献。崔龙海感谢宋涛的全面通报。双方还就中朝两党两国关系等交换了意见。双方均表示要共同努力推动中朝两党两国关系向前发展，为两国人民造福。11 月 18 日，宋涛在平壤同朝鲜劳动党中央政治局委员、党中央副委员长李洙墉举行了会谈。宋涛通报了中国共产党第十九次全国代表大会情况。李洙墉表示，朝鲜劳动党高度重视中共十九大情况，衷心祝愿中国人民在贯彻落实十九大部署的各项任务中取得巨大成就。双方还就中朝两党两国关系、朝鲜半岛问题等共同关心的问题交换了意见，表示将加强党际交往和沟通，推动中朝关系向前发展。

3. 中国共产党与老挝人民革命党

中共中央总书记、国家主席习近平于 2017 年 10 月 30 日在北京人民大会堂会见了老挝人民革命党中央总书记本扬特使、中央对外联络部部长顺通。顺通转交了本扬总书记致习近平总书记的贺信并转达了口信。习近平感谢本扬的口信并指出，新一届中共中央领导集体将继续同本扬总书记为首的老挝党中央领导集体一道，加强对双边关系的政治引领，秉承“长期稳定、睦邻友好、彼此信赖、全面合作”十六字方针和“好邻居、好朋友、好同志、好伙伴”精神，推动中老全面战略合作伙伴关系不断向前发展。顺通代表老挝党中央和本扬表示，老挝党中央也希望同以习近平总书记为核心的新一届中共中央领导集体密切合作，共同推动新时代老中全面战略合作伙伴关系迈上新台阶。11 月 13 日习近平在万象国家主席府同老挝人民革命党中央委员会总书记、国家主席本扬举行了会谈。双方同意保持高层互访的优良传统，引领和指导新时期中老关系发展；双方同意加快中国“一带一路”倡议同老挝“变陆锁国为陆联国”战略对接；双方同意深化文化、教育、科技、旅游等领域合作，办好老挝中国文化中心，加强青少年友好交往，扩大地方间合作；双方坚信在彼此信赖的基础上，共同打造中老具有战略意义的命运共同体，为地区和世界和平、友好、合作、发展作出重要贡献。11 月 14 日，习近平在万象下榻饭店再次会见了老挝人民革命党中央委员会总书记、国家主席本扬。习近平感谢老方热情友好的接待，感谢本扬在访问结束之际专程前来话别。会见后，习近平和本扬共同见证了《中华人民共和国外交部和老挝人民民主共和国外交部关于加强新形势下合作的协议》的签署。

中共中央政治局常委、国务院总理李克强于 2017 年 5 月 13 日下午在北京人民大会堂会见了来华出席“一带一路”国际合作高峰论坛的老挝国家主席本扬。李克强表示，愿充分发挥中老关系的政治优势和地缘优势，深化重点领域合作。本扬表示，愿同中方密切高层交往，深化经贸、投资、基础设施建设等领域合作，加快老中铁路等重大项目建设。

中共中央政治局常委、中央纪委书记王岐山于 2017 年 5 月 13 日在钓鱼台国宾馆会见了老挝人民革命党中央总书记、国家主席本扬。王岐山指出，希望中老两党深化党的建设和治国理政经验交流，通过“一带一路”建设对接发展战略，提高务实合作水平，携手打造牢不可破的中老命运共同体。本扬表示，愿同中方深化各领域交流合作，促进两党两国关系持续健康稳定发展。

中共中央政治局委员、中央书记处书记、中宣部部长刘奇葆与老挝人民革命党中央政治局委员、中央书记处书记、中组部部长占西，老挝人民革命党中央书记处书记、中宣部部长吉乔于 2017 年 6 月 22 日出席在海南博鳌举行的第六次中老两党理论研讨会开幕式。刘奇葆在开幕式主旨报告中指出，这次中老两党理论研讨会围绕“新形势下加强和改进党对新闻舆论工作领导的经验做法”进行研讨交流、相互学习借鉴，有助于两党为推进各自国家社会主义现代化建设事业营造良好舆论环境。占西在开幕式主旨报告中介绍了老挝人民革命党加强和改进对新闻媒体工作领导的经验做法。

中共中央对外联络部部长宋涛于 2017 年 9 月 5 日在北京会见了由老挝人民革命党中央委员会顾问、前政府副总理宋沙瓦率领的该党理论研究代表团。宋涛指出，中方愿通过两党交往，为两国关系发展发挥独特引领作用，推动中老全面战略合作伙伴关系不断向前发展。宋沙瓦感谢宋涛对他的积极评价，表示将继续为老中关系发展作贡献。10 月 29 日，宋涛在北京同老挝人民革命党中央总书记特使、中联部部长顺通举行了工作会谈。双方一致表示，两党对外联络部要继续密切配合，贯彻落实好两党总书记重要共识，把中老全面战略合作伙伴关系不断提升到新高度。11 月 2 日，老挝人民革命党中央总书记、国家主席本扬在万象会见了宋涛。本扬强调，老方愿同中方一道努力，不断加强两党交流合作，推动老中全面战略合作伙伴关系不断深入发展，共同筑牢老中命运共同体。11 月 2 日,宋涛在万象与老挝人民革命党中联部部长顺通举行了会谈。宋涛宣介了中共十九大主要精神。顺通表示，老方愿同中方一道，不断增进政治互信，深化务实合作，努力构建牢不可破的老中命运共同体。11 月 2 日，宋涛在万象会见了老挝人民革命党中央政治局委员、中央书记处常务书记、国家副主席潘坎。双方均表示要加强在国际地区事务中的协调配合，不断把中老全面战略合作伙伴关系推向前进，打造牢不可破的老中命运共同体，为构建人类命运共同体发挥良好示范效应。12 月 2 日上午，宋涛在北京会见了来华出席中国共产党与世界政党高层对话会的老挝国会主席巴妮。

4. 中国共产党与越南共产党

中共中央总书记、国家主席习近平于 2017 年 1 月 12 日在北京人民大会堂同越共中央总书记阮富仲举行了会谈。双方一致表示，要秉持“长期稳定、面向未来、睦邻友好、全面合作”方针和“好邻居、好朋友、好同志、好伙伴”精神，着眼大局、立足长远、坚定目标、相向而行，推动中越关系沿着正确轨道向前发展。10 月 30 日，习近平在北京人民大会堂会见了越共中央总书记阮富仲特使、中央对外部部长黄平君。黄平君表示，越共中央愿同以习近平总书记为核心的新一届中共中央领导集体一道努力，把新时代越中关系提升到新高度。11 月 12 日,习近平在河内越共中央驻地同越共中央总书记阮富仲举行了会谈。双方积极评价彼此发展成就，一致同意继承、维护、发扬好中越传统友谊，相互坚定奉行友好政策，把两国全面战略合作发展得越来越好，给两国和两国人民带来更多切实利益。11 月 13 日上午，习近平在河内越共中央驻地再次会见了越共中央总书记阮富仲。习近平向阮富仲介绍了中国治党治国有关经验。阮富仲表示，越方愿同中方加强治党治国理政经验交流，继承和发扬越中传统友好，努力推动两党两国关系不断迈上新台阶。

中共中央政治局常委、国务院总理李克强于 2017 年 1 月 13 日上午在北京人民大会堂会见了来华进行正式访问的越共中央总书记阮富仲。双方共同指出，应增进高层往来和政治互信，深化发展战略对接，拓展双向贸易和投资，在多个领域开展互利合作，保持双边关系发展的积极势头，并为本地区和世界的和平与发展贡献力量。

中共中央政治局常委、全国人大常委会委员长张德江于 2017 年 1 月 13 日在北京人民大会堂会见了越共中央总书记阮富仲。双方均指出，应落实好两党两国领导人达成的重要共识，加强两国国会的友好合作，为巩固越中睦邻友好作出贡献。

中共中央政治局常委、全国政协主席俞正声于 2017 年 1 月 13 日在北京会见了越共中央总书记阮富仲。中越双方均指出，要进一步加强战略沟通，增进政治互信，推进务实合作，扩大人文交流，为中越全面战略合作伙伴关系发展注入新动力。

中共中央政治局常委、中央书记处书记刘云山应越南共产党邀请于2017年9月18日至19日对越南进行正式访问，在河内分别会见了越共中央总书记阮富仲、总理阮春福、国会主席阮氏金银，与越共中央政治局委员陈国旺举行了会谈。双方就进一步加强两党两国关系进行了深入交流。

中共中央政治局常委、中央纪委书记王岐山于2017年1月13日在北京人民大会堂会见了越共中央总书记阮富仲。双方在党的建设和反腐败方面进行了深入交流。

中国同越南于2017年1月14日签署《中越联合公报》。其基本内容包括：①应中国共产党中央委员会总书记、中华人民共和国主席习近平的邀请，越南共产党中央委员会总书记阮富仲于2017年1月12日至15日对中华人民共和国进行正式访问。②双方认为，中越两国是有着悠久友好传统的邻国，都是共产党领导的社会主义国家，政治制度相同、发展道路相近，前途相关、命运与共，各自国家的可持续发展和两国友好关系与良好合作对两国都有重要意义。③双方回顾了中越两党两国关系发展历程，一致认为由毛泽东主席和胡志明主席等老一辈领导人亲手缔造和精心培育的中越传统友谊是两党、两国和两国人民的宝贵财富，必须在新形势下进一步传承好、维护好、发扬好。④双方认为，两党两国高层特别是最高领导人保持经常接触，对推动双边关系发展具有极其重要的战略引领作用。⑤双方认为，中越均处在经济社会发展的重要时期，两国发展互为重要机遇，应切实发挥好两党高层会晤机制、双边合作指导委员会等两党两国间交流合作机制的统筹协调作用，重点推动提升以下领域合作效果：执行好两党合作计划（2016—2020年），实施好两党干部培训合作计划（2016—2020年）；深化外交、国防、安全和执法领域交流合作；进一步加强经贸务实合作；通过灵活多样的形式推动两国人民特别是年轻一代交往，使两国民间交往更加活跃、热络，增进相互了解和友谊；发挥好中越陆地边界联合委员会和中越陆地边境口岸管理合作委员会机制作用，落实好两国陆地边界有关法律文件，提升两国边境口岸建设、管理和开放合作水平，继续采取通关便利化措施，积极研究解决两国边境地区季节性务工问题，实现边境地区长治久安和共同发展。⑥双方就海上问题坦诚交换意见。⑦越方重申坚定奉行一个中国政策，支持两岸关系和平发展与中国统一大业，坚决反对任何形式的“台独”分裂活动。越南不同台湾发展任何官方关系。中方对此表示赞赏。⑧双方同意继续加强在联合国、亚太经合组织、中国-东盟、澜沧江-湄公河等多边框架内的协调与配合，共同维护本地区和世界和平、稳定与繁荣。⑨访问期间，双方签署了《中国共产党和越南共产党高级干部培训合作协议（2017—2020年）》《中国国防部和越南国防部关于2025年前国防合作共同愿景声明》《中国红十字会与越南红十字会合作备忘录》《中国海关总署和越南国防部关于中越陆地边境口岸合作的框架协定》《中国政府与越南政府关于实施老街-河内-海防标准轨铁路线路规划项目换文》《中国商务部与越南计划投资部关于合作开展越南公共医疗卫生领域专项援助谅解备忘录》《中国农业部和越南农业与农村发展部关于开展北部湾渔业资源增殖放流与养护合作的谅解备忘录》《中国国家质量监督检验检疫总局与越南工贸部关于中国与越南双边贸易中食品安全的合作谅解备忘录》《中国中央电视台与越南电视台关于合拍电视专题片的谅解备忘录》《中国国务院发展研究中心与越共中央经济部合作备忘录》《中国国家旅游局和越南文化体育旅游部 2017—2019 年旅游合作计划》《中国人民对外友好协会与越南友好组织联合会 2017 年至 2021 年合作备忘录》《中国国际广播电台与越南之声电台合作协议》《中国国家开发银行与越南投资发展银行 2017—2019 年项目融资与双边授信合作谅解备忘录》《中国人民出版社与越南真理国家政治出版社 2017—2021 年合作协议》等合作文件。⑩越共中央总书记阮富仲对中共中央总书记、国家主席习近平以及中国共产党、政府和人民所给予的隆重、热情和友好接待表示衷心感谢，郑重邀请中共中央总书记、国家主席习近平再次访问越南并出席在越南举行的亚太经合组织第二十五次领导人非正式会议。中共中央总书记、国家主席习近平对此表示感谢并愉快地接受了邀请。

中共中央政治局委员、中央书记处书记、中宣部部长刘奇葆于 2017 年 1 月 13 日在北京会见了越共中央政治局委员、中央书记处书记、中央宣教部部长武文赏。5 月 25 日，第十三次中越两党理论研讨会在河南郑州开幕。刘奇葆和越共中央政治局委员、中央书记处书记、中央宣教部部长武文赏出席开幕式。

中共中央政治局委员、中央纪委副书记杨晓渡于 2017 年 11 月 29 日在北京会见了越共中央书记处书记、中央防治腐败指导委员会常务副主任潘庭濯及其率领的代表团。双方希望深化反腐倡廉经验交流，夯实中越关系健康稳定发展的政治基础，促进越中两党两国友好关系。

中共中央对外联络部部长宋涛于 2017 年 9 月 4 日上午在北京会见了由越南共产党中央委员、越通社社长阮德利率领的越共高级干部考察团。9 月 14 日，宋涛在北京会见了由越南共产党中央委员、奠边省委书记陈文山率领的第二批越共高级干部考察团。9 月 28 日，宋涛在北京会见了由中央委员、谅山省委书记、省国会代表团团长陈士清率领的第三批越南共产党高级干部考察团。10 月 30 日，宋涛在北京同越南共产党中央总书记阮富仲特使、中央对外部部长黄平君举行会谈。11 月 1 日，宋涛在河内会见了越共中央总书记阮富仲。11 月 1 日，宋涛在河内会见了越共中央政治局委员、中央书记处常务小组成员、中央检查委员会主任陈国旺。11 月 1 日，宋涛在河内同越共中央对外部部长黄平君举行了会谈，通报中共十九大情况并就两党交流合作交换了意见。

二、2017 年中国共产党与资本主义国家共产党的交往活动

中共中央政治局委员、中央党的建设工作领导小组副组长张春贤率中共代表团应摩尔多瓦民主党邀请于 2017 年 4 月 6 日开始对该国访问。4 月 6 日和 7 日，摩

尔多瓦总统伊戈尔·多东（社会主义党）和总理帕维尔·菲利普在基希讷乌分别会见了张春贤，同时张春贤还会见了摩共产党人党主席沃罗宁，就深化党际合作深入交换意见。5月25日，张春贤在北京会见了摩尔多瓦社会主义党党主席格雷恰尼率领的摩尔多瓦社会主义者党代表团。双方表示继续加强各领域的交流与合作。

中共中央对外联络部部长宋涛于2017年3月26日在北京会见了尼泊尔总理普拉昌达。尼共（毛中心）表示要与中共加强政治对话和战略沟通，交流互鉴治党治国经验，不断夯实两国关系的政治和社会基础，打造中尼命运共同体。5月25日上午，宋涛在中共中央对外联络部举行的“中国共产党的故事——供给侧结构性改革”专题宣介会上致辞。正在访华的印度共产党（马克思主义）、摩尔多瓦社会主义党等400人参加了宣介会。9月8日，宋涛在北京会见了尼泊尔尼共（毛中心）领导人、政府副总理兼外交部部长马哈拉，双方就进一步增进两党两国关系坦诚交换看法。

三、2017年中国共产党与资本主义国家社会党、社会民主党的交往活动

中共中央政治局常委、中央书记处书记刘云山应罗马尼亚社会民主党主席、众议长德拉格内亚邀请于2017年7月12日至15日对罗马尼亚进行正式友好访问，在布加勒斯特分别会见了德拉格内亚和总理图多塞，并出席“2017中国—中东欧政党对话会”。发表题为《弘扬“丝路精神”，携手共创中国和中东欧各国人民美好未来》的主旨讲话。7月16日至19日，刘云山应捷克社会民主党副主席、众议长哈马切克的邀请对捷克进行正式友好访问，访问期间分别会见捷克总统泽曼、总理索博特卡、众议长哈马切克，并出席在布拉格举办的“2017中国投资论坛”。发表题为《把握“一带一路”历史机遇推动 “16＋1合作”行稳致远》的主旨讲话。

中共中央政治局委员、中央党的建设工作领导小组副组长张春贤于2017年4月13日在塞尔维亚贝尔格莱德会见了塞尔维亚社会党主席、政府第一副总理兼外交部长达契奇。

中共中央书记处书记、全国政协副主席杜青林应比利时联邦参议长德弗莱涅邀请率中共代表团于2017年7月4日至5日访问比利时，会见了比利时前首相、法语社会党主席、蒙斯市长埃利奥·迪吕波。

中共中央对外联络部部长宋涛于2017年5月23日在北京会见了欧洲议会社会党副主席博斯蒂纳鲁率领的欧洲议会社会党党团代表团。宋涛表示，中国共产党愿同欧洲社会民主党和欧洲议会社会民主党团加强党际交往，增进相互了解和理解，发挥好政治引领作用，共同推动中欧和平、增长、改革、稳定的四大伙伴关系不断向前发展。博斯蒂纳鲁表示，社会党党团愿进一步加强欧中党际交往与合作，为双边战略合作伙伴关系发展作出贡献。5月24日下午，宋涛在北京会见了德国副总理兼外长加布里尔（社会民主党）。双方就两国两党关系、国际和

地区等共同关心的问题交换看法。5 月 25 日上午，宋涛在中共中央对外联络部举行的“中国共产党的故事——供给侧结构性改革”专题宣介会上致辞，正在访华的欧洲议会社会党党团等 400 人参加宣介会。8 月 7 日上午，宋涛在东京会见了日本社会民主党党首吉田忠智。双方就改善发展中日关系、维护地区和平稳定等共同关心的问题进行了交流。9 月 6 日，宋涛在北京会见了德国社会民主党前主席、艾伯特基金会会长贝克及其率领的代表团。双方就两国两党关系、民间组织交流、中德地方合作等交换意见。12 月 21 日，宋涛在北京会见了委内瑞拉外交部长阿雷亚萨（统一社会主义党）。

四、2017 年中国共产党召开的世界政党会议

2017 年 12 月 1 日，以“构建人类命运共同体、共同建设美好世界：政党的责任”为主题的中国共产党与世界政党高层对话会在北京召开，来自 120 多个国家的近 300 个政党和政治组织的领导人共 600 多名中外方代表与会，如越南、古巴、英国等国的共产党，还有美国民主共和两党、英国保守党等西方传统大党都出席了大会。

中共中央总书记、国家主席习近平于 12 月 1 日在北京人民大会堂出席中国共产党与世界政党高层对话会开幕式，并发表题为《携手建设更加美好的世界》的主旨讲话，强调政党要顺应时代发展潮流、把握人类进步大势、顺应人民共同期待，志存高远、敢于担当，自觉担负起时代使命。习近平指出，世界各国人民应该秉持“天下一家”理念，彼此理解、求同存异，共同为构建人类命运共同体而努力。4 年来，共建“一带一路”已成为有关各国实现共同发展的巨大合作平台。中国共产党将继续为世界和平安宁、共同发展、文明交流作贡献。同时习近平强调，面向未来，中国共产党愿同世界各国政党加强往来，分享治党治国经验，开展文明交流对话，增进彼此战略信任，推动构建人类命运共同体，携手建设更加美好的世界。

全国人大常委会委员长张德江于 12 月 2 日在人民大会堂集体会见了出席中国共产党与世界政党高层对话会的部分兼任议会领导职务的外国政党领导人。张德江说，构建人类命运共同体符合各国人民追求发展进步的共同愿望。中国全国人大愿加强与各国议会和国际议会组织的交流合作，为推动构建人类命运共同体、共同创造人类美好未来作出积极贡献。外方表示，习近平总书记的主旨讲话反映了当今时代发展潮流和人类发展大势，符合各国人民的共同期待，也指明了政党和政治组织的历史责任和努力方向。

中共中央政治局常委、中央书记处书记王沪宁于 12 月 2 日在北京集体会见了出席中国共产党与世界政党高层对话会的部分外国政党领导人。王沪宁表示，我们愿与各国政党加强经验交流互鉴。外方表示中共与世界政党高层对话会是政党政治史上的创举，愿与中共一道推动对话会机制化。

中共中央政治局委员、中宣部部长黄坤明于 2017 年 12 月 2 日在北京集体会

见了出席中国共产党与世界政党高层对话会的外国左翼政党代表。黄坤明说，中国共产党将一如既往为世界和平安宁、共同发展和文明交流互鉴作贡献，愿同世界左翼政党共创人类社会的美好未来。外方表示愿与中共一道，推动构建人类命运共同体，为建设更加美好的世界作出贡献。

中央书记处书记，全国政协副主席杜青林于12月3日在北京集体会见了出席中国共产党与世界政党高层对话会的日本社民党党首吉田忠智、乌拉圭广泛阵线主席米兰达、毛里塔尼亚争取共和联盟副主席兼总书记哈迪杰图等外国政党领导人。

12月3日，中国共产党与世界政党高层对话会在北京闭幕，中共中央政治局委员、国务委员杨洁篪出席闭幕式并讲话。120多个国家的近300个政党和政党组织领导人等约600名中外代表出席。杨洁篪表示，各方高度评价习近平总书记的主旨讲话，高度肯定中国共产党的历史性贡献，高度期待中国进一步发挥引领作用。杨洁篪指出，构建人类命运共同体、携手建设美好世界是一项伟大的事业。中国共产党愿同各国政党巩固和深化友好合作关系，为构建人类命运共同体、携手建设美好世界贡献政党的力量。

闭幕式上通过了《北京倡议》，其基本内容包括：①我们来自世界上120多个国家近300个政党和政治组织的领导人共600多名中外代表，于2017年11月30日至12月3日在中国北京出席由中共中央对外联络部主办的中国共产党与世界政党高层对话会。②本次高层对话围绕“构建人类命运共同体、共同建设美好世界：政党的责任”这一主题，就“习近平新时代中国特色社会主义思想”“新时代中国：新发展、新理念”“创新世界、中国贡献”和“加强政党建设：政党的挑战和未来”“建设美好国家：政党的实践和经验”“共建‘一带一路’：政党的参与和贡献”“引领构建人类命运共同体：政党的角色和责任”等议题进行了广泛深入的对话交流。③我们看到，世界正处于大发展大变革大调整时期，和平与发展仍然是时代主题。④我们认为，面对深刻复杂变化的国际形势，没有哪个国家能够独自应对人类面临的各种挑战，也没有哪个国家能够退回到自我封闭的孤岛。⑤我们认为，只有各国共同坚持走和平发展道路，我们生活的世界才能更加安定美好。⑥我们认为，推动建设相互尊重、公平正义、合作共赢的新型国际关系是构建人类命运共同体、建设美好世界的必然要求。⑦我们看到，构建人类命运共同体无前例可鉴、无经验可循，但勇气和责任感将照亮我们前进的道路，给予我们不竭的动力。⑧我们提倡，政党要做伙伴关系的推动者。⑨我们提倡，政党要做世界和平的建设者。⑩我们提倡，政党要做全球发展的促进者。⑪我们提倡，政党要做文明互鉴的践行者。⑫我们提倡，政党要做生态环境的守护者。⑬我们高度评价以习近平总书记为核心的中国共产党和中国政府为推动构建人类命运共同体、建设美好世界所付出的巨大努力和作出的重要贡献。⑭我们高兴地看到，习近平新时代中国特色社会主义思想强调，要推动构建人类命运共同体，这表明中国共产党既是为中国人民谋幸福的政党，也是为人类进步事业而奋斗的政党，不仅关注本国人民福祉，也具备世界眼光和大党担当。⑮我们满意地看到，作为中国共产党与世界政党高层对话会的配套活动，中方与非洲国家政党代表围绕“构建中非命运共同体：政党的使命和作用”、与中亚国家政党围绕“引领地方合作、共建‘一带一路’”主题进行了坦诚深入的对话交流，取得了广泛共识。⑯我们谨向中国共产党和中国政府领导人为本次对话会成功举办所给予的巨大支持表示诚挚谢意，向会议主办方中共中央对外联络部的热情接待、周到安排和各有关方面的大力支持、志愿者们的悉心服务表示衷心感谢，期待对话会再次举办。

第六部分　结语

自 1921 年中国共产党成立以来，党团结带领中国人民进行 28 年浴血奋战，打败日本帝国主义，推翻国民党反动统治，完成新民主主义革命，建立了中华人民共和国，彻底结束了旧中国半殖民地半封建社会的历史。实现了中国从几千年封建专制政治向人民民主的伟大飞跃。新中国成立至十一届三中全会前，党团结带领中国人民完成社会主义革命，确立社会主义基本制度，消灭一切剥削制度，推进了社会主义建设，完成了中华民族有史以来最为广泛而深刻的社会变革，实现了中华民族由不断衰落到根本扭转命运、持续走向繁荣富强的伟大飞跃。十一届三中全会以来，党团结带领中国人民进行改革开放新的伟大革命，开辟了中国特色社会主义道路，形成了中国特色社会主义理论体系，确立了中国特色社会主义制度，改革开放取得巨大历史成就，中华民族迎来了中国人民从站起来、富起来到强起来的伟大飞跃。

2017 年 10 月隆重举行的党的十九大庄严宣告：党的十八大以来的五年来的成就是全方位的、开创性的，五年来的变革是深层次的、根本性的。经过长期努力，中国特色社会主义进入了新时代，这是中国发展新的历史方位。

2017 年，在以习近平为核心的党中央领导下，全面建成小康社会进入决胜期，全面深化改革迈出新的重要步伐，全面依法治国进一步深入实施，全面从严治党朝纵深不断推进。中国与社会主义各国和发达国家的协调合作得到加强，同周边国家的全面合作持续推进，同发展中国家的友好合作不断深化，同联合国等国际组织的联系更加密切。中国共产党同国外各友好政党进行友好往来与合作，举行中国共产党与世界政党高层对话会，致力于构建人类命运共同体、共同建设美好世界，成为世界社会主义和国际共产主义运动的重要推动力量。

（撰稿人：华中师范大学中共党史研究室　钟德涛、王瑜、钟道邦、边凯晓）

2017年越南共产党年度发展报告

第一部分　概况

1. 国名：越南社会主义共和国（简称越南，Cộng hòa Xã hội chủ nghĩa Việt Nam）

2. 人口：9541.5万（截至2017年7月）

3. 国土面积：32.96万平方公里

4. 政党名称：越南共产党（简称越共，Đảng Cộng sản Việt Nam）

5. 成立时间：1930年2月3日

6. 党员人数：450万名（截至2016年1月）

7. 总书记：阮富仲（Nguyễn Phú Trọng）

8. 中央委员和政治局委员：第十二届越共中央委员会现有200名成员，其中包括180名中央委员和20名候补委员。2017年5月起，越共中央政治局委员共有18人，分别是：阮富仲（Nguyễn Phú Trọng），陈大光（Trần Đại Quang），阮氏金银（Nguyễn Thị Kim Ngân），阮春福（Nguyễn Xuân Phúc），阮善仁（Nguyễn Thiện Nhân），吴春历（Ngô Xuân Lịch），苏林（Tô Lâm），丁世兄（Đinh Thế Huynh），范明正（Phạm Minh Chính），丛氏放（Tòng Thị Phóng），王庭惠（Vương Đình Huệ），陈国旺（Trần Quốc Vượng），范平明（Phạm Bình Minh），张氏梅（Trương Thị Mai），张和平（Trương Hòa Bình），阮文平（Nguyễn Văn Bình），武文赏（Võ Văn Thưởng），黄忠海（Hoàng Trung Hải）。

9. 政党地位：合法党，执政党

10. 社会团体或群众组织：胡志明共产主义青年团、越南总工会、越南妇女联合会，退伍军人协会、记者协会、农民协会等。

11. 大众媒体的运用：《人民报》、《共产主义杂志》、《越南共产党电子报》、越南电视台（VTV）、越南之声广播电台（VOV）、越南国家通讯社、越南快网（Vnexperss）等。

11. 最近一次代表大会或会议：越共十二届六中全会（2017 年 10 月）

12. 最近一次选举：越南第十四届国会第一次会议（2016 年 7 月，通过了由党中央提名的越南国家主席、政府总理、国会主席人选）

第二部分 党的产生及发展简史

1929 年，在越南的南部、北部和中部分别形成安南共产党、印度支那共产党和印度支那共产联团三个共产主义小组。1930 年 2 月 3 日，阮爱国（胡志明化名）召集三个共产主义组织的代表在香港九龙召开会议，将其合并成为统一的越南共产党。会议决定成立临时中央委员会，一致通过了《简要政纲》、《简要策略》和《简要党章》。《简要政纲》和《简要策略》确定了越南革命的性质、对象和任务，肯定越南革命是“资产阶级民权革命和土地革命，进而走向共产主义社会。《简要策略》指出：“党是无产阶级的先锋队，必须代表本阶级的大部分，使本阶级得以领导民众。党必须代表大部分农民，依靠贫苦农民，领导农民进行土地革命。……党必须努力联系小资产阶级、知识分子、中农，争取他们向无产阶级靠拢。对于富农、中小地主和反革命面目不清的资产阶级，则必须打倒。”党的策略是原则上强硬、策略上灵活①。当时，越南共产党南圻、中圻和北圻共有 40 多个支部，310 名党员。1930 年 4 月，陈富参加了中央临时委员会，并于 10 月 14 日至 30 日在香港主持召开了越南共产党第一次中央全会。会议讨论通过了《关于当前印度支那的形势和党的紧急任务》文件，以及政治论纲和党章，并选举陈富为印度支那共产党总书记。根据共产国际的建议，将越南共产党改名为印度支那共产党，旨在统一领导越南、老挝和柬埔寨等法属印度支那三国的革命运动。

越南共产党成立后，组织了三次大规模的人民民主革命，包括义静苏维埃运动（1930—1931 年），人民民主战线运动（1936—1939 年）和反双重帝国主义侵

① 李家忠. 胡志明传奇的一生［M］. 北京：世界知识出版社，2010：57-60.

略并最终夺取政权的革命运动（1939—1945年）①。

义静苏维埃运动失败后，全国各级组织悉遭破坏。1934年，印度支那共产党在澳门成立海外领导委员会，担负临时党中央的任务。1935年3月，第一次全国代表大会在澳门召开。会议主要任务是巩固和发展党员队伍力量、动员群众拥护党的领导、扩大反战争反帝国主义的宣传等。大会选举了13名中央委员，黎鸿峰当选党的总书记，阮爱国被选为印支共产党在共产国际的代表。1936—1939年，“印度支那民主阵线”公开成立，提出“反对法西斯主义、反对法西斯战争”“争取民主自由、改善民生”的口号，进行了较广泛的合法和半合法斗争。之后改名为“印度支那反帝统一民族阵线”。1940年，日本取代法国侵占印度支那。1940年，印度支那反帝反封阵线领导起义夺取了政权，之后带动了北圻多处起义。1941年，“印度支那反帝统一民族阵线”改为“越南独立同盟”（简称“越盟”），并公布了宣言、行动计划和党章，提出“让越南完全独立，让越南人民生活幸福、自由”的目标和“团结全民，抗日抗法，争取民族独立”的口号，开始进行武装斗争，在北部农村建立了根据地和游击区，把“准备起义作为当前全党和全国人民的中心任务”。1945年日本投降后，越盟召开国民代表大会，选出了以胡志明为首的越南民族解放委员会作为临时政府机构；同年领导了全国人民总起义，取得了八月革命的胜利。1945年9月2日，越南民主共和国成立。不久，法国殖民者又入侵越南。在越盟的领导下，越南全民再次开展抗法战争。

1951年2月，印度支那共产党召开第二次全国代表大会（二大）。胡志明在大会上对越南过去20年的革命进行了经验总结，号召全国人民继续抗战，直到取得最后胜利。二大通过了党章政纲和党的宣言，决定公开党的活动，并改称越南劳动党，胡志明当选党的主席，长征当选总书记。会议决定帮助老挝和柬埔寨成立符合其本国情况的党组织，并规定越南劳动党有义务帮助两国革命党夺取革命的胜利。二大明确提出越南民族人民民主革命的基本任务是，“赶走帝国主义侵略者，争取民族的真正独立和统一，取消封建和半封建残余，使耕者有其田，发展人民民主制度，为社会主义建立基础”。从1952年至1954年初，越南劳动党先后开展了整党、整军和整顿群众工作的“三整”运动；通过“土地改革纲领”，开始进行土改。1954年，越军取得了有决定性意义的奠边府大捷，越南北方完全解放。1956年，越南劳动党二届十中全会通过决议，宣称土改和整顿农村组织的工作犯了“极其严重的错误”，并决定“进行纠偏”。1958—1960年，越南劳动党制订了“三年计划”，对农业、手工业、资本主义工商业进行社会主义改造，初步发展经济和文化事业。

1960年9月，越南劳动党召开三大，胡志明当选主席，黎笋当选第一书记。大会确定越南革命的两个战略任务是，“在北方进行社会主义革命”；“把南方从

① 潘金娥. 试论越南社会主义道路的历史必然性［J］. 科学社会主义，2009（2）：136-139.

美帝国主义及其走狗的统治下解放出来，实现国家的统一，在全国范围内完成民族人民民主革命”。1964 年 8 月，美帝国主义把侵略战争扩大到越南北方以后，越共领导全民进行抗美救国战争。1973 年 1 月，越美签订《关于在越南结束战争 恢复和平的巴黎协定》，美国停止对越南南方的侵略行动并从南越撤军。1975 年 4 月 30 日南方完全解放。

1976 年 12 月，越南劳动党召开四大，越南劳动党改名为越南共产党，黎笋任总书记。四大提出越南新阶段社会主义建设的总路线。1982 年 3 月，越共召开五大，重申继续四大路线，黎笋连任总书记。

1986 年 12 月，召开六大，阮文灵当选总书记。越共六大确定实行全面革新路线，正式启动了越南革新进程。

1991 年 6 月召开七大，大会通过了越南《社会主义过渡时期国家建设纲领》（“1991 年纲领”），确定全党继续沿着社会主义方向把革新推向前进。杜梅当选为越共总书记。“1991 年纲领”继续肯定越南共产党是工人阶级的先锋队，是工人阶级、劳动人民和全民族利益的忠实代表，肯定越南共产党以马列主义和胡志明思想作为思想基础和行动指南，以民主集中制作为基本组织原则。

1996 年越共八大强调越南已进入新的发展时期，即推进工业化和现代化时期。八大的文件提出全面推进革新事业，发展多种成分的商品经济。在 1996 年 12 月召开的八届四中全会上，黎可漂当选为总书记。

2001 年 4 月，越共九大选举产生新一届中央委员 150 人。九大选举农德孟为新一任总书记，大会明确提出越南经济体制改革以建立“社会主义定向的市场经济”为目标，并明确这是越南社会主义过渡时期的总体经济模式。

2006 年 4 月，越共召开十大。大会以“提升党的领导能力和战斗力，发挥全民族力量，全面大力推进革新事业，早日使国家摆脱欠发达状态”为主题，继续强调发展社会主义定向的市场经济，并选举产生了新一届包括 160 名中央委员和 21 名候补委员在内的越共中央委员会。

2011 年 1 月，越共十一大在河内召开。大会提出：继续提高党的领导能力和战斗力，发挥全民族力量全面推进革新事业，为越南到 2020 年成为现代化的工业国家奠定基础；通过《社会主义过渡时期的国家建设纲领》（“2011 年纲领”），选举产生越共中央第十一届中央委员会，阮富仲当选为新一届越共中央总书记。

2016 年 1 月，越共十二大在河内召开，阮富仲连任总书记，大会选举产生新一届委员 200 人和由 19 人组成的中央政治局委员会。十二大提出任期内越共六大核心任务，其中党建和反腐为重中之重。在党建方面，要加强党建和党的整顿工作，防止和打击政治思想、道德和生活作风蜕化，集中建设作风正、能力强的干部队伍。在反腐方面，要推进整个政治体系机构精简优化，以提高各组织机构的活动效率，加大预防和反对腐败、浪费和官僚主义等的力度。同年 10 月召开十二届四中全会，重点讨论加强党的建设和整顿工作，防止和打击政治思想、道德和生活作风蜕化以及党内“自我演变”“自我转化”等现象。

2017 年 5 月，越共十二届五中全会举行。会议通过《关于完善社会主义定向的市场经济体制的决议》《关于继续重组和革新提高国企效益的决议》《关于发展私营经济使之成为社会主义定向市场经济的重要动力的决议》。越共政治局委员、胡志明市市委书记、越南国家油气集团前党委书记和董事长丁罗升被处以警告，并撤去越共十二届政治局委员的职务。10 月，十二届六中全会召开。会议通过《关于继续革新和调整政治体系组织机构使之精干高效的若干问题的决议》《关于继续革新公共事业单位组织体系和管理、提高其活动质量和效果的决议》《关于在新形势下加强保障、维护和提高人民健康水平工作的决议》《关于新形势下人口工作的决议》。会议补选潘庭镯、阮春胜担任第十二届中央书记处书记。会议决定撤销阮春英岘港市市委书记、岘港市常务委员会委员、越共岘港市委员会委员（2015—2020 年任期）职务，同时免除其越共第十二届中央委员会委员的职务。

第三部分　党的理论和组织状况

一、指导思想

1930 年越南共产党成立时，在由阮爱国起草的第一份越南共产党的纲领即简要政纲、简要策略和简要党章中，明确了越南共产党的性质是无产阶级政党，其宗旨是领导劳苦大众进行阶级斗争，消灭资本帝国主义，实现共产主义社会；革命的主要任务是争取民族解放和建立工农兵政府、组建军队；党员必须宣传共产主义和动员群众跟党走，必须执行越南共产党的决议和共产国际的决议。

1930 年 10 月召开的越南共产党第一次中央全会以及 1935 年 3 月召开的第一次全国代表大会上通过的党章和大会决议，修改和通过了党的章程，明确了印度支那共产党是共产国际的一个分部，未明确提出党的指导思想，只明确提出党的宗旨和任务，目标首先是争取民族独立，最终实现共产主义。

1951 年党的二大通过的《越南劳动党章程》规定，越南劳动党是越南劳动人民和工人阶级的党，旨在发展人民民主制度，推进越南社会主义制度以实现越南工人、劳动人民阶级和所有多数及少数民族人民的自由和幸福，它以马克思-恩格斯-列宁-斯大林主义和毛泽东思想作为党的思想基础和行动指南。1960 年党的三大修改党章，删除“恩格斯、斯大林和毛泽东思想”，提出党以马克思-列宁主义作为党的思想基础和行动指南，坚持走群众路线，以民主集中制为党的基本组织原则；党代表工人阶级的权利，同时也是劳动人民和各民族权利的代表。党的目标是完成人民民主民族革命，实现社会主义和共产主义。此后的四大至六大继续坚持以马列主义作为党的思想基础和行动指南。

1991 年召开的越共七大第一次把“胡志明思想”正式写入文件，提出“高举胡志明思想的旗帜”，以马克思-列宁主义和胡志明思想作为党的思想基础和行动指南，吸收民族和人类的智慧精华，把握客观规律和国家实际情况，提出正确的、符合人民愿望和要求的政治纲领和革命路线。党的目标是按照社会主义道路建设民主、富强的越南，并最终实现共产主义理想。七大提出：坚持马克思-列宁主义是越共“具有头等原则性的问题”；“忠于马克思-列宁主义也就是要牢牢掌握马克思-列宁主义的革命和科学的本质，正确、适当地运用于我国条件，为创造性地发展马克思-列宁主义作出贡献。”越共七大政治报告指出：“胡志明思想是在越南的具体条件下创造性地运用马列主义的结果。胡志明思想实际上已成为党和全民族宝贵的精神财富。越南共产党是马克思-列宁主义同越南的工人运动和爱国运动相结合的产物；胡志明主席是这一结合的最完美的化身，是阶级、民族和国际主义相结合、民族独立和社会主义相结合的光辉代表。”

2001 年召开的越共九大强调，越南共产党和越南人民决心在马克思-列宁主义和胡志明思想基础上沿着社会主义道路建设国家。大会政治报告所作的对胡志明思想进行了明确定义：胡志明思想是越南革命关于一些基本问题的全面深刻的系列观点，是越南将马克思-列宁主义运用于具体实践中并在实践中发展、继承和发扬民族的美好传统价值、吸收人类文明的结果。

2006 年和 2011 年召开的越共十大、十一大通过的《越南共产党章程》对党的性质做了这样的规定：越南共产党以马克思-列宁主义和胡志明思想为思想基础和行动指南，发扬民族优良传统，吸收人类智慧精华，把握客观规律、时代趋势和国家实际情况，提出正确的、符合人民愿望的政治纲领和革命路线。2016 年1 月召开的十二大继续强调，党以马克思-列宁主义和胡志明思想作为思想基础和行动指南，把马克思-列宁主义创造性运用于越南的实践。

二、组织结构和组织原则

越共十二大未对《越南共产党章程》进行修订，因此沿用 2011 年 1 月越共十一大修订过的章程。该章程明确了党的组织结构和组织原则。

1. 组织机构

(1) 中央领导机构。

全国代表大会：是越南共产党的最高权力机构，是唯一有权颁布或修改党章和政治纲领、通过上届任期总结报告和下届任期行动方向决议、选举中央委员会的机构。越南共产党全国代表大会每五年召开一次，与会代表为中央委员会委员和地方各级大会选出的代表。

中央委员会：越南共产党最高领导机构，由全国代表大会产生。越南共产党中央委员会每五年召开一次全国代表大会。越共中央的领导人称为越共总书记，由中央委员会在政治局委员中选举产生。

中央政治局：越南共产党核心权力机构，决定和实施党的重要政策，负责领导和检查全国代表大会决议、中央委员会决议的落实情况，决定各项主张、政策、组织和干部问题等，政治局委员由中央委员会选举产生。

中央书记处：越南共产党实施政策的监督机构，决定中央委员会分工的若干问题，书记处成员包括总书记、常务书记处、若干由中央委员会在中央委员中选举产生和若干由政治局分工产生的委员。

中央检查委员会：专门检查高级干部党员的政治素质和道德水准以及与高级党员干部相关的消极事件。现任中央检查委员会主任为陈国旺。

（2）省级机构。

越南共产党省级机构设省/直辖市党部代表大会、省党部执行委员会、省常务委员会、省检查委员会和省常设委员。

省/直辖市党部代表大会是省/直辖市党部最高领导机构，每五年召开一次。省党部执行委员会又称省委，领导为省委书记，直辖市党部执行委员会又称市委，领导人为市委书记。委员会委员由党部代表大会选举产生，任期五年。省常务委员会委员、省级检查委员会委员由省委或市委选举产生。

（3）县级机构。

越南共产党在各省属城市、地级市、郡、县设相应的党部。各县级组织机构包括县级党部代表大会、县级党部执委会、县级常务委员会、县级常设委员、县级检查委员会。

（4）乡级机构。

乡级机构包括乡级党部大会、乡级党部执委会和乡级常务委员会。

2. 组织原则

《越南共产党章程》规定，越南共产党的组织系统对应于国家的组织体系。在行政、事业、经济等基层单位建立党的基层组织，接受县委、郡委、市委的领导。中央军事党委（简称中央军委）、中央公安党委由政治局指定，各级主力部队和边防部队、各级地方军事党组织以及各级公安党委，由同级大会选举。上级党委可直接决定建立或解散下级党委或支部。

越南共产党遵循民主集中制的组织原则，该原则的基本内容是：①党的各级领导机关由选举产生，实行集体领导、个人负责制。②党的最高领导机关是全国代表大会。各级领导机关是代表大会或党员大会。大会闭会期间，党的领导机关是中央委员会和各级党委。③各级党委向同级大会、上级党委和下级党委报告工作，并对自身行为负责；定期向直属党组织通报自身活动情况，开展批评与自我批评。④党组织和党员要执行党的决议。少数服从多数，下级服从上级，个人服从组织，党的各级组织服从全国代表大会和中央委员会。⑤党的领导机关的决议必须获得本机构半数以上成员赞成方为有效。表决前，每个成员都有权发表个人意见。持少数意见的党员可以保留意见，并向上级党委直至全国代表大会反映，但必须严格执行决议，不得传播与党的决议相悖的意见。上级党委应研究、审议其意见；不区别对待持少数意见的党员。⑥党组织依据自身权限对各项问题作出决定，但不得与党的原则、路线、政策、国家法律和上级决议相悖。

三、党员资格

1. 入党条件

《越南共产党章程》规定，凡年满 18 周岁，承认并自愿遵守党的政治纲领、党章和党员标准，完成党员任务，参加党的基层组织活动，经过实践证明是优秀的、得到人民信任的越南公民，经过审查都可以加入党。

2. 入党手续（包括重新入党）

越共党章规定，入党人首先应当提交自愿入党申请书，后向支部忠实汇报履历并有两位正式党员作介绍人。在已建立胡志明共产主义青年团组织的地方，青年入党人必须是团员，并得到基层团委和一位正式党员的介绍。在没有胡志明共产主义青年团组织的机关或企业，申请入党人必须是工会会员，并得到基层工会和一位正式党员的介绍。

3. 对宗教的态度

越南共产党高度重视宗教问题，保护宗教信仰自由。2013 年的越南宪法第 24 条规定："所有人均有信仰、宗教、追随或不追随某个宗教的自由。"2016 年 11 月 18 日，越南十四届国会第二次会议通过了《宗教信仰法》，于 2018 年 1 月 1 日生效。该法规定，所有人均享有宗教信仰自由，有信或不信某个宗教的权利，人人均有表达宗教信仰，实施宗教仪式，参与节庆活动，学习和执行宗教教理、教义的权利。2004 年 9 月 28 日中央政治局颁布《关于信教人士和信教党员参与宗教活动的若干规定》(第 123-Q-D/TW 号决议)，明确规定信教人士可以入党，但并未明确党员是否可以信教。然而，2011 年 11 月 1 日越南共产党中央委员会颁布的 47 号决定（47-QD-TW）规定，党员不得从事十九种行为，俗称"党员禁令十九条"。其中第十八种禁止行为是：迷信或从事迷信活动（如烧纸马，以巫师、算命为职业等），违规建各种寺庙或各种宗教祭拜场所；支持或参加非法宗教活动；参加未经许可的各种宗教组织；利用宗教谋取利益。在越南共产党章程中也未明确党员是否可以信教。综上所述可见，越共对待宗教的态度是：信教群众可以被吸收为越共党员，而越共党员如要参加宗教组织或活动则必须经过党组织的许可，否则视为禁止行为。

4. 对其他社会阶级成员入党的态度

2006 年越共十大经过投票决定，党员可以从事私营经济，但要模范遵守法律，执行国家的政策，严格遵守党章和中央的具体规定。2011 年越共十一大修改党章，允许私营企业主入党。

第四部分　党的国内实践活动

2017年，越共召开了十二届五中、六中全会，就国内一些重大问题进行审议并作出决议；严抓狠治党内作风问题，以坚定决心把反腐斗争引向深入并取得显著成果；领导越南成功举办了亚太经合组织（APEC）领导人会议，进一步提升了越南的国际地位。

一、召开十二届五中、六中全会，指导越南政治经济社会建设

2017年5月5日至10日，越共中央委员会在河内召开十二届五中全会，越共中央总书记阮富仲主持会议，并分别在开幕式和闭幕式上致辞。会议聚焦干部纪律处分以及重要经济问题。关于干部纪律处分问题，大会决定对越共政治局委员、胡志明市市委书记、越南国家油气集团前党委书记和理事会主席丁罗升处以警告，并免除其越共十二届政治局委员的职务。关于经济问题，大会主要讨论“完善社会主义定向市场经济体制”、“继续重组和革新提高国企效益”、九届五中全会“继续革新私营经济机制和政策，创造条件鼓励私营经济发展”决议实施15周年（2002—2017年）总结等议题。大会审议通过三大经济决议，即《有关完善社会主义定向的市场经济体制的决议》《有关继续推进国有企业重组和革新并提高其效益的决议》《有关促进私营经济发展并使之成为社会主义定向市场经济的重要动力的决议》。大会呼吁全党、全民、全军加强团结统一，努力奋斗战胜困难和挑战，有效落实本次会议决议，为胜利完成2017年的任务和落实十二大决议作贡献。阮富仲在闭幕式上指出，有效落实本次会议的决议和结论，将有助于促进全党、全民落实经济社会可持续发展任务，建设纯洁强大的越南共产党。

2017年10月4日至11日，越共中央委员会组织召开十二届六中全会。会议就以下议题展开总结和讨论：2017年财政预算和经济社会发展情况，2018年经济社会发展计划和财政预算；加强新形势下保护、维护和提升人民健康水平工作和人口工作；继续革新和管理事业单位，提高工作质量和效果；继续革新和组建精干高效的政府组织机构等问题。越共中央在本次会议上特别强调了两大问题并部署了两项头等优先任务。一是继续革新、重组政治系统。越共特别强调继续

革新、重组政治体系的重大意义和重要性，并要求今后整个政治系统都要主动积极参与革新，将朝着精干高效方向革新和重组政治系统当作基本和急迫的、具有头等重要意义的任务，应列入党的建设和整顿、政治系统革新与经济革新同步的总体任务中去，以满足社会主义定向市场经济和融入国际的要求。二是革新和重组政治系统问题，要求革新国有事业单位的组织结构，管理和提高国有事业单位的服务质量和运行效率。干部人事任免是本次大会的热点问题。本次大会补选两名中央书记处书记，分别为越共中央委员、中央内政部部长、中央防治腐败指导委员会常务副主任潘庭镯，越共中央委员、胡志明国家政治学院院长、中央理论委员会副主席阮春胜。与此同时，经过充分讨论和全面审议，越共中央委员会决定对越共中央委员、岘港市市委书记阮春英纪律处分，撤去其岘港市市委书记、岘港市常务委员会委员、越共岘港市委员会委员（2015—2020 年任期）职务，同时免除其越共第十二届中央委员会委员的职务。

十二届五中、六中全会对上述许多重大紧迫问题进行审议和作出决策，要求将十二大精神贯彻落实到实际工作中。五中全会通过的三大经济决议有重要意义。其中，完善市场经济体制的决议有助于处理好当前越南经济政策、经济体制与政治体制、法权国家之间的关系。丁罗升一案表明越南国企管理存在严重问题，大会通过的国企重组决议有助于更好发挥越南国企在国民经济中的主体作用。越共十二大提出了“私人经济是经济发展的重要动力”的观点，这是越共十二大有关私营经济发展精神的具体体现，进一步肯定了私人经济在越南经济发展中的重要地位。两次全会对于越共在新的复杂形势下提升党的领导力和战斗力有重要意义。

二、出台多项措施严抓狠治党内作风问题

越共十二大把加强党的建设列为六大核心任务中的首要任务。越共十二届四中全会颁布中央第 04-NQ/TW 号决议，要求加强党建和党的整顿工作，打击党内政治思想、道德、生活方式蜕化，以及“自我演变”“自我转化”现象。2017 年，越共中央继续贯彻落实十二届四中全会精神，重视党内建设工作，进一步加强党内制度，加大党的思想政治和作风建设等方面的工作力度。2 月，越共出台落实中央第 04-NQ/TW 号决议的行动计划（第 25/NQ-CP 号决议）。该计划要求越南各省市研究、学习和贯彻落实决议，并确定了越南各部委在贯彻落实决议的责任、权限和执行措施。行动计划要求：各级部门各省市组织研究、学习和贯彻中央第 04-NQ/TW 号决议，推进思想政治建设工作，严肃开展集体和个人的批评和自我批评；要求提高单位负责人的权限和责任，完善干部管理体制，建立、完善和实施干部公务素质、业务素质责任制，注重构建公务员干部职工行为规范体系；单位负责人和干部职工要签订锻炼道德品质，保持良好作风，无退化和“自我演变”“自我转化”现象的承诺书。

越共注重发挥人民群众在党建工作中的作用。10月3日，越共中央书记处颁布了中央直属党组织、党委在防止、遏制内部衰退、“自我演变”“自我转化”现象的斗争中继续发挥人民作用的框架指南，旨在加强中央直属各级党委党组织在信息公开工作中的领导和指导作用，统一思想认识，让人民群众对各级党委党组织、党员干部的修养、政治立场、道德品质和生活方式进行监督和建议；让人民群众在防止、遏制内部衰退、“自我演变”“自我转化”现象的斗争中充分发挥作用，落实中央第04-NQ/TW号决议，并要求要在这场斗争中广泛性和经常性地坚持和切实发挥人民群众的作用，要求各级党委党组织和党员干部，尤其是机关首长要树立榜样，严格执行并实事求是听取意见，接受人民的监督。其中，要求公开的信息包括：政治思想、道德、生活作风、“自我演变”“自我转化”的27种衰退表现；党员禁令19条；十一、十二届越共中央政治局、书记处有关党员干部，尤其是各级主要领导干部发挥带头作用的规定；立即执行以增强干部、党员带头作用的若干事项；旨在体制化、具体化十二届四中全会提出的各项任务措施的主张、政策、规则和规定；审计、检查、清查结果、各组织和公民反映、建议、投诉、起诉和急需的问题的处理结果等。

越共十二届六中全会上，阮富仲要求所有党员干部要常“修炼自己，要经常照照镜子，自我整改，自我诫勉，远离物质和欲望诱惑，避免重蹈覆辙”。

近年来，越共越来越强调干部管理问题，重视对党员干部的选拔任用和培养。2017年6月，内务部颁布有关指导实施司局级、厅级、处级领导干部选拔革新试点方案的文件，要求包括中央组织部在内的14个中央机关以及22个省、直辖市落实该方案，要求在试点革新时应保证和坚持党对干部工作的统一领导、对干部队伍的统一管理原则，旨在发现、吸引和重用德才兼备的优秀人才，充分发挥干部的素质、水平、能力和经验，提高司局级、厅级和处级领导干部队伍质量，为国家稳定发展贡献智慧和力量。近年越南退休后的党员干部不参加党组织生活会的问题屡见不鲜，越共认为，这不仅影响党员的形象，还严重影响越共的威信。2017年10月，阮富仲签署关于干部挂职的决定（第98-Q-D/TW号决定），要求继续有效落实越共关于干部工作和干部挂职工作的各项主张决议，大力推进革新干部挂职工作。决议明确规定当地人不可挂职省级、县级主要领导岗位，且连续挂职不得超过两届；只有领导和管理干部能挂职，专业工作人员不可挂职；被处分过的问题干部和能力弱威信欠缺的干部不得挂职。挂职干部一般是年轻干部，挂职时间不少于3年。2017年11月，越共中央组织部针对此问题着手制订有关不再符合党员条件的干部退党的规定。近来越共中央组织部极其关注退休党员干部不参加党组织生活会的问题，越共中央组织部党员司副司长阮文定表示，制定规定的初衷并非为了开除党员，因为他们深知接收一个党员并不容易。解决这一问题的首要措施是继续提高在职党员干部队伍的思想政治教育工作效果①。

三、反腐力度和成效前所未有

2006 年越共十届四中全会决议指出：越南“各级部门、各行业、各领域的贪污浪费现象仍十分严重，其范围之广、性质之复杂，在各方面造成了不良后果，让越南人民失去信心”。十年后，越南腐败现象却未见消除。2017 年，越共以坚如磐石的反腐决心，领导越南各级部门、各行业、各地大刀阔斧地开展了反腐斗争并取得重大成效。

越共的反腐决心，在越共中央总书记阮富仲的多次讲话中得以充分体现。2017 年 5 月，阮富仲在越共十二届五中全会闭幕式上呼吁建设廉洁强大的越南共产党。7 月，阮富仲在中央反腐指导委员会第十二次会议上强调，防腐反腐斗争已经成为全社会浪潮和趋势，“反腐的炉火一经烧旺，生柴也要燃起来。干柴与差不多干的木柴先燃起来，整个炉子旺起来了，所有的部门都参与，谁也不能例外，谁都不可置身事外，个人不想参与都不行，只有做到这样，反腐才能取得成功”。10 月，阮富仲在接触河内巴亭郡选民时指出，反腐工作还有很多艰难困苦，但斗争是为了让形势变得更好而不是更坏；要让干部觉悟，不要重蹈覆辙。“对犯错干部的处分，以前说从肩膀开始往下打，但现在是从头上打的更多”，并强调各省“要进一步推进这件事，否则党将失去威信”。

言出必行。2017 年越共反腐对象的关键人物是丁罗升、郑春青和阮春英。4 月，阮富仲在中央检查委员会第十四次会议上指示“集中力量广泛调查越南油气安装股份总公司的案件；追捕郑春青并引渡回国接受调查和审理”，会议提请越共中央政治局、中央委员会对越共中央政治局委员、胡志明市市委书记丁罗升党纪处分，原因是他在 2009 年至 2015 年担任越南油气集团董事局主席期间犯了严重错误。不久，越共十二届五中全会决定对丁罗升处以警告，并撤去其担任的十二届中央政治局委员的职务，免去其胡志明市市委书记的职务，丁罗升调任中央经济部副部长。9 月，中央检查委员会第十七次会议认为岘港市市委书记阮春英的违规行为十分严重，对党组织和个人的信誉造成不良影响，引起干部、党员和人民的不满，达到必须处分的程度。10 月，越共中央十二届六中全会认为，阮春英作为岘港市市委最高领导人，应对岘港市市委常务委员会的违规行为和缺陷负主要责任，阮春英严重违反党的原则和党关于党员干部的相关规定，违反委员的标准，决定对其纪律处分，撤销其岘港市市委书记、岘港市常务委员会委员、越共岘港市委员会委员（2015—2020 年任期）职务，同时免除其越共第十二届中央委员会委员的职务。12 月 8 日，越共中央政治局决定停止丁罗升参加党组

---

① Sē rà soát sàng lọc đưa những ngời không còn đủ tư cách ra kh ỏi Đảng [EB/OL].（2017-11-01）[2018-12-01]. http：//vov. vn/chinh-tri/dang/se-ra-soat-sang-loc-dua-nhung-nguoi-khong-con-du-tu-cach-ra-khoi-dang-689712. vov.

织生活，越南第十四届国会常委会则决定起诉、拘留丁罗升并终止其国会代表权限和任务。12 月 20 日，越南公安部调查警察机关办公室完成对丁罗升及其与两起特大经济案件的关联的调查，认为他在担任越南油气集团董事局主席期间有严重错误并造成巨大经济损失，并提请最高人民检察院对丁罗升发出起诉书和拘留令。

越南党和国家不仅严肃查处涉嫌腐败的现任党员领导干部，对涉嫌腐败的前任党员领导干部也不姑息养奸。2017 年 5 月，越共中央前委员、平定省委前书记阮文善因违规选拔干部任用行为被处以警告处分，9 月，越共中央前委员、2011—2016 年任期西南部指导委员会原常务副主任阮风光因“造成严重后果”的违规和缺点被革除党内所有职务。12 月，现已退休的 2010—2015 年任期永福省原省委书记范文旺，被越共中央书记处以“任用若干不能保证原则的干部”“授意多个项目不按规定用地”罪名被革职。

据统计，2017 年，越南监察部门已集中对易腐败领域开展 6800 多项行政监察工作和近 2.6 万项行业监察工作，已查处 68 个案件共 107 名贪污官员。各级人民检察院追诉了 219 个腐败案件和 481 名涉案人员，各级人民法院完成了 205 个腐败案件的初审，涉案人员多达 433 名。

越共加大力度查处腐败案件，对一大批现任和前任中央委员公开处分的决定，是越共执行监察工作和党员干部处分工作的一大突破，昭示了越共反腐“无禁区”“无例外”“从头洗到脚”的决心，同时从一定程度上体现越共的纪律严明，也是越南在强调建设社会主义法权国家时依法治国的表现，对全国而言具有教育和警示意义，还有助于促进党内团结，推动党的整顿和建设纯洁强大的党。据世界著名非政府组织“透明国际”发布的 2017 年全球清廉指数报告（CPI）显示，越南得分为 35 分（满分 100 分），在 180 个国家中位列第 107 位，排名较上年上升 6 位，可见 2017 年越共反腐成效显著。

越共的反腐斗争虽然成效显著，但党内问题仍然不少。反腐工作在各级部门仍普遍存在“上冷下热”“有令不行”等现象，党内政治思想、道德、生活方式蜕化和“自我演变”“自我转化”现象有待进一步整顿。从当前局势看来，越南反腐斗争仍将呈现不断加强的趋势。

四、领导越南成功主办亚太经合组织（APEC）峰会

继 2006 年越南在河内首次成功主办 APEC 系列会议以来，在越共的领导下，2017 年越南再次成功主办了 APEC 系列会议。峰会共举办大小活动 200 多场，其中 8 场部长级会议①，主要活动有：APEC 三次高官会（SOM 1、SOM 2、SOM 3）、可持续旅游高级政策圆桌会议、粮食安全和农业可持续发展、以

① 陈寿光，阮秋河. 2017 年 APEC：打造全新动力，开创共享未来 [J]. 共产主义，2017（11）：901.

适应气候变化高级政策对话论坛、中小型企业部长级会议、妇女和经济高级政策对话会、APEC财政部长会议以及领导人非正式会议等。2017 APCE峰会使越南成为世界聚焦亚洲的中心。2017年11月6日至11日，APEC领导人非正式会议在越南中部城市岘港召开，会议主题为“打造全新动力，开创共享未来”，会议一致通过《岘港宣言》。

2017 APEC峰会是越南在年内外交活动的一大核心，峰会期间越南外交多线开花，越南迎来了APEC各成员国领导人和2万多名代表参会。中、美、智利和加拿大领导人借助出席会议契机正式访问越南，其中最引人注目的是，这是中共中央总书记、国家主席习近平在中共十九大之后的首次出访，以及美国总统特朗普在任内头一年对越访问。APEC峰会给了越共一个争取更高国际地位的平台，越共也以此为契机向世界展示了相应的外交实力，越南推进的大国平衡战略在当前国际和地区的复杂形势下发挥了重要作用。峰会期间越南和各国共签署121项协议，价值200亿美元①，越南与各国双边关系进一步增强。

越共十二大以来，越南主张奉行一贯的独立、自主、和平、合作与发展的外交路线，在外交关系上强调多样化和多边化，主张积极主动融入国际。越共领导越南主办APEC会议，从外交上看无疑是越共在十二大以来一次全面成功的外交实践，提高了越南在国际社会特别是在东盟的地位，为越南在2020年担任东盟轮值主席国创造了有利条件。

第五部分　党的国际实践活动

为进一步贯彻落实十二大提出的多边化、多样化的全方位外交政策，对于社会主义国家执政党，越共继续与中国共产党、老挝人民革命党、古巴共产党保持密切联系与交流。对于非社会主义国家共产党，越共一贯重视保持和美、俄、日、德、法、巴西等世界上其他非社会主义国家共产党的联系。

一、越共与社会主义国家执政党的交往

1. 中越两党继续保持密切联系和交流

2017年，中越两党两国高层往来频繁，两党两国最高领导人成功实现互访，

① APEC 2017：121 thỏa thuận với giá trị hơn 20 tỷ USD được ký kết [EB/OL].(2017-11-14) [2018-12-01]. http://vietnamnet.vn/vn/thoi-su/apec-2017/apec-2017-121-thoa-thuan-voi-gia-tri-hon-20-ty-usd-duoc-ky-ket-410742.html.

中越各部门、各级、各领域交流合作稳步推进，中越两党关系继续保持良好发展势头。中越两党的联系和交流，主要表现在以下几个方面。

（1）两党两国最高领导人互访，为深化两党合作，维护两国关系和地区和平稳定作贡献。

2017年新年刚过，应中共中央总书记、国家主席习近平邀请，越共中央总书记阮富仲率团于2017年1月12日至15日正式访华。这是阮富仲在越共十二大连任后首次访华，也是越共十二大后两国最高领导人的首次会晤，中越双方均高度重视此次访问。双方就推动双边关系持续稳定发展达成重要共识，为推进新时期中越全面战略合作注入了新的动力，进一步指明中越关系发展的方向。访问期间，双方签署了《中国共产党和越南共产党高级干部培训合作协议（2017—2020年）》《中国国务院发展研究中心与越共中央经济部合作备忘录》等十多项合作文件。在第二十次中国-东盟（10+1）领导人会议期间内，2017年11月13日，李克强会见越南政府总理阮春福，双方一致同意进一步深化两国全面战略合作伙伴关系。11月10日至13日，应越共中央总书记阮富仲、越南国家主席陈大光邀请，中共中央总书记、国家主席习近平对越南进行国事访问并出席亚太经合组织（APEC）第二十五次领导人非正式会议。访问期间，习近平分别同阮富仲、陈大国举行会谈，并分别会见了政府总理阮春福、国会主席阮氏金银。两党领导人相互通报了各自党的情况，双方一致认为，中越两国政治相同，发展道路相近，前途相关，命运与共。双方一致同意通过双边互访、互派特使、热线电话、年度会晤及多边场合会见等灵活多样的形式，保持和加强两党两国高层交往的优良传统，及时就两党两国关系的重大问题和共同关心的问题交换意见。中越两党交流方面，双方认为要切实发挥两党高层会晤、中越双边合作指导委员会等两党两国间交流合作机制的统筹协调作用，密切治国理政经验交流，加强党际交往，执行好两党合作计划，办好两党高层会晤、理论研讨会，深化两党团组交流和干部培训合作，继续加强两党中央部门和地方特别是接壤省（区）党组织交流合作。双方签署了十七项合作协议，涉及国防部边防、共建“一带一路”和“两廊一圈”、核安全、电力与可再生能源、卫生、产能合作、电子商务、人力资源、文化产业、媒体、出版、干部培训等领域。习近平本次访问越南进一步巩固了中越传统友谊和深化两党两国全面战略合作，为促进本地区乃至世界的和平稳定与发展作出了重要贡献，具有重要里程碑意义。

（2）各级领导和部门充分利用各项对话机制实现频繁接触互访，有效推动两党两国关系发展。

2017年，中越两党政治局委员、两国外长、防长等有关部门领导频繁接触和互访。3月5日至8日，越共中央委员、越南外交部副部长、国家边境委员会主任黎怀忠与中国外交部副部长刘振民会晤，双方共同参加在越南芽庄市举行的中越副外长级年度会晤，双方就两国合作关系和领土边界问题进行磋商。双方一致认为，在两党两国领导人的指导和双方共同努力下，中越睦邻友好合作关系持续向好发展，并为两国和两国人民带来了切实利益，双方将继续密切配合保持交流，落实好高层重要共识，加强治党理政经验交流，加快发展战略对接，扩大各方面交流和合作，推动中越全面战略合作伙伴关系迈上新的台阶。4 月 17 日，中越举行双边合作指导委员会第十次会议。中共中央政治局委员、国务委员杨洁篪和越共中央政治局委员、副总理兼外长范平明共同参会。双方一致认为应进一步提升双边务实合作的质量和水平，夯实两国友好的民意基础。范平明表示越南高度重视越中全面战略合作，愿同中方继续加强战略沟通，增进政治互信，深化务实合作。5 月 24 日，中共中央政治局委员、中央书记处书记、中宣部部长刘奇葆在郑州会见越共中央政治局委员、中央书记处书记、中央宣教部部长武文赏，双方就巩固和发展两党两国关系、深化两党宣传部门和两国媒体交流合作等深入交换意见。6 月 18 日，中共中央军委副主席范长龙访问越南，分别会见越共中央总书记阮富仲、国家主席陈大光、政府总理阮春福，并与国防部长吴春历举行会谈。9 月 24 日，范长龙和吴春历在年内再次举行会谈。10 月 15 日，在第 137 届各国议会联盟大会（IPU-137）期间，越共中央政治局委员、国会主席阮氏金银和中国全国人大常委会副委员长张平会见。阮氏金银预祝中共十九大取得圆满成功，并强调越南党和国家一直重视与中国党和国家的睦邻友好和全面战略合作伙伴关系。11 月 26 日至 12 月 3 日，越共中央委员、中央书记处书记、中央内政部部长、中央反腐败指导委员会常务副主任潘庭镯应邀率团访华，参加在北京举行的全球政党大会。在此期间，中央政治局委员、中央书记处书记、中央纪律检查委员会副书记杨晓渡会见潘庭镯，双方举行座谈会，越方分享了越共党的建设和反腐情况，借此机会了解中共全面从严治党和反腐机构的政策及模式。12 月 15 日，澜湄合作第三次外长会议上，中国外交部长王毅会见了范平明并表示，中方期待越方发挥更加积极的作用，共同推动澜湄合作朝着澜湄国家命运共同体的目标迈进。范平明表示越方重视并始终积极参与澜湄合作。

（3）各级、各部门联合主办各项活动和会议，加强各领域合作，增进双方友谊。

两党继续举办理论研讨会。2017 年 5 月 25 日，中越两党理论研讨会第十三次郑州开幕。会议以“新形势下加强和改进党对新闻舆论工作领导的经验做法”为主题，刘奇葆和武文赏出席会议并作主旨报告，其中武文赏作了题为《新形势下越南共产党领导新闻媒体工作的经验和做法》的主旨报告。

共同举办边境友好交流活动。9 月 23 日，中越第四届边境国防友好交流活动在越南莱州省举行。范长龙和吴春历分别率团互访，先后在越南莱州省和中共云南省举行两军第四次边境高层会晤。会晤期间，越中边境友好文化室落成剪彩，中越两军边防部队开展联合反恐演练和联合巡逻。

（4）继续积极就海上问题进行磋商。

双方继续就北部湾湾口外海域相关问题深入交换意见。9 月 25 日，中越举行北部湾湾口外海域工作组第八轮磋商。中越北部湾湾口外海域工作组中越双方组长分别为中国外交部边境与海洋事务代表周健、越南外交部国家边界委员会副主任阮英勇。磋商中，双方强调认真落实两国高层领导人所达成的共识，循序渐进推进该海域划界谈判和合作发展，并就管控海上分歧、保持克制和不采取单方行动致使局势复杂化和扩大争议等问题坦率交换意见。

双方继续就海上低敏感领域合作问题深入交换意见。12 月 11 日至 14 日，中越双方举行海上低敏感领域合作专家工作组第十轮磋商。双方在磋商中对海上低敏感领域合作项目取得的成果给予高度评价，为取得更多成果，中方新提出了一些合作项目，双方同意继续拓展和深化相关项目合作，为中越全面战略合作伙伴关系稳定发展作出积极贡献。

2. 继续巩固加深与老挝人民革命党的特殊关系

越老自 1962 年建交以来，为全面深入发展两党两国关系，双方在 1977 年签署了《友好合作协议》，强调“越南和老挝人民之间的特殊关系、团结战斗之情和友好关系不可动摇，越南共产党和老挝人民革命党之间伟大的同志之情，是经历几十年的同甘共苦、共同战斗、共同战胜侵略者，在国家建设上共同合作、互相帮助的过程中锤炼出来的，这是宝贵的传统友谊，是两党无比强大的力量”。

2017 年适值越老建交 55 周年纪念，两党两国将 2017 年定为越老友好团结年，并继续保持和发展特殊友好关系，密切往来。7 月 18 日，两党两国在河内隆重举行越老建交 55 周年暨友好合作协议签订 40 周年纪念活动。越共中央总书记阮富仲、前书记黎可漂、农德孟，国家主席陈大光、前主席陈德良，国会主席阮氏金银、前主席阮生雄和越南党和国家其他领导、前任领导纷纷出席活动，体现越南党和国家对越老关系的重视。老挝人民革命党政治局委员、书记处常务书记潘坎·维帕万率领老挝党和国家高级代表团出席活动。阮富仲在纪念仪式上发言时指出，越南和老挝互为邻邦，山水相连，同饮湄公河水，两国人民存在着长久如一的传统友好关系。尤其是越南共产党和老挝人民革命党建立以来，越老关系日益深化。活动期间越南党和国家向老挝高层领导授予勋章。8 月 3 日，越老两党理论研讨会第五次会议在河内召开，老挝人民革命党中央书记处书记、中央宣传部部长、国家社会科学委员会主席吉乔·凯坎匹吞率团参会，阮富仲在会前会见吉乔·凯坎匹吞时强调，双方应竭尽全力维护越老特殊团结关系。8 月2 日，阮富仲接见老挝人民军队代表团时强调，越南党和国家一直在创造便利条件以加强两国国防部的合作。9 月 26 日，老挝人民革命党中央对外部部长孙通·赛亚加率团访越，阮富仲在会见中再次强调越老特殊团结关系对两国稳定发展的重要性，并表示越南将竭尽全力和老挝保持和培育越老特殊团结关系，推动两党两国关系进一步发展，深化各领域务实有效合作，为维护世界和地区和平稳定发展作贡献。不久后的 10 月 2 日，应越南政府总理阮春福的邀请，老挝人民革命党中央政治局委员、老挝人民民主共和国政府总理通伦·西苏里率团访越。阮春福在会见时强调，越南党、国家、政府和人民一贯重视巩固和加强越老传统友好、特殊团结和全面合作关系，并将此视为头等优先，这是无价之宝，决定越老革命事业的生死存亡。11月1日，老挝国会大厦动工开建，新的国会大厦由越南斥资1亿美元援建。12月19日至21日，应越共中央总书记阮富仲、国家主席陈大光的邀请，老挝人民革命党中央总书记、国家主席本扬·沃拉吉对越南进行正式友好访问。阮富仲、陈大光、阮春福、阮氏金银先后会见本扬·沃拉吉，双方肯定继续继承和大力发扬良好传统关系，保持和维护两党、两国和两国人民特殊团结、不断发展全面合作关系，并将此视为对两个民族未来具有生死存亡意义的问题，为两国人民的繁荣与幸福及地区乃至世界的和平、稳定、合作与发展作贡献，双方一致同意加强越老两党两国各领域的合作。双方在河内发表联合公报，2017年越老友好团结年也就此闭幕。

3. 继续保持和古巴共产党的传统友好关系

近年来越古双方保持高层交流，越南也不断向古巴提供粮食援助，并加强对古巴的投资。2017年，越古两党两国高层频繁交流，在双方的共同推动下，政治、经济等领域的合作取得积极成果。3月23日，古巴共产党政治局委员、革命武装力量部部长莱奥波尔多·辛特拉·弗里亚斯上将率团对越南进行正式访问，阮富仲接见代表团。越共政治局委员、中央军委副书记、国防部部长吴春历和代表团进行会谈，双方签署了2017—2019年合作计划，计划主要集中于推动双方高级代表团交流、干部培训及军事合作。5月23日，古巴共产党中央书记处书记、中央对外部部长何塞·拉蒙·巴拉格尔·卡弗雷拉率团访越，参加在河内举行的第三届越古两党理论研讨会。阮富仲在接见何塞时强调，两党两国高层领导之前的频繁互访和对两国经贸合作、人文交流的推动，是两党两国及两国人民模范兄弟、传统友谊、全面合作、始终团结友谊的生动体现。6月11日，古巴共产党政治局委员、全国人大主席埃斯特万·拉索应邀率团对越南进行正式访问，此访进一步深化了越古之间的全面合作关系。10月2日，越古政府间联合委员会第35次会议在河内召开。越南建设部部长范红河在大会发言时强调，越南党、国家和人民向来珍惜与古巴党、政府和人民的特殊感情，越古关系正处在最好时期，在政治、外交、经济和科技等各领域的合作关系日益深化。12月16日，阮春福在接见古巴驻越南大使时强调，越南任何时候都将古巴当兄弟对待。由此可见今后，越古两党关系将继续向好发展。

二、2017年越共与非社会主义国家共产党的关系

2017年越共与世界上其他非社会主义国家共产党保持联系与交流，和一些国家共产党的理论交流机制也得以正常运行，但双方基本上是在越共高级代表团对相关国家进行正式访问的基础上，另外安排会谈。

在亚洲，以日本共产党为例，2017年越日两党派代表团互访，并联合主办了两党第七次理论交流会。2月21日，日本共产党中央委员会副主席绪方康雄率团访问越南。越共中央政治局委员、中央委员、组织部部长、越日友协主席范

明正和中央委员、中央对外部部长黄平君分别会见代表团并举行了座谈会。绪方康雄此行一方面为筹备第七届两党理论研讨会，一方面旨在加强两党交流，增进两党传统友好关系。8月26日，第七届越日共产党理论研讨会在东京举行。越共政治局委员、中央书记处书记、组织部部长、越日友协主席范明正率团参会。范明正表示该研讨会对两党的理论和实践工作具有实质性意义，并对日本共产党在日本发挥的作用给予高度评价。范明正借此机拜会了安倍晋三。12月24日，越共中央书记处书记、胡志明国家政治学院院长阮春胜率领越共代表团访日。访问期间，阮春胜一行和日本共产党委员长志位和夫举行了会谈。

在拉丁美洲，越共中央委员、中央对外部部长黄平君于9月15日率团访问巴西，其间与巴西共产党高级代表团举行会谈。巴西共产党对越共革新30多年来取得的成果给予高度评价，双方一致希望今后能加强团队交流和经验、信息共享等方面的合作。11月17日，巴西共产党十四大召开。越共中央对外部副部长陈德利率领越共代表团参加大会。其间，巴西共产党卢西亚娜·桑托斯在会见中表示希望进一步加强两党的友好合作关系。

在欧洲，2017年2月，意大利共产党举办越南革命全国研讨会，越南驻意大利大使高政善应邀作为越共的代表参会。与会代表就越南民族解放斗争和走向社会主义道路的历程展开热烈讨论。高政善表示，随着越意两国友好关系的不断发展，越共和意共两党关系也日益牢固，本次研讨将进一步促进越意两国关系的发展。

三、越共对重大国际事件的态度

2017年12月，针对特朗普宣布美国承认耶路撒冷为以色列首都之事，越南外交部发言人表示关切，称美国这一决定有可能会影响到中东地区的和平与稳定。越南再次肯定其支持巴以边界的一贯立场，一切有关耶路撒冷的措施都应遵守国际法，尤其是各相关方面达成的各项联合国决议。

2017年朝鲜频繁试射导弹，越南外交部每次都及时声明自己的立场。越南外交部发言人黎氏秋恒多次表示，越南对朝鲜成功试射洲际弹道导弹的活动表示严重关切，朝方有关活动严重违反了联合国安理会的相关决议，加剧地区紧张。越南一贯支持促进朝鲜半岛对话和维护朝鲜半岛和平，越南呼吁各方严格遵守联合国安理会有关决议，并采取建设性实质性的行动，为维护世界和地区和平、安全与稳定做贡献。

关于卡塔尔断交风波，越南外交部指出，越南和中东各国以及海湾阿拉伯国家合作委员会（GCC）有着良好的合作关系，希望各国早日通过对话采取措施解决分歧，以保障相关各方的利益，为各国人民谋福利，促进地区和平稳定。

近年，越南反恐的立场一向坚定。4月3日俄罗斯圣彼得堡地铁爆炸案发生后，越南外交部迅速发表声明，强烈谴责这一恐怖袭击事件，并向俄罗斯人民和政府表示慰问。关于6月7日伊朗德黑兰恐怖袭击事件，越南外交部表示，强烈谴责恐怖袭击事件，任何形式的恐怖行动都应得到严惩，向无辜遇难者表示哀悼，越南对伊朗国家、政府和人民以及无辜遇难家庭表示慰问。

越共对中国提出的“一带一路”态度出现了积极变化，5月份越南国家主席到北京参加了峰会。值得注意的是，对于建立中越命运共同体，越南领导人并未明确表态，而对于美国总统特朗普在访问越南期间提出的“印太战略”，越美联合公报中，越方表示支持。

（撰稿人：中国社会科学院马克思主义研究院国际共运部　潘金娥

浙江工业大学越南研究中心　韦丽春）

2017年老挝人民革命党年度发展报告

第一部分　概况

1. 国名：老挝人民民主共和国（简称老挝）

2. 人口：650万（2015年12月第四次全国人口普查）

3. 国土面积：23.68万平方公里

4. 政党名称：老挝人民革命党（老挝语：Phak Pasason Pativat Lao，英语：Lao People's Revolutionary Party，缩写：LPRP）

5. 成立时间：1955年3月22日（1955年3月22日，老挝共产党人在华潘省召开第一次全国代表大会，宣布老挝人民党成立。1972年2月3日，老挝人民党二大在华潘省召开，决定党的名称改为老挝人民革命党）

6. 党员人数：29.2万名（截至2017年12月31日）

7. 中央委员会总书记：本扬·沃拉吉

8. 中央政治局成员：本扬·沃拉吉、通伦·西苏里、巴妮·亚陶都、本通·吉玛尼、潘坎·维帕万、占西·普西坎、赛宋蓬·丰威汉、占萨门·占雅拉、坎潘·彭玛塔、辛拉冯·库派吞、宋赛·西潘敦

9. 政党地位：合法党，执政党

10. 社会团体或群众组织：老挝建国阵线、老挝人民革命青年团、老挝工人联合会、老挝妇女联合会

11. 大众传媒

（1）报纸杂志：日报有《人民报》《经济社会报》《巴特寮报》《万象时报》等；周报有《人民周报》《老挝人民军》等；杂志有《新曙光》《文艺》《老挝青

年》等。(《人民报》是老挝人民革命党中央委员会机关报，被称为“老挝人民革命党中央之声”;《新曙光》为老挝人民革命党中央机关刊物；巴特寮通讯社为老挝官方最权威通讯社)

(2) 广播电视台：截至2017年底，老挝有30个电视台，覆盖全国80%以上的地区，其中有国家电视台2个和各地方电视台，主要使用语言为老挝语、法语、英语

(3) 互联网：截至2017年底，老挝全国90%以上的地方都可以连接互联网，现在老挝党政机关、企事业单位、学校、医院、重要服务结构等都建立了自己的网站，进行网络信息传递或网上办公

第二部分　老挝人民革命党的产生与发展简史

一、老挝人民革命党的诞生

1924年底，共产国际东方部成员阮爱国来到中国香港参与发动东南亚各国革命运动并推动成立印度支那共产党。1928年3月，阮爱国赴暹罗东北部领导革命运动，宣传马克思列宁主义，掀起了群众革命的高潮。1929年6月，印度支那共产党诞生，同年12月安南共产党成立。1930年1月印度支那共产主义联盟成立。

1930年2月，受共产国际委托，阮爱国召集各个共产主义组织代表在中国香港九龙召开会议，决定成立工人阶级的革命政党——越南共产党。1930年10月，根据共产国际指示，越南共产党更名为印度支那共产党。1932年，老挝各个党支部加入印度支那共产党组织。此后，万象党委、他曲党委、沙湾拿吉党委成立，群众组织也蓬勃发展。1934年9月，各支部代表15人在万象召开会议，宣布印度支那共产党老挝地区委员会成立。在印度支那共产党指导下，老挝地区党委领导的抗日和抗击法国殖民统治的斗争不断取得胜利，于1945年10月12日宣布国家独立。

1951年2月，印度支那共产党在越南宣光召开第二次代表大会，凯山·丰威汉率领老挝地区党委代表团参加了会议，会议决定越南、老挝、柬埔寨三国分别成立独立的政党。大会结束后，印度支那老挝籍党员组建了“老挝人民组织”，代替老挝地区党委继续领导革命政党。经过一段时间的筹建，1955年3月22日至4月6日，老挝人民党成立暨第一次全国代表大会在华潘省召开，代表全国

300 多名党员的 20 名代表出席此次历史性会议。大会选举凯山·丰威汉为总书记，通过了凯山·丰威汉所作的建党报告和《老挝人民党章程》。

二、老挝人民革命党的不断发展

从 1956 年起，老挝人民革命党的组织队伍不断发展壮大。到 1957 年底，已拥有党员 4500 名，12 个省的 58 个县建立了党组织，革命队伍中的党员比例已经达到 10％以上①。

1956 年 1 月，老挝人民党在尚未公开进行革命活动的情况下，将老挝伊沙拉阵线改组为老挝爱国阵线，以爱国阵线的名义团结和带领全国各族人民开展反对殖民主义者、争取民族独立和解放的斗争。

1972 年 2 月 3 日，老挝人民党二大召开，代表全国 21000 名党员的 125 名代表参加大会。大会通过了凯山·丰威汉提出的政治纲领，修改了党的章程，确立了党在民族民主革命向社会主义过渡时期的总路线、政治任务、斗争方式，选举了新一届中央委员会，凯山·丰威汉担任总书记，并将人民党更名为人民革命党。大会提出了建党原则，指出党要“以马克思列宁主义、真正的爱国主义以及无产阶级国际主义为思想基础和行动指南”。

1975 年 5 月 5 日，在老挝人民革命党的领导下，全国军民开始了全面夺取政权的斗争。同年 8 月 23 日赢得了抗美救国战争的最后胜利；11 月 29 日西沙旺·瓦塔那国王退位，将所有权力交给人民；12 月 2 日老挝人民民主共和国成立，老挝人民革命党成为老挝唯一合法的执政党。

1982 年 4 月，老挝人民革命党三大在万象召开，代表全国 35000 名党员的 228 名代表参加大会。三大制定的“实现国有化、集体化和建立公有制，消除私有制”等路线、方针、政策和目标，严重脱离老挝实际，极大地阻碍了生产力发展，导致“一五”计划没有取得“令人满意”的效果。

1986 年 11 月，老挝人民革命党四大在万象召开，代表全国 45000 名党员的 303 名代表参加大会。四大选举凯山·丰威汉为总书记，他在所作的政治报告中，以坦诚客观的态度对建国以来社会主义建设中出现的问题进行深刻反思，检讨了党的领导工作，纠正了过去急躁冒进、急于求成等主观主义思想，开始客观认识本国国情，并顺应新的历史潮流，提出革新开放方针，决定革新经济体制、政治体制，调整对外政策。1989 年 1 月召开的四届七中全会对社会主义本质和本国国情进行了再认识，随后在 10 月召开的四届八中全会上提出了坚持党的领导、社会主义方向、马克思列宁主义、人民民主专政、民主集中制以及爱国主义与国际主义相结合的六项基本原则②。

① 老挝社会科学委员会党史编写组．老挝人民革命党简史［M］．万象：老挝出版社，1992：92．

② 王璐瑶．老挝人民革命党对社会主义的认识与实践［J］．当代世界，2015（8）：63-65．

1991 年 3 月，老挝人民革命党五大召开。五大是在苏东剧变的历史背景下召开的。老挝人民革命党吸取苏东剧变的教训，认真总结其领导老挝民族民主革命、保卫国家和社会主义建设的经验教训，对马克思主义基本原理作了进一步探索。五大坚持六项基本原则，坚持有原则的全面革新路线，分析了老挝经济社会现状及面临的国际环境，确定了老挝社会主义的性质和所处的历史阶段，即正处于继续建设和发展人民民主制度时期，为逐步迈向社会主义创造各种条件。五大还确立了今后全党和全国人民的总体方针和任务。老挝人民革命党五大标志着老挝人民革命党从此以后，真正走上了蓬勃发展的道路。

2016 年 1 月，老挝人民革命党十大对社会主义的发展成就和经验进行了总结，强调老挝之所以能够取得良好的成绩，是因为老挝人民革命党始终以马克思列宁主义和凯山·丰威汉思想为指导，坚定不移走社会主义道路，坚持和捍卫了社会主义制度。十大讨论通过了 2030 年愿景报告、2016—2025 十年经济社会发展战略以及 2016－2020 第八个五年计划，提出建立向工业化现代化转变产业和坚实的基础设施、社会主义定向市场经济体制。实现国内生产总值年均增长 7.5％以上，贫困人口比例不超过总人口的 5％，力争到 2020 年，摆脱最不发达国家状态。力争到 2030 年，推动经济绿色发展，力争防护林覆盖率达到 70％以上，推动发展方式转变，调整经济结构，有效落实可持续发展联合国千年发展目标，逐步缩小城乡发展差距。

第三部分　老挝人民革命党的指导思想与组织状况

一、指导思想

老挝人民革命党章规定，老挝人民革命党以马克思列宁主义、凯山·丰威汉思想为指导，把发扬真正的爱国主义与工人阶级纯洁的国际主义密切结合。

2016 年 1 月，老挝人民革命党十大胜利召开。十大郑重地把凯山·丰威汉思想写入党章，体现了老挝人民革命党把马克思列宁主义基本原理与本国国情相结合，不断推进马克思主义老挝化。

二、组织结构和组织原则

1. 组织结构

(1) 中央组织。

全国代表大会：老挝人民革命党的最高权力机关。全国代表大会负责审议通过中央委员会的政治报告；审议决定政府制定的经济社会发展五年规划的指导方针；审议通过上届中央委员会领导工作评估报告；修改党的章程；选举新一届中央委员会委员和候补委员；审议通过大会决议。

中央委员会：老挝人民革命党的最高领导机构。负责全面领导闭会期间党的工作；领导执行大会通过的政治纲领，党章和决议；研究决定涉及国家内政外交的重大战略性问题；领导国防治安工作；决定和领导执行党的组织、党建和干部路线，做好建国阵线和群众组织工作；管理党的经费。每年两次听取党的中央政治局和中央书记处工作报告，并检查其领导工作；筹备和召集全国代表大会和党的届中会议；代表党与各战略伙伴国家和其他政党进行联系。

中央政治局：代表中央委员会指导和检查全国代表大会和中央委员会会议决议的落实情况；决定事关党和国家的路线、方针、政策的问题；决定国防治安工作和党的对外交往工作；决定组织、党建和干部工作；决定政府、建国阵线和群众组织机构革新问题；决定召集和筹备中央委员会全体会议或特别会议；向中央委员会报告中央委员会全体会议休会期间的工作情况；听取中央总书记和中央书记处常务书记的工作报告，并监督其工作。

中央书记处：协助中央总书记、中央政治局处理中央日常事务的常设机构。协助中央政治局指导、执行中央委员会决议，指导、执行中央政治局的决议、命令；制定工作规划和筹备中央委员会全体会议、中央政治局会议；指导组织研究党的路线、方针、政策问题，指导党的思想、组织、党建、干部和纪检工作等。

中央纪律检查委员会：专门监督检查党组织和党员干部贯彻落实党的路线、方针、政策、决议、命令和党章以及国家法律法规的情况；监督检查高级党员干部的政治素质和思想道德。中央纪律检查委员会书记是中央纪律检查委员会的领导人。

（2）地方组织。

老挝人民革命党地方组织包括省（直辖市）、县级党组织。省（直辖市）、县级党委会是党的地方领导机构，在大会闭会期间领导党委工作。省（直辖市）、县级党的代表大会每5年召开1次，可提前或延期召开，但不得超过1年，且须经上级党委同意并通知下级党委，必要时可召开届中会议。省（直辖市）、县级党的代表大会是党的地方最高权力机关。设有省（直辖市）、县级党委常委会和同级纪律检查委员会，省（直辖市）、县级党委书记为领导人，纪委书记为同级纪律检查委员会领导人。

（3）各部委机关党组织。

各部委机关党委会是党在各部委机关的领导机构，在大会闭会期间领导党委工作。国会、部委机关、最高人民法院、最高人民检察院、建国阵线、群众组织的党委代表大会和党员大会每5年召开1次，必要时可提前或延期召开，但不得超过1年，且须经过上级党委同意并通知下级党委。

(4) 基层组织。

党的基层组织包括农村、行政单位、专业机构、学校、医院、军队机关、国企、国内外股份制企业、私人企业和其他基层单位建立起来的党委、党支部和从属于基层党委的党支部。凡是有3名正式党员的，要建立党的基层组织；正式党员不到3名的，由上一级党委安排其参加附近党支部的组织生活。

2. 组织原则

老挝人民革命党的章程规定，老挝人民革命党以民主集中制为组织原则。具体原则如下：

(1) 党的各级领导机构经本级党代会或党员大会选举产生，特殊情况下由上一级党委指定，但任期不得超过一届。

(2) 党的各级组织必须实行集体领导、个人分工负责的领导原则，通过党的决议进行领导；加强相互激励和监督检查，在不违反党纪国法的前提下，根据多数通过原则，集体讨论决定重大事项。

(3) 审议党的每一份决议，必须有三分之二以上的党委委员或正式党员出席，每一份决议必须有一半以上的党委委员或正式党员同意才能通过；投票通过决议前，每位党委委员或党员都有权对决议提出意见，但一旦通过则必须严格执行。

(4) 党委要向上级党组织和本级党代会报告工作；上级党委要根据规定的时间，向下级党组织和每位党员通报必要的情况。

(5) 每个党组织和每位党员均须严格遵守和执行党的决议；个人服从组织，少数服从多数，下级服从上级，全党服从中央。

(6) 各级党组织有权决定在自己权限范围内与党的路线、方针、政策、决议、命令、党章和国家法规不相悖的各项事务。

三、党员资格

老挝人民革命党章程规定，凡满足下列条件者均可以入党：年满18岁，经过群众革命运动磨炼、成绩突出，受群众信赖的老挝公民；拥护党的理想，有政治觉悟，经受实际工作考验，完成党和组织交办的任务；履历清晰、历史清白，有坚定的政治素质和革命道德，有知识、有能力、身体健康，在群众工作中发挥模范带头作用；愿意遵守党章，参与党的基层组织政治生活、交纳党费；在有老挝人民革命青年团组织的地方，青年入党积极分子必须先加入青年团。入党人必须参加党组织的党课和党章学习，亲自填写并递交入党申请书，由2名党龄在2年以上且同发展对象共事1年以上的正式党员作为入党介绍人，介绍、培养发展对象，并向支部作保证。

第四部分　老挝人民革命党的国内实践活动

一、2017年召开的党的重大会议

1. 党的十届四中全会

老挝人民革命党于2017年3月20日至24日召开了党的十届四中全会。全会作出了开展党内整风的决定，明确要求对党内存在的官僚主义、形式主义、个人主义、机会主义、宗族主义等不良风气要加以纠正和大力整顿，对以人划线、拉帮结派和以权谋私的党员干部给予坚决打击，对发生在基层群众身边的腐败予以查处。全会对党和国家领导干部使用车辆进行了改革，出台了《高级领导人车辆配备标准规定》，提出了公车改革的具体方案，以上率下，禁止各级领导干部使用高档轿车，对高档轿车进行拍卖。全会研究通过了《关于厉行节约反对铺张浪费的决定》，倡导各级党员领导干部要厉行节约，反对铺张浪费，并对树立党和政府的清正廉洁形象做出了重点部署，提出到2020年把党的基层组织建设得纯洁和坚强。全会还对执行2016—2017财政年度经济社会发展计划以来的情况进行总结，并对本财政年度后一阶段重点工作提出了指导意见，要求政府在重点化解历史遗留债务的同时，努力推进革新除弊。鉴于公共负债居高且债务持续性风险增大等状况，老挝人民革命党中央在全会上研究制定方案，敦促政府采取了一系列有针对性的新举措，如加强公共投资项目管理，砍掉不必要的投资项目以防止产生新的债务，推进关税税收制度现代化改革并加强财经部门的反腐工作，营造良好的营商环境等，推进债务化解。

2. 党的五中全会

老挝人民革命党于2017年9月11日至21日召开了党的五中全会。全会进一步深化了党的四中全会的决定部署，强调要以老挝人民革命党中央政治局制订的《关于在全党开展整党政治生活会的命令》《坚决把党整顿得纯洁坚强和稳固》《政治局关于党员干部禁止事项的规定》《2012—2020年国家反贪污腐败战略（草案）》等4个指导文件为依据，继续开展党内整风，根本目的是改善党的形象，转变党员干部特别是党的高级干部作风，提高党的战斗力，遏制日益猖獗的贪腐及官僚主义，巩固老挝人民革命党执政地位与执政安全。全会要求按照学习动员、自我总结、开展批评与自我批评、提出整改措施等步骤，对全党2万余个基层党组织和30余万名党员进行全面的作风整顿，强化党员干部党性意识，提高党员干部政治觉悟，转变党员干部工作作风。全会强调要进一步加大审计监察纪检力度并查处了一批违法违纪干部，出台了《关于财经系统公务员禁止事项的决定》等反腐败措施，要求进一步完善公务员个人财产申报制度，做好相关信息录入工作。老挝人民革命党中央纪律检查委员会和监察部门开始探索建立各部门各单位“一把手”反腐倡廉监督问责追究长效机制。

3. 其他重要会议

2017 年 8 月，老挝人民革命党还召开了第四次纪律检查工作会议，会议贯彻落实党的十届四中全会精神，总结了 2016 年第三次纪检工作会议以来的工作成就，对严肃党纪国法、公车改革和反腐工作等进行了具体部署。

2017 年 10 月，老挝人民革命党第十一次中央组织工作会议召开，会议贯彻落实党的十届四中、五中全会精神，提出了加强干部管理的一些办法举措，明确了选人用人的组织纪律要求。

二、加强党的自身建设

2017 年，老挝人民革命党遵循十大提出的党建目标，一如既往重视加强党的自身建设，不断提高党的领导力和战斗力。

1. 继续巩固党的思想政治建设

把党的思想政治建设作为带动其他方面建设的根本性建设，加强各级党员干部的马克思列宁主义学习，特别强调凯山·丰威汉思想的学习，在党员中广泛开展党史和爱国主义教育。把坚持党的理论革新与实际工作相统一，加强党的先进性建设，保持全党在思想上、政治上、行动上的高度一致，加强社会主义理想信念教育，反对思想意识的多元化，保证社会主义发展方向不动摇。

2. 继续加强党的组织建设

根据党的十大提出的政治任务，根据国内社会经济发展的需要，坚持党的组织原则和组织路线，坚持民主集中制原则，增强党组织工作透明度，建设一个结构严密、纪律严格、内部团结、年富力强、富于创新的党。根据党的干部培养使用原则，选好人、用好人，注重培养一批年轻干部，大胆选拔使用德才兼备的优秀年轻干部，增强干部队伍活力，提高党的执政能力和服务各族人民的能力。

3. 继续加强党的作风建设

老挝人民革命党认为：“党的作风事关党员的思想、工作和生活状态以及社会风气的好坏。”① 基于这一重要认识，继续反对形式主义、官僚主义，打击贪图享乐和腐败行为，教育各级党员干部密切联系实际、联系群众，号召各级党员干部工作要深入群众、深入农村、深入少数民族地区、深入贫困地区。加强对各项工作职责落实情况的监督检查，客观评价工作成绩和失误，运用灵活可行的方

① Xaysi Santivong. Party vows to improve standards [N]. Vientiane Times，2016-01-30：2.

法解决工作中的问题，凝聚了人心，汇聚了力量。

4. 继续加强党的制度建设

以党的十大通过的《党章（修正案）》为基础，健全党内各种法规、条例、规则、规范等制度，基于《领导干部责任制度》《党员禁令》《反腐败法》等一系列党内规章制度，以《到2020年反腐败战略》要求为抓手，完善党风廉政制度、党员干部监督制度、干部财产登记制度，以制度抵制约束各种腐败行为，增强了人民群众对党的信任。

5. 继续推进“三建”工作

以建设“坚强善于全面领导的党支部”活动为载体和抓手，强化基层党组织政治功能和战斗堡垒作用。推进“三建”工作，重点加强农村基层党支部建设，着力解决农村基层党支部涣散、脱离群众、不负责任和基层党员素质不符合时代变化和社会发展要求等问题，增强了农村基层党支部的责任意识、模范带头意识、服务意识，提高了农村基层党员的综合素质、联系群众的能力水平，巩固了基层社会主义政权基础。要特别加强对年轻党员和公共组织、私营企业里的流动党员及农民、知识分子、学生党员的思想教育与管理，确保党员队伍的整体质量。

6. 加大反腐和推进公车改革

老挝人民革命党中央政治局委员、中央书记处常务书记潘坎·维帕万潘坎多次强调：“现在一些党员干部的贪腐十分疯狂，如不解决贪腐问题，将直接影响到党和政府的领导，影响到国家安全和经济社会发展。”① 根据党章规定，2017年为了遏制腐败，逐步出台一些反腐倡廉规定，并进一步加大了审计监察和纪检工作力度，查处了党政机关、事业单位、企业和银行等一批违法违纪干部，2017年共有573名领导干部受到处理，95名党员因作风问题或腐败问题被清退出党②。此外，进一步加大了公务用车改革，出台了高级领导人车辆配备标准和公车改革方案，以及关于厉行节约反对铺张浪费的决定和关于财经系统公务员禁止事项的决定等，进一步完善公务员个人财产申报制度及相关信息录入；建立了单位“一把手”反腐倡廉监督问责追究机制。

三、推动经济社会发展

2017年是老挝“八五”规划实施第二年，也是开始实施财政年度与国际接轨的开局之年。在老挝人民革命党的领导下，2017年老挝经济增长6.83%，GDP总值约折合145.075亿美元，人均GDP为2472美元。2017年，第一产业产值增长2.78%，占GDP的16.34%；第二产业产值增长9.53%，占GDP的

① 《巴特寮》日报，2017-04-18.

② The Party Central Committee's Inspection Committee. There was no positive change in the leadership of some party organisations, especially at the grassroots level [N]. Lao News Agency, 2018-01-21 (2).

30%；第三产业产值增长6.15%，占GDP的42.08%。此外，2017年进口关税收入增长6.9%，占GDP的11.53%，全年进出口贸易额大幅度增长，达到89.39亿美元。

1. 积极推动老中铁路项目

老挝人民革命党中央总书记领导建设高标准和高质量的老中铁路顺利推进，备受老挝政府领导人及各界赞誉，不仅为老中经济走廊建设奠定了基础设施主轴，且对泰中铁路的启动有明显的助推作用。2017年1月11日，老中铁路开工动员暨技术交底大会举行，当年夏天进入全面施工并在沿线101个地点展开隧道挖掘等工作。进入12月，施工捷报频传：由中国电建水电十五局承建的万象省旺门村二号隧道于12月12日顺利贯通，成为全线首个贯通的隧道。截至12月13日，中铁五局承建的第一标项目隧道开挖突破万米大关，达1.0262万米，居全线各标段之首。截至2017年年底，累计完成总投资（374.25亿元人民币）的12.06%，预计2021年12月2日竣工通车，为老挝国庆46周年献礼。

2. 加快路网规划和公路升级改造

老挝人民革命党着手对国内三纵、九横以及与之相连的11条分支公路（简称"3911"公路网）进行整体规划，拟在"八五"规划期间融资60亿美元对国内123个公路项目进行升级改造。2017年，占巴塞16号公路和沙耶武里省巴莱县—万象省沙纳坎县跨湄公河大桥建成通车，沙湾拿吉省9号公路上的2座大桥开始修建。首条高速公路磨万高速公路万象市至万荣段高速公路动工建设，计划2020年建成通车。该高速公路全长113.5千米，设计为双向4车道，路宽23米，总投资额为13亿美元，由中国云南建投集团以BOT（build-operate-transfer）方式承建。与此同时，万象市至占巴色市高速公路（总长585千米）建设项目设计投标亦已启动。老挝还决定修建万象市至河内高速公路（全长707千米，拟设计为6车道，投资额将超过45亿美元）并提请日本帮助进行可行性研究。

3. 继续推进经济特区建设，加快扶贫脱贫工作

老挝人民革命党推出波罗芬经济特区，冀望吸引投资。波罗芬高原位于老挝南部中心区域，紧邻越南、柬埔寨、泰国3国，战略地位重要。老挝人民革命党授权老挝国家经济研究院负责开展特区项目研究规划工作，特区内拟规划建设高速公路、机场、教育、医疗和养老等配套设施，重点发展旅游和有机农业。鉴于中资企业一直是老挝经济特区和专区投资的主力军，该院院长、前总理波松2017年10月率团到中国云南昆明和北京推介波罗芬高原经济特区，重点吸引中国投资者，以推进经济发展，加快扶贫脱贫步伐，2017年脱贫6546户，超原计划。老挝全国贫困户已由2015年的76604户减少至2017年的69772户。

第五部分　老挝人民革命党的国际活动

一、老挝人民革命党与社会主义国家及政党的交往

1. 老挝人民革命党与中国及政党的交往

2017 年，老挝人民革命党与中国共产党一直保持着十分密切的党际联系和关系。

1 月 14 日，老中和平统一促进会春节文艺联欢晚会在老挝首都万象举办。老挝人民革命党中央政治局委员、老挝建国阵线中央主席赛宋蓬・丰威汉，老挝人民革命党中央委员、万象市委书记兼市长辛拉冯・库派吞参加晚会。

1 月 16 日，老挝人民革命党中央政治局委员、老挝国家副主席潘坎・维帕万接见即将离任的中国驻老挝大使关华兵，称赞关华兵在老挝很好履行了其外交使命，为加强老中合作关系做出重大贡献。

2 月 21 日至 24 日，老挝人民革命党中央政治局委员、建国阵线中央主席赛宋蓬・丰威汉，中央书记处书记、中宣部部长吉乔・凯坎皮吞会见中共中央国家机关工委常务副书记李智勇及率领的中共十八届六中全会精神宣介团。

2 月 28 日至 3 月 1 日，老挝人民革命党中央委员、中联部部长顺通・赛雅佳，率老挝党中央对外联络部代表团，到云南省弥勒市考察新农村建设和扶贫开发工作。

4 月 7 日，老挝驻华大使万迪・布达萨冯一行在昆明受到中共中央委员、中共云南省委书记陈豪的接见。

5 月 13 日，老挝人民革命党中央委员会总书记、国家主席本扬・沃拉吉来华出席“一带一路”国际合作高峰论坛，在人民大会堂会受到中共中央政治局常委、国务院总理李克强的亲切接见。

5 月 15 日，老挝人民革命党中央委员会总书记、国家主席本扬・沃拉吉率团参加在北京举行的“一带一路”国际合作论坛圆桌会议。

5 月 16 日，老挝人民革命党中央委员会总书记、国家主席本扬・沃拉吉受到中共中央总书记、国家主席习近平接见。两党两国领导人高度评价了两国全面战略伙伴关系，并见证了 9 个相关文件的签署。

5 月 16 日，老挝人民革命党中央委员会总书记、国家主席本扬・沃拉吉在昆明与中共中央委员、中共云南省委书记陈豪，中共中央委员、中联部部长宋涛

等举行会谈。

6 月 11 日，老挝人民革命党中央政治局委员、中央书记处常务书记、国家副主席潘坎·维帕万来华出席金砖国家政党、智库和民间社会组织论坛，受到中共中央政治局常委、中央书记处书记刘云山接见。

6 月 13 日，老挝人民革命党中央政治局委员、中央书记处常务书记、国家副主席潘坎·维帕万率团到昆明参加 2017 南亚东南亚国家商品展暨投资贸易洽谈会，受到中共中央委员、中共云南省委书记陈豪接见。

6 月 13 日至 14 日，以老挝人民革命党中央政治局委员、中央书记处常务书记、国家副主席潘坎·维帕万为团长的老挝人民革命党代表团一行 16 人到玉溪进行访问考察。

6 月 22 日，第六次中老两党理论研讨会在海南博鳌举行。老挝人民革命党中央政治局委员、中央书记处书记、中组部部长占西·坡西坎，老挝人民革命党中央书记处书记、中宣部部长吉乔·凯坎皮吞出席开幕式，并与中共中央政治局委员、中央书记处书记、中宣部部长刘奇葆举行了会谈。

7 月 21 日下午，老挝人民革命党中央委员会总书记、国家主席本扬·沃拉吉接见中国新任驻老挝大使王文天，王文天向本扬·沃拉吉递交了国书。

7 月 28 日，老挝人民革命党中央政治局委员、国家副总理宋赛·西潘敦到贵阳出席第十届中国-东盟教育交流周，受到中共中央委员、国务院副总理刘延东接见。

8 月 3 日，老挝人民革命党中央政治局委员、建国阵线中央主席赛宋蓬·丰威汉在万象接受中国新任驻老挝大使王文天拜会。

8 月 6 日，老挝人民革命党中央政治局委员、外交部部长沙伦赛·贡玛西在菲律宾马尼拉出席东亚合作系列外长会议，会前会见中共中央委员、外交部部长王毅。

8 月 8 日，老挝人民革命党中央书记处书记、中宣部部长吉乔·凯坎皮吞在万象接受中国驻老挝大使王文天拜会。

8 月 14 日，老挝人民革命党中央委员、教育体育部部长显登，工业贸易部部长兼老中合作委员会主席开玛妮·奔舍那接受中国驻老挝大使王文天拜会。

10 月 18 日，老挝人民革命党中央委员会致函中国共产党中央委员会，热烈祝贺中共十九大召开。

10 月 30 日，老挝人民革命党中央委员会总书记本扬·沃拉吉特使、中联部部长顺通·赛雅佳访问中国，中共中央总书记、国家主席习近平在人民大会堂会见顺通·赛雅佳。

11 月 9 日，中国国务院新闻办公室、中国外文局和中国驻老挝大使馆在老挝首都万象联合举办《习近平谈治国理政》老挝文版首发式。老挝人民革命党中央书记处书记、中宣部部长吉乔·凯坎皮吞代表老党对此表示祝贺。

11 月 13 日至 14 日，中共中央总书记、中国国家主席习近平应邀对老挝进行国事访问，期间与老挝党和国家领导人分别进行了会谈。

11月30日至12月3日，老挝人民革命党中央政治局委员、国会主席巴妮·亚陶应邀出席在北京举行的中国共产党与世界政党对话会。

12月14日至16日，老挝人民革命党中央政治局委员、外交部部长沙伦赛·贡玛西出席在云南大理举行的“澜湄合作第三次外长会议”。

12月23日，老挝人民革命党中央政治局委员、外交部部长沙伦赛·贡玛西专程出席老挝驻中国长沙总领事馆开馆仪式，与中共中央委员、中共湖南省委书记杜家毫共同为总领事馆揭牌。

2. 老挝人民革命党与越南及政党的交往

1月8日至11日，应越共中央政治局委员、中央军委副书记、越南国防部部长吴春历大将的邀请，以老挝人民革命党中央政治局委员、老挝国防部部长占沙蒙·占雅拉上将为首的老挝高级军事代表团对越南进行正式访问。

1月13日，老挝人民革命党中央政治局委员、外交部部长沙伦赛·贡玛西接见新任越南驻老挝大使。

1月19日，老挝党中央对外关系委员会主任接见了在老挝访问的越南志愿兵与军事专家协调委员会代表团。

2月7日至8日，老挝人民革命党中央政治局委员、政府总理通伦·西苏里率代表团对越南进行正式国事访问，会见了越南总理阮春福。

3月5日至10日，应越南国会主席阮氏金银邀请，老挝人民革命党中央政治局委员、国会主席巴妮·亚陶率领老挝国会高级代表团正式访问越南，并拜会越共中央委员会总书记阮富仲，会见越南国家主席陈大光及越南政府总理阮春福，分别接见了越老友好协会中央委员会代表团、越南援老军事专家和志愿军联络委员会代表团。

3月7日，老挝国会高级代表团对越南进行正式友好访问。其间，“越南和老挝分级管理：两国国会省级、市级管理和政府在中央、省、县、乡管理的经验”研讨会在越南国会大厦举行。

3月14日，越南胡志明市领导与老挝华潘省领导举行会谈，双方签署近期合作结果评估会谈纪要，并一致同意在2017—2020年阶段继续加强合作，为培育胡志明市与华潘省乃至两党、两国之间的传统友谊、特殊团结与全面合作添砖加瓦。

3月15日至20日，应老挝人民革命党中央委员会委员、老挝国防部副部长、老挝人民军总参谋长苏旺·伦奔来中将和柬埔寨皇家武装部队总司令波尔沙伦大将的邀请，越南国防部副部长、人民军总参谋长潘文江中将率领越南人民军高级军事代表团对老挝进行正式访问。

3月16日，越南国家主席陈大光和政府总理阮春福分别会见了对越南进行正式访问的老挝安全部部长宋乔·西拉冯。

3月26日，河内市市委书记黄忠海率领的河内市市委代表团与老挝人民革命党中央委员、万象市委书记兼市长辛拉冯·库派吞率领的代表团举行会谈。双方将依照 2015 年 9 月签署的关于教育培训、农业、司法、贸易等领域的双边合作备忘录，继续开展多项经验交流活动。

3 月 27 日，越南共产党中央委员会总书记阮富仲会见老挝首都代表团，高度评价两国首都代表团会谈的结果，并希望首都万象继续与河内市、胡志明市有效配合，在各领域进行更加有效的合作。

4 月 5 日至 8 日，由越南祖国阵线中央委员会副主席张氏玉映率领的祖国阵线代表团对老挝进行工作访问。其间，张氏玉映礼节性拜会老挝人民革命党中央政治局委员、国防部部长占萨门·占雅拉和老挝人民革命党中央委员、中央对外部部长顺通·赛雅佳。

4 月 26 日至 27 日，越南政府总理阮春福率团访问老挝，两国总理举行了会谈并发表联合声明，双方签署了 9 份合作文件。

4 月 26 日至 27 日，越南共产党中央政治局委员、政府总理阮春福率团对老挝进行正式访问。

6 月 25 日，越南共产党中央委员会总书记阮富仲在越南首都河内越共中央总部会见老挝人革党中央政治局委员、建国阵线中央主席赛宋蓬·丰威汉。

7 月 3 日至 8 日，应越南国会邀请，老挝人民革命党中央政治局委员、国会主席巴妮·亚陶都率代表团对越南进行访问，并出席在山罗省举行的越老建交 55 周年纪念活动暨越老友好合作条约签署 40 周年纪念日活动。

7 月 8 日，越南共产党中央委员会总书记阮富仲在越共中央总部会见了老挝人民革命党中央政治局委员、老挝国会主席巴妮·雅陶都。

7 月 18 日，越南共产党中央委员会总书记阮富仲在河内会见老挝人民革命党中央政治局委员、中央书记处常务书记、国家副主席潘坎·维帕万。

8 月 4 日至 8 日，老挝人民革命党中央政治局委员、外交部部长沙伦赛·贡玛西在菲律宾出席第 50 届东盟部长级会议及系列会议时，会见越南外交部部长范平明。

10 月 2 日至 6 日，应越南政府总理阮春福邀请，老挝人民革命党中央政治局委员、政府总理通伦·西苏里对越南进行访问。越南共产党中央委员会总书记阮富仲、国家主席陈大光、国会主席阮氏金银分别会见通伦·西苏里。

11 月 1 日，老挝人民革命党中央委员会总书记、国家主席本扬·沃拉吉，老挝人民革命党中央政治局委员、国会主席巴妮·亚陶和越南国会主席阮氏金银共同出席由越南无偿提供 1 亿美元援建的老挝国会新大厦奠基仪式。

12 月 19 日至 21 日，老挝人民革命党中央委员会总书记、国家主席本扬·沃拉吉应越南共产党中央委员会总书记阮富仲和国家主席陈大光邀请访问越南，共同为 2017 年“友谊团结年”画上了句号。

12 月 26 日，越南共产党中央委员、中央军委常务委员、越南人民军总参谋长、国防部副部长潘文江上将在国防部总部会见由老挝防空空军局局长皮马塞大校率领访越的老挝人民军防空空军局代表团。

3. 老挝人民革命党与古巴及政党的交往

5月25日至27日，古巴共产党中央书记处书记、中央对外部部长何塞·拉蒙·巴拉格尔·卡弗雷拉率高级代表团于访问老挝，受到老挝人民革命党中央委员会总书记、国家主席本扬·沃拉吉接见。双方举行了会谈，高度肯定了老挝和古巴50多年来取得的友好合作成就。

二、老挝人民革命党与非社会主义国家及政党的交往

1. 老挝人民革命党与美国及政党的交往

1月16日至17日，美国副助理国务卿W. 帕特里克·墨菲对老挝进行访问，老挝人民革命党中央政治局委员、外交部部长沙伦赛·贡玛西接见。

10月4日，老挝人民革命党中央委员会总书记、国家主席本扬·沃拉吉对在拉斯维加斯发生的枪击事件向美国总统唐纳德·特朗普致慰问电，向美国政府和人民表示同情，向遇难者表示哀悼。

2. 老挝人民革命党与日本及政党的交往

3月5日至10日，老挝人民革命党中央政治局委员、政府副总理宋赛·西潘敦对日本进行正式访问。

5月1日至3日，日本自民党代表团访问老挝，老挝人民革命党中央政治局委员、政府总理通伦·西苏里。

6月5日至6日，老挝人民革命党中央政治局委员、政府总理通伦·西苏里应邀出席在东京举行的第23次亚洲前途国际大会并顺访日本。

6月7日，日本首相安倍晋三在东京会见老挝人民革命党中央政治局委员、政府总理通伦·西苏里。

8月9日，老挝人民革命党中央政治局委员、外交部部长沙伦赛·贡玛西向河野太郎致贺电，就其出任日本外相表达祝贺。

3. 老挝人民革命党与柬埔寨及政党的交往

1月10日，老-柬国际口岸正式开通。老挝人民革命党中央政治局委员、政府总理通伦·西苏里和柬埔寨首相洪森主持了开通典礼。

2月18日，老挝人民革命党中央政治局委员、外交部部长沙伦赛·贡玛西向即将离任的柬埔寨驻老挝大使Hos Sereythonh颁发友谊勋章，表彰他在加强老挝和柬埔寨之间的关系与合作上所取得的成就。

1月24日至25日，应柬埔寨外交与国际合作部部长巴速坤的邀请，老挝人民革命党中央政治局委员、外交部长沙伦塞·贡玛西率代表团对柬埔寨进行正式访问，分别与洪森首相和巴速坤外长举行双边会谈。

2月22日至23日，老挝人民革命党中央委员会总书记、国家主席本扬·沃拉吉应柬埔寨国王诺罗敦·西哈莫尼的邀请正式访问柬埔寨，并会见首相洪森。

5月10日，老挝人民革命党中央政治局委员、政府总理通伦·西苏里到柬

埔寨金边出席世界经济论坛，并与柬埔寨首相洪森举行了双边会议。

6月21日至23日，老挝人民革命党中央委员会总书记、国家主席·沃拉吉，老挝人民革命党中央政治局委员、政府总理通伦·西苏里，老挝人民革命党中央政治局委员、国会主席巴妮·雅陶都分别会见柬埔寨国会主席韩桑林及其率领的代表团一行。

8月12日，柬埔寨首相洪森抵达万象，老挝人民革命党中央政治局委员、政府总理通伦·西苏里会见洪森，双方就两国边境问题讨论。

9月1日，老挝人民革命党中央政治局委员、政府总理通伦·西苏里与柬埔寨首相洪森再次会晤。

4. 老挝人民革命党与新加坡及政党的交往

1月11日至14日，应老挝人民革命党中央委员会总书记、国家主席本扬·沃拉吉的邀请，新加坡总统陈庆炎率高级官员代表团访问老挝。

2月12日至13日，应新加坡外交部长维文的邀请，老挝人民革命党中央委员、外交部部长沙伦塞·贡玛西对新加坡进行为期两天的正式访问。

5月1日，老挝人民革命党中央政治局委员、政府总理通伦·西苏里应总理李显龙邀请访问新加坡，并与李显龙和总统陈庆炎进行会晤。

5. 老挝人民革命党与泰国及政党的交往

10月26日，老挝人民革命党中央委员会总书记、国家主席本扬·沃拉吉前往泰国首都曼谷出席泰国国王普密蓬葬礼。

6. 老挝人民革命党与俄罗斯及政党的交往

4月3日，老挝人民革命党中央政治局委员、国会主席巴妮·雅陶都被授予奖章，表彰巴妮·雅陶都为促进老俄友好合作所作出的巨大贡献。

6月15日至17日，应俄罗斯外长拉夫罗夫邀请，老挝人民革命党中央政治局委员、外交部部长沙伦赛·贡玛西对俄罗斯进行正式访问。

9月26日至27日，应俄罗斯总统梅德韦杰夫的邀请，老挝人民革命党中央政治局委员、政府总理通伦·西苏里对俄罗斯联邦进行了为期两天的正式访问。其间，两国签署了七项合作协议，包括引渡协议、航空运输协议、能源和采矿领域合作协议等。

7. 老挝人民革命党与菲律宾及政党的交往

7月13日至14日，应菲律宾外长艾伦·彼得·卡耶塔诺的邀请，老挝人民革命党中央政治局委员、外交部部长沙伦赛·贡玛西对菲律宾进行正式访问。

8. 老挝人民革命党与缅甸及政党的交往

2月15日至16日，老挝人民革命党中央政治局委员、外交部部长沙伦赛·贡玛西率团出席在缅甸内比都举行的第12次老缅边界协商会议。

9. 老挝人民革命党与马来西亚及政党的交往

3月16口至18日，老挝人民革命党中央政治局委员、外交部部长沙伦赛·贡玛西对马来西亚进行正式访问，与马来西亚外长阿尼法·阿曼举行了双边会议。

5 月 2 日，老挝人民革命党中央政治局委员、政府总理通伦·西苏里率团访问了马来西亚，两国拟强化双边关系。

5 月 9 日至 10 日，应马来西亚总理纳吉布的邀请，老挝人民革命党中央政治局委员、政府总理通伦·西苏里对马来西亚进行正式访问。

10. 老挝人民革命党与印度尼西亚及政党的交往

7 月 26 日至 28 日，应印度尼西亚外长雷特诺的邀请，老挝人民革命党中央政治局委员、外交部部长沙伦赛·贡玛西对印尼进行正式访问。

10 月 11 日至 12 日，老挝人民革命党中央政治局委员、政府总理通伦·西苏里率代表团于访问印度尼西亚，并受到总统佐科·维多多接见。

11. 老挝人民革命党与韩国及政党的交往

8 月 29 日至 30 日，老挝人民革命党中央政治局委员、外交部部长沙伦赛·贡玛西应邀出席在韩国釜山举行的第八次东亚和拉丁美洲合作论坛外长会议及第七次湄-韩合作框架外长会议，并会晤韩国总理李洛渊。

12. 老挝人民革命党与澳大利亚及政党的交往

11 月 27 日，应澳大利亚外长朱莉·毕晓普的邀请，老挝人民革命党中央政治局委员、外交部部长沙伦赛·贡玛西对澳大利亚进行访问，以加强老挝和澳大利亚之间的友谊和合作。

13. 老挝人民革命党与文莱及政党的交往

12 月 2 日，值老挝 42 周年国庆日之际，文莱苏丹陛下向老挝人民革命党中央委员会总书记、国家主席本扬·沃拉吉，老挝人民革命党中央政治局委员、政府总理通伦·西苏里致贺电，赞扬两国长期建立的友好情谊。

第六部分　结语

老挝人民革命党的前身为印度支那共产党老挝地区支部，1955 年 3 月 22 日建党。1975 年 12 月 2 日，老挝人民民主共和国成立，老挝人民革命党成为唯一合法的执政党。老挝人民革命党以马克思列宁主义、凯山·丰威汉思想为指导，是老挝工人阶级与老挝人民民主制度的最高政治组织，始终是老挝工人阶级、劳动人民和全民族权力与利益的忠实代表。

建党 60 多年来，老挝人民革命党以马克思主义、凯山·丰威汉思想为指导，立足老挝实际，探索符合本国国情的社会主义道路，坚持革新开放路线不动摇，制订社会主义发展目标，团结带领老挝人民加强经济建设、政治建设、文化建设、社会建设和生态文明建设，加强党的自身建设，增强党的凝聚力和战斗力，开展对外交往，备受人民的信任和拥护，党的执政地位不断巩固。

自20世纪80年代末90年代初苏东剧变至今，国际上对马克思主义和社会主义的攻击、诬蔑、抹黑从来就没有停止过，社会主义国家的建设和发展受到了空前的挑战。面对国际形势的巨大压力和国内经济增长的诸多不利因素，老挝人民革命党义无反顾地高举马克思主义伟大旗帜，以凯山·丰威汉思想为行动指南，战胜各种困难，不断推进社会主义制度的自我完善和发展，使生产力得到极大发展，物质基础日益增强，群众生活显著改善，国际地位逐步提升。

在国际金融危机的背景下，老挝人民革命党更加强调以马克思主义、凯山·丰威汉思想为理论武装，进一步提升党的领导能力，发挥党的先锋模范作用，坚持革新开放，坚持社会主义道路，捍卫社会主义制度，团结带领老挝人民朝着建设和平、民主、统一和繁荣的老挝这一目标阔步前进。

（撰稿人：云南农业大学马克思主义学院 方文）

2017 年古巴共产党年度发展报告

第一部分　概况

1. 国名：古巴共和国

2. 人口：1123.9 万（2016 年）

3. 国土面积：10.9884 万平方公里

4. 政党名称：古巴共产党

5. 成立时间：1965 年 10 月 3 日（1961 年成立古巴革命统一组织，1962 年更名为古巴社会主义革命统一党，1965 年正式更名为古巴共产党）

6. 党员人数：67 万（截至 2016 年 4 月）

7. 中央书记：第一书记劳尔·卡斯特罗·鲁斯（Raúl Castro Ruz）；第二书记何塞·马查多·本图拉（José R. Machado Ventura）

8. 政治局成员：劳尔·卡斯特罗（Raúl Castro Ruz）、何塞·马查多·本图拉（José R. Machado Ventura）、米格尔·迪亚斯-卡内尔·贝穆德斯（Miguel Díaz-Canel Bermúdez）、埃斯特万·拉索·埃尔南德斯（Esteban Lazo Hernández）、拉米罗·巴尔德斯·梅嫩德斯（Ramiro Valdés Menéndez）、萨尔瓦多·巴尔德斯·梅萨（Salvador Valdés Mesa）、莱奥波尔多·辛特拉·弗里亚斯（Leopoldo Cintra Frías）、布鲁诺·罗德里格斯·帕里利亚（Bruno Rodríguez Parrilla）、马里诺·穆里略·豪尔赫（Marino Murillo Jorge）、梅塞德斯·洛佩斯·阿塞阿（Mercedes López Acea，女）、阿尔瓦罗·洛佩斯·米尔拉（Álvaro López Miera）、拉蒙·埃斯皮诺萨·马丁（Ramón Espinosa Martín）、乌利塞斯·吉拉特·德纳西米恩托（Ulises Guilarte de Nacimiento）、罗伯托·莫拉雷斯

·奥赫达（Roberto Morales Ojeda）、米莉安·尼卡多·加西亚（Miriam Nicado García，女）、特蕾莎·阿马莱耶斯·布埃（Teresa Amarelles Boué，女）、玛尔塔·阿依拉·阿维拉（Marta Ayala Ávila，女）

9. 中央书记处成员：阿贝拉尔多·阿尔瓦雷斯·希尔（Abelardo Alvarez Gil）、何塞·巴拉格尔·卡布雷拉（José Balaguer Cabrera）、奥尔加·莉迪亚·塔皮亚（Olga Lidia Tapia）、豪尔赫·奎瓦斯·拉莫斯（Jorge Cuevas Ramos）及奥马尔·鲁伊斯·马丁内斯（Omar Ruiz Martínez）

10. 政党地位：执政党（古巴唯一合法政党）

11. 群众组织：古巴工人中央工会、共产主义青年联盟、古巴妇女联合会、“何塞·马蒂”少年先锋队组织

12. 大众传媒的运用：

(1) 党的报纸：古巴共产党机关报《格拉玛报》（Granma）、共产主义青年联盟机关报《起义青年报》（Juventud Rebelde）和古巴工人中央工会机关报《劳动者报》（Trabajadores）

(2) 党的理论刊物：《古巴社会主义》（Cuba Socialista）

(3) 党的电台：起义电台（Radio Rebelde）

(4) 党的电视台：起义电视台（Tele Rebelde）、古巴电视台（Cuba Vision）

(5) 党的网站：古巴共产党网站 http：//www. pcc. cu/

13. 最近一次代表大会或会议：2016 年 4 月古巴共产党第七次全国代表大会

第二部分　党的产生及发展简史

古巴共产党是古巴唯一的合法政党。古巴宪法规定，古巴共产党是以马蒂思想和马列主义为指导的古巴民族有组织的先锋队，是古巴社会和国家的最高领导力量。

1961 年，原古巴人民社会党（Partido Socialista Popular）、“七二六爱国主义运动”（Movimiento 26 de julio）和“三一三革命指导委员会”（Directorio Revolucionario 13 de Marzo）合并成立古巴革命统一组织，次年 5 月更名为古巴社会主义革命统一党，1965 年正式改称古巴共产党。

1975 年 12 月古巴共产党召开第一次全国代表大会，通过了党的基本纲领和党章，选出了新的领导机构，决定建立经济计划体制。1980 年 12 月召开二大，修改了党章，制订了新的内外政策，强调增加蔗糖生产、扩大出口、发展工业、坚持同经互会实现一体化、提高经济效益等。1986 年 2 月召开三大，通过了

《完善经济领导和计划体制的决议》。1991 年 10 月召开四大，通过了关于党章、党纲、完善人民政权的组织和职能、国家经济发展、对外政策以及授予中央委员会特别权力等 6 项决议。四大强调古巴坚持社会主义，不搞多党制，提出“拯救国家、拯救革命、拯救社会主义”的口号。1997 年 10 月召开五大，通过了《团结、民主和捍卫人权的党》的中心文件、卡斯特罗的中心报告、关于经济问题的决议和新党章。五大强调以马列主义、马蒂思想和菲德尔思想为指导的古巴共产党，是国家稳固的捍卫者和中流砥柱；社会主义和共产党的领导是当今和 2000 年后古巴的唯一选择。

古巴共产党成立以来，菲德尔·卡斯特罗曾长期担任古共中央第一书记，在 2011 年 4 月举办的古巴共产党第六次全国代表大会上，菲德尔正式卸任古共中央第一书记，由其弟劳尔·卡斯特罗接任，何塞·马查多·本图拉（José Machado Ventura）担任第二书记，并选举产生了第六届中央委员会、中央政治局和书记处。2016 年 4 月，古共七大召开，劳尔连任古共中央第一书记，马查多连任第二书记。

面对不断变化的世情、国情、党情，古巴共产党立足本国本党实际，通过推进一系列具有重大战略意义的理论创新和实践探索，形成了一套行之有效的执政党建设制度，在改善执政能力的同时，更巩固了党的领导地位和群众基础。在党的自身建设方面，古巴共产党尤其重视组织建设、作风建设、思想建设和制度建设；在加强执政能力方面，古巴共产党坚持探索具有古巴民主特色的全国人民政权代表大会制度，坚持改革开放，注重经济社会协调发展，主张灵活务实的宗教侨务政策和多元外交政策。

第三部分　党的理论和组织状况

一、指导思想

1991 年，古巴共产党四大通过的党章决议中规定，古巴共产党是何塞·马蒂思想、马克思主义和列宁主义的党。1992 年通过的《古巴共和国宪法》规定，古巴公民的指导思想是“何塞·马蒂思想与马克思、恩格斯及列宁的政治社会思想”。1997 年，古巴共产党五大的中心文件指出，古巴共产党是以马列主义、何塞·马蒂学说和菲德尔·卡斯特罗思想为指导的党。由此可见，马克思-列宁主义、马蒂主义和卡斯特罗思想是指导古巴共产党和古巴人民进行社会主义革命与建设一脉相承的思想体系。

1. 古巴共产党指导思想之科学根基——马克思-列宁主义

古巴思想和哲学史大体可分为殖民时期到古巴民族独立、1902 年至古巴革命前期和古巴革命胜利后三个阶段。从马克思主义在古巴的传播史看，第一阶段的古巴实证主义者把马克思主义应用于古巴社会政治领域的研究，却忽视了辩证唯物主义作为方法论和世界观的研究。倡导民族独立的何塞·马蒂思想是这一时期的最高思想和哲学成就。到第二阶段，随着古巴第一个共产党 1925 年的诞生，马克思主义哲学开始在古巴正式传播。巴里尼奥（Carlos Baliño）是古巴共产党的创始人之一，他强调了争取民族独立的必要性，以及创建政党、组织民众反对美国的经济掠夺与渗透的重要性，为古巴革命创造了主体性条件。古巴革命胜利后，作为主流意识形态的马克思-列宁主义受到了古巴各界广泛而深入的学习和研究。由于帝国主义对古巴的威胁和封锁延续至今，古巴马克思主义理论的发展逻辑决不能简单地归结为历史的线性延续，严峻的现实把古巴马克思主义理论建设推向了保卫社会主义的前沿阵地。

马克思主义作为古巴官方意识形态，是古巴思想界重要的精神内核和研究方向。由于古巴革命历史和社会结构的特殊性，古巴的马克思主义传统具有较强的批判性和鲜明的民族性。批判性主要体现在古巴反帝国主义、反殖民主义、反全球化、反美洲自由贸易区等理论与现实问题上。尽管深受苏联哲学的影响，但古巴的马克思主义理论仍不乏民族性反思，其主要体现在马克思主义同古巴民族精神和思想传统的结合上。古巴马克思主义理论研究和建设的主要议题包括马克思-列宁主义基本原理、古巴本土的可行的社会主义道路、实现美洲团结、倡导国际新秩序、反帝国主义及新自由主义等。

2. 古巴共产党指导思想之民族精髓——何塞·马蒂思想

何塞·马蒂（José Julián Martí Pérez，1853—1895），古巴杰出的民族英雄、诗人和思想家。马蒂出生在哈瓦那一户西班牙下级军官家庭，幼时家境贫寒。自小就对社会压迫、专制及不合理现实表达出强烈批判的马蒂，15 岁起就加入反西班牙殖民主义的战斗中。1892 年 4 月 10 日，何塞·马蒂当选为新成立的古巴革命党最高领导人。1895 年 5 月 19 日，42 岁的马蒂在抗击西班牙军队的战斗中壮烈牺牲。马蒂一生著述颇丰，思想深邃。他有关人人平等、民族独立、两个美洲、世界平衡、人类团结和反帝国主义的思想既是古巴的民族精粹，也是拉丁美洲宝贵的历史遗产。

1959 年 1 月 1 日，古巴革命胜利，古巴获得了真正意义上的独立自主。1991 年召开的古巴共产党第四次代表大会和 1992 年召开的古巴第三届全国人民政权代表大会，正式把马蒂思想写入古巴共产党党纲和修改后的古巴共和国宪法。需要正名的是，马蒂本人并不是马克思主义者，但马蒂建立“自由的、有尊严的共和国”、构建世界平衡、追求社会公正平等及“我们的美洲”等主张却充分激发了古巴马克思主义者将古巴民族独立同社会主义事业相结合的革命热情和觉悟，为古巴探索本土的可行的社会主义道路奠定了深厚的民族根基和情感。古巴领导人菲德尔·卡斯特罗曾评价马蒂为古巴革命的“主谋”，正是菲德尔将马蒂思想同马克思主义的紧密结合，成就了古巴革命完整的思想体系和实践道路。2008年，古巴学界围绕古巴民族英雄何塞·马蒂诞辰155周年展开了各种纪念和宣传活动。

3. 古巴共产党指导思想之时代旗帜——菲德尔·卡斯特罗思想

菲德尔·卡斯特罗是古巴革命与建设卓越的思想导师和实践领袖。自1959年古巴革命胜利以来，菲德尔·卡斯特罗以其坚定的马克思主义信仰、权威的领导风格和丰富的革命思想，成功地带领古巴人民实现了社会主义革命与建设的一个又一个目标，成为享誉地区和世界的革命导师和进步领袖。

2008年2月，劳尔·卡斯特罗正式从菲德尔·卡斯特罗手中接过了古巴革命领导权，但这丝毫不影响古巴民众对这位世纪领袖的崇敬与拥护，而卸任后的菲德尔·卡斯特罗一如既往地对古巴革命和世界形势保持密切关注，其丰富的革命思想和对时代的再思考是古巴革命与建设用之不竭的思想源泉和前进动力。

卡斯特罗思想成形于卡斯特罗早年的革命生涯，其完善与成熟同古巴革命与建设的历史密不可分。尽管古巴国外早先多用“卡斯特罗主义”或“菲德尔主义”来概括菲德尔·卡斯特罗的思想体系，但古巴国内却鲜有这样的表述，直到1997年10月，古巴共产党才在古共“五大”的中心文件《团结、民主和捍卫人权的党》中第一次提出“菲德尔·卡斯特罗思想”的表述，并首次将其同马列主义、马蒂学说一齐列为古巴共产党的指导思想。

卡斯特罗思想主要体现在菲德尔·卡斯特罗革命生涯中数以千计的讲话中。作为坚定地马克思主义者，卡斯特罗的思想具有深刻的革命性、批判性和深刻的民族性、实践性与科学性。菲德尔·卡斯特罗的主要思想包括：①争取民族独立。卡斯特罗认为，争取民族独立与国家解放是古巴革命的首要目标，而要实现这一使命的唯一路径就是走社会主义道路。②倡导社会公正。卡斯特罗认为，包括政治平等、经济平等和社会平等在内的社会公正是社会主义优越性的具体体现，即在政治方面主张群众参与，在经济方面推行公平分配，在社会方面反对种族和性别歧视等。③主张国际主义。卡斯特罗认为，爱国主义和国际主义是统一的，当出现矛盾时前者应服从于后者，即“先人类，后祖国”；拉丁美洲的革命史表明，取得民族独立的国家应发扬国际主义精神，支援其他未独立民族的斗争。④反对帝国主义。卡斯特罗认为，当前的时代特征是资本主义向社会主义的过渡；国际形势的缓和是各国人民长期斗争的结果，丝毫不意味着帝国主义失去了其侵略本性，帝国主义必然灭亡的趋势仍未改变；新自由主义是帝国主义最后的表现形式，反对新自由主义就是反对帝国主义；倡导世界多极化是反对单边霸权的唯一方式，第三世界人民必须团结起来，共同对抗帝国主义的侵略；古巴为能顶住世界上主要的帝国主义强国的侵略而感到骄傲。⑤对全球化的看法。卡斯特罗认为，全球化是世界历史发展的自然规律，是人类生产力进步的必然结果，马克思设想的公平分配的全球化还远未实现；我们不反对全球化，也不可能反对全球化，我们所反对的是新自由主义的全球化，这种全球化是帝国主义强权剥削和控制世界市场的工具，是对第三世界最可耻的再殖民化，是必将灭亡的全球化。⑥积极培育社会主义新人。卡斯特罗认为，塑造社会主义新人是巩固古巴社会主义制度的关键。社会主义新人是摒弃了私有观念并具有共产主义道德风尚和原则的人，只有坚持不懈地对其进行思想政治工作和革命教育才能造就高质量的社会主义新人。⑦加强党的建设。卡斯特罗认为，党是古巴革命的灵魂，党应集中体现古巴历史上一切革命者的理想、原则和力量；党应密切联系群众党并保持思想上的纯洁和组织上的团结；党不仅是工人阶级的先锋队，而且也是国家和民族利益的忠实代表；党员要经过严格的挑选，艰苦朴素，无私奉献，严于律己。⑧加强军队建设。卡斯特罗认为，古巴应高度重视国防建设，建立一支强大、现代化的军队和完备的民兵组织是古巴贯彻全民战争思想的关键；军队应服从党的领导，在和平时期，军队是经济建设的重要参加者。⑨宗教思想。卡斯特罗认为，基督教徒的伦理目标、道德规范和历史境遇都同马克思主义者有相似之处；当代拉美的天主教出现了进步思潮；革命政权应吸收拉美解放神学的进步之处，同宗教团体建立战略性联盟；宗教是否是“人民的鸦片”要具体情况具体分析。

自 2007 年 3 月起，休养中的卡斯特罗在古共中央机关报《格拉玛报》上，以《总司令的思考》为名，先后撰写了百余篇时评、公告、书信等，对战争、反恐、世界经济、国际关系、生态环保、气候变暖、生物燃料和能源革命、扶贫等关系到古巴革命前途和人类命运的重大问题作出了自己的最新总结和反思。2016 年 11 月 25 日，一代伟人菲德尔·卡斯特罗与世长辞。古巴各界和国际社会纷纷悼念，深刻缅怀。

二、组织结构和组织原则

古巴共产党设中央政治局、中央书记处和中央委员会。中央书记处负责党的日常事务。2016 年七大新当选的中央委员会共 142 名，政治局委员 17 名，其中 12 名为第六届政治局委员，5 名为新当选委员，书记处书记 6 名。此次与会代表平均年龄 48 岁，其中 35 岁以下的青年代表 35 人，占 5.5%，妇女代表占 43%，黑人和混血种人代表分别占 43%和 36%。

《古巴共产党党章》第三章第十五条规定，古巴共产党遵循民主集中制的组织原则，以规范党内生活，维护全党思想政治及行动的和谐统一。

三、党员资格

古巴共产党遵循自愿入党原则，入党申请须征得模范工人代表大会及各界群众的肯定，才能予以考虑。入党申请人须年满 21 岁，在获得三分之二以上基层支部党员的同意，并报请上级党组织批准后，方能加入古巴共产党。

1991 年，古共四大修改了党的组织原则，允许教徒入党。此举受到了古巴宗教界和国内外舆论的普遍欢迎，改善了古巴共产党及政府与宗教界的关系。

第四部分　党的国内实践活动

一、积极筹备全国人大换届选举

2017年11月底，古巴启动第九届全国人大换届选举的第一阶段——古巴市级人大代表选举。古巴市级人大代表选举是古巴唯一的直接选举，每两年举行一次。此次选举，古巴168个市级人大共计27221名候选人参选，其中女性9637人，青年5307人。共产党员身份不是参选的必要条件。

古巴全国人民政权代表大会是古巴最高权力机关，每五年举行一次换届选举。2018年4月，古巴第九届全国人民政权代表大会将选举产生新一届古巴国务委员会。

二、加强和创新党建工作

为进一步加强和创新党建工作，古巴共产党积极向社会主义国家执政党学习取经。例如，古巴共产党建立了与越南共产党联合召开两党理论研讨会的相关机制。

三、促进党群关系和谐发展

每逢五一劳动节，古巴共产党都会在革命广场举行盛大的群众集会活动。2017年5月1日，古巴工人联合会秘书长乌利塞斯·圭拉尔特在集会讲话中强调，古巴将不会放弃独立和社会公正的理想，并要求美国结束对古巴长达半世纪的封锁、归还古巴关塔那摩军事基地的领土。五千余名古巴青年及各行业劳动者参加了游行。此外，来自包括美国在内的86个国家的349个工会组织的1600名代表，也受邀出席了庆祝活动。

第五部分　党的国际实践活动

一、对重大国际问题的基本看法和立场

1. 纪念十月革命胜利一百周年

2017 年 11 月 7 日，古巴政府在首都哈瓦那的卡尔·马克思剧院举行了高规格的纪念活动。古巴电视台、报纸等媒体先后推出了纪念“十月革命”的特别栏目，还有媒体专门在社交网站上开设账号，模仿列宁等革命家与年轻人互动。

古巴领导人劳尔·卡斯特罗向俄罗斯共产党中央委员会主席根纳季·久加诺夫致贺电。劳尔指出，“十月革命对各国人民争取国家独立及民族自决权、反对殖民主义产生了重要影响，在列宁和布尔什维克党的领导下，工人、农民和士兵建设首个社会主义国家的理想至今完好且有力”。

2017 年 10 月 31 日，古共中央机关报《格拉玛报》刊登了《给未来的教训》① 一文。该文强调，“十月革命开创了一项未竟的事业，需要从我们具体的、现实的角度不断研究；社会主义革命让人类走向了未来，但超越资本主义体系的进程复杂艰辛，毫不轻松”。

2017 年 11 月 4 日，古巴《起义青年报》刊登了《震撼世界的一百年》一文。该文指出，“十月革命是整个地球的革命；尽管十月革命建立的政权有失败也有错误，但十月革命向全世界表明，‘另一个世界是可能的’；十月革命超越了时间和空间的限制，给世界带来的震撼远未止步”。

2017 年 11 月 5 日，古巴《劳动者报》刊登的《“底层”的革命撼动了世界》② 一文指出，“十月革命不仅催生了世界上许多国家的共产党组织，也使当时仍处于殖民统治下的古巴出现了共产党人”。而另一篇纪念文章《古巴，十月革命和共同的理想》回顾了十月革命后苏联对古巴的影响和支持，并指出“古巴

① Jesús Pastor García Brigos. Petrogrado：lecciones del futuro［EB/OL］.（2017-10-31）［2017-11-10］. http：//www. granma. cu/opinion/2017-10-31/petrogrado-lecciones-del-futuro-31-10-2017-20-10-50.

② Enrique Milanés León. Cien años que estremecieron el mundo［EB/OL］.（2017-11-04）［2017-11-10］. http：//www. juventudrebelde. cu/internacionales/2017-11-04/cien-anos-que-estremecieron-el-mundo.

的斗争是十月革命和社会主义思想的胜利，古巴第一个共产党组织和古巴全国工人联合会的成立充分体现了这一点；没有十月革命，古巴革命不可能成功；在纪念十月革命100周年之际，我们为在困难时期支持了这一事业而自豪，也永远感激苏联对古巴给予的关键帮助”。

2. 古美关系面临新考验

2017年，随着美国新任总统特朗普对古政策的收紧，古美关系正常化进程再次面临严峻考验。2017年6月，美国总统特朗普在迈阿密宣布，美国将继续执行对古巴的经济、金融封锁和贸易禁运政策，同时禁止美国企业与古巴军方控制的企业进行贸易往来，禁止美国公民个人以自由行方式赴古巴旅游等。随后，特朗普还签署了“美国加强对古巴政策”备忘录，宣布将调整与古巴交易的现行规定，扩大对古巴的互联网服务，促进古巴的新闻自由、经商自由、结社自由和合法旅行等，但不会恢复“干湿脚”移民政策。

古巴共产党认为，两国关系正常化的主要障碍在美国，美国必须解除对古制裁，归还海军基地，停止反古宣传，停止一切对古颠覆活动，补偿历史损失，废止《古巴调整法案》等鼓励非法移民、扰乱古巴社会秩序的政策。

2017年2月21日，古巴领导人劳尔·卡斯特罗接见了由美国佛蒙特州民主党参议员帕特里克·莱希和密西西比州共和党参议员萨德·科克伦率领的美国国会代表团。古巴外交部长布鲁诺·罗德里格斯·帕里利亚、外贸外资部部长罗德里格·马尔米耶卡·迪亚斯及外交部美国司司长何塞菲娜·比达尔·费雷罗参加了会见。该美国国会代表团还与古巴外交部长、外贸外资部长及农业部长进行了会晤。①

3. 对地区事务秉持公平正义的态度

古巴拒绝参与委内瑞拉危机调停，并强调各方应尊重委内瑞拉的主权，谴责美国对委内瑞拉马杜罗政府的制裁和污蔑。

二、与其他国家共产党的交流与往来

1. 与社会主义国家执政党的交流往来

① 与中国共产党的交流往来

2017年3月29日，中国国务委员兼国防部长常万全在北京与古巴革命武装力量部部长莱奥波尔多·辛特拉举行了会谈。

2017年5月19日，中共中央书记处书记、中央纪委副书记赵洪祝在哈瓦那分别会见了古共中央政治局委员、国务委员会副主席巴尔德斯，古共中央书记处

① 中华人民共和国驻古巴大使馆经济商务参赞处. 劳尔接见美国国会代表团 [EB/OL]. (2017-02-27) [2017-11-10]. https://mp.weixin.qq.com/s?__biz=MzA4MTI5NjA4Ng==&mid=2652005124&idx=4&sn=bc6cd3cee2600b07d5bc19ac81c067ed&chksm=8471ecbdb30665abda03ef35e595c836019ae82d573b306800ab0ae86d226b43f555adb12e3f#rd.

书记、组织和干部政策部部长阿尔瓦雷斯。赵洪祝向古方介绍了十八大以来中国共产党全面从严治党情况。古巴领导人表示，当前古巴正在对经济社会发展新实践进行理论总结，研究制定中长期发展规划，古方将深入研究借鉴中共治党治国经验，愿同中方加强在反腐败和追逃追赃方面的交流与合作①。

2017 年 6 月 21 日，中共中央对外联络部部长宋涛在北京同古巴共产党中央书记处书记、国际关系部部长巴拉格尔举行了工作会谈。

2017 年 10 月 26 日，古巴共产党中央委员会第一书记劳尔·卡斯特罗，致电祝贺习近平当选中国共产党第十九届中央委员会总书记。

2017 年 11 月 30 日至 12 月 3 日，中国共产党与世界政党高层对话会在北京召开。与会的古共中央政治局委员、古巴工人中央工会总书记吉拉特表示，“这是一次史无前例的盛会。为有效应对国内和国际挑战，我们应更好地学习中国建设新时代的经验”②。

② 与越南共产党的交流往来

2017 年 2 月 19 日，古巴共产党中央委员会第一书记、国务委员会主席兼部长会议主席劳尔·卡斯特罗在哈瓦那会见了越共中央政治局委员、国会副主席丛氏放。

劳尔·卡斯特罗在会谈时表示，越南在政治体系建设、经济革新、党建及反腐败等领域的宝贵经验对古巴意义重大，尤其在当前复杂多变的世界形势下，加强党的建设、实现党和国会在思想上的统一极为重要③。

2017 年 3 月 23 日，越共中央总书记阮富仲和越南国家主席陈大光，在河内分别会见了由古共中央政治局委员、古巴革命武装力量部部长莱奥波尔多·辛特拉·弗里亚斯上将率领的古巴革命武装力量部高级代表团。

2017 年 3 月 13 日至 19 日，越共中央委员、越南国会常委会委员、越共中央组织部副部长陈文髓，率越南国会专项工作代表团对古巴进行访问，并同古巴全国人大代表团举行了两国立法工作经验交流会。古巴共产党中央政治局委员、古巴全国人大主席埃斯特万·拉索·埃尔南德斯主持交流会。双方就包括国会在内的两国政府部门的组织结构及其活动、国会与选民、监督工作、地方人民议会

① 中央纪委监察部网站. 中央纪委副书记赵洪祝会见古巴领导人［EB/OL].（2017-05-20）［2017-11-10]. https：//mp. weixin. qq. com/s? _ biz＝MzA4MTI5NjA4Ng＝＝&mid＝2652005334&idx＝6&sn＝761fff5460c539fc2549430ed4e4b021&chksm＝8471ec6fb30665799b1d846664824b9662ff3f6eb645f75c9e5846f728a04115b01b49c991a1＃rd.

② 曹元龙，张胜，李曾骙，刘华东. 共谋伟业、共襄盛举——中国共产党与世界政党高层对话会成果掠影［N]. 光明日报，2017-12-4（3).

③ 越通社. 古巴领导劳尔·卡斯特罗会见越南国会副主席丛氏放［EB/OL].（2017-02-21）［2017-11-10]. https：//mp. weixin. qq. com/s? _ biz＝MzA4MTI5NjA4Ng＝＝&mid＝2652005105&idx＝8&sn＝3e248f812541f94d25c9cc4f3f347de5&chksm＝8471ed48b306645ead489c3aa181b5519edc68325a554858b195a1cbed605c3fd16fbf2c2c65＃rd.

及其国会代表团的组织结构与活动、党与国会的关系等问题深入交换意见①。

2017 年 5 月 23 日至 24 日，越南共产党与古巴共产党在河内共同举办了题为“越共十二大文件与古共七大文件中经济社会发展方向及思想政治工作任务”的第三次理论研讨会。越共中央书记处书记、中央办公厅主任阮文年和古巴共产党中央书记处书记、中央国际关系部部长何塞·拉蒙·巴拉格尔分别出任越南共产党代表团团长和古巴共产党代表团团长②。

2. 与其他国家共产党的交流往来

2017 年 7 月，古巴共产党代表团赴南非约翰内斯堡市参加了南非共产党第 14 届全国代表大会，并表达了对南非共产党谋求社会主义道路的声援。

三、参与国际政党会议及相关活动的情况

古巴共产党是拉美地区左翼运动的中坚力量，积极致力于世界共产党和工人党国际会议等国际共产主义运动的重要会议和活动。

2017 年 7 月 14 日至 17 日，古巴共产党出席了在尼加拉瓜举行的拉美左翼及进步力量的盛会——第二十三届圣保罗论坛。

2017 年 11 月 30 日至 12 月 3 日，古巴共产党中央政治局委员、古巴工人中央工会总书记吉拉特出席了在北京举行的中国共产党与世界政党高层对话会并发言。

（撰稿人：中国社会科学院马克思主义研究院　贺　钦）

① 越南人民报网. 越南古巴立法工作经验交流会在古巴举行［EB/OL］.（2017-03-21）［2017-11-10］. https：//mp. weixin. qq. com/s ? _ biz = MzA4MTI5NjA4Ng=&mid=2652005174&idx=6&sn=d6dd715cd5a5416629608e57543201d1&chksm=8471ec8fb30665994ccc83db920158e9cae42735cc8b8161671a453ac66427f1725e56244c20＃rd.

② 越通社河内. 越共与古共第三次理论研讨会在河内举行［EB/OL］.（2017-05-24）［2017-11-10］. https：//mp. weixin. qq. com/s ? _ biz=MzA4MTI5NjA4Ng= =&mid=2652005338&idx=6&sn=3a47183fec03d15dfeb08adb10dc4b01&chksm=8471ec63b3066575af8d17f69ea877f0679bbbf19da743dee03e9f7f11d1ab32d11390eec335＃rd.

2017 年朝鲜劳动党年度发展报告

第一部分　概况

1. 国名：朝鲜民主主义人民共和国（简称朝鲜）

2. 人口：2503 万（2015 年）①

3. 国土面积：12.3 万平方公里

4. 政党名称：朝鲜劳动党

5. 成立时间：1945 年 10 月 10 日（其前身为北朝鲜共产党，成立于 1945 年 10 月 10 日，1946 年 8 月 28 日与朝鲜新民党合并为北朝鲜劳动党，1949 年 6 月 29 日与南朝鲜劳动党合并为朝鲜劳动党）

6. 党员人数：400 多万名

7. 最高领导人：金正恩（朝鲜劳动党委员长）

8. 政治局常委：金正恩、金永南、崔龙海、朴奉珠

9. 政党地位：执政党

10. 群众组织：祖国统一民主主义战线（统战组织）、朝鲜职业总同盟（工人组织）、朝鲜农业劳动者同盟（农民组织）、朝鲜金日成金正日主义青年同盟（青年组织）、朝鲜社会主义妇女同盟（妇女组织）、朝鲜少年团（少年组织）

11. 大众传媒的运用：《劳动新闻》（党的机关报，发行量 150 万份，网址为 www. rodong. rep. kp）《勤劳者》（党的理论刊物，发行量 30 万份）

---

① 李基成，金哲. 朝鲜民主主义人民共和国经济概观 [M]. 平壤：朝鲜出版物进出口公司，2017：19.

12. 最近一次代表大会：朝鲜劳动党第七次全国代表大会（2016年5月6日至9日）

第二部分　党的产生及发展简史

朝鲜劳动党是朝鲜民主主义人民共和国的执政党，朝鲜宪法明确规定：朝鲜民主主义人民共和国在朝鲜劳动党的领导下进行一切活动。

朝鲜劳动党的历史渊源要追溯到金日成于1926年10月17日组织的“打倒帝国主义同盟”。“打倒帝国主义同盟”的斗争纲领是打倒日本帝国主义、获取朝鲜的解放和独立，在朝鲜建设社会主义和实现共产主义。

1945年8月，朝鲜半岛获得解放，金日成为代表的共产主义者相继回国。同年10月10日，北朝鲜共产党中央组织委员会在平壤宣告成立，金日成在会上作了题为《关于我国马克思列宁主义党的建设和党的当前任务》的报告，宣告要建设无产阶级基础上的群众性政党。这一天被定为朝鲜劳动党的建党纪念日。

1946年3月，原在中国延安、太行山地区活动的朝鲜独立同盟改组为朝鲜新民党。同年8月28日，北朝鲜共产党与新民党在平壤合并为北朝鲜劳动党。

1946年11月，朝鲜南部的朝鲜共产党（1945年9月成立）、朝鲜人民党（1946年11月成立）、南朝鲜新民党（1946年7月成立）合并为南朝鲜劳动党。

1949年6月29日，北朝鲜劳动党与南朝鲜劳动党合并，改称朝鲜劳动党，选举金日成为党中央委员会委员长。

1948年3月，朝鲜劳动党召开第二次全国代表大会，金日成就国内、国际形势和党的工作在大会作了总结报告，大会通过了金日成提出的争取祖国自主统一的斗争方针。

1956年4月，朝鲜劳动党召开第三次全国代表大会，制订了国民经济建设第一个五年计划（1957～1961年），提出打下社会主义工业化基础、基本解决人民衣食住问题的基本任务。

1961年9月，朝鲜劳动党召开第四次全国代表大会，制订了发展国民经济建设七年计划（1961～1967年）。

1970年11月，朝鲜劳动党召开第五次全国代表大会，宣布朝鲜北半部已实现了社会主义工业化，提出技术、思想、文化三大革命的方针，制订了国民经济建设六年计划（1971～1976年）。

1980年10月，朝鲜劳动党召开第六次全国代表大会，通过了新党章，并制订了经济发展十年计划。在这次大会上，金日成提出建立“高丽民主联邦共和国”、实现祖国统一的方案，金正日当选为劳动党中央政治局常委、书记处书记和中央军委委员，确立了金正日的接班人地位。

1994年7月8日，朝鲜劳动党中央总书记、朝鲜国家主席、朝鲜人民的领袖金日成去世。

1997年10月8日，朝鲜劳动党中央委员会、朝鲜劳动党中央军事委员会在平壤发布特别报道，推举金正日为朝鲜劳动党总书记。

2010年9月28日，朝鲜劳动党第三次代表会议再次推举金正日为朝鲜劳动党总书记，推举金正恩为劳动党中央军事委员会副委员长，确立了金正恩的接班人地位。

2011年12月17日，朝鲜劳动党总书记、朝鲜国防委员会委员长金正日突然去世。同年12月，朝鲜劳动党中央委员会政治局会议任命金正恩为朝鲜人民军最高司令官。

2012年4月11日，朝鲜劳动党举行第四次代表会议推举金正恩为朝鲜劳动党第一书记，尊崇金正日为“朝鲜劳动党永远的总书记”。4月13日，在第十二届朝鲜最高人民会议第五次会议上推选金正恩为朝鲜民主主义人民共和国国防委员会第一委员长，成为朝鲜的最高领导人。

2012年7月17日，朝鲜劳动党中央委员会、朝鲜劳动党中央军事委员会、朝鲜民主主义人民共和国国防委员会、朝鲜最高人民会议常任委员会以共同决议向金正恩授予“朝鲜民主主义人民共和国元帅”称号。

2013年3月31日，朝鲜劳动党举行三月中央全会，通过决议书《经济建设与核武力建设并举，尽早取得社会主义强盛国家建设伟业的最后胜利》，提出新的新的战略路线，补选朴奉珠（时任内阁总理）为党中央政治局委员，补选玄永哲、金格植、崔富一等为党中央政治局候补委员。

2015年2月，朝鲜劳动党中央委员会举行政治局扩大会议，通过了决议《关于把伟大的金正日同志遗训作为我们党和革命永恒的指导方针抓好坚决贯彻到底》，强调要把贯彻伟大的金正日的遗训作为首要的工作抓好，无条件贯彻落实。

2016年5月6日至9日，朝鲜劳动党召开第七次代表大会，提出了全面建设社会主义强国目标，把金日成-金正日主义确立为党的指导思想。大会修改朝鲜劳动党党章，将党的最高职位规定为朝鲜劳动党委员长，金正恩被推举为朝鲜劳动党委员长、党中央政治局常委、党中央军事委员会委员长。

2017年10月7日，朝鲜劳动党第七届第二次中央全会在平壤举行。补选朴光浩、朴泰成、太宗秀、安正秀、李容浩为党中央政治局委员；补选崔辉、朴太德、金与正、郑京泽为党中央政治局候补委员。选举朴光浩、朴泰成、太宗秀、朴太德、安正秀、崔辉为党中央委员会副委员长。补选崔龙海、李炳哲、郑京泽、张吉城为党中央军事委员会委员。会议任命崔龙海、朴光浩、太宗秀、金勇帅、梁原浩、朱英植、申龙满等党中央委员会部长。

第三部分　党的理论和组织状况

朝鲜劳动党章程规定，“朝鲜劳动党是伟大的金日成-金正日主义的党”。党章还明确规定，“伟大的金日成同志是朝鲜劳动党的创建者、永恒的领袖，伟大的金正日同志是朝鲜劳动党的象征，永恒的首脑”。

朝鲜劳动党自建党第一天起，始终把在党内树立领袖的唯一领导体系、唯一思想体系作为党的建设的最重要的问题狠抓，并为其实现进行了不懈的斗争。在领袖的唯一领导下，党组织高度负责、组织和进行誓死保卫领袖的工作，深化使党员和劳动者对领袖怀着绝对信赖的教育，进一步加强以领袖为中心的党和革命队伍的一心团结，树立全党、全国、全军、全民一致行动的革命纪律。

一、指导思想

朝鲜劳动党党章规定，金日成-金正日主义是朝鲜劳动党的指导思想，实现全社会的金日成-金正日主义化是朝鲜劳动党的最高纲领。金正恩在朝鲜劳动党七大报告中明确指出：“金日成-金正日主义是伟大的金日成同志创立、伟大的金日成同志和金正日同志深入发展的主体思想及其阐明的关于革命和建设的理论与方法的统一体系。”①

朝鲜劳动党把金日成创立、金正日发展和丰富的主体思想、先军思想作为党的建设和活动的根本指针，体现了主体思想和先军思想的原理，在全党和全社会确保领袖的思想和领导的唯一性，实现全党的一心团结。

朝鲜劳动党以主体思想为指针制定革命和建设的路线和战略策略，相信人民群众的力量，组织和动员群众的创造力贯彻落实党的路线和政策。

朝鲜劳动党的当前目的是在朝鲜半岛北部建设社会主义强盛国家，在全国范围内完成民族解放民主主义革命的任务。

朝鲜劳动党的最终目的是实现全社会的金日成-金正日主义化，完全实现人民群众的自主性。朝鲜劳动党把不断提高人民生活水平当作党的活动的最高原则。朝鲜劳动党把做人的工作作为党务工作的基本点。党把思想作为基本点狠抓，发动人民群众的精神力量去解决一切问题。

---

① 金正恩. 在朝鲜劳动党第七次全国代表大会上所作的党中央委员会工作总结报告［N］. 劳动新闻，2016-05-08.

朝鲜劳动党的象征有党徽和党旗。党徽是把锤子、镰刀、毛笔在一点上交叉画的朝鲜劳动党的象征标志。党徽象征着朝鲜劳动党是以领袖为中心从组织思想上紧密团结起来的工人、农民、知识分子等劳动人民群众的先锋部队，深深扎根于人民群众中，为人民群众的要求和利益而斗争的革命的、群众性政党。

党旗是在红色旗幅的中心刻有党徽的朝鲜劳动党的象征旗帜。党旗象征着以伟大的金日成-金正日主义为指导思想，纯洁地继承主体的革命传统，把全体人民紧密地团结在党和领袖的周围，将主体革命事业进行到底的朝鲜劳动党的革命的群众性的性质、不屈的意志和斗争精神。

二、组织原则和组织结构

朝鲜劳动党的组织机构是根据民主集中制原则建构并开展工作的。党的各级领导机关经民主选举产生。选举产生的领导机关应定期向选举它的党组织做工作总结汇报。党员服从党组织，少数服从多数，下级党组织服从上级党组织，所有党组织绝对服从党中央委员会。所有党组织无条件拥护和贯彻党的路线和政策，下级党组织有义务执行上级党组织的决定。上级党组织应系统地指导和检查下级党组织工作，下级党组织应经常向上级党组织汇报工作。

1. 中央机构

根据 2016 年 5 月朝鲜劳动党七大修订的党章，朝鲜劳动党的最高职务为朝鲜劳动党委员长。朝鲜劳动党委员长是党的最高领导人，代表全党，领导全党，并兼任党中央军事委员会委员长。

朝鲜劳动党的最高领导机构是党的全国代表大会。朝鲜劳动党全国代表大会由党中央委员会召集，开会六个月前公布大会日期。全国代表大会的职权包括：总结党中央委员会和党中央检查委员会的工作；通过或修改补充党的纲领和章程；讨论决定党的路线、政策和战略策略的基本问题；选举党中央委员会和党中央检查委员会。

朝鲜劳动党中央机构包括全国代表大会选举产生的中央委员会和中央检查委员会，中央委员会政治局和政治局常务委员会、中央委员会政务局、中央军事委员会、中央委员会检阅委员会等。

党中央委员会在全国代表大会闭会期间组织和领导党的全部工作。

党中央委员会原则上每年至少召开一次全体会议，讨论决定各个时期党面临的重要问题，选出党中央委员会政治局和政治局常务委员会以及党中央委员会副委员长，组织中央委员会政务局和党军事委员会，选举产生党中央委员会检阅委员会。党中央委员会在两次全国代表大会之间可以召开党代表会议，讨论决定党的路线和政策以及战略策略方面的紧迫问题，罢免或补选党中央领导机构成员，选举产生党的最高领导机构或修改增补党章。另外，还跟国内外政党与团体进行联系，并管理党的财政工作。

在党中央委员会全体会议闭会期间，党中央委员会政治局及其常务委员会以党中央委员会的名义组织和领导党的全部工作。党中央委员会政务局随时讨论决定党的内务工作问题和其他业务问题，并组织领导有关部门加以执行。

党中央军事委员会在党的全国代表大会闭会期间组织和领导党的军事领域的全部工作。党中央军事委员会为贯彻党的军事路线和政策，讨论决定相关措施，全面领导加强革命武装力量、发展军需生产等全部国防工作。

党中央委员会检阅委员会对做出违反党的唯一领导体系的行为，或违反党章等违反党纪的党员，追究党内责任，审查并处理道党委员会关于党纪问题的建议和党员的申诉。

党中央检查委员会负责检查党的财政管理工作。

2．地方机构、基层机构和军队党组织

道、市、郡党代表会议是党的道、市、郡的地方党组织的最高领导机构。道、市、郡党的委员会根据党中央委员会的指示，召集道、市、郡的党代表会议。地方各级党代表会议负责总结本级党委员会和本级党检查委员会的工作，选举产生本级党委员会和本级党检查委员会，选举参加上级党代表会议的代表。

在道、市、郡党代表会议闭会期间，是由本级党代表会议选出的各级党委员会负责组织和指导党的日常地方工作。地方党委员会把抓紧树立党的唯一领导体系作为工作主线，指导党员和劳动人民成为永远拥戴金日成和金正日，誓死捍卫金正恩的革命战士，加强党和革命队伍的一心团结，在党的唯一领导下坚决贯彻党的路线与政策。地方党委员会管理地方党组织的财政工作，并经常向上级党委员会和党中央汇报本级党组织的工作情况。

道党委员会原则上每四个月至少召开一次全体会议，市、郡党委员会原则上每三个月至少召开一次全体会议。地方党委员会全体会议讨论决定关于执行党的路线和政策的措施，选举本级党委员会执行委员会和委员长、副委员长，组织政务处，选举本级党委会军事委员会和检阅委员会。地方党委会执行委员会在本级党委会全体会议闭会期间，以本级党委员会的名义讨论决定与行政、经济工作相关的党的政策贯彻中出现的重要问题并组织领导其执行。地方党委员会执行委员会每个月举行两次。

地方党委员会政务处随时讨论和决定干部工作等党的内部工作中的问题，并加以组织执行。

地方党委员会军事委员会讨论和决定贯彻党的军事路线和政策的措施，并组织领导其执行。

地方党委员会检阅委员会对做出违反党的唯一领导体系的行为，或违反党章等违反党纪的党员，追究党内责任，审查并处理党员关于党纪问题的申诉。

朝鲜劳动党在道、市、郡党委员会之下，还有基层党委员会、分基层党委员会、部门党委员会，以及由5—30名党员组成的最基层的党组织—党支部。基层党组织的最高领导机关是党员代表会议，在代表会议闭会期间是党员代表大会选出的各级党委员会。

党支部委员会每月举行一次以上，基层党委员会、分基层党委员会、部门党委员会每月举行两次以上，设有执行委员会的基层党、分基层党组织举行每月一次以上委员会和每月两次以上的执行委员会。

朝鲜人民军的全部政治活动是在党的领导下进行的。朝鲜人民军各级单位都有党组织，组织朝鲜人民军党委员会。朝鲜人民军党委员会直属于党中央委员会，是在党中央的领导下开展工作。朝鲜人民军各级单位都设有政治机构。朝鲜人民军总政治局是朝鲜人民军党委员会的执行部门，其下属的人民军内部各级政治部是相应级别的党委员会的执行机构，负责组织和执行党的政治工作。朝鲜人民军各级部队都设有政治委员，并作为在部队内的党的代表，组织领导党的政治工作和军事工作。

三、党员资格

2016年5月朝鲜劳动党第七次代表大会修订通过的《朝鲜劳动党章程》规定，朝鲜劳动党党员是在金正恩的领导下，为金日成和金正日开拓和领导的主体革命伟业、社会主义伟业的胜利奉献一切斗争的主体型革命者。朝鲜公民中，牢固树立党唯一领导体系，为党和领袖、祖国和人民献身奋斗，愿意遵守党章的劳动者，可成为朝鲜劳动党党员。

年满18岁者可申请加入朝鲜劳动党。朝鲜劳动党党员在原则上从完成候补党员期间的人员中吸收，但特殊情况下，也可以直接吸收入党志愿者。

申请时须向党支部提交入党志愿书和两名正式党员关于该申请人的入党保证书，入党保证人应具有3年以上的党龄。支部大会在有申请入党者参加的情况下对申请人的入党问题进行审议，通过的决议须经市、郡党委员会批准。预备党员的预备期为1年。党支部在预备党员的预备期满后，应在支部大会上审议决定其是否转为正式党员的问题。当预备党员尚未具备转为正式党员的条件时，可延长预备期一次，但不超过1年，如果延长期满后仍不具备入党的资格，应予以除名。入党日期为党支部大会决定批准入党之日。在特殊环境中工作者和从其他政党退党者的入党问题根据党中央委员会另行规定的程序和办法办理。

党员的义务包括：①必须高高拥戴金日成和金正日为永恒的主体太阳，坚决捍卫金正恩的领导；②必须牢固武装金日成-金正日主义，坚决贯彻党的路线与政策；③必须自觉参加组织生活，不断锤炼党性；④必须在执行革命事业方面发挥先锋作用；⑤必须誓死捍卫社会主义祖国；⑥必须彻底遵守党性、阶级的原则；⑦必须为人民全心全意服务，作为现实榜样引领群众；⑧必须树立革命工作风貌和生活风气；⑨必须具备高尚的道德品德；⑩必须每月交纳党费，金额为月收入的2%。

党员的权利包括：①可在党的会议和党的出版物上发表有助于贯彻党的路线政策和发展党的工作的意见；②在党的会议上享有表决权，在党的各级领导机关选举中享有选举权和被选举权；③如有正当理由和根据可对任何党员提出批评，如违背党的唯一领导体系，即使是上级交给的工作，也可以拒绝执行；④可以提出要求参加，讨论决定本人工作与生活相关问题的党的会议；⑤可向各级党委员会直至中央委员会提出申诉和请求并要求予以审议等。预备党员的义务与正式党员相同，其权利，除没有表决权、选举权和被选举权以外，也与正式党员相同。

朝鲜劳动党明文规定，对违法乱纪的党员予以处罚：①对在行动上违背党的唯一领导体系，或反对党的路线、政策，搞宗派主义，或向敌人妥协等给党和革命造成严重损失的党员，给予开除党籍处分；②对所犯错误不至于开除党籍的党员，按情节轻重给予警告、严重警告、停止权利、降为预备党员等处分；③党支部在大会上讨论和决定犯下错误的党员的罪责问题，并得到市、郡的党委员会的批准；④党中央委员会根据有关程序和方法，处理道、市、郡党委员会的委员、候补委员的党内处罚问题；⑤对无正当理由连续 6 个月以上不参加组织生活的党员，支部会议应予以除名，并得到市、郡的党委员会的批准。

党员的登记和调动，根据党中央委员会规定的程序和方法执行。

四、与其他政党的关系

《朝鲜民主主义人民共和国社会主义宪法》明确规定（2016 年 6 月修改），朝鲜民主主义人民共和国在朝鲜劳动党的领导下进行一切活动。

一方面，工人阶级的政党——朝鲜劳动党是执政党，与此同时，由于在阶级社会里存在着社会经济地位和政治见解不同的许多阶级和阶层，因而也就有代表他们利益的许多政党和社会团体进行活动。朝鲜宪法第 67 条规定："公民有言论、出版、集会、示威和结社的自由。国家提供民主政党、社会团体自由活动的条件。"

另一方面，朝鲜强调，工人阶级的政党是社会主义社会唯一的向导力量，作为社会主义社会向导力量的工人阶级政党的地位和作用，是其他任何政治组织都无法替代的。朝鲜允许其他政党同工人阶级的政党一起存在，同时认为只代表一定政治势力和阶层的党是绝不能取代工人阶级政党的地位和作用的。

在社会主义社会，其他政党不应当成为同工人阶级的政党搞掌权竞争的政治组织，而应当成为在保障工人阶级政党对全社会的领导的条件下进行友好合作的政治组织。工人阶级的政党同向往民主的政党、社会团体结成统一战线，这对扩大和加强党的社会基础，孤立和削弱反革命势力，凝聚雄厚的革命力量，具有战略意义。

目前朝鲜存在两个民主党派，即朝鲜社会民主党和朝鲜天道教青友党。朝鲜社会民主党原名朝鲜民主党，成立于 1945 年 11 月 3 日，由反对日本殖民统治的中小企业家、商人、手工业者、农民和基督徒组成。1981 年改称现名，党员 3 万多人。现任委员长金英大，1998 年 8 月当选。

天道教青友党成立于 1946 年 2 月 8 日，主要由信奉天道教的农民组成。委员长刘美英，1993 年 7 月当选。

两党都承认朝鲜劳动党的领导，积极支持朝鲜劳动党的社会主义革命和社会主义建设方针，为建立广泛的民族统一战线、开展南北对话、实现朝鲜半岛的自主和平统一作出了积极的贡献。

此外，朝鲜还有祖国统一民主主义战线、祖国和平统一委员会、祖国和平拥护全国委员会、民族和解协议会、朝鲜亚太和平委员会等一些社会团体和组织，都在朝鲜劳动党的统一领导下进行活动。

第四部分　朝鲜劳动党七大以后政策调整

2016年5月6日至9日，朝鲜劳动党第七次全国代表大会在平壤举行，与朝鲜劳动党第六次全国代表大会时隔36年。参加本次大会的共有由各级党代表会议选出的3467名有表决权的代表和200名有发言权的代表，以及1387名列席人员。大会共设置了5项议题，包括总结朝鲜劳动党中央委员会工作、朝鲜劳动党中央检查委员会工作、修改朝鲜劳动党章程、拥戴金正恩同志为朝鲜劳动党最高领导人、选举新的朝鲜劳动党中央领导机构等。

一、金正恩唯一领导体制的确立

1. 党的最高职务发生变化

大会修改朝鲜劳动党党章，将党的最高职位规定为朝鲜劳动党委员长，金正恩被推举为朝鲜劳动党委员长、党中央政治局常委、党中央军事委员会委员长，正式宣布“金正恩时代”的开幕。

劳动党七大选举129名中央委员与106名候补委员。其中，金正恩（党和国家、军队的最高领导人）、金永南（最高人民会议常任委员会委员长）、黄炳誓（人民军总政治局局长、人民军次帅）、朴奉珠（内阁总理）、崔龙海（劳动党中央副委员长、负责党务）等5人担任政治局常委，形成了比较合理的分工。这是金正恩体制稳固的迹象，也基本完成了金正恩领导体制的构筑。

根据新党章，党中央委员会书记局的名称改为政务局。政治局常委由2012年4月第四次党代表者大会的3人扩大到5人，政治局委员19人中新选了8人，政治局候补委员9人中新选了7人，基本上实现了新老交替。另外，金正恩的胞妹金与正也当选为党中央委员，她已经担任了党中央宣传鼓动部副部长。

2. 军人比重明显下降

在5名政治局常委中，只有朝鲜人民军总政治局局长黄炳誓1名军人，19

名政治局委员中除黄炳誓以外，只有朴永植（人民武力部部长）、李明秀（人民军总参谋长）、金远弘（国家安全保卫部部长）、崔富一（人民保安部部长）4 名军人，而且在 9 名政治局候补委员里，就有努光铁（人民武力部第一副部长）和李永吉（人民军副总参谋长）2 人，28 名政治局委员及候补委员里军人总共有 7 人。这与金正日执政时代相比，七大以后军人在中央领导机构的比重明显减少。

党中央军事委员会的人员由 17 人减少到 12 人，也废除了副委员长的职务。之前，黄炳誓担任过党中央军事委员会副委员长，这次只担任了中央军事委员。此次七大选举中，内阁总理朴奉珠和劳动党中央统一阵线部部长金英哲也当选为党中央军事委员会委员。因此，今后经济建设与国防工业更加联动，也反映出党的经济建设与核武力建设的并举路线，而且国防与经济建设、对韩关系、对外关系等诸多政策将进一步得到密切的协调。

3. 外交班子新老交替

首先要关注的是李洙墉（曾经担任过外相、驻瑞士大使）从党中央候补委员直接晋升为政治局委员、党中央委员会副委员长和党中央国际部部长。另外，李容浩（曾经担任过外务省副相、六方会谈首席代表）也从党中央候补委员直接晋升为政治局候补委员，继李洙墉担任外相。而此前长期主管外交的姜锡柱（党中央政治局委员、书记处书记、国际部部长、内阁副总理）在这次大会上只当选为中央委员（于 2016 年 5 月因病死亡）。

另外，曾经担任过六方会谈首席代表和劳动党国际部部长的金英日（据说目前只担任副相职务）几乎不在朝鲜媒体出现，副外相金桂冠（六方会谈首席代表）虽然当选为中央委员，但没晋升到外相。因此，朝鲜的外交班子已经发生了新老交替。

二、党的指导思想与国家发展战略的确定

1. 党的指导思想

新的党章明确规定，金日成-金正日主义是朝鲜劳动党的指导思想，党的最高纲领是实现全社会的金日成-金正日主义化。党章还强调，为实现党的最高纲领，在金正恩的唯一领导体系下，坚定不移地推行经济建设与核武力建设的并举路线。朝鲜的并举路线已明确记入在宪法和党章。在日朝鲜人总联合会的机关报《朝鲜新报》2016 年 5 月 16 日发表以《金正恩朝鲜的进路》为题的社论，朝鲜已经拥有了“两弹一星”(原子弹、氢弹、卫星)。

金正恩在七大报告中提出，此次会议的目的是为完成主体革命事业奠定好牢固的基础，提出社会主义强国建设的目标和斗争纲领，并在革命和建设中掀起新的高潮。5 月底举行的党、国家、经济和武力机关干部联席会议宣布，为打开朝鲜劳动党七大上提出的“国家经济发展五年战略”实施的突破口，启动“忠诚的 200 天战斗”，这就反映了七大报告的精神。

在七大，朝鲜还明确提出“思想强国”“政治军事强国”以外，着重强调

“科技强国”“经济强国”“文明强国”等现阶段要实现的三大目标，从而逐步实现社会主义强国建设。另外，最近朝鲜提出“自强力第一主义”口号，这意味着必然强调对外关系上的独立自主原则，也在思想上做好了应对国际社会上的对朝鲜经济制裁的准备。

2. 新的国家经济发展战略

在经济领域里，七大重点提出要切实实现《2016—2020 年国家经济发展五年战略》，强调其目标是全面搞活经济，保持经济部门之间的均衡，提高人民的生活水平，从而奠定可持续发展国家经济的基础。朝鲜今后将重点解决原料、燃料及设备等能源领域的国产化问题，并把电力生产作为国家经济中的关键。《劳动新闻》2016 年 6 月 1 日发表社论强调，“电力问题的解决是实现五年发展战略的先决条件”。

七大报告还指出，通过在对外贸易中的加工品出口、技术贸易及服务贸易的比重而改善贸易结构，灵活利用合营、合作等方式，引进先进技术，向经济开发区提供有利的投资环境和条件，搞活企业运营，大力发展旅游业。

此外，七大强调，根据内阁负责制、内阁中心制的要求，加强作为国家经济司令部的内阁作用，推行社会主义企业责任管理制度。虽然社会主义企业责任管理制度的具体内容尚不明确，但首次提出企业责任管理制，其意义很大。

第五部分　当前朝鲜社会主义建设的成就和困难

朝鲜的经济是基于对生产资料的社会主义所有制，依靠国家的统一领导和各企业的相对独立性与创造性的有机结合营运的计划经济。计划经济基于生产资料的社会主义全民所有制和集体所有制。在朝鲜实行高度集中的计划经济体制。

在朝鲜，机器设备、原料、材料、土地、厂房、运输及邮电工具等生产资料都属于劳动者的集体所有。对生产资料的社会主义所有制是使劳动人民群众成为生产的实际主人、产品的真正享有者的所有制形式。

朝鲜出于重工业所占的位置和作用以及国家的具体情况，致力于重工业建设，一贯坚持优先发展重工业的原则，向重工业集中资金、材料、设备和劳力。重工业有矿业、煤炭工业等承担生产第一道工序的开采工业部门和电力工业以及冶金工业、机械工业、化学工业等加工工业部门。轻工业有纺织工业、服装工业、制鞋工业、食品工业、日用品工业等。

在朝鲜，电力、煤炭、冶金和铁路运输是国民经济四大先行部门，化工、机械、纺织业较为突出。2016 年朝鲜的水电煤业、采掘业和制造业分别增长 22.3%、8.4%和 4.8%，都扭转了负增长趋势。朝鲜的农林渔业和采掘业在经济中所占比重高达 21.7%和 12.6%，服务业在国民经济中占比 31.1%，制造业占 20.6%。

金正恩执政以来，朝鲜积极探索发展道路，社会经济活力有所增强，在经济政策和经济管理方面采取了一系列调整，对内放权搞活，通过调整和改进分配制度、增加自主经营权等措施，提高生产积极性，经济持续恢复、运行较为平稳、市场物价和汇率保持基本稳定。

据估算，朝鲜国内共有正规常设市场 400 多个，吸收合法从业人数逾百万①。除常设市场外，衍生市场和街头小商贩随处可见，市场与居民生活的关系日趋紧密。餐厅、商店等消费服务场所不断增加，柜台商品日益丰富。

2013 年 5 月，朝鲜最高人民会议常任委员会发布政令，宣布出台经济开发区法，规定经济开发区为根据朝鲜特别指定的法规而给予特殊优惠的特别经济区。经济开发区已遍及全国，覆盖经济、工业、旅游、农业发展以及出口制造等领域。截至 2017 年底，朝鲜已宣布设立 10 个中央级经济开发区和 18 个地方经济开发区，开始着手各经济开发区入驻企业，正式批准经济开发区建设。

2016 年 5 月，朝鲜劳动党七大报告指出，通过在对外贸易中的加工品出口、技术贸易及服务贸易的比重而改善贸易结构，灵活利用合营、合作等方式，引进先进技术，向经济开发区提供有利的投资环境和条件，搞活企业运营，大力发展旅游业。此外强调，根据内阁负责制、内阁中心制的要求，加强作为国家经济司令部的内阁作用，推行社会主义企业责任管理制度。虽然社会主义企业责任管理制度的具体内容尚不明确，但首次提出责任管理制，其意义很大。

目前，经济建设是朝鲜五大强国建设中的最重要的目标，也是最难实现的目标。七大提出了国家经济发展五年战略，也在某种程度上承认了朝鲜经济的落后状况，也反映出迫切改善经济状况的意愿。

值得注意的是，七大报告里几乎没有具体经济指标，但在两个领域设定了目标值，一是农业的机械化比重提高 60-70%，二是把科技部门的研究人员增加三倍。因此，与六大在经济建设方面提出数量化指标相比，七大的总结报告虽然没有提出具体约束性指标，但在目标设定上更加务实，更富有能够实现的可能。

金日成主席在 1980 年 10 月的六大工作总结报告中曾经提出了 1500 万吨粮食产量、2000 万吨水泥、1000 亿千瓦的电力、1.2 亿吨煤炭、1500 万吨钢铁、150 万吨有色金属、700 万吨化肥、15 亿米布、500 万吨水产品等“社会主义经济建设十大展望目标”(20 世纪 80 年代的目标)。六大报告虽然提出宏伟目标和

① 商务部国际贸易经济合作研究院，中国驻朝鲜大使馆经济商务参赞处，商务部对外投资和经济合作司. 对外投资合作国别（地区）指南：朝鲜［Z］. 北京：中华人民共和国商务部，2017：17.

计划，但后来由于种种原因最终基本上没能实现。

当前，朝鲜执行自 2016 年至 2020 年国家经济发展 5 年战略。国家经济发展 5 年战略的目标是振兴国民经济，保持经济部门之间的均衡发展，夯实可持续发展国家经济的基础。在 5 年战略执行期间朝鲜要解决能源问题，同时把国民经济先行部门、基础工业部门提升到正常轨道上，增加农业和轻工业生产，大大提高人民生活水平。

朝鲜的电力装机容量约为 800 万千瓦，其中水力和活力分别占 60%和 40%，实际装机容量为 400 万千瓦。朝鲜经济发展的最重要的环节是电力的严重不足一直困扰和阻碍朝鲜所有领域的发展①。

目前，朝鲜重点努力解决原料、燃料及设备等能源领域的国产化问题，并把电力生产作为国家经济中的关键，重点强调提高核电量的比重。2016 年 5 月 26 日至 28 日，在平壤举行朝鲜党、国家、经济、武力机关干部联席会议，探讨贯彻落实朝鲜劳动党七大所提的任务，尤其是为解决电力问题，除加强火电、水电等传统生产方式以外，还需要投入科学技术力量，从而提高电力有效利用度。从这一段动向来看，科技和电力的结合，对电力发展的科技力量的投入，就符合金正恩的七大报告中科技强国和经济强国建设的联动。

自 2006 年 10 月朝鲜第一次举行核试验以来，一直坚持核导试验。联合国成员国必须根据联合国安理会对朝鲜经济制裁的决议，对朝鲜的全部进出口货物进行强制检查，实行金融禁令，禁止自朝鲜进口煤炭、铁和铁矿石、铅和铅矿石、海产品以及纺织品，禁止向朝鲜提供航空燃料，禁止朝鲜海外务工人员向国内汇款，限制朝鲜外派劳务人员，限制朝鲜船舶航行，减少对朝鲜原油供应等。

朝鲜半岛局势紧张严重影响了中朝双边经贸合作正常发展。中国执行联合国安理会对朝鲜制裁决议，禁止向朝鲜出口相关产品和自朝鲜进口煤炭和铜等相关金属矿等产品，也对双边贸易产生了负面影响，中国与朝鲜的经贸合作暂时处于停滞状态。

据中国海关统计，2017 年中国与朝鲜双边贸易额 50.6 亿美元，同比下降 10.5%，其中中国自朝鲜进口下降 33%。

另外，据韩国统一部统计，2017 年韩国从朝鲜进口的物品规模未达 100 万美元，韩国向朝鲜出口物品的规模也仅为 100 万美元。而 2015 年和 2016 年韩朝贸易规模分别达 23.43 亿美元和 3.33 亿美元。

国际制裁虽然短期内很难影响到朝鲜的政治经济状况，特别是朝鲜领导层和精英层的凝聚力，但随着执行制裁的进展，朝鲜的对外贸易将大大压缩，对外金融部门等也会遭受很大的冲击，朝鲜对外经济联系的渠道将受到日益严重的限制。因此，朝鲜面对国内民生艰难、经济困境和国际社会的重大压力，有可能在稳固政局后，向外释放积极的缓和信号。

① 电力问题的解决是实现五年发展战略的先决条件 [N]. 劳动新闻，2016-06-01.

第六部分　朝鲜劳动党的对外交往

一、朝鲜劳动党的外交理念

朝鲜劳动党把自主、和平、友好作为对外政策的基本理念，一贯强调“自主、先军、社会主义”的对外路线，主张按照完全平等、自主、相互尊重、互不干涉内政和互利的原则发展对外关系，发展同其他国家的睦邻友好关系，加强同反帝自主力量的联合，坚决反对帝国主义的侵略和战争策动。

朝鲜于1975年5月成为“七十七国集团”正式成员国，同年8月正式加入不结盟运动，1991年9月加入联合国，2000年7月加入东盟地区论坛（ARF）。目前，朝鲜共与163个国家（含欧盟）建立了外交关系。

二、朝鲜劳动党的外交实践

2017年2月6日，古巴共和国驻朝大使馆为纪念古巴革命胜利58周年在平壤举行宴会，朝鲜最高人民会议常任副委员长金永大、朝鲜古巴团结委员会委员长兼朝鲜教育委员会委员长金胜斗、朝鲜对外文化联络委员会委员长金贞淑、外务省副相申洪哲等出席。

2月13日，朝鲜和古巴政府在平壤签署2017年发展经济和科技合作会议议定书和2017年商品交流议定书。朝鲜对外经济相金英才、古巴驻朝鲜大使赫苏斯·德尔洛斯·安赫莱斯分别代表两国政府在文件上签字。

2月16日，美国政府决定，就2016年朝鲜北部地区遭受洪灾，向朝鲜提供人道主义援助。

3月17日，解决有关履行朝鲜和俄罗斯两国政府关于一方国家公民在他方国家境内临时劳务协定问题联合工作组第七次会议议定书在平壤签署，朝鲜对外经济省副相李光根等和俄罗斯联邦内务部移民事务总局副局长德米特里·杰米津科分别代表两国政府在文件上签字。

3月30日，朝鲜劳动党中央政治局委员、中央副委员长李洙墉会见了前来拜访的以俄罗斯国家杜马俄朝友好议员团主席、俄共中央书记泰萨耶夫为团长的俄罗斯和独联体国家政党联合代表团。

4月30日，朝鲜外务省副相韩星烈会见俄罗斯驻朝大使马采戈拉，就当前朝鲜半岛局势交换了意见。

5月12日，朝鲜最高人民会议外交委员会致信抗议美国会众议院通过《封锁和制裁朝鲜现代化法》(HR1644号)。

5月18日，外务相李容浩会见了前来拜访的以副部长巴特采采格为团长的蒙古对外关系部代表团。

6月6日，朝鲜外务省工作代表团应俄罗斯外交部的邀请访问莫斯科，双方签订了朝鲜外务省和俄罗斯外交部2017—2018年交流计划，朝鲜驻俄大使金衡俊和俄罗斯副外长莫尔古洛夫签署文件。

6月15日，朝鲜最高人民会议常任委员会委员长金永南就美国退出其认为不公正的《巴黎协定》一事，致信不结盟运动主席、委内瑞拉总统马杜罗，谴责美国行为是牺牲全世界也要只顾自己过好日子的利己主义和道德低劣的顶峰。

6月20日至23日，瑞典政府特使、国会议员肯特·罗尔夫·芒努斯·哈斯特特一行对朝鲜进行访问，并同朝鲜最高人民会议常任委员会委员长金永南、最高人民会议外交委员会委员长李洙墉和外务相李容浩分别会见。

7月9日，朝鲜最高人民会议常任委员长金永南、内阁总理朴奉珠、外务相李容浩为纪念蒙古人民革命胜利96周年分别向蒙古国总统和首相、外长致贺电。

7月16日，俄罗斯政府通过世界粮食计划署向朝鲜提供的粮食运抵清津港。

7月22日至25日，俄罗斯外交部巡回大使奥列格·布尔米斯特洛夫访问朝鲜。访问期间，巡回大师拜访外务省副相申红哲，并同外务省北美洲事务局局长崔善姬就朝鲜半岛形势交换了意见。

8月6日，朝鲜最高人民会议常任委员会委员长金永南同伊朗总统鲁哈尼举行会谈。

8月15日，朝鲜劳动党委员长、国务委员会委员长金正恩向老挝人民革命党中央总书记本扬发去贺电，祝贺其80岁生日。

9月29日，朝俄双边会谈在俄罗斯首都莫斯科举行。朝鲜外务省北美洲局局长崔善姬同俄罗斯外交部巡回大使布尔米斯特洛夫举行会谈，并同俄罗斯副外长莫尔古洛夫会晤。

10月6日，朝鲜劳动党中央政治局常委、朝鲜国务委员会副委员长、内阁总理朴奉珠致电呼日勒苏赫，祝贺就任蒙古国总理。

10月30日，朝鲜劳动党中央委员会政治局候补委员、平壤市党委员长金秀吉一行，访问俄罗斯，参加了第19次共产党、劳动党国际会议以及社会主义十月革命胜利100周年纪念活动。

11月24日，朝鲜政府代表团团长、外务相李容浩在古巴国务委员会大楼会见了古巴国务委员会主席、部长会议主席劳尔·卡斯特罗。

11月27日至12月1日，由俄罗斯国家杜马俄朝友好议员团主席、俄共中央书记泰萨耶夫率领的俄罗斯国家杜马政党联合代表团访问朝鲜，朝鲜劳动党中央政治局常委、最高人民会议常任委员会委员长金永南、朝鲜劳动党中央政治局委员、党中央副委员长李洙墉分别会见了代表团。

12月2日，朝鲜劳动党中央委员会政治局常务委员、朝鲜国务委员会副委员长、内阁总理朴奉珠为纪念老挝人民民主主义共和国42周年向老挝政府首相发了贺电。

12月5日，朝鲜和俄罗斯在莫斯科签署了关于移交被判剥夺自由刑人的条约。由朝鲜中央法院院长姜润石率领的中央法院代表团和朝鲜驻俄大使金衡俊、俄罗斯联邦司法部长亚历山大·科诺瓦洛夫和有关官员参加了签字仪式，并分别在文件上签字。

二、2017年中朝两党两国之间的交往

2017年1月24日，中国驻朝鲜大使李进军在大同江外交团会馆举行中朝友好联欢会，中国友好协会中央委员长兼保健相姜河国和有关部门官员受邀出席联欢会。两国人士在致辞中指出，双方将珍惜两国前辈领袖缔造的朝中友谊，共同努力发展双边关系。

2月7日，朝鲜外务省为中国驻朝大使馆馆员举行联欢会，中国驻朝大使李进军和使馆馆员应邀出席。两国人士在联欢会上先后指出，朝中友谊是两国前辈领袖们缔造和栽培的宝贵财富，双方愿为在错综复杂的国际形势中不断加强和发展朝中友好关系做出共同努力。

2月9日，由朝鲜对外文化联络委员会、朝中友好协会中央委员会、中国文化部和中国驻朝大使馆共同主办的朝中友好迎春音乐会在中国驻朝大使馆举行，以纪念光明星节暨金正日总书记在上元节访问中国驻朝大使馆10周年。朝中友协中央委员长兼保健相姜河国和朝鲜有关部门干部、中国驻朝大使李进军和使馆馆员观看了音乐会。

2月15日，朝鲜驻中国大使池在龙在北京举行庆祝金正日同志诞辰75周年招待会。中国人民政治协商会议全国委员会副主席王家瑞、外交部部长助理孔铉佑、中共中央对外联络部部长助理王亚军、中央军委国际军事合作办公室副主任慈国巍、中朝友好协会会长武东和等有关部门干部应邀出席招待会。

3月2日，中国驻朝鲜使馆向顺安区朝中友好宅庵合作农场无偿提供一家养鸡场，中国驻朝大使李进军和使馆馆员参观了养鸡场。

3月2日，以朝鲜副相李吉圣为团长的外务省代表团在北京会见外交部部长王毅，并同副部长刘振民和部长助理孔铉佑分别举行会谈。中朝双方一致认为世世代代巩固和发展朝中两国人民的共同财富——朝中友谊符合双方的利益，还深入讨论了一系列巩固和发展朝中友好关系的问题。

4月14日，庆祝金日成主席诞辰纪念日的朝鲜文化展在中国丹东拉开帷幕。朝鲜驻华使馆临时代办朴明浩和使馆馆员以文化省副相李顺哲为团长的庆祝太阳节朝鲜文化展览会代表团、旅华同胞、中国辽宁省人民政府外事办公室外办副主任、丹东市人民政府副市长等各界人士和市民出席了开幕式。

6月22日，中国驻朝使馆馆员前往平壤市顺安区朝中友好宅庵合作农场参

加支农活动，与当地农场员一起进行了劳动，并向农场赠送了支援物资。

7 月 31 日至 8 月 4 日，中国国际问题研究院院长苏格率领的代表团访问朝鲜。访朝期间，代表团拜访朝鲜外务省副相，并同裁军和平研究所、社会科学院人士就当前朝鲜半岛局势等共同关心的问题交换了意见。

10 月 18 日，朝鲜劳动党中央委员会向中国共产党第十九届全国代表大会致贺电。贺电指出向中国共产党第十九届全国代表大会表示热烈祝贺，向中共全体党员和中国人民致以亲切问候，并衷心祝愿中国共产党第十九届全国代表大会取得圆满成功。

11 月 1 日，中共中央总书记习近平向朝鲜劳动党委员长金正恩复电，对中共十九大的贺电表示感谢。

11 月 17 日，朝鲜劳动党中央政治局常委、朝鲜国务委员会副委员长、党中央副委员长崔龙海在万寿台议事堂会见了中共中央总书记习近平特使、中共中央对外联络部部长宋涛。宋涛具体通报了中国共产党第十九次全国代表大会情况，强调中国共产党愿继续发展中朝两党、两国传统友好关系的立场。

11 月 18 日，朝鲜劳动党中央政治局委员、中央副委员长李洙墉在平壤同中国共产党中央委员会总书记习近平特使、中共中央对外联络部部长宋涛举行会谈。在会谈中，双方就朝鲜半岛、地区局势和双边关系等共同关心的问题交换了意见。

结语

综上所述，自 2011 年 12 月金正恩执政以来，朝鲜面临国内外严峻困境，坚持“经济建设与核武力建设的并举”路线，开启了“金正恩时代”，不仅维护了朝鲜的社会主义制度，而且稳定了国内政局，在经济建设上还取得了一些成果。

首先在政治方面，劳动党七大上确立金日成-金正日主义为朝鲜劳动党的指导思想的基础上，加强了党的建设的制度化、规范化。2017 年 10 月，举行了劳动党七届二中全会，进一步实现了领导干部的新老交替，巩固了金正恩的最高领导者的权威和地位。2017 年 12 月，朝鲜劳动党第五次支部委员长大会在平壤举行，加强了党的基层组织建设。

其次在经济建设方面，面对国际社会的经济制裁日益严峻的情况下，坚持了“自强力第一主义”原则，重视科技和教育人才，在短期内成功完成了平壤黎明大街建设等大型建设项目，赢得了民心。

最后在军事建设方面，面对美国等西方国家造成的几次战争危机的压力下，多次成功试射了远程、洲际弹道火箭，宣布了核武力建设的基本完成，为今后的政策调整而奠定了物质上的基础和精神上的准备。

与此同时，朝鲜面临的内外环境依然严峻。由于 2017 年朝鲜进行 1 次核试验和 20 多次的导弹试射，联合国安理会相继通过了 3 次对朝鲜制裁决议，朝鲜的压力日趋严峻，正常的对外经济合作和交流遭到了空前的打击。如果这种制裁局面继续下去，不仅朝鲜的五年经济发展战略很难实现，而且可能导致朝鲜国内政局的混乱和中朝边境地区的不稳。

2017 年 1 月，美国总统特朗普上任以后，在朝鲜半岛举行的美韩军演规模日益扩大，对朝鲜的针对性更强，造成了“四月危机”“八月危机”“十月危机”等多次战争危机。虽然，在半岛很难发生大规模战争，但在“极限施压”“极度对立”的情况下，任何擦枪走火、误判都很容易引起武力冲突，也很难控制局面的恶化。

目前，朝鲜核导开发进程取得了很大成果，但面临的威胁反而大大增加，朝鲜的内外安全环境日益严峻、一触即发，武力冲突随时可能爆发的危险度日益增高。实际上，朝鲜拥核不一定能够确保朝鲜的安全，而且要推动国内经济发展，改善民生，拥核也很难实现。由于朝鲜领导人已经充分认识到面临的内外环境和国际局势变化，在国内经济建设、朝鲜半岛无核化、半岛和平机制、朝韩关系、朝美关系以及中朝关系等重大问题上，朝鲜可能采取灵活而根本性的转变措施。

（撰稿人：中国社会科学院亚太与全球战略研究院　李成日）

2017年苏联地区共产党·导论

2017年，对于苏联地区的共产党人而言，是意义非凡的一年。这一年是1917年伟大十月社会主义革命100周年，对于作为“列宁布尔什维克党的后继者”的苏联地区各国共产党人而言，这是一个回顾十月革命以来的百年历程，坚守信念，展示辉煌，继往开来，争取重建社会主义未来的极好机会。因而，在整整一年的时间里，各国共产党倾其全力，举行各种纪念活动。可以说，2017年苏联地区共产党的工作是紧紧围绕纪念十月革命100周年这个主题而展开的。

一、隆重纪念十月革命100周年，坚定走社会主义道路的信念

1. 提早部署，精心筹备

苏联地区的两个共产党联盟组织及主要共产党早早就启动了纪念十月革命100周年的准备工作，对纪念活动作出精心部署，以期通过各种纪念活动，向民众宣传十月革命和社会主义的意义，引导党员重温党的历史经验，思考在当今的现实条件下如何不辱使命，将十月革命开创的社会主义事业进行下去。

早在2015年3月28日，俄罗斯联邦共产党中央委员会和中央检查委员会在莫斯科近郊就召开了关于迎接十月伟大的社会主义革命100周年的联席全会。全会听取并讨论了俄共领导人根·安·久加诺夫作的题为“伟大十月的革命遗产和俄共任务”的报告。报告阐述了十月社会主义革命的历史意义及100周年纪念的目的。俄共认为，十月革命是整个世界历史中的一个转折点，它标志着人类的发展发生了质的改变，开启了向社会主义——一个新的、更进步的社会经济形态的过渡。十月革命100周年是“回忆这场革命的意义、赞颂社会主义制度的成就并动员力量为实现劳动人民最光辉的理想而斗争的一次绝好机会”，也是俄共用党

的历史经验来验证“十月革命继承党”任务的机会①。在俄共看来，回顾第一次胜利的无产阶级革命，认识新型革命的不同层面，有助于党更好地为争取和平、真正的民主制、人权和公民尊严的阶级大决战做好准备。

苏联地区处于主导地位的共产党协调组织——“共产党联盟-苏共”的第三十五届中央理事会二中全会与俄共这次中央全会同时举行，将“伟大的十月革命100周年与现当代”作为这次全会的首要议题，联盟成员党的代表首先与俄共中央委员一起听取了久加诺夫的报告，然后单独开会讨论其他议题。可以说，久加诺夫的报告为苏联地区共产党开展纪念十月革命100周年活动从理论上提供了指南，全会为整个纪念活动的展开拉开了序幕。

2017年9月25日，共产党联盟-苏共中央理事会在白俄罗斯的明斯克伟大卫国战争历史博物馆举行了三中全会。联盟主席久加诺夫作了题为“关于伟大的十月100周年和兄弟共产党联盟在现阶段的任务”的报告，联盟成员党的代表们交流了本国纪念活动的情况，代表们表示：“我们将一起迎接十月革命100周年”，对即将在11月初举行的大型国际活动十分期待，将这次盛会视为“共产主义力量的一次大检阅”，希望通过这次活动“向全世界证明：我们是伟大苏维埃时代的继承人”②。全会讨论了久加诺夫的报告并一致通过相关决议。

苏联地区另一个共产党协调组织——苏联共产党在2016年12月的中央全会上也对十月革命100周年的纪念活动作出安排。2017年1月，由共产党、左翼组织、工人组织和青年组织代表组成的十月革命100周年纪念活动组委会宣布成立。4月中旬，作为苏联共产党核心的俄罗斯共产主义工人党以中央委员会的名义在党的官网上发表了题为“伟大的十月社会主义革命100周年及其对当代共产党人的经验教训”的长篇报告。这一报告被该党领导人维克多·丘利金视为党的“第二个纲领”。报告高度评价十月革命的世界历史意义，尤其是对世界无产阶级及劳动人民的意义，从理论、政治和经济等方面分析了苏联社会主义失败的教训，并对当代共产主义运动的不同思想流派提出看法，指出了未来的努力方向③。这份报告为苏联共产党联盟框架内的各共产党纪念十月革命100周年定下了基调。

---

① Революционное наследие Великого Октября и задачи КПРФ. Доклад Председателя ЦК КПРФ Г. А. Зюганова на мартовском 2015 года Пленуме ЦК КПРФ [EB/OL]. (2015-03-19) [2017-10-10]. https: // kprf. ru/party-live/cknews/140505. html.

② Вместе-навстречу 100-летию Октября! [EB/OL]. (2017-09-25) [2018-04-05]. http: // www. comparty. by/news/vmeste-navstrechu-100-letiyu-oktyabrya.

③ 100 лет Великой Октябрьской социалистической революции и уроки для современных коммунистов. Доклад Центрального комитета Российской Коммунистической рабочей партии (РКРП-КПСС) [EB/OL]. (2017-04-15) [2017-08-08]. http: // rkrp-rpk. ru/content/view/15650/1/.

2. 联合国际共产党人和进步力量隆重举行大型纪念活动

2017 年 8 月 11 日至 13 日，俄罗斯共产主义工人党在圣彼得堡主办了题为“伟大的十月社会主义革命的作用、意义和苏联社会主义建设的经验”国际学术研讨会，应邀出席大会的有来自世界各地的 30 个共产党工人党的代表，其中除了苏联共产党联盟框架下的苏联地区的共产党，还有世界上其他自称是“正统马克思主义”的政党，这些党“主张继续开展阶级斗争，承认确立无产阶级专政的必要性，并认为在共产主义运动和工人运动中反对机会主义的斗争是共产党人义不容辞的责任”①。此次会议的重点是分析社会主义建设的进程和苏共所犯的错误，而在该党领导人维克多·丘利金看来，毁掉苏共和苏联社会主义事业的不是帝国主义的阴谋，不是政权上层的某些叛徒，而首先是自身的错误、机会主义和偏离科学共产主义理论，以及在斯大林之后导致修正主义和背叛行径的政治实践上的错误。与会者通过了题为《十月——100 年》的大会宣言。最后在宣言上签字的有 40 个党②。

2017 年 10 月 27 日，摩尔多瓦共和国共产党人党联合欧洲左翼党在摩尔多瓦首都基希纳乌举行了题为“1917 年伟大的十月社会主义革命 100 周年：经验教训与左翼运动的未来”的国际论坛，加入欧洲左翼党的 14 个欧洲地区的共产党和左翼党的代表，来自俄罗斯、白俄罗斯的共产党的代表，以及摩尔多瓦的外交官、专家、学者、社会活动家、党的积极分子共约 150 人参会。会议主要议题如下：伟大的十月社会主义革命是社会发展的替代性历史的开端——百年间的显著成果；现代欧洲——1917 年的产儿；革命的前提、进程和胜利：马克思主义学说、革命潮流和群众在取得成功中的作用；革命还是改良？——在当今世界为社会主义理想奋斗的方法。摩共领导人弗拉基米尔·沃罗宁在致辞中提道，“我们是十月革命的产儿”，然而，认为十月革命的遗产仅仅是共产党人的专有财产是错误的。十月社会主义革命的成就和价值观是全人类的财富，而且国际社会将带着这份遗产走向未来。他认为，如今的欧洲已经与十年前的欧洲不同了，但这不是我们想要建设的欧洲。我们正目睹新一轮的冷战，极右翼民粹主义再次抬头并成功地进入议会，人为造成的危机正在破坏欧洲人民的反法西斯的免疫力，民主本身正遭遇严重的威胁，为极为危险的政治家开辟了通往权力的道路。新的，即社会的、社会主义的革命进程不可避免，共产党人将再次面临无穷无尽的工作，每个国家，乃至整个欧洲都将成为斗争的空间。我们各党将继承伟大革命的传统——为了解放人民免受压迫和奴役，为了全人类价值——国际主义、社会和

---

① Международная конференция《Октябрь-100》[EB/OL]. (2017-08-15) [2018-04-10]. http://rkrp-rpk.ru/2017/08/15/международная-конференция-октябрь-100/.

② 《Октябрь-100》. АВГУСТОВСКАЯ (2017) ДЕКЛАРАЦИЯ участников международной научно- практической конференции коммунистических и рабочих партий《100 ЛЕТ ВЕЛИКОЙ ОКТЯБРЬСКОЙ СОЦИАЛИСТИЧЕСКОЙ РЕВОЛЮЦИИ,, УРОКИ И ЗАДАЧИ ДЛЯ СОВРЕМЕННЫХ КОММУНИСТОВ》[EB/OL]. (2017-09-07) [2018-04-10]. http://rkrp-rpk.ru/2017/09/07/октябрь-100-августовская-2017-декларация/.

谐、平等、兄弟情谊的实现。正是这个动机激发了伟大十月革命的创造者，而如今，这个议程再次迫在眉睫①。与会外国嘉宾还应邀出席了摩共于次日（28日）举行的扩大中央全会，以纪念十月革命100周年。沃罗宁作了长篇报告，从50年前基希纳乌大学生在"时间胶囊"中留下的信谈起。全会最后通过了致千年后（3017年）的后代的信，并将此信放入了新的"时间胶囊"。近年来摩共处于内部分裂、外部打压的艰难时期，很少举行国际活动。摩共以此次会议向世人表明，"党在整个欧洲大陆仍有战友②"。

2017年11月1日至7日，俄罗斯联邦共产党在圣彼得堡和莫斯科主办了为期一周的大型国际性纪念活动。2日至3日，在圣彼得堡的塔夫利达宫举行了题为"伟大的十月社会主义革命100周年：共产主义运动的理想，振兴反对帝国主义战争、争取和平与社会主义的斗争"的第十九届共产党工人党国际会议。4日，组织与会者参观了斯莫尔尼宫中当年宣告社会主义革命取得胜利的大礼堂和列宁工作过的办公室；参观了发出武装起义信号的"阿芙乐尔"巡洋舰和逮捕临时政府的冬宫即艾尔米塔什博物馆。5日，与会代表移师莫斯科，瞻仰红场的列宁墓，并向克里姆林宫墙下已故苏联领导人的墓碑献花。6日，举行了题为"1917年十月——社会主义的突破"的国际左翼力量论坛，世界工会联合会、世界和平理事会等国际民主组织以及来自不同国家的20多个左翼政党的特使围绕"十月革命对全球政治、社会和经济进程的影响"和"俄国无产阶级革命对各国各地区社会关系产生影响的特点"两个议题发言。7日，在莫斯科街头举行了庆祝十月革命100周年的游行和集会。会议期间，还在圣彼得堡的十月音乐厅和莫斯科卢日尼基体育中心音乐厅举行了两场盛大的文艺晚会。这是苏联地区共产党纪念十月革命100周年系列活动的收官之作，是全世界共产党工人党及进步左翼的一次盛会，来自世界各大洲的131个代表团（其中共产党、工人党103个，左翼组织28个）参加了纪念活动，代表中有60位党的主席，15位副主席，500余名不同层级的议员③。如此规模的纪念活动，在苏共、俄共历史上也属罕见。

2017年10月15日至22日，第十九届世界青年大学生联欢节在俄罗斯索契举行，苏联地区的各共产党推动本党麾下的共青团积极参与，并经过努力将纪念十月革命100周年这一主题作为16日一整天的活动内容。

3. 各党以各种形式纪念十月革命100周年

各共产党除了主办或参与地区和国际性大型纪念活动，还策划了各自的多种

① Владимир Воронин. Европа стала другой, но это не та Европа, которую мы с вами хотели бы построить [EB/OL]. (2017-10-27) [2018-04-15]. http://www.pcrm.md/main/index.php?action=news&id=12046/.

② ИТОГИ-2017. ПАРТИЙНАЯ ЖИЗНЬ [EB/OL]. (2017-12-22) [2018-04-15]. http://www.pcrm.md/main/index.php?action=news&id=12356/.

③ Руслан Тхагушев. Алексей Брагин. Юбилейный комитет продолжает работу [EB/OL]. (2017-11-14) [2017-11-15]. https://kprf.ru/party-live/cknews/170629.html.

活动。各党都在党刊和官网上发表纪念性声明、决议或领导人讲话，表明党对十月革命的基本态度，阐述十月革命的历史和现实意义；在党刊和官网上开辟十月革命大事记专栏，再现 1917 年跌宕起伏的革命历史岁月，重温布尔什维克党取得革命胜利的历程，缅怀革命先驱的业绩；在二月革命、四月提纲、七月事变、十月革命等 1917 年重大事件 100 周年的关键节点举办专题理论研讨会和隆重的纪念大会，从历史和理论的视角阐述十月革命的历史必然性，批驳种种歪曲和抹黑十月革命历史的论调；通过青年团和学生组织举办普及十月革命历史知识的竞赛、读书会、绘画展、种植 100 棵纪念树；制作电视纪录片，举办专题展览，竖立纪念碑，制作纪念章和纪念邮票，举行音乐会和晚会，向列宁纪念碑敬献花圈，等等。例如，俄共举行过"自由主义的二月革命与无产阶级的十月革命"和"从十月革命到国内战争：原因、趋势、结果"等专题圆桌会议，白共举行了"列宁、伟大十月与当代"的研讨会。就连目前几乎处于地下状态的乌克兰共产党也于 2017 年 10 月 20 日和 2017 年 11 月 6 日在基辅先后举行了题为"伟大的十月与乌克兰的未来"的学术实践大会和庆祝伟大的十月社会主义革命 100 周年大会。摩共举行了"纪念列宁的《四月提纲》"和"1917 年 7 月实践——伟大十月到来的决定性阶段"等学术实践大会。摩共目前作为反对派党，已经没有了自己的电视频道，但通过互联网，直播了党的十月革命 100 周年纪念大会的实况。这次直播在三天的时间里网民的访问量达到 18 万人次，这一数字对摩尔多瓦这个小国来说意义非凡，对摩共是个鼓舞，足见十月革命在摩尔多瓦人们心中仍占有重要的位置①。

苏联地区各国共产党通过举行各种形式的纪念活动，一方面体现了共产党人高擎十月革命的旗帜、继承列宁的事业、坚持社会主义道路的初心不变，另一方面借此唤起广大民众重新认识十月革命和苏联社会主义的历史功绩及其对未来的启示意义，推动社会主义意识形态的传播，吸引更多的支持者，巩固党的队伍，提高共产党的威信。尤其引人注目的是，俄共把隆重纪念十月革命 100 周年作为 2017 年工作的重心，动员各级党组织在全国举行各种活动，聚集了几百万的参与者。这使俄共有理由说："这些活动表明，俄共是唯一能把大量政治上积极的民众联合到自己旗帜下的力量，并展示了俄罗斯社会越加坚定地要求进行社会主义的变革和放弃现政权实施的毁灭性的社会经济方针。"② 俄共成功地举办大型国际共产党、工人党和进步左翼的纪念十月革命 100 周年的论坛，更是其 2017 年工作的亮点，展示了俄共的政治影响力和组织能力。这些活动为国际共产党人和进步力量的交流与合作提供了平台，为促进世界共产主义运动和工人运动的发

① Вместе-навстречу 100-летию Октября! [EB/OL]. (2017-09-25) [2018-04-05]. http://www.comparty.by/news/vmeste-navstrechu-100-letiyu-oktyabrya.

② Г. А. Зюганов. Главные итоги 2017 года и основные задачи на 2018 год [EB/OL]. (2018-01-10) [2018-01-11]. https://kprf.ru/party-live/cknews/171953.html.

展提供了动力。

二、阐述十月革命的历史意义，澄清十月革命的历史真相

如今，在苏联地区，大概除了白俄罗斯和德涅斯特河沿岸摩尔达维亚共和国仍将11月7日的十月革命节保留着，其余国家均取消了十月革命节这个国家法定节日。各国执政者对十月革命及其100周年的态度也不尽相同。在白俄罗斯，总统卢卡申科高度评价十月革命。他在2017年9月25日致共产党联盟—苏共中央理事会三中全会代表的欢迎辞中指出："十月革命开启了世界历史的新篇章。一个世纪之后，共产主义思想的支持者和追随者仍然忠于祖父和父辈的优良传统，追求社会正义、责任、荣誉、平等和兄弟情谊的崇高理想。"他强调，白俄罗斯独立以来从未放弃其历史遗产。"我们保留并仍在利用前几代苏联人民所积累的先进经验。"① 2017年11月7日，卢卡申科总统在其向国民发表的十月革命100周年致辞中表示，十月革命在世界历史上是一个里程碑式的事件，它影响了人们的命运，并决定了他们的发展方向②。节日期间，白俄罗斯举行了各种纪念活动。在俄罗斯，总统普京公开申明1917年俄国革命100周年是反思历史的极好机会，但不允许各政治力量借题发挥，引起社会动荡。普京下令将俄国革命100周年的纪念活动交由学术机构承办，而学界主流派则淡化对革命的性质判断，将"二月革命、十月革命和国内战争"统称为"俄国大革命"，强调纪念活动以吸取历史教训，促进社会和解为目的。在整个活动过程中，官方和主流学者肯定1917年俄国革命发生的不可避免性及其对20世纪世界历史的巨大影响，同时也不乏为二月革命正名，淡化十月革命，把国内战争的罪责主要归咎于布尔什维克等倾向。在乌克兰，官方和主流学界回避谈十月革命对乌克兰的积极影响，而是突出乌克兰在革命期间获得的民族独立，纪念所谓"乌克兰革命"。彼得·波罗申科总统在2016年1月22日发布指令，宣布1917年是"1917至1921年乌克兰革命年"，所谓"乌克兰革命"，"是与以乌克兰人民共和国、乌克兰国家和西乌克兰人民共和国的形式确立的乌克兰国家建制有关的所有事件"③，但该指

---

① Вместе-навстречу 100-летию Октября! [EB/OL]. (2017-09-25) [2018-04-05]. http://www.comparty.by/news/vmeste-navstrechu-100-letiyu-oktyabrya.

② 魏忠杰，李佳. 白俄罗斯纪念十月革命100周年 [EB/OL]. (2017-11-08) [2017-11-10]. http://www.xinhuanet.com/2017-11/08/c_1121920544.htm.

③ ОКТЯБРЬ УЧИТ, ВДОХНОВЛЯЕТ, ЗОВЁТ К ОБНОВЛЁННОМУ СОЦИАЛИЗМУ. Доклад Первого секретаря ЦК КПУ П. Н. Симоненко на торжественном собрании, посвящённом 100-летию Великой Октябрьской социалистической революции [EB/OL]. (2017-11-08) [2017-11-10]. https://www.kpu.ua/ru/88344/oktjabr_uchyt_vdohnovljaet_zovet_k_obnovlennomu_sotsyalyzmu_doklad_pervogo_sekretarja_tsk_kpu_pnsymonenko_na_torzhestvennom_sobranyy_posvjaschennom_100letyju_velykoj_oktjabrskoj_sotsyalystycheskoj_revoljutsyy_6_nojabrja_2017_goda.

令只字不提十月革命后在东乌克兰建立的乌克兰苏维埃社会主义共和国，这实际上是主张回归到1917至1921年间在西乌克兰存在了不到5年的资产阶级执政或傀儡时期的乌克兰，而否认存在了70多年的苏维埃的乌克兰。总之，在苏联地区，执政者很少明确肯定十月革命，社会中对十月革命的看法仍存争议。

在这一背景下，各国共产党顶住舆论压力，视“还十月革命的历史真相”为己任。他们高度评价十月革命在人类历史上的里程碑地位，认为十月革命开启了一个新的、通往社会主义的文明时代。如俄共领导人久加诺夫谈道：“世界历史上没有比伟大十月社会主义革命更为重要的事件，它对人类文明的发展产生了决定性的影响，开辟了一个社会进步和民族解放的新时代。”① 100年前，在俄国发生的不仅仅是最伟大的社会革命，而且第一次在这里诞生了体现人类最深切梦想——公正、平等和兄弟情谊的国家。因此，十月革命不仅是迈向史无前例的政治变革和社会变革的一步，她还放射着伟大的道德变革的光芒，这种变革改变了世界，影响了地球各地人们的世界观，将人类社会大大地向前推进了，奠定了可以引导世界的新文明的基础。俄罗斯共产主义工人党领导人维克多·丘利金评价十月革命是20世纪历史上的“顶峰事件”(вершинное событие)②。

各国共产党在向民众阐述十月革命发生的历史必然性、世界性意义及当代价值的同时，依据历史事实回击社会上对十月革命及列宁的种种质疑和歪曲，试图澄清如下一些问题。

第一，十月革命不是违背，而是发展了马克思主义社会主义革命的学说。在共产党人看来，十月革命是列宁将马克思主义与俄国的具体实践相结合的产物。俄国的几代革命者曾渴望国家发生根本性的转变。从十二月党人到赫尔岑和车尔尼雪夫斯基，再到民粹主义者和普列汉诺夫，一直延续着这一伟大的传统。马克思、恩格斯奠定了社会主义革命的理论基础，列宁在这一丰富理论的基础上，结合资本主义在帝国主义阶段的特点，得出“资本主义链条中的薄弱环节可以被打破，社会主义革命可以首先在几个、甚至一个国家取得胜利”的结论。布尔什维克党将马克思恩格斯的革命理论在俄国变为了现实。

第二，十月革命不是偶然发生的，而是俄国乃至世界多种矛盾促成的。共产党人认为，20世纪初，俄罗斯帝国由各种社会经济结构紧密交织而成，既有工业中心的资本主义结构，也有农村的半奴隶制，还有民族边缘地区的宗法制。国内的工人、农民和民族问题很尖锐。直到第一次世界大战开始时，专制制度都未能解决错综复杂的各种尖锐矛盾。统治集团在没有作好经济和军事准备、不理解

① Настоящая свобода-это социализм. Выступление Председателя ЦК КПРФ Г. А. Зюганова на 19-й международной встрече коммунистических и рабочих партий [EB/OL]. (2017-11-02) [2017-11-05]. https://kprf.ru/party-live/cknews/170180.html.

② Международная конференция. Октябрь-100 [EB/OL]. (2017-08-15) [2018-04-10]. http://rkrp-rpk.ru/2017/08/15/международная-конференция-октябрь-100/.

战争目的的情况下将俄国拖入这场残酷的军事冲突之中。第一次世界大战加速了沙皇专制制度的垮台，自由资产阶级各政党上台后未能为国家指出摆脱严重危机的出路，面对群众日益增长的不满，他们试图确立资产阶级专政，他们被起义的人民抛到政治进程的边缘是必然的下场。在沙皇制度瓦解、资产阶级政党无力应对国家危局的情况下，十月革命是使俄国摆脱民族灾难的唯一手段。彼得格勒的十月武装起义之所以能够成功，苏维埃政权能在整个俄国胜利推进，得益于布尔什维克党广泛地依靠了人民群众，得到了工人、农民、士兵、少数民族及部分知识分子的支持。布尔什维克党是在执政阶级残余分子最低限度的抵抗下夺取政权的，基本上是不流血的。

第三，十月革命的性质不是破坏性的，而是创造性的。共产党人认为，如果说有“破坏”，那也是沙皇制度和资产阶级政权留给革命的后遗症。列宁在1918年3月12日发表的《当前的主要任务》一文中提道：“我们在几个星期内就推翻了资产阶级，并且在内战中战胜了资产阶级的公开反抗。我们在一个幅员辽阔的国家到处实现了布尔什维主义的胜利进军。”正因为如此，列宁提出：“我们无论如何要使俄罗斯不再是又贫穷又衰落而成为真正又强大又富饶的国家。”①布尔什维克领袖在这里提出的唯一任务是建设。苏维埃政权是一种新质的国家制度。它依靠俄国各族人民世代形成的传统，将劳动人民的创造性及其文化融为一体。苏维埃政府自其成立起就着手建设，开始兑现自己对工人和农民的承诺，并使国家摆脱了帝国主义战争。布尔什维克党面临的是一项非常艰巨的任务：不仅要克服国家的落后，而且要在全新的社会经济基础和价值观上建设国家。

第四，布尔什维克党对国内战争的挑起不负责任。共产党人认为，苏维埃政权仅在几周之内、且基本上是以和平的方式在俄国确立的。而流血的国内战争是几个月之后由抵制革命的旧社会势力挑起的。事实上，在苏维埃政权取得胜利后的第五天，阿列克谢耶夫上将就跑到了新切尔卡斯克开始组建抵抗布尔什维克政权的白卫军②，14个试图扼杀年轻的苏维埃共和国的资产阶级国家予以援助。就在1917年11月，协约国在雅西（罗马尼亚）开会制订在俄国南部的战争计划，同年12月，协约国的巴黎会议决定支持乌克兰、哥萨克地区、西伯利亚和高加索并为其贷款③。因此，国内战争不是布尔什维克党挑起的，相反，西方国

---

① 列宁. 列宁选集：第3卷［M］. 北京：人民出版社，1995：469-470.

② 阿列克谢耶夫，米哈伊尔·瓦西里耶维奇（Алексеев，Михаил Васильевич，1857—1918），步兵上将（1914），1917年3—5月任临时政府最高总司令，8月30日起任最高总司令克伦斯基的参谋长。1917—1918年是国内战争中白卫军的组织者之一。新切尔卡斯克位于俄罗斯罗斯托夫州。国内战争期间，新切尔卡斯克是顿河白卫军的指挥部。红军于1920年1月7日击败了盘踞在此的白卫军并解放了这个镇。

③ Революционное наследие Великого Октября и задачи КПРФ. Доклад Председателя ЦК КПРФ Г. А. Зюганова на мартовском 2015 года Пленуме ЦК КПРФ［EB/OL］.（2015-03-19）［2018-01-19］. https：// kprf. ru/party-live/ cknews/140505. html.

家对白卫运动的政治和财政支持成为内战爆发的推动力。对执政的布尔什维克党而言，保卫国家免遭白卫军和干涉者的联手抵抗，实际上使国内战争具有了卫国战争的性质。反苏主义者从资产阶级的民族意识出发，谎称布尔什维克挑起了国内战争，却避而不谈俄国资产阶级和白卫军头目当年是如何肆无忌惮地出卖民族利益并挑起了战争的。不仅如此，资产阶级意识形态思想家把资产阶级政客的特点强加于列宁，说列宁为达到目的不计牺牲的代价。而列宁在十月武装起义前撰写的著作证明这种思维根本站不住脚。列宁所做的一切都是要避免国内战争的危险。从 1917 年 2 月 27 日到 7 月 4 日，列宁一直主张将政权和平地转交给苏维埃。甚至到了 9 月初，列宁还认为，哪怕有“百分之一的机会”，也必须加以利用，以避免国内战争。9 月中旬，列宁在《俄国革命与国内战争》一文中再次重申，“唯有布尔什维克与社会革命党人、孟什维克结成联盟，唯有立即使全部政权转归苏维埃，才能使俄国的国内战争不可能发生”①。但社会革命党人和孟什维克不放弃同资产阶级的结盟，结果避免国内战争的可能性丧失了。

共产党人借用列宁当年的论述，揭露资产阶级在评价历史事件方面的双重标准和真实阶级立场。列宁在 1918 年 8 月在《给美国工人的信》中指出，有人责难我们，说我们的革命造成破坏…… 这些责难者究竟是什么人呢? 他们是资产阶级的走狗。而正是资产阶级在四年帝国主义战争中几乎毁灭了欧洲的全部文化，使欧洲陷入野蛮、粗野和饥饿的境地。正是这个资产阶级现在又要求我们不要在这些破坏的基础上、在文化的废墟中间、在战争造成的废墟中间进行革命，不要同那些被战争弄得粗野的人一起进行革命。这个资产阶级多么人道、多么公正啊!

“资产阶级的奴仆们责难我们实行恐怖…… 英国资产者忘记了自己的 1649 年，法国人忘记了自己的 1793 年。当资产阶级为了本身利益对封建主实行恐怖的时候，恐怖就是正当的、合理的。当工人和贫苦农民胆敢对资产阶级实行恐怖的时候，恐怖竟成为骇人听闻的和罪恶的! 当一个剥削者少数为了代替另一个剥削者少数而实行恐怖的时候，恐怖就是正当的、合理的。当我们为了推翻一切剥削者少数，为了真正的大多数，为了无产阶级和半无产阶级——工人阶级和贫苦农民的利益而开始实行恐怖的时候，恐怖竟成为骇人听闻的和罪恶的!”②

第五，列宁的民族政策没有在苏联这座大厦下安放定时炸弹，而是把多民族的国家统一了起来。共产党人认为，资产阶级临时政府的执政导致俄国领土分裂，且不仅仅是按民族特征的分裂。相反，正是列宁的党把国家重新聚集起来。布尔什维克党是通过实施民族自决权、各民族统一的原则做到这一切的，苏维埃

① 列宁. 列宁全集：第 32 卷 [M]. 北京：人民出版社，1985：147.

② 列宁. 列宁选集：第 3 卷 [M]. 北京：人民出版社，1995：565-566.

社会主义共和国联盟在此基础上得以建立。俄罗斯联邦共产党认为，当年俄罗斯帝国的崩溃才是1917年动荡的主要先决条件，而今天的俄罗斯统治阶级竭力转移人们的注意力，不让人民看到1917年事件的根源，将“俄国大革命”理论灌输到学术界。这种将具有不同内容的事件混淆在一起的解释遇到了来自史学界的一定阻力。但显然，新版历史“教科书将按照买办强加的逻辑编写”①。乌克兰共产党特别提到，由于伟大的十月社会主义革命的胜利以及列宁和斯大林的民族政策，乌克兰人民才在历史上第一次获得了国家地位，并在乌克兰苏维埃社会主义共和国的名义下统一了原有的领土②；作为苏联的加盟共和国，乌克兰才进入欧洲和世界十大最发达国家行列；乌克兰成为联合国的创始国之一，它的国际威望才得到承认。如今乌克兰当局把1917—1922年事件说成是乌克兰民族反对俄罗斯民族的“乌克兰革命”，实际上是阉割革命的内容，混淆革命的性质，贬低十月革命对乌克兰人民命运的重要意义，为现政权买办的亲西方方针提供合法性，旨在使乌克兰和俄罗斯两个民族永久分离③。白俄罗斯共产党也认为，十月革命使白俄罗斯人民在历史上第一次获得了国家的地位，今天享有主权和独立的

---

① О задачах КПРФ при проведении выборов президента Российской Федерации. Доклад Председателя ЦК КПРФ Г. А. Зюганова на втором этапе XVII съезда КПРФ [EB/OL]. (2017-12-23) [2017-12-24]. https://kprf.ru/party-live/cknews/171630.html.

② 在乌克兰共产党看来，1917年俄国二月革命后，临时政府曾拒绝给予乌克兰自治权，乌克兰的领土仅限于乌克兰人居住的九个省中的五个。为此，列宁在《真理报》上发表三篇文章对临时政府进行了严厉的批评。十月革命推翻了临时政府，乌克兰的中央拉达利用苏俄政府的《俄国各族人民权利宣言》成立了乌克兰人民共和国。因此，没有十月革命，就没有乌克兰人民共和国。然而，乌克兰执政当局反对十月革命，于1918年1月宣布独立，与在乌克兰东部建立的乌克兰苏维埃共和国势不两立。3月，在乌克兰拉达的邀请下，德国军队占领乌克兰，不料，4月底德国占领者驱逐了拉达，乌克兰人民共和国被“乌克兰国家”取代。德国革命爆发后，德国占领者逃离乌克兰。尔后，佩特留拉上台，使西乌克兰又成为波兰的傀儡，丧失相当一部分领土，直到1939年，东、西乌克兰才得到统一。Смр. ОКТЯБРЬ УЧИТ, ВДОХНОВЛЯЕТ, ЗОВЁТ К ОБНОВЛЁННОМУ СОЦИАЛИЗМУ. Доклад Первого секретаря ЦК КПУ П. Н. Симоненко на торжественном собрании, посвящённом 100-летию Великой Октябрьской социалистической революции, 6 ноября 2017 года[EB/OL]. (2017-11-06) [2017-11-10]. https://www.kpu.ua/ru/88344/oktjabr_uchyt_vdohnovljaet_zovet_k_obnovlennomu_sotsyalyzmu_doklad_pervogo_sekretarja_tsk_kpu_pnsymonenko_na_torzhestvennom_sobranyy_posvjaschennom_100letyju_velykoj_oktjabrskoj_sotsyalystycheskoj_revoljutsyy_6_nojabrja_2017_goda.

③ О КЛЮЧЕВЫХ ЗАДАЧАХ КОМПАРТИИ УКРАИНЫ С УЧЕТОМ ИСТОРИЧЕСКИХ УРОКОВ ВЕЛИКОГО ОКТЯБРЯ. Постановление объединенного Пленума ЦК и ЦКК Компартии Украины [EB/OL]. (2017-11-08) [2017-11-10]. https://www.kpu.ua/ru/88180/o_kljuchevyh_zadachah_kompartyy_ukrayny_s_uchetom_ystorycheskyh_urokov_velykogo_oktjabrja_postanovlenye_obedynennogo_plenuma_tsk_y_tskk_kompartyy_ukrayny/.

白俄罗斯得益于 20 世纪初的革命事件。阿塞拜疆共产党人党认为，有了十月革命，少数民族和弱小国家才获得了自由，沙皇俄国的仆从国才成为独立国家，其中包括所有苏联加盟共和国。各国共产党人均认为，不管资产阶级的思想家怎么泼脏水，人类关系的一切民主变革都是从十月革命开始的。历史证明，苏联各加盟共和国正是在作为苏联的成员时才实现了最高水平的社会、经济和文化发展，而后苏联的各共和国，没有哪一个在“帝国”之外使文明和文化重新崛起，实现了自己的“民族梦想”。苏联解体的悲剧是由国内的叛徒和外部的仇敌联手造成的。把苏联解体归咎于十月革命和苏维埃政权是不可接受的。

第六，十月革命不是中断了俄国的现代化进程，而是开辟了新的、社会主义现代化之路。共产党人以事实和数据证明，十月革命前的沙皇俄国时期并非如反共人士所说的“人间天堂”，苏联社会主义现代化无论发展速度还是质量都是沙皇俄国时期无法企及的。苏维埃政权仅用几年时间就恢复了被世界大战和国内战争破坏的经济，到了 1926 年，工业总产值已超过战前的 1913 年的 8%。在短短的几十年间，苏联人民实现了社会主义现代化计划，走了一条从攻打冬宫到冲向宇宙的光荣之路，取得了前所未有、英雄史诗般的创造和成就。苏联社会主义建设的成就永载史册。社会主义的榜样力量也推动了西方世界的改变。苏联巨大成就的取得，得益于广大劳动人民群众潜力的迸发。社会体系的建立使每个人，不管其社会和民族出身如何，都能在劳动和创造活动中实现自我价值。相较于列宁斯大林领导下的苏联社会主义建设的成就，苏联解体后各独立国家的执政者们则相形见绌。布尔什维克把国家引到世界先进行列，自由主义政权则为掠夺国家提供庇护。今天的政权被自由主义关于取消国家对经济管理的教条所禁锢，不能解决工业、科学、农业、建筑、贸易等任何领域的问题。在这种条件下，就更谈不上经济高涨了。

三、运用列宁和布尔什维克党的斗争经验，做好当前的工作，将十月革命的事业进行下去

今天，对苏联地区的共产党人而言，十月革命及苏联的历史令他们骄傲，而十月革命 100 周年之际十月革命的成果——苏联已不复存在，令他们痛心！但共产党人坚信，十月革命开辟的社会主义道路仍是各国人民争取美好未来的必由之路，苏联时代的成就为重建社会主义提供了宝贵经验。不忘初心，“忠实于十月革命的理想，继承列宁的事业”，是各党在纪念十月革命 100 周年过程中传达出的共同意志；而从列宁和布尔什维克党夺取十月革命胜利的斗争历史中汲取经验，明确共产党在本国现阶段的使命和任务，调整斗争策略和工作方式，则是各国共产党人纪念十月革命 100 周年的落脚点。

1. 共产党联盟：为保存和发展组织而协调行动

“反对帝国主义奴役被分离的苏联人民的斗争，反对肆无忌惮的反共产主义和新纳粹主义的斗争，争取社会主义，重建更新的联盟国家”① ——这是苏联地区共产党人面临的共同任务。在共产党人看来，每个十月革命的周年都标志着这一斗争的新阶段，在十月革命 100 周年之际，共产党人更需要从历史中汲取斗争经验，客观分析国际国内政治和经济形势的变化以及敌我力量的对比，制定正确的政治方针和行动策略。正如久加诺夫所说：“布尔什维克党在 1917 年革命中留给我们的最重要的经验，是准确地将反资本斗争的形式与时局的特殊性相适应的能力。”②

2017 年 3 月，共产党联盟-苏共中央理事会全会在明斯克举行，会议围绕“伟大的十月革命 100 周年及现阶段各兄弟共产党的任务”主题进行交流。会议决议认为，近年，世界资本主义，尤其是其主要堡垒美帝国主义的内部矛盾急遽加剧，20 世纪最后十年形成的世界秩序正在发生变化，其社会和政治日益不稳定。一个显著特点是欧洲、亚洲、北美和拉丁美洲一些国家的年轻人政治积极性日益高涨，其形式是左翼的反全球化运动。如今，如同 20 世纪 30 年代，帝国主义企图再次通过法西斯主义和新的全球屠杀为经济危机寻找出路。鲜明的证据就是在兄弟般的乌克兰，流血战争持续了三年。为此，联盟中央呼吁苏联地区乃至全世界的共产党人继续声援受迫害的乌克兰共产党人和受战争煎熬的卢甘斯克和顿涅茨克的人民。从会上各国共产党交流的情况可以看出，各党目前都处于程度不同的压制之下，包括摩尔多瓦、格鲁吉亚和哈萨克斯坦的共产党。而在波罗的海三国，在乌兹别克斯坦、土库曼斯坦、塔吉克斯坦以及乌克兰，共产党则被迫在地下条件下工作。因此，联盟中央领导认为，协调各国共产党的行动，保存和发展组织，扩大共产党在民众中的影响力，是当务之急。

另一个联盟组织——苏联共产党，根据 2016 年 12 月中央全会精神，推动各成员党开展纪念十月革命 100 周年的活动。苏联共产党中央机关报《公开性》从 2017 年第 1 期《全世界历史的转折性事件的起点》社论文章开始，陆续在其“历史篇章”栏目中刊发历史回忆和现实评论文章。此外，作为苏联地区的共产党联盟组织，苏联共产党还十分关注该地区国家间的联盟关系问题。例如，2 月 25 日中央理事会书记处就俄罗斯和白俄罗斯国家联盟出现危机发表声明，认为俄罗斯在联盟中试图对白俄罗斯攫取更多利益，而以卢卡申科为首脑的白俄罗斯国家作出抵制是完全有理由的。声明指出，尽管普京总统的某些行动，如在

---

① РЕЗОЛЮЦИЯ III Пленума Центрального Совета СКП-КПСС [EB/OL]. (2017-09-25) [2017-12-10]. http://www.comparty.by/news/rezolyuciya-iii-plenuma-centralnogo-soveta-skp-kpss.

② Революционное наследие Великого Октября и задачи КПРФ. Доклад Председателя ЦК КПРФ Г. А. Зюганова на мартовском 2015 года Пленуме ЦК КПРФ [EB/OL]. (2015-03-19) [2018-03-19]. https://kprf.ru/party-live/cknews/140505.html.

克里米亚和叙利亚的行动，在客观上是进步的，但共产党人应揭露整个俄罗斯资本政权的反人民政策。声明号召苏联的无产阶级联合起来，为争取本国苏维埃政权的重建、社会主义和苏联的重建而斗争①。为纪念该联盟创始人奥列格·谢苗诺维奇·舍宁（1938 年 7 月 22 日—2000 年 5 月 28 日）诞辰 80 周年和逝世 8 周年，《公开性》2017 年第 2、3 期发表了相关纪念文章，包括舍宁女儿关于“8·19”事件的回忆文章。2017 年 12 月 16 日，苏共在中央第一书记 A. A. 亚历山德罗夫主持下召开了中央全会，全会除了总结各成员党纪念十月革命 100 周年活动计划执行情况和巩固党的措施情况，还讨论了对即将于 2018 年 3 月举行的俄罗斯联邦总统选举的态度。全会形成一致看法，号召共产党员采取积极抵制选举的立场，并在党刊《公开性》上公开发表声明②。

2. 俄罗斯共产党：为保住党的政治地位而再战

2017 年，俄共分两次召开了党的第十七次代表大会。在 5 月 27 日至 28 日举行的第一阶段会议上，俄共总结了过去四年来党的工作得失，并确定下一阶段的工作任务；在 12 月 23 日举行的第二阶段会议上，确定参加总统竞选的纲领、候选人和选举策略。众所周知，俄共在 2016 年 9 月举行的俄联邦第七届国家杜马选举中失利，丢掉一多半的议会席位，从上届的 92 个议席减少到这一届的 42 个。面对 2017 年的地方选举和 2018 年的总统选举，俄共深知选情对己不利。是采取抵制选举的策略，放弃参选，还是重整旗鼓，继续参选，这是俄共面临的选择。俄共领导人认为，当年布尔什维克在沙皇时期抵制第一届国家杜马选举的历史告诉我们，在国内没有出现高涨的革命形势的情况下，共产党人抵制选举没有任何意义。俄共应该积极参选，利用选举的机会宣传自己的思想和纲领主张，巩固自己的组织，扩大影响，吸引更多的选民，联合更多的盟友，为最后的搏斗积蓄力量。为此，在 2017 年 9 月 10 日举行的地方选举（被舆论视为“总统选举预演”）中，俄共带着《为过上“体面生活”的十项措施》竞选纲领③深入选民，参加竞选。俄共推举了 8800 名候选人参加竞选。最后，在总共 3.6 万个州、市政立法机构的代表席位中，俄共得到 1607 个，尽管与统一俄罗斯党相差甚远，但相当于自由民主党与公正俄罗斯党所得席位的总和（这两个党分别得到 898 个和 735 个席位）。至此，俄共在全俄各级立法机构中总共有 8460 名代表（不包括

---

① Заявление Секретариата ЦК КПСС о кризисе Договора о создании Союзного государства Беларуси и России. Гласность [N]. 2017，434 (1)：2.

② КОММУНИСТЫ ЗА АКТИВНЫЙ БОЙКОТ《ВЫБОРОВ》! Гласность [N]. 2018，438 (1)：1-2.

③ 聂运麟，余维海. 国际共产主义运动年鉴（2016）[M]. 武汉：华中师范大学出版社，2017：143-145.

国家杜马的42名代表），公正俄罗斯党有4645名代表，自由民主党有3257名代表①。由此可见，俄共在压力之下仍保持住了俄罗斯第二大政党、第一大反对派政党的地位。

在备选2018年3月的总统选举中，俄共知道，“竞选中不会有任何平等的机会。但是我们会继续讲真话”②。俄共在选举策略上作出调整，把民众关注的经济社会问题作为竞选的突破口，并推举出新的总统候选人。俄共针对因西方制裁和当局自由主义政策导致的经济社会危机，推出一个摆脱危机、拯救国家的纲领和一个能够实施这一纲领的爱国主义专业团队。在俄共看来，俄共的纲领是符合俄罗斯现有国情并以社会主义为导向的替代方案，其中的具体措施是经过专家论证和工人农民及各界代表认可的。为了向国人展示俄共方案的切实可行性，俄共推举莫斯科近郊“列宁国营农场”场长帕维尔·格鲁季宁作为总统候选人③，而格鲁季宁领导的国营农场是俄罗斯目前为数不多的体现现代企业管理理念、坚持集体经营方式的劳动集体之一（也是俄共多年来所支持的企业之一），无论在经济效益还是社会保障方面，该农场都取得骄人成就。与此同时，俄共还提出了对现有政治体制进行变革的方案，旨在改变现有的总统个人权力至上的局面，使政权真正对人民负责，政府的方针为绝大多数人的利益服务，而不是为少数寡头的利益服务，建立以高效、创新和发展为导向的国家管理体系。其主要措施包括如下方面：还人民对重大社会、政治和经济问题所享有的全民公决的宪法权利；总统要受人民和议会的监督和问责，为此成立最高国务委员会，未经该委员会的批准，国家总统的任何重要决定不得实施；增强总统对组阁的责任和政府对其行为的责任；恢复人民政权和人民代表制体制；议会应真正成为人民代表的大会，而不是“橡皮图章”；还审计署以最高监督机构的地位，直接监管执行权力部门的行为；修改选举制度，提高政党注册门槛，从原有的500人提高到50000人，在政党名单基础上以比例代表制进行议会和总统选举，各级选举委员会由政党和社

① 12 сентября состоялось заседание Секретариата ЦК КПРФ [EB/OL]. (2017-09-12) [2017-09-15]. https: //kprf. ru/official/ 2017/09/12/12-sentiabria-sostoialos-zasedanie-sekretariata-tsk-kprf/359. html.

② Г. А. Зюганов. С пути к социализму не свернём. Обращение Председателя ЦК КПРФ Г. А. Зюганова в газете “Правда” [EB/OL]. (2017-12-13) [2017-12-15]. https: //kprf. ru/party-live/cknews/171353. html.

③ 据悉，在帕·格鲁季宁被推选为总统候选人之后的一周之内，根据俄官方媒体和社交网络进行的调查显示，愿意为帕·格鲁季宁投票的人数稳居第二。Г. А. Зюганов. Главные итоги 2017 года и основные задачи на 2018 год. [EB/OL]. (2018-01-10) [2018-01-11]. https: //kprf. ru/party-live/cknews/ 171953. html.

会院的代表组成，以摆脱行政权力的支配①。可以预见，俄共的总统候选人格鲁季宁难与现任总统普京一争高下，但其获得的选票仍会高于其他候选人所得选票的总和。

俄共作为体制内的反对派，在继续坚持议会内斗争的同时，将“积极开展议会外的斗争方式”列入党的议事日程。近年来，俄共加强了对各行业劳动者群体的影响，发展与工会的关系，积极支持工人罢工和退休者抗议运动。尽管当局通过强化立法和经济制裁压制抗议运动，甚至将共产党议员会见选民都当成群众行动加以限制，但俄共没有放弃“街头斗争”，近四年搞了 50 多次全国性抗议行动。俄共始终坚持社会的阶级斗争与民族的解放斗争相结合的原则，在反对寡头资本，维护劳动人民利益的同时，也反对反苏、反俄潮流，维护民族国家的利益。在抗议行动中，俄共注意与受亲西方势力操纵的“橙色”反对派划清界限，力图阻止亲西方的反国家力量夺取大规模抗议的主导权，将怀有不满情绪的青年吸引过去。例如，在 2017 年 3 月，俄罗斯许多城市爆发了反腐败抗议集会，其中引起轰动的是亲西方的反对派头目纳瓦尔内。在俄共看来，从纳瓦尔内爆料的政府官员腐败证据可以断定，他的身后显然有来自俄联邦上层亲西方势力的支持，他的行动以反腐为名，但并非要根本解决国家的问题，充其量是西方破坏俄罗斯国家的替罪羊。与此相对应，俄共在 4 月 8 日搞了一次全俄反对“破坏性经济政策”的抗议活动，以此表明，只有俄共及其爱国主义力量彻底反对自由主义政策并提供切实可行的替代方案，而“橙色”反对派只是用反腐败的言辞搞乱国家，使俄罗斯重新回到叶利钦和盖达尔的时代。

为了巩固党组织，俄共注意加强党的队伍的年轻化。在过去的四年多时间里，俄共新增党员 6 万多，截至 2017 年 5 月俄共十七大召开时，俄共共有党员 16.2173 万人。党员的平均年龄 55.6 岁，其中 30 岁以下党员占 11.6%。为了培养党的青年骨干，俄共在 2013 年党的十五大之后成立了中央政治培训中心。四年期间培训了 700 多名青年共产党员，其中的许多人已经充实到党和青年团的分支机构，一些出类拔萃的中青年人才已经进入中央领导层。

3. 白俄罗斯共产党：为更好发挥建设性角色而自强

白俄罗斯共产党坚持无产阶级政党的立场，忠实于为劳动人民的根本利益而奋斗的理想。在白俄罗斯共和国周边地缘政治环境不稳定，不断遭受西方的信息战和资源战攻击，对国家元首施加政治压力、勒索和威胁的背景下，白共认为有必要团结本国公民共同努力，支持国家元首及其推行的有利于广大同胞利益的方针。白共努力将劳动人民维护自身的合法权利和自由的斗争汇集成群众性的社会

① О задачах КПРФ при проведении выборов президента Российской Федерации. Доклад Председателя ЦК КПРФ Г. А. Зюганова на втором этапе XVII съезда КПРФ. Пресс-служба ЦК КПРФ [EB/OL]. (2017-12-23) [2017-12-24]. https://kprf.ru/party-live/cknews/171630.html.

和阶级运动，赋予其自觉性和目标性。白共要使民众相信，只有社会主义发展道路才能保护人类文明免除战争、种族间冲突、贫困、精神匮乏、金融和经济动荡，才能消除恐怖主义的基础。为达此目的，白共认为当务之急是要加强自身组织，尤其是激活党组织的基层和地方环节。2017 年 2 月和 5 月，白共两次中央全会专门研究如何巩固党的组织结构，提高党组织对社会发展的政治影响力问题，其中特别强调要加强党的领导，增强共产党议员对执行党的纲领主张和选民委托的责任。目前，白俄罗斯有 15 个政党，分为自由主义和反共主义的右翼，中间派，共产主义和社会主义的左翼。2017 年，右翼自由派和民族主义者利用国内经济困难蛊惑民众闹事，白共动员党员深入民众之中做工作，不允许反对派搞乱国家。与此同时，白共也深感自身力量不足。因为白共现有党员 6000 多人，在国民大会众议院 110 个议席中仅有 8 个议席，在州级以下 18816 个立法机构代表席位中有 207 席，即便这是现有的 15 个政党中代表人数最多的（只有 4 个党在地方一级有代表），但也只占总数的 1.1%①，不足以使共产党在国家治理中发挥举足轻重的建设性政治角色。为此，白共提出一些改进措施，包括：要利用十月革命 100 周年的机会，将 2017 年作为吸收新党员年，争取把党员总数增加一倍；健全城市居民区和乡村的基层党组织，保证党的影响力辐射到每一个角落；加强青年工作，让青年骨干进入党的鼓动和政治工作体系；利用现代传媒手段，争取在 2017 年年中党的州、市、区等各级分部都设立网站，做好意识形态和群众性政治宣传工作，同时也以新闻、建议、举措、倡议等形式传达共产党议员的声音；党员议员要深入选民，了解其诉求，对国家重大事项和民众关心的问题及时发声，以影响和引导社会舆论。

4. 乌克兰共产党：为生存而战

自 2014 年以来，乌克兰执政当局通过“非共产主义化”法律对乌克兰共产党实行打压，致使乌共无法公开开展工作，事实上处于被禁止活动的状态。2017 年，乌共领导人一如既往地向欧洲议会、联合国人权组织等地区和国际机构控告乌克兰当局对乌共的迫害以及乌克兰东部战争对平民的伤害，争取国际舆论支持。由于当局的打压和信息封锁，尤其是反共、反苏、反俄的舆论洗脑，使得乌共在社会上的信誉受到损害，处于被孤立的境地，导致党组织，尤其是基层组织萎缩，有的甚至瘫痪，一些党员退党。但乌共仍在坚持活动，探索新的工作方

---

① Доклад Первого секретаря ЦК КПБ Сокола А. Н. на Пленуме ЦК КПБ 13.05.2017 года [EB/OL].（2017-05-15） [2017-09-18]. http://www.comparty.by/news/doklad-pervogo-sekretarya-ck-kpb-sokola-na- plenume-ck-kpb-13052017-goda. 据悉，在 2018 年 2 月 19—21 日举行的白俄罗斯第二十八届地方苏维埃代表选举中，在总共 18110 个代表席位中，白共得到 305 席，与上一届相比增加了近 100 席，白共再次成为获得席位最多的政党。Стр. ЦИК подводит итоги выборов: почти половина избранных депутатов местных Советов-женщины [EB/OL].（2018-02-21）[2018-02-21]. https://www.sb.by/articles/tsik -podvodit-itogi-vyborov-pochti-polovina-izbrannykh-deputatov-mestnykh-sovetov-zhenshchiny-.html.

式，以应对不利局面。比如，乌克兰共产党人分别举行同一议程的大会；支持乌克兰 46 名人民代表就《非共产主义化》法案向宪法法院提出的上诉，各地共产党人为此搜集签名达 9 万多人；举行纪念十月革命 100 周年的系列活动，通过网站和党刊及党员的宣传，向社会揭示十月革命和苏联历史真相；联合社会团体在苏联各历史节日期间举行各种纪念活动，保护历史文化遗产——苏联纪念碑；团结社会主义倾向学者，就争取社会主义的理论和实践问题进行研讨，等等。在当前条件下，乌共的策略是保存党的组织结构和骨干力量。乌共继续就宪法法院判定“非共产主义化”的法律不违宪一事，向欧洲人权法院寻求保护。同时，乌共要求各级党组织采取措施恢复党组织的战斗力，重建遭到破坏的党组织，尤其重视在工人中发展党员和建立支部；加强党对青年，尤其是大学生群体、老战士、工会和妇女等社会组织的影响和互动。在党不能参加立法机构选举的情况下，乌共动员党员通过社会联合组织参选，以获得宣传党的主张和进行政治斗争的机会。

5. 摩尔多瓦共和国共产党：为夺回失地而战

摩尔多瓦共和国共产党人党自 2009 年失去执政地位后，在 2014 年的议会选举中再次失利，议会席位减至 21 席。紧接着，摩共遭遇信息封锁（如其电视频道被关闭），宣传机器强大攻势的诋毁，恐吓，刑事案件起诉，解雇等“待遇”。党的象征物、甚至摩共本身都处于实际被禁止的威胁之中。在外部打压、分化和重金收买的攻势之下，一大批党内骨干与党分道扬镳。这一系列沉重打击致使党内分裂、组织萎缩，党员人数在 2012 年至 2016 年期间减少了 3412 人，基层组织减少了 107 个①。几年之间，摩共从政治舞台的中心被挤到边缘，这对摩共领导人来说是始料不及的。然而摩共没有消沉，经过队伍整顿和强化组织建设，阵地保存了下来。在过去的四年时间，新增党员 6459 多人，30 岁以下成员占党员总数的 33%②。2016 年 11 月，摩共召开八大，重新确定党的战略目标和任务，调整斗争策略和工作方式。战略目标是反对现政权和寡头体制，主张进行大规模民主和社会变革，保持摩尔多瓦人民的身份和历史认同，维护国家的独立和主权地位，免除外部的政治和经济控制；确保经济和社会现代化，实施有计划的社会主义改革。摩共确定的近期任务是继续坚持议会斗争，加强与选民的对话，通过立法工作，尤其是制定经济纲领，根本改变社会经济政策，以保护劳动人民利

---

① ПОСТАНОВЛЕНИЕ VIII съезда Партии коммунистов Республики Молдова О политическом отчете Центрального Комитета ПКРМ и очередных задачах партии [EB/OL]. (2016-11-24) [2016-11-25]. http://www.pcrm.md/main/index.php?action=news&id=10704.

② ПОСТАНОВЛЕНИЕ VIII съезда Партии коммунистов Республики Молдова О политическом отчете Центрального Комитета ПКРМ и очередных задачах партии [EB/OL]. (2016-11-24) [2016-11-25]. http://www.pcrm.md/main/index.php?action=news&id=10704.

益。在党建方面，摩共提出如下任务：扩大党的社会基础，增加党员人数和基层组织数量；加强意识形态工作，打破对摩共的信息封锁，向民众传达事实真相；推举党的领导机构和政权机构候选人时遵循道德标准，重视共产主义世界观及其对党和人民忠诚度的考察；加强和完善对党的各级骨干的教育和培训，提高党组织的政治和组织能力，尤其加强对青年的培养。摩共认为，只有共产党取得真正的民主选举的胜利，才能恢复摩尔多瓦共和国的完全主权和独立，民主自由和社会公正。党将尽一切努力完成这一历史使命①。

2017 年，纪念十月革命 100 周年的主题贯穿在摩共全年的各项工作中，尤其是组织发展和群众政治宣传工作中。此外，为落实八大会议精神，摩共在 3 月举行了题为“国内社会经济形势和党向民众解释现政府毁灭性方针的任务”的二中全会，中央的报告将 2010 年新政权执政八年以来日渐衰退的经济社会指标与摩共八年执政时期的经济社会发展数据进行了详细对比，并要求各级党组织乃至每个党员将这些真实情况传达到民众中去，以激发人们对社会主义发展道路的信念和对摩共的客观评价。7 月，摩共三中全会专门研究了“党在加强与社会组织互动方面的任务”。摩共在各红色节日期间联合青年、老战士等社会团体举行了多次集会。摩共发表声明，反对当局取消议会混合选举制，支持公民关于就选举法修正案举行全民公决的倡议，摩共还与议会内外的其他五党联合签署声明，要求保留比例选举制，并将此举视为“建立统一的反寡头阵线的重要阶段”。摩共谴责破坏列宁纪念碑的行为，并在十月革命 100 周年前夕竖立了一座列宁半身雕像。党的领导人沃罗宁在揭幕仪式上提到，重竖列宁雕像具有双层象征意义：其一，在现政权背叛一切，改写自己人民光荣历史的时候，这是一个壮举；其二，党在威胁面前不低头，经过了一个世纪革命的锤炼，无论今天还是明天，摩共都将捍卫人民的权利，按照社会公正原则行事②。

6. 哈萨克斯坦共产主义人民党：为赢得人民的信任而战

哈萨克斯坦共产主义人民党成立于 2004 年，是从哈萨克斯坦共产党分离出来的，是目前中亚地区较为活跃的共产党。该党主张“适应新的社会发展条件的马克思列宁主义”，秉承以人为中心的理念，主张建立人民真正当家作主的社会。该党深入底层，关注民生，尤其关心弱势群体，如为老百姓提供法律咨询，为贫困家庭组织社会力量给予捐赠、帮扶。哈共人民党经过不懈努力，逐渐得到社会的信任，在 2012 年首次进入议会，在 2016 年 3 月的议会下院选举中再次赢得七

---

① ПОСТАНОВЛЕНИЕ VIII съезда Партии коммунистов Республики Молдова О политическом отчете Центрального Комитета ПКРМ и очередных задачах партии [EB/OL]. (2016-11-24) [2016-11-25]. http://www.pcrm.md/main/index.php?action=news&id=10704.

② ИТОГИ-2017. ПАРТИЙНАЯ ЖИЗНЬ [EB/OL]. (2017-12-22) [2018-04-15]. http://www.pcrm.md/main/index.php?action=news&id=12356/.

个席位，成为议会第三大党。2017年，该党议会党团向各政府部门提出了76项质询，举行了226次议员与人民的会晤，进一步增进了党与民众的联系①。

7. 顿涅茨克人民共和国共产党：为建立社会公正的共和国而战

在苏联地区，伴随着地缘政治斗争和民族矛盾的加剧，一些地区脱离苏联解体后独立的国家，或宣布并入俄罗斯，如克里米亚共和国；或宣布独立，如脱离格鲁吉亚的南奥塞梯共和国和阿布哈兹共和国，脱离摩尔多瓦的德涅斯特河沿岸摩尔达维亚共和国，以及脱离乌克兰的顿涅茨克人民共和国和卢甘斯克人民共和国。这些共和国尚未完全得到国际社会的承认，但却都建有共产党组织，且多为合法政党，有的还具有很大影响力。他们的活动值得关注。这里仅以顿涅茨克共产党为例。

2014年5月11日，乌克兰顿涅茨克州举行全民公投，决定脱离乌克兰而独立。次日，顿涅茨克人民共和国宣告成立。之后，经过5个月的筹备，顿涅茨克人民共和国共产党于2014年10月8日成立，原州委书记鲍里斯·利特维诺夫任党的第一书记。目前，顿共是该共和国唯一注册的政党，成立之初有2000名党员。顿共毫不隐瞒共产党在抵抗乌克兰政府军的军事行动和共和国独立过程中发挥了重大作用。在顿共领导人利特维诺夫看来，“我们宣布顿涅茨克人民共和国的成立是劳动人民的顿巴斯对乌克兰野蛮寡头23年统治的回应。乌克兰寡头把乌克兰人民掠夺殆尽之后，开始了相互之间的争斗。在争斗中，寡头集团选择了乌克兰民族法西斯主义、最疯狂的仇俄主义和洞穴式反共产主义，作为争夺残余资源的工具。在我们顿巴斯不需要这样的政策”②。“政府的反人民政策导致了乌克兰社会不平等的空前增长，并使劳动者处于生存的边缘。据人口统计学家的统计，乌克兰人口从所谓独立之初的5220万减少到3000万”。“再不能这样生活下去了。我们的未来只取决于我们，为此我们准备去战斗”③。关于顿巴斯的独立有俄罗斯背景的传言，利特维诺夫认为，“顿巴斯事件的根源在于乌克兰的内部矛盾，与俄罗斯无关”。顿共赞同“顿巴斯和俄罗斯在一起才有明天”的口号，但“在一起”不等于“在之内”，即不主张并入俄罗斯。顿共主张顿巴斯与乌克兰之间可以建立和平关系，各自选择自己的发展道路。2014年顿涅茨克人民在关于建立主权国家的全民公投中表达的意愿是建设一个

① КНПК, примите поздравления. журнал《Коммунист Казахстана》[J]. №40 (449) июнь, 2018 г. СС. 3, 11.

② Три года со дня образования Коммунистической партии Донецкой Народной Республики: краткие итоги и взгляд в будущее [EB/OL]. (2017-10-10) [2017-12-15]. http: //wpered. su/2017/10/10/ tri-goda-s o-dnya -obrazovaniya -kommunisticheskoj-partii-doneckoj-narodnoj-respubliki-kratkie-itogi-i-vzglyad-v-budushhee/.

③ Социализм-цель для Донецкой Народной Республики, указанная Великим Октябрем [EB/OL]. (2017-11-08) [2017-11-15]. http: //wpered. su/2017/11/08/socializm-cel-dlya-doneckoj-narodnoj-respublik i-ukazannaya-velikim-oktyabrem/.

社会公正的社会主义国家，历史将证明人民所选择的道路是正确的①。

顿共成立三年来，通过了党章和纲领，健全了组织结构，与党内的机会主义、右倾和“左”倾思潮作斗争，巩固了队伍。顿共坚持团结所有有志于巩固国家的人，包括共和国首脑亚历山大·扎哈尔琴科，与青年、妇女、军官等社会组织及一切爱国主义力量携手争取胜利。顿共把开展多边外交关系作为工作的优先方向，已经与30多个共产党、工人党和反法西斯运动建立联系，目的是为承认顿涅茨克人民共和国作为一个主权国家营造先决条件。

2017年，顿共组织了60多场纪念十月革命100周年的活动，其中的一些活动得到共和国行政首脑和地方行政部门领导人的协助和参与。11月7日，共产党、左翼联盟和一些左翼组织联合举行了纪念集会和游行，尽管这天是工作日，还是有几千人参加。通过这些活动，顿共希望唤醒群众中的社会主义意识，激发人们对顿共沿着十月革命道路前进的信心。顿共在经济上主张制定国家发展战略，实行主要企业的国有化，建立工人集体委员会，让工人参与管理。顿共注重舆论宣传工作，有很强的记者队伍，党的官方网站信息丰富，更新及时，还联合其他国家共产党建立国际信息共享中心。4月2日，顿共中央全会讨论了党加强青年工作的问题，决定通过少先队和共青团加强对儿童和青年的爱国主义教育。

总之，十月革命100周年这个历史时刻是苏联地区共产党提振士气、激活工作和扩大影响的契机，各国共产党抓住了这一契机，大大推动了十月革命历史意义的传播和重建社会主义前景的宣传，也促进了各党自身队伍的巩固和党际之间的团结协作。

四、苏联地区共产党面临的挑战

综上所述，我们看到苏联地区共产党在2017年的表现有声有色。然而我们也不得不正视一个事实，即这一地区共产党仍面临严峻的政治环境，整体处于防守态势。复杂的地缘政治斗争使得共产主义力量处于被动地位，在实现改变国家现行方针、进而夺取政权的路上举步维艰。我们暂且不谈波罗的海沿岸国家，因为那里的共产主义力量大多不被法律承认，很难有所作为，而主要关注一下几个较有影响力的共产党的处境。

先看俄共。由于美国和西方对俄罗斯持续制裁，俄罗斯国内经济形势和民众生活窘迫。因此，俄罗斯一些政治家、社会学家认为国家的形势如同100年前一样，面临政权倾覆、人民起义的威胁。然而，共产党并没有做出当年布尔什维克党那样的举动，俄罗斯平静地度过了十月革命100周年。究其原因，主要还是阶

① Три года со дня образования Коммунистической партии Донецкой Народной Республики：краткие итоги и взгляд в будущее [EB/OL].（2017-10-10） [2017-12-15]. http：//wpered. su/2017/10/10/ tri-goda-s o-dnya -obrazovaniya -kommunisticheskoj-partii-doneckoj-narodnoj-respubliki-kratkie-itogi-i-vzglyad-v-budushhee/.

级力量对比关系所致。一方面，执政者十分清楚稳定国内局势的紧迫并有足够的手段凝聚民心，如把控关于 1917 年俄国革命纪念活动的导向和评价基调，强化关于抗议行为的法制，采取与美国相抗衡的对外政策等，不给反对派以任何理由和机会去推翻现政权。另一方面，体制内的共产党不仅认为自身力量不足以扭转乾坤，还忌惮行动过激引起国家动荡；而体制外的共产党虽有足够的勇气，但无奈势单力薄。因此，尽管俄共认为"是时候改变政权了"，并曾试图通过这一轮的议会和总统选举改变立法和行政机构的构成，进而形成"人民信任的政府"，但竞选结果与预期相反，"革命形势没有高涨"，共产党可施展的空间变得更加狭小。

再看乌共。亲西方的乌克兰政权与亲俄罗斯的东乌克兰两个共和国的对峙仍在继续，和平解决危机的道路仍很坎坷，这背后自然有俄罗斯与欧盟和美国的博弈。其间，乌克兰的新政权已经站稳脚跟，国内民族主义氛围强大，当局通过舆论、法律等手段压制着乌共，使乌共既不能公开进行共产主义宣传，也难以争取到更多的支持者。为了不使当局强加到头上的"叛国罪""坐实"，乌共更不敢采取任何有效的反政府行动。

最后看一看摩共。在过去的八年里，摩共做过多次夺回执政地位的努力，也曾使右翼执政联盟下台，但最后却让社会党人走上政坛，摩共则一败涂地。这背后还是地缘政治角逐的结果。这些年来，处于西欧和俄罗斯地缘政治斗争的夹缝之中的摩尔多瓦，随着东、西方力量的消长，先是向西倾斜，后又倒向东方，但哪一方都不允许苏东剧变后第一个重返政权的共产党长期执政下去。于是，摩共先是被有西方背景的"街头抗议"搞乱选举、进而失去政权，后又被有俄罗斯背景的队伍内的"叛徒"捅了刀子，失去国内主要政党的地位，几乎被打回到 20 世纪 90 年代初党所处的半地下状态。

综上所述，苏联地区的共产党是时候反思自己的思维定式和行动策略了，包括自己的工作重心、话语体系和斗争方式，以改变自己的被动局面。应该说，共产党人是了解民众对资本压迫和官员腐败的不满和向往美好生活的意愿的，但除了表达民意，还要有有效的途径使劳动人民掌握政权，将民众引上通往社会主义的道路。从 2017 年苏联地区人民对十月革命的态度可以看出，社会主义思想仍有民意基础。仅以俄罗斯的民调为例。"全俄社会舆论中心"在 2017 年 10 月 11 日发布的调查结果显示，俄罗斯人对"十月革命给国家带来的后果"的评价，给出正面评价的是负面评价的两倍还多，即 61%比 27%；其中，38%的被调查者认为十月革命"为国家的社会和经济发展提供了动力"，23%的人认为"十月革命开辟了俄罗斯历史的新纪元"。"而且作出这种评价的不仅是老一辈人，也有年轻人。在当时的各政党中，得到同情最多的是布尔什维克，即 32%的今天受访者选择他们，尽管退休年龄的人明显偏向他们。与此同时，36%的人不准备站在任何政治思潮一边”①，这也表明共产党可做争取民众工作的空间很大。另据俄“列瓦达”中心2017年4月公布的民调显示，79%的被调查者认为应在国内保留列宁纪念碑，希望拆除的人仅占14%②。由此可见，继续十月革命开创的事业是会得到大多数人支持的，这是共产党的希望所在。只是共产党要让人民知道：路在何方。

（撰写人：中国社会科学院马克思主义研究院 刘淑春）

① ОКТЯБРЬСКАЯ РЕВОЛЮЦИЯ [EB/OL].（2017-04-05）[2017-04-05]. http://www.levada.ru/2017/04/05/oktyabrskaya-revolyutsiya-2/.

② 乐静文，柳玉鹏. 俄罗斯人对列宁正面评价增多 其遗体安葬问题一直存争议 [EB/OL].（2017-04-20）[2017-04-20]. http://news.sina.com.cn/o/2017-04-20/doc-ifyepsra4776370.shtml.

2017年俄罗斯联邦共产党年度发展报告

第一部分　概况

1. 国名：俄罗斯联邦（简称俄罗斯）

2. 人口：14300万

3. 国土面积：1707.54万平方公里

4. 政党名称：俄罗斯联邦共产党（简称俄共）

5. 成立时间：1990年6月

6. 党员人数：162173名

7. 中央主席：久加诺夫

8. 中央主席团成员：阿列菲耶夫、阿福宁、瓦西里耶夫、久加诺夫、卡拉什尼科夫、卡姆涅夫、卡申、克雷奇科夫、科洛梅伊采夫、科莫茨基、列夫琴科、洛科季、梅利尼科夫、诺维科夫、奥布霍夫、拉什金、列舒尔斯基、泰萨耶夫、哈里托诺夫、霍杜诺娃、舒尔恰诺夫

9. 政党地位：合法党，反对党（根据所占杜马席位数，为俄罗斯第二大政党）

10. 社会团体或群众组织：俄罗斯联邦列宁共产主义青年团

11. 大众媒体的运用：党的机关报为《真理报》；拥有《苏维埃俄罗斯报》《政治教育》等全国性报刊以及地方各级报刊；拥有俄共网站以及地方各级党组织网站；拥有自己的网络电视台等大众媒体

12. 最近一次代表大会：俄共第十七次代表大会（2017年5月）

13. 最近一次参加的选举：俄罗斯地方选举（2017年9月10日）

第二部分　党的产生及发展简史

俄罗斯联邦共产党作为苏联共产党的继承党，是当今俄罗斯政治舞台上一支举足轻重的力量和对执政当局最具威胁的左翼反对派政党。依据俄共在国家权力结构中发挥作用的程度，该党的发展可分为以下三个时期。

一、俄共创立与重建时期

这一时期从1990年6月俄共成立，到1993年12月俄共参加第一届国家杜马选举为止。1990年6月19日至23日，俄共召开了成立大会，来自俄罗斯联邦各个地区的2700多名代表参加了这次代表会议。素以忠于传统而闻名的克拉斯诺达尔边疆区委第一书记波洛兹科夫当选为俄共中央第一书记，伊里因当选为第二书记，安东诺维奇、久加诺夫、卡申、梅利尼科夫、希尔科夫和索科洛夫当选为书记。俄共的建立，结束了自1925年以来一直没有单独的俄罗斯联邦共和国一级共产党组织的历史，但它仍宣布自己是苏共的一部分。

1991年“8·19”事件爆发后，叶利钦借机发布禁共令，俄共同苏共一样横遭厄运，被迫停止活动。同年12月，巴布林等36位俄罗斯人民代表联名向宪法法院提出申诉，要求审议叶利钦的禁共令是否符合宪法。1992年11月30日，俄罗斯宪法法院做出“折衷性”的判决，宣布总统禁止共产党上层机构符合宪法，但解散按区域成立的基层组织违法，基层组织具有社会性，它有权在法律范围内活动。显然，这一判决是折衷主义的，但它毕竟给俄共的合法权利和组织重建提供了依据。

1993年2月13日至14日，俄共第二次（非常）代表大会（又称俄共重建与联合大会）在莫斯科召开，会议批准了党的章程及一系列决议，通过了《纲领性声明》，提出了“忠于社会主义和人民政权的理想，阻止国家的资本主义化，建立有计划的市场经济，在独联体各国之间缔结新的国家间条约”的基本行动方针。同年3月31日，俄共获准在司法部登记，注册党员50万人，取得了合法存在的资格。大会之后，俄共立即开展工作。在加紧重建党组织的同时，俄共向各派共产主义组织发出呼吁，建议召开协商会议，商谈合作和联合行动问题。俄共还同其他左派组织一起，发动群众进行反对现政权的斗争，等等。

二、俄共发展与壮大时期

这一时期从 1993 年年底俄第一届国家杜马选举，到 2002 年杜马风波为止。1993 年 12 月，俄罗斯第一届国家杜马选举举行。选举结果，俄共获得杜马 450 个席位中的 65 席，成为议会第三大党。以俄共为首的左派力量不仅在国家杜马选举中取得重大胜利，而且在地方杜马选举中也旗开得胜。在 1994 年举行的地方选举中，甚至有多个联邦主体选出的地方杜马，全是俄共成员及其盟友。

1995 年 12 月，俄罗斯举行了第二届国家杜马选举。选举结果，俄共异军突起，得票率为 22.3%，加上在单席位选区中赢得的席位，俄共共获得 157 个议席，占 450 个杜马议席中的 1/3 强，一跃成为国家杜马第一大党团。作为反对派政党，俄共的影响进一步扩大，成为现政权强有力的竞争者。但在 1996 年 6 月的总统选举中，俄共候选人久加诺夫以微弱劣势惜败于叶利钦，俄共也由此失去了一次最有希望执掌政权的机会。

在 1999 年俄罗斯第三届国家杜马选举中，俄共得票率为 24.29%，加上单席位选举中当选的席位，俄共共获得 110 个议席，虽然与上届相比席位数有所减少，但保住了议会第一大党的地位。在 2000 年 3 月举行的总统选举中，俄共候选人久加诺夫虽然败给了声望如日中天的代总统普京，但也得到 2200 万张选票，占总数的 29.21%，可谓战绩不俗。

三、俄共困难中前行时期

这一时期是从 2002 年 4 月杜马风波以来至今。2002 年 4 月，议会中支持普京政权的中右派势力向以俄共为首的左翼反对派发动了“政变”，俄共失去了几乎所有由其控制的议会委员会主席职位。杜马事件的发生，表明俄共对俄罗斯政局的影响大幅减弱，其发展进入困难中前行时期。在 2003 年 12 月 7 日举行的俄罗斯第四届国家杜马选举中，俄共再次受到重创，得票率仅为 12.7%，比 1999 年几乎减少一半，沦为杜马第二大党。

俄共第四届国家杜马竞选的失利引发了党内严重的危机。2004 年 7 月，俄共内部的谢米金派分裂出去，给俄共自身发展造成巨大的负面影响。在 2003 年初，俄共尚有 50 万党员，而到 2005 年 10 月，俄共的党员人数减至 18.8 万①。同样，俄共在国家杜马中的处境也很不利。正因为如此，这一年，俄共斗争的重心主要放到议会外，发动和组织民众进行抗议活动，并取得了一定成效。2007 年12 月 2 日，俄罗斯第五届国家杜马选举如期举行。结果俄共的得票率为 11.57%，仍位居第二，获得国家杜马 450 个席位中的 57 席。

---

① Зюганов Г. А. Народный подъем в России и задачи партии. Доклад ЦК КПРФ Ⅺ (внеочередному) съезду партии [EB/OL]. (2005-10-29) [2005-10-30]. http: //www. kprf. ru /29. 10. 2005.

2008年世界金融危机爆发后，俄共举行各种活动，其领导人利用各种场合，对政府的反危机纲领提出尖锐批评，并从马克思主义的观点出发，阐述自己对当前金融危机的立场，提出了俄共的反危机纲领。2008年11月29日至30日，俄共第十三次代表大会在莫斯科举行。针对金融危机向全球迅速蔓延，此次大会不仅明确提出为建设“21世纪社会主义”而斗争，而且从思想理论、队伍建设、行动策略和国际联合等方面加快了迎接新的历史发展机遇的步伐。

2011年12月4日，俄罗斯举行了第六届国家杜马选举。结果俄共得票率为19.2%，得票率比上届杜马几乎增加一倍，获92席。在2012年3月4日举行的俄罗斯总统选举中，俄共领导人久加诺夫得到17.18%的选票，得票率虽然远赶不上普京，但接近后面三个候选人的得票率总和，这一结果对俄共来说应该是不小的胜利。此后，俄共在2012年10月的地方选举中也表现不俗，取得了不错的战绩。正是在这种背景下，2013年2月23日至24日，俄共隆重召开了第十五次代表大会。此次大会规划了俄共未来的工作方向，对俄共下一步的发展至关重要。

2016年9月18日，俄罗斯举行了第七届国家杜马选举。结果俄共得票率为13.34%，获42席，虽然仍位居第二，但获得席位数比上届杜马中的92席减少一半以上，并且与统一俄罗斯党的差距之大为历史之最，同时有被俄罗斯自由民主党赶超的危险。2016年10月22日，俄共召开中央委员会和中央监察委员会联席全体会议，对俄共参加第七届国家杜马竞选进行了总结，提出了俄共在新形势下加强工作的具体任务。

第三部分　党的理论和组织状况

作为坚持社会主义的政党，俄共成立后，特别是1993年恢复重建以来，对理论发展进行了不懈探索，其社会主义理论体系日趋完善和成熟。与此同时，俄共也形成了较为严密的组织体系。

一、俄共的指导思想

俄共的指导思想经历了一个不断变化发展的过程。

该党1990年6月成立后至被禁止活动之前基本上坚持苏共的传统社会主义理论，以马克思列宁主义为指导思想，认为俄共应该忠于十月革命和马列主义理论，坚持社会主义选择，坚持党在社会中的领导地位，指责戈尔巴乔夫的改革方针严重偏离了社会主义方向，是对社会主义的背叛。

俄共1993年2月恢复重建后，仍然把社会主义和共产主义作为自己的目标和原则，但同时出于生存和斗争策略考虑，明确表示放弃暴力革命、无产阶级专政等传统共产党的基本主张，提倡政治多元化、多党制等。一方面，作为苏共的继承者，俄共并没有放弃马克思列宁主义，仍然坚持以马克思列宁主义为党的指导思想，1995年俄共三大通过的党纲明确指出，“俄共在确定自己的纲领性目标、战略和实现这些目标的斗争策略时，遵循的是发展着的马克思列宁主义学说、唯物辩证法”，但另一方面，俄共又强调，马克思列宁主义是不断发展的，不能用教条主义和僵化的态度来对待。因此俄共没有像苏共那样把马列主义作为党的唯一指导思想。1997年4月俄共四大在沿用原党纲表述的同时，久加诺夫在政治报告中对俄共的指导思想作了补充，他指出，除了马克思列宁主义思想，俄共还遵循社会公正思想、国家爱国主义思想、苏维埃人民政权思想、保护人权和公民自由等思想。

2000年普京上台执政后，俄共及时调整自己的纲领主张，探索在新的形势下实现社会主义的途径和手段，加强了理论中传统马克思主义的观点。2008年11月俄共十三大通过的新版本《俄共纲领》进一步明确了马列主义的指导思想地位，它规定党在确定自己的纲领目标和任务、战略和策略时，应从分析社会政治实践出发，遵循马克思列宁主义学说并创造性地发展这一学说，依据本国和世界的科学文化的经验和成就。

二、俄共的组织结构和组织原则

俄共的组织结构基本上由中央机构、地区分部、地方分部和基层支部组成。

中央机构主要包括：(1) 代表大会。代表大会是党的最高领导机构，有权就党的活动的任何问题进行审议并通过决定，代表大会每四年至少召开一次，遇特殊情况，可召开非例行（非常）代表大会。(2) 中央委员会。中央委员会是党的常设领导机构，代表党行使法人的权利和义务，其成员由代表大会通过秘密投票选举产生，任期四年，中央委员会全会由中央主席团根据需要召开，但每四个月不得少于一次，遇特殊情况，可召开非常全会。(3) 中央委员会主席团。主席团由中央委员会选举产生，任期四年，主持两次全会期间的政治和组织问题，主席团成员由中央委员会主席、第一副主席、副主席及主席团成员组成。(4) 中央书记处。书记处成员由中央书记组成，任期四年，分别负责党的不同部门的日常工作。(5) 中央监察委员会。中央监察委员会是党的监察机构，其成员由代表大会通过秘密投票选举产生，任期四年，中央监察委员会设主席团，由主席、第一副主席、副主席及主席团成员组成。

地区分部是俄共在自治共和国、边疆区、州、民族区、直辖市一级的分支机构。地区分部的最高领导机构是代表会议，每两年至少召开一次，必要时可召开非常代表会议。地区分部的常设领导机构是委员会，由地区分部代表会议选举产生，任期两年。地区分部委员会会议根据需要召开，但每三个月不得少于一次。地区分部委员会设常务局，负责日常工作，向委员会报告工作。常务局每月至少召开一次会议。委员会和常务局由第一书记领导。

地方分部是俄共在市、区一级的分支机构。地方分部的最高领导机构是代表会议，每两年至少召开一次。地方分部的常设领导机构是委员会，由分部代表会议选举产生，任期两年。委员会设常务局，负责委员会的日常工作。

基层支部是党的基础组成部分，基层支部的最高领导机构是全体党员大会。基层支部全体党员大会每月至少召开一次。基层支部常设领导机构是领导小组，任期两年，经支部全体党员大会选举产生，每月至少召开一次会议。

在组织原则方面，俄共恢复重建初期提出坚持民主集中制原则，但同时规定要在思想和道义上一致、同志情谊、平等和民主集中制的基础上保证党的纪律，党内生活民主化，目标明确地形成一个在定期更换领导干部的基础上排除领袖主义现象的劳动群众的党。因此，在实践中，俄共并没有彻底贯彻民主集中制原则，允许党内有不同的政纲和派别存在，一些俄共重要领导人，如舍宁、谢列兹尼奥夫等都曾在俄共内部自组一派。为了扩大影响和便于争取群众，党章还允许俄共党员可同时加入其他“以共产主义为方向、其活动与俄共党纲和党章要求不相抵触的党”。与此同时，俄共也吸收农业党、劳动人民党等其他政党的成员加入自己组织中来，并在其中担任领导职务，如俄农业党主席拉普申、俄劳动人民党 7 位主席之一雷布金都曾任俄共中央执委会副主席，由此导致俄共出现纪律松弛、组织涣散的状况。为此，2000 年俄共七大规定，不允许在普通党员和党员领导中搞双重标准，不允许党员尤其是领导人公开发表违反党纲和党的大会决议的言论。2005 年 10 月俄共十一大修改后的新党章不仅强化了俄共中央委员会的统筹领导权力，而且规定了一些比较严厉的条款以加强党的团结、维护党的纪律。比如，为了保持党在思想上和行动上的统一，取消原党章中关于团结在行动立场上持不同意见人的条款，等等。由此可以看出，如何科学地把民主和集中结合起来，真正地贯彻民主集中制原则，对俄共来说是一个严峻的考验。

三、俄共的党员资格

俄共党章规定，凡年满 18 周岁具有行为能力，承认并执行俄共的纲领与章程，在党的一个组织中登记并参与一个基层组织的工作，且定期缴纳党费的俄罗斯公民，均可成为俄共党员。

申请加入俄共应有本人提出书面申请，并有 2 名党龄不少于 1 年的俄共党员做介绍人，接收入党由该公民常驻地或主要居住地所在的基层党组织党员大会决定，获得基层组织半数以上党员同意即视为通过，基层组织的决定须经上一级党组织批准，自批准之日起生效。

其他以共产主义为奋斗方向的政党、组织和团体的成员均可以加入俄共，基层党组织可根据本人的申请和党证，通过接受其入党的决定，并决定是否保留其原所在组织中的党龄，经上一级党组织批准后生效。

俄共宣称自己在政治活动中遵循科学的唯物主义世界观，但同时又表示必须切实尊重公民的任何一种真诚的信仰。俄共把宗教信仰自由这一政策也运用于党内，明确宣布，这一原则也适用于党员，是否信仰上帝是每个人自己的事。因此，一个人在入党时不必说明自己对宗教的态度，而接受他入党的党委会也不应向他提出这类问题，因为这样做会损害个人的主体权利。

第四部分　俄共理论与实践的新发展

2017 年期间，俄共采取了一系列举措，在为维护俄罗斯民众利益和国家利益进行斗争的同时，不断丰富和发展社会主义理论，积极扩大在国际上的影响力。

一、纪念伟大领袖列宁，重申俄罗斯社会主义发展方向

1 月 21 日是全世界无产阶级和劳动人民的伟大导师和领袖列宁的忌日，每年的这一天，俄共都要组织纪念活动。2017 年 1 月 21 日，俄共党员、俄罗斯共产主义青年团成员以及俄共的盟友和支持者，再次聚集红场，向列宁墓敬献鲜花，并向斯大林墓和朱可夫纪念碑敬献鲜花，以示纪念。以中央主席久加诺夫为首的俄共领导层参加了相关活动。久加诺夫向新入党的同志颁发了党证，并作发言，再次充分肯定了列宁的伟大贡献，重申了俄罗斯社会主义发展方向，就当前俄罗斯社会热点问题——重新安葬列宁的问题阐述了俄共的立场和观点①。

久加诺夫认为，列宁是一个天才、著名的国务和政治活动家，当他还是一个 25 岁的年轻人时，就致力于研究俄罗斯资本主义的发展状况。在深入研究文献资料的基础上，他得出了一个天才般的结论：俄罗斯资本主义根本没有竞争力，它必然会为了西方资本家的利益被迫卷入世界大战，因为当时俄罗斯 90％的资本和生产掌握在外国公司手中。因此，为了能够把俄罗斯从资本主义的泥潭中拯救出来，必须创立一种新型思想体系、创办一个新型的党。

列宁成功地创立了一种新型思想体系，这种思想体系的基础不是帝国野心，不是民族主义，也不是一些民族对另一些民族的排斥，而是劳动人民团结起来的

① Зюганова Г. А. Будущее страны-обновленный социализм［EB/OL］.（2017-01-21）［2017-01-22］. https：//kprf. ru/party-live/cknews/161745. html.

思想。而且列宁不仅第一次成功地创办了一个新型政党，而且第一次创办了党报。党报成为一个集体组织者，它帮助劳动人民在1917年夺取了政权。

在第一次世界大战中，四个帝国——俄罗斯帝国、德意志帝国、奥斯曼帝国、奥匈帝国遭到毁灭。在这四个帝国中，只有俄罗斯在布尔什维克党的领导下，将劳动、公正、集体主义和各民族友谊作为联合的基础，和平地以苏维埃国家的形式重新聚合在一起。

苏联在尊重劳动人民和新技术的基础上，继承了俄罗斯帝国的爱国主义优良传统。在内战尚未结束的时候，列宁就提出了新经济政策和国家电气化计划。他多次强调，必须采取一切措施，避免使国家陷入战争。为了和平，他竭尽全力。

列宁-斯大林时期国家现代化的成功之处就在于，它重建了劳动人民占统治地位、尊重劳动人民的统一的苏维埃国家，它制定了新经济政策和国家电气化计划，使一个垂死的国家变成了一个超级大国。在短短的十年内，苏联就建成了约6000座当时最现代化的工厂。早先半文盲的国家到1941年时已经成为当时欧洲文化水平最高的国家。此外，苏联还建立了强大的科学体系，在短短的两年内苏联就开办了近百所师范院校，全面普通教育得到普及。

1917年十月革命前，沙俄帝国先后在三场战争——克里木战争、日俄战争和第一次世界大战中战败，这说明沙俄政权根本无力应对面临的时代挑战。日俄战争失败后得出的结论是，战争前线一半的沙俄士兵读写能力很差，甚至根本不会读写。1906年斯托雷平曾提议在全国普及普通初等教育，但沙俄皇室不需要有文化的民众，直到1916年才在全俄普及普通初等教育。

在苏联实施现代化的20年间，经济年平均增长率达到了16%。正是在十月革命和建设有中国特色社会主义的旗帜下，今天中国复制了类似的经验，年均增长速度达到了10%—12%，并且正在把世界从2008—2009年的世界经济危机中拯救出来，这场危机发端于美国，后来蔓延到全世界。

因此，只有实施恢复重建社会主义的新方针，才能使俄罗斯走出当前的困境。今天俄罗斯的困境正是由于叶利钦、戈尔巴乔夫的背叛造成的，他们背叛了十月革命理想，背叛了社会主义和列宁主义的理想。

至于重新安葬列宁的问题，久加诺夫认为，根本就不应该提出这种挑拨离间的问题。自古以来莫斯科河一侧就埋葬着创建克里姆林堡垒的人，埋葬着俄罗斯国家的保卫者。自从伊万·卡里达时代开始的300年间，正是在克里姆林宫内的两座教堂内埋葬着历代君主及其家人。而在红场上安葬着苏联的国家领袖们。将列宁安葬于此是苏联最高立法机构做出的决定，是今天人们的先人支持这一决定，是当时的整个国家一致支持这一决定。当时成千上万的人们来到红场，向列宁表示崇敬之情，送他最后一程。

当法西斯军队兵临城下的时候，苏联红军将士正是从红场上列宁墓前受阅通过，去保卫莫斯科。战胜法西斯的胜利阅兵也是在红场上列宁墓前举行的。正是在这里，举行了欢迎人类历史上第一个宇航员尤里·加加林凯旋归来的仪式，在他英年早逝后，他和一些战友一起安葬在这里。这里也安葬着以朱可夫为首的 32 名元帅和将军，他们运筹帷幄，保证了伟大卫国战争的胜利。这里也安葬着一些为国家做出卓越贡献的天才科学家。而不远处就是无名烈士墓，以及所有英雄城市、英勇的布列斯特堡垒和享有军事盛誉城市的圣洁之地。

二、举行中央联席全会，抨击社会上的反苏反俄思潮

2017 年 3 月 25 日，俄共在莫斯科举行了中央委员会和中央纪律监察委员会联席全体会议。参会人员约 600 人，除了中央两委员会成员，参加会议的还有党各地区委员会的领导人、一些人民企业领导人、部分科学界与文化界人士、俄罗斯人民爱国联盟的代表，党的媒体机构负责人也作为客人应邀参加了会议①。

会议开始前，与会代表观看了电影《俄罗斯土地的主人》，这部电影由俄共旗下的电视频道红色路线所拍摄，它分析了俄罗斯帝国被迫卷入第一次世界大战，并在短短 20 年间发生了三次革命的原因所在。

会议伊始，俄共外围组织——俄罗斯联邦列宁共产主义青年团中央委员会第一书记伊萨科夫向与会代表汇报了全俄青年论坛的有关信息。这次论坛于 2017 年3 月 23 日在莫斯科举行，由俄罗斯联邦列宁共产主义青年团主办。伊萨科夫强调，青年论坛呼吁俄罗斯青年要积极投身到与反苏反俄作斗争的行动中去。

与俄罗斯社会上的反苏反俄思潮作斗争也是这次联席会议的中心议题，俄共中央主席久加诺夫就此中心议题做了《关于俄共加强与反苏反俄作斗争的任务》的报告。报告认为，采用犯罪手段摧毁苏联是影响俄罗斯及相关国家数百万人命运的决定性事件，反苏反俄以及民族主义是攻击苏联强大国家的三种主要武器。在苏联解体 20 多年后的今天，在即将迎来十月革命 100 周年之际，这三种武器再次被用来对付俄罗斯国家。对俄罗斯未来发展构成直接威胁的三股力量是：恬不知耻的寡头阶层、挑拨离间的日里诺夫斯基习气与敌视一切的自由主义。事实上，正是基于反苏反俄的共同目标，这三股力量结成了联盟，来反对俄罗斯国家和人民。为此，一切爱国力量必须行动起来，采取坚决的、协调一致的措施来回击反苏反俄势力的进攻。

与会代表围绕报告和会议中心议题进行了研讨。俄共中央社会经济政策部主任、俄罗斯社会主义学者协会中央理事会主席尼基丘克认为，反苏的实质是一场个人主义反对集体主义的斗争，个人主义是一种极端低俗、恶劣的本性，它追求不劳而获，追求发财致富和奢侈的生活，发财致富和奢侈的生活确实能够使人获得所谓的某些“自由”，但这种“自由”是脱离诚实劳动、理智和良知的。在 20

---

① Информационное сообщение о работе XIII (мартовского) совместного Пленума Центрального Комитета и Центральной контрольно-ревизионной комиссии КПРФ [EB/OL]. (2017-03-25) [2017-03-26]. https://kprf.ru/party-live/cknews/163631.html.

世纪90年代初，苏联的破坏者们力求唤起民众对这种低俗的追求。而苏维埃政权追求发展、完善人的自然属性，使人回归集体主义。遗憾的是，斯大林逝世后在培养共产主义新人的过程中有很多形式主义的做法，党的领导层也没有遵守列宁的党内生活原则，经济中则渗透了大量非社会主义的元素，这一切叠加在一起，导致了苏联的解体。

俄共斯塔夫罗波尔州委员会第一书记、斯塔夫罗波尔州杜马俄共党团领导人冈察洛夫则以自己所在的州为例，分析了苏联解体所带来的严重后果。他说，在20世纪野蛮的90年代，该州的几个大型集体人民企业先后消失殆尽，代之以私人企业，这些企业根本不关心发展技术体系和社会保障。与此同时，道德滑坡达到了惊人的地步。因此，反苏成了反对俄罗斯的主要武器。冈察洛夫认为，社会主义与爱国主义拥有共同的基础，爱国主义的基础就是培养民众为了集体的利益而牺牲个人的利益。

在会议休息的间隙，与会代表观看了关于新西伯利亚市政基础设施建设进展情况的影片。众所周知，新西伯利亚市是俄罗斯第三大城市，市长洛科季是俄共党员，主政该市已经两年多。在当今十分艰难的条件下，洛科季领导的新西伯利亚市获得了快速发展。这也从一个侧面反映了俄共的建设性作用。

在与会代表对报告和中心议题进行讨论的基础上，久加诺夫做了总结性发言。他号召党员同志在反苏反俄的浪潮面前表现出坚定性，并有成效地反击这些非建设性现象。他还指出了俄罗斯经济发展中不断增长的消极趋势，认为造成这一趋势的主要原因之一是当今国家领导层既没有一贯的发展战略，也没有高效的专家团队。针对这一点，俄共一年多以前就提出了“走向幸福生活十步骤”纲要。如果依靠民众抗议运动，并联合一切建设性人民爱国力量，就能够实施俄共提出的纲要，从而实现国家复兴。

三、召开第十七次代表大会，规划未来发展方向

2017年5月27日至28日，俄共在莫斯科召开了第十七次全国代表大会。出席此次大会的有来自全国当选代表344名中的340名，还有国外嘉宾以及新闻界代表。在此次代表大会上，俄共中央主席久加诺夫代表中央委员会向大会作了政治报告，大会讨论并通过了该报告。大会还就一些现实问题通过了一系列决议，提出了俄共近期的工作方向，选举产生了新一届中央领导机构。综合此次代表大会材料及其他相关信息来看，俄共十七大主要内容如下。

第一，对世界资本主义与当前国际局势的认识。对资本主义的发展及其时代特征作出符合客观实际的判断，是当代各国共产党的基本理论任务之一，俄共也不例外。俄共十七大讨论形成的决议《资本主义的全球性危机与当今世界》分析认为，当今世界深陷体制性危机，它导致了全球局势极不稳定。为了追求利润最大化，国际寡头们毫无忌惮地采用任何手段：从加强剥削到发动战争，乃至消灭其他国家。资本越来越具有侵略性，它依靠武力，在各个国家挑起内部冲突，扶

植各国政治舞台上的右翼力量，甚至扶植公然的法西斯分子①。基于以上分析和判断，俄共认为当代资本主义的基本特征如下：全球主义是帝国主义的高级形式；世界经济危机日益加深；资本不断地践踏劳动者的权利；帝国主义的侵略性不断增强，发生新世界大战的风险在增加；金融寡头越来越公然地依靠最反动的势力来达到自己的目的②。因此，国际资本的寄生本质不会改变，资本主义导致国际局势动荡、战争不断、社会道德滑坡，乃至环境的破坏，不消灭资本主义就不会有社会的继续发展和进步。

第二，关于十月革命的最新理论阐述。自成立之日起，针对俄罗斯国内外出现的否定十月革命的论调，俄共始终立场观点鲜明，不仅在理论上，而且在实践上，为捍卫十月革命而进行不懈的斗争。俄共十七大在十月革命100周年纪念日前夕召开，十月革命自然成为此次大会的重要议题。俄共十七大通过的决议《继承十月革命的事业》写到，十月革命开创了俄罗斯历史的新时期，它使俄罗斯国家免遭毁灭，没有成为西方的原料附庸。它消除了阶级压迫和等级制度，从根本上重塑了俄罗斯社会。它激发了俄罗斯及其他民族蕴含的巨大创造力，保证了苏维埃国家能够取得举世瞩目的成就：苏联迅速实现了工业化，消灭了失业，战胜了法西斯，实现了飞向太空的梦想③。十月革命的影响不只停留在俄罗斯境内，它成为世界性的重大事件，对世界范围内革命与民族解放运动的高涨产生了巨大影响，完全有权利把它称为“人类历史的根本转折点”。因此，伟大的十月社会主义革命不仅符合俄罗斯社会发展规律，而且符合世界历史发展规律。

第三，对当今俄罗斯国家现状的分析。对当前俄罗斯国情和社会现状的深入了解和认知，是俄共制定各个领域政策方针和行动策略的基础和根本依据。俄共十七大讨论并通过的政治报告以及作出的其他一系列决议对俄罗斯的国内政治、经济、社会状况进行了认真分析。大会认为，苏联解体后俄罗斯实行的是反动的、畸形的寡头买办资本主义，其基础是依靠原料出口业和银行业，这明显地体现在俄罗斯变成了原料输出国和外国商品的倾销市场。俄罗斯寡头们既没有能力，也没有意愿切割与世界资本主义体系的联系，对国外资本的依附开始威胁到国家主权。除了原材料行业，国内到处是一片衰败景象。国家现代化和经济多元化遭到了失败。与此同时，现行的社会经济方针把俄罗斯变成了一个大规模贫困与极端不平等并存的社会。俄罗斯经济最大的问题是：原料依赖型模式、工业发展潜力遭到破坏、民众普遍贫困和购买力不足、畸形的信贷政策、无效的国家管

① Мировой кризис капитализма и современный мир. Резолюция XVII съезда КПРФ [EB/OL]. (2017-05-27) [2017-05-29]. https://kprf. ru/official/2017/05/27/xvii-sezd-kprf/336. html.

② Зюганов Г. А. Политический отчет Центрального Комитета КПРФ XVII съезду партии [EB/OL]. (2017-05-31) [2017-06-01]. https://kprf. ru/party-live/cknews/165820. html.

③ Продолжать дело Великого Октября! Резолюция XVII съезда КПРФ [EB/OL]. (2017-05-27) [2017-05-29]. https://kprf. ru/official/2017/05/27/xvii-sezd-kprf/335. html.

理体系。因此，俄罗斯的危机是人为造成的，正是因为俄罗斯政府没有明确的国家发展纲领导致了危机的发生①。

第四，进一步明晰了俄共的国家发展纲要。俄共认为，国家利益与资本的利益之间的矛盾是当今俄罗斯社会的基本矛盾之一。只有恢复社会主义才能消除社会不公，阻止经济滑坡，并建立起有效的国家管理体系。在 1917 年，正是十月革命拯救了俄罗斯，布尔什维克党维护了国家主权，使俄罗斯免遭国际资本的掠夺。基于以上认识和判断，俄共十七大进一步明确阐述了该党的国家发展纲要：①俄罗斯的财富应该造福于人民，将石油和天然气行业、主要银行、电力、铁路、通讯系统以及军工综合体国有化；②保障俄罗斯的经济主权，建立自己独立的金融体系，加强国家对银行和外汇的管控，支持中小商业、人民和集体企业；③发展工业、科学和技术，实现以微电子技术、人工智能技术、机器制造业为支柱的新型工业化，对科学的投入增加数倍以上；④使乡村过上平安富足的新生活，保证不低于 10%的预算支出用于复兴农村大型农业生产与社会基础设施，从根本上改善生态状况；⑤用信贷资源支持国家复兴，为俄罗斯的经济发展投资，向地方提供联邦预算补助来取代商业贷款；⑥国家管控价格和费率，家庭在住宅公用事业上的支出不超过其收入的 10%，政府调节电力、燃料和交通运输费率；⑦实施公平、有效的税收政策，取消增值税，对个人收入实行累进税制；⑧人民是强国的主要财富所在，保证民众享有保障性住房、高质量教育和医疗的权利；⑨强大国家是安全生活的保障，建立强大的国防力量，提高国家管理的有效性；⑩建设高文化素养国家，国家对博物馆、剧院、文化宫、图书馆等文化设施给予关注，对人才、青少年创造、体育锻炼与运动给予全面支持②。

第五，俄共近期工作目标与任务。面对国内外形势的新变化，俄共十七大在总结过去工作经验与教训的基础上，确定了党的近期工作目标与方向。首先，关于议会内工作。俄共反对当局的联邦预算方案，因为它会导致国力减弱、劳动大众日益贫困化。俄共反对将医疗体系建立在保险原则基础上的 323 号联邦法律，这是对免费医疗宪法条款的挤压。俄共研究提出了《关于全民教育》的法律草案，实施这一政策是挖掘人才潜力、实现国家现代化的关键因素。俄共反对提高退休年龄，坚持将《战争之子法》提交审议。俄共杜马党团应更加积极地提交劳动法修正案。俄共必须用实际行动证明，正是它坚决地维护工人阶级以及所有劳动大众的利益。

至于议会外工作，俄共十七大认为，由于俄罗斯当局不能满足民众对社会公正的要求，俄共必须积极开展多种形式的议会外斗争。俄共领导的抗议运动大本

---

① Зюганов Г. А. Политический отчет Центрального Комитета КПРФ XVII съезду партии [EB/OL].（2017-05-31）[2017-06-01]. https：//kprf. ru/party-live/cknews/165820. html.

② Зюганов Г. А. Политический отчет Центрального Комитета КПРФ XVII съезду партии [EB/OL].（2017-05-31）[2017-06-01]. https：//kprf. ru/party-live/cknews/165820. html.

营是组织大规模抗议活动的中坚力量，近四年来共组织举行了 50 多次全俄抗议运动。极为重要的是，俄共必须为争取自由的街头政治活动而积极开展斗争，为各种形式的抗议运动注入新鲜空气。俄共应当对青年人予以特别关注，加强与工会的联系也极为重要，建立俄罗斯左翼和爱国力量广泛的战线，也是一个具有原则性的重要问题。

关于迎接十月革命 100 周年，俄共十七大提出，必须旗帜鲜明、采取多种形式来庆祝这一节日。俄共将继续进行为庆祝十月革命 100 周年征召入党活动，成立第十九次世界共产党工人党国际会议筹备组并开始工作，重新设立列宁奖金以奖励那些为劳动人民做出重大贡献的人士，举行一系列研讨会、圆桌会议，等等。

关于对外工作，俄共十七大强调，世界共产党工人党的团结是共同取得胜利的保证。俄共是国际共产主义运动的一部分，俄共必须积极地和世界上的兄弟党开展合作，齐心协力共同为劳动人民的利益而斗争，积极参与现阶段阶级斗争及其形式、方法的理论探索。

除了以上主要内容，俄共十七大的一项既定任务是选举新一届领导机构。大会选举产生了 186 人组成的新一届中央委员会和 38 人组成的监察委员会。在随后举行的十七大第一次全体会议上，一致选举久加诺夫连任俄共中央主席，并选举产生了其他领导机构成员。此外，俄共十七大还就党的一些重大理论和现实问题通过了 11 个决议。

四、投入地方选举，力争获得更多民众支持

俄罗斯地方选举是国家政治生活的重要组成部分，各派政治力量历来对此都非常重视。2012 年前俄罗斯地方选举一年举行两次，分别在 3 月和 10 月。从 2013 年起俄罗斯地方选举一年只举行一次，定在 9 月份的第二个星期天。根据俄中央选举委员会的消息，2017 年的地方选举日定在 9 月 10 日。其中布里亚特自治共和国、卡累利阿自治共和国、马里埃尔自治共和国、莫尔多瓦自治共和国、乌德穆尔特自治共和国、彼尔姆州、别尔哥罗德州、加里宁格勒州、基洛夫州、诺夫哥罗德州、梁赞州、萨拉托夫州、斯维尔德洛夫斯克州、托木斯克州、雅罗斯拉夫州以及塞瓦斯托波尔直辖市，共 16 个联邦主体选举产生地区行政长官，而乌德穆尔特自治共和国、北奥塞梯自治共和国、克拉斯诺达尔边疆区、奔萨州、萨拉托夫州、萨哈林州，共 6 个联邦主体举行地区议会选举。

俄共作为俄罗斯政坛上的主要政党之一，历来对地方选举非常重视，将其看作向社会宣示自己的机会和重要平台，力争获得更多民众支持。在 2017 年 9 月 10 日的俄罗斯地方选举中，除了布里亚特自治共和国和马里埃尔自治共和国行政长官选举没有参加，俄共参加了其他 14 个联邦主体行政长官的竞选，以及全部 6 个地区立法会的竞选。就整体得票率而言，在此轮地方选举中，较之政权党统一俄罗斯党之外的其他政党，俄共取得了不错的成绩。而从得票数与投入选举

资金的比率来分析的话，可以说，较之包括政权党统一俄罗斯党在内的其他政党，俄共取得了最佳的竞选成绩①。

在此轮 16 个联邦主体行政长官的选举中，统一俄罗斯党凭借政权党的优势，充分利用行政资源为本党推举的候选人摇旗呐喊。因此，该党的候选人在上述所有地区均以较大优势获胜当选。而俄共推举的候选人在参选 14 个地区中的 11 个得票率第二，俄共候选人得票率比较高的地区有基洛夫州（18.99%）、诺夫哥罗德州（16.17%）、塞瓦斯托波尔直辖市（16.42%）、萨拉托夫州（16.28%）以及别尔哥罗德州（15.95%）等。仅在梁赞州和托木斯克州，俄共候选人的得票率（分别为 6.85%、11.58%）低于自由民主党候选人（分别为 7.02%、11.58%），在卡累利阿自治共和国，俄共候选人的得票率（12.13%）低于公正俄罗斯党候选人（18.05%）。

在此轮 6 个联邦主体议会选举中，统一俄罗斯党同样利用政权党的优势，在上述所有地区均得票率第一，以较大优势获胜。而俄共在 5 个地区的得票率为第二，在 1 个地区为第四，在所有参选地区的平均得票率为 12.62%。俄共在 6 个地区的得票率分别为：乌德穆尔特自治共和国 14.86%、北奥塞梯自治共和国 6.61%、克拉斯诺达尔边疆区 11.53%、奔萨州 13.14%、萨拉托夫州 14.68%、萨哈林州 16.5%。在所有 6 个地区，俄共都战胜了议会内四大政党之一的自由民主党。而在北奥塞梯自治共和国，俄共不仅输给了公正俄罗斯党，而且输给了俄罗斯爱国者党。

从得票数与投入选举资金的比率来看，在此轮地区行政长官的选举中，统一俄罗斯党投入 4.84 亿卢布，获得 490 万票，平均每票 99 卢布；公正俄罗斯党投入 3.07 千万卢布，获得 47.2 万票，平均每票 65 卢布；自由民主党投入 5.4 千万卢布，获得 39.96 万票，平均每票 135 卢布；俄共投入 3.2 千万卢布，获得 77.3 万票，平均每票 41 卢布，是所有政党中最好的。在此轮地区议会选举中，统一俄罗斯党投入 1.59 亿卢布，获得 277.68 万票，平均每票 57 卢布；公正俄罗斯党投入 4.57 千万卢布，获得 21.28 万票，平均每票 215 卢布；自由民主党投入 4.7 千万卢布，获得 36.95 万票，平均每票 128 卢布；俄共投入 1.3 千万卢布，获得 52.15 万票，平均每票 25.5 卢布，同样是所有政党中最好的。

因此，根据得票数与投入选举资金的比率，俄共成为此轮地方选举中竞选最有效的政党。甚至在乌德穆尔特自治共和国行政长官的选举中，俄共推举的候选人博德洛夫平均每票的花费只有 9 卢布。

① Обухов С. П. Эффективность функционирования партийных《избирательных машин》. На примере региональных выборных кампаний 10 сентября 2017 года Аналитический доклад [EB/OL]. (2017-11-23) [2017-11-25]. https://kprf. ru/activity/elections/170846. html.

五、主办十月革命纪念活动，注重提升国际影响力

2017 年 11 月 1 日至 7 日，由俄共倡议和主办，以“纪念伟大的十月社会主义革命 100 周年”为主题的第十九届共产党工人党国际会议和国际左翼力量论坛及相关纪念活动先后在俄罗斯圣彼得堡和莫斯科举行。来自各大洲的 132 个国家的主要共产党、工人党及其他左翼政党的代表团参加了纪念活动，这种规模在俄罗斯近百年的历史上也是首次。除了有组织的代表团，还有 1300 名来自世界各国左翼运动、共产主义运动、工人运动和人民爱国运动的代表参加了俄共组织的系列活动。这场由俄共主办、全世界主要共产党工人党及进步左翼的代表参加，在十月革命故乡举行的纪念十月革命 100 周年盛会，引起了世界各国民众的高度关注，极大地提高了俄共的国际影响力。鉴于此，俄罗斯当局对此次纪念活动也颇为关注，普京总统亲自发信表示祝贺。

俄共主办的这次纪念活动日程满满、内容丰富多彩。作为此次纪念活动的重要一环，11 月 2 日至 3 日，第十九届共产党工人党国际会议在圣彼得堡的塔夫利达宫举行。俄共主席久加诺夫主持了国际会议开幕式，并围绕中心议题——纪念十月革命 100 周年，作了题为《真正的自由是社会主义》的主旨报告。100 多位共产党工人党的代表就会议主题进行了发言。在国际会议期间，俄共还举行了图书发布会，推出了三本专门为纪念十月革命 100 周年而资助出版的图书。其中一本是名为《十月之风》的列宁生平纪念册，另一本是名为《真理与伟大的十月》的史料集，由真理报社编撰，全方位地再现了十月革命发生的背景、进程以及建立和保卫苏维埃政权的真实历史，还有一本是久加诺夫撰写的《倒计时》，其中阐述了俄共的当前任务和行动纲领。

11 月 4 日，俄共组织与会代表参观了斯莫尔尼宫中当年宣告社会主义革命取得胜利的大礼堂和列宁工作过的办公室，参观了发出十月革命武装起义开始信号的“阿芙乐尔”号巡洋舰，还参观了冬宫艾尔米塔什博物馆。5 日，与会代表移师莫斯科，中午瞻仰位于红场的列宁墓，并向红场上已故苏联领导人的墓碑献花，晚上观看了在卢日尼基体育中心音乐厅举行的盛大纪念晚会。

11 月 6 日，俄共组织主办了此次纪念活动的一场重要研讨会，即主题为“1917 年十月——向社会主义的突破”的国际左翼力量论坛。俄共主席久加诺夫主持了论坛开幕式，并作了题为《社会主义——通往未来的道路》的主旨报告。与会代表围绕着“十月革命对全球政治、社会和经济进程的影响”和“俄国无产阶级革命对各国各地区社会关系产生影响的特点”两个议题发言。

11 月 7 日，俄共与各国来宾一起在莫斯科街头举行了庆祝伟大的十月社会主义革命 100 周年的游行，并在市中心的革命广场集会，俄共主席久加诺夫作了题为《列宁的旗帜就是胜利的旗帜》的演讲。晚上俄共举行了隆重的招待会。至此，此次系列纪念活动落下帷幕。

在一周的纪念活动中，作为主办方，俄共的立场和观点可谓旗帜鲜明。俄共

主席久加诺夫几乎主持了每场活动并作主旨报告或发表演讲。这些报告和演讲，特别是他在第十九届共产党工人党国际会议上的主旨报告和在国际左翼力量论坛上的主旨报告，较为系统地阐述了俄共对十月革命及其开创的社会主义事业的立场和观点。

俄共认为，对于世界命运的意义和影响而言，在人类历史上没有任何事件能与十月革命比肩，它是人类通往社会主义道路上的一个伟大的里程碑。十月革命不仅仅是最伟大的社会革命，而且第一次诞生了体现人类最深切梦想——公正、平等和兄弟情谊的国家。因此，十月革命不仅是迈向史无前例的政治变革和社会变革的一步，它还放射着伟大的道德变革的光芒，这种变革改变了世界，影响了地球各地人们的世界观。十月革命后建立了人民当家做主的苏维埃国家，人民通过苏维埃行使权力，公共财富转到人民手里，实行公有制，这对国家的发展起了决定性的作用。“苏联奇迹”就是列宁-斯大林式现代化的结果：在短短 20 年的时间里，国家的实力增加了 70 倍，新建了千百座工厂，消除了文盲，形成了先进的科学，飞上太空，确立了教育、医疗和社会保护的独一无二的保障体系，等等。“苏联奇迹”证明，只有社会主义才能够充分释放人民的创造能量。这是因为社会主义赋予每个人以真正的自由，这种自由是不再贫困和被剥削，不再害怕明天会失去工作，不再为衣食住行和药品花钱，等等①。

俄共认为，在伟大的卫国战争中，在苏联和整个地球面临巨大威胁时，苏联的社会制度成为凝聚人民的保证。没有 1917 年十月革命的胜利，就不可能有 1945 年战胜法西斯的伟大胜利。反法西斯战争胜利后，世界社会主义体系形成了。苏联对创建联合国、推动战后各国人民摆脱殖民主义枷锁、确立国际法最重要的原则做出了决定性的贡献。正是苏联及其盟友的榜样作用，才迫使西方各国统治阶级向劳动人民作出让步，形成了后来称之为福利国家的治理模式。然而，世界资本主义为了维持其统治，竭力破坏社会主义体系。但是苏联堡垒只通过外部的攻击是不可能被摧毁的，苏联解体是由国内的叛徒和外部的仇敌联手造成的。苏联东欧社会主义政权的垮塌，再次印证了列宁的原则，即共产党人应该成为时代的智者、荣誉和良心，成为效仿的楷模。执政的共产党若无视这个原则，就会导致理论工作的停滞，导致见风使舵者和变节者混进领导岗位②。

俄共认为，20 世纪末苏联东欧社会主义模式的失败，使世界资本主义自以为取得了对社会主义的胜利，认为自己摆脱了两种制度的竞争，开始放弃原本给

① Зюганов Г. А. Настоящая свобода-это социализм. Выступление Председателя ЦК КПРФ на 19-й международной встрече коммунистических и рабочих партий [EB/OL]. (2017-11-02) [2017-11-03]. https://kprf. ru/party-live/cknews/170180. html.

② Зюганов Г. А. Социализм-дорога в будущее. Выступление Председателя ЦК КПРФ на международном форуме левых сил《Октябрь 1917-го-прорыв к социализму!》[EB/OL]. (2017-11-06) [2017-11-07]. https://kprf. ru/party-live/cknews/170292. html.

予公民的社会保障，资本对劳动人民权利的进攻变本加厉。当代全球主义是帝国主义的最高形式，帝国主义在世界舞台上的攻势日益增强，新的世界大战威胁日益迫近，世界范围内社会分层和大规模贫困化日趋严重，金融和经济危机加剧。面对当前的世界危机，人类要么在灾难性中自我毁灭，要么在社会主义基础上进行新的大规模变革。这就要求共产党和工人党制定统一的行动策略，积极开展理论和实际工作，把伟大十月革命的理想和人民的友谊变成全球千百万人的行动指南，加强争取真正的民主和人权的斗争，加强左翼力量的国际团结，建立并巩固反帝国主义的统一战线。

与会的各国代表在发言中纷纷盛赞十月革命的划时代意义及其对世界各地的深远影响，表达了对十月革命的敬意和继承十月革命精神的决心。与会代表普遍认为，十月社会主义革命能够取得胜利，离不开正确的理论指导，马克思列宁主义仍是今天共产党人的理论指南；社会主义在人类历史上始终是必要的，而且在今天也是迫切的；在争取社会主义道路上，共产党的先锋队作用是不可取代的。与此同时，与会代表也务实地分析了当前本国及世界政治力量的对比关系和共产主义运动面临的挑战，探讨了振兴社会主义的途径和策略。

六、参加北京政党高层对话会，盛赞中国共产党全球治理模式

2017年12月1日至3日，由中共中央对外联络部主办的中国共产党与世界政党高层对话会在中国北京举行，来自世界上120多个国家近300个政党和政治组织的领导人共600多名中外代表参加了这一盛会，会议主题为“构建人类命运共同体、共同建设美好世界：政党的责任”。中共中央总书记、国家主席习近平出席对话会开幕式，并发表题为《携手建设更加美好的世界》的主旨报告。与会代表围绕会议主题进行了广泛深入的对话交流，共同探讨人类社会未来发展方向和现实问题的应对之道，推动构建人类命运共同体，携手建设美好世界。会议达成广泛共识，取得圆满成功，在国内外引起热烈反响。作为此次会议的亲历者，代表俄共参会的俄共中央副主席诺维科夫不仅及时将会议消息传回俄罗斯，而且在12月19日接受俄《真理报》访谈，详细阐述了对此次中国共产党与世界政党高层对话会的认识，盛赞中国共产党提出的全球治理模式——“构建人类命运共同体”理念①。

诺维科夫首先对此次会议的性质和目的进行了阐述，他分析道，从此次会议的名称“中国共产党与世界政党高层对话会”就可以看出，这不是某一个谱系的政党，而是各种类型政党参加的会议。例如，来自俄罗斯参加这次会议的除了俄共，还有统一俄罗斯党、公正俄罗斯党。此外，即使一些与会代表是国家主要领

---

① Дмитрий Новиков в《Правде》рассказал о пекинском форуме [EB/OL]. (2017-12-19) [2017-12-20]. https://kprf.ru/dep/gosduma/activities/171484.html.

导人，但他们也不是代表所在国家，而是代表所在的政党组织参会的。例如，韩国的议会主席就不是以这个身份，而是以韩国执政党的一名领导人的身份参会。

至于此次会议的目的，众所周知，历史上所有的民族都追求美好的生活。在日益加速的全球化进程中，人类社会成为民众相互之间联系不断加强的命运共同体。世界如何发展？人类将走向何方？这是每个人都关心的问题。构建命运共同体、建设美好世界是地球村里所有民族的共同追求，而政党则会直接影响命运共同体建设。正是基于这一点，中国共产党提议各国主要政党在北京会晤，就一些主要问题交流看法和观点，比如，政党应当如何促进人类命运共同体的构建，大家心目中的美好世界是什么样的，等等。

关于此次北京国际政党高层对话会能够吸引世界各类主要政党参加的原因，诺维科夫认为，此次会议的议题非常清晰，这就是"共同努力，建设人类美好未来和美好世界"。目前在中国，中国梦是一个热门话题，中国共产党则提出了实现中国梦的任务。正是从这一点出发，会议主办方认为，每个民族都有自己的梦想，政党的任务就是帮助民众去实现它，因为中国共产党认为，每个主要政党都有大量的民众支持者。但是没有共同的努力，单个民族就不会实现自己的梦想。因此，会议主办方提出了又一个议题，就是"构建人类命运共同体、共同建设美好世界：政党的责任"，这也是此次对话会的中心主题。

说到中国共产党总书记习近平提出的"构建人类命运共同体"思想及其本质，诺维科夫分析道，习近平总书记首次提到该思想是在 2013 年，从那时起，就有了将该思想付诸实践的具体措施，最初叫中国"新丝绸之路"倡议，后来演变为众所周知的"一带一路"倡议，当然，它首先是一个号召促进建设"共同未来社会"的经济方案。就其本质而言，这个倡议是美国主导的全球化方针的替代方案。在俄共的文件中，美国主导的全球化通常被称为帝国主义全球化或者美国式全球化。众所周知，在实现一体化的进程中，这些全球主义者的战略意图根本不是给予各民族经济和文化平等的权利，而是为了维护主要资本主义国家的帝国主义统治，在全球化的进程中把自己的规则和观点强加给其他国家及其民众。这种全球化战略的本质是采用经济或者军事手段形成 21 世纪的殖民主义。

在这种国际形势下，中国提出了可以作为当代全球化基础的替代方案。中国所接受的全球化趋势本身是必然的，这是因为在这种全球化趋势下的一体化进程将造福于所有的参与国及其民众。中国认为，在全球化的进程中，必须坚持平等和相互尊重的原则，必须承认一切民族所创造文化的价值。中国的一个重要出发点是，在 21 世纪，如果没有平等的国际经济合作，任何一个国家想获得发展是不可能的。

需要指出的是，中共中央总书记习近平在主旨报告中强调，中国并不打算向其他国家输出自己的发展模式，而是力求在平等的基础上发展与世界各国的关系。与此同时，他也阐明了中国模式的成功之处和开放政策，中国不会搞自我封闭，如果哪个国家认为借用中国模式是合理的，那中国很乐于与之分享，中国不打算向外界隐瞒自己取得成功的秘诀。

第五部分　结语

综上所述，2017 年对俄共的发展来说，注定是不平凡的一年。在这一年中，俄共充分利用纪念日，缅怀伟大领袖列宁，重申俄罗斯社会主义发展方向；举行中央委员会和中央纪律监察委员会联席全体会议，号召全党上下一致，坚决与俄罗斯社会上的反苏反俄现象作斗争；召开第十七次全国代表大会，规划未来一个时期的发展方向；积极投入地方选举，力争获得更多民众支持，进而拓展生存空间；主办十月革命系列纪念活动，极大提升党在国际上的影响力；参加北京政党高层对话会，认真学习中国共产党治国理政经验，盛赞中国共产党提出的“构建人类命运共同体”理念。俄共采取的这一系列举措和行动，不但维护了俄罗斯民众利益和国家利益，扩大了党在国内外的影响力，而且在实践的基础上不断丰富和发展了社会主义理论。可以说，在斗争环境极为艰苦的条件下，俄共在 2017 年取得了较为显著的成绩。

但也应看到，俄共目前在全国 85 个联邦主体中仅有 2 人担任地区行政长官，在国家杜马 450 个席位中仅占 42 席，在 2017 年的地区行政长官选举中，俄共推举的候选人在参选 14 个地区中的 11 个得票率第二，无人当选，在地区议会选举中虽然平均得票率（12.62%）位居第二，甚至从得票数与投入选举资金的比率来看，俄共取得了最佳的竞选成绩，但与统一俄罗斯党的平均得票率（67.22%）相差悬殊。因此，俄共要想进一步扩大在国家政治生活中的影响力，依然任重而道远。

（撰稿人：山东大学当代社会主义研究所　李亚洲）

2017 年白俄罗斯共产党年度发展报告

第一部分　概况

1. 国名：白俄罗斯共和国（简称白俄罗斯）

2. 人口：951 万

3. 国土面积：20.76 万平方公里

4. 政党名称：白俄罗斯共产党（简称白共）

5. 成立时间：1918 年 12 月 30 日

6. 党员人数：6500 人

7. 白共中央第一书记：阿列克谢·索科尔

8. 政党地位：合法党、非执政党

9. 群众组织：白俄罗斯工会、白俄罗斯青年联盟

10. 大众传媒：Коммунист Беларуси 、Мы и время、http://www.comparty.by

11. 最近一次代表大会或会议：白俄罗斯共产党第十二次代表大会（2016 年 3 月）

12. 最近一次参加的选举：白俄罗斯第六届国民会议选举（2016 年）

第二部分　党的产生及发展简史

白俄罗斯共产党成立于 1918 年 12 月 30 日。最初成立白俄罗斯布尔什维克共产党的想法是在 1918 年 12 月 21 日至 23 日于莫斯科召开联共（布）白俄罗斯分部的会议上出现的，参加会议的有来自莫斯科、彼得格勒、萨拉托夫、坦波夫、明斯克和涅韦尔斯克分部的代表以及 1000 多名白俄罗斯的共产党员。会议代表选出白俄罗斯共产党的执行权力机关——白俄罗斯共产党分部中央局。1918 年 12 月 30 日至 31 日在斯摩棱斯基召开了联共（布）西北区第六次会议。正是这次会议成为白俄罗斯共产党（布）的成立大会。大会选出了白俄罗斯共产党（布）的中央局。白共（布）作为俄罗斯共产党（布）的一个组成部分而成立。从 1918—1952 年，白俄罗斯共产党一直使用白俄罗斯共产党（布）这一名称。卫国战争期间，白俄罗斯共产党（布）成为全白俄罗斯反法西斯运动的领导核心。战后，白俄罗斯共产党（布）领导了白俄罗斯苏维埃社会主义共和国的国民经济恢复重建工作。1946 年 10 月，白俄罗斯共产党（布）大约有党员 80403 名，其中超过 72%的党员参加过卫国战争。1970 年 1 月白俄罗斯共产党党员数量增加到 41.6 万名，1990 年 1 月 1 日达到 69.7 万名。

1991 年 8 月 25 日，苏联“8・19”事件几天之后，白俄罗斯共和国最高苏维埃通过《关于在白俄罗斯共和国境内暂时停止白俄罗斯共产党—苏共活动》和《非党化》决议。结果一部分共产党员于 1991 年 10 月成立了恢复白俄罗斯共产党活动的倡议委员会，该委员会于 12 月举行了新的政党“白俄罗斯共产党人党”成立大会。1993 年 2 月白俄罗斯最高苏维埃撤销了关于暂停白俄罗斯共产党活动的决议。1993 年 4 月 25 日，白俄罗斯共产党举行第三十二次（非常）代表大会，肯定了白俄罗斯共产党人党的成绩，并决定以白俄罗斯共产党加入白俄罗斯共产党人党的方式将两党合并，称为“白俄罗斯共产党人党”，谢尔盖・卡利亚金当选为党中央第一书记。但是，1996 年，白俄罗斯共产党人党及其支持者占优势的议会与总统亚历山大・卢卡申科在权力分配问题上产生分歧，最终导致共产党队伍重新分裂。支持总统的一部分党员在奇金和 E. E. 索科洛夫的领导下于 1996 年 11 月再次组建“白俄罗斯共产党”，而另一部分反对总统的党员则继续保留“白俄罗斯共产党人党”的名称。从此，在白俄罗斯政治舞台上出现了两个共产党组织并存的局面。

为了统一白俄罗斯共产主义力量，结束分裂局面，共产党联盟—苏共的领导人实施了一系列恢复白俄境内共产党的统一的措施。2006 年 7 月 15 日，在白俄罗斯首都明斯克举行了白俄罗斯共产党和白俄罗斯共产党人党的统一大会。白俄罗斯共产党在坚决拥护总统卢卡申科内外政策的奇金和塔季扬娜·戈卢别娃等人的领导下，发出了以白俄罗斯共产党为基础的联合倡议，建议吸收白俄罗斯共产党人党的成员加入自己的基层组织。然而，白俄罗斯共产党人党的领导人全力阻止了统一大会的召开，并以开除出白俄罗斯共产党人党来威胁与白共重新联合的成员。这一举动进一步导致了白俄罗斯共产党人党的分裂，扩大了党内的分歧，导致许多成员退党，甚至一些基层组织整个转入白共。至此，两个共产党重新联合的努力失败，白俄罗斯共产主义运动的分裂局面未能改变。

目前，白俄罗斯共产党是白俄罗斯国内的主要政党之一。白俄罗斯共产党现任中央第一书记为阿列克谢·索科尔①，拥有党员 6500 多名，在白俄罗斯所有六个州和首都明斯克拥有 400 多个基层组织②，在 2016 年 11 月举行的第六届国民会议代表院的选举中白共得到 8 个议席，在地方各级苏维埃有 320 名代表。

第三部分　党的理论和组织状况

一、指导思想

白共在纲领中宣称，在确定纲领目标、战略和斗争策略时，白共以发展的马克思列宁主义学说和唯物辩证法为指导，以白俄罗斯和世界的科学成就与经验为支柱③。

白共认为，被历史实践证明了科学性的马列主义理论及唯物辩证法，能够揭示出世界政治与经济发展的主要规律、趋势和方向。因此，白共是在马克思列宁主义的理论基础上展开各方面的活动的。当前，白俄罗斯国内政治和经济局势受

---

① 2017 年 5 月 13 日，在白共中央委员会第四次全会上阿列克谢·索科尔当选为白共中央第一书记，原中央第一书记伊戈尔·卡尔片科辞去第一书记职务。

② 90-летний юбилей образования БССР и КПБ-историческая ретроспектива. Роль и место Коммунистической партии Беларуси в современных общественно-политических процессах. Тезисы доклада Первого секретаря ЦК КПБ Т. Г. Голубевой на IX Съезде Коммунистической партии Беларуси, Коммунист Белоруссии -Мы и время [M]. 10 Января 2009 г.

③ Программа Коммунистической партии Беларуси [EB/OL].(2011-12-17)[2017-12-31]. http://www.comparty.by/programma-kommunisticheskoy-partii-belarusi.

外部复杂局面的主导与影响，白共的活动面临新的挑战。这主要表现在，世界正在发生剧烈的变化，共产党需要对新的挑战和时代威胁进行客观而深刻的分析与回应。而白共依据马克思列宁主义理论对白俄罗斯和世界的经济、政治及意识形态进程进行经常性的理论分析和思考，既加强了队伍的思想理论建设和组织团结性，又提高了党在群众中展开政治工作的效率①。

二、组织结构和组织原则

1. 组织结构：白共的组织机构由代表大会、中央机构、地方机构、基层组织几个部分组成。白共组织机构结构图见下表。

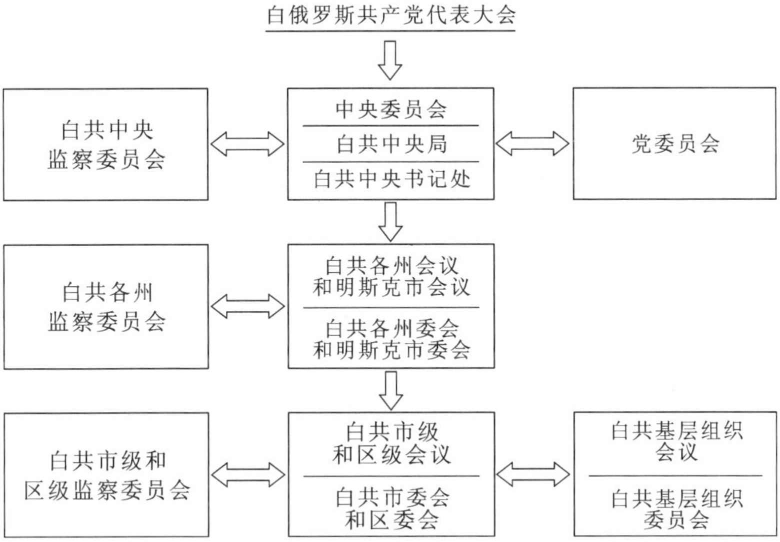

2. 组织原则

白共宣称，在马克思列宁主义基础上重建的白俄罗斯共产党是苏共成员白俄罗斯共产党组织上的继承者。白共坚持共产主义思想，是无产阶级政党，体现雇佣劳动者的利益，反对各种形式的剥削和压迫。白俄罗斯共产党以马列主义理论和实践为基础开展自己的活动，保留并发展党在社会主义建设年代所积累的经验。白共认为自己行动的主要目的是为白俄罗斯人民和祖国服务。对党员而言，人民政权、社会正义与社会公平的价值观不仅是通往社会主义道路上的主要目标，也是党的基本原则②。白共把党的任务规定为积极参加社会政治生活，促进

① Политический отчет ЦК КПБ XII（XLIV）Съезду о работе с декабря 2011 по марта 2016 года. Коммунист Беларуси -Мы и время. № 13（1005），25 марта 2016 г.

② Программа Коммунистической партии Беларуси［EB/OL］.(2011-12-17)［2017-12-31］. http://www.comparty.by/programma-kommunisticheskoy-partii-belarusi.

公民的政治意愿的表现与表达，参加选举和全民公决，以此保证实现真正的人民政权；对公民进行政治教育，把共产主义思想、爱国主义和无产阶级国际主义精神引入社会意识中。

白俄罗斯共产党是独立的政治组织，承认所有其他共产主义政党的独立性。白俄罗斯共产党与其他共产主义政党的关系建立在阶级利益相同、政治和社会目标一致的基础上，建立在同志关系、互相帮助和集体主义精神的基础上。白共支持国际共产主义和工人运动的统一，统一的基础是共产党人历经几个世纪所创造的道德理想和政治信念。白俄罗斯共产党是共产党联盟-苏共的正式成员，认为这一联盟的加强是苏维埃国家联盟在自愿基础上重建和组建统一共产主义政党的最重要的政治条件①。

白共的活动建立在遵纪守法、思想一致、同志关系、自愿平等、自治管理和公开的基础上。党独立确定自己的内部结构、目标、活动形式和方法。白共的组织原则是民主集中制，要求各级机构的成员定期汇报自己的工作；在所有被选出机构和党组织中实行集体领导和公开性；批评自由；党员对所承担的党的任务和委托负有个人责任；所有党组织机构和每一个党员都要严格遵守党的纪律、党的章程、党的纲领、党的道德标准、党的领导原则以及党的决议；每一个党员有权利阐释自己的观点，在制定决策时考虑党员的意见，通过决议后少数无条件服从多数；禁止在党内建立党派；下级党组织必须完成上级党组织的决定；党组织和选举机关的工作建立在集体主义原则基础上，不允许主观主义和独揽大权；对于最重要的战略和战术问题的决定应在基层组织进行大规模的讨论，后由选举机构表决通过②。

3．党员资格

申请加入白共的程序为：申请人通过向基层党组织、没有基层党组织的向区级或者市级党组织提交书面申请而加入白共，申请人同时得到两名党龄不少于三年的党员推荐。推荐人对被推荐人的政治情况、业务能力和道德素质进行考察，帮助他们参与党的活动。

入党问题由公民常住地或者主要居住地的所在党组织会议负责决定。如果出席会议的代表对申请人的入党表决达到简单多数同意的情况下，决议视为通过。

---

① Программа Коммунистической партии Беларуси[EB/OL].(2011-12-17)[2017-12-31]. http://www.comparty.by/programma-kommunisticheskoy-partii-belarusi.

② Устав КПБ[EB/OL].(2017-12-01)[2017-12-31].http://www.comparty.by/ustav-kpb.

第四部分　国内实践活动

一、客观评价国内社会经济状况，支持和促进政府建设繁荣的白俄罗斯国家

由于经济的开放性和出口导向型，国际金融和经济危机的蔓延波及白俄罗斯，国内产品的生产和销售遇阻。尽管出现了一些积极因素，经济衰退有所抑制，但白俄罗斯经济状况从 2015 年开始恶化，失业率上升，人民生活水平下降，社会中的不满情绪上升。白共在 2017 年 2 月 18 日举行的第四次中央全会上指出，对白共来说，白俄罗斯民众的社会情绪走向非常重要，因为正是普通民众在第一时间感受到危机带来的痛苦。在危机状况下，由于缺乏足够数量的新工作岗位，害怕失去工作的心情在工人中催生出不信任和冷漠情绪。在居民实际收入下降的情况下国内放开重要产品的价格和提高住房公用事业费用也是非常不得人心的。这些都引起了人民的不满和愤怒。白共中央书记 Г. П. 阿塔马诺夫指出，白共必须考虑人民的意见和人民的情绪，公正评价政府行为①。

白共指出，在危机时刻要让人民群众明白，白俄罗斯国家领导人采取了一系列措施弱化危机后果和促进经济增长，其中包括简化经济领域的行政程序，积极寻找新的产品销售市场，吸引外资以实现生产的现代化和能源的节约，紧缩预算开支等。国家在当前阶段采取的措施有力证明了，国家在危机条件下坚守自己的社会职责，国内没有发生大规模的生产下滑和失业现象。白俄罗斯以共产党人在社会主义建设时期奠定的社会取向的价值观为基础，保留了对自然资源、土地、具有战略重要性的工业和农业部门、交通、能源系统的国家所有制，有力保障了国家安全。此外，白俄罗斯社会对包括儿童、青年家庭、残疾人、老战士、低收入人群在内的各个阶层建立起一套国家保障体系，没有任何一个社会项目因为金融危机的出现而停止。实践证明，只有这一方法能够保证社会政治和社会经济的稳定，有利于绝大多数劳动群众。正因如此，白共将尽一切所能支持国家领导人

① Об организационном укреплении партийных структур КПБ и повышении их политического влияния на общественное развитие Беларуси в современных условиях [EB/OL]. (2017-02-18) [2018-04-15]. http://www.comparty.by/news/doklad-sekretarya-ck-kpb-gp-atamanova-na-iv-plenume-ck-kpb.

为建设一个强有力的、繁荣的白俄罗斯而奋斗①。

二、积极参加白俄罗斯第28届地方苏维埃代表选举

白俄罗斯将于2018年举行第28届地方苏维埃代表的选举，届时将产生1309个地方苏维埃，其中包括6个州级和一个明斯克市级、118个区级、10个州辖属市级、14个区辖属市级、8个镇级和1152个村级地方苏维埃。选举将一共选出18111个地方苏维埃代表。选举法规定了三种推出候选人的方法——从劳动集体中、政党中和选民签字中征集候选人。

白共认为，地方选举是对白共地方党组织战斗能力的检验，是了解白共在人民群众中的威信和选民对党纲认可程度的契机。白共必须尽力覆盖所有选区来宣传党的纲领、提高党的政治威信、获得人民的信任。白共应把自己的经验和努力放在竞选运动上，尽一切可能保持社会政治和社会经济稳定，有目标性地逐渐发展地区经济。

为了备战地方苏维埃的选举，白共多次召开会议，客观分析国内政治形势，提出白共在当前阶段的任务和主要竞选方针。

1. 白共在多党制条件下面临的问题

白共中央书记Г. П. 阿塔马诺夫在分析白俄罗斯当前的政治形势时指出，白俄罗斯是多党制国家，正式登记在册的政党有15个，根据政党的纲领主张和意识形态可以将其划分为三大类：右翼政党、中派主义政党和左翼政党。左翼和中左翼政党宣传社会公正和平等思想，支持在白俄罗斯建立无阶级的社会，支持发展公有制，主张把人民从各种形式的剥削中解放出来。左翼和中左翼政党支持建设主权独立的、在国际事务中享有平等权利的白俄罗斯国家。在社会政策方面主张建立全民社会保障体系，保证居民享有平等居住权、免费教育和免费医疗的权利。右翼政党以按照西方样板在白俄罗斯强化资本主义体制为目标，批评社会主义经济模式固有的集中管理体制，在经济领域主张国家财产的私有化和建立有利于吸引外资的法律基础，通过承认土地私有化和土地可买卖来实行土地改革。右翼政党认为，白俄罗斯只有按照西方样板进行资本主义化改革才能融入“世界文明”②。

Г. П. 阿塔马诺夫还指出，白俄罗斯的大多数政党成员数量不多，无固定组织，不具备固定的社会基础，且没有对社会经济发展提出建设性的规划。白俄罗斯大部分公民不清楚各个政党的纲领主张，总体上对政党的行动不感兴趣。根据

---

① ДОКЛАД ВТОРОГО СЕКРЕТАРЯ ЦК КПБ АТАМАНОВА Г. П. НА ПЛЕНУМЕ ЦК КПБ [EB/OL]. [2018-04-15]. http: //www. comparty. by/news/doklad-vtorogo-sekretarya-ck-kpb-atamanova-gp-na-plenume-ck-kpb.

② Об организационном укреплении партийных структур КПБ и повышении их политического влияния на общественное развитие Беларуси в современных условиях [EB/OL]. (2017-02-18) [2018-04-15]. http: //www. comparty. by/news/doklad-sekretarya-ck-kpb-gp-atamanova-na-iv-plenume-ck-kpb.

社会调查，有 2/3 的公民不支持任何一个政党。很明显，白俄罗斯的政党距离取得人民信任和获得实际的政治影响还有很长的路要走。当前的白俄罗斯政治发展对于政党的命运是非常关键的。一方面，政党在社会上形成了一定的社会关注；另一方面，政党的政治策略空间又非常有限。在这种情况下，政党的发展前景将取决于其利用、发挥自己思想主张的水平和掌握现代政治技术的能力①。

Г. П. 阿塔马诺夫指出，当前对于白共来说，最重要的事件就是将于 2018 年进行第 28 届地方苏维埃代表选举，以及与此有关的修改选举法的全民公决。但是白共今天现有的党员数量和组织结构不能完全胜任选举，无法加强党对局势的影响和巩固人民对白共纲领的认同度。今天白共在白俄罗斯所有 6 个州和一个明斯克市都设立了自己的党组织，拥有 400 多个基层组织。但是白共党员人数一直维持在 6500 名左右，30 岁以下的党员仅有 836 人，30—39 岁的党员有 954 名，40—49 岁的有 813 名，50—59 岁的有 1367 名，60 岁及以上的有 2230 名，党员构成老龄化仍是一个需要解决的问题。此外，州委、区委和市委党组织的数量和工作质量不完全符合当前阶段白俄罗斯政治、经济和社会发展的任务要求。有些州的党组织人数只有 5—13 人，很难要求他们能够加强党对当地居民的影响。应高度重视增加党员数量问题。多党制体制的形成显示了政治发展的多元化，这要求共产党人认真组织工作，从总体上提高人民的政治文化水平，在全国各个地区增加基层组织网络，明显扩大党员队伍，吸引青年人入党②。

2. 加强党的基层组织建设

2017 年，白共在明斯克召开首都基层党组织研讨会。会议指出，基层组织是白共的基础和根基，党通过基层组织深入劳动群众，通过基层组织实施自己的政策，实现党的纲领目标，扩充新的成员。历史经验证明，基层组织的活动直接关系到苏联人民社会主义建设的成败，保证了苏联卫国战争的胜利，保证了苏联战后的迅速恢复以及后来的经济和文化建设。与会者强调，在现阶段的地方竞选运动中，党的基层组织面临新一轮的考验。

会议强调，基层组织需要在群众中展开积极的活动，增加白共在老战士、青年人、妇女等社会组织中的代表，发挥与潜在的同盟者和党的拥护者的联系这一传统优势，明显扩大党在群众组织中的影响，扩充党员队伍，吸收新鲜血液，加强基层组织领导人的培养工作。许多基层组织的书记都上了年纪，这一问题应在

① Об организационном укреплении партийных структур КПБ и повышении их политического влияния на общественное развитие Беларуси в современных условиях [EB/OL]. (2017-02-18) [2018-04-15]. http://www.comparty.by/news/doklad-sekretarya-ck-kpb-gp-atamanova-na-iv-plenume-ck-kpb.

② Об организационном укреплении партийных структур КПБ и повышении их политического влияния на общественное развитие Беларуси в современных условиях [EB/OL]. (2017-02-18) [2018-04-15]. http://www.comparty.by/news/doklad-sekretarya-ck-kpb-gp-atamanova-na-iv-plenume-ck-kpb.

竞选运动中得到解决，应在竞选运动中大规模地培养积极分子。党在各地的基层组织应推动党员候选人参加各级选举，组成强有力的宣传队伍，并对任何一个阶段的选举过程进行观察，积极参加各级选举委员会的工作。同时，基层组织必须完善党在劳动集体、自治机构、工会、工人和农民爱国主义运动中的工作，完善在妇女、青年、老战士、慈善组织中的工作①。

3. 改善党在群众中的工作方式

白俄罗斯当前的发展阶段要求党加强在地方群众中的工作。白共指出，要想在地方上巩固白共党组织，必须提高白俄罗斯人民对政治的参与热情，并以此作为实现自己利益和解决自身需求的途径。在争取人民政权、正义、公正和社会主义的过程中，要求白共巩固爱国主义同盟的立场，为社会发展建立必要的政治、法律和经济条件，向群众通俗易懂地阐释社会现状和保护国家利益的重要性。为了更好地在群众中展开工作，要求白共形成一定的行为范式，这决定了党在群众中的可识别性和在社会中的威信。各级党组织的书记要形成鲜明的个人形象，符合现代要求并能在困难时刻作出负责任的决定，有能力迅速应对挑战，保护祖国的历史和文化，保护公民、爱国者和国际主义者的荣誉。

白共指出，党的宣传工作应该是持续的、积极进取的和有针对性的，宣传工作不仅要求全面抓住人们的社会经济利益，还要反映他们的精神和道德诉求。当前，白共宣传工作的首要任务是克服社会意识中的陈旧思想，并引导人民群众接受社会主义思想。党的各支部应提高劳动群众的政治积极性，吸引他们参加社会政治运动，以此来实现现代的社会主义思想，如同志精神、互助精神和集体主义精神等。

三、隆重纪念十月革命100周年

1. 揭露西方资产阶级关于十月革命的谎言

白共在2017年最重要活动之一就是筹备和举办纪念十月革命100周年的系列活动。白共中央书记列昂年科在2017年初召开的纪念十月革命100周年筹备会议上指出了白共党员在纪念活动中面临的主要任务。他指出，十月革命的世界意义极其伟大，100年来十月革命影响着世界文明的运动，根本上改变了世界的面貌和向前探索的方式。但是西方资产阶级编造了如山如海的反苏谎言，阻挠千万人民接受社会主义思想和文明。在这种情况下，每一个共产党员面临着两个重要任务：一是揭露意识形态敌人和自由主义民族主义者编造的谎言，因为这些人蓄势待发，准备在纪念日之前对苏联历史发起又一轮大肆诽谤，并在街头制造民族极端主义者的反共狂欢；二是用具体的事例向人民阐释社会主义所取得的成就。意识形态敌人不会停止传播旧有的并制造新的关于十月革命及其后果的谎

① Наталья Кушнерова. ГЛАВНОЕ ЗВЕНО В СТРУКТУРНОЙ ЦЕПИ ПАРТИИ[EB/OL].(2017-12-01)[2018-04-15].http://www.comparty.by/news/glavnoe-zveno-v-strukturnoy-cepi-partii.

言，因此揭露这些谎言，就是每一个共产党员未来的任务。

(1) 十月革命不是历史上的偶然事件，革命不是依靠咒语、命令或者愿望实现的。1917年革命是国家发展的历史逻辑结果，具有客观必然性。20世纪初，俄帝国无法提出克服社会动荡和经济落后的有效措施，因此，对抗性的矛盾只能通过革命来解决。十月革命是对世界寡头的一个强大的警告，这些寡头们在整个20世纪都非常关心如何建立和完善信息心理技术来对社会意识施加影响，以此来维持自己的统治。

(2) 十月革命没有毁灭国家。革命前，俄国沙皇的专制统治和资产阶级政权已经毁灭了国家和大部分人民。官员任性妄为，肆意盗窃国家财产，自然资源被国外资本掠夺走，国家潜力受到极大消耗。苏维埃政府从一开始就着手国家建设，承担起自己对工人和农民的职责，从帝国主义战争中抽离。布尔什维克党在复杂的条件下不仅克服了落后，而且在全新的社会经济和价值观基础上建立起了全新的国家。

(3) 国内战争的发起者不是布尔什维克，来自14个资产阶级国家对苏俄的干涉才是国内战争爆发的根本原因，也应是指责的矛头所在。历史资料显示，1917年11月协约国在雅西召开会议，计划在俄罗斯南部发动战争。12月协约国又召开会议支持和资助乌克兰、哥萨克、西伯利亚和高加索的反革命政府。西方国家的政治支持和资金资助让白色运动成为国内战争的开端。对于布尔什维克来说，国内战争在面临外国干涉的情况下是对国家的保卫。

(4) 列宁关于苏联各民族拥有自决权的民族政策，并没有埋下多民族国家大厦崩溃的炸弹。相反，当时临时政府的统治导致了俄国分崩离析，正是列宁领导布尔什维克党重新把国家凝聚起来，正是由于民族自决权原则的应用，才出现了苏联。最新的历史资料显示，苏联原加盟共和国在社会经济和文化方面达到历史最高水平的时间是苏联时期。对此表示怀疑的人只需看看苏联解体后各共和国的情况，它们脱离了苏联后并没有实现经济和文化的飞跃①。

2. 召开纪念十月革命100周年庆祝大会

2017年11月3日，白共在明斯克隆重举办了纪念十月革命100周年的纪念活动。参加庆祝大会的有白共第一书记阿·索科尔、白共中央委员会书记、白俄罗斯第六届国民会议代表院的共产党议员、白俄罗斯青年联盟代表以及白共明斯克市各个区组织的党员。参加会议的还有白俄罗斯老战士协会和退休人员的社会团体，以及国外代表团。

---

① В. С. Леоненко. О ПОДГОТОВКЕ КПБ К 100-ЛЕТИЮ ВЕЛИКОЙ ОКТЯБРЬСКОЙ СОЦИАЛИСТИЧЕСКОЙ РЕВОЛЮЦИИ [EB/OL]. (2017-12-01) [2018-04-15]. http://www.comparty.by/news/o-podgotovke-kpb-k-100-letiyu-velikoy-oktyabrskoy-socialisticheskoy-revolyucii.

第五部分　国际实践活动

一、加强与世界各国的共产党和工人党的联系

1. 2017 年 1 月 23 日至 24 日，白共中央第一书记阿·索科尔参加在比利时布鲁塞尔举行的欧洲共产党和工人党会议。

2. 2017 年 4 月 8 日，白共中央书记阿塔马诺夫、白俄罗斯青年同盟积极分子与到访的德国社会主义统一党总书记埃贡·克伦茨举行了会面，双方就 1980 至 1990 年间欧洲发生的事件和世界社会主义运动现状进行了交流。

3. 2017 年 7 月 15 日，白共中央第一书记阿·索科尔与朝鲜驻白俄罗斯临时代办 Пак Ен Сик 在明斯克进行了会面，双方就国际共产主义运动和工人运动的状况交流了意见。

4. 2017 年 9 月 6 日，白共中央第一书记阿·索科尔与古巴驻白俄罗斯大使赫拉尔·苏亚雷斯·阿尔瓦雷斯举行了会面，双方就国际共产主义运动现状交换了意见。

5. 2017 年 11 月 30 日至 12 月 3 日，白共中央第一书记阿·索科尔在中国北京参加了中国共产党与世界政党高层对话。

二、参加纪念十月革命 100 周年国际会议，向国际社会阐明白共在当前阶段面临的任务和内外方针

白共中央第一书记阿·索科尔在 2017 年 11 月参加共产党联盟-苏共纪念十月革命 100 周年国际会议上发表讲话，指出没有任何一个事件像十月革命那样，对世界历史进程产生了如此巨大的影响。白共基于对世界及各国发展进程的客观的分析，以纪念十月革命 100 周年为契机，对苏联成就进行客观评价，制定了提高党的工作效率的具体措施。索科尔认为，共产党人在对 21 世纪社会主义进行理论探索时，不应回避苏联文明成就，同时要总结中国特色社会主义建设经验及其他国家积累的经验。这一方法在今天非常重要，因为各国的发展水平和发展特点取决于该地区现有的自然资源、经济发展水平和民族传统等等。此外，在 21 世纪，必须全面分析世界 100 年来在经济、社会、文化和世界观方面的发展变化，在此基础上探索社会主义复兴的理论。

阿·索科尔指出，白俄罗斯实行的社会取向的市场经济发展模式表明，如果

国家对经济生活进行调节并实行独立的国家发展政策而不是帝国主义强加的模式，就能更好地抵御危机、贫困和帝国主义霸权。索科尔在这里强调，社会取向的国家是社会主义的出发点，但并不是社会主义的全面体现。二者的区别体现在主要原则、社会价值观和社会意识形态的性质。白俄罗斯没有选择邻国的自由市场发展模式，而是选择了另一种发展模式，考虑到白俄罗斯现代社会的特点的同时，保留了苏联时期的社会价值取向。国家对社会经济进程进行调节令国家保持经济潜力，克服了苏联解体初的经济危机，取得了明显的成就。

在国际问题上，阿·索科尔指出，西方与俄罗斯在最近几年爆发了尖锐的地缘政治冲突，弱化俄罗斯对世界的影响是西方世界的主要目的。世界寡头和服务于寡头的政治领导人越来越经常地利用武力和制裁手段，利用自己所拥有的经济和资源优势，在民主原则上实行双重标准，拒绝对话，拒绝寻求妥协。无论是国家规模还是政治影响力都微乎其微的乌克兰及叙利亚成为近年地缘政治冲突的焦点，成为西方世界和俄罗斯矛盾的汇聚点。全世界的人民开始逐渐意识到，资本主义和资本主义制度的独裁及其无法摆脱的衍生品，如贫穷、战争、环境灾害是可以避免的。社会主义力量和左翼力量在一些国家的胜利，左翼力量在议会和地方权力机构中作用的增强表明了世界人民对左翼力量的大力支持。今天，全世界40％的人口生活在共产党执政或参与国家管理的地区中，全球一半的人口有意识地选择了社会主义，这是社会主义和十月革命思想具有强大生命力的有利证据。

阿·索科尔认为，共产党人应着力解决如下问题：为建立一个公正的世界秩序而奋斗，在这样的世界中生活的主要的目标和内容不是钱和财富，而是人，衡量个人最重要的标准不是投机，而是劳动；为了全人类的利益保护自然环境、节约使用自然资源和有效利用自然资源；为和平而斗争，反对世界大国和跨国集团为了维持和增加自己的财富而奴役世界人民，反对以新自由主义意识形态和价值观为基础的旨在消除国家边界、弱化国家主权、破坏民族统一、民族传统和各民族文化的全球主义政策；共产党人只有统一行动才能成功实现和平、民主、进步和社会主义，共产党人只有加强经验交流才能联合和协调各国共产党组织共同行动，丰富理论宝库，加强共产党人对社会的政治影响力①。

（撰稿人：中国社会科学院马克思主义研究院 康晏如）

① ВЫСТУПЛЕНИЕ ПЕРВОГО СЕКРЕТАРЯ ЦК КПБ А. Н. СОКОЛА НА ПЛЕНУМЕ СКП-КПСС[EB/OL].（2017-12-01）[2018-04-15]. http://www. comparty. by/news/vystuplenie-pervogo-sekretarya-ck-kpb-sokola-na-plenume-skp-kpss.

2017 年保加利亚共产党年度发展报告

第一部分　概况

1. 国名：保加利亚共和国

2. 人口：797 万

3. 国土面积：11 万平方公里

4. 共产党情况：根据保加利亚财政部公布的消息，2015—2016 年度因参加保议会选举而获得保财政补贴的政党或政党联盟中，保共产党有 3 个，分别是：保加利亚共产党人党（ПБК）、保加利亚共产者联盟（СКБ）、保加利亚共产党（КПБ）①。

2017 年新年伊始，保加利亚即遭受到罕见的暴雪袭击带来的极寒天气，位于黑海的布尔加斯海湾及多瑙河保加利亚段出现近 60 年来的首次冰冻。暴雪还造成保东部地区 100 多个居民点停电②。与此同时，保加利亚的政治冬天也已降临：社会党推举的总统候选人、空军上校拉德夫在 2016 年的总统选举中获胜，而在 2017 年 3 月 26 日提前举行的保加利亚议会选举结果显示，前总理鲍里索夫领导的欧洲发展公民党（ГЕРБ）得票数领先。但欧洲发展公民党（ГЕРБ）仅以微弱多数胜选（32.65%），不得不与其他政党组成脆弱的联盟；社会党得票数

---

① Министерство на финансите на Република България [EB/OL].（2017-01-27）[2018-05-08]. http://www. minfin. bg/bg/wreply/9849.

② В Болгарии более 100 населенных пунктов остались без электричества[EB/OL].(2017-01-11)[2018-06-04]. https://ria.ru/world/20170111/1485473772. html.

(27.19%) 仅次于欧洲发展公民党 (ГЕРБ)，是保加利亚最大的反对党。由于总统拉德夫和总理鲍里索夫分属不同的阵营，他们之间的政治分歧是明显的，其分歧主要表现在保加利亚的对外政策以及与俄罗斯的关系上①。

第二部分 保加利亚共产党人党

一、基本资料及数据

1. 政党名称：保加利亚共产党人党 (简称 ПБК)

2. 成立时间：1999年8月13日 (根据保加利亚政党法，以法人身份登记成立)

3. 党员人数：8600人 (2006年)

4. 党的中央委员会：保加利亚共产党人党中央委员会设三位书记，分别是政治事务书记明秋·明切夫 (Минчо Петров Минчев)、组织事务书记瓦西里·科拉罗夫 (Васил Петров Коларов) 和社会-经济事务书记伊万·伊万诺夫 (Иван Кръстев Иванов)。

5. 中央政治局成员：明秋·明切夫 (Минчо Петров Минчев)、瓦西里·科拉罗夫 (Васил Петров Коларов)、伊万·伊万诺夫 (Иван Кръстев Иванов)、孔乔·孔涅夫 (Кънчо Кънев)、维罗耶列塔·科瓦切娃 (Вироелета Христова Ковачева)、比林·涅斯托罗夫 (Пирин Асенов Несторов)、克拉西米尔·科列夫 (Красимир Антимов Колев) 和格奥尔基·格奥尔基耶夫 (Гиорги Цонев Гиоргиев) 等21人。

6. 政党地位：在野党，社会党左翼联盟成员

8. 大众传媒的运用：保共产党人党中央委员会机关刊物：《工人事业报》；保加利亚共产党人党网站：http://bgcomparty. co. nf/

二、党的产生及发展简史

保加利亚共产党人党 (ПБК) 首先是保加利亚城市和农村体力与脑力劳动人民的政治组织、是包括其传统队伍——现代条件下工人阶级和农民无产者的政治组织、是科技工作者、文化艺术创作者在内的智力劳动者的政治组织。共产党

① Избранный президент Болгарии Румен Радев[EB/OL].(2017-05-04)[2018-06-04]. https://ria.ru/world/20170504/1493678949. html.

人党（ПБК）是1990年以前保加利亚社会民主党（紧密派）、保加利亚共产党（托派）、保加利亚工人党（共产者）革命传统的继承者，是1990年以前保加利亚共产党法律上的继承者。

马克思列宁主义者、保加利亚和国际工人运动、共产主义运动的杰出代表季米托尔·布拉果耶夫是共产党人党（ПБК）的奠基人。共产党人党捍卫并发展季米托尔·布拉果耶夫等人的思想理论遗产，认为这是保加利亚成千上万共产党员为社会主义和共产主义事业贡献出的智慧及至生命的结晶。共产党人党是阶级政党，它承认阶级斗争，认为自从1989年发生反革命政变以后保加利亚形成了资本主义的阶级压迫，社会的阶级和平已不存在。共产党人党反对保加利亚和世界的资本主义。它认为政权应掌握在保加利亚最广泛、最进步的无产阶级手中，它们是唯一能够在保加利亚实现民主权利的阶级。

2017年初，保加利亚共产党人党组织事务书记是瓦西里·科拉罗夫递交辞呈，表示辞去现任党的组织事务书记职务，共产党人党中央委员会同意了他的请求并选举科拉罗夫为党的名誉主席①。现任政治事务书记是明秋·明切夫，社会-经济事务书记是伊万·伊万诺夫。

三、组织状况

关于党的组织建设。党的组织领域实行少数服从多数基础上的民主集中制原则，言论自由，集体决策，但民主集中制不允许党内存在宗派。

共产党人党党章规定，任何有选举权、接受并自愿遵守党纲党章、按时交纳党费的保加利亚公民都有资格加入保共产党人党。申请人可以通过递交书面申请或向党的基层组织或州级、区级组织递交申请的方式取得党员资格。党的中央委员会依据相关规定履行批准程序。党的基层组织根据申请人提交的书面申请和2名党员的推荐信，按简单多数原则投票决定是否接受新党员。其他与共产党人党联合或合作的共产党、工人党和社会主义党成员如希望加入共产党人党，应向州级或党的最高领导人递交申请，并指定某一基层组织负责审议。每名党员的义务自其被接收或终止党员资格时开始或终止。共产党人党根据国家现行领土行政区划原则建立其组织结构。其组织结构分为地方（社区、村或利益群体）党部、州（区）党部、市党部、省党部。根据中央委员会的决定，当国家行政区划改变时，可以建立其他平行的或垂直管理的党的结构。党的组织原则是民主集中制、集体决策和委任制。

共产党人党是一个有民族责任担当的党，它捍卫国家利益、独立和国家主权。该党的施政纲领包含如下原则：

1. 在党员的构成上，共产党人党宣称它是保加利亚城市和农村体力与脑力

① 保加利亚共产党人党网站［EB/OL］.［2018-06-21］. http://pbk. bilg. biz/za-partiyata/rakovodnite-organi/.

劳动者的党，而工人阶级和现代农业条件下的无产者、知识分子、科技人才及文化艺术领域的人才也是共产党人党的一部分。

2. 共产党人党将把保加利亚一切真正的共产者团结成为一个具有现代马克思列宁主义思想和政治基础的马克思列宁主义政党。

3. 共产党人党致力于巩固保加利亚真正的左翼力量，致力于在共同纲领的基础上团结所有反帝、反全球化、反北约的负责任的民族力量。

4. 共产党人党反对恐怖主义，包括单个人、团伙、组织，以及资产阶级的国家恐怖主义，反对国际垄断集团、国际资产阶级政治和军事联盟恐怖主义。

5. 共产党人党尊重保加利亚和世界基本人权。共产者反对公民的、社会的、民族的、种族的、宗教的等一切形式的不平等。它坚决反对种族主义和排外行为。它认为人生而不平等，但应该平等地生活，享有社会平等的权利、自由和义务。

6. 共产党人党尊重国家的传统宗教，视其为维护国家统一和民族精神文化身份传承的因素。我们坚持政教分立的国家，国家也不干预教会内部的争执与冲突，尊重历史形成的保加利亚传统信仰的相互包容与合作。我们反对任何外国对保加利亚精神领域的干预。

7. 共产党人党将为保加利亚自然环境的清洁而斗争，为保加利亚村镇的生态清洁而斗争。保加利亚曾经是一个鲜花盛开的花园，它将再次变成一个花园。

8. 共产党人党反对保加利亚加入任何军事同盟。它主张保加利亚成为一个积极的中立国家，并与其邻国和世界上所有国家建立互利的关系。

9. 共产党人党的纲领，是建立在人类认识到社会主义和共产主义运动客观规律基础上的保加利亚复兴纲领。而只有共产党人党才能实现这一纲领。

10. 关于保加利亚的社会主义建设，共产党人党认为国有企业的集约化形式，是计划经济的中坚力量，在保社会的进步中曾经发挥了积极的作用。但保加利亚共产党最大的、最严重的失误，是逐渐脱离了工人阶级——一个由工人、农民和工人知识分子组成的阶级，它便变成了一个高高在上的阶层。正因如此，保共失去了这有效影响大多数劳动人民思想的能力。

11. 党的近期计划是建立人民民主政权，建立没有压迫的社会，党的远期战略计划是国家的社会发展需要推动建立生产资料集中公共占有的社会主义社会，而更远期的前景是建立社会和集体自我管理的共产主义社会。

12. 共产党人党的中期方案是国家重建计划。在这一时期，国民经济的复兴必须尊重市场经济运行机制的各种所有制形式和市场运作方式的客观存在。而更为重要的是找到最适合保加利亚条件、能够使保加利亚摆脱长期的公共危机的综合性措施。

13. 共产党人党的最终目标是实现没有阶级的共产主义社会。在当前资本主义的条件下党的任务是为恢复被剥夺的劳动人民的财富的社会权利而斗争，为劳动人民掌握被剥夺的国家经济权利而斗争。

14. 保加利亚共产党人党将为争取劳动人民的权力而进行斗争，它将通过参加地方、议会和总统选举，扩大共产党员在各级议会和政府机构中的代表性。

第三部分　保加利亚共产者联盟（СКБ）

一、基本资料及数据

1. 政党名称：保加利亚共产者联盟（简称 СКБ）

2. 成立时间：1995 年（登记地址：保加利亚普洛无迪夫市基切沃街 20 号。共产者联盟是法人，法人代表是联盟中央主席）

3. 党员人数：不详

4. 现任联盟中央主席：鲍威尔·伊万诺夫。

5. 中央政治局成员：15 人。

6. 政党地位：在野党，社会党左翼联盟成员。

7. 大众传媒的运用：联盟机关刊物：《共产主义杂志》（*VENSEREMOS*）电台：RADIO VENCEREMOS；网站：http：//komunistibg. com

二、党的产生及发展简史

共产者联盟是季米特洛夫·布拉果耶夫于 1891 年在保加利亚社会民主党基础上建立的现代马克思主义政党。联盟的名称来自马克思和恩格斯在 19 世纪组织的“德意志和欧洲共产者联盟”，是保加利亚社会民主党（БСДП）、工人社会民主党（БРСДП）、工人社会民主党（БРСДП 紧密派）、保共产党（БКП 紧密派）、工党（РП）、保工人党（БРП）、保工人党（БРП 共产者）和保共产党（БКП）的思想和政治继承人。联盟把马克思主义作为党的政治信条①。

在与资产阶级和资本主义的残酷斗争中联盟确立了自己是保加利亚劳动者的一员。在伟大的十月革命影响下，保共内紧密派接受列宁主义思想，成为 1919 年第三共产国际创立者之一，并改名为保加利亚共产党。

追寻联共（布）的足迹，立足自身经验，党成长为一个战斗的坚强的马克思列宁主义组织，并于 1923 年领导了保加利亚 9 月起义。

在第二次世界大战的岁月里，保共把祖国前线的所有爱国力量紧密团结在自

① 保共联盟网站［EB/OL］.［2017-06-21］. http：//komunistibg. com/? page _ id=40.

己的周围，为民族独立、社会解放，与法西斯主义和资本主义作斗争。依靠红军在巴尔干的胜利攻势，党于 1944 年 9 月 9 日组织了人民武装起义，并开始了保加利亚的社会主义革命。

1944 年至 1989 年间，保共及党员，无论身处何种岗位，都在为保加利亚成为一个强大的、独立的、繁荣的社会主义国家而贡献自己的力量。

共产者联盟认为保共部分领导人背叛了保加利亚的社会主义并导致保资本主义复辟。1990 年，保共已不复存在，所谓的“转型期”艰难岁月，实际上充斥着公然的犯罪和抢劫，而保加利亚共产者联盟取代保共，领导共产党的团结并继续斗争①。

三、组织状况

联盟最高权力机构是大会，大会每 5 年召开一次。党的中央委员会是大会闭会期间党的主要领导机关，中央委员会由 15 名成员组成，从中选出党的主席，并根据党的主席建议选举政治局成员，党的主席和政治局任期均为 5 年。

共产者联盟建立在民主集中制的原则上并以此作为行动的基础，它严格遵守列宁主义政党原则，遵守党的政治生活原则和领导原则。共产者联盟实行集体领导，坚持批评和自我批评，并在党内实现广泛的民主。

共产者联盟的主要力量来自工人阶级和一切爱劳动的人们，共产者联盟坚持党的思想上和组织上的统一，以及党员自觉的铁的纪律，不允许党内出现宗派和小集团。

任何年满 18 岁、有选举权的保加利亚公民都可加入联盟。党员应遵守党章，接受马克思列宁主义基本学说。党员应经常一个基层组织的会议，履行其决议并交纳党费。接收党员须履行党章规定的程序，年龄在 18—24 岁间的年轻人必须参加“切·格瓦拉”共产主义运动至少 6 个月才能被批准入党。

联盟成员有资格获得党员证。党员证的样式由联盟政治局规定、经联盟中央委员会主席签字并由联盟组织秘书颁发。联盟成员不得是其他党派成员，并不得是具有反工人阶级、反共色彩的组织成员。加入联盟须向居住地或暂住地联盟基层组织递交书面申请，申请递交日 6 个月为考验期。党的基层组织是党的最基本结构单位，它根据地域原则或至少有 3 名以上党员的居住地原则设立，在不违反住在国法律的原则下，党的组织也可以设在国外。2 个以上基层组织设区级党部，区党部以上设州党部，州党部对其上级机关——党的中央委员会或政治局负责。联盟的最高权力机关是代表大会，大会每 5 年或在必要时召开。

根据共产者联盟 2015 年 7 月 25 日第六届大会通过的该党党章修正案，共产者联盟为保加利亚社会主义和共产主义而奋斗的保加利亚工人阶级的先锋队。它

① УСТАВ НА ПОЛИТИЧЕСКА ПАРТИЯ “СЪЮЗ НА КОМУНИСТИТЕ В БЪЛГАРИЯ”[EB/OL].(2017-05-01)[2017-12-31]. http://komunistibg.com/? page_id=258.

由保加利亚最有觉悟的工人阶级、社会最进步分子在自愿的基础上组织起来。它是保加利亚共产党的继承者，这一马克思主义政党的源头可以追溯到1891年保加利亚社会民主党布兹鲁查峰大会。

保加利亚共产者联盟自称是1891年布拉果耶夫在保加利亚社会民主党的基础上创建的马克思主义政党，它独立地或者与其他政党联合参加选举。该党支持奉行阶级斗争和国际主义原则。共产者联盟的战略目标是建立社会主义-共产主义。社会主义是通向共产主义的第一阶段。社会主义摆脱了人压迫人，按照劳动的数量、质量和劳动结果分配生活必需品；社会主义科学计划和科学管理；在创新和资源保护基础上的较高的生产效率。共产者联盟捍卫现代无产者——从事体力和脑力劳动的工人的利益。

季·布拉果耶夫深入研究、分析并接受了马克思主义思想，并在保加利亚条件下发展、捍卫这一思想。他的主要著作《什么是社会主义，我们有无社会主义的土壤?》科学地论证了，发展社会主义的条件是存在的，尽管是社会主义的初级形态，资本主义和资本主义生产关系依然存在，但工人阶级会在这种条件下形成并发展成为“资本主义的掘墓人”。部分保共党员，所谓“改革派”政治理论家，打着“民主”“完善社会主义”的幌子，以“新思维”的方式摧毁了保加利亚的基本政治体制，首先是其制度的捍卫者——保加利亚共产党。有关“改善社会主义”“民主化”“人道主义化”等话题不过是进行反革命政变、恢复旧的资本主义制度的卑鄙的阴谋。大众传媒和其他意识形态机构落入资产阶级和民主主义分子手中。他们叫嚣“必须”“恢复历史真相”，开始竭力诋毁社会主义历史时期，鼓吹资本主义自由主义学说、“自由”市场经济关系和资产阶级生活方式。

共产者联盟认为社会党不是保加利亚共产党的政治继承人。作为执政党，它宣称自己是左翼党，却执行右翼的政策，其支持者多数是亿万富翁、靠私有化和非法交易暴富者。联盟认为，保加利亚社会党是一个资产阶级政党，它与工人阶级和劳动群众之间已缺乏信任。它不具备保加利亚共产党继承人所应有的品质，丧失了马克思列宁主义政党的基本原则与功能。

共产者联盟建立民主集中制原则并在此基础上开展活动。它严格遵守列宁主义党的生活规范和领导原则。联盟奉行集体领导、批评与自我批评以及广泛的党内民主。联盟力量的源泉来自与工人阶级和一切劳动者的紧密联系，来自思想上和组织上的统一、自觉的共产党人铁的纪律。联盟不允许党内存在宗派和小团体。

共产者联盟是马克思列宁主义党，是保加利亚民族和群众性政党。它保护劳工利益，捍卫民主、团结、社会公平和社会法治，拥护联合国“人权宪章”。共产者联盟的价值观和奋斗目标是建立以马克思社会发展理论为基础的社会主义社会，保障每个人和社会的自由，保障人民的团结与正义。共产者联盟推广社会生活中的社会团结、人道主义、人民的生命权、教育权和健康权，以及爱国主义等普世价值观，致力于建设一个没有阶级对立、阶级剥削和阶级不平等的世界和社会。共产者联盟根据保加利亚共和国宪法和法律追求其目标。

共产者联盟按照先进的马克思主义政纲建立并开展活动。近年来一个经常提起的话题是，在保加利亚把各共产党组织整合成一个统一的共产党。问题是如果不是在马克思列宁主义原则基础上，共产党组织的统一只是一个良好的愿望。

共产者联盟代表人民群众的利益，致力于推动形成群众性的社会运动，并把捍卫人民的权利、自由作为党的确定不移的目标。共产者联盟将继续维护保加利亚的统一、完整、独立，社会主义共产主义道路是维护国家尊严、人民福祉与安全，体力与道德健康，自由和社会平等，正义与人道主义，爱国主义和国际主义。

共产者联盟确定了全面支持和积极捍卫全球发展社会主义共产主义道路这一任务，为此它将建立社会正义、政治平等公正的世界作为自己的战略目标。共产者联盟捍卫人民权利，捍卫人民和多数人的宪法权利，是代表各阶层、各自治团体的联合组织。

共产者联盟使人们享有生产资料平等上的社会正义，保障劳动权，按最终劳动结果获取相应报酬，向全民免费提供素质教育，专业医疗救助，功能性房屋、休假和社会保障。

社会正义，作为自由的条件，它建立在根本上消灭人压迫人和各种社会不平等及寄生和懒惰上；共产者联盟致力于建立在保障所有人平等发展和实现个人能力基础上的自由，以及参与社会活动、团体、企业和机关的管理。

保共联盟承认保加利亚由各种社会形态构成，它支持符合劳动人民利益的形态。保共联盟所追求的社会的社会主义变革是在法律框架内，应用各种有效的途径和方法实现这一变革，它反对暴力，反对破坏人民和平的资产阶级极端主义，保共联盟信奉以和平途径实现社会的革命变革，通过各种途径捍卫国际人权宣言所表述的，被少数富人破坏的多数穷人的利益。

保加利亚共产主义者联盟是国际共产主义和工人运动的有机组成部分。其坚定不移地遵循无产阶级国际主义的原则，并将其作为自己的首要责任；党全面支持国际共产主义和工人运动，加强团结和凝聚力，支持无产阶级和世界民主力量，支持社会主义和民族解放，不断获取与其他共产党和工人党的兄弟的支持，并且与其他共产党和工人党保持经常性的联系。

共产者联盟。该党认为，当代资本主义正在经历一场永久性的危机。它无法解决对私有财富的无限追求所造成的问题，如造成对生态平衡的破坏、在地球上人口不断增长的背景下对自然资源的掠夺性开发，从而使经济发展不平衡，社会矛盾和冲突升级。建立在社会正义、保护劳动者的利益、尊重人权和基本自由基础上的社会主义和共产主义是通向一个进步社会的唯一正确道路。它能够带领我们走出当前的危机，使我们摆脱战争和族裔间冲突，摆脱贫困和精神退化，清除恐怖主义的社会经济和政治基础，以及由资本和权力所产生的其他公共恶习。

马克思列宁主义无可辩驳地证明：劳动和资本的斗争是不断的、不可调和的、无情的。人类社会发展的全部历史伴随着阶级和阶级斗争，而在资本主义的最高阶段——帝国主义看来，这一斗争是只会越来越残酷。

资产阶级-资本主义多党政治体制的实质和目的就是巩固和加强资本主义基础。这一理论试图“证明”资本主义是最完善、最永恒的社会形态，却反证了列宁主义顺应社会历史发展客观规律的科学性。

第四部分　保加利亚共产党（КПБ）

一、基本资料及数据

1. 政党名称：保加利亚共产党（简称 КПБ）

2. 成立时间：1996 年（于 1997 年根据保加利亚政党法在首都索非亚市法院正式登记）

3. 党员人数：2000 人

4. 现任中央第一书记：亚历山大·鲍乌诺夫

5. 中央政治局成员：亚历山大·鲍乌诺夫（Апександър Димитров Паунов）、安格尔·伊万诺夫（Ангел Георгиев Иванов）、根切沃·哥切夫（Генчо Тенев Гочев）、格奥尔基·瓦涅夫（Георги Станев Ванев）、伊万·彼得罗夫（Иван Иванов Петров）、卡门·科列夫（Камен Неделчев Колев）、克罗斯秋·克罗斯杰夫（Кръстю Василев Кръстев）、尼科拉·马林诺夫（Николай Цецов Маринов）、彼得·彼得罗夫（Петър Георгиев Петров）、斯托伊科·斯托伊科夫（Стойко Пелов Стойков）、金卡·斯托伊尔科娃（Тинка Колева Стоилкова）、杨尼查·斯坦切娃（Яница Христова Станчева）等 12 人

6. 书记处：亚历山大·鲍乌诺夫（Апександър Димитров Паунов）、格奥尔基·瓦涅夫（Георги Станев Ванев）、斯托杨·彼得罗夫（Стоян Савов Петров）卡门·科列夫（Камен Неделчев Колев）、根切沃·哥切夫（Генчо Тенев Гочев）、金卡·斯托伊尔科娃（Тинка Колева Стоилкова）等 6 人

7. 政党地位：在野党，社会党左翼联盟成员

8. 大众传媒的运用：保共机关报：《劳动者报》；网站：http：//www.comparty-bg. org/bg

二、党的产生及发展简史

保加利亚共产党（БКП）自称是成立于 1891 年保加利亚共产党的直接继承者，是“第一个反对法西斯的政党组织，是在二战中反对法西斯的重要力量”。在苏东剧变的浪潮冲击下，保共（БКП）于 1990 年 2 月召开了第十四次非常代表大会并通过《保加利亚民主社会主义宣言》。大会声称“赞成三权分立原则”，支持过渡到真正的议会民主，宣布走民主社会主义道路。同年 4 月 3 日，保加利亚共产党更名为保加利亚社会党（БСП）。保共更名为社会党并宣布放弃马克思主义转而接受民主社会主义后，一些仍坚持共产主义立场的党员退出，另行组建了共产党组织。另外，社会党中的一些成员也相继从社会党中分离出来，并递增建了一些共产党组织，其中，影响比较大的有保加利亚共产党（КПБ）①。该党成立于 1996 年，自 2001 年起，该党一直与保社会党结成政党联盟参加竞选，领导人是亚历山大·鲍乌诺夫（Апександър Димитров Паунов），他曾当选为保加利亚第三十九、第四十和第四十二届国民议会议员。

保加利亚共产党是阶级政党，是由迪米特尔·布拉戈耶夫建立的马克思政党的精神继承者和理想接班人。它是国际共产主义运动的一部分，是世界左翼政党的保加利亚代表。保加利亚共产党坚持源于当代社会实践的马克思精神理论，借鉴国际共产主义工人运动的传统和新理念。马克思主义允许完成由空想主义到科学的共产主义的巨大的革命性飞跃，以科学为基础、以方法论的原则和运动的辩证法来理解共产主义。说的恰恰是主要的原则而不是教条。经典作家们总是着重指出共产主义的理论和实践在不断地发展，不会停留在一个地方。共产主义科学是不断地充实的理论学说，在其具体的章节里不接受任何教条主义、任何修正主义的基本立场和原则。

保共认为，发展的成果来自之前由列宁发展起来并大量丰富了的无产阶级革命学说。十月革命的胜利彰显了国际工人运动至关重要的作用和历史地位。正确的深入研究和准确的战略战术使得马克思主义理论指导下的十月革命在实践过程中获得了巨大成功。十月革命证实了列宁主义的正确性，同时无条件地反对机会主义的主张证实他们无能力对社会进行革命性改变。全世界的劳动人民都把目光投向了列宁的思想。从此，共产主义在许多国家建立并逐渐在争取和平、构建民主和社会主义社会中成为一个决定性的力量。

在 2003 年 4 月保共第四次代表大会所通过的党纲里，保共认为，21 世纪初世界正在经受磨难和痛苦，资本主义难以解决人们所面临的困难和问题，而共产主义犹如一道光芒带给人们信念和希望，带领共产主义者为平等、博爱和

① 孔寒冰. 原苏东地区社会主义运动现状研究［M］. 上海：上海人民出版社，2010：302-304.

自由而斗争。共产主义和劳工运动是一项马克思恩格斯思想武装的正义事业①。

四月党纲指出，21 世纪初，人类经历了巨大社会动荡和力不所及的压迫，使得资本世界产生了非常激烈的抽搐、折磨和痛苦，使得帝国主义为此也产生了许多无法解答的问题。黑暗之云使百万劳动人民的希望之空变得昏暗，共产党犹如一道明亮的光线再一次强有力地冲破了这条道路，注入了鼓舞人心的信念和希望：我们可以实现无数共产战士所期待的平等、博爱和自由。

共产主义通过光荣和英勇的斗争把劳动（人民）从资本（世界）中解放。伴随这一次的是复杂的、矛盾的、内容丰富的辩证的胜利，也有局部受挫的失败。但是主要因素的和决定性因素是共产主义的快速成长和进攻之路。共产主义在过去的几个世纪和资本主义所定义的社会、政治以及宗教作斗争。这是两个时代的主要矛盾。在整个现代的历史阶段，劳动斗争是以为了解放共产党人和解放极端袒护资本主义和维持资本主义为首要内容。

共产主义力量和深入人心的工人运动不仅仅是在公平的事业里，也在以无产阶级马克思恩格斯武装下（遵循）客观的历史进程（而发展）的强大知识里。

保加利亚共产党的主要目的是建设社会主义社会，立足公共所有权的生产资料，实现普遍的、国家和共产党的价值观和理想。

三、组织状况

保共最高权力机构是党代表大会，大会每 5 年召开一次。大会闭会期间党的主要领导机关为政治局（12 名成员）、书记处（6 名成员）和中央委员会（15 名成员），并设 1 名党的第一书记

1. 组织建设的基本原则是民主集中制，包括：

①自下而上，通过各级代表间接或直接选举。②基层党组织定期向上级党组织汇报。③严格党的纪律，多数表决制度。④下级党组织听从上级党组织部署安排。⑤思想意见自由，统一意见后执行党的决定。⑥允许党派、团体工作中存在不同意见，但实行民主集中制，保证党的团结。

2. 管理和运行的基本原则：

①集体领导。②坚持民主集中制原则。③平等的权利和义务。④讨论党的战略和策略时尊重意见自由。⑤统一执行决定。⑥地方党组织有权对各自事务做出决策。⑦对错误要敢于批判和自我批判，并最终改正错误。

保共根据保加利亚行政区划和党的组织结构设立三个层级的组织：基层组织、市级组织和地区（省级）组织。任何有选举权、接受保共章程和纲领的保加

① ПРОГРАМА НА КОМУНИСТИЧЕСКАТА ПАРТИЯ НА БЪЛГАРИЯ ПРИЕТА НА IV -ИЯ КОНГРЕС [EB/OL].（2011-05-26）[2017-12-20]. http：//www. comparty-bg. org/bg/2011-05-26-19-33-37/44-2011-05-26-20-27-35. html.

利亚公民都可成为保共党员并为党的任一组织工作。申请者须向党的基层组织提交书面申请并附个人简历。保共党员不能同时是其他政党的党员。

第五部分 党的国内实践活动

1. 2017 年以来保加利亚共产者联盟、保加利亚共产党人党、保加利亚共产党和保加利亚工人党（共产者）首次在五月一日一起参加游行。从阿里亚娜湖到兄弟墓，巴维尔·伊万诺夫、斯巴思·斯巴索夫、瓦西里·科拉罗夫以及“切·格瓦拉”运动代表等共产党人在红旗的指引下行进。游行队伍中途停顿了几分钟，宣读了节日宣言和米尔切·亚历山大罗夫关于工人斗争的发言。保加利亚共产者联盟主席巴维尔·伊万诺夫代表“切·格瓦拉”运动表达了阶级斗争以及同商业压榨斗争的目标，号召近期建立左翼空间，即通过劳动者力量推翻资本主义的联盟。斯巴思·斯巴索夫表示要号召建立共产党政治委员会以统一并相互协调为立场。游行队伍经过了兄弟墓，那里安葬着法西斯主义、帝国主义和资本及压迫的牺牲者。游行的主要口号是：“各国工人阶级联合起来！”“劳动人民专政！”工人和共产者的游行没有与护法机关人员产生冲突①。

2. 据保加利亚共产者联盟通报，康斯坦丁·恰卡罗夫于 2017 年 12 月 26 号去世。康斯坦丁·恰卡罗夫于 1947 年出生在保加利亚普洛夫迪夫市，其在索非亚大学法律系接受高等教育，他是托多尔·日夫科夫时期最后一个政治顾问②。保加利亚共产者联盟通报说，康斯坦丁·恰卡罗夫的葬礼于 12 月 29 日在索非亚圣母大教堂举行。

3. 共产者联盟和“切·格瓦拉”运动主席鲍威尔·伊万诺夫对《新闻战线》报记者表示，共产者联盟准备发起或者联合抗议者进行反对鲍里索夫政府的全国性抗议活动。他说，任何因英国“斯科里巴尔事件”驱逐俄罗斯外交官的企图都会遭到反对。保加利亚当局没有准备反对群众的抗议活动，这使得我们有机会捍

① Работници и комунисти отбелязаха Деня на международната работническа солидарност в София [EB/OL]. (2017-05-01) [2018-05-01]. https://komunistibg.wordpress.com/2017/05/01/1-347/.

② От Съюза на комунистите в България съобщиха, че внезапно починалият последен политически съветник на Тодор Живков ще [EB/OL]. (2017-12-26) [2018-02-11]. https://petel.bg/Ot-Sayuza-na-komunistite-v-Balgariya-saobshhiha--che-vnezapno-pochinaliyat-posleden-politicheski-savetnik-na-Todor-ZHivkov-shhe-_243811.

卫保加利亚民众反对英国、美国、北约和欧盟国家散布的所谓俄罗斯在英国所犯罪行的基本立场。保加利亚人公众必须作出反应，反对欧盟与保加利亚政府可能驱逐俄罗斯外交官的决定。这是阻止西欧及美国的帝国主义中心产生的这种疯狂幻想的唯一途径。只有民众的压力才能使当局远离反俄者和战争狂人的愚蠢行为①。

4. 保加利亚共产者联盟宣布支持拉德夫参加总统竞选。联盟主席鲍威尔伊万诺夫在给中央选举委员会的声明中表示："他（拉德夫）保证捍卫保加利亚主权、停止对俄罗斯的制裁、复兴保加利亚民族精神，并为保加利亚的民众阶层、为整个劳动阶级的利益而工作。拉德夫将军呼吁停止对保加利亚的破坏行为，停止现行的治理和经济模式以及盖尔博党（欧洲发展公民党）在国内的一党独大。拉德夫站在诚实的保加利亚人一边，其立场和行为使我们有理由相信，在他的领导下保加利亚将变得有秩序，并与其人民的总统在一起。共产者联盟号召所有党员及其支持者在保总统和副总统选举中投票支持独立候选人拉德夫将军和伊琳娜·约托娃女士。

共产党人的支持并不令人奇怪。因为提名委员会和保社会党都证实，拉德夫是独立候选人。政治学家也证实，拉德夫仅在空军学校学习时加入过保共产党②。

5. 2016 年 8 月 2 日，在波季塔诺举行了保社会党左翼联盟 12 个政党会议，讨论社会党提出的总统候选人提名。参加社会党左翼政党联盟的三个共产党：保加利亚共产党、保加利亚共产党人党和保共产者联盟同意提名尼诺娃和提德夫将军作为候选人参加总统竞选③。

（撰稿人：中南财经政法大学马克思主义学院 曾宪洪）

① Публикувано във факти. бг：Комунисти плашат с протести，ако изгоним руски дипломати［EB/OL］（2018-03-30）［2018-05-10］，https：//fakti. bg/bulgaria/294152-komunisti-plashat-s-protesti-ako-izgonim-ruski-diplomati? mobile _ full _ version＝1.

② Съюзът на комунистите застава зад стария си другар Румен Радев на балотажа［EB/OL］（2016-11-10）［2018-05-10］. http：//www. faktor. bg/bg/articles/novini/balgariya/-sayuzat-na-komunistite-zastava-zad-stariya-si-drugar-rumen-radev-na-balotazha-86362.

③ Комунистите искат ген. Румен Радев за президент［EB/OL］.（2016-08-02）［2018-01-20］. https：//offnews. bg/politika/komunistite-iskat-gen-rumen-radev-za-prezident-633663.html.

2017年摩尔多瓦共产党人党年度发展报告

第一部分　概况

1. 国名：摩尔多瓦共和国（简称摩尔多瓦）

2. 人口：355.09万人（截至2017年1月）①

3. 国土面积：3.3846万平方公里②

4. 政党名称：摩尔多瓦共产党人党（以下简称摩共）

5. 成立时间：1993年10月22日（登记注册时间：1994年4月27日）

6. 党员人数：13100人（2017年7月）③

7. 全国主席或书记：弗拉基米尔·沃罗宁

8. 摩共议会党团成员：弗拉基米尔·沃罗宁、玛利亚·波斯托卡、奥列格·赖德曼、瓦西里·潘丘克、奥克萨纳·多梅季、依列娜·邦达连科、伊娜·舒巴克

9. 政党地位：合法政党，非执政党

---

① Национальное бюро статистики Республики Молдова. численность постоянного населения Республики Молдова на 1 января 2017 года [EB/OL]. [2017-02-09]. http：//www. statistica. md/newsview. php? l=ru&idc=168&id=5523.

② Национальное бюро статистики Республики Молдова. Земельный фонд，на 1 января (2009-2016) [EB/OL]. [2018-01-26]. http：//www. statistica. md/category. php? l=ru&idc =99.

③ Партия коммунистов Республики Молдова (ПКРМ) [Z/OL]. (2008-03-15) [2017-08-30]. http：//www. e-democracy. md/ru/ parties/pcrm/.

10. 群众组织：摩尔多瓦共产主义青年联盟、摩尔多瓦共和国老兵组织、阿富汗战争老兵组织、摩尔多瓦共和国妇女组织

11. 大众传媒：摩共官方网站（http：//www. pcrm. md）、多媒体频道PComunistiloRM、摩共机关报《共产党人》、摩尔多瓦共产主义青年联盟（http：//komsomol. md/）

12. 2017 年摩共召开的代表大会及主要会议：摩共八届二中全会（2017 年 3 月）、摩共八届三中全会（2017 年 7 月）、摩共中央全体扩大会议（2017 年 10 月）

13. 最近一次参加的选举：2015 年地方选举

第二部分　党的产生及发展简史

1991 年 8 月 27 日，摩尔多瓦退出苏联成为独立的国家。独立后的摩尔多瓦放弃了社会主义道路，选择了资本主义道路。隶属于苏联共产党的摩共被禁止活动。值得指出的是，尽管摩共被禁止了活动，但与其他苏东国家的共产党相比，摩共的处境略微幸运一些。在摩尔多瓦的广大农村地区，摩共的影响力不同程度地得以保存。当然这主要是得益于摩尔多瓦执政当局忙于应付国内的各种危机，无暇顾及对摩共遗产的彻底清算。

在摩尔多瓦执政当局疲于应付来自政权、经济、国家统一等诸多领域挑战的同时，摩尔多瓦民众对执政当局的态度也出现了分化。1992 年秋天，一群对摩尔多瓦怀有真挚感情的人们，经常聚集在基希纳乌市的共青团湖畔谈论时局，商讨着应该为摩尔多瓦做些什么。摩尔多瓦前内务部部长弗拉基米尔·沃罗宁也积极参与其中。重建摩共的希望种子正是在这个时期得到播种。为了重建摩共，早期创始人员做了大量的工作。比如查阅法律条文，寻找解除“禁共令”的法律依据，准备政党注册需要的文件；在《独立摩尔多瓦》报纸上刊登文章《有这样一个党》，借此在全国营造重建共产党的气氛，为获取司法登记而与摩尔多瓦司法部门进行积极的抗争；在尚未解除“禁共令”的情况下，于 1993 年 10 月 22 日召开了摩共成立大会。来自摩尔多瓦主要城市和地区的代表共计 169 人参加了这次大会。大会通过了党的纲领和章程，并宣称是摩共的继承者。大会还选举了全国委员会，选举沃罗宁、马诺涅夫、涅古察三人共同担任全国委员会主席①，并

① Зураб Тодуа. Молдавия и молдавские коммунисты [M]. москва: издательство москва, 2009: 154.

号召那些仍然承认自己是共产党员的人们重新登记加入摩共的队伍。1994 年，摩尔多瓦农业党参与执政，为重建后的摩共谋求合法地位提供了契机。实际上摩共解散后，一部分原摩共党员加入了摩尔多瓦农业党，一定程度上影响了摩尔多瓦农业党对摩共的态度。同年 4 月初，摩共召开第二次大会，大会对党章进行了修改，通过了一些组织措施，为争取合法地位做积极准备。1994 年 4 月 27 日，对于摩共来说是一个特殊的日子。这一天“司法部向摩共发放了第 31 号登记证明”。① 摩共终于争取到了合法政党地位，迎来了第二次生命。

摩共虽获合法地位，但也面临巨大挑战。司法部发放的那张第 31 号登记证明，能够赋予摩共生存的权利，却无法给予摩共生存的能力。如何在一个资本主义的国度里求生存、谋发展、赢大选是摩共需要思考并回答的重大课题。为此，摩共不断进行探索，取得过巨大成功，也遭受过重大挫折。难能可贵的是，摩共已经成长为摩尔多瓦国内一支不可忽视的活跃的政治力量。迄今为止，摩共的发展历程大体可以划分为三个阶段。

一、创立期（1994—2001 年）

原摩共继承者的身份，对于重新组建的摩共来说是一把双刃剑。这是因为，一方面，执政当局控制下的大众媒体极力将摩共与苏联历史上不光彩的事件联系在一起，不择手段的抹黑摩共。为此，摩共面临的是比其他政党更艰难的处境。另一方面，原摩共在广大农村地区尚存在一定的影响力，这笔遗产为摩共提供了群众基础，也为摩共指引了方向。为此，摩共总书记弗拉基米尔·沃罗宁告诫全党：“真正的政党若在基层没有自己的拥护者和成员将是无法想象的。”② 在摩共总书记弗拉基米尔·沃罗宁的带领下，摩共把工作的重点放在了巩固和扩建基层党组织上。走近人民群众、团结人民群众的战略，使得摩共迅速发展起来。1995 年，摩共首次参加地方政权选举。1997 年摩共首次参加总统大选，获得 10.2% 的支持率。1998 年摩共第二次参加总统大选获得了 30% 的支持率。2000 年 6 月 5 日，摩尔多瓦议会通过一项《关于修改和补充摩尔多瓦共和国宪法》的决议。这项决议规定将限制总统的权力，扩大议会的权力。议会首脑的选举将替代总统选举。同年年底，在议会举行的总统选举中，摩共赢得了 59 张选票，距离赢得总统选举只差了 2 票。不过按照新的总统选举原则，其他参选政党所获选票也未达到赢得总统选举的必要票数。从这些数据可以看出，摩共已经由从求生存的阶段进入到谋发展的阶段。摩共与摩尔多瓦政权之间的距离变得越来越短。

① Зураб Тодуа. Молдавия и молдавские коммунисты [M]. москва：издательство москва，2009：151.

② Зураб Тодуа. Молдавия и молдавские коммунисты [M]. москва：издательство москва，2009：151.

二、执政期（2001—2009年）

2001年2月25日，摩尔多瓦举行议会选举，摩共在议会选举中获得了71个席位，赢得了大选并获得了单独组阁的权力。4月4日，摩共总书记弗拉基米尔·沃罗宁当选摩尔多瓦共和国总统。摩共多年的努力奋斗终于迎来了胜利的成果。摩共用实际行动初步回答了“共产党如何在资本主义国家求生存、谋发展”的问题。从反对党到执政党，身份的转换带给摩共新的挑战。共产党如何在资本主义国度里执政？这是摩共赢得总统大选后需要回答的重要课题。

2001年4月21日至22日，摩共四大召开。这次全国代表大会是摩共执政后召开的首次全国代表大会。这次大会选举了新一届党的中央领导机构，并选举弗拉基米尔·沃罗宁当选党的总书记。同时大会就修改党章、党纲问题进行了重点讨论，并提出了一整套以振兴国家为核心目标的治国方略。在第一执政期内，摩共向选民兑现了当初竞选的承诺，取得了自摩尔多瓦独立以来任何一届政府都未曾取得过的辉煌成就。与此同时，从反对党到执政党，摩共始终注重自身的建设问题，党的队伍迅速得到壮大。2003年9月27日，摩尔多瓦公民美德党加入摩共。另据统计，2001年1月至2004年10月，摩共新增党员1.1万人，数量上几乎翻了一番①。

2004年12月11日，摩共五大召开。为了迎接2005年的大选，摩共五大提出了竞选纲领。这份竞选纲领阐述了摩共在未来四年的四大战略规划，即“新品质的生活、经济现代化、欧洲一体化、社会稳定”②。总的来说，这份竞选纲领令摩尔多瓦民众对未来充满信心。2005年大选之际，在振奋人心的竞选纲领、卓越的执政业绩、正确的竞选策略等多方因素的影响下，摩共克服西方国家颜色革命思想的冲击、排除俄罗斯的干扰，最终以联合执政的方式赢得了议会选举，摩共总书记弗拉基米尔·沃罗宁再次当选摩尔多瓦总统。再次赢得大选、实现连续执政，摩共再一次用实际行动证明了，在资本主义国度里，共产党不但可以通过合法途径赢得执政地位，而且还有能力收获优秀的执政业绩，实现连续执政。值得指出的是，这次大选结果与2001年大选结果相比较，摩共的支持率下降了3%，并没有获得单独组阁的权力，而是与基督教民主人民党、摩尔多瓦民主党、社会自由党结成联盟才实现了连续执政。与此同时，第二执政期的各项社会经济发展指标定得过高，兑现这些目标的难度比较大。这些因素都预示着，摩共的第二执政期面临着更加严峻的挑战。

在第二执政期内，摩共把主要精力投放到了振兴国家经济上，继续推行经济

---

① 杨连弟．摩尔多瓦：“红色政权”重新崛起［J］．当代世界，2001（4）：17-18.

② Платформа Партии Коммунистов Республики Молдова на парламентских выборах 2005 года［Z/OL］．（2005-01-06）［2018-03-08］．http://www.e-democracy.md/ru/elections/parliamentary/2005/opponents/pcrm/program/.

改革。同时，摩共也十分注重党际间的对外交往。2007 年 1 月 13 日，摩共正式加入欧洲左翼政党组织，成为独联体国家首个加入欧洲左翼党的左翼政党。2008 年 3 月 5 日，摩共六大召开。摩共六大讨论了党章、党纲修订的问题，并认真研究了摩共党员队伍更新换代及党的对外开放问题。摩共六大决定自六大起，摩共代表大会向大众媒体开放，允许大众媒体对摩共大会的情况进行现场直播。摩共六大还提出了新的行动纲领，即：保卫主权，巩固国家；恢复国家领土完整；实现国家现代化，将摩尔多瓦从一个以农业经济和官僚资本为主的社会逐渐转变为以知识、能力、技术、民主、文化为特征的后现代社会。值得指出的是，当摩共兢兢业业振兴经济、治理国家之时，摩尔多瓦经济却遭遇了国内外的不良因素沉重打击。在摩共六大以后，受国际金融危机和国内罕见水灾的影响，摩尔多瓦经济增长速度大幅度下降。幸运的是，摩共此前推行的经济改革开始发挥了作用，使得摩尔多瓦成为 2008 年年底世界上金融最稳定的五个国家之一。正如弗拉基米尔·沃罗宁所说，出乎人们的意料，摩共兑现了自己在 2005 年的竞选承诺。

2009 年 4 月 5 日，摩尔多瓦迎来议会选举。摩共在这次选举中获得了 60 个议会席位，距离竞选总统职位只差 1 个席位，而其他政党纷纷表示不愿与摩共组成联盟，结果摩尔多瓦不得不提前举行议会选举。2009 年 7 月 29 日，摩尔多瓦举行议会选举。在这次议会选举中，摩共获得 48 个议会席位①，保持了议会第一大党的地位，但失去了总统职位，成为反对党。

关于摩共为什么会失掉政权，摩共七大政治报告中给予了回答。摩共七大认为，摩共在 2009 年失掉政权的原因主要来自三个方面。第一，摩共没能成功组建一个政治型政府。摩共执政期间的政府工作人员不是由无党派的工作勤劳的人士组成，而是带有明显党派利益纷争的人士组成。第二，针对摩共六大提出的党的新行动纲领，摩共没有提出与新行动纲领相对应的党的组织原则。第三，2008—2009 年国际环境发生了深刻的变化，主要是摩尔多瓦与俄罗斯及摩尔多瓦与欧盟之间的关系发生的系列变化。由此我们可以看出，摩共失掉政权与当初她获得政权是一样的，都是一个多方因素相互作用的结果。值得指出的是，摩共执政不论成功还是失政，都不过是发生在资本主义国度里一个合法政党都可能会拥有的经历，只不过因为意识形态的冲突，摩共想要通过合法途径赢得政权会比其他类型的政党更加不容易，需要付出更多的努力。

三、蛰伏期（2009 至今）

总统竞选失利后，摩共面临的最大挑战来自内部的分裂。2009 年 6 月 10 日，前议长玛丽安·卢普公开发表声明因自身立场与党的立场发生冲突而决定退出摩共。不久，因不赞成摩共抵制总统选举的做法，弗拉基米尔·楚尔坎、维克

① Дорочные парламентские выборы в Молдове 29 июля 2009 года [Z/OL]. [2018-01-26]. http://www.e-democracy.md/ru/elections/parliamentary/20092/.

多·斯捷潘纽克、柳德米拉·别利奇科娃、瓦连京·古济那克、斯韦特兰娜·鲁苏宣布退出摩共议会党团。2011 年，声称为了逃避提前大选尽快选出总统，为了革新政权维护政治和社会稳定性，伊戈尔·多东、季娜伊达·格列恰内、韦罗妮卡·阿布拉姆丘克宣布退出摩共议会党团。2012 年，因不赞成摩共组织的抗议行动，瓦季姆·米申、奥列格·巴边科、达吉雅娜·博特纳柳克、约恩·切班宣布退出摩共议会党团。2014 年 6 月 7 日，以工作中存在缺陷为由，尤里耶·蒙加纳、玛尔卡·特卡丘卡、格里高里·彼得连科三名政治局主要成员被解除职务。2014 年 12 月 29 日，伊丽娜·弗拉霍宣布退出摩共，以独立身份参加加告兹地区领导人的选举。2015 年 12 月 21 日，以摩共议会党团主席维奥莱塔·伊万诺夫为首的 14 名代表宣布退出摩共议会党团。除了摩共高层领导人物的退党、叛党之外，广大的基层党组织也深受重创，很多地方的基层党组织处于松散或停止工作状态，基层党员流失严重。

在失去政权初期，摩共一方面承受着党内分裂的剧痛，一方面努力打开工作局面，并把重新夺取政权作为全党最重要的任务。为此，摩共实施了一系列重返政权的举措。首先，为了组建一定程度上的政治联盟，摩共曾经尝试与民主党达成某种妥协（2009 年 10 月和 2010 年 12 月），也曾尝试与自由民主党达成某种妥协（2011 年 10 月），还曾建议改进国家的管理战略（2011 年 12 月），但都因国内政治环境和某些体制的演变而沦为泡影。其次，组织大规模的群众和平游行示威活动。失去政权的摩共决心深入基层，走进选民。在这期间，摩共组织群众反对现政权的和平游行示威活动，并组建了真正民主的机构——公民代表大会。从 2011 年到 2012 年的上半年，摩共的这种实践初现成效。在地方选举阶段，摩共在 2012 年年初的影响力明显高于她在 2011 年夏天时的影响力。在失去政权的最初三年中，依据社会民意测验的结果，摩共的影响力高于摩尔多瓦执政党，(摩共七大报告)。摩共仍然是摩尔多瓦共和国不可忽视的一支政党力量。再次，提出了《摩尔多瓦方案》。摩共在失去政权后的第一年即提出了《摩尔多瓦方案》，该方案中包含了摩尔多瓦共和国 40 个城市的发展方案，被摩共誉为摩共党员的活动指南。很可惜多年过去了，《摩尔多瓦方案》的实施效果却不能令人满意，就连摩共中央意识形态宣传委员会也不得不承认这个方案没有得到有效的实施。摩尔多瓦当局制造的种种困难是导致该方案最终搁浅的主要原因。

2012 年 6 月 9 日，摩共七大召开。弗拉基米尔·沃罗宁再次当选党主席。摩共七大向广大党员特别是议会党团成员提出三点建议。第一，今后一段时间党的工作重心应放在议会斗争中，同时加强与公民代表大会的密切合作。第二，积极向民众宣传摩共正积极努力夺回政权实现《摩尔多瓦方案》。第三，摩共主张摩尔多瓦第一步加入关税同盟，第二步加入欧亚联盟。摩共七大后，在七大精神的指导下，摩共积极投身于议会斗争中，取得了一定的成绩。比如，推动摩尔多瓦共和国成为永久中立国。积极促成摩尔多瓦加入关税同盟和欧亚联盟。与此同时，摩共议会党团也多次向政府发起不信任案，导致摩政府频繁更替。这个时期，摩共与社会组织的交往日益密切，并经常公开一起活动。最突出的一个事件是，2016 年，摩共联合摩尔多瓦妇女组织、二战老兵组织、共青团组织等组织一起抵制全民投票方式选举摩尔多瓦总统。

2016 年 11 月 19 日，摩共八大召开。失去政权七年的摩共，为了迎接八大的召开，从基层到中央召开了多次总结和选举大会，选举了一批年轻人进入基层组织和中央领导机构，不过弗拉基米尔·沃罗宁再次以高票当选为党的书记。摩共八大为摩共规划了未来的发展方案。主要内容包括：第一，加强党的建设，注重党内意识形态思想的统一性；第二，在《摩尔多瓦方案》的基础上提出实行有计划的社会改革方案，推出全新的全民发展构想；第三，继续积极开展议会斗争；第四，积极加强与摩国内各社会组织的合作及与国内外左翼政党、共产党的交流与合作；第五，继续利用《共产党人》报做好摩共的对外宣传工作。

2017 年摩共的活动主要围绕着两个主题，其一是纪念十月社会主义革命胜利 100 周年。其二是为 2018 年摩尔多瓦大选做准备工作。

第三部分　摩共的理论及组织状况

一、指导思想

摩共在党章中宣称，在制定党的政策和从事实践活动时，摩共遵循发展的马克思列宁主义理论、现代科学的丰富成就、世界共产主义和工人运动的经验①。

二、组织结构和组织原则

1. 组织结构

依据摩共党章规定，摩共党组织结构主要可以划分为三个层次，即基层组织、市级和地区级组织、国家级组织。

(1) 基层党组织

基层党组织是摩共的基础。创建基层组织至少需要三名共产党人党党员。基层党组织可以按需求在国内创建行会党组织和党小组。共产党人党党员大会是基层党组织的上级领导机构。共产党人党党员大会至少每个季度召开一次会议。参

---

① Ⅵ Съезд ПКРМ. Устав ПКРМ (Утвержден на Ⅵ Съезде15 марта 2008 года) [R/OL]. (2008-03-15) [2017-08-30]. http://www. e-democracy. md/ru/parties/pcrm/.

会人数超过该党组织党员人数的半数，大会即被视为有效会议，大会决议获得半数以上参会成员的赞成即被视为通过。大会每年举行一次选举，选出党组织的书记、副书记和出纳员，还要选出至少15名成员组成的党委会，该党委会每月至少召开一次会议，党委会接受党组织书记的领导。

在选举的形式、工作的方法以及使用剩余的党费方面，基层党组织拥有独立处理问题的权力。在不与党的纲领和章程相抵触的情况下，上一级党的机构无权撤销基层党组织做出的决议，特定事务上的决议例外。此外，基层组织肩负着吸纳新党员、保卫党员尊严和法律权益、选举市或地区一级党的会议的代表、为参选地方管理机关提供推荐人选、对当选地方或国家级机关的党员施加影响等任务。

(2) 市、区党组织

市、区党员全体大会或者每两年召开一次的代表会议是市、区党组织的最高领导机构。如果半数以上党员参会，则党员全体大会被视为有效会议，会议决议得到半数以上参会人员赞成，即被视为有效决议。半数以上当选代表参会，则代表大会被视为有效会议，会议做出的决议获得半数以上参会代表的赞成，即被视为有效决议。市、区党员全体大会或者代表会议有权听取市、区党委会和纪律检查委员会的报告，商讨社会经济形式及政策和党内生活的问题，选举市、区委员会和纪律检查委员会并听取他们的汇报，选举参加全国党的会议和党的代表大会代表。

在全体党员大会和代表会议的间隔期间，市、区党组织的活动由至少每三个月召开一次的委员会领导。市、区委员会会议间的间歇期间，市、区党组织活动由市、区党委会领导。市、区党委会由市、区委员会在它的组织全会上选出。市、区委员会选举第一书记及其他书记，他们也当选党委会成员。党委会会议每月至少召开一次。

(3) 国家级党的组织机构

摩共全国代表大会是摩共的最高领导机关。大会每四年召开一次。半数以上当选代表参会，即大会被视为有效会议。大会所做出的决议获得半数以上参会代表的赞成，即被视为有效的决议。摩共全国代表大会拥有修改党的纲领和章程，选举中央委员会和中央纪律检查委员会并听取他们的工作汇报，选举党的主席，提出党竞选总统的候选人名单等权力。

党的主席由摩共全国代表大会选举产生，向摩共全国代表大会负责，任期四年，是党中央委员会和党中央委员会政治局成员，主要承担协调党的中央委员会和中央委员会政治局之间的工作，协调党与议会、政府、司法机构的关系以及与外国兄弟政党的关系。

在党的全国代表大会休会期间，国家级党的代表会议有权听取中央委员会和中央纪律检查委员会的报告。半数以上当选代表参会，则国家级党的代表会议即被视为有效会议，大会所做出的决议获得大部分参会代表的赞同即被视为有效。

在党的全国代表大会休会期间，摩共的活动由中央委员会领导。中央委员会至少每四个月召开一次。半数以上中央委员会委员参会，中央委员会会议才能被视为有效。中央委员会做出的决议需征得半数以上参会成员的同意才能被视为有效。中央委员会召集党的全国代表大会和党的代表会议。选举执行书记和中央委员会的书记们组建中央政治局。中央政治局至少每个月召开一次会议，负责召集和准备中央委员会全体会议。

摩共中央纪律检查委员会由党的全国代表大会选出。依据检查结果向中央委员会政治局或者中央委员会提出建议。中央纪律检查委员会在自己的会议上选举主席和副主席。中央纪律检查委员会会议至少每四个月召开一次①。

2. 组织原则

依据摩共党章规定，摩尔多瓦共产党内组织原则主要包括以下几点：

(1) 摩共党内关系和党内活动遵循党员群众认可、党员权利在党组织生活中得到充分保障和民主集中制的组织原则。

(2) 摩共行动的战略和战术具有全党性质或者全国性质，只有全国代表大会或者中央委员会有权力做出决定。地方党组织可以向中央委员会提出建议，但没有做出决定的权力。

(3) 党员队伍的团结和党的工作能力因下列因素而得到保障：入党的自愿性，认真完成党委托的事务，所有共产党员拥有共同的理想和唯一的纪律准则；党员享有平等的权利和义务；在党章框架下，对于党内生活所有问题的决定，党组织具有自我管理和独立性；保障党组织参与制定和实施党的政策的机会；党的生活的广泛民主，为自由表达意愿，建设性的批评以及为少数人提供陈述权力的辩论创造条件，在党的文件上记录自己的意愿，并可以在做出决定前一直保留它；在违反党的纲领和章程的情况下，中央委员会有权对违规的党组织做出重新登记的决定。在重新登记的情况下，共产党人的党组织如果没有在中央委员会规定的时间完成重新登记，即被视为退出摩共。

(4) 当选为党的会议或大会的代表，同时又被推荐进入上一级党的机构的候选人，这时对这一问题做出最终决定的权力在会议和代表代会之外。

(5) 当选的党机构可以创建附属的工作机关，确定其结构。劳动立法在党的机关工作人员中得到推广。

(6) 根据现行宪法，党可以建立必要的大众媒体。他们领导人的确立和解职由中央委员会全体会议做出决定。

(7) 为了协调入选进代议制政权机构工作的摩共党员的活动，在这些机构行使权力职能的时候能够联合成党小组或党团，他们的工作由推荐他们的党组织汇报。

① Ⅵ Съезд ПКРМ. Устав ПКРМ（Утвержден на Ⅵ Съезде15 марта 2008 года）［R/OL］.（2008-03-15）［2017-08-30］. http：//www. e-democracy. md/ru/parties/pcrm/.

(8) 在任职期满之前，依据辞职声明或所在党组织不少于一般成员的要求或中央委员会的决定，市、地区和基层党组织当选机构的构成可以在提前举行的代表会议或是大会上得到更新或是重新选举。特殊情况下，摩共中央委员会及中央纪律检查委员会增补委员，市、地区党委员会及他们的纪律检查委员会增补委员，需要得到这个当选机构大部分参会成员做出决定。

(9) 取得代议制政权机关选举候选人的摩共成员，可以是出现在政党的名单之中，也可以单独席位没有政党机关推荐，不享受政党支持。

(10) 基层党组织的秘书、党所有级别的机构领导人、会议和全国代表大会的代表的选举采取公开或者秘密的投票方式进行。投票的方式由各级别的会议确定。

(11) 关于退出中央委员会或者退出其他当选的党的机关的问题，需要由相应的中央委员会全体会议或者其他当选机构召开会议做出决定，且需要该党机构召开大会有大部分成员同意。

(12) 入选政权机关的摩共党员或者在这些执行机关肩负领导职责的摩共党员，在拒绝完成党的决定和实施党的政策的特殊情况下，在他们离开党的队伍之前，应该履行党的职责。

(13) 在雇佣劳动工人的社会保障方面，摩共与工会相互作用。

(14) 摩共支持青年共产主义组织，并视它们为自己队伍的后备力量，与社会主义方向的妇女组织相互作用①。

三、入党资格

依据摩共官方网站公布的资料显示，凡年满18周岁，承认党的纲领和章程，有两封2年以上党龄党员提交的书面介绍信，参加党的任何一个基层组织的活动，完成党的任务并且按时交纳党费的摩尔多瓦共和国公民可以成为摩共党员。正式加入摩共，需得到所在居住地的党组织的同意，如所在居住地没有党组织时，则由高一级党组织机构同意。退出其他政党加入摩共的，一般情况下需要基层党组织出具必要的证明，以及区级党委或者是市级党委出具相应的证明或者是中央委员会出具的通知书。加入摩共区委、市委的成员被授予中央委员会单独特制的党员证。摩共党员不能同时加入其他政党。在不违反法律和党的纲领目标的前提下，摩共党员拥有追求自由和参加社会政治的公民权利②。

① Ⅵ Съезд ПКРМ. Устав ПКРМ (Утвержден на Ⅵ Съезде15 марта 2008 года) [R/OL]. (2008-03-15) [2017-08-30]. http: //www. e-democracy. md/ru/parties/pcrm/.

② ПКРМ. Кто может быть Партии коммунистов Республики Молдова [EB/OL]. [2017-08-30]. http: //www. pcrm. md.

第四部分　党的国内实践活动

一、2017 年度摩共的重要会议及决议

2017 年 3 月 4 日，摩共八届二中全会召开。摩共中央负责社会经济问题的书记雷伊德曼首先向大会做报告《关于国家社会经济形势和摩共向民众阐释当局政策致命错误的任务》。经大会讨论，做出了如下决定。第一，摩共坚决反对右翼自由-民主执政联盟的社会经济发展方案。第二，针对执政当局宣扬的社会经济发展取得的成就，摩共党员要坚决向广大民众揭露真相。第三，摩共中央委员会委托摩共议会党团依法递交关于改革退休金和冻结医疗服务税率的提案。第四，在议会讨论有关税收-预算和贸易政策法规时，摩共议会党团要坚决反对任何增加税收以及拖延企业转移资金时间的行政法规。第五，摩共基层党组织要组织党员学习摩共中央委员会报告，并有针对性地向民众宣扬报告的内容，以利于争取民众的支持。第六，向全体摩共党员揭发摩尔多瓦社会党与摩尔多瓦民主党及执政当局关系的阴谋。第七，各区委委员会及代表们应当终止同摩尔多瓦社会党人的任何联系。第八，《共产党人》报纸刊发摩共八届二中全会的资料，包括报告、决策及参会代表的发言。第九，责成摩共中央政治局特别是摩共中央主管社会经济问题的书记雷伊德曼来监督和实施本决议。

鲍德娜列恩卡向摩共八届二中全会作报告《关于摩共中央委员会完成摩共八大决议的政治组织措施计划》。大会对这份进行了充分的讨论，并做出如下决议。第一，批准摩共中央委员会关于完成摩共八大决议的政治组织措施计划。第二，摩共中央政治局、市委员会、区委员会、基层党组织应当保证完成计划。第三，摩共中央政治局、市委员会、区委员会应当开展改善党组织结构和进一步推动党发展的工作。应当确保落实与摩共中央提出的有关纪念十月革命 100 周年的系列号召。应当引导民众开展对当局政府的批评，同时巩固摩共的选民队伍。第四，责成摩共中央政治局监督和完成这项工作。

斯塔雷什向大会作报告《关于创建摩共中央委员会专门工作小组》。大会认真讨论这份报告后，作出如下决定。第一，在摩共中央委员会中创立专门负责党组织工作、意识形态工作、社会经济工作的小组。第二，分别委托鲍德纳列恩卡、斯塔雷什、雷伊德曼领导摩共中央委员会的专门工作小组工作。第三，专门小组代表负责在专门小组会议上研究和批准工作计划并组织完成这些计划，同时

还应当及时向摩共中央政治局汇报专门小组的工作。第四，由摩共中央政治局来监督这些决策的落实情况。

2017年7月1日，摩共中央八届三中全会在首都基希纳乌召开。会议强调，在落实摩共八大确定的任务中，影响与协调摩共与社会组织之间的活动占据重要的位置。这次大会特别强调了如下几点：第一，摩共区委及基层党组织的基本任务是，不断扩大对社会组织的影响力，创新与社会组织合作的新的路径；第二，在地方政权的机构中应当经常捍卫老年人的利益；第三，制订切实可行的青年工作重组的措施，对共青团的创建和巩固给予积极的帮助；第四，为每一个居民定居点创建妇女组织提供保障；第五，巩固和发展同阿富汗战争老兵组织的关系；第六，对巩固军官组织内部的团结产生积极影响；第七，探索与工会及其他非政府组织之间创建建设性关系的可能性①。

2017年10月28日，摩共中央委员会举行了全体扩大会议，旨在纪念伟大的十月革命100周年。全会一致通过了一封文案《倘若没有十月革命，你的未来将毫无可能——写给后代们的信》，以此表达对十月革命的缅怀和对共产主义信念的坚守。

二、摩共在议会内外开展的斗争

摩共议会党团成员现有7人。据《共青团真理报》提供的资料显示，2017年摩共议会党团向议会提交11份议案，其中5项提案正在审议中，6项提案进入落实阶段②。进入落实阶段的6项提案包括：关于暂停政府提高医疗服务税率的提案，关于落实供水及卫生服务类消费者权益提案，解决首都基希纳乌城市垃圾存储及处理的优化方案提案，关于修改教育法的提案，关于重新审查医疗服务价格计算方法的提案、关于教育部制定的幼儿园暑期教育规定提出质疑的议案。

除自己提出议案之外，摩共议会党团还参与针对其他议会党团所提议案的投票活动。比如，摩尔多瓦民主党议会党团提出的议案《电视和广播法则》，旨在限制俄罗斯媒体在摩尔多瓦境内的运营。摩共议会党团投了反对票。摩共议会党团主席伊娜·舒巴克对此给予了两点解释。其一，在信息传播发达的今天，人们获取消息的渠道不限于电视和广播，此项提案并不能真正阻止俄罗斯在摩尔多瓦信息传播。其二，摩尔多瓦限制俄罗斯媒体在摩尔多瓦的宣传和运用，却允许美国、欧盟等国家的宣传媒体进入摩尔多瓦，这种有选择性地甄别外国信息传播违

---

① III Пленума ЦК ПКРМ. Партия коммунистов расширяет взаимодействие с общественными организациями [N/OL]. Коммунист，(2017-07-01) [2017-12-12]. http：//comunist. md/index. php? newsid=3139.

② Итоги работы парламентских фракций Молдовы в 2017 году：больше всех проектов зарегистрировали демократы，за ними-социалисты [N/OL]. комсомольская правда，(2017-12-30) [2017-12-30]. https：//www. kp. md/daily/26776/3810476/#print.

反人权。然而，该项提案还是在摩尔多瓦议会中获得了 61 票赞成票，得到通过。在 2017 年 12 月，摩尔多瓦自由党议会党团提出为罗马尼亚最后一任沙皇米哈伊尔默哀一分钟。摩共议会党团对此提案投了反对票。此外，摩尔多瓦民主党提出议会实行混合选举制度的提案，即变各议会党团选举 101 个议会席位的制度，为议会党团选举出 50 个议会席位，独立选团选举出剩下 51 个议会席位。该项提案最终在摩尔多瓦社会党团的大力支持下获得通过，但摩共议会党团投了反对票。

在议会斗争中，摩共议会党团除了常用提交提案的手段之外，还使用发起不信任投票的议会斗争手段。依据摩尔多瓦议会条例，对政府发起不信任投票，需要获得不少于 26 票，而对部门发起不信任投票，则需要不少于 15 票。2017 年 6 月 11 日，针对宪法法院将摩尔多瓦国语改称为罗马尼亚语的违宪决议，摩共议会党团这次对宪法法院发起的不信任投票，获得了 19.34％赞成票。2017 年 3 月，摩共发起针对政府副总理尤里・良凯的不信任投票。其理由是尤里・良凯公开发表不负责任的言论呼吁罗马尼亚吞并摩尔多瓦。除了摩共议会党团自己可以发起不信任投票外，还可以参与其他议会党团发起的不信任投票。比如，2017 年 6 月，摩尔多瓦自由民主党发起针对菲利普政府的不信任投票，旨在指责菲利普政府掩盖本国制药企业非法运输合成代谢药物。摩共议会党团投了赞成票。

从 2017 年摩共议会党团的主要活动看，正如摩共议会党团主席伊娜・舒巴克所言，摩共议会党团始终把摩尔多瓦人的社会经济利益作为摩共首要思考的问题。与其他摩尔多瓦议会党团相比，2017 年摩共议会党团提交的提案数量在五大议会党团中属于最少的，但却主要集中在为摩尔多瓦人民群众谋求社会经济利益方面。这证明了摩共是为人民群众谋利益、谋幸福的党。为了人民群众谋利益，赢得人民群众的信任和支持，客观上为摩共东山再起创建群众基础。此外，这类政治色彩不够浓厚的提案往往不易引发各议会党团之间的纷争，也较容易得到通过。这在一定程度上可以提升摩共议会党团在议会中的影响力，助其在议会中树立良好形象，同时也可借此为与其他议会党团建立合作关系奠定基础。

从 2017 年摩共议会党团议会斗争的结果来看，摩共议会党团在议会的影响力较弱。与摩共议会党团政见相左的具有明显政治倾向的提案，往往会受到议会大多数的通过。这也反映出摩尔多瓦左翼力量的不团结，左翼势力在摩尔多瓦的影响力在下降，而摩尔多瓦右翼势力成为国家政治的主导力量。值得指出的是，2018 年 2 月，摩尔多瓦将实现新的选举制度，即混合选举制度。混合选举制度将更加助力摩尔多瓦右翼势力的巩固和发展，同时摩共若想东山再起也将面临更大、更多的挑战。

从 2017 年摩共议会党团投票反对的提案及发起和支持的不信任投票来看，摩共是一支维护国家主权独立，维护摩尔多瓦民族尊严的一支政治力量。加入欧盟是摩尔多瓦共和国独立以来的夙愿。二十多年来，却迟迟不能如愿。2017 年，摩尔多瓦国内出现这样一股势力，他们把加入欧盟的希望寄托在与罗马尼亚合并上。因为两国历史上的复杂关系，且罗马尼亚已经具有欧盟成员国的身份，与罗马尼亚合并就意味着顺理成章享有欧盟成员国的一切权力。这股政治势力不但公开向罗马尼亚喊话要求被合并，还在议会发起提案，提出要将罗马尼亚定为摩尔多瓦的国语。只是，他们的这种做法没有引起罗马尼亚方面的兴趣。罗马尼亚总统也正面回应了这个问题，罗马尼亚无意与摩尔多瓦合并。摩共始终并坚持站在了维护摩尔多瓦民族尊严和国家主权独立的立场上，联合多个议会党团共同抵制类似这样的行为。

摩共除在议会开展斗争外，也常常在议会外开展斗争。比如，2017 年 3 月 14 日，部分摩共党员与摩尔多瓦共青团员参加了旨在反对乌克兰政府拟在德涅斯特河上修建六座水电站的民众请愿活动。这次民众请愿活动最终签署了一份请愿书，要求乌克兰政府不得在德涅斯特河上修建水电站，避免德涅斯特河发生不可逆转的生态灾难。2017 年 5 月 5 日，摩共中央号召并组织民众赴议会大厦抗议混合选举制度。2017 年 10 月 3 日，摩共号召首都基希纳乌市的市民们参加 11 月 19 日的旨在解除基希纳乌市市长的全民公投活动。总的来说，摩共斗争的方式主要还是以议会斗争为主，议会外斗争为辅。

三、摩共党内主要活动及主要观点

2017 年的摩共工作主要包括两个方面。第一，庆祝十月革命胜利 100 周年。为此，摩共举行了系列主题会议。在这些会议中，大家分阶段讨论了 1917 年革命的重要转折点及其与之相关的事件：资产阶级二月革命、列宁的《四月提纲》、《真理报》的周年庆祝会、1917 年重要的七月事件、1917 年的十月事件。2017 年 10 月 27 日，摩共在基希纳乌与欧洲左翼党联合举办了国际会议庆祝十月革命胜利 100 周年。近 20 位来自欧洲及独联体国家的共产党和左翼代表参加了这次会议。他们主要来自西班牙、德国、捷克、芬兰、罗马尼亚、爱沙尼亚、俄罗斯、白俄罗斯、丹麦、希腊、保加利亚和其他国家。超过 1000 名我们的积极分子和老战士参加了这次大会。庆祝十月革命 100 周年的系列主题会议贯穿整个 2017 年。正如摩共总书记弗拉基米尔·沃罗宁所说，2017 年的摩共是在纪念十月社会主义革命 100 周年的标志下度过的。

第二，2017 年摩共最重要的工作是各级党组织举行总结和选举大会。这一年，各个地区的摩共基层党组织举行了上百场总结和选举大会。大会选出了一批新的领导人，讨论了若干问题，确定了未来的任务。确保了各基层党组织的有效正常运行。在各基层党组织如期召开总结和选举大会的同时，摩共中央也召开了总结和选举会议。2017 年 11 月，阿拉·米罗尼克出任摩共中央政治局委员，并重新开展议会代表工作。至此摩共议会党团成员共有 7 名成员。此外，雷伊德曼、博德纳娜列恩卡两位代表出任摩共中央委员会书记。弗莱基米尔·沃罗宁再次出任摩共党主席。关于 2017 年摩共工作，党主席沃罗宁指出，摩共增加了有组织的抵抗反人民政权的活动，斗争的形式变得更加积极。摩共要努力发展党在互联网上的存在感，除了继续办好党报《共产党人》外，要继续努力利用大众资源，争取突破执政当局对摩共的信息封锁①。

摩共议会党团现有 7 名成员。2017 年他们的工作繁忙而有序。这一年，摩共议会党团代表需要经常积极参加摩共中央委员会及摩共中央纪律检查委员会的会议、党小组会议、党的例行会议、基层党组织的会议，还要经常奔赴摩尔多瓦居民点与选民们见面，倾听选民们的声音。摩共议会党团代表除了要经常参加摩共中央委员会组织的活动外，还会参加摩尔多瓦共青团、妇女组织、老兵组织及阿富汗战争老兵组织组织的活动。摩共代表积极参加社会组织《为了自由的祖国》的会议，呼吁加强与政权作斗争的力量②。

摩共对 2017 年摩尔多瓦国内的发生的大事件的态度：第一，反对摩尔多瓦罗马尼亚化，保护摩尔多瓦语的宪法地位。第二，反对变更议会代表选举的规则。(议会党团中选出 50 人，选区选出 51 人)，第三，反对在摩尔多瓦设立北约办事处，认为此举违反了摩尔多瓦中立国的原则。第四，积极评价十月社会主义革命胜利 100 周年的纪念活动。并认为，纪念十月社会主义革命，可以重新思考革命的结果，透过革命的棱镜仔细观察今天事态的变化，评价革命对欧洲和世界的影响。第五，2019 年摩尔多瓦将举行议会选举。届时议会选举将按照新的比例代表制混合选举方案进行。摩共认为在即将到来的大选年之际，党最重要的任务是变更混合选举制度③。

四、摩共与国内社会组织之间的交往

目前，摩共已经与摩尔多瓦妇女联盟、退伍军人协会、军官联盟、青年组织建立了经常性的合作关系。尤其是每年摩共都会派代表参加摩尔多瓦共青团及摩尔多瓦妇女组织的大会，并发表重要讲话。摩尔多瓦共青团及摩尔多瓦妇女组织也会派代表参加摩共主持的大会。2017 年又是摩共与这些群众组织友好而密切合作的一年。2017 年 3 月 23 日，沃罗宁会见了俄罗斯《胜利的继承者》组织，共同庆祝摩尔多瓦退伍老兵组织成立 30 周年。2017 年 5 月 5 日，摩共发表声明，摩共将联合摩尔多瓦退伍老兵组织及“为了自由祖国”社会组织共同领导胜利日的游行。2017 年 11 月，摩尔多瓦政府决定驱逐摩尔多瓦老兵组织的总部，摩共发表声明声援老兵组织，谴责政府的这一行为。此外，摩共也在党的重要会议上强调指出，要切实维护老年人的利益。总而言之，这些群众组织是摩共坚定

---

① newsmd. Воронин подвел сегодня в ходе пресс-конференции итоги 2017 года [EB/OL]. (2017-12-20) [2017-12-30]. https://newsmd. md/news/23678-voronin-podvel-segodnya-v-hode-press-konferencii-itogi-2017-goda. html.

② ADMIN. текст доклада председателя парламентской фракция ПКРМ ИННЫ ШУПА на пленуме ЦК ПКРМ об отчёте по работе фракции в парламенте РМ [EB/OL]. (2018-06-18) [2018-08-30]. http://komsomol. md/текст-доклада-председателя-парламен.

③ TRIBUNA. MD. В преддверии будущей победы [N/OL]. Коммунист, (2018-02-02) [2018-08-30]. http://comunist. md/index. php? newsid=3757.

的拥护者和同情者，且会在很多问题上与摩共保持政见一致。在 2017 年 11 月 22 日摩共的新闻发布会上，摩共总书记及摩共意识形态中央委员会书记强调，未来摩共将依靠自己的实践活动，团结一切与摩共有共同目标的社团组织、公民组织，一起拯救摩尔多瓦，使其免遭黑手党和外敌侵略。下一步将继续扩大与为了国家社团的合作。然而摩共在加强与社会组织的联系中，却始终与摩尔多瓦工会无法建立合作关系。尽管摩共八届三中全会形成了决议，要求摩共积极探索与工会等非政府组织创建建设性关系，但是在摩尔多瓦国内一些重大问题上，摩共与摩尔多瓦工会常常政见不和，双方若想改善关系，任重而道远。比如，在 2017 年 12 月 10 日，摩共索罗卡地区党组织号召摩尔多瓦同胞们抵制宪法法院作出的将摩尔多瓦国家语言改为罗马尼亚语的裁决，但这份裁决却受到了摩尔多瓦工会组织的支持。

五、摩尔多瓦的左翼力量

近年来，摩尔多瓦左翼力量主要包括：摩尔多瓦社会党、“我们的党”、绍尔党及摩共。支持左翼力量的选民人数也接近摩尔多瓦居民的半数。这些选民选择支持左翼力量，主要是受到民粹主义、地缘政治、选民民族成分及马克思主义信仰等因素的影响，其中前三种因素对选民们的影响更大。非常可惜，摩尔多瓦的左翼力量不团结，且左翼政党也面临着内部分裂的挑战。2017 年，摩尔多瓦各左翼政党的合作并不多，且彼此之间对国内大事的看法和观点常常无法调和。比如，在摩尔多瓦选举制度改革这一问题上，“我们的党”和摩共反对摩尔多瓦实行混合选举制度，而摩尔多瓦社会党并不反对实行混合选举制度。此外，继伊戈尔・多东等人背离摩共选择加入摩尔多瓦其他政党后，2017 年，一部分背离摩共的人组建了新政党——社会主义人民党。该党宣称自己是一个社会民主的和温和的左翼运动。来自摩尔多瓦 24 个地区的 250 名代表参加了政党成立大会。社会主义人民党的创始人是企业家格里戈里・库什尼尔和摩共创始人之一维克多・斯捷潘纽克。维克多・斯捷潘纽克在 2009 年 12 月与弗拉基米尔・楚尔坎、瓦连京・古兹那克、柳德米拉・别利琴科一同离开的摩共。该党声称实现经济现代化、教育现代化以及新的更积极的社会政策是他们优先考虑的问题。该党愿意欢迎国内所有持左翼观点且支持社会主义原则的人们加入①。

2017 年摩尔多瓦左翼力量发展也有积极的一面。2017 年，“我们的党”、绍尔党的发展势头呈现上升趋势。“我们的党”成功地保住了党员人数，还选举出了新的领导核心，这非常有助于他们参加 2018 年的议会选举。据 2017 年 12 月的摩尔多瓦国内民调显示，绍尔党的主席奥尔赫伊・伊兰・绍尔市长获得了

① Moldova. ORG. Виктор Степанюк и СНП: В Молдове появилась новая “левая сила” [EB/OL]. [2018-08-30]. http: //www. moldova. org/ru/viktor-stepanyuk-i-snp-v-moldove-poyavilas-novaya-levaya-sila-226192-rus/.

1.7%的民众支持，这个支持率略低于摩共党主席弗拉基米尔·沃罗宁。这意味着选举时，绍尔党可能会收获 1.6%的选票，会超过自由党、摩尔多瓦欧洲人民党、民族统一党等政党。它足以证明绍尔党及他们的主席已经成功走上了发展的道路。绍尔党的异军突起，有可能为 2018 年摩尔多瓦的议会选举注入新的力量①。

六、摩共与摩尔多瓦其他政党之间的关系

在 2017 年国内一些重大事情上，摩共开始尝试与摩尔多瓦其他政党开展合作。比如，2017 年 4 月 9 日，摩共与摩尔多瓦自由民主党、“行动与团结”党、“尊严与真理”党、“我们的党”签署共同政治宣言，旨在保护现行议会选举制度，反对实行混合选举制度。4 月 12 日，“我们的家园-摩尔多瓦”（红色联盟）党也加入了签署这份宣言书的队伍。不过，总统伊戈尔·多东所在的摩尔多瓦社会党拒绝签署这份政治宣言。2017 年 6 月 9 日，摩共与摩尔多瓦自由民主党联合签署了对菲利普政府的不信任投票书。但摩尔多瓦社会党和摩尔多瓦自由党拒绝签署投票书。尽管这种合作是初步的且极不稳定，但尝试与其他政党合作对于摩共来说是正确的也是必要的。

第五部分　党的国际实践活动

一、摩共重视与欧洲各类组织的交往

以摩共党主席弗拉基米尔·沃罗宁为首的摩共议会党团代表，与各国驻摩尔多瓦大使及威尼斯委员会、欧安组织、欧盟、欧洲议会、俄罗斯联邦杜马等组织的代表会举行经常性的会晤。摩共议会党团也会积极派代表参加在斯特拉斯堡举行的欧盟议会的定期会晤、欧盟-摩尔多瓦议会委员会会议、欧洲左翼政党会议及包括议会间合作在内其他形式的国际会议。

---

① Думитру Спэтару. пять политических событиий удививших нас в 2017 [EB/OL]. (2017-12-29) [2018-01-07]. http://tribuna.md/ru/2018/01/07/cinci-lucruri-care-au-surprins-in-politica-moldoveneasca-in-2017-2/.

二、摩共重视与外国共产党的交往

1. 摩共与中国共产党的党际交往

自2001年以来，摩共与中国共产党经常互派代表团开展工作性访问。2017年4月6日，以中共中央政治局委员张春贤为首的中国共产党代表团访问摩共，并与摩共党主席沃罗宁会面交谈。2017年6月29日至7月8日，以摩共中央主管意识形态的书记康斯坦丁·斯塔雷什为首的摩共代表团赴中国访问。代表团回国后，《共产党人》报发表了康斯坦丁·斯塔雷什的文章《中国：红色龙平稳起飞》和《中国：红色龙平稳起飞——II》。这两篇文章详细地介绍了摩共代表团访问中国的情况，我们从中也可以看出：其一，摩共钦佩中国共产党的治国理政的能力。文章指出，中国共产党改革开放的政策将中国从一个贫穷落后的国家变成了世界上较为富裕的国家，中国特色社会主义的成功实践证明了共产主义仍然十分具有竞争力①。文章还指出，近年来中国消除贫困工作取得了巨大成就。尽管未来中国消除贫困的工作还面临很多问题，比如中国南北方经济发展长期存在的复杂差异，但中国共产党已逐渐擅长应付这些问题。中国共产党人减贫工作的方法和理念令人赞赏②。

其二，摩共十分愿意与中国共产党和中国保持友好合作关系。文章指出，在台湾问题、中国南海问题、禁止法轮功开展活动等问题上，摩共将一如既往地支持中国。文章还指出，摩共认同中国共产党提出的“一带一路”倡议，并认为这是不可阻挡的趋势，摩尔多瓦应该尽快加入其中。未来，“一带一路”倡议必将形成一个新的友好合作体系，而中国无疑是这个合作体系的领导人。

其三，摩共认同中国共产党注重对党员干部培训和教育的做法。文章指出，摩共代表团在云南省委党校学习和考察期间深切感受到了中国共产党对党员干部的教育和培训的重视。惊叹中国共产党的各级干部可以亲赴贫困地区驻村抓扶贫工作。

2. 摩共与乌克兰共产党的交往

摩共与乌克兰共产党的关系很友好。摩共声明支持乌克兰共产党。2017年11月摩共议会党团代表伊娜·舒巴克与乌克兰共产党中央委员会第一书记彼得·西蒙涅恩卡在圣彼得堡的共产党和工人党国际会议上会面。2017年6月，乌克兰共青团中央委员会第一书记受邀参加了摩尔多瓦共青团第八次代表大会。

3. 摩共与俄罗斯联邦共产党的交往

摩共与俄罗斯联邦共产党之间保持着良好的关系。2017年5月27日，摩共

---

① Константин Старыш. Китай：Плавный взлёт Красного дракона [N/OL]. Коммунист，(2017-07-24) [2018-08-30]. http：//comunist. md/index. php? newsid=3250.

② Константин Старыш. Плавный взлет Красного дракона — II [N/OL]. Коммунист，(2017-07-31) [2018-08-30]. http：//comunist. md/index. php? newsid=3282.

主席沃罗宁还撰文《摩共与俄共都来自十月革命》，以此祝贺俄共十七大的胜利召开。在文章中，沃罗宁强调，摩共与俄共是同宗同源的兄弟党，都来自十月革命①。除与俄罗斯联邦共产党保持密切交往外，摩共也积极推进与俄罗斯国内各组织的交往。比如，摩共党员O. 雷伊德曼还担任了俄罗斯联邦议会与摩尔多瓦议会间合作会议的联合主席。M. 波斯托依卡是国际反贪污组织的联合创始人之一。A. 米罗尼克是独联体国家老兵国际组织协调委员会的摩尔多瓦代表。

4. 摩共与共产党和工人党国际会议及其他国际共产主义运动会议的关系

摩共现在是欧洲左翼政党组织以及苏联地区共产党协调组织成员。2017年，摩共积极参加欧左翼政党组织、苏联地区共产党协调组织大会等国际组织大会。比如，2017年3月27日，摩共总书记弗拉基米尔·沃罗宁被授予独联体国际议会纪念奖章②。2017年9月23日，在白俄罗斯首都明斯克举行了苏联共产党联盟中央委员会第三次全体成员大会。摩共派代表博德纳列恩卡参会。2017年11月，摩共参加了在圣彼得堡举行的共产党和工人党国际会议。

第六部分　结语

2017年摩共的活动是在积极贯彻摩共八大精神中开展的。全年举办了近百场纪念十月革命的主题研讨会。通过举办各种规模的主题研讨会，摩共的各级组织得到了锻炼、摩共党员获得了马克思主义理论素养的提升，全党上下思想统一得到巩固和加强。尤其是摩共借此得到较好的宣传，被更多的摩尔多瓦民众所熟识。八大后，摩共放弃了消极抵抗的策略转而开展积极的斗争。2017年，摩共积极开展议会内外斗争捍卫人民群众的正当诉求、捍卫摩尔多瓦的主权独立、捍卫摩共的合法利益。斗争的手段和途径也寻求多样化。一方面，摩共努力寻求与各政党的合作。另一方面，摩共加大力度与摩尔多瓦各社会组织开展深入合作。摩共已经将同社会各类组织的密切合作作为未来努力发展的方向。为了扩大影响

---

① Центральный комитет Партии коммунистов Республики Молдова. КПРФ и ПКРМ — партии родом из Великого Октября [N/OL]. Коммунист, (2017-05-27) [2018-08-30]. http://comunist.md/index.php?newsid=2963.

② Секретариат Совета МПА СНГ. Владимир Воронин награжден юбилейной медалью Межпарламентской Ассамблеи СНГ [EB/OL]. (2017-04-26) [2018-08-30]. https://iacis.ru/pressroom/news/sekretariat_mpa_sng/vladimir_voronin_nagrazhden_yubileynoy_medalyu_mezhparlamentskoy_assamblei_sng_/.

力，突破执政当局的信息封锁，摩共在继续办好《共产党人》报的基础上，努力挖掘互联网资源。摩共党主席沃罗宁更是提出未来要依靠互联网渠道对抗执政当局的信息封锁。根据2017年12月份的国内民调显示，摩共党主席弗拉基米尔·沃罗宁的民众支持率略高于绍尔党主席的1.7%支持率，这意味着，摩共仍是摩尔多瓦国内有影响力的政党，依然是2018年摩尔多瓦议会选举有竞争力的政党。

摩共仍在努力寻找适合自身的发展道路，前进的道路上仍旧面临诸多挑战。

比如，现在很多摩尔多瓦的村庄人口流失严重，留在村子里的人大多属于老弱者，年轻力壮的人们纷纷移民国外，寻找新的生活出路。这种局势不利于摩共发展党员队伍，也不利于摩共党员中中青年党员队伍的稳定。人们已经厌倦了空喊的口号，只想要一些具体的利好措施，比如增加工资、养老金和津贴。但人们又愿意相信一切美好生活的承诺，因而总是会受骗投票。再如，摩共意识形态工作存在的问题。党内一部分人对于非常重要但又不是必须要完成的活动，常常持有陈腐落后的观念。意识形态斗争是一场争取人们思想的斗争，若是群众思想出现了意识形态的真空，那么共产主义思想不去占领，就一定会有我们敌人的思想去占领群众的头脑。面对执政当局的信息封锁和各种诋毁，摩共需要找到与民众沟通的有效途径，及时宣传摩共的立场和主张。

（撰稿人：中南财经政法大学马克思主义学院　何萍）

2017 年发达国家共产党·导论

西方发达国家是世界社会主义运动的发源地，但是这些国家的共产党却都是在十月革命胜利的鼓舞和感召下，甚至是在共产国际的直接帮助下成立的。近百年来，这些共产党作为国际共产主义运动的一部分，它们的发展变革，深受国际共产主义运动发展变化的影响，同时也在一定程度上影响了国际共产主义运动的整体态势。围绕国际共产主义运动的重大事件，其发展历程呈现出明显的阶段性特征，按照时间周期大致可以而划分为三个“30 年”。

第一个“30 年”，即从十月革命到苏共二十大，可以概括为战争与革命背景下的高歌猛进时期。这一时期，西方发达国家的工人运动和原来属于第二国际的社会党的左翼力量，在十月革命胜利的鼓舞下，于 20 世纪 20 年代前后纷纷独立建党。它们在指导思想上确立了马克思主义列宁主义的指导地位，在组织上确立了民主集中制原则并成为共产国际的一个支部。它们因在第二次世界大战中积极领导反法西斯战争而赢得了威望，二战后，其组织力量和政治影响空前高涨，很多共产党的党员人数都是在这个时期达到历史最高值。法共一度作为法国第一大党参加联合政府；意共也曾作为第二大党参加联合政府。这些政党即使是后来被排挤出政府，也仍然是最大的在野党，在西方政坛上可谓举足轻重。

第二个“30 年”，即苏共二十大到苏东剧变，可以概括为大分裂背景下的独立探索时期。这一时期，国际共产主义运动中发生的苏共二十大、波匈事件以及中苏论战等一系列事件，不仅导致国际共产主义运动整体上的分裂，也使西方发达国家的共产党内部出现意见分歧、组织分裂和党员退党现象。也正是在这一时期，这些政党开始独立自主地探索各自发展道路，纷纷放弃苏共的指导，放弃马克思列宁主义的提法而代之以科学社会主义；放弃暴力革命和无产阶级专政，而主张通过议会斗争实现向社会主义的和平过渡。这些探索的理论结果最为典型地表现为以意共、法共和西共为代表的“欧洲共产主义”，但是在实践上并没有挽回发达国家共产党力量整体开始下滑的趋势，除了 1981 年 6 月至 1984 年 7 月法共短暂参与联合政府以外，再无可圈可点之处。

第三个“30 年”，即苏东剧变到十月革命 100 周年，可以概括为低潮中的调整重组时期。这一时期，面对苏东剧变带来的巨大冲击，西方发达国家并没有出现原中东欧地区那样的共产党普遍社会党化的现象，大多数共产党经过一段时间的分化重组之后，继续坚持共产党名称，坚持社会主义奋斗目标，坚持马克思主义指导地位。但是，分化重组后的各发达国家共产党，力量毕竟严重受损，长期处于在野和边缘地位。作为合法的边缘小党和激进左翼力量，为了扭转苏东剧变以来的被动局面、加强党的凝聚力，它们一方面在对苏东剧变进行深刻反思的基础上重提列宁主义主张和民主集中制原则，如希共、西共、葡共、澳共、英共（CPB）等，另一方面普遍地进行了去极端化过程，在斗争策略上寻求替代激进式革命的民主方案，积极参加各类政治选举，主张通过渐进的、温和的议会斗争方式实现对资本主义的辩证否定和超越。总体来看，调整后的效果并不明显，各党党员队伍萎缩，影响极小。唯一令人欣慰的是塞浦路斯劳动人民进步党在21世纪尤其是全球金融危机以来得到迅速发展，不仅在2001年、2006年两届议会选举中取得第一大党的好成绩，而且在2008年赢得了总统选举。

如果说发达国家共产党是因十月革命胜利的鼓舞而建立并始终受到国际共产主义运动整体发展态势深刻影响的话，那么，在国际共产主义运动迎来十年革命100周年之际，在全球金融危机、欧债危机以及全球化和反全球化双向并行的世界局势动荡不安的当下，发达国家共产党呈现出怎样的新变化新态势，是不是意味着他们开始进入一个新的“30年”？为此，本文拟对2017年发达国家共产党的内外活动进行分析，主要基于两个维度的四个方面：一是思想理论维度，从代表大会和十月革命100周年纪念看其怎么想；二是具体实践维度，从议会内外活动及其党际交往看其如何做。然后，分析这些活动的现实局限，进而对其基本态势作出判断。

一、召开代表大会：研判形势，调整战略策略

西方发达国家共产党作为合法政党，一般每隔几年召开一次代表大会，对其理论政策进行讨论和调整。2017年，日本共产党、德国共产党、希腊共产党、爱尔兰共产党、澳大利亚共产党、西班牙共产党等西方发达国家共产党相继举行了全国代表大会。这些代表大会不仅选举产生了新的中央委员会，而且大都在对国内外形势进行分析的基础上，提出了新的政治主张和战略选择。

一是认为当今世界仍然处于帝国主义阶段，阶级斗争甚至战争风险依然存在并日益深化。

3月25日至27日，德国共产党第22次全国代表大会及其7月31日的后续会议，在对欧盟以及美国两大经济体进行分析的基础上，认为当今世界仍然处于帝国主义发展的一个阶段，即国际金融帝国主义阶段，这个阶段从20世纪70年代就开始了。在这个阶段，工人阶级依旧面临着被剥削、被压迫的现实处境，尤其是美国特朗普上台之后，金融资本势力逐渐扩大以及逆全球化和种族主义抬头对工人阶级更为不利，阶级矛盾进一步加剧，帝国主义之间的矛盾以及帝国主义的侵略和战争风险进一步加强。阶级矛盾和帝国主义国家之间的矛盾为社会主义

运动提供了更多的发展空间和回旋余地，但是工人运动并没有因此而得到相应的发展。因此，共产党需要在德国、欧洲以及世界范围内加强对工人运动的领导。

3月30日至4月2日，希腊共产党第二十次大会对当前世界形势作出类似判断，认为当前不仅国际帝国主义之间的竞争正在加剧，而且新的联盟和集团正在形成，无论是地区的、局部的还是全面的帝国主义战争的危险都在增加，区域大国和帝国主义中心的干涉将会继续。这种干涉包括直接军事干涉，也包括外交和政治的手段以及经济战。

11月爱尔兰共产党第二十五次全国代表大会对当前世界形势的诊断是，资本主义政治经济体系在全球、区域和国家层面均陷入了政治、经济、环境、文化和伦理等一系列相互关联的危机之中，资本主义国家为应对这些危机所采取的措施则进一步加剧了阶级矛盾。

二是认为共产党作为反对帝国主义的领导力量，需要按照列宁主义原则加强自身建设。

在分析了国内外形势的基础上，西方发达国家共产党认为，当前的任务就是积极领导劳工运动，积极反对法西斯势力，为社会的进步而斗争，为社会主义而斗争。在德国共产党看来，就是要遵守列宁主义的原则：即针对当今资本主义的主要结构特征——垄断，寻找未来无产阶级的革命方式。现阶段的战略目标是找到工人的运动、反帝国主义的力量、反法西斯的力量，进而能够从防守中走出来。

希腊共产党认为，共产党不仅是工人阶级有觉悟的先锋队组织，是工人阶级组织的最高形式，而且是所有立志为推翻资本主义、建立社会主义和共产主义社会而斗争的志愿者的革命组织。在同资本主义、帝国主义的斗争中，必须在国家、地区和国际层面制定自己的路线，更有效地重组劳工运动，从而在革命形势出现时能够指引工人和人民群众实行起义，推翻资本主义政权。为此，共产党的构成和运行必须坚持民主集中制，这是革命性质不可或缺的组成部分和前提条件；必须坚持集体领导作为党的领导的最高原则，因为集体领导是保证党和各级组织团结、统一，各项工作正常运作的必要前提，也是培养干部、发挥全体党员能动性和积极性的必要前提。

曾经作为“欧洲共产主义”主要倡导者、主张放弃列宁主义的西班牙共产党，在2017年12月1—3日第二十次代表大会（第二阶段会议，2016年4月9日举行过第一阶段会议）上，重提列宁主义，最终重新确立民主集中制作为党的组织原则。

澳大利亚共产党在12月1—3日召开的第十三次代表大会上，突出自身建设的目标是建立一个能够在工人阶级及其潜在盟友之间发挥重大影响力的政党，党的使命与任务就是捍卫工会和其他民主权利，同时通过参与和平与环境保护运动确保人类的生存。党只有在社区、工会和群众运动的不同领域进行持续、建设性和可见的活动和组织工作才能最终实现这一目标。所以党员必须成为非党派组织的积极分子，并以适当的方式向这些组织介绍党的政策，使党能够与工人交谈，解释问题，并提出党的观点。

三是认为共产党要加强同反帝国主义的社会进步力量团结合作，建立统一战线或人民阵线。

希腊共产党主张，一方面要进行反对机会主义的斗争，反对激进左翼联盟政府向人民发出的各种“意识形态误导”，因为它总是以“左”的形式出现，但实质上是与当地和外国资本家相互勾结、反复欺骗工人阶级和群众阶层；另一方面要重组劳工运动，而且为加强希共同群众组织的联系，需要在各行业、各地区创建大量的人民委员会，创建革命工人和人民阵线，借此将工人运动、农民运动和个体户运动有机联系起来开展反垄断反资本主义的斗争。

爱尔兰共产党已经意识到，近年来爱尔兰参加工会的工人比例下降、失业率居高不下以及遭到右翼媒体的持续攻击，工人阶级不能只依靠议会选举来进行斗争，选举本身并不是斗争的目的而仅仅是一种斗争形式，诸如国家民主、经济独立和主权等核心问题是不可能通过竞选得以实现的。为解决这些核心问题，需要建立广泛的变革力量，建立独立于国家控制和支配的真正的人民抵抗组织，建立由工人阶级领导、拥有共同纲领的全爱尔兰反帝联盟，动员人民为摆脱帝国主义对爱尔兰的控制，建立新型的国家政治和经济主权而斗争①。

澳大利亚共产党同样意识到自身以及工会运动实力有限，单靠自己无法击败右翼势力，无论是维护和改善医疗保险、公共教育和其他公共服务还是维护土著人民权利和推进环境保护，这些斗争都需要不同进步力量之间的最大团结和合作，以创造一个强大的变革力量。为此，澳大利亚共产党确定加强三个层面的团结合作：左翼政治力量的团结、工人阶级的团结和民主的、人民的团结，而澳大利亚共产党是统一战线和各个层面合作的重要组成部分。

日本共产党在2016年的参议院选举中，由于与其他在野党通过建立在野党统一战线和积极斗争，取得了一定的成绩，这就更加坚定了日本共产党要积极发展与其他在野党的关系。所以，日本共产党在2017年1月15日召开的第二十六次代表大会上，肯定了在野党统一战线的积极作用，明确提出建立并进一步扩大这种统一战线，以促进日本共产党的“第三次跃进”奋斗目标，也就是在各个选区中实现议席增加的目标。

二、纪念十月革命100周年：总结经验教训，明确使命与道路

作为十月革命遗产的继承者，发达国家共产党在十月革命100周年之际，不

① 周华平，郭子琪．爱尔兰共产党应对资本主义危机的主张［N］．中国社会科学报，2018-08-30.

仅各自举行纪念活动，而且积极参加其他共产党举行的纪念活动，尤其是集体参加在俄罗斯圣彼得堡举行的第十九届世界共产党与工人党国际会议。

10 月 15 日，希腊共产党中央委员会举行庆祝十月革命 100 周年的纪念活动，认为十月革命仍然是各国人民争取社会和民主权利、争取社会主义的斗争中的光辉灯塔；今天各国共产党都要向十月革命 100 周年致敬，因为这是为建设新社会而奋斗和牺牲的伟大史诗，这场革命激发了工人阶级和世界各地的人们；今天各国共产党也要向中国共产党致敬，中国共产党正是在马克思列宁主义的指导下，坚持革命的原则，取得了辉煌成就。

11 月 1 日，澳大利亚共产党开始庆祝伟大的十月社会主义革命 100 周年，庆祝活动持续一整个月。澳大利亚共产党高度评价了十月革命以及苏联的社会主义建设成就，认为，在伟大的革命家列宁的领导下，工人阶级掌握政权；俄罗斯人民经受住了战争、外国军事干涉、贸易禁运和其他形式的破坏，忍受巨大的艰辛和牺牲，根据人民的需要结束剥削，建设了关键的基础设施和现代化社会，取得了许多资本主义国家所不可比拟的好成绩，比如充分就业、免费的全民保健服务、免费教育、带薪产假等。当然从苏联的第一次建设社会主义的经验中也可以学到很多教训，100 周年纪念就是一个反思这些问题、总结经验教训的时候。

葡萄牙共产党更是开展一系列纪念活动。2 月 9 日，就在波尔图市举行十月革命 100 周年纪念活动；5 月 24 日，开展《社会主义，现在和未来都是必要的》专题活动；6 月 17 日，在里斯本召开“社会主义，现在与未来的需求”研讨会；11 月 7 日，在里斯本举行纪念十月革命 100 周年集会。通过这些活动，高度评价了十月革命的伟大历史意义，重申了葡共的性质和共产主义理想，强调葡共为了维护人民的利益，实现先进民主、社会主义和共产主义要发挥应有的作用。

在 11 月 2 日俄罗斯圣彼得堡举行的第十九届世界共产党与工人党国际会议，主题就是“伟大的十月社会主义革命：共产主义运动理想，加强反对帝国主义战争、争取和平与社会主义的斗争”。来自世界 103 个共产党和工人党 300 多名代表参加会议，发达国家共产党悉数到场，他们对十月革命的历史地位和世界意义进行了充分肯定，更为重要的是在总结十月革命经验教训的基础上，着重讨论了未来社会主义道路的选择等现实问题。

就十月革命的历史地位和世界意义而言，爱尔兰共产党明确表示，俄国革命对帝国主义的力量给予了沉重的打击。一个新的世界力量——工人阶级国家权力——的出现，为一个新的世界和新的世界力量平衡奠定了基础。十月革命使全球力量对比发生了重大变化。

塞浦路斯劳动人民进步党认为，十月革命为人类开辟了一个新的时代，这个时代标志结束了资本主义的侵略和开启了社会主义建设。十月革命的伟大成就和精神教育、培养了一代又一代的人，鼓舞劳动人民和被压迫者为推翻资本主义、建立社会主义社会而斗争。

希腊共产党中央委员会总书记季米特里斯 · 古楚巴斯（Dimitris

Koutsoumpas）在大会主旨发言中更是强调这场革命改变了人类的命运和航向，这是终结资本主义暴行的开始，也是新社会的黎明。但是，遗憾的是这个进程在1991年被打断了。由于苏联社会主义的失败，现代资产阶级不再考虑和担心苏联的竞争，便开始对工人阶级发动持续的攻击，工人阶级逐渐失去了曾经拥有的福利与权益。

关于社会主义道路的选择问题，葡萄牙共产党的代表认为，列宁强调所有国家都将实现社会主义，这是不可避免的，但并不是所有国家都会以同样的方式实现社会主义，彻底摆脱资本主义剥削的道路是多样的，因为共产党和其他革命力量的具体现实也是多样的①。

意共领导人马可·里佐（Marco Rizzo）认为，列宁及其所领导的十月革命教导我们，通过在议会选举来“夺取”国家的理论没有任何科学依据。首先，应该把资产阶级议会作为平台，以发展议会外和反对议会的阶级斗争；其次为了确立工人的权力，仅用无产阶级干部代替资产阶级的部长、议员和官员，仅在资产阶级的国家机关中担任职务是不够的，应该打碎资产阶级国家机器，代之以新的无产阶级专政机构。无视列宁关于国家的学说而接受资产阶级民主制及其在战略层面的游戏规则，导致无产阶级的失败，这已经发生在智利，在一定程度上也发生在战后的意大利，或者正在委内瑞拉上演。不与先前的制度进行激进的、毫不妥协的决裂，无产阶级革命是不可能成功的②。

美共针对当前资本主义的进攻和法西斯主义的抬头，认为要打败这些反动势力，需要最广泛的联合，共产党甚至整个反资本主义的左派都不能单独完成。在缺乏阶级和社会主义意识的情况下，工人阶级的一部分人很可能倾向法西斯主义的思想。所以需要在工人阶级内部加强工作，同时开展广泛的运动，包括工人阶级的斗争、人民的运动，甚至包括统治阶级内部通过维护资本主义民主制度而维护切身利益的那部分人的运动。当然，没有共产党作为这个斗争的核心是赢不了的。革命斗争是要改变暴力的和不平等的资本主义社会关系，铲除种族主义和其他形式的压迫。通过推进民主，反对一切形式的不平等，才能够赢得所需的广泛团结，以确保打败极右翼，继续前进，取得更大的胜利③。

三、开展议会内外斗争：抗议本国政府，维护民众利益

在议会民主体制下，只有赢得选举，进入议会甚至组阁，才能有为支持自己

① 19 IMCWP. Contribution of Portuguese CP［EB/OL］.（2017-11-27）［2018-05-01］. http：//www. solidnet. org/article/bb8496cf-e2ca-11e8-a7f8-42723ed76c54/.

② Лидер итальянских коммунистов Марко Риззо: Позиция Ленина диаметрально противоположна теориям《рыночного социализма》［EB/OL］.（2017-11-07）［2018-05-01］. https：//kprf. ru/party-live/opinion/170354. html.

③ 19 IMCWP. Contribution of CP USA［EB/OL］.（2017-11-09）［2018-05-01］. http：//www. solidnet. org/article/79b1c7a7-e2cc-11e8-a7f8-42723ed76c54/.

的选民提供替代性政策选择的机会。所以，西方发达国家共产党一般都将参加议会竞选视为自身实践活动的重要内容之一，积极参加地方、全国乃至欧洲议会的选举。

从 2017 年的选举情况来看，真正进入议会并产生一些影响的恐怕只有日本共产党。但是即使是日本共产党在 10 月 22 日落幕的日本第 48 届众议院选举中也仅获得 12 席，相比上届众议院（2014 年）20 席少了 8 席。也就是说，日本共产党在这次选举中出现了严重的退步。

2017 年也是德国大选年。德国共产党积极参与联邦议会竞选，而且这次也是近 20 年首次提出德国共产党党员进行竞选而不是支持其他左翼政党。但是，9 月25 日德国联邦议院选举成果显示，德国共产党的得票率未能突破 5%的门槛而无缘进入议会；联盟党和社会民主党的选票虽是历史最低点，但仍然是德国第一二大党；绿党的选票则与以往差别不大；德国左翼民社党的选票在底层民众间有了一个小的增长；而主张种族主义、法西斯主义的德国选择党却获得了 12.6%的选票，得票率比上次大选增加近三倍，首次进入联邦议院并成为第三大党。

2017 年也是法国的大选之年，只是在半总统制半议会制的法国，大选是总统选举，选举的最终结果是中间派“前进运动”候选人 39 岁的埃马纽埃尔·马克龙（Emmanuel Macron）以 65.5%对 34.5%的得票率击败极右翼政党“国民阵线”候选人马丽娜·勒庞（Marine Le Pen），从社会党中出走并作为激进左翼“不屈的法兰西”的候选人梅朗雄（Jean-Luc Melenchon）第一轮选举就被淘汰。作为法国几个共产主义政党的一支，法国共产党人革命党（RPC）推出了自己的候选人，党的书记安东尼奥·桑切斯（Antonio Sanchez），一位金属制造工人，结果更是可想而知的。正如该党在接受国际共产新闻专访时说，“我们参加选举，就是为了带来革命的思想：简单地说，只有向资本主义发动进攻，只有通过斗争打倒资本主义并建立社会主义社会，才可能有改变”①。

总的来看，西方发达国家共产党一般很难进入议会，即使是像日共这样能在议会中获得议席的，也由于所占议席小众而难以发挥实质性作用。既然无法在议会中发挥实质性影响，那么就参与现实斗争。西方发达国家共产党一般善于抓住有利的时间点和事件，积极发声，直接参与甚至发动群众运动，体现自身存在和影响。

一是在国际劳工运动史上的重大时刻举行纪念庆祝活动，唤起历史记忆和教育动员民众。这些时刻无疑为后人留下丰富的遗产，也为未来留下积极的经验。所以，每每在这样的时刻，都有共产党活动的身影。

在国际三八妇女节到来之际，3 月 4 日晚上，希腊共产党中央委员会在其会

① 2017 年 2 月 11 日国际共产新闻（International Communist Press）对法国共产党人革命党（Revolutionary Party-Communists of France）的专访。

议大厅举行庆祝活动，数以百计来自各个年龄层次的男女出席，活动的口号就是“与希腊共产党一起争取女性平等、满足女性的当代需求”。3月4日，西班牙共产党发文称，十月社会主义革命就是包括妇女在内的被压迫人民起来反抗的结果，革命的结果废除了妇女在法律上的不平等关系，革命后的苏联政府一直试图改善妇女的生活和工作条件；尊严和体面的工作，是失业妇女应该争取的权利，现在应该为此进行反抗和斗争。

在国际劳动节到来之际，4月28日，加拿大共产党发表庆祝五一节的声明，不仅指出资本主义的本质始终是一类人对另一类人和一个阶级对另一个阶级的剥削，为了私利和统治阶层的利益而不惜牺牲劳动者、青年、妇女、移民、土著人民的利益，而且谴责加拿大执政党自由党作为美国政府的帮凶支持美国对叙利亚和阿富汗的非法空袭、对朝鲜的武力威胁，自由党与特朗普政府的合作将使加拿大处于危险的十字路口。5月1日，希腊劳工团结联盟（PAME）在78个城市进行组织动员，动员联盟成员和激进分子上街游行抗议，以反对激进左翼联盟-独立希腊人党（SYRIZA-ANEL）政府代表资本家采取的新的反人民的措施。希腊共产党中央委员会总书记迪米特里斯·古楚巴斯参加了劳工团结联盟在雅典举办的罢工集会活动并发表演说。

二是在重大国际会议召开之际发动民众走上街头，抗议资本主义集团。西方发达国家共产党一般认为欧盟、北约甚至G20都是帝国主义垄断资本力量联合的实践平台和具体机制，因此每当这些组织开会，发达国家共产党便发表声明、发动民众走上街头进行抗议。

3月21日，希腊政府和欧盟、国际货币基金组织正在召开欧洲集团会议，希腊共产党在全国各地组织示威活动，呼吁人民抵抗他们制定反人民的紧缩政策，呼吁本国政府不参与战争干预。

在20国集团首脑会议期间，数以千计的示威者于7月8日聚集在汉堡，举行了一场反对资本主义的示威游行，德共、意共、希共等共产党和工人党一起参与其中，并就在汉堡参加反对G20峰会抗议活动被捕事件发表声明，呼吁人们联合起来，为这些被捕的人们而斗争。

12月14日，葡共就欧盟“永久结构性合作”（PESCO）防务合作协议正式出台发表看法。葡共认为，欧盟此举是为了在经历英国“脱欧”等危机后加强内部团结，改变欧洲在军事上对美国及其主导的北大西洋公约组织过于依赖的局面，促进欧洲区域军事一体化，但此举的结果是增加了战争的危险。因此，葡共呼吁欧盟成员国的所有进步力量行动起来，要求解散北约，反对欧盟军事化，抵抗帝国主义战争。

三是参与甚至直接组织各种社会运动，维护弱势群体利益。共产党代表着所有劳动者和人民的利益，致力于建立一个团结和公平的社会，不仅仅站在工人阶级一边，同时也在一定程度上积极参与其他阶层的群性运动，给予支持与声援。

为了维护工人农民的利益，希腊共产党组织农民运动，以反对激进左翼联盟-独立希腊人政府和欧盟旨在维护垄断组织和大农民的利益而把中小型农户赶出土地的政策。德国是亚马逊在世界上除了美国之外的第二大市场，德国共产党声援亚马逊的罢工活动，认为亚马逊的成功，是基于对工人工资的剥削，要求提高雇员的工资。西班牙共产党发文表示支持普拉特机场工人以及其他机场工人为体面的工作和工资待遇的提高而进行的斗争。西班牙共产党认为，必须反对政府采取的各种紧缩措施，这些措施并不是为了捍卫工人的利益，而是为了捍卫商业利润。

为了提高公共服务质量，爱尔兰共产党不仅发动“水权运动”（Right to Water），进行全国性示威游行，阻止政府将自然资源和公共服务私有化，而且声援铁路工人，认为体面的公共交通需要适当的国家资金，但是政府却在利用经济危机来对人民实行“紧缩”。比利时共产党发表公报，明确支持10月10日的公共服务系统人员罢工，因为公共服务系统人员罢工的目的除了维护自身的劳工权利之外，也是希望通过罢工来提高公共服务的质量。

为了捍卫医疗养老等社会保障，2月21日西班牙共产党发文称，将在2月25日和28日在达卢西亚举行游行来捍卫养老金制度。西班牙共产党强调，养老金制度不仅直接影响着已退休人员是否能够过上体面的生活，并且还对目前的一代以及后来的一代都产生着深远影响。9月8日德国共产党发文对目前医疗机构的运营方式表示抗议。德国共产党认为，如今的医院运营方式就像大公司一样，利润最大化成为其首要的目标。9月9日至10日，德国国内发生了一场抗议房租上涨的游行示威活动。德国共产党主席发表声明，表示坚决站在租房者的立场上，谴责资本主义使一切都成为商品，现在的住房政策是为了房产业主的利益，而侵害了租客的权益。为此，德国共产党呼吁：兴建新的市政房屋、始终如一地实施相关的禁令、防止股市对住房的投机行为，以及禁止资本进入房地产领域等。

为了维护少数族群的权利，3月4日，加拿大共产党在60多个城镇举行集会，目的是谴责种族主义和新法西斯运动。加拿大共产党认为，种族主义的真实目的是实现白人至上，因此要求议会立即采取措施，打击有组织的种族主义势力，同时还主张与所有被迫害的人团结起来，与工会和人民组织合作，打击种族主义势力。6月23日，加拿大共产党和共产主义青年团发表声明，声援同性恋和变性人群体，认为自豪运动是对同性恋的支持，而为了推进社会进步，必须建立包括劳工、土著人民、青年学生、妇女、老人、农民、移民、环境保护主义者、和平活动家，以及同性恋、变性人群体在内的“人民联盟”。8月23日，西班牙共产党对社会上发生的妇女受到家暴的“胡安娜”（Juana）事件发表声明，声援妇女反对家庭暴力的斗争，并表示要与“胡安娜”们团结一致捍卫正义。

四、加强国际合作：建立合作机制，回应国际热点问题

发达国家各共产党在理论、战略、策略问题上是存在各种分歧与差异的，但

面对国内外强大的右翼力量的联合进攻，共产党之间的交流合作就显得非常必要。这种合作，一方面表现为建立合作交流机制，凝聚共识、积蓄力量，另一方面表现为就热点问题积极发声，相互声援与支持。

（一）进行不同层次的合作交流

一是国内合作。

比如丹麦目前四个共产主义性质的党已经在几个领域开展合作，建立一个统一的以马列主义为指导的强大的革命性的共产党已成当前必然选择。2017 年 11 月，四个党提出统一的地方政府选举候选人，就是一种重要的尝试和进步。在这方面，西共采取更为广泛的阶级力量联合方针，对内主张以联合左翼为载体，形成一个广泛的左翼力量联盟，对外则同代表不同阶级利益的政党展开广泛合作。在西共历史上，一直拥有与左翼力量进行联盟合作的传统，即西共以整体形式加入联合左翼，并保持自身的独立性。在 2016 年大选中，西共主导的联合左翼与西班牙激进左翼政党“我们能”党组建 Unidos Podemos 竞选联盟，进一步彰显了西共在阶级力量联合上的广泛性、多元性和超阶级性。同样，澳大利亚共产党（CPA）总书记鲍勃·布里顿（Bob Briton）在第十三次全国代表大会上坦言：“我很高兴看到我们与澳大利亚共产党-马列（CPA-ML）的关系进一步密切。我们必须继续深化同这些同志和其他人的工作关系，不分党派或其他分歧，因为在这场正在展开的斗争中，我们需要有共同目标的盟友，在工人的斗争中打败我们的敌人。”①

二是区域性合作。

发达国家共产党认识到，当前帝国主义有联合，机会主义也有某种联合。为了打败帝国主义和机会主义，使马列主义占上风，使共产主义运动在革命的基础上重新集结起来，冷战后在发达国家共产党中一直相当活跃的希腊共产党的倡议与协调下，于 2006 年起开始有了“欧洲共产党会议”，至 2017 年，已经召开 10 次会议。会议主要内容就是向广大工人和人民揭露欧盟帝国主义本质，痛批改良主义、机会主义，声援各国共产党，反击资产阶级的诽谤、污蔑，组织和发动形式多样的罢工、游行示威等活动。2013 年欧洲共产党会议决定成立新的合作平台即“欧洲共产党工人党倡议”，其目的就是要研究和阐释欧洲问题，尤其是关于欧盟及其运行框架对人们生活的影响问题，加强成员党之间多元化和开放性的合作与协调行动。2017 年，“倡议”共发布 9 份声明，内容涉及欧洲工人阶级、青年问题、妇女问题、教育问题、环境问题、防卫政策、移民问题、选举问题、社会问题、恐怖主义问题、难民问题等十多个方面，有些问题看起来已经超过欧洲领域范围。

三是世界性合作或者说全球性合作。

---

① CPA Political Resolution-adopted 2017［EB/OL］.（2017-12-03）［2018-06-11］. http://www.cpa.org.au/resources/cpa-doc-current/cpa-political-resolution-adopted-2017.pdf.

这种世界性的合作平台首当其冲的当然是世界共产党工人党国际会议。从1999 年起，世界共产党和工人党每年召开国际会议，交流情况与看法，分析形势与趋势，提出任务与对策。这是世界各共产党工人党重新联合的一种新形式。这个会议同样是由希腊共产党发起，西方发达国家共产党一直都是积极参与者甚至可以说是会议的主角。2017 年 11 月 1—7 日，由俄罗斯联邦共产党主办的以纪念十月革命 100 周年为主题的第十九届共产党工人党国际会议在圣彼得堡举行。这种世界性的合作平台现在还有了 2017 年 11 月 30 日至 12 月 3 日由中共中央对外联络部主办的中国共产党与世界政党高层对话会，来自 120 多个国家、200 多个政党和政党组织的领导人将齐聚北京、共商大计。如果说这次对话会吸引了众多西方发达国家共产党领导或代表与会，但毕竟不是共产党之间的对话会的话，那么 2018 年 5 月，同样由中共中央对外联络部主办，在广东深圳举行的“中国共产党与世界政党高层对话会”框架下的专题会议则是共产党之间的对话，共有来自 50 个国家 75 个共产党的 100 余位领导人和代表参会，其中也包括发达国家共产党。该对话会有望成为一种机制化的合作交流平台。显然，通过这种国际性的合作平台，对于相互交流经验与看法，凝聚世界共产党、工人党的力量，谋求共产主义运动大发展大有裨益。

（二）对国际热点问题积极发声

西方发达国家共产党尽管都是小党、在野党，不似大党、执政党那样对国际事务发挥重要影响，但从不置身事外，而是以自身对国际热点问题的是非曲直的判断表明自己的立场与观点，在对世界上兄弟政党的斗争乃至全球的正义运动进行声援的同时，对帝国主义侵略战争与干涉政策进行谴责。这种声援和谴责，在一定意义上也是对国际合作的践行和拓展。就 2017 年国际热点问题来看西方发达国家共产党的境外活动或党际活动，大致有如下几个方面：

一是就兄弟政党代表大会表示祝贺。

2017 年，他们不仅向日本共产党、德国共产党、希腊共产党、爱尔兰共产党、澳大利亚共产党、西班牙共产党等共产党全国代表大会发去贺电，甚至到会祝贺，而且还对世界上其他地区共产党全国代表大会发去贺电，表示问候或祝贺。如 6 月 2—4 日乌拉圭共产党第三十一次代表大会，6 月 22 日至 25 日委内瑞拉共产党第十五次代表大会，7 月 10 日至 15 日南非共产党第十四届代表大会，7 月 13 日至 16 日哥伦比亚共产党第二十二次代表大会，11 月 17 日至 19 日巴西共产党第十四次代表大会等，无一例外地均收到来自发达国家共产党的问候和祝贺。希腊共产党在庆祝委内瑞拉共产党第十五次全国代表大会的声明中明确表示，拉美处于危机中的不是社会主义和马克思列宁主义，而是在剥削制度框架下运作的所谓“21 世纪社会主义”的错误方向。10 月 18 日至 24 日在北京召开的中国共产党第十九次全国代表大会，更是收到 165 个国家 454 个主要政党发来的 1340 多份贺电函，其中就包括发达国家共产党在内。

二是对处于困境中的共产党进行声援。

2月14日，瑞典共产党在其官网上发布了一则名为《国际共产主义政党谴责禁止乌克兰共产党的企图》的新闻公告，公告内容显示：许多共产党和工人党联合发表一份声明，对正在进行的旨在禁止乌克兰共产党（CPU）的基辅审判进行谴责。第一批签署声明的发达国家政党有澳大利亚共产党、塞浦路斯劳动人民进步党、芬兰共产党、法国共产党、希腊共产党、爱尔兰共产党、爱尔兰工党、卢森堡共产党、马耳他共产党、荷兰新共产党、葡萄牙共产党、英国共产党、英国新共产党、瑞典共产党、德国共产党。签署声明的各方不仅强调这场审判缺乏合法性和有效性，而且明确指出欧盟、北约、美国与乌克兰政府中法西斯势力的合作正在试图摧毁乌克兰共产党，并试图改写和修正乌克兰人民的集体记忆。希腊共产党为了声援乌克兰共产党，于2月9日专门发表了声明，谴责本国总理齐普拉斯对剥夺乌克兰共产党合法地位的乌克兰政府进行访问。英共也非常关心处于困境中的乌克兰共产党，于7月2日发表了题为《声援乌克兰共产党！NO：法西斯式的禁令！》文章。欧洲共产党和工人党"倡议"甚至还专门派出代表团访问乌克兰，以表达对乌克兰人民和共产党人的支持。

受到发达国家共产党关注和声援的，还有波兰共产党和俄罗斯共产党。11月23日，共产党和工人党就反对波兰共产党活动的司法迫害事件发表了一个倡议，谴责波兰执政党正试图以"波兰共产党的纲领不遵守宪法"为由来使波兰共产党非法化。11月27日，葡共谴责波兰当局针对波兰共产党采取的迫害措施，要求停止政治迫害。针对5月9日庆祝反法西斯战争胜利活动期间俄罗斯当局逮捕两名俄罗斯共产主义工人党干部这一事件，希腊共产党的欧洲议会议员索蒂里斯（Sotiris Zarianopoulos）向欧盟外交与安全政策高级代表费代丽卡·莫盖里尼（Federica Mogherini）提出质疑，谴责这种粗暴的逮捕和迫害行为，指出这种行为目的是针对俄罗斯联邦共产党。

三是声援各国反对帝国主义侵略的正义斗争。

这里主要围绕叙利亚问题、巴勒斯坦问题、委内瑞拉问题、朝鲜问题和古巴问题等，谴责以美国为首的帝国主义侵略战争与干涉政策，捍卫各国人民选择自己的社会和政治发展道路的权利。

针对4月6日特朗普行政当局轰炸叙利亚事件，加拿大共产党、葡萄牙共产党、希腊共产党、澳大利亚共产党、美国共产党等发达国家共产党，分别以中央委员会或中央执行委员会的名义相继发表声明，强烈谴责美国对叙利亚的空袭，认为这是一场战争犯罪，一场明显违反国际法、侵略叙利亚国家主权和领土完整的行为；美国的这种行为造成了美国和俄罗斯在叙利亚境内直接军事对抗的可怕局面，从而对地区乃至世界和平造成威胁；美国的军事干预和政权更迭政策只符合跨国公司和少数超级富豪的利益，而不代表工人阶级和美国绝大多数人的意志和利益；美国的目标不是打击恐怖主义，而是加强其在中东和世界的霸权。为此，呼吁本国劳工民主运动和所有爱好和平的人民反对美国的空袭，反对本国政府支持或参与发生在叙利亚的这场新的美国战争。芬兰共产党甚至为在叙利亚空袭中丧生民众举行了追悼会，芬兰共产党主席在追悼会上表示，战争从来不是一个可以解决国家问题的方法。现今，人们生活在一个多元化的时代，每个人的基本安全问题必须得到保障。

针对巴以问题，西方发达国家共产党一直支持巴勒斯坦人民反对以色列在美国、欧盟、北约的支持下持续数十年占领巴勒斯坦的斗争。2017 年 12 月 6 日，美国总统特朗普发表声明，表示将美国驻以色列大使馆从特拉维夫迁至耶路撒冷，其实质就是承认耶路撒冷是以色列的首都。对此，西方发达国家共产党纷纷发表声明，强烈谴责美国总统宣布耶路撒冷为以色列首都的决定，认为这一决定表明了美国对以色列犹太复国主义政策的明确支持，否认了巴勒斯坦人民的基本权利，也违反了国际法。这种行为是向巴勒斯坦人民宣战，是向中东所有为本地区的复杂政治问题寻求和平政治解决方案的进步人民和国家宣战，会危及整个中东和平进程，后果相当危险且不可预测。发达国家共产党继续支持巴勒斯坦人民主权和独立的正义事业，呼吁本国政府和人民疏远美国的政策，尊重国际法和保护巴勒斯坦人民的基本权利，主张两个国家和平的解决方案必须通过外交手段得到实现。

针对委内瑞拉问题，实际上，在委内瑞拉 2017 年制宪会议选举前，葡共、澳共等就发表声明，重申声援玻利瓦尔革命和委内瑞拉人民，谴责帝国主义干涉和破坏稳定的犯罪行为。澳共还在悉尼市政厅外组织了一次集会以支持委内瑞拉人民在星期六的选举中投票。针对西方国家及其国际组织不承认委内瑞拉选举结果并以制裁甚至军事入侵相威胁，发达国家的共产党更是表达了强烈的谴责和抗议。他们认为，西方国家对委内瑞拉人民的权利和玻利瓦尔革命成果进行的干预行为违背了委内瑞拉本国利益，也破坏了恢复政治稳定所必要的条件，委内瑞拉的问题应该由委内瑞拉人民自己来决定和解决，美国政府拒绝承认全民投票结果并决定实行更多的制裁只能对委内瑞拉人民造成更大的困难；委内瑞拉全民投票结果无疑证明民主选举产生的尼古拉斯・马杜罗（Nicolás Maduro）总统的合法性和群众基础，西方所谓自由政府所声称这次选举“违反委内瑞拉宪法”只是谎言，因为本次选举是直接的，对所有的人开放的，并且以无记名形式投票；美国之所以热衷于干预拉美地区主权国家，目的在于维护其霸权和新自由主义政策的永久化，用澳大利亚共产党发表的一篇署名文章《为什么美国想摧毁委内瑞拉政府》来说，就是因为委内瑞拉拥有世界上最大的石油储量，就像美国为了石油攻击伊拉克和利比亚一样，他们也想从委内瑞拉人民身上获取这些财富。所以，这些发达国家共产党对西方国家的干预政策进行谴责的同时，还呼吁本国人民行动起来，反对本国政府对委内瑞拉的制裁。

针对美国政府对朝鲜和古巴这两个社会主义国家的威胁性言论和各种制裁行为，发达国家共产党同样发表声明，一方面谴责美国总统特朗普对朝鲜及其导弹试验的威胁性言论是对该地区和世界和平的严重危险，谴责其对古巴政策的改变及其对古巴的经济、商业和金融的封锁，认为特朗普总统及其行政当局不是世界警察，没有权利威胁“惩罚”朝鲜和古巴政府，另一方面鼓励朝鲜劳动党和古巴共产党以及两国人民对美国干涉主义政策进行斗争，坚决捍卫两国人民选择择自己的社会和政治发展道路的权利及其追寻社会主义革命道路的努力。

总之，针对以上这些国际热点问题，发达国家共产党旗帜鲜明地反对美国、北约、欧盟破坏和平的侵略行为，反对帝国主义为干涉和战争而开脱的借口和谎言，支持叙利亚人民的反抗斗争，声援玻利瓦尔革命和委内瑞拉、古巴、巴勒斯坦等国人民的正义斗争。在这些共产党看来，当今世界和平和稳定的真正威胁来自美帝国主义及其盟国，战争一直是帝国主义的一大本性，只不过当前帝国主义对主权国家的暴行空前严重，美帝国主义近年来在中东的行为以及2017年对朝鲜、叙利亚、委内瑞拉、古巴等国的袭击和军事干预，不是出于对平民生活的关注，而是出于推翻不符合美国地缘政治和商业利益的政府的策略，而且美国的好战已使世界正在朝着第三次世界大战的方向发展，美帝国主义的侵略已经直接或间接地威胁着全球各个独立国家和各国人民。发达国家共产党面对战争的危险，一般能站在国际主义的立场上，对特朗普政府以及本国政府的战争行为进行强烈谴责，对受战争侵略和威胁的他国人民给予及时有力的声援，甚至呼吁本国人民起来进行斗争。

五、现实活动空间的有限性

从西方发达国家共产党近年来尤其是在2017年这一特殊年份的国内外活动情况来看，他们普遍直面帝国主义的进攻，充分利用资本主义世界深陷经济危机以及现实社会主义国家建设成就所带来的有利外部形势，对当今世界格局以及资本主义系统性危机进行分析和研判，在各种国际热点问题上积极发声，努力改变道义上的被动局面，但是在实际解决办法和替代选择上往往表现出无能为力，道路选择、理论创新、政策调整以及国际联合等活动空间仍然有限，其边缘化地位以及社会影响力弱的现状也就难以得到根本改变。

一是道路选择空间的有限性。

在西方发达国家议会民主体制下，议会选举作为现代政党的主要活动平台与衡量标准，这些国家的共产党只有参加各级议会和政府的选举，才能彰显其力量、体现自我主张。否则，其观点、主张和政策很难影响到本国政府决策。所以，当前，西方发达国家共产党尽管已经认识到资本主义框架下，资产阶级国家不会因为选上去一个据说是左翼的政府而被拆除，选举本身并不是斗争目的而仅仅是一种斗争形式。因此反对把一切工作归结为议会斗争的“议会主义”这样的政治想象①，但又不能参加议会选举。

共产党不能成为一个为了选举而存在的党，但还是要继续参加各级选举，甚至将议会外斗争视为争取民众支持以为未来下一次选举奠定基础②。这是发达国家共产党在道路选择上所面临的最为现实的尴尬。而且，对共产党来说，议会斗争本身又明显存在两个方面制约和掣肘。

一方面是来自西方选举制度自身的制约。议会民主体制下的选举政治即为金钱政治，选举成败往往取决于选举经费的多寡。选举经费主要来自政府财政按照党员规模或上一届议员席位的比例拨付的政治资金和来自社会上尤其企业集团的政治献金。而这两种来源，对于代表普通民众以及弱势群体的左翼边缘小党来说，都是非常有限的。更何况，发达国家共产党为了强调自身的独立和纯粹，一般不愿接受政府财政拨付的政治资金，也不愿接受来自游说集团的政治献金，其选举经费主要来自党员党费和党报党刊的销售收入。选举经费的匮乏，使政党处于不利地位，在竞选过程中有时不得不因为经费的紧张而放弃一些选区，日共在 2017 年的众议院选举中之所以遭遇严重的退步，这是其中一个原因。来自选举制度的障碍还体现在发达国家大多实行单议席选区制，即在单一选区胜者得全票，这样对于共产党这样西方社会中的小党来说，即使在选举得到了一定数量的选票，但是如果这些选票没有达到相对多数，那么这些选票就毫无价值。这种赢者通吃的选举制度同样使西方共产党处于不利地位，更何况，在西方议会体制下，首相有权解散国会提前进行大选。通常情况下，执政党往往是在对自己有利的时机宣布解散国会提前举行大选，而对于在野党来说由于信息不对称往往在提前选举面前显得处处被动。日共之所以在 2017 年众议院选举中出现退步，部分原因就是安倍突然宣布解散国会，提前举行大选，使日本共产党措手不及。

另一方面是来自传统支持力量的压力。选择议会道路的发达国家共产党，为了获得体制的认可，多以建设性反对派作为自身定位，妥协合作的意愿强烈。它们参加议会甚至参加政府，往往站在政府、资本的一边，而自然疏远了传统的选民基础，远离了工会组织等。所以，金融危机以来，发生很多罢工、占领等运动，其背后有共产党等传统左翼政党的影子，但是他们往往并不是直接领导和指挥，而是参与、声援居多，对社会运动的领导力和影响力相当有限，更谈不上将这些运动引导到社会主义的轨道上来。

发达国家共产党既要在选票上进行斗争，又要在街头上进行战斗，通过组织或参与社会运动、发表声明、阐明立场主张，引导并形塑大众的阶级意识。但是，发达国家共产党的活动议题日益细碎化。也就是说，当前发达国家共产党在

① 比利时工人党主席彼得·梅尔滕斯（Peter Mertens）在接受采访时表示。参见：比利时左翼的前景：政治中心的危机让比利时工人党获得新生［EB/OL］.（2017-03-01）［2018-03-01］. http：//review. youngchina. org/archives/14750.

② 2017 年 4 月 20 日，加拿大共产党在其官方网站发表 3 月 4 日和 5 日的政治报告。

国家政治生活中要么沦为议会制选举政党、失去自身特色，要么保持自身特色、作为抗议型政党（或称反对派）而在国家政治生活中处于无足轻重的边缘化地位。正如斯洛文尼亚著名左翼学者 S. 齐泽克在 2002 年发表的《为列宁主义的不宽容辩护》一文中所述，面对全球资本主义的最新进展，特别是以信息技术为基础的后工业社会的到来，苏联解体后的左派思潮在意识形态斗争中获得了许多新的发展，同时也面临着很多困境和诱惑，其中最大的威胁就是自由主义的议会民主制所形成的潜在“思想控制”①。

二是理论政策调整空间的有限性。

苏东剧变后结构性的政治剧变和经济转型引发了全球范围内资本主义力量的再次崛起，西方发达国家共产党作为反资本主义的力量面临着巨大压力，为了生存与发展，曾一度去极端化，讲求实用性，结果淡化了自身意识形态的光谱，身份标签模糊，与社会党趋同，传统选民流失。现在，全球金融危机使曾一度让人误认为已经中产阶级化的社会重新回到两极化，阶级和阶级斗争也相应地重返欧美政治舞台，这无疑为发达国家共产党重塑社会主义意识形态和社会主义话语自信带来机遇。所以发达国家共产党又有回归传统理论和组织原则的趋势，通过“强烈的反建制叙述”来体现自身。

但是当前这种回归传统理论和组织原则的理论政策调整也面临内部和外部两个方面制约。

就外部制约而言，一方面是来自新自由主义仍然在西方社会意识形态领域占据主导地位所带来的压力。当今世界是国家垄断走向全球垄断的全球金融帝国主义时代（或称国际金融垄断资本主义），新自由主义是金融帝国主义时代的理论先导。新自由主义有一套包括自由化的市场经济、民主宪政的政治制度和所谓的普世价值观在内的完整的理论体系。随着经济危机的到来与日益深化，长期占据西方思想界主导地位的新自由主义意识形态饱受质疑，但新自由主义意识形态的影响根深蒂固，在今天的西方国家，不论是右派、中间派还是左派，实质上都是新自由主义的虔诚信徒。冷战后，就连西方主流左翼政党社会民主党也新自由主义化了。也就是说，新自由主义仍然掌握着意识形态领域的领导权。现在西方发达社会的统治阶级处理危机的方式仍主要是通过重建危机前的新自由主义模式。我们正在见证新自由主义时代的结束，但它还没有死②。

另一方面是来自民粹主义强势崛起所带来的竞争。全球金融危机的发生与深化，使阶级和阶级斗争话题重回欧美政治舞台，“这一状况极有可能重塑现实世界的政治格局。但是阶级问题的再度突出和回归，不能简单地与工人运动混为一谈，因为工人阶级不属于任何人，工人阶级政治倾向的表达形式经常会变化，很

① Slavoj Zizek. A Plea for Leninist Intolerance [J]. Critical Inquiry，2002，28 (2).

② 马丁·雅克. 新自由主义的死亡与西方政治危机 [J]. 世界社会主义研究，2017，2 (1)：60-64，126-127.

不容易被预知”①。面对社会的两极分化、下层民众的不满和阶级斗争的回归，欧美发达国家各种民粹主义强势崛起。民粹主义作为一股反抗运动的力量，其影响力存在于他们对新自由主义全球化的虚假批判之中，他们并不关注问题背后的真实原因，而是充分利用大量难民和移民及其给人民尤其底层民众带来的焦虑，倒果为因，在无理论教条的情况下为社会不满者提供了表达愤怒的渠道与立即行动的计划，从而吸引了大量下层民众。无论是 2016 年美国大选中选民对特朗普和桑德斯的支持还是英国脱欧公投的结果，无论是西班牙的“我们能”党（左翼民粹主义）还是德国的“选择党”、法国的“国民阵线”（右翼民粹主义）在最近选举中的暂露头角，都明确地体现了这一趋势。而西方发达国家的共产党，无论是对传统理论回归还是坚守，都限制了其规模和政策调整空间，尽管党组织者注意到了民粹主义分子的加紧拉拢和攻击，希望通过参与有关医疗保健、移民和环境的战斗，来巩固党的地位，抑制极端主义政党的影响力，但是还是丧失了对社会反抗运动的即时反应和有效引导，无法与更为激进的民粹主义相抗衡。在能起领导作用和代表这种不满情绪的革命力量缺席的情况下，这种抵抗是以混乱的方式进行的。所以，像希腊共产党这样坚守传统理论的发达国家共产党虽然避免了因理论调整而造成的思想混乱，“保证了党成为一个巩固、团结的组织”，但始终只能“维持一个独特的、小的生存环境”②。尽管其在 2013 年十九大以后努力构建了社会政治变革阵线、反帝反垄断民主阵线以及工人和人民革命阵线，有朝着社会民粹主义方向发展的倾向，但由于有更为民粹主义化的激进左翼联盟的存在，这一诉求对民众的影响十分有限。

就内部制约来看，理论政策的调整容易引发两大负面后果。一是导致党内思想不统一，引发政党分裂，且分裂之后相互攻击互揭疮疤，从而导致既有的有限力量进一步分散、弱化。这一点无论在过去还是在当前，都一再上演。二是调整的内容与未调整的内容相互之间构成内部矛盾，容易引发外界质疑。比如当前的日共，21 世纪以来的理论调整为其塑造了一幅更柔和、更务实的形象，它放弃了进行社会主义革命的思想，但没有放弃民主集中制、党的名称和实现共产主义社会的目标等基本立场和本质特征。在外界看来，日共的理论调整仍不彻底，动机令人生疑。用西方学者的话来说，就是“调整的连续性加上不可改变的‘伪装’，为反对者提供了怀疑的武器，质疑它的变革真诚性，认为它的适应不过是一种适应环境变化的策略改变而已”③。所以，2017 年日本众议院选举过程中，竞争对手攻击日本共产党与其他共产党一样暴力，以这样的政党上台执政将给国

① 马丁·雅克. 新自由主义的死亡与西方政治危机［J］. 世界社会主义研究，2017，2（1）：60-64，126-127.

② 卢克·马奇. 欧洲激进左翼政党［M］. 北京：社会科学文献出版社，2004：78.

③ Stephen Day. The Japanese Communist Party: Destination Unknown [J]. Journal of Communist Studies and Transition Politics, 2010, 26 (4): 542-570.

家和人民带来专制、不幸和不自由等对选民进行恐吓。即使是选举策略上的调整也有可能遭到指责，在2016年举行参议院选举时日本共产党同其他在野党结成“在野党统一战线”，威力初显，共同推举的候选人几乎全部当选。但是这一策略在2017年众议院选举时就被安倍攻击为，日本共产党为了政权可以与价值观不同的政党合流，这样的政党是没有原则和立场的。

所以，面对欧美地区政治极化，西方发达国家共产党显得有些无所适从，向右调、讲妥协，比不过主流左翼社会民主党；向左走、论激进，比不了新近崛起的左翼民粹主义，结果就是在意识形态上丧失了1968年之后所拥有的地位，失去适应时代发展的理论制高点甚至可以说是出现了思想危机，这是问题的关键所在。而理论制高点的丧失，主要表现为对当今时代性质的定义，社会结构、党的社会基础、目前和将来的政权和所有制关系等关键问题上没有作出正确的判断和回答①。社会主义运动需要一种理论阐释和话语导向，而对当下的发达国家共产党来说所缺乏的就是统一且稳定的意识形态基础。正如比利时工人党主席在接受采访时所表示那样：如今，选民们对统治欧洲的执政集团感到厌恶，一些政治势力利用社会最边缘的群体，比如难民和移民作为替罪羊，使得群众很容易被吸引。作为左派的我们不仅要坚决地拒绝这类论述，更关键的是，我们要在推广自己话语的同时行动起来。我们要瞄准更高的目标，向群众解释，真正的敌人在上层，而不是在更底层。要传播这些信息并不容易，移民是随处可见的，而资本家只隐藏在巴拿马或者人们视线之外的办公室里。他们做了什么，是看不见的②。

三是国际合作空间的有限性。

当今资本主义已经进入国际金融垄断资本主义阶段，各种垄断同盟通过建立地区性乃至全球性国际组织以及相应的规则秩序，一方面控制了世界大部分国家的经济、政治和文化生活，加强了对全球雇佣劳动阶级的剥削和压榨，另一方面资产阶级尤其是金融垄断资产阶级的联合程度也空前加强。面对垄断资产阶级的联合压榨，发达国家与发展中国家的工人阶级处于相似的命运和境地，即使是发达国家所谓的中产阶级也同样处于受剥削的境地，只不过受剥削的程度不同而已，共同的阶级利益将会把他们逐渐凝聚在一起。作为工人阶级利益的捍卫者，以科学社会主义为基础的共产党和工人党，在共同的敌人面前，有必要也应该采取主动协调政策，制定统一的反资本战略③。

---

① Выступление Эгона Кренца на международном форуме левых сил в Москве《Октябрь 1917-го-прорыв к социализму!》ресс-служба ЦК КПРФ ［EB/OL］.（2017-11-09）［2018-03-01］https：//kprf. ru/party-live/cknews/170485. html.

② 比利时工人党主席彼得·梅尔滕斯（Peter Mertens）在接受采访时表示。参见：比利时左翼的前景：政治中心的危机让比利时工人党获得新生［EB/OL］.（2017-03-01）［2018-03-01］. http：//review. youngchina. org/archives/14750.

③ 李彩艳. 论全球化背景下无产阶级联合的必要性及可能性［J］. 世界社会主义研究，2017，2（9）：38-43，94.

但是，发达国家共产党在谋求联合斗争的过程中，也面临着来自国内外两个层面的现实局限。

就国内层面的现实困境而言，现在发达资本主义国家几乎所有人口都处在出卖劳动挣工资的工人地位，但是资产阶级的政治策略却成功地把这一庞大的无产阶级分化成不同的群体，这些群体之间往往相互冲突，这些群体背后的左翼政党之间为了选票也彼此竞争。当然，有时为了选票也会出现暂时合作的局面。总体来看，各国内部左翼力量之间有联合也有竞争。

就国际联合的现实困境而言，主要表现为发达国家与发展中国家工人阶级利益并非完全一致，尤其在对待全球化和逆全球化问题上。从理论上讲，经济全球化使资产阶级可以在世界各地自由雇佣劳动力，将一国的劳资矛盾转嫁到不同国家工人阶级之间的矛盾上，从而客观上达到了破坏无产阶级联合的作用。事实上也的确如此。在金融危机之前，资本主义全球化主要表现为发达国家的低端产业向发展中国家的转移，而财富向发达国家的集中，在帝国主义的中心地带也即发达国家，越来越多的人口因此而受益于非生产性工作和特权职位①，发达国家的工人阶级也因此享受到较好的社会福利和相对上游的工作岗位。但是，广大发展中国家及其人民为了抗议他们在全球化过程中所受到的不公平对待而不断开展反全球化运动。金融危机后，曾经到处推销新自由主义和主张全球一体化的欧美国家却一反常态地搞起“逆全球化”来，并获得发达国家普通民众的支持，在他们看来，正是因为全球化，大公司将制造业转移到发展中国家，发展中国家工人阶级抢走了他们的饭碗，大规模移民也削弱了他们的就业机会和社会福利。所以东西方不同发展水平国家的工人阶级之间有联合也有对抗，发达国家的共产党立足本民族国家，对他国共产党尤其是发展中国家执政的共产党有的声援也保持一定距离。

这一点从西方发达国家共产党对中国共产党的态度就可见一斑。这些共产党肯定中国的经济增长、政治稳定以及中国共产党的长期执政经验，承认中国是当代现存社会主义的典范，在两制共存与对抗中具有意识形态上的重要性，努力维护中国的国际形象和地位，对中国特色社会主义的未来发展寄予极大期望，同时也希望中国共产党对其进行支持，包括物质上、道义上、理论上的支持。但这并不意味着，他们就支持我们的路线支持我们的战略。发达国家共产党作为现存体制的反对者，一般情况下，凡政府主张的政策一般都反对，所以当希腊总理齐普拉斯（Alexis Tsipras）提出了希腊参与“一带一路”计划的具体建议就遭到希腊共产党的反对。希腊共产党认为，参与这一计划迎合希腊国内资产阶级的“野心”而与工人的利益毫无关系。

当帝国主义国家的人民已经放弃国际反帝团结，帝国主义核心地带的共产党如何从思想、政治和组织上加强团结合作就成了现实问题。尽管现在有世界共产

① Samir Amin. Revolution or Decadence? [J]. Monthly Review，2018，70（1）：17.

党和工人党国际会议这样的交流平台，但是大会始终难以也不可能就这些现实问题提出可操作性的措施；尽管每次会议上与会者都会发出坚持国际主义原则、加强共产党的国际团结等类似的共同呼声，但是以什么形式来体现团结，却始终看法不一。

综上，在西方的现存体制下，发达国家共产党依然是处于边缘地位的合法小党，党员人数少、社会影响力弱的现状一时难以得到根本改变，其道路选择、理论调整以及国际联合所面临的现实困境一时难以改变。但是，它们对资本主义现实问题的揭露与批判，在国内外热点问题为社会正义鼓与呼，始终站在道义的制高点上，心在左边跳动，其理想主义情怀、响亮的口号和明确的政治站位，始终发挥着社会良心的作用，给弱势边缘群体以慰藉与希望。所以，我们期待它们早日走上复兴，但是这种期待是在理性范围之内的。

（撰稿人：上海社会科学院国外社会主义研究中心研究员　轩传树）

2017年日本共产党年度发展报告

第一部分　概况

1. 国名：日本国（简称日本）

2. 人口：1.26亿

3. 国土面积：37.8万平方公里

4. 政党名称：日本共产党（英文：Japanese Communist Party，缩写为JCP）

5. 成立时间：1922年7月15日

6. 党员人数：约30万（2017年1月日本共产党二十七大正式公布的数据）

7. 全国主席或书记：志位和夫（委员长）

8. 政治局成员或全国委员会成员：干部会委员长（1人），书记局长（1人），副委员长（6人）。常任干部会（25人），干部会（59人），书记局（23人：书记局长1人、次长3人、局员19人）。诉愿委员会（责任人1人、副责任人4人、委员5人）、纪律委员会（责任人1人、委员7人）、监察委员会（责任人1人、委员2人）。中央报刊编辑委员会（23人）。中央委员会委员（163人）、候补中央委员（50人）

9. 政党地位：合法政党，第五大在野党

10. 群众组织：建有自己的工会、青年团、妇女组织等

11. 大众传媒的运用：党的机关报《赤旗报》、党的理论刊物《前卫》、网站www.jcp.or.jp

12. 最近一次代表大会或会议：日本共产党第二十七次代表大会（2017年1月15日）

13. 最近一次参加的选举：2017年10月22日第四十八届日本众议院选举

第二部分　党的产生及发展史

日本共产党在共产国际的帮助下，于1922年7月15日成立。

日本共产党一经成立就被日本政府宣布为非法组织，1923年被告发并于1924年解散。1926年再次成立，主张社会主义与民主主义的二阶段革命，目标为“废除天皇制”和“实现国民主权”。1928年又一次被取缔，绝大多数领导人被捕入狱，个别则流亡到海外，1935年最终解体。1945年8月15日，日本战败投降，日本共产党成为合法政党。同年12月，日本共产党召开四大，即重建大会，制定了党的行动纲领和党章，提出了废除天皇制，建立人民共和国的口号。德田球一当选为总书记。1946年2月召开五大，提出“和平革命”论，认为在美军占领下，可以通过和平、民主方式过渡到社会主义。1950年1月，共产党和工人党情报局公开批评这一理论，引起日本共产党党内意见分歧并导致分裂。同年6月，美国占领军勒令日本共产党的《赤旗报》停刊，禁止日本共产党全部中央委员的政治活动，日本共产党再次被迫转入地下。1951年10月，德田派召开第五次全国协议会，通过了《五一年纲领》和武装斗争方针。1955年7月，分裂的双方共同召开第六次全国协议会，批判了分裂时期的错误，选出了新的统一的中央委员会，基本结束了分裂状态。1958年召开七大，决定废除《五一年纲领》，通过了新党章并提出了新的纲领草案，开始确立独立自主路线。野坂参三当选为主席，宫本显治为总书记。从此，日本共产党开始步入正轨，进入稳定发展时期。

1970年7月十一大提出建立“民主联合政府”五项政策。1976年7月十三大决定将党的纲领、章程中“马克思列宁主义”改为“科学社会主义”。将“无产阶级专政”改为“工人阶级政权”。自七大以后，日本共产党为反对日美安保条约，为独立、民主、和平和提高人民生活进行了不断的斗争。该党主张通过掌握国会多数议席，合法地、民主地建立联合政府，然后向社会主义过渡。

2000年日本共产党召开了二十一大，对党章进行了根本修改，出现了许多新提法，2004年日本共产党对党纲进行了根本修改，标志着日本共产党进入到一个新的发展时期。

主要实践方面。1946年日本共产党首次投入选举，便取得5席众议院席位。

到1949年的选举，日本共产党一度成长到39席；但是由于日本共产党主张武装斗争，而于1952年被取缔，武装斗争路线也导致日本共产党失去所有的国会席次。直到1956年，宫本显治担任委员长表示回归合法斗争路线后，日本共产党的实力才逐渐恢复，1979年席次增加到41席，是日本共产党建党以来众议院席次最多的一次。目前日本共产党拥有众议院8议席，参议院14席，是日本第五大政党。日本共产党一度与原日本社会党组建统一战线，但并不持久。目前，与在野党立宪民主党、民社党和生活党在议会选举中组成了统一战线。

第三部分　党的理论和组织情况

一、指导思想

新党章规定，日本共产党的指导思想是科学社会主义。

二、组织结构与组织原则

1. 组织结构

干部会委员长，书记局长，副委员长，常任干部会，干部会，书记局。诉愿委员会、纪律委员会、监察委员会，中央报刊编辑委员会，中央委员会委员、候补中央委员。

2. 组织原则

新党章规定，民主集中制是日本共产党的组织原则，具体表现为党的决策通过民主讨论，最终采纳多数人的意见；决定了的事情，全体执行；所有领导机关，通过选举产生；党内禁止派别产生；党内意见不统一时，必须通过少数服从多数解决。

三、党员资格

新党章规定，年满18岁以上的日本公民，承认党章和党纲，经两名日本共产党党员推荐，自愿交纳党费就可申请加入日本共产党。

第四部分　党的国内实践活动

日本共产党在2017年召开了二十七次代表大会，参加了第四十八届众议院选举。

一、日本共产党召开了第二十七次代表大会

2017年1月15日至18日，日本共产党第二十七次全国代表大会在静冈县热海市日本共产党党员研修基地伊豆学习会馆召开。在野党民进党、自由党、社民党以及冲绳之风的代表首次应邀出席日本共产党大会并发言①。大会在分析日本国内政治形势和世界格局发展变化的基础上，提出了建立在野党统一战线，改变日本政局，推翻安倍晋三自民党政权的主张，以及反对修宪、反对重启核电、反对提高消费税、反对美化侵略战争、反对“两个异常”等政治行动路线，明确了日本共产党下一步地方和全国选举的目标以及扩大党势的举措。这次大会对日本共产党今后一个阶段的行动指明了方向。其主要内容是：

1．日本共产党肯定了在野党统一战线的积极作用及今后的任务

日本共产党二十七大《决议》指出，在2016年7月的参议院选举中，以打倒安倍政权为目标，废除安保法（日本共产党指战争法），形成的在野党和市民的统一战线发挥了不可或缺的作用。在全国32个1人选区中全部实现共同推荐的统一候选人当选，另外11个选举区也获得了胜利。在2016年10月的新潟县知事选举中，在野党和市民统一候选人高举“零容忍重开核电站”的旗号，取得了压倒性胜利。这些成功事例说明只要举起能够顺应国民愿望的“大义之旗”，在野党和市民团体就能形成“真正的统一战线”，就能够在与执政党的斗争中获得最终胜利，这也是日本政治的希望所在。

《决议》还总结了结成在野党和市民统一战线的主要原因。首先，在反对安倍政权肆无忌惮的“暴走政治”中，新的市民运动蓬勃发展。近年来，国民作为主权者自发地站起来发出声音，参与反对安保法的斗争，这是战后前所未有的。其次，是日本共产党在政治上的飞跃。日本共产党继在2013年7月参议院选举上的跃进，在2014年12月的众议院选举中获得的席位数大幅增至21席。2015年4月统一地方选举中，日本共产党第一次在所有都道府县获得了议席，实现了

① 政治考共産党27回大会の“衝撃”[N]．しんぶん赤旗，2017-01-30．

全面的飞跃。这些成果，推翻了 1980 年以来支配国政长达 30 余年的“排挤日本共产党”的体制。同时，统一战线也成为推动中央和地方在野党和市民并肩战斗，对抗安倍“暴走政治”的巨大力量。志位和夫委员长、小池晃书记局长在会上提倡建立“在野党联盟”，呼吁继续加速去年夏天参院选举时结成统一战线的决议案①。

在“两个异常”方面，日本共产党认为，“两个异常”将日益扩大执政党与国民间的矛盾。执政党“异常地对美顺从”的政治，是违背日本宪法的。安保法的强行通过，把“根据宪法第 9 条不得行使集体自卫权”这一战后不同内阁的宪法解释做了 180 度的改变，成为破坏民主政治大原则的事件。另外，安倍政府践踏民意，强行建设边野古美军新基地的行为，让冲绳美军基地问题进一步扩大。而“异常地以财界为中心”的政治，使得日本的人性化雇佣原则被彻底破坏。收入差距和贫困层的扩大，让日本经济社会的可持续发展变为不可能。政府把“核电利益共同体”追求置于国民安全之上，强行重启核电站的暴行，引发了执政党与国民之间的深刻矛盾。

基于以上原因，日本共产党认为，安倍政权除了依赖无视民意的强权政治，在治理国家方面已无计可施。安倍政权的强权政治（暴走政治），绝非该政权“强大”的表现。这正是老朽的自民党政治，面临穷途末路，与国民的矛盾日益扩大的表现。因此，《决议》指出，四大在野党一致同意，在国会选举中尽最大可能通力合作，对现在的执政党穷追猛打，实现打倒安倍政权的目标。作为对抗安倍政权的政治内容，四大在野党应在以下方面达成共识：①废止安保法，回归立宪主义。②扭转由安倍经济学造成的贫富差距和贫困现象。③不容忍泛太平洋协议（TPP）及冲绳问题等无视国民声音的强权政治。④反对安倍政权下的修宪行为。另外，日本共产党还提出了推翻安倍政权后，在野党建立“国民联合政府”，即联合政权的构想。

2. 日本共产党对世界格局发展变化和美国、中国、俄罗斯的看法

《决议》指出，在废除核武器方面，大多数发展中国家以及部分发达国家政府已经达成共识。在 2016 年 12 月 23 日召开的联合国大会上，启动缔结禁止核武器条约得到大多数国家（113 国）的支持并获得通过。日本共产党认为，核武器将在人类史上首次被“违法化”，给这种残酷的武器打上“罪恶的烙印”。这样核武拥有国即使不受法律的约束，也将受到政治和道义上的约束。

在南海问题上，日本共产党表示强烈支持南海仲裁（ASEAN）的声明，并希望事态僵局能够打破。日本共产党认为，中南美加勒比海共同体（CELAC）对该地区的和平发挥了积极作用，促进了和平解决哥伦比亚内战的进程。尽管 2015 年美国和古巴恢复了外交关系，但中南美洲加勒比海地区所有的国家，一直对美国封锁古巴的政策予以批判，支持恢复两国外交关系。

---

① 共産党大会に他党の党首級を招待　95 年の歴史で初 [N]. 朝日新聞，2017-01-15.

日本共产党指出，美国的军事霸权主义已经是穷途末路，将面临大崩溃。而追随这个崩溃之路的安倍政权，也是绝对没有未来的。美国长期以来，实行跨国大企业利益优先的全球资本主义、新自由主义的经济政策，造成贫富差距和贫困层不断扩大。奥巴马政权虽然通过导入新的保险制度并对此进行了一定的修正，但1%的富裕层的收入，占了全民总收入的22%。美国国内产业空洞化、中产阶级的没落进一步深化。2016年11月8日举行的美国总统大选，共和党特朗普获得了胜利，反映了美国正在陷入深刻的矛盾之中。特朗普虽然对“既得利益阶层”进行了批判，但没有指出解决矛盾的关键和策略，他还发表了强化核战斗力和移民问题等令人担忧的发言，日本共产党对此表示担忧。

对于中国，日本共产党认为中国在核武器问题、东海、南海和国际会议上，以及在对待日中两党关系方面表现出了新兴大国主义、霸权主义的倾向，并警告中国如果再犯这样重大错误的话，就有“彻底脱离社会主义道路的危险”。

关于俄罗斯，日本共产党认为普京政权的行为，是斯大林时代的大国主义和霸权主义的复活。俄罗斯在2014年3月，强行吞并了属于乌克兰领土的克里米亚自治共和国和塞瓦斯托波尔特别市。这是对联合国宪章和国际法中尊重各国主权、独立、领土完整等原则的严重践踏和明显的侵略行为。普京总统强调克里米亚回归俄罗斯是由于在历史上关系紧密，表示“要恢复俄罗斯世界和历史上的俄罗斯”，但实质是为了自己的领土扩张无视国际法的态度。普京总统还宣称如果欧美干涉克里米亚问题，俄罗斯考虑使用核武器，此言论震惊世界。另外，俄罗斯对乌克兰东部分裂派武装势力提供了支援，通过行使武力对他国内政反复进行干涉。日本共产党对颠覆基于联合国宪章的世界和平秩序的大国主义、霸权主义表示严厉反对。与这样的政权交涉解决日俄领土争端问题也就无从谈起。

对于欧美社会变革的新动向。日本共产党十分关注欧美在全球资本主义，即实现利润最大化的跨国企业及国际金融资本的背景下，引发了不断发展的反对贫富差距和贫困扩大的市民运动。在欧洲，全球资本主义的暴走和深刻的经济危机下，出现了主张排斥移民的右翼排外主义潮流，这必须引起重视。日本共产党在二十六大后，努力加强与欧洲各党的交流，除了和法国、葡萄牙、西班牙、德国、捷克等国的共产党、左翼政党进行交流以外，也开始与希腊和西班牙的进步政党进行交流。在欧美发生引人注目的社会变革运动下，日本共产党打算从根本上强化与欧美进步势力的交流和互动。

3. 提出消除日本不平等和缩小贫富差距的建议

日本共产党分析了当前执政当局实施的经济政策，尤其是“安倍经济学”带来的不平等和贫富差距扩大的困局，提出了一些建议。

第一，进行税收制度改革，建立“与负担能力相匹配，公正、公平的税收制度”。停止增加消费税。改革大股东优惠待遇的不公平税收制度，寻求对富裕层应负担的公平份额。不允许大企业和富裕层“逃避税收”，建立国际合作的法律制度。重新审视全球“降低法人税竞争”，适当增加国际合作中过低的法人税。

第二，改革税收的使用方法，建议“财政预算以社会保障、年轻人、抚养孩子为中心”。扩充社会保障费用。大学学费减半，建立给付型（不用还款）的奖学金，扩大开拓年轻人未来的预算开支。建议增设共计三十万人的保育所，大幅改善保育员的待遇。大幅度增加教育经费的财政预算，减少国民教育费的负担，改善教育条件。

第三，工作方式的改革。对加班时间进行法律规制，通过间隔调节，消除产生过劳死的长时间过密劳动。撤销“加班工资零法案”。根除“义务加班”，制裁“黑企业”。反对“金钱解决制度”，阻止不法裁员。

第四，改革产业结构，缩小大企业和中小企业之间；大城市和地方之间的差距。加强对农产品的价格保障和收入补偿，支持公共建筑使用国产材料，振兴林业，稳定鱼类价格，把提高食品自给率定位为国家产业政策的重要支柱。建立全国统一的最低工资制度。

第五，不再启动核电站，建立“零核电站的日本”，抵制强化冲绳军事基地。不允许美国把海军陆战队和航母这两个战斗群的基地放置在日本本土。不允许恶意修改宪法，不允许肯定侵略战争，美化历史以及排外主义。

4. 日本共产党今后一阶段的选举目标和党建措施

日本共产党对即将到来的总选举，全力以赴，挑战以下目标。①打破“改宪势力3分之2体制”（在国会中有三分之二的势力赞成修改宪法），让自民党、公明党和拥护势力变为少数。②促进日本共产党的“第3次跃进”，以比例代表“850万张选票，15%以上得票率”为目标。在全国所有的11个比例选区中实现议席增加。与在野党共同努力，融为一体。在小选举区设定的必胜区发动攻势，使议席大幅增加。争取各个都道府县、自治团体、自治区都获得“10%以上的得票率”。围绕2019年参议院选举，尽早决定选举区候选人，与总选举融为一体，以选举胜利为目标进行活动。③全力以赴，夺取东京都议会选举胜利。确保上次获得的17个议席，并争取获得更多的议席。④实现地方选举跃进的目标。掌握地方自治体的动向，促进地方统一战线的前进，实现夺回地方议员第一党的目标。

对此，日本共产党将贯彻适合新形势的竞选策略。要求所有支部必须朝着“850万张选票，15%以上得票率”的目标努力，为实现目标制定“政策和计划”。“与市民、国民共同斗争”，发展壮大选举战。在选举中，促进发展在野党和市民统一战线，重视新的信赖关系和团结的纽带，为实现民众的切实愿望而不断地发展市民运动、国民运动。通过后援会的活动，引起民众对日本共产党新的关注和支援。以所有的选民为对象进行宣传、组织活动，传递“政治是可以改变的”的希望。重视在网络、社交网络服务（SNS）方面的宣传。与年轻人一起，探索前途，打破现状，展望未来。倾听年轻人的烦恼和愿望，讨论解决问题。

为了赢得选举，对抗安倍政府的暴走政治，必须积极促进在野党和市民统一战线。日本共产党认为在野党和市民统一战线超越了过去的战后和平运动、工人运动，是一个具有划时代意义的统一战线组织。日本共产党认为，党纲中的统一战线方针，标志着一个新的时代已经开始。虽然在野党和市民的统一战线才刚刚起步，还有很多不成熟的地方，将面临很多的挑战。如何发展刚刚开始的在野党和市民的统一战线？日本共产党认为在野党和市民之间，在野党之间，应该珍惜一致的观点，相互承认差异，彼此之间互相信任，互相尊重，团结一心。

日本共产党为了全面推进党的建设，制定了党建的基本方针和措施。一是要求所有的支部必须制定"政策和计划"，开展"支部为主角"的活动，进行党的建设和党势扩大运动。开展"一车两轮，缺一不可"的活动。二是扩大党员队伍，按照党的章程进行入党动员，并对新入党员进行教育。参加支部会议，订阅日刊报纸，交纳党费是参加党组织生活的"三原则"。三是发展以《赤旗报》为中心的党的活动。党员必须经常阅读、讨论《赤旗报》。以《赤旗报》为轴心，进行联系党和国民的活动。通过多样化的党组织，促进机关报纸的发行，并使之发展为党的活动中心。号召全党努力学习党的纲领和科学社会主义。要求所有支部设立"学习党纲和经典的教室"，并在日本各地举行"讨论党纲和日本未来"的活动，让国民完全理解日本共产党的纲领、历史和理念等，倾听民众对日本共产党的意见和要求。

二、日本共产党参加第四十八届众议院选举

2017 年 10 月 22 日落幕的日本第四十八届众议院选举结果出炉，自民党获得 284 个议席、希望之党 49 席、公明党 29 席、立宪民主党 54 席、共产党 12 席、日本维新会 10 席、社民党 1 席，日本之心党 0 席。不出预料，执政的自民党和公明党在众议院全部 465 个议席中，所获议席超过 2/3，共计 313 个议席，且自民党单独过半数。这意味着执政联盟继续在参众两院掌握绝对多数议席，从而为安倍修宪奠定了坚实的政治和法律基础，也表明日本各在野党在相当一个时期里无法与执政党自民党相抗衡。

日本共产党在这次选举中出现了严重的退步，最终获得的 12 席中，小选区 1 席、比例选区 11 席，比上届众议院（2014 年）的 21 席少了 9 席，比例选区得票从上届的 606 万票，得票率为 11.37%，下降到这次的 440 万票，下降率为 7.91%。日本共产党在选举后对败退的原因进行了总结，认为是"党的力量不足"，并表示党将认真听取党内外意见，在下次选举中卷土重来并获取胜利。为此，日本共产党提出了接下来如何壮大自身力量的策略，一是要求全体党员完整理解和准确把握日本共产党的纲领、历史和理念，并坚决支持党的行动，二是将发展党员作为扩大党力量的根本，践行党大会决议，以总选举胜利为目标，广泛开展发展党员和扩大《赤旗报》读者的运动。

除此以外，我们认为以下也是导致日本共产党这次选举退步不可忽视的原因：

安倍突然宣布解散国会，提前举行大选，使日本共产党措手不及。根据日本宪法和相关法律，首相有权解散国会，并在 40 天内举行大选。通常情况下，执政党往往是在对自己有利的时机宣布解散国会提前举行大选，而对于在野党来说由于信息不对称显得处处被动。事实上，在安倍宣布解散国会提前大选前的一段时间，安倍因“森友事件”和“加计学园事件”引起了社会对其严厉批评，自民党内部也出现了以东京都知事小池百合子为代表的反安倍势力，要求安倍就此问题向国民交代清楚并道歉，由此造成首相安倍的民意支持率大幅跳水。为此安倍不得不于 8 月 3 日重组内阁，这才得以稍稍挽回民意。而恰在这时的 9 月 3 日，朝鲜宣布成功试射了一枚氢弹，9 月 15 日又宣布成功试射了一枚洲际导弹，并威胁要用核武器“击沉”日本。安倍趁机开足国家宣传机器，宣称日本最大的来威胁自朝鲜，以此转移民众视线；又恰在这时，美国宣布特朗普总统将于 11 月 5 日访问日本，安倍借机宣称，特朗普访问亚洲的第一站定位于日本，说明他与美国总统的私交甚好，从而日本安全就有了保障。被朝鲜核武器“吓坏”的部分日本民众“别无选择”又重新支持安倍，民调开始止跌回升。此时安倍认为时机已到，9 月 28 日强行宣布解散众议院，10 月 22 日举行大选投票。安倍当天继续煽动朝鲜威胁论，称这场选举是为了突破朝鲜问题及日本老龄化、少子化问题，对自己的丑闻避而不谈。不过，安倍被在野党批评为解散国会提前大选只是为摆脱丑闻续命政权的自保之举。提前举行大选，对于一些像日本共产党这样的小党和弱党来说，不可能有效地在不到一个月的时间里进行备选，而对于执政党来说，则可以充分利用游戏规则制定者的优势来整合资源进行选举。

原有在野党统一战线解体，日本共产党不得不寻求建立新的统一战线。执政联盟自民党和公明党在上届众议院选举中，就已占据了 2/3 的席位。为此，各主要在野党民主党（民进党）、维新党、日本共产党、民社党等不得不求同存异，在 2016 年举行参议院选举时结成在野党统一战线，试图以此抗击自公联盟在参议院选举中再胜，虽然选举结果仍以执政联盟在参议院中拥有 2/3 席位获胜，但在野党统一战线的威力已经初步显现，共同推举的候选人几乎全部当选。为此，各主要在野党党首都表示今后不仅在选举中，而且在国会斗争中都要形成“共斗”。但是，由于安倍突然宣布解散国会提前大选，在利益面前，民进党分裂，其右翼人士加入了由小池百合子组建的希望之党，剩余部分重组为立宪民主党，这样原有的在野党统一战线瓦解。为了赢得更多的选票和议席，日本共产党不得不耗费大量时间精力重新与立宪民主党、社民党等在野党就建立统一战线和联合推举候选人等进行谈判，这就势必减少自己研究选举策略、提出提案、拜访选民等的时间，不可避免地造成选举策略、治国提案、回答选民问题等的粗放化，而不是精细化，从而失去部分选民和议席。

选举经费严重不足，迫使日本共产党不得不放弃一些选区。由于日本共产党历来拒绝接受法律规定的由国家财政拨付给自己的政治资金（根据党在议会中拥有议席不同，每年大概有几十亿日元不等），相反却认为政治资金违宪，谁接受谁就会腐败，并由此声称自己是日本历史上唯一干净的政党。因此，日本共产党的运转只能靠收取党费和销售《赤旗报》的有限经费来维持。日本最重要的全国性选举是参众两院选举和全国统一地方选举，而这又是以金钱为支撑的。日本参议院被划为45个选区，众议院被划为289个选区（有时选区会作微调），对于小党来说要参与所有选区选举，就意味着要花大量的金钱，这是一个巨大的压力。这样日本共产党只能把金钱和精力放在了最有把握的选区，而对于没有胜算的选区只能被动地放弃，而日本共产党的弃选区常常远多于参选区，这就是日本共产党每次当选议员人数不多的一个原因。因此，日本共产党在与在野党建立统一战线后联合推荐候选人时，与其说是主动放弃自己的人作为候选人，还不如说是自己没有足够的参选经费所致。

选举策略和行为模式长期不变，让日本共产党缺乏足够的吸引力。“党的力量不足”确实是日本共产党这次选举败退一个众所周知的原因，但日本共产党每次选举的策略和行为方式鲜有变化，就是强调全体党员学习党的理论路线和发展党员、扩大《赤旗报》发行量这两大策略，最多再围绕这两大策略再提出一些具体的建议等。虽然后两大策略对于解决日本共产党的财政困难有着至关重要的作用，但除此以外，很少发现日本共产党有其他举措，更不用说进行选民细分，然后采取有针对性的，尤其是针对青年有创新性的选举策略，久而久之，日本共产党就会失去对青年的吸引力，这就是日本共产党当前党员老龄化的一个重要原因。

安倍“选举”吓唬策略奏效，使日本共产党不幸“躺枪”和“背锅”。这次安倍选举的一个策略是不断抛出和强调“朝鲜威胁论”和“中国威胁论”，结论是只有他才具有保卫日本安全的能力来吓唬日本国民，这是保守政党对付像日本共产党这样的左翼政党百试百灵的策略。他攻击日本共产党说日本共产党与朝鲜等国具有相同的意识形态，很难想象日本共产党在日本国难时是站在日本一面，还是站在朝鲜一方。另一个策略是攻击日本共产党与其他共产党一样暴力，这样的政党上台执政，将给国家和人民带来专制、不幸和不自由，这样的政党上台执政将与朝鲜并无二致来吓唬日本国民。还攻击说，日本共产党为了政权可以与价值观不同的政党合流，这样的政党是没有原则和立场的，如果这样的政党上台执政，不知将日本带向何方。日本早已进入中产社会，随之形成了“中流意识”，求稳怕乱是这一社会意识的主要特征。因此，在一些日本人看来，现在的日本共产党确实不错，他们廉洁、朴实、能干，但怎能保证他们执政后不变呢？与其选择具有很大不确定性的日本共产党，还不如相信安倍的选举语言，这至少能给他们带来暂时的稳定。

第五部分　党的国际实践活动

日本共产党在 2017 年，继续努力强化与欧洲各党的交流。除了和法国、葡萄牙、西班牙、德国、捷克等国的共产党、左翼政党进行交流以外，开始了跟希腊和西班牙的进步政党的交流。在欧美发生引人注目的社会变革运动下，从根本上强化与欧美进步势力的交流。日本共产党认为相互交流在发达资本主义国家的斗争经验和吸取教训，无论对发展丰富日本的社会变革运动，还是在世界范围内的进步运动的发展，都具有重大的意义。

第六部分　结语

日本共产党 2017 年在众议院大选中只获得了 12 席，出现了严重的退步，比上届众议院（2014 年）的 21 席少了 9 席。党员人数和《赤旗报》发行量较上年也没有出现较快的增长。日本共产党要想在日本政坛走得更远，必须进一步增强党的力量。

（撰稿人：深圳职业技术学院 曹天禄）

2017年希腊共产党年度发展报告

第一部分　概况

1. 国名：希腊共和国（简称希腊）
2. 人口：1078万
3. 国土面积：13.1957万平方公里
4. 政党名称：希腊共产党（简称希共）
5. 成立时间：1918年
6. 党员人数：3万左右
7. 全国主席或总书记：迪米特里斯·古楚巴斯
8. 政党地位：合法党，非执政党
9. 社会团体或群众组织：希腊工人激进阵线、希腊共青团、希腊农民激进阵线、希腊妇女联合会、希腊学生激进阵线
10. 大众传媒的运用：《激进者》、《共产主义评论》、902电台和电视台
11. 最近一次代表大会或会议：希腊共产党第二十次代表大会（2017年）
12. 最近一次参加的选举：希腊议会选举（2015年）

第二部分　党的产生及发展简史

一、希腊共产党的创立时期（1918—1924 年）

1918 年 11 月 17 日，在比雷埃夫斯市海运机械师协会总部所在旅馆的一间大厅里，希腊各社会主义组织和协会召开了第一次代表大会。23 日，大会决定建立希腊社会主义工人党，并宣布希腊社会主义工人党加入第二国际。为了加入第三国际，在 1920 年 4 月召开的第二次代表大会上，希腊社会主义工人党更名为希腊社会主义工人党（共产主义），1920 年 9 月 21 日，成立了一年半的共产国际（第三国际）作出了接纳希腊共产党加入共产国际的决定。1924 年 11 月 26 日至 12 月 3 日，希腊社会主义工人党（共产主义）在雅典召开了党的第三次特别代表大会。在这次大会上，希腊社会主义工人党正式改名为希腊共产党（共产国际希腊支部），并按照共产国际的要求，在思想上确立了马克思列宁主义的指导思想，清除了各种机会主义观点（主要是第二国际机会主义）的影响，在组织上采用了民主集中制的组织原则，并在各个工厂建立党支部；在政治上承认无产阶级专政并制定了统一战线的方略等。希腊共产党的成立是希腊社会发展史上的一个非常重大的事件，它标志着希腊的社会主义运动有了坚强的领导核心，并从此进入了一个全新的阶段。

二、反法西斯反君主制民主斗争时期（1925—1944 年）

希腊共产党第三次代表大会（1927 年 3 月）和第四次代表大会（1928 年 12 月）均认为希腊既是一个不发达的资本主义国家，又是一个依附于帝国主义的落后的半殖民地国家，党的任务是领导反君主制和反帝国主义的斗争，革命的目标是建立工农民主专政的革命政权，以此作为向无产阶级专政的过渡。

1934 年 1 月召开的希腊共产党四届六中全会提出了建立反法西斯阵线的策略，并将其看作一个在本质上反对法西斯、反对君主制的斗争阵线，这次大会对希腊反法西斯斗争具有重要意义。1935 年 12 月，希腊共产党召开的第六次代表大会，全面制定了反法西斯独裁政权的目标和策略。1940 年，意大利法西斯入侵希腊，希腊人民在希腊共产党的号召下将意大利法西斯赶出了国门。接着，德国法西斯的入侵同样遭到希腊人民的顽强抵抗。1941 年 9 月 27 日，希腊共产党联合希腊人民民主联盟、希腊农民党和希腊社会党组成了民族解放阵线，到

1944 年，希腊共产党及其同盟者控制了全国 2/3 以上的领土。1944 年 3 月，希腊共产党在解放区成立了多党合作下的临时政府“希腊民族解放政治委员会”及其议会组织——民族委员会，并举行了第一次议会选举，解放区和德军占领区的 180 万公民参加了投票，选出了 180 名国民议会代表，妇女以及年满 18 岁的青年首次享有选举权。

英国和希腊反动派十分害怕希腊共产党领导的不断壮大的民族解放力量，在反法西斯战争结束前就已经开始策划镇压希腊共产党及其领导的民族解放阵线的阴谋。1945 年 2 月 12 日，在经过三个月的示威游行和武装斗争未果的情况下，希腊共产党与希腊政府签订了《瓦尔基扎协议书》。根据协议，希腊共产党交出全部武器，解散了人民解放军。希腊反法西斯斗争胜利了，但希腊共产党领导的争取民主和社会主义的运动却遭到严重的挫折。

三、反帝反君主制民主斗争时期（1945—1974 年）

第二次世界大战后的三十年间希腊共产党领导的反对君主制和帝国主义的革命斗争可分为三个阶段。

第一阶段从 1945 年到 1949 年，希腊共产党领导了反对君主制和英美帝国主义的武装斗争。针对英美支持的希腊反动政府的白色恐怖统治，希腊共产党在 1945 年 4 月的第十一次中央全会上作出团结一致开展反君主制斗争的决定。1946 年 10 月希腊共产党再次建立了自己的武装队伍——希腊民主军，并先后粉碎了反动政府发动的 1946 年“秋季围剿”和 1947 年“春季攻势”及“夏季攻势”。1949 年形势发生了不利于希腊共产党的变化，美国加强对希腊政府的援助，希腊共产党领导的反君主制和反帝国主义斗争终因力量对比悬殊而失败。

第二阶段从 1949 年到 1968 年，是希腊共产党领导的反君主制和独裁统治的地下斗争时期。在这段地下斗争时期，希腊共产党内部发生了两次比较大的分裂。第一次是在 1956 年 3 月。受苏共二十大的影响，希腊共产党多年累积起来的在政治路线、斗争策略和组织问题上的分歧和斗争公开化。为消除希腊共产党的党内分歧和危机，1956 年 3 月，由苏、罗、捷、匈、保、波六国共产党成立的“六党委员会”在布加勒斯特主持召开了希腊共产党七届六中扩大会议。大会全盘否定了希腊共产党的领导，以“宗派主义”“冒险主义”的罪名撤销了萨查利阿迪斯的总书记职务，选出了新的中央局。许多党员因反对这种做法而被开除党籍或退党。第二次分裂发生在 1968 年 2 月。由于希腊共产党中央长期流亡海外，其在国内的领导人与在国外的部分领导人发生了严重的分歧。留在国内的希腊共产党领导人于 1969 年 4 月在意大利召开了中央特别全会，选举了自己的代表，另建了希腊共产党（国内派）。以科里亚尼斯为代表的另一部分希腊共产党领导人则继承了希腊共产党的名称。这样，希腊就出现了两个共产党并存的局面，1986 年希腊共产党（国内派）分裂为希腊左翼党和希腊共产党（国内派）振兴左翼。

第三阶段从 1968 年到 1974 年，是希腊共产党和希腊共产党（国内派）联合其他民主党派，领导工人、农民、学生和其他民主阶级开展强大的政治斗争时期。在希腊共产党和统一民主左翼的倡导下，1967 年 5 月成立了反独裁爱国阵线。1973 年随着希腊社会经济矛盾的加深和反独裁运动的开展，希腊军人政权陷入了深层的危机当中。1973 年 11 月 14 日，雅典理工大学的学生和雅典的青年工人发动了起义，占领了学校，得到了广大工人的支持，希腊共产主义青年团和反独裁学生联盟在斗争中起到了重要的组织作用。17 日，起义遭到当局的武力镇压，56 人被杀害，2500 人被捕。尽管起义在流血中失败，但是军人政权却遭到了沉重的打击。1974 年 7 月 24 日，军人政权在塞浦路斯问题上失利以后，大规模的反独裁游行再次遍布希腊的各大城市。在人民群众的压力下，军人政权被迫下台，接着是资产阶级政党联盟上台执政。被流放和流亡海外的希腊共产党党员、干部大批回国，希腊共产党获得了合法地位。

四、反帝反垄断的人民民主斗争时期（1974—1989 年）

在这一时期，希腊共产党共召开了三次重要的大会。其中第十次代表大会在坚持了九大基本原则的基础上为希腊革命发展的两个阶段制定了基本纲领。希腊共产党十一大和十二大将反帝反垄断民主革命发展为反帝反垄断人民民主革命，并详细阐述了革命的本质、纲领、依靠力量、组织形式、斗争方式及前途等各个方面的内容，初步形成了反帝反垄断的民主革命理论。

在历经 27 年的非法活动和难民式生活后，希腊共产党第一次合法的全国代表大会——十大于 1978 年召开。希腊共产党十大对革命“两个阶段”之间的关系、革命纲领、革命形式、革命依靠力量和革命前途等问题进行了阐发。

在 1982 年党召开十一大时，希腊历史上第一次出现了由单一的左翼社会主义政党——泛希腊社会主义运动党执政的局势。因此，希腊共产党十一大认为，从 1977 年以来，右翼政党未来大选的失败迹象已经日益明朗起来。同时，传统的中间派已经分崩离析，这就为形成一种替代性的方案开辟了道路。这一方案就是希腊共产党提出的“真正变革”方案，其基本目标和纲领可概括为以下三个方面的内容：民族独立的方针、进行有利于人民的生产性调整的经济方针、全面民主化的方针。

1981 年，泛希腊社会主义运动党上台后背弃了大选前的承诺，背弃了马克思主义和社会主义，它对外依赖帝国主义，对内维护垄断资本。在这种情况下，1987 年希腊共产党召开了第十二次代表大会，阐述了“以社会主义为方向”的变革的理论。

五、反帝反垄断的社会主义斗争时期（1989 年至今）

为应对苏东剧变的严峻局面和探索希腊的社会主义发展道路，希腊共产党在 1991 年到 2009 年间共召开了六次代表大会。1991 年 2 月召开的党的十三大和同年12月召开的党的十四大两次代表大会，使已经分裂的希腊共产党重新团结和振作起来。1996年召开的希腊共产党十五大对苏东剧变的原因进行了总结，提出了现代希腊革命是一场社会主义革命，要走一条反帝反垄断的民主斗争道路，并将建立反帝反垄断民主阵线写入了党纲，大会还通过了新的党章和党纲。2000年召开的希腊共产党十六大重点阐述了反帝反垄断民主阵线的政治基础、战略和策略问题。2005年召开的希腊共产党十七大和2009年召开的十八大着重论述了党的建设和阶级斗争的重要性，并对社会主义运动历史进行了总结和评价。希腊共产党于2012年4月11—14日在雅典举行十九大。十九大高度评价过去五年党的活动和成绩，制定了党在未来五年的工作任务，通过新的党章和党纲。2017年3月30日至4月2日，希腊共产党第二十次大会在雅典总部成功召开。希腊共产党第二十次大会的口号——“为了伟大的劳工运动和社会联盟，壮大希腊共产党并向伟大的社会主义前进”。希腊共产党中央委员会总书记迪米特里斯·古楚巴斯（Dimitris Koutsoumpas）代表即将离任的第十九届中央委员会提交了“评估过去的活动、制定未来任务”的报告。此次大会引起了国际共鸣，102个共产党和工人党向希腊共产党中央总部发送了问候信息。大会召开期间，70位代表先后发言。在讨论中，代表们表达了对中央委员会的提交的报告的认可，表达了从意识形态、政治和组织上巩固希腊共产党的决心。大会对希腊共产党如何更有效地重组劳工运动、如何在反资本主义-反垄断方向建设社会联盟进行了反思；对希腊共产党如何在反对帝国主义的斗争中、在国际共产主义运动中、在党建方面、在给希腊共产主义青年团提供支持方面发挥更大作用进行了讨论。大会一致通过了希腊共产党中央委员会的报告和闭幕词；一致通过了中央审计委员会的报告；一致通过了大会的政治决议。第二十次大会完成了新任中央委员会和中央审计委员会的选举工作。中央委员会第一次会议选举了迪米特里斯·古楚巴斯同志（Dimitris Koutsoumpas）为希腊共产党中央委员会总书记。

第三部分　党的理论和组织状况

一、指导思想

希腊共产党以马克思列宁主义世界观和无产阶级国际主义为指导，是工人阶级的政党，是工人阶级有觉悟的先锋队组织，是工人阶级组织的最高形式，是所有立志为推翻资本主义、建立社会主义和共产主义社会而斗争的志愿者的革命组织。希腊共产党的战略目标是实现工人阶级革命胜利、无产阶级专政以及建设社会主义。

二、组织原则

希腊共产党的构成和运行坚持民主集中制，这是革命性质不可或缺的组成部分。民主集中制意味着党内民主、集中领导、在统一活动中有意识地贯彻领导政策。坚持民主集中制，党内不允许存在有组织的小集体及其活动，因为这会破坏思想、政治、组织统一，影响民主运行以及妨碍有效地开展活动。民主集中制的主要组成部分：中央委员会作为单一的领导中心，在大会闭会期间是最高的领导组织，领导所有党组织的运行和活动；下级机关、党组织和党员必须执行最高领导机关的决策；党的纪律是少数人的意志服从多数人的意志，意见不统一的情况下，少数不同意见的人必须无条件执行多数人的决定；有权选举和罢免各级领导机关以及各级领导机关的成员，选举产生的组织和机关定期或不定期向选举单位汇报工作；全面通报各级党组织对工作报告的决议；集体领导作为党的领导的最高原则，是保证党和各级组织团结、统一，各项工作正常运作的必要前提，也是正确培养干部、发挥全体党员能动性和积极开展活动的必要前提。党内不允许存在个人决策代替集体决策的现象；在集体领导的框架内，可以并应该体现每个党员的个人特征和贡献；党尊重每个党员享有的平等权利和义务；监督、批评和自我批评是贯彻决策和开展活动的必要要素，是总结经验、克服缺点、纠正错误、学习和加强党的纪律的必要要素；批评和自我批评应该贯彻在党的各级机关以及党的基层组织中。

三、党员资格

年满 18 岁的每位男士和女士，承认希腊共产党党纲和章程、愿意参加党的一个组织并在其中工作、按期缴纳党费的，都可以成为希腊共产党党员。希腊共产党的成员主要是工人，还包括大众阶层中的劳动群众、学生、家庭主妇以及积极参加阶级斗争的先进分子。坚持个别发展新党员的原则。希望成为党员的人必须先成为预备党员，并经过至少一年时间的预备考察。预备党员转为正式党员，须有两名正式党员介绍；介绍人必须对预备党员有不少于一年以上时间的了解，介绍人须向党作出负责任的建议。吸收入党的决定由基层党组织党员大会作出，并报上一级党组织批准，上级党组织须在 2 个月内作出决定。符合年龄条件、有一年以上团龄、本人要求入党的希腊共产主义青年团团员，在经两名正式党员和同级青年团组织领导机构党员的介绍，可直接转为正式党员。

四、党员义务和权利

希腊共产党的党员不能因为入党就获得自身的特权，党内不允许特权的存在。每一个党员享有平等的权利和义务。

1. 党员履行以下义务：

党员自觉参加他们所属基层组织的活动，以及缴纳党费，参与讨论，商讨、制定措施，践行和完成组织的工作，在制定党政策的过程中，表达他们在实际工作中总结的想法和经验，抛开个人不同意见，执行基层组织和领导机关的决策。

向劳动群众传播党的政策和理论；加强和拓宽与工人和其他劳动人民的联系；在工作场合和社区开展和组织活动。

依据党的政治路线，成为他们所属工会或者其他大众化组织的先锋。

应参加所属基层党组织的党员大会；参与党组织的讨论、决策和实际工作；根据自己实践活动的体会与思考，帮助党修订政策；无论个人有何看法，都要贯彻执行基层党组织和上级领导组织的各项决议；向劳动大众宣传党的思想和政策；巩固和扩大与工人和其他劳动者的联系，对他们进行宣教，帮助他们组织起来。

应加入工作所在地或所在地区的工会组织、合作社或其他群众组织，并在其中发挥先锋作用。

应学习《激进者》报和其他党刊，便于宣传和维护党的政策，回击对党的政策的恶意歪曲、造谣中伤和不公正批评；不断学习马克思列宁主义理论知识，提高自身的思想文化和政治水平，始终如一地发挥先锋作用，坚定不移地与资产阶级意识形态作斗争，与反马克思列宁主义理论的“左”右倾思想以及机会主义作斗争。

应为党的思想统一、政策一致和组织团结而积极努力；遵守和维护党的章程和各项原则。

发扬党内民主，与一切违规行为作斗争，反对骄傲自满、自私自利、裙带关系和地方主义；必须与压制批评等损害党、阻碍言论自由的现象作坚决的斗争；无论是谁，都应将此报告党组织，直至中央。

应积极开展新成员的发展工作，尤其在大工厂和其他工作场合发展新成员，不辞劳苦地为党的组织发展做贡献；不断地完善党的工作方法作贡献。

应提高革命警惕，反击敌对势力的攻击，捍卫党；无论何时、何地和何种环境，都要坚定不移地捍卫党的理想目标；在实际工作中，甚至在被审查乃至在法庭和狱中，都要维护党的形象，坚定捍卫希腊共产党党员的光荣称号和价值观。

2. 党员享有以下权利

参加关于制定党的政策的讨论，包括出席基层党组织及所在机构的各种会议，以当选代表的身份出席党的全国会议和全国代表大会；参加中央通过党的媒体组织的各种讨论和对话。

根据党章规定，参加党的各级领导机构的选举和被选举。

向主管机关和全国代表大会负责任地自由发表对任何一级党组织领导机构成员和干部行为的意见。

要求党的机关提供有关党的问题的可靠消息，详细通报实施决议的思想政治依据，全面通告党的机关和干部的活动情况。

向所属党组织、上级领导机构直至中央和党的全国代表大会申诉任何一个有关党的问题或个人问题，并要求及时给与合理的答复；如对答复不满意，或又有新情况出现，还可再次申诉。基层党组织和各级领导机构必须认真对待任何一个会给党员带来伤害的问题，并关注能及时得到相关通报。

参加所属党组织或委员会为审查其行为而举行的各种会议。

要求严格执行党组织和各级机构的运作准则。

第四部分　党的国内实践活动

一、进行反对机会主义政府的斗争

希腊激进左翼联盟领导的政府是与当地和外国资本家相互勾结的，因此，希腊共产党必须采取反对改良主义的各项计划，具体包括以下几个方面：

要显示社会主义的必要性和时效性，反对历史上过时的观点，即过渡政府可以为革命铺路，反对资本主义和社会主义中间存在过渡阶段的看法。

反对资本主义的战略目标。希腊作为能源贸易枢纽，在北约和欧盟等国家框架内发挥积极作用。事实表明，资产阶级政治制度的基本力量与这些战略目标相吻合。我们必须反对激进左翼联盟政府向人民发出的各种“意识形态误导”，因为它总是以“左”的形式出现，反复欺骗工人阶级和群众阶层。

反对资产阶级政治体制改革的幻想，正面工人阶级民众力量对政治不稳定可能性的恐惧。

反对修改宪法的幻想，这是激进左翼联盟政府正在推行的，即他们声称将把资产阶级国家转变为亲民型国家，这些措施是“扩大民主”，但实际上国家作为捍卫和促进资本家利益的垄断工具的这个本质并没有改变。

二、重组劳工运动

劳工运动的重新集结是基于工人阶级的活动。这一重组的具体目标是：

工会获得群众性的特征。新工人加入工会中，必须认识到有组织的集体斗争的重要性，集中力量反对阶级敌人。工会要不断地吸收新人以及发现能促进劳动人民（比如在教育、文化、体育等部门）参与新的活动方式和形式。要更加重视吸收妇女、青年和移民。不论雇佣关系如何，在有必要的情况下创造新的工作场所，在全国范围内建立各类工会综合网络。要积极利用党政机关更加系统、严密的经验，及早做好准备，集中力量，推动工会干部队伍建设。

加强对工人家庭和每个工作人员的团结、互助和阶级支援。在这一点上，与我国永久定居的失业人员和移民的人员加强团结合作尤为重要。

全国工人激进阵线作为工会运动的联合组织，由数十个联合劳动中心、数百个工会、斗争委员会和工会会员组成，必须制定详细的动员和反抗斗争的路线，在反资本主义和反垄断方向不断推进工会活动。

三、建立人民委员会

人民委员会作为社会联盟的表现形式，需要更加坚定地建立起来。2017 年，为加强希共及其群众组织希腊工人激进阵线、希腊妇女联合会、希腊农民激进阵线、学生激进阵线、希腊个体和小商户经营者反垄断联合会以及希腊共产主义青年团与广大民众的联系，在各行业、各地区创建了大量的人民委员会。希望通过数量庞大的人民委员会将工人运动、农民运动和个体户运动有机联系起来开展反垄断反资本主义的斗争。

在人民委员会的组织下，大部分工人阶级与希腊共产党的集合更加紧密地联系起来。劳工运动、城市个体经营者和农民运动以及他们的同盟采取的反垄断、反资本主义斗争的各种形式，在希腊共产党先锋作用领导下，在非革命的条件下，创建了革命条件下革命工人和人民阵线的第一种形式：全体工人和人民阵线。

第五部分　党的国际实践活动

一、参加第十九届世界共产党和工人党国际会议

希腊共产党中央委员会总书记季米特里斯·古楚巴斯在大会上作主旨发言。发言强调，在伟大的十月革命 100 周年之际，我们特地来到列宁格勒，参加由俄罗斯联邦共产党主办的这次会议。我们仍然把彼得格勒叫作列宁格勒，这是为了纪念有世界历史意义的重要革命而命名的。这是革命领袖的名字，那场革命改变了人类的命运和航向，这是终结资本主义暴行的开始，也是新社会的黎明；这是年轻的工人国家、人们所知的第一次社会主义民主的建立者的名字，尽管事实上，由于导致资本主义复辟的悲剧性错误和弱点，这个进程在 1991 年被打断了。

我们坚信地球最终会变成红色的，这是有生命力和创造力的红色。红旗将再次飘扬在列宁格勒和莫斯科，飘扬在整个俄罗斯和苏联各国，飘扬在欧洲、亚洲、美洲、非洲、大洋洲，飘扬在整个世界。在十月革命100周年之际，尽管很多国家的先锋队的领导层和整个党组织做出了不可否认的努力，取得了部分的积极进展，但是我们可以看到，国际共产主义运动从整体上被深深地割裂开，在相当糊涂的情况下面临着巨大的困难。在21世纪，国际共产主义运动的联合必须以确定的、根本的、毋庸置疑的原则为基础：我们的理论是马克思列宁主义和无产阶级国际主义。共产党的作用是不可替代的。社会主义，在今天比人类历史上任何时候都更加适时和必然。社会主义的适时性和必然性，革命的社会主义性质并不以每个时刻的力量对比为转移。

二、指出21世纪共产党的行动路线

在21世纪的今天，处于帝国主义阶段的资本主义在国际层面占了上风。社会主义关系还存在于部分国家。它们的存在仅仅是为了提醒我们，它们是社会主义建设第一次尝试。这次尝试从1917年开始，在20世纪的一系列国家发生过。总之，在新的更高级的社会制度、社会主义-共产主义的框架下，两种生产关系——资本主义剥削关系和要废除它的社会主义关系，是不可能长期共存的。不是东风压倒西风，就是西风压倒东风。我们的世界观和历史经验已经表明，它们的共存只会服务于反革命的发展。

在这种复杂形势的框架下，国际帝国主义之间的竞争正在加剧，瓜分世界市场、控制能源及其运输路线、地缘政治控制以及各个国家在地区和世界范围内升级的巨大矛盾都在加剧。新的联盟和集团正在被构建，这将导致轴心和反轴心的建立，无论是地区的、局部的还是全面的帝国主义战争的危险都增加了。无论如何，可以肯定的是，区域性的对峙和战争将会继续，区域大国和帝国主义中心的干涉将会继续，这种干涉的形式包括直接军事干涉，也包括外交和政治的手段以及经济战。在这种野蛮中产生了经济危机、贫困、失业和战争或把枪顶在人民脑袋上的“和平”。

在这种对抗中，国际共产主义运动和每个共产党都应走出困惑。必须在每个国家、每个地区和国际层面制定自己的路线：用来推翻帝国主义野蛮的路线。为此，研究历史经验、自觉地拒绝过去几十年的错误立场是至关重要的。这些错误立场使得革命力量在政治上解除了武装，导致了它们的困惑和低效。每个共产党都必须制定一条路线：这条路线要使他们的国家和人民摆脱帝国主义的侵略和战争，保卫每个国家的主权权利；这条路线要能挫败正在进攻的资产阶级；这条路线同时要与本国的资产阶级决裂，以推翻资产阶级为目标（这将给人民带来真正的和平与繁荣），而不是回到先前的状况（以国家利益的名义，为新的危机、军事侵略和战争做准备）。同时，必须详细制定并推广合适的口号，这种口号将促进并逐步深化人民的斗争并积蓄力量，从而在革命形势出现时能够指引工人和人民群众实行起义，推翻资本主义政权，并把政权掌握在自己手中。

运动并不是像绿洲一样很少出现，而是经常在各国出现。关于怎么办的讨论，正发生在广场上，发生在我们的示威中，发生在城市和乡村，发生在工厂和车间，发生在大学和中学，发生在整个世界。共产主义运动和共产党人，只有相信十月革命的远景和斗争，相信马克思列宁主义，才能使自己处于正确的位置，才能拒绝失败主义和宿命论。我们的武器是无产阶级国际主义、我们的联合斗争、我们阶级的同志的团结，这对于反抗国家孤立主义和帝国主义的世界主义是必需的。无产阶级国际主义的原则，也是伟大的十月革命100周年纪念日的重要信息。如果没有人民支持革命和年轻的苏联的国际主义行动，就不可能取得胜利。这是宝贵的结论和教训。

三、呼吁希腊从欧盟中退出

希腊共产党在第二十次代表大会指出，希腊人民可以而且必须选择以自己的意愿和活动退出欧盟，把这个目标放在他们口号的前列，组织他们的斗争，同时争取“关键”经济，从而把他们生产的财富、把权力掌握在自己手中。这是构成人民利益的真正替代品，每一个牺牲都是值得的。

经济危机后，劳动力价格便宜，货币贬值，资本主义生产的最终恢复不会伴随着工资、养老金和民主权利的大幅度恢复。此外，在欧元区国家和具有本国货币的资本主义国家，正在实施打击劳动者收益的政策。

如果希腊离开欧元区，那么希腊共产党就会像现在一样，在希腊人民和实际行动中推行一条果断的路线。为了组织人民生存并进行更加果断的斗争，希腊共产党将会进行武装干预，所有人都会卷入其中。劳动人民的运动必须把这场斗争与资本主义制度的斗争联系起来。

希腊和整个欧洲的劳工民众运动，通过协调一致的打击和全面的反击，可以利用欧元区和欧盟的矛盾来创造裂缝，以加强推翻资本家力量的斗争，从而在各国维护职工权益，促进和组织社会所有制、中央经济和社会服务，为人民群众谋取利益。

四、开展各种国际共产主义运动

国际共产主义运动正在后退，因为我们很难对阶级敌人的进攻做出反应，这不仅仅是因为压制性措施的影响，还有思想政治手段和机会主义的影响。

欧洲左翼党（PEL）作为欧洲方面机会主义者力量的协调中心，在支持国际共产主义运动的机会主义中发挥着特殊作用。加入欧洲左派党的共产主义政党被视为反共产主义的“攻城槌”，也就是说，其他共产主义政党的共产主义特征将进一步丧失。

希腊共产党在2017年采取积极行动以团结来自世界各地的共产主义力量，具体有：通过《国际共产主义理论》的流通以及其以后各种形式的工作，为共产主义政党制定共同的战略问题提供帮助；通过欧洲共产党和工人党“倡议”在欧洲发动干预行动；召开各种地方性会议，如欧洲共产党会议、东地中海共产主义政党会议、红海和波斯湾以及巴尔干半岛的共产主义政党会议。

希腊共产党还与很多共产党和工人党保持着联系、讨论和沟通，寻求与他们共同活动的机会。希腊共产党将开展保护每个人的斗争，反对帝国主义的干预和战争。在世界工会联合会、世界和平理事会、国际妇女联合会和世界民主青年联盟的组织下，希腊共产党将在国际大规模运动的框架体系下做更大贡献。

第六部分　结语

2017 年希腊共产党在新的总书记带领下，在第二十次代表大会作出的决议的指导下，在各个方面都采取了积极的行动，加快了劳工运动的重组，加强了社会联盟，促进了反对帝国主义战争的斗争。

在国际共产主义运动中，通过在第十九次共产党和工人党国际会议上、在欧洲共产党和工人党“倡议”中，在第十次欧洲共产党会议上，阐述关于国际联合斗争的主张，有利于促进世界社会主义运动的团结。

当然，希腊共产党的发展也存在一定的问题，一是社会主义理论创新还有待于对社会主义历史和希腊共产党的历史进行详尽的研究；二是国内人民委员会的建立和发展还没有达到全面团结工人阶级和人民的高度；三是国际上的关于一些问题的看法与不同党派之间存在分歧，并进行了争论，不利于共产党人之间的团结等。

（撰稿人：辽宁大学马克思主义学院　王喜满、李文倩、韩愚）

2017年塞浦路斯劳动人民进步党年度发展报告

第一部分　概况

1. 国名：塞浦路斯共和国（简称塞浦路斯）

2. 人口：94.9万

3. 国土面积：0.9251万平方公里（其中塞北部土族区面积0.3355万平方公里）

4. 政党名称：塞浦路斯劳动人民进步党（简称塞劳进党）

5. 成立时间：1926年

6. 党员人数：1万

7. 全国主席或总书记：安德罗斯·基普里亚努

8. 政党地位：合法党，在野党

9. 社会团体或群众组织：泛塞浦路斯劳工联合会、泛塞浦路斯先锋运动、塞浦路斯农民联盟、泛塞浦路斯妇女联合会、泛塞浦路斯学生工会和泛塞浦路斯学生协调委员会

10. 大众传媒的运用：《黎明报》《民主》（周刊）

11. 最近一次代表大会或会议：塞浦路斯劳动人民进步党第二十二次代表大会（2015年）

12. 最近一次参加的选举：塞浦路斯议会选举（2013年）

第二部分　党的产生及发展简史

根据不同时期的历史任务，我们可以将塞浦路斯劳动人民进步党争取民族解放和社会主义的斗争划分为六个阶段。

一、反对英国殖民主义的斗争时期（1926—1940年）

1926年8月15日，在利马索尔召开了塞浦路斯共产党第一次代表大会。第一届塞浦路斯共产党代表大会选举科斯特·斯基尔斯为塞浦路斯共产党的总书记，制定了党的行动纲领。这次大会的召开标志着塞浦路斯共产党正式成立。党的首要任务是反对帝国主义，摆脱英国的殖民主义统治，建立统一的希、土两族（塞浦路斯希腊族和土耳其族）统一战线。大会通过的党纲宣称要努力改善工人阶级的经济状况，维护工人阶级的利益；摆脱英国的殖民统治，实现政治独立；发展国际劳动者同盟运动，以团结其他国家的工人和农民。1931年共产国际正式承认塞浦路斯共产党。塞浦路斯共产党是塞浦路斯出现的第一个具有社会主义意识形态外观的共产主义细胞。

二、反法西斯主义的斗争时期（1941—1945年）

1941年4月14日，在斯卡拉举办了一个有关塞浦路斯劳动人民进步党（有时简称“塞劳进党”）成立的会议。大会宣布新政党体现的是“民主的、反法西斯主义的与反希特勒的”有机结合。1941年10月5日，第一次代表大会顺利召开，塞劳进党从宣布政治和意识形态立场的第一天开始就联合其他力量反对希特勒的法西斯主义。塞浦路斯共产党以非法形式以及塞劳进党以合法形式开展了3年的平行活动。1944年，由于两个政党同时存在是没有必要的，所以塞浦路斯共产党与塞劳进党合并为塞劳进党。

三、反殖民主义斗争的新时期（1945—1959年）

1945年7月13日，英国殖民当局禁止了泛塞浦路斯工会委员会（PSE），逮捕了18名领导并判处他们12至18个月的监禁，塞浦路斯人民没有其他的选择，只能继续进行反殖民主义斗争。1948年煤矿工人、金属制造工人和建筑工人的大罢工构成了这些斗争的高潮。这些罢工在激烈程度、时间长短和体现的精神上都是史无前例的，而且也作出了巨大牺牲。1949年8月，塞浦路斯劳动人民进步党召开六大，党报《民主主义者》主编埃泽基阿斯·巴巴约安努当选为总书记，从此便开启了党的新阶段。1954 年塞浦路斯劳动人民进步党召开八大，此次会议确定了党的新路线，之后党同各进步团体组成“解放斗争联合阵线”，积极开展广泛而有效的斗争以摆脱英国的殖民统治。直到 1959 年 12 月 4 日，塞浦路斯取消紧急状态，党随即便恢复了合法地位，并在议会选举中获得 5 个席位。英国殖民当局的残酷镇压和采取的恐怖主义措施并没有摧毁塞浦路斯劳动人民进步党，反而使其发展壮大，与劳动人民联系更密切。

四、反帝国主义和反沙文主义斗争时期（1959—1974 年）

1959 年 2 月 19 日，希腊、土耳其等在伦敦举行会议。《苏黎世-伦敦协定》虽规定一年后塞浦路斯成立独立共和国，但它会使帝国主义在岛上存在下去，使塞浦路斯处于权力监控之下，所以塞浦路斯劳动人民进步党反对《苏黎世-伦敦协定》。1960 年 8 月，塞浦路斯宣布独立，该党支持政府的独立政策，为维护国家的独立和领土完整进行不懈的努力。塞浦路斯共和国从一开始就面临着许多困难和难题。美国政府企图扼杀独立不结盟的塞浦路斯，将塞浦路斯分割给希腊和土耳其——安卡拉和北大西洋公约组织的领土扩张主义计划欲将塞浦路斯转变成一个东部地中海的、大西洋联盟的、不会沉没的航空母舰，这对塞浦路斯的独立构成威胁。塞浦路斯劳动人民进步党作为国内一支重要政治力量，为捍卫塞浦路斯的独立、主权和不结盟政策而斗争。从 1964—1974 年的十年就是对抗帝国主义阴谋的十年，是保卫塞浦路斯独立和团结的十年。塞浦路斯劳动人民进步党通过全面的群众动员成功地抵制了北大西洋公约组织的计划。

五、反法西斯、反霸权和反占领时期（1974—1989 年）

1974 年 7 月 15 日，希腊军政府为推翻马卡里奥斯而发动了塞浦路斯政变，7 月 20 日凌晨，土耳其开始实施“和平行动”计划，入侵塞浦路斯，占领塞浦路斯总面积的 37%，实现了分割塞浦路斯面积的 1/3，并建立了“北塞土耳其共和国”，塞浦路斯问题成了世人瞩目的问题，塞浦路斯共和国的独立和统一已荡然无存。1974 年 7 月 20 日后，塞浦路斯劳动人民进步党号召人民保卫家园、开展反对土耳其占领的斗争。与此同时，塞浦路斯劳动人民进步党还积极参加议会选举，通过政治渠道，为争取民主和社会主义而奋斗。在 1976 年新一届议会选举中，塞浦路斯劳动人民进步党获得了 9 个席位，1981 年升至 12 席。1986 年市政选举中，获得 18 个市中 9 个市长席位。在 1988 年 2 月的总统选举中，该党与代表小资产阶级的政党合作，使无党派人士瓦西里乌当选为总统，阻止了极右势力大会党掌权。

六、争取民主和革新社会主义的斗争时期（1989 年至今）

1989 年以来，东欧剧变、苏联解体也对塞浦路斯劳动人民进步党造成了消极影响。1990年10月，党的十七大胜利召开，大会重申了党坚持马克思列宁主义原则不变，坚持社会主义方向不变，坚持为劳动人民谋福利的宗旨不变。1995年的十八大，塞浦路斯劳动人民进步党修改党章，再次重申上述原则立场。2000年的十九大、2005年的二十大、2010年的二十一大和2015年的二十二大也坚持该立场不变。21世纪以来，塞浦路斯劳动人民进步党迅速发展。在2001年议会选举中，塞浦路斯劳动人民进步党获得35%的支持率，从第二大党跃升为议会第一大党，塞浦路斯劳动人民进步党总书记赫里斯托菲亚斯当选为议会议长。2003年，塞浦路斯劳动人民进步党联合其他中间势力赢得了总统选举，并首次入阁参政。此时塞浦路斯劳动人民进步党在真正意义上从幕后走到台前，正式具有了参政资格。在2006年议会选举中，塞浦路斯劳动人民进步党获得了31.16%的选票，仍然是议会第一大党，总书记赫里斯托菲亚斯连任议长一职。2008年2月24日，塞浦路斯劳动人民进步党总书记赫里斯托菲亚斯以53.4%的选票，成功当选为塞浦路斯总统，开启了塞浦路斯历史的新纪元。2013年，由于经济危机和一些突发事件，赫里斯托菲亚斯没有竞选连任，失去执政地位。

第三部分　党的理论和组织状况

一、指导思想

塞浦路斯劳动人民进步党是塞浦路斯工人阶级和劳动人民的先锋队组织。该党以马克思列宁主义为指导，通过无止境的知识进步和经济、政治演变来发展政党。塞浦路斯劳动人民进步党的最终目标是建立民主和人道的社会主义，建立一个以和平和自由、政治和社会公正以及尊重人权为基础的高级社会。在塞浦路斯建立社会主义社会是塞浦路斯人民的愿望自由民主地表达的结果。

二、组织结构和组织原则

1. 组织结构

塞浦路斯劳动人民进步党的最高权力机构是党的中央委员会和中央检查委员会的全国代表大会。省党组织的最高领导机构是省委员会的省代表大会，城镇党组织的最高领导机构是城镇委员会的城镇代表大会，农村党组织的最高领导机构是农村委员会的农村地区代表大会，地区党组织的最高组织是地区委员会的地区代表大会。自治城镇或农村党组织的最高领导机构是书记和自治区委员会的组织大会。城镇、农村基层党组织的组织机构是党基层组织书记及公务员的年度全体大会。

2. 组织原则

该党的组织结构和活动的基础是民主集中制，要不断扩大民主。民主集中制原则从经验和新的政治思维中得到丰富，并保证充分的党内民主、统一的路线和领导、纪律的自觉遵守。

(1) 党内民主的保证措施。

①每个党员都有权积极参与党的方针和策略的形成和执行以及形成自己的观点。②每个党员都要积极在各种党的机构和组织会议上参与有关党的问题、目前状况、指导方针和活动的自由而坦诚的讨论。③在党组织的公共对话框架内，党员可以通过党的新闻媒体对与党的政策相关的严肃问题发表各自的看法。这种公共对话将由中央委员会和其他领导机构进行通告。如果至少1/3的党员通过党基层组织提议针对某一特定问题进行这种对话，同样可以进行这种公共对话。如果得出了约束每个党员的决议，该公共对话即结束。④党员有权提出异议或者提交建议，表述各种不同意见，目的是努力激发主动性和党的机构及组织在各个领域的活动的决议的制定，以确保个人对集体的贡献。⑤根据其权利，每个党员必须在领导机构的任命和选举中发挥积极作用，并且有权被选举成为这些机构中的一员。⑥有权通过党的基层组织获取及时、充分并且客观的信息。⑦所有的领导机构必须承担起定期向选举它们的党组织负责的义务并且要特别关注表述的观点。⑧根据其权利，党员必须要开展自由批评，对决策制定的正确性和执行进行建设性的管理，并且有权指出相关党组织、党的干部以及党员的缺点和不足。无论是集体或者个人在任何场合都要进行实质性的、负责任的、客观的批评和自我批评。⑨每个党员都有权通过党的机构再次将问题提出。如果发现新的思路，这就证明了再审查问题的正确性。⑩对于严肃的问题，中央委员会或者其他领导机构在讨论中要依靠全体党员。在制定决策时，要认真考虑全体党员的意见。⑪虽然已经制定了决议，但如果中央委员会或者其他领导机构觉得有必要询问全体党员，它们就可以征求全体党员的意见。此时它们把党员的意见看作最普遍的意见，把党员的支持当作它们最广泛的支持。

(2) 确保统一战线和领导地位。

①所有党组织联合成紧密的团体，发挥整体的作用。②通过每个下级组织的努力，党组织和所有的党员在框架内根据党章的规定贯彻执行更高级别党组织的决议。③在统一的领导中心——中央委员会的领导下，开展党组织的所有活动。中央委员会是两会期间最高权力机构。

(3) 确保自觉遵守纪律。

①党员必须接受并遵守党的组织原则和党章的规定。②对于党机构制定的决议，即使不同意，党员也要遵守决议并且做到贯彻执行。有组织的团体在党的框架或组织外行动趋向，或者背离党的纪律以及固执己见的行动，小团体主义活动政治平台的设立在党内都是不被允许的。③党纪的力量是针对无视其所在组织或

者机构的所有党员。在党的机构中，党员要支持集体行动并且反对专权、偏袒以及个人崇拜。民主集中制确保了党的团结、紧密和有效。

三、党员资格

加入塞浦路斯劳动人民进步党遵循自主自愿的原则。政党成员来自工人、上班一族、农民、专业人士、艺术家、科学家、知识分子和其他劳动人民以及关注社会活动的人民，而无论男女，无论哪个民族。必须有两个了解入党申请者的党员推荐其入党，由党的基层组织通过多数投票作出决定，再将决议立即上报党的上级组织机构，然后申请者才可以拿到党员证。如果党的基层组织拒绝接受入党申请者，该申请人的推荐者可以要求较高一级的党组织进行再次审查。只有经过地区委员会的批准，其他政治组织或政党的普通成员才能够加入塞浦路斯劳动人民进步党；只有经过中央委员会的批准，其他政治组织或政党的领导干部和个人才能够加入塞浦路斯劳动人民进步党。相应地，决议结果要通知相关的政党组织机构。塞浦路斯劳动人民进步党的党员不能加入其他政党或政治组织。

第四部分　党的国内实践活动

一、联邦制方案解决塞浦路斯问题

塞浦路斯劳动人民进步党与希腊共产党于 2017 年对塞浦路斯问题的解决进行了争论。希腊共产党主张建立单一的、统一的、没有外国基地的、中央政府统一领导的塞浦路斯。塞浦路斯劳动人民进步党根据塞浦路斯的民族和社会现实情况以及国际形势，提出建立两族两区联邦国家的解决方案，即塞浦路斯问题必须在联合国的框架内，在欧盟有关协议、1977 年和 1979 年高层协定、国际法和欧洲法的基础上得到解决。具体解决方案就是联合国决议所规定的建立政治平等的两区两族联邦国家，建立统一的、主权独立的、领土完整的、具有独立国际人格的塞浦路斯。塞浦路斯劳动人民进步党认为两族两区联邦解决方案必须满足以下条件：①土耳其撤出驻扎在塞浦路斯的占领军，并且结束殖民主义，除了联邦政府授予公民权的定居者，其他定居者必须回到自己的国家，但不改变塞浦路斯的人口结构。并且塞浦路斯劳动人民进步党还认为独立的国际组织对所有今天定居在塞浦路斯的人进行登记是非常必要的；②恢复塞浦路斯共和国的领土完整和主权，以及恢复国家、人民、制度和经济的统一；③自 2004 年以来塞浦路斯就成为欧盟的成员国，所以要消除不合时宜的制度保证；④捍卫所有塞浦路斯人民的人权和自由，包括难民和合法拥有者回归国家的权利和财产权，塞浦路斯公民必须享有欧盟公民享有的一切权利。

塞浦路斯劳动人民进步党进一步指出，塞浦路斯是世界上武装军队最密集的国家之一，只有非军事化的塞浦路斯才能保障国家、人民、地区的和平与稳定，所以解决塞浦路斯问题必须使塞浦路斯非军事化。英国军事基地破坏着塞浦路斯的领土完整，是帝国主义和殖民主义的残余。塞浦路斯劳动人民进步党呼吁消除这些军事基地，巩固联邦国家的统一，塞浦路斯族和土耳其族的统一，使塞浦路斯摆脱英国的军事基地。只要军事基地依然存在，英国必须尊重塞浦路斯共和国，并承担有关军事基地的责任，必须尊重居住在塞浦路斯的公民或对军事基地领土有财产权的公民权利。同时塞浦路斯劳动人民进步党指出，占领和分裂阻碍了塞浦路斯族人和土耳其族人之间的关系正常化。民族沙文主义一直是塞浦路斯邪恶的恶魔，是外国侵略的手段，所以必须坚决反抗民族沙文主义和所有极端右翼制造两族仇恨。塞浦路斯劳动人民进步党将继续采取具体的措施和活动，与塞浦路斯族人和土耳其族人一起奋斗，早日实现塞浦路斯的真正统一。

二、重建现代国家经济

塞浦路斯劳动人民进步党的目标就是重新建立一个现代国家，使经济增长和社会福利齐头并进。在混合经济体制的框架内，塞浦路斯劳动人民进步党主张实施一个多方面的多层次的经济政策。

塞浦路斯劳动人民进步党的经济哲学集中于人民的利益，坚持如下原则：现代、动态、灵活、面向社会的混合经济；促进社会财富的公平分配和再分配；财政负担的分配取决于收入和财政能力；创造一种人性化的社会状态，保护和支持社会弱势群体；整合公共财政，释放资金以促进增长和社会凝聚力；控制和管理资本主义市场中运行的不规则的法律；通过严格的监督和管理来重新组织银行业，恢复实体经济是实现经济增长的一个先决条件。

三、加强工人运动

塞浦路斯劳动人民进步党召开全国工人问题大会指出，在严重的经济危机冲击下，新自由主义保守党政府企图以牺牲工人和普通大众的利益，强行对社会财富进行重新分配，这与工人和人民的利益是不吻合的，工人运动也将面临更加困难的局面。资本和劳动之间的力量平衡正在发生急剧的变化，而这是以牺牲劳动为代价的。政府的政策目标和大资本是相同的。

高失业率和恐惧、不安全感都会造成工人遭受资本家的剥削，目的在于进一步解除劳动和取消工人基本权利。同时，绝大多数大众媒体的立场和占统治地位的思想意识正诋毁工会斗争和有组织的工会的存在。

在这样的环境下，塞浦路斯劳动人民进步党与工人和劳工运动的关系应该加强。塞浦路斯劳动人民进步党将继续保护工人的联合行动，坚决抵制任何分裂关系的行为。会议通过了具体的行动举措：抵制紧缩政策，反对削减工人工资并损害其权利的行为；坚持与出售公共财产和财富作斗争；反对拆除福利国家，反对社会保险的降低和私有化；为工人阶级通过必要的立法条例和雇佣工人的合法安全条例，保障集体协议的普遍适用；工会权利的保护与延伸；与失业作斗争，采取措施创造拥有权利和尊严的好工作；塞浦路斯劳动人民进步党的成员必须积极地组织参与泛塞浦路斯劳工联合会的工会运动；塞劳进党的成员和干部们积极组织活动，参加日常工会工作，培养工人和党之间的纽带关系，作为工人向党提供意见并反映给党的重要渠道。在当今条件下，新自由主义的盛行以及工人的权利和所得都遭到国际性的打击，遍及整个欧洲。塞劳进党的重要举措旨在增强进步阶级的作用，使他们团结在世界工人联合会领导下的世界工会运动的行列之中。

第五部分　党的国际实践活动

一、参加第十九届共产党和工人党国际会议

塞浦路斯劳动人民进步党表示，今年，进步的人类以特殊的方式纪念十月的社会主义革命胜利 100 周年，它所展现的力量和它的榜样作用震撼了世界，为人类开辟了一个新的时代。这个时代标志结束了资本主义的侵略和开启了社会主义建设。受压迫的人民克服了困难、苦难、悲剧，在第一次世界大战中推翻了沙皇专制统治，把资产阶级民主革命变成了社会主义革命。

十月革命不是某个时间的产物，也不是偶然环境下发生的。它是一系列的客观和主观条件综合发生的结果，在特定的时刻，在布尔什维克党的领导下，俄罗斯无产阶级对时代的要求作出了无私奉献和自我牺牲的回应，在极端恶劣的条件下，他们夺取政权并制定了建设社会主义的原则。

自 1917 年十月革命胜利以来，100 年过去了，它的永恒性的教育意义和对未来社会的愿景培养了一代又一代的人，并且在今天依旧坚持马克思主义思想。同时它也加强了劳动人民和被压迫者为建立社会主义社会和维护世界和平推翻资本主义的意识。

二、加强在欧洲议会的活动

塞浦路斯劳动人民进步党参加了欧洲议会中的欧洲联合左派/北欧绿色左派

的联盟组织。为了使这个联盟组织成为各党平等关系中的一个强大的且不受其他欧洲党或统治力量干预的组织，塞浦路斯劳动人民进步党主张要加大对欧盟发展问题的研究，阐述塞浦路斯劳动人民进步党的基本立场，抵制强权国家所推行的政策以及损害人民和工人权利的行为。塞浦路斯劳动人民进步党的欧洲议会议员在2017年积极开展了反对强权国家夺取成员国家主权的行动，尤其是争取欧盟向土耳其施加压力以促进塞浦路斯问题的解决。

三、加强国际左翼运动

在社会主义阵营解体之后，共产主义运动退却，之后塞浦路斯劳动人民进步党党内出现了四分五裂的局面。此外，意识形态的凝聚力也逐渐不存在了。塞浦路斯劳动人民进步党一直为实现共产党和工人党最大的合作而努力工作，密切保持和增强与更广泛的进步的左派政治力量基于共同目标的运动。

2017年塞浦路斯劳动人民进步党积极参与世界民主青年联合会、世界民主妇女联合会、世界工会联盟和世界和平理事会，并在其中积极发挥促进作用。

塞浦路斯劳动人民进步党2017年还与几十个党联合签署了有关塞浦路斯问题的决议，为该问题的解决创造良好的国际环境。

第六部分　结语

2017年塞浦路斯劳动人民进步党在国内外积极开展活动，扩大影响。在国内，针对右翼政府上台后持续实施的紧缩政策，提出重建现代经济国家的主张，而且加强工人运动从外部施加更大压力。塞浦路斯问题是左右塞浦路斯政局发展的关键，因此，塞浦路斯劳动人民进步党在该问题上持续发力，进一步明确主张，采取有关措施。在国际上，积极参加第十九届世界共产党和工人党国际会议，加强其在欧洲议会的活动，并就塞浦路斯问题与十几个相关党派签署团结协议，争取国际支持。

塞浦路斯劳动人民进步党的内外活动紧紧围绕赢得下次选举而进行，并取得了一定成效，其结果的最终检验要看2018年的大选了。

（撰稿人：辽宁大学马克思主义学院　王喜满、管淑娇、梁子璇）

2017年美国共产党年度发展报告

第一部分　概况

1. 国名：美国
2. 人口：3.2276 亿
3. 国土面积：937 万平方公里
4. 政党名称：美国共产党（简称美共）
5. 成立时间：1919 年 9 月
6. 党员人数：约 5000 名
7. 全国主席：约翰·巴切特尔（John Bachtell）
8. 全国委员会成员：不详
9. 政党地位：合法党，非执政党
10. 社会团体或群众组织：美国共产主义青年团（Young Communist League）
11. 大众传媒的运用：党的机关报：《人民世界》（*People's World*）、网站：http://www.cpusa.org/
12. 最近一次代表大会或会议：第三十次全国代表大会（2014 年 6 月）
13. 最近一次参加的选举：美国总统大选（2016 年 11 月）

第二部分　党的产生及发展简史

美国共产党诞生于1919年9月1日，是一个具有悠久历史和光荣革命斗争传统的党。自诞生以来，美国共产党一直走着一条十分艰难而曲折的道路。这种艰难曲折主要来自两个方面：一方面来自统治阶级的迫害，另一方面来自党内的派别斗争和错误路线。美国是世界上最发达的资本主义国家，反共反社会主义的势力特别强大。美国共产党自成立之日起就多次遭到美国统治阶级的反对和迫害。在它成立的第二年，即1920年就被美国统治阶级宣布为非法而被迫转入地下，但美共并没有因此而停止斗争。为了合法地开展党的活动，美共于1921年成立了公开组织美国工人党。1923年美国共产党与美国工人党合并，借助美国工人党实现合法化，在1930年召开的美共十大上，才恢复了美国共产党的名称。在遭受资产阶级迫害的同时，美共在左倾宗派主义的影响下，党内存在着严重的派别斗争和意见分歧，致使其在20世纪20年代始终发展不快，20年代末有党员约1万人。

20世纪30年代美共的力量有了很大的发展。1935年美共按照共产国际七大的要求，放弃了宗派主义及古板和机械的方法，积极推动建立反法西斯统一战线，从而推动了美国劳工运动的发展。到30年代末，美共的力量发展到了顶峰，1939年党员人数达到了10万，并在一批工会组织中具有重大影响。

然而，进入20世纪40年代后，特别是在1943年共产国际解散和苏、美、英三国首脑在德黑兰会晤后，美共党内以总书记白劳德为代表的右倾机会主义思想开始泛滥起来。1944年5月，在美国共产党第十二次代表大会上，白劳德宣布解散美国共产党，成立非党组织“美国共产主义政治协会”，白劳德任会长。以福斯特为首的一部分美共党员对白劳德的右倾机会主义路线开展了坚决的斗争。在美共解散和共产主义政治协会成立的一年多的时间里，福斯特不断地在协会的会议上批判白劳德的右倾机会主义错误。随着时间的推移，白劳德的错误路线也越来越引起广大共产党员的不满。1945年6月，在福斯特的领导下，协会举行扩大会议撤销了白劳德的会长职务，并于7月召开紧急代表大会（十三大）全面批判了白劳德的错误，决定解散协会重建美国共产党，至此美国共产党得以重建。

二战结束后，美国共产党发展到新的历史时期。无论是从党的组织力量、国内的政治影响以及党在工会中的基础来看，它都无愧于美国左翼运动旗手的称号。但是从整个社会背景来看，它仍属一个在国内政治生活中没有重大战略影响的相对弱小的政党。战后以美国为首的资本主义国家所挑起的冷战和国内掀起的反共、反劳工浪潮，使美共产生了“左”倾急躁情绪，并且在左的道路上越走越远。这主要表现在美共在建立第三党运动中无条件地支持华莱士以第三党总统候选人的身份竞选总统。这种做法进一步导致美共与产联关系的决裂，使美共丧失了一块来之不易的工人运动的根据地。加之美共在反击国内统治阶级政治迫害的过程中所采用的措施不甚得当，结果导致其遭遇空前的挫折，党的队伍遭受重大损失。

20 世纪 50 年代中期美国国内外的形势有所缓和，美共开始了战后十年工作经验教训的总结。以丹尼斯为首的“稳健反思派”、以盖茨为首的“激进反思派”、以福斯特为首的“有限反思派”在经验教训的总结上未能达成一致意见，党内产生了严重分歧，加之苏共二十大、波匈事件等国际共产主义运动重大事件的冲击，致使美共陷入混乱，党的力量被极大地削弱了。

进入 20 世纪 60 年代，美共积极为恢复合法权利而斗争。美国统治阶级在国内民权运动和反越战运动的压力下，不得不放松了对共产党人的直接迫害，美共的合法地位得以恢复，从地下的活动状态转入公开合法的活动状态，并积极寻求与劳工运动的重新结合。在 20 世纪七八十年代美共积极投身于劳工运动、和平运动、青年运动、少数民族运动，积极参加竞选活动，其影响和实力都有所恢复。

苏东剧变的巨大冲击，在美共党内造成了思想混乱、组织分裂、党员人数急剧减少等困难局面。以格斯·霍尔为首的美共中央顶住了苏东剧变的压力，统一了全党认识，维护了党在组织和思想上的统一，回击了“共产主义已经死亡”的错误论调，坚定了全党的社会主义信念。

1995 年 3 月，美共在辛辛那提召开了第二十六次代表大会。这次大会起到了承前启后的作用，巩固了党的团结，并且根据时代的变化，在坚持马克思列宁主义原则的基础上，重新提出建设群众性共产党的方针，为以后深入群众、打开工作局面、壮大党的力量奠定了坚实的基础。为了使党适应新形势发展的需要，这次大会和在稍后举行的新千年美共全国理事会对一些重大的方针政策进行了调整，主要是提出了建设群众性共产党的方针，对阶级和阶级斗争理论进行了再认识。

面对世纪之交国内外出现的新情况、新问题，美共于 2001 年 7 月 6—8 日在密尔沃基市召开了第二十七次代表大会。这次大会的主题是“劳工和人民团结一致反对右翼势力，开辟通往 21 世纪政治和经济胜利的道路”。这次大会以党的主席萨姆·韦伯的主题报告为核心，具体讨论了美共面临千年之交的新情况该如何积极作出反应的问题。大会对国内外的形势进行了分析，对党在新时期的工作提出了新的思路，将人民团结的联盟建设置于首要位置；把追求平等、反对种族主义的斗争，作为维护阶级和人民的团结、促进民主和社会进步的核心；注重加强党群联系和民主斗争，壮大党的力量。

2005年7月1—3日，美共在伊利诺伊州的芝加哥市召开第二十八次代表大会，修订并通过了新的党纲。新党纲为《美国通往社会主义的道路：团结起来争取和平、民主、就业》，它开宗明义点明了美共的工作重心和奋斗目标。用美共自己的话说，“新的纲领是党从现在一直到实现社会主义的战略的一个权威陈述”。

2009年，美共第二十九次全国代表大会充分肯定了二十八大所通过的党纲的积极作用，认为党纲在今天仍然适用，同时指出了美国经济金融化的危害和当前美国面临的就业不足、种族歧视等社会问题，并有针对性地提出了建立和巩固以工人阶级为领导的广泛的人民联盟的政策主张。这对于统一全党思想和加强党的团结具有重要的意义，并扩大了美共的影响，为美共的下一步发展指明了方向。

苏东剧变之后，美共召开了若干次重要会议，对党的方针政策作出了一系列重大调整，对社会主义理论进行了新探索。这一时期美共旨在利用当前的新形势打破党的孤立状况，扩大党的影响力。总体上说这一时期美共注意到了把马克思主义运用到美国实际当中去，并在实际中取得了初步的成果。

第三部分　党的理论和组织状况

一、指导思想

美国共产党一直把马克思列宁主义作为自己的指导思想。1957年2月美国共产党通过的党章中指出，“美国共产党是以科学社会主义原则为基础的美国工人阶级的政治组织”①。在1981年美共二十二大通过的党纲中，美共称，美共纲领“一般来说以支配社会发展的客观规律为基础，具体来说以支配资本主义向社会主义过渡的客观规律为基础。这种社会发展的学说叫作科学社会主义即马克思列宁主义……我们的世界观是科学社会主义，马克思列宁主义是工人阶级的世界观”。1987年美共二十四大通过的党章中称，美共建立于马克思列宁主义的社会科学之上。2001年5月美共通过的党章，明确提出党的指导思想是马克思列宁主义的科学原理。美共二十七大重申了其世界观的理论基础是马克思主义，并要

① 对此，党的主席福斯特曾加以批判，认为这是对马克思列宁主义的有条件地接受。

求以创造性的方式发展革命的马克思主义。

美共之所以要坚持马克思列宁主义理论的指导，是因为美共认为，马克思列宁主义揭示了人类社会发展的客观规律，科学地分析了资本主义的本质及其发展的规律，揭示了工人阶级的历史地位，为工人阶级改造世界提供了强大的思想武器，即辩证唯物主义和历史唯物主义的世界观和方法论。

与此同时，美共又坚定地认为，马克思列宁主义是不断发展的科学。科学社会主义的创始人从来不把自己的理论创造看作无所不包的，而仅仅看作进一步分析更广泛问题的基础。这些创始人看到了资本主义世界变化的实质，并根据世界的变化情况，坚持以创造性的方式发展和调整自己的思想。他们从来不割裂实践和理论之间的联系，坚持在不同的情况下，对战略、战术和理论作出相应的调整。美共特别指出，在解决当前国际工人运动所面临的许多新问题时，迫切需要这种科学的理论方法，并以此作为整个工作的指导思想。

美共承认马克思列宁主义的指导地位，但并不是把它作为教条，而在理论上力求把马克思列宁主义的原理同美国的实际相结合，坚持把一般原理和已经过时的个别结论区别开来，坚持用发展的观点对待马克思主义。

二、组织结构和组织原则

美共最高领导机构为全国委员会，领导州和地区委员会，基层组织是俱乐部。

美共的组织原则是民主集中制。根据形势发展和党自身斗争的需要，2001年5月17日，美共在经过充分酝酿、讨论、争论后，对1987年通过的党章进行了修订，删去了1987年党章中的“民主集中制保证全党成员和领导的意愿及行动的统一”的条文，把民主集中制解释为“党的决定和政策通过民主的程序产生，一旦做出最终的决定，所有成员都必须执行它”。美共意识到了如果没有一套严格的民主程序，很难保证结果的民主性。这一修改突出了过程民主，把民主集中制中的民主与集中的两层意思结合了起来，对民主集中制的解释更为准确。新党章在再次肯定党的组织原则为民主集中制的基础上，提出了对民主集中制的新的理解，即突出了民主集中制要靠民主的程序来保障的重要思想。

三、党员资格

对于承认党的纲领、遵守党章的人，美共的大门一直敞开着。新党章放宽了入党条件，简化了入党手续。在入党条件上，新党章删去了入党申请者“至少要有两名表现良好的党员推荐，申请者所在地区俱乐部多数党员同意后才能加入党”的条款。新的党章规定党的任一成员、俱乐部、地区和全国组织都可以接受申请者的申请书，并且应该迅速地把申请书转交给申请者所在地的俱乐部、地区组织。该俱乐部、地区组织应该迅速地就此展开讨论，并尽可能地安排一个或多个党员同申请者交流谈话。除非俱乐部和地区组织得知申请书是假的，或者接受该申请者可能危害到党的组织和党的目标，申请者应该被迅速通知他（她）已被接受为党的成员，并且被安排参加党的一个俱乐部。这样的规定放宽了入党的要求，简化了入党的程序。

新党章还简化了党员在国内转移组织关系的程序，规定党员从一州转移到另一州时，通常应该在改变住址以前进行，但在大多数情况下可在搬到新住址的30天内进行，介绍信由地区组织经过全国委员会转入新的地区组织，或者由地区组织直接转交给新的地区组织和全国委员会。新的党章删去了介绍信要附带一份关于转移组织关系的同志行为表现的鉴定意见的规定，以及新的地区组织在接到介绍信之后才把转来的党员接受为成员的规定。新党章是在考虑到当前发展党员的比较困难的状况及美国工人流动性极强的特点的情况下作出上述规定，其目的是从实际出发尽可能扩大党的力量，稳定党的队伍。

美共不排斥宗教，倡导宗教信仰自由，热诚欢迎宗教界人士的加入，并支持所有为了穷人、工人和人类的幸福及社会正义而奋斗的宗教界进步分子。

四、美共的政治理念及主张

约翰·巴切特尔在美国共产党第三十次全体大会上当选为美国共产党全国主席后，在《政治事务》及美国共产党官网等媒体上，多次阐述改善生产环境、保障劳工权益和关注生态环境等促进社会可持续发展的主张，并积极组织和开展多项争取社会公平正义的行动；阐述了新时期美国共产党的政治理念和实践方式。

1. 关注生产环境和生态环境

美共三十大之后，美国共产党就提出要促进人们选出“环保国会”和“环保总统”，提出“人和自然要放在利益之上”的原则等一系列可持续发展的主张，并不断为实现此目标而作出努力。

美共认为，当前美国赖以发展的行业，如煤炭、石油和天然气等化石燃料产业对环境的破坏非常严重，气候危机给政府的运行能力和稳定带来了巨大挑战，由此带来的社会成本持续增高也给资产阶级的利益带来了威胁，特朗普的上台和共和党的胜利，表明美国极端右翼势力垄断下的化石燃料行业，依然是美国联邦环境保护署诸多政策执行的最大障碍。他们注入大量资金支持代表自己利益的共和党，是为了保障自己的原油开采等产业影响政治环境，阻碍当前生产环境的改变和公共政策的贯彻。美国共产党主席约翰·巴切特尔认为，环境议题在政治选举中将变得越来越重要，美国共产党将通过占据政府席位，扩大环境正义运动，使越来越多的阶层加入反对化石能源的行业联盟中。

2. 提出改善生产环境和生态环境的主张

在生产环境的改善上，美国共产党提出了以下主张：①促使人们选出“环保国会”和“环保总统”，推进环境政治，促使更多的人加入其中，以此来增加新的工作岗位，减少失业状况。②改变当前资本主义的生产方式。③提出社会可持续发展的呼吁和行动，要求重新配置社会资源来完成必要的可再生能源转变。

④通过联合多个阶层，进行政治角逐，才能改变现有的环境问题，建立第三政党，从根源上改变生产环境。

3. 强调通过非暴力运动来实现社会主义

整个20世纪至今，美国共产党已经通过非暴力运动，利用各种形式的抗议和选举活动取得了巨大进步，但是仍有一些人警告美共不要太天真。他们认为，美国存在着历史上最暴力的统治阶级，这个阶级不会和平地交付权力，因此，人民不得不保卫自己，暴力在所难免。对此种观点，美共指出，统治阶级暴力的确是有可能的。但是暴力无可避免的说法是错误的，坚持认为无法限制或预防暴力也是错误的。美共进一步强调，牧师马丁·路德·金和民权运动面对暴力采取更广泛的非暴力运动而非和平主义，用更高尚的道德呼唤动员更大规模的人民参与行动。非暴力运动揭露了种族隔离主义者的不道德行径，击败了他们的反抗，带来了民权改革，尽管是不彻底的，但也改变了美国。因此，非暴力运动应成为美国共产党行动的指南。

第四部分　党的国内实践活动

一、揭露、批判特朗普政府对民主的威胁

美共认为，特朗普内阁是历史上最有钱的也是最右翼的内阁，他们致力于废除奥巴马的环境、工人和公民权利保障。真正主宰美国总统办公室和司法部的决策者是心存法西斯另类右翼思想的白人至上主义者，他们推动着社会政策的制定和实施，这些人包括司法部部长杰夫·赛辛斯和总统的顾问斯蒂芬·K. 班农、斯蒂芬·米勒和塞巴斯蒂安·高尔卡等人。他们在反非法移民的斗争中立场相近，后来他们在特朗普那里找到了共同的事业，并寄希望于特朗普以实现他们的政治理想。他们痴迷于反非法移民的部分原因是他们越来越认为种族人口比例变化——有色人种和移民的数量越来越多——是美国内部最主要的威胁。他们认为这样威胁到美国白人对经济、政治和文化的统治地位。对他们来说，这些转变是对共和党绝对统治的威胁。他们的宏伟计划是减缓、制止和扭转已经发生的人口变化和文化变革，在多种族的工人阶级和民众之间插入一个楔子，目的是一劳永逸地保证白人的民族主义统治地位。这个计划正在通过以下几个政策的实施得以复苏：

第一，特朗普政府试图激化数百万白人的种族仇恨。这就是攻击以“调查种族歧视”为名义反抗白人的平权举措的意义所在，目的是为一个在经济、社会和

文化方面受到侵害的群体创建其“白人民族主义”身份。第二，特朗普政府试图驱逐1100万非法移民出境。但是他们意识到这样做成本太高，因为由政府出面将所有非法移民驱逐出境，交通运输和法律程序都十分困难，所以政府希望非法移民“自我驱逐”。移民和海关执法局正在采取恐吓非法移民群体的手段以达到目的。第三，特朗普政府计划通过对非洲、亚洲和拉丁美洲的合法移民进行种族限制，减少一半合法移民入境，却对欧洲的移民敞开大门。第四，特朗普政府一直致力于限制穆斯林入境。为达到目的，他们激起人们对穆斯林的恐惧和仇恨，把伊斯兰教抹黑成恐怖主义，散播谣言称穆斯林密谋实施伊斯兰教法。第五，特朗普及其幕僚试图再度挑起已经失败了的骗人的毒品战争，这场战争大规模监禁了数百万人——大部分是非裔美国人、拉美裔美国人和土著美国人。特朗普政府利用“犯罪率正在飞速增长，尤其是在非裔美国人社区”的“另类事实”煽动民众的恐惧。第六，大规模压制选民选举权。特朗普创建的选举公正委员会准备话题，目的是打击意欲投票支持民主党的数百万非裔美国人、拉美裔美国人、年轻人和低收入选民。此外，对非裔美国人的大规模监禁和刑事定罪也将大规模剥夺公民的选举权。这些彻头彻尾的谎言、宣扬白人民族主义者的委屈、迁怒于种族和宗教少数派、对同性恋的憎恶、对民主规范的破坏，混杂在一起，酝酿为威权主义和法西斯主义。必须通过最广泛的、最多样化的团结来反抗并彻底打破这一局面。

二、在反对特朗普的斗争中重建共产党

美共确定在反抗特朗普的运动中加强党的建设。美共认为，对特朗普的反抗引起了民主和进步的激进主义的重新崛起和左倾的明显转变，支持社会主义思想在千禧一代人身上表现得尤为明显，这为政党建设创造了新局面。为了发展新党员，美共采取了以下几个方面的举措：一是在圣路易斯、纽黑文和洛杉矶，各个俱乐部通过参加工会、社区和选举活动与潜在的党员建立了联系。他们建立了讨论组、文化活动和人民世界官网来邀请和说服人们入党。二是在人民世界和美国共产党的新网站加大宣传力度，在脸书网上开始进行“我们是共产党”的宣传活动，并首次有意识地塑造党的形象，争取新成员的加入。三是优先考虑与新老党员取得联系。为了实现这个目的，美共设立了党员联络员的岗位，还成立了一个新集体——党员和组织集体，它负责帮助联络员与党员合作并建设新俱乐部。四是加强向新党员进行宣传。党员和组织集体在秋季、冬季和春季分别举行了三次演讲，并尝试邀请数千名新党员加入。五是推进网络教育。网络教育也已经成为接触党员和其他人的重要方式。美共有关负责人每月定期组织在线研讨会，每月平均有150多人报名，约70人参加。这些在线研讨会和新党员培训项目，已经成为引进马克思主义科学和联系周围人的基本手段。六是紧紧围绕选举工作展开。美共强调，只有围绕选举工作才能为重建我们共产党奠定基础。七是明确党的建设目标。首先，要建立一个群众性政党，而不是一个由专业组织者和革命者

组成的狭义组织。党必须是一个由个人、俱乐部和集体组成的群众性组织。不管它是在居民区和校园里，还是在线上或线下。其次，要建设的共产党必须由各种工人组成并由他们领导。它参与围绕着当今基本问题的大规模斗争，它既发起活动也与其他组织协同工作，它为团结而战，并深刻认识到选举工作的至关重要性。它的角色是组织工人阶级和人民去战胜极右翼，去反对种族主义、性别歧视和同性恋恐惧症。它寻求建立阶级意识和社会主义意识，并推进权利法案和社会主义美国的事业。

三、谴责特朗普政府对耶路撒冷的干预

2017 年 12 月 6 日星期三，美国总统唐纳德·特朗普宣布其政府承认耶路撒冷为以色列首都，并宣布美国外交部（现位于特拉维夫市）将迁往耶路撒冷。对此，美共认为，特朗普的决定违反了联合国的决议，其中包括 1980 年的重要决议，该决议要求耶路撒冷的最终状态应该以解决以色列和巴勒斯坦人民之间的长期冲突为目标并在和平协商的基础上予以解决。美共指出，巴勒斯坦人民主要想要把阿拉伯东耶路撒冷地区作为新的独立巴勒斯坦国的首都。而以色列已经宣布整个耶路撒冷地区是它的首都。但是由于伊斯兰教、犹太教和基督教的一些最神圣的地方发源于东耶路撒冷地区，这种冲突因为这一事实变得相当复杂。以色列对东耶路撒冷地区的控制导致多数巴勒斯坦人遭受虐待，这些巴勒斯坦人被剥夺了民事和政治权利，还受到了其他形式的虐待。在当前以色列总理本雅明·内塔尼亚胡的政府统治下，这些虐待已经加剧了。

美共强调，特朗普及其政府再次证明了他们自己就是世界和平和国际正义的威胁。特朗普的行为再次说明了他的右翼极端主义倾向以及他与世界极右翼的联系。从这一点来看，他表现出了遵从美国最极端分子意愿的热情，这些极端分子包括美国最反动的基督教右翼势力和正统派犹太社区极右翼分子以及反阿拉伯和反穆斯林的偏执者。特朗普当选总统靠的就是这些人的支持，有很多迹象表明他的行动方向就是为了回报这些人的支持，其中包括他任命自己的女婿贾里德·库什纳负责美国在中东地区和平进程的事务。特朗普的行为也再次揭示了他对阿拉伯人和穆斯林教徒的恶意偏见，他在推特上转发了来自英国法西斯主义组织的仇恨信息，继续阻止多数伊斯兰国家的人民来美国旅行，即使他们在美国有亲戚也不行。美国共产党呼吁美国人民进行抗议，包括通过联系白宫、国务院和国会议员要求他们回到和平进程上来，力求为巴勒斯坦人民寻求一个合理的解决方案。

四、制定 2018 年中期选举策略

美共对 2018 年中期选举进行了深入分析。首先，2018 年中期选举至关重要。美共认为，2018 年中期选举关系着美国的未来，甚至是地球的未来。美共指出，特朗普政府及其国会的同盟，不断削减人们在医疗、社会保障、工会代表、投票权以及所有社会项目和市政项目上的权利。富兰克林·德兰诺·罗斯福

当选总统以后工人阶级赢得的一切现在都受到了威胁。即使 19 世纪以来最传统的民主制度——公共教育也要被砍掉。他们否认环境需要保护，恐吓所有的移民、难民和有色人种，容忍那些仇恨和虐待妇女的行为，公开支持新老白人至上主义、种族主义和法西斯主义者以及类似于三 K 党的运动，继续主张战争和军事化并把世界带到了核毁灭的边缘。因此，2018 年是一个非同寻常的选举年，能否打败极右翼势力将意味着美国向法西斯主义是迈进一步，还是远离一步。其次，民主党在选举中面临着不容乐观的挑战。民主党需要在参议院赢得两个席位、在众议院赢得 24 个席位才能以多数控制参众两院；民主党国会竞选委员会计划要在 79 个共和党控制的地区翻盘；州长和州议会竞选也是重要的战场，待选的有 9 个民主党、1 个独立派和 26 个共和党州长的席位。各州执政党都准备在 2020 年控制选区划分。而对美国政治具有巨大影响力的科赫兄弟在选举中大力支持共和党，并将为共和党资助 4 亿美元。这说明等待民主党的将是一场激烈的争夺战。此外，反抗特朗普和共和党的关键是民主党内部的团结以及建立暂时的跨种族的联盟。但是，民主党内部的温和势力和当权派是不稳定的，而且在联盟内部也必将伴随着矛盾、敌对和斗争，这将对选举带来不利影响。还要看到，1979 年以来，民主党经过盘算，放弃了佐治亚州第六选区及其他一些选区，而重新在这些选区吸引和培养选民还需要时间。

美共在 2018 年选举中要达到的目标。美共指出，2018 年将开展一场广泛的运动，旨在结束极端主义右翼共和党对参众两院的控制，推选进步人士竞选全国的州议员和地方公职，即通过改变国会、州立法机构和地方政府的力量对比来制止对多种族的工人阶级的全面攻击，进而促使特朗普在 2020 年因遭到弹劾、辞职或选举失败而下台。此外，通过参与这场选举来加强与工会的联系，加强同左翼进步选举组织的联系；提高阶级意识，促进全党的团结统一；扩大美共多元化的工人阶级队伍和《人民世界》的读者群；在党员中选拔未来的地方办事处负责人。

第五部分　党的国际实践活动

美共积极参加 11 月 2—3 日在俄罗斯圣彼得堡市召开的第十九次共产党和工人党国际会议，阐明自己对当前资本主义世界的看法。

美共认为，当今的资本主义正受到连锁危机的重创。面临不断加重的经济不稳定性，跨国资本家向全球工人阶级发起了全面进攻，甚至连我们赖以生存的地球也不放过。为了保证在危机时期能够盈利，他们需要大幅度的经济紧缩政策、恣意向新市场渗透的权力、掠夺新的资源、规避所有政策法规的自由贸易协议以及——正如资产阶级历史一样——施行更加灵活多变、不稳定、低报酬甚至无偿的动力形式的权力。

由于资本家应对危机的方法永远都只能意味着更加的不平等、更多的暴力以及更具力度的经济紧缩，资本主义民主同样也面临着政治合理性危机。当今，千百万人都用新的眼光看待激进主义。即使在美国这个反共产主义的冷战伤口尚未痊愈的国家，许多青少年都认同并支持像伯尼桑德斯这样宣扬社会主义理念的人物。然而，现实并不是“面包和玫瑰”。资本主义在履行其关于民主和机遇的承诺上无能为力，这使得反动力量和法西斯运动被推上历史舞台。

另外，极端保守主义的危险也不容低估。法西斯分子之所以能够上台，就是因为他们宣扬采用种族主义、民族沙文主义和国家暴力来解决资本主义全球化种下的种种不安全因素。他们通过向部分人承诺工作机会、经济稳定、权力和名誉而将矛头对向其他人（变本加厉的压迫）的方式分化并瓦解工人阶级。这些团体的政治纲领由资产阶级内部最邪恶、最反动的分子制定，不是唐纳德·特朗普带来的。

特朗普的选举成功将这一政治纲领提升到全国性的层面，其表现形式为危机中资本主义的各种暴力和非民主特征的放大，比如：对新纳粹分子和白人至上主义者公开的讨好、帝国主义侵略的恢复以及对古巴、委内瑞拉、伊朗和朝鲜主权的攻击、(即使只是适度的）环境保护工作的退步、针对移民和难民的国家暴力政策（已被强化）以及针对拒绝施行法西斯政纲的法官和其他官员的攻击。

美共指出，打败这一政治纲领需要尽可能广泛的统一。共产党甚至整个反资本主义右翼势力都无法单独实现这一胜利。在缺乏阶级和社会主义意识的情况下，部分工人阶级可能倒向法西斯主义的理念。要阻挡这一趋势，需要在工人阶级内部坚决进行斗争，寻找出一种方案将工人阶级统一起来共同反对法西斯主义。这就需要进行广泛的运动。

第六部分　结语

总的来看，在 2017 年美共社会主义理论与实践又有了新的发展。美共进一步提出了要通过非暴力形式来走向社会主义，深刻揭露特朗普政府反民主、反移民、白人至上主义的本质，利用民众对特朗普的不满情绪大力发展党的队伍，谴责特朗普政府外交政策对世界和平带来的威胁，并积极为2018年中期选举做准备，参与国际共产主义事务。这进一步提升了美共在国内民众中的形象和影响，扩大了党员队伍，为在2018年中期选举中挫败特朗普打下了基础。诚然，美共由于自身力量的有限，在美国政治生活中并未占据举足轻重的地位，还谈不上拥有强大的影响力和号召力，但美共能够持续顽强地坚持斗争，坚持探索，推动美国的社会主义事业向前发展，这已经成为国际共产主义运动中的一抹亮色。

（撰稿人：河南理工大学马克思主义学院　李海玉；
中共郑州市委党校　丁淑杰）

2017年法国共产党年度发展报告

第一部分 概况

1. 国名：法兰西共和国（简称法国）

2. 人口：6711.8648万（2017年）

3. 国土面积：67.2834万平方公里（本土面积55.3965万平方公里）

4. 政党名称：法国共产党（简称法共）

5. 成立时间：1921年

6. 党员人数：56595名（2016年）

7. 全国主席或总书记：皮埃尔·洛朗

8. 政治局成员或全国委员会成员：共160名委员

9. 政党地位：合法党，在野党

10. 社会团体或群众组织：共产主义青年运动（Mouvements des Jeunes communistes）、共产主义学生联盟（Union des Etudiants communistes）

11. 大众传媒的运用：报纸《人道报》《共产党人报》，期刊《地球》《经济与政治》《决议》，理论学习网站：马克思空间（http：//www. espaces-marx. net/）、加布里埃尔基金会（http：//www. gabrielperi. fr/? lang=fr）、法共官方网站：http：//www. pcf. fr/；http：//2017. pcf. fr/

12. 最近一次代表大会或会议：第三十七届党代表大会（2016年6月2—5日）

13. 最近一次参加的选举：法国立法选举（2017年6月）

第二部分 党的产生及发展简史

法国共产党（Parti Communiste français）成立于1920年12月29日。第二次世界大战期间，法共积极参加抵抗运动，7万多名党员英勇牺牲。战后初期，法共一度成为法国第一大党，党员人数达到90万。1944—1947年法共先后参加5届政府。1972年乔治·马歇担任总书记。同年6月，法共与社会党和左翼激进党签署《共同施政纲领》，建立“左翼联盟”。20世纪70年代中期法共开始实行党的革新，提出“法共色彩的社会主义”，即“民主、多元化、自治管理的社会主义”道路。1975年批判斯大林主义；1976年和1977年先后放弃无产阶级专政和无产阶级国际主义；1979年放弃马列主义，代之以科学社会主义的提法。1981—1984年参加社会党政府。此后随着社会党的发展，法共的力量和影响不断下降，其得票率从1978年立法选举的20.6%跌到1988年总统选举的6.8%。

苏东剧变后，法共受到严重冲击，但仍坚持共产党的名称，并加大党的革新力度。1993年立法选举获9.18%的选票。1994年法共二十八大放弃民主集中制，罗贝尔·于出任法共全国书记（总书记）。

1994—2003年法共在罗贝尔·于领导下，实行共产主义理论变革。1995年4月法共参加总统选举，获8.46%的选票。1996年法共二十九大提出放弃“法国色彩的社会主义”，代之以“新共产主义”的提法，主张实行共产主义理论变革。1997年6月参加以社会党人若斯潘为首的左翼联合政府。2000年3月法共三十大决定把法共建设成为一个“二十一世纪的新型共产党”。2001年10月法共三十一大选举罗贝尔·于为党主席，玛丽-乔治·比费为全国书记，通过新党章以及《关于“共产主义计划”的决议》，提出“新共产主义计划”的基本主张。2002年法共在总统选举和立法选举中均遭失败，得票率跌至5%以下。

2003年4月，法共三十二大选举比费为法共全国书记，罗贝尔·于下台。2006年3月法共三十三大选举产生党的新一届全国理事会，比费以91.3%的高票第三次当选为全国书记，进一步确立了其在党内的领导地位。大会还修改通过了法共新党章，进一步阐明了“超越资本主义”的内涵，提出“21世纪共产主义观”。但法共在2007年大选中仍未停止下滑趋势，总统选举得票率仅为1.93%。立法选举仅在国民议会获得15个席位，不得不与绿党联合组成议会党团。2010年6月法共召开了第三十五届代表大会，这是一次特殊的代表大会，推选皮埃尔·洛朗作为新任总书记，在其领导下，法国同其他一些激进左翼政党及组织成立左翼阵线，并于 2012 年总统选举中，遏制其发展颓势，左翼阵线总统候选人梅朗雄获得了 11.1%的支持率，使得金融危机背景下，法国激进左翼重获发展契机。

2016 年第三十七次代表大会继续推选皮埃尔·洛朗为全国总书记，决定成立“人民公民阵线”，致力于实现全民参与。2017 年左翼政党“不屈法国”的领导人让-吕克·梅朗雄（Jean-Luc Mélenchon）在法国总统选举第一轮中获得了将近 20%的成绩，进入总统选举的第二轮；法国共产党在立法选举中获得了 10 个席位，给法国共产党带来了新的希望。

第三部分　党的理论和组织状况①

一、指导思想

法国共产党坚持共产主义的奋斗目标和反对资本主义的斗争，坚持批判苏联模式和“斯大林主义”，强调共产主义至今仍有现实意义，共产主义既是一个目标，又是达到这一目标的必经之路。法共强调，“超越资本主义”的最终目标是建立一个没有阶级的社会。法共认为，资本主义是人类社会的一个发展阶段，资本主义制度的逻辑就是剥削、统治和商品化，它不能超越自身引发的矛盾，只会使矛盾不断加剧并产生新的矛盾，而这正是造成社会不平等现象的根源。“超越资本主义”意味着一个变革过程，需要汲取人类文明发展中最解放的因素和资本主义在社会领域中最有效的成分，通过劳动者、领薪者的自我管理和公民的自我治理来实现对人类自由发展手段的社会占有，以推翻资本主义制度，并根据加强社会协商和摒弃金钱至上逻辑的原则，使全世界人民将其个人发展愿望与集体愿望统一起来。法共必须从现存的社会矛盾中显现的进步因素着手，促进社会的解放。这是一场今天就要开始的战斗，决不能等待假设的“大革命之夜”或通过一系列预定阶段来完成。

关于“21 世纪共产主义观”法共强调，共产主义在法国有着悠久、深厚的历史渊源。法共主张同历史上共产主义的中央集权传统相决裂，争取实现国家的民主化和公民的监督。法共的共产主义目标不再只是替人民和个人创造幸福，而

① 刘洪才. 当代世界共产党党章党纲选编［M］. 北京：当代世界出版社，2009：238-268.

是要推动他们行动起来，自己去争取符合自身需要和追求的美好未来，建立一个摒弃资本主义价值观的世界，促进人类文明的进步。

法共表示，将高举反新自由主义旗帜，进一步突出其左翼色彩。法共认为，法国目前面临严重的政治、经济、社会、文化、能源、发展模式乃至文明危机，其根源是右翼奉行的新自由主义政策，号召同右翼新自由主义政策彻底决裂，坚定不移地推行具有鲜明左翼色彩的、真正的社会变革。

法共认为，法共今后应更加注重社会斗争，努力建立最广泛的人民联盟。近20年来，左翼在法国3次执政，但3次都遭遇到了失败，应深刻反思左翼失败的深层次原因。法共认为，法国左翼各政党还未能就反对自由主义问题达成一致的政治纲领。因此，法共主张进一步突出其革命性、战斗性、创新性、代表性，争取在反自由主义的社会变革纲领的基础上建立以法共为核心的最广泛的人民联盟，并在积极参与和领导反自由主义社会运动的基础上，重新树立法共作为中下层民众利益代言人的形象，扩大党的影响，重新赢得左翼选民的信任。

二、组织结构和组织原则

在组织结构及组织原则方面，法共在其党章中强调，在城市、社区、村庄、企业及所有劳动场所，在一切与社会生活有关的重大政治问题上，党员组织起来，同所有志同道合者一起行动，推动现有秩序的转变，将共产主义目标具体化。为此，他们采用一切有用的倡议，并鼓励集体思考与行动，以创建一切有助于成功的组织形式。

（1）集体责任。在全国范围内，让每一名党员及所有愿意和党员一起行动的人都可以参与自己选择的政治活动，这是所有党员的集体责任。

（2）充分的创新能力。每一名党员或每一个党小组，每一个党的地方、省级或全国机构，都可采用一切对共产党员计划的实施有益的倡议。

提出倡议的党员或党小组应该向相关党组织报告，一边将其纳入总体活动安排，并未为其提供帮助、协调以及形成相应的联系、合力或网络。

（3）完全的自由选择。党的一切倡议向所有愿意参与者开放，无论其是否党员。每个党员得知党的倡议后，可自由选择是否参加某（或几）项活动以及活动形式。

（4）在各种对象以各种形式就近建立党组织。要在各地开展活动，就要求党组织的建立必须尽可能地贴近生活阶层和工作阶层。具体的互助关系正是在这些阶层中，并通过以共同关注的问题为基础形成的各种联系建立起来的。这种就近建立党组织的原则有助于法共党员和非党员积极参与思考、行动以及共同承担责任。同时，为确保效率法共党员必须拥有分析、建议、决策已经组织活动的专门场所。

党员通过总支组织起来，亦可在其居住区、乡村和工作场所组成支部。这些总支和支部有助于党员在最接近其生活和工作的地方开展活动。大量向社会开放的、具有创新精神的支部的存在，是在全国范围内组织党员活动的需要。

党员们认为政治行动是在工作场所获得民主的必要保证，并鼓励领薪者在工作场所中组织起来。所有党的机构都要在工作场所发展共产党的组织和活动，这是推动党员战略的决定性手段。

党员的倡议旨在推动普通民众、领薪者和各相关社会阶层的政治干预。它有助于制定必要的解决方案，并为推动方案的实施进行动员和斗争。党员既可根据地理分布，在企业、工作场所和行业区域提出倡议，也可围绕所有问题或具体重要政治意义的关注点提出倡议。

活动形式由提出倡议的人自主决定。可同时建立委员会、机构、工作组、网络、协调小组等，以便为倡议成功创造有利条件并确保参与者行使民主监督。在倡议实施期间，除必要的常设活动形式外，也可设立其他活动形式。

经同党的机构协调，上述委员会、机构、工作组、网络、协调小组自行决定其运作方式、资金来源和倡议。它们为党的机构制订计划和提出倡议提供支持。

所有选举产生的党的机构一律按男女对等的原则组成。它们应能代表党和社会的多样性，尤其是混血儿、青年和外国在法居民。在尊重观点和派别多样性的前提下，党的机构的效率取决于作出共同努力的意愿。党的一切机构都实行岗位轮换和限制兼职。一般来说，担任同一职务不能超过 9 年。

党的机构如下：总支全体会议拥有相应范围内的倡议权和代表权。全体会议由总支的全体党员组成。它负责组织和促进总支所有党员行使当家作主的权利。根据当地情况，行使当家作主的权利可以通过与地方或企业支部的紧密协商来实现。地方和企业支部是党员共同分析、建议、决策和组织活动的合适场所。总支全体会议选举产生地方执行委员会和一名书记。

省理事会负责所有涉及全省的决定，并在与相关总支全体会议的协调下，作出涉及该省部分区域的决定。

全国理事会代表全体党员，是两次代表大会之间党的最高领导机构。全国理事会可召开由全国理事会成员、省理事会选出的代表团以及国民议会、参议院和欧洲议会共产党选出的代表团参加的全国大会。

党的各个机构自行决定其运作、日程、工作安排和会议召开周期（至少每 2 个月召开一次），并选出其司库。各机构选出执行机构并监督其活动：总支的全体会议监督地方执行委员会的活动，省理事会监督省执行委员会的活动，全国理事会监督全国执行委员会的活动。各机构都可设立委员会和工作小组，负责筹备辩论和决策。各机构责成它们就某些具体问题向其提供决策建议。

以党代会的决策为基础，通过讨论和采纳委员会以及工作小组的讨论结果，各机构制定与其职权范围相符的基本方针政策，并作出政治决策。

全国理事会选举其主席。全国理事会主席负责协调全国理事会会议的筹备和组织工作，确保参与筹备会议的所有党员以及与会议日程相关的工作组和网络的工作条件，负责以民主方式组织讨论和组织报告的撰写工作，确保全国理事会成员与全国执行委员会之间的联系。

省执行委员会和全国执行委员会由同级理事会选举产生。为共同做好上述各委员会的提名工作，总支全体会议、省理事会或全国理事会按比例选出代表组成一个委员会、协助书记工作。

执行委员会负责在其职权范围内实施经多数表决通过的方针或决定。为此，它们负责提出各种必要的倡议，推动和协调建立的工作小组的活动并充分发挥小组成员多样性的优势。集思广益有助于整个政治组织即法国共产党的壮大。至此那个委员会向总支全体会议、省理事会、全国理事会等相关机构汇报采取的行动。

地方书记、省委书记和全国书记负责落实总支全体会议、省理事会、全国理事会等相关机构的决定。为此，由各级书记组织和协调地方执行委员会、省执行委员会和全国执行委员会的活动。各级书记在其所在范围内代表党并以党的名义在公共生活的各个领域内行动，负责宣传党的思考和倡议，推动党的活动和民主生活的发展。

党的机构有责任在各级促进每个党员的政治干预能力，让每个党员以及愿意与党员共同行动的人，与党一起找到高效的行动方式。为此，党的机构在全国范围内推动、协调和支持党员的活动，促进党组织的发展和壮大。它们为此提供各种倡议，组织会晤，建立联系，尽可能为各种活动的发展注入活力。党的机构在这方面提供相当一部分资金。它们重视给所有党员尤其是年轻人提供培训。它们有责任保持信息畅通并让每个党员获得信息。

全国范围内，在全国理事会的领导下，每个工作小组都应在各自领域内，帮助党员在全国、欧洲以及世界范围内开展活动和进行干预，推动个人和组织建设网络，为网络的运转提供便利，并将网络与他们的工作相结合。

三、党员资格

联合起来共同组成法国共产党的男女们有着共同的计划，即希望通过解放每个人，通过社会占有，通过共同拥有和分享知识、权力和财富，来迎接当今时代的挑战。他们不希望世界被引入掠夺资源、盲目竞争、冲突和战争的歧途，而人类的活动和天性都可能导致这些后果。他们拒绝一个不公正、不平等、一贯弱肉强食的社会。他们认为金钱的万能是可以战胜的，资本主义不是历史的终结。

他们的政治目标在于遏制并超越所有剥削、统治和异化的社会形式，促进每个男女的充分自主和全面发展。

一群自由、平等和联合的人，这就是他们为解放人类的共产主义所赋予的革命概念。

共产党员将促进人民干预，即民主的历史性进步，确定为其工作重心。对他们来说，扩大社会上每个人实际、平等拥有的权利及其对知识、文化的获取，是保证集体选择、金钱与所有资源的使用有效并符合所有人利益的决定性条件。他们希望探索参与性民主和干预性民主的所有途径。

为争取一个更公正、更人道的社会和世界而采取的行动永远不应背离行动本身所蕴涵的希望。共产主义的解放目标在日常行动中具体化，以根据当今时代的挑战所要求的斗争和联合的节奏，用各种可能的形式推动和弘扬自由、平等、博爱和和平。

共产党员向所有社会运动力量和公民力量开放。阶级斗争向新的人群和区域扩展，并越来越具有欧洲化和全球化的特点。共产党员是所有动员行动和解放斗争的参与者。他们在社会、企业和机构中采取行动，控诉金融利润霸权和各种统治形式及其所代表的社会、经济和政治权力。

共产党员与大家一道为争取所有人新的权利而努力。共产党员组织的主要目标是促进所有愿意为此前景而奋斗的男女的联合、干预及平等参与政治决策。必须创造一种全新的政治实践形式和政党形式。

加入法国共产党的动机是多种多样的，或是源于受理论创新和马克思观点的影响、以从资本主义中解放出来并超越资本主义为目标的革命斗争的价值观、贡献和创新精神；或是源于所有解放斗争的历史，包括女权主义、人道主义、反种族主义、生态主义、和平主义、反殖民主义和反帝国主义斗争，以及促进世俗化、反对所有歧视和排斥的斗争等。

多样性是效率的保证。在集体制定方针和决策时，多样性能使党员同社会保持开放和活跃的关系，永远为一个解放性的政治计划而工作。多样性要求采取一定的组织形式和实践形式，并将承认并尊重党员对付诸实施的目标和战略的不同观点作为党员的一项基本权利。

第四部分　党的国内实践活动

2017 年 4 月 23 日，参加法国总统选举。

2017 年 6 月 11 日，参加法国立法选举。

2017 年 8 月 26 日，进行夏季大学培训。

2017 年 9 月 4 日至 9 日，学校第一周，全国共产党采取措施进行动员，争取学校的主要公共服务。

2017 年 9 月 15 日至 17 日，举行《人道报》节。

法国共产党建议发展马克龙政策的社会替代方案可以围绕发展公共安全和培训，进行工业革新，建设 21 世纪的公共服务，建立大量的公共服务性住房，建立大型公共银行，争取税收公正五个方面进行：

第一，停止破坏劳工法和社会保障，发展工作安全和培训。数字化革命要求工作转型，工作变得不安全。同时，男女之间职业不平等正在加剧。为了消除失业，保障人民的基本生活，实现男女在就业上的平等，必须发展工作安全和培训，提高社会保障水平。第二，停止出卖工业，进行工业革新。工业的投资能够满足人们在能源、铁路、汽车和海军等重点领域的需求，增强法国的实力。法国不应该将工业卖给出价最高的人，而应以环保和可持续的方式革新工业，建立新的工业发展模式。第三，停止财政紧缩和削减公共服务，建设21世纪的公共服务。公共服务满足社会流动、医疗和教育等基本需要，在国家发展中发挥重要作用。公共服务不应该被削减和私有化，必须为公共服务的发展提供充足的资金保障，建设21世纪的新型公共服务。第四，保证所有人的住房权利，建立大量的公共服务性住房。社会住房有了一定的发展，但发展依然过少。房地产投资商禁止越来越多的法国人留在集中了就业和人们日常生活的基本服务的城市，侵犯了人民的住房权利。法国共产党呼吁阻止马克龙支持的驱逐行为，建立大量的公共服务性住房，维护所有人的住房权利。第五，停止为股东和富人服务，建立大型公共银行，争取税收正义。富人每年逃税金额达到800亿欧元，而国家什么都不做。私人银行利用公民的信贷赚取大量利益，而在公民需要它们时剥夺公民的权利。它们进行投机，并不支持创造高质量工作的中小企业的发展。为了维护人民的利益，促进社会健康发展，必须建立大型公共银行，刺激新的货币政策和新的信贷，进行税收改革，争取税收公正。

为了让全体人民参与政治，法国共产党提出立即广泛动员民众参与政治，扩大人民权力的现有范围，建立参与式民主。民主是个人和全人类发展的手段。争取民主，争取各个领域的新权利和权力的斗争，是阶级斗争的核心。为了改变法国现在的民主困境，建立参与式的民主，可以从为建立参与式民主提供制度保障和促进决策更加民主化两方面着手。首先，发展按一定比例进行投票的选举制度，将立法选举安排在总统选举之前，为建立参与式民主提供制度保障。所有的选举按一定比例进行，是真正增加国家政治多样性的唯一途径。新的选举日程表有利于使议会在法国民主生活中具有充分的合法性和重要性。其次，鼓励公民进行政治辩论，表达自己的政治诉求，促进决策更加民主化。鉴于公民不愿意参与政治，法国共产党指出，政治变革的一个基本方向是使公民能够说出来，激励他们发表自己的看法和主张。法国共产党强调要与人民进行对话，把人民的需求作为决策的基础，增强人民的政治参与水平，使每一项决策都能体现大多数人的意见。

面对右翼崛起，左翼的价值理念遭受挑战，法国共产党提出要从促进党员广泛的政治辩论、创新党的宣传方式、成为大众的学习平台等方面来加强党的重塑。首先，激发全体党员的积极性，促进党员广泛的政治辩论。所有党员是平等的，都可以自由发言，多元化受到尊重。全体党员可以围绕党的所有问题进行争论。如法国共产党就 2018 年特别代表大会的主题、时间，法国共产党的转型等问题向党员进行咨询。截止到 2017 年 11 月 18 日，法国共产党已经处理了 13843 份在线或纸质问卷，结果显示有 96.23%被咨询的党员同意。2018 年特别代表大会主要围绕三个主题：共产主义斗争的意义和现状；法国共产党政治方针的评估和未来；法国共产党转型方案。其次，创新党的宣传方式，减少党内分歧，提升公民对党的认知。一方面，增加传统出版物，旨在为共产党人研究党的问题并加以辩论提供平台。另一方面，开拓新媒体宣传形式。如法国共产党启动了一个与党的国家平台平行的活动网络：http：//2017. pcf. fr/，旨在收集有关活动的信息，为党员提供动员的手段；利用互联网制定视听教材，每星期播放党的发言人发表的新闻短片以及关于欧洲、住房等主题的视频。另外，将党发展为大众的学习平台。党不仅为党员提供学习平台，也积极为大众学习提供支持，让大众能够获得更高水平的培训和文化教育。法国共产党希望那些靠自己劳动为生的人能强有力地表达他们自己，进而在人民当中塑造党的良好形象。

第五部分　党的国际实践活动

2017 年 11 月 10 日至 11 日，法国共产党与 90 多个左翼组织出席了第一届马赛欧洲论坛。此次论坛汇集了左翼、绿党和进步党的广泛代表，以及来自欧洲各地的政治运动、工会和社会组织、非政府组织、知识分子和公民运动的代表。代表们讨论了如何改变、改革和拯救欧洲。代表们决定要把此次论坛发展成像圣保罗论坛一样的年度论坛，发展成一个欧洲进步力量开展长期政治合作的新空间，以反对民族主义、右翼民粹主义和极端主义，为建立一个和平的欧洲而努力。法国共产党全国书记皮埃尔·洛朗指出，欧洲进步力量参加此次论坛，进行融合，标志着左翼进步力量进入发展的新阶段。

2017 年 9 月 23 日至 24 日，法国共产党参加了由日本和平活动家发起的争取世界和平的抗议活动，旨在打破主导国际舞台的战争逻辑。法国共产党要求法国签署和批准 122 个国家已经签署的“禁止核武器条约”。法国共产党还反对法国政府将国家军费预算中的份额提高到国内生产总值的 2%，要求法国政府遵守提高官方发展援助水平——占国内生产总值的 0.7%的承诺。

第六部分　结语

法国共产党致力于发展“人民公民阵线”，积极发动人民参与党的建设，参与政治建设，为国家的发展提出建议，以改善法国共产党在人民当中的印象。法国共产党提出发展可持续的经济模式，注重人民的生活，关注生态发展。法国共产党将继续在“新共产主义”的理论指导下，超越资本主义，实现人民的解放。在国际上，法国共产党积极与左翼政党合作，致力于建立新的对话和交流。法国共产党积极维护世界和平，参与世界和平运动。

（撰稿人：华中师范大学国外马克思主义政党研究中心　肖凤华）

2017 年英国共产党年度发展报告

第一部分　概况

1. 国名：英国

2. 人口：6504 万（2017 年）

3. 国土面积：24.41 万平方公里

4. 政党名称：英国共产党（Communist Party of Britain，简称 CPB）

5. 成立时间：1988 年 4 月［中国媒体称的“英国共产党”实际上有两个，一个是存在于 1920—1991 年的 Communist Party of Great Britain（CPGB），直译为“大不列颠共产党”，该党成立于 1920 年 7 月；另一个是 1988 年 4 月成立、存在至今的 Communist Party of Britain，直译为“不列颠共产党”。本年鉴所讲的是后者，且后者声称继承了前者的传统，是其合法继承者］

6. 党员人数：不足 1000 名

7. 党的总书记：罗伯特・格里菲斯（Robert Griffith）

8. 全国执委会委员：萨尔・艾哈迈、安迪・贝恩、莫莉・布朗、本・查克、安迪・查弗尔、托尼・康威、罗姆・克里亚、约翰・福斯特、亚历克斯・戈登、罗伯特・格里菲斯、乔纳森・哈佛、欧文・荷兰、史蒂夫・约翰逊、伯纳黛特・凯文尼、谭・克比、西・韦尔、马丁・勒夫、汤米・莫里森、利斯・佩恩、卡罗尔・萨夫勒斯、格雷厄姆・史蒂文森、乔安妮・史蒂文森、露丝・斯泰莱、约翰・泰勒、安妮塔・赖特、尼克・赖特

9. 地位：合法党，非执政党

10. 社会团体或群众组织：青年共产主义联盟（世界民主青年联盟的成员）

11. 大众媒体运用：党报：《晨星报》(*Morning Star*)、理论刊物：《共产主义评论》(*Communist Review*)、网站：http//www. communist-party. org. uk/

12. 最近一次代表大会：第五十四次代表大会（2016 年 11—20 日）

13. 选举活动：从 1997 年起，该党参加了多种政治选举，但收效甚微

第二部分　党的产生及发展简史

历史上的英国共产党（Communist Party of Great Britain，简称 CPGB)。1920 年 7 月 31 日至 8 月 1 日，由不列颠社会党、社会主义工党中的共产主义统一派以及南威尔士共产主义委员会的 152 名代表在伦敦召开了“共产主义团结大会”，建立了约有 2000～3000 名党员的英国共产党。阿尔伯特·英克平是第一任总书记，麦克·马纳斯当选主席。英共成立时还得到了许多工人运动中的共产主义派别的支持。英共成立后曾参加了“不干涉俄国运动”，倡导发动了工会“少数民族地区运动”，积极参加并领导了 1926 年大罢工。大罢工失败后，要求放弃联合阵线政策的左倾宗派主义倾向在党内抬头，英共陷入严重孤立，党员人数锐减。1932 年第十二次党代会后，英共开始了纠偏工作，加强与工人群众的联系，组织 30 年代上半叶的失业工人运动，取得了较大发展。到 1935 年 2 月英共十三大召开时，不仅党员人数增长到历史最多，而且在十三大上英共根据新的国内外形势，制定并通过了党的新纲领《争取建立苏维埃英国》。1936 年英共组织一支 1500 人的国际纵队英国营，参加西班牙内战，支持西班牙人民的革命斗争。在第二次世界大战中，英共积极支持反法西斯斗争，党的队伍不断壮大，党员到 1943 年增至 5.5 万人这个英共历史上党员人数的最高峰。在 1945 年 7 月的大选中，威廉·加拉赫与菲尔·皮拉丁 2 名党员当选为下议院议员。1951 年首次公布党纲《英国走向社会主义的道路》，主张和平过渡，不提无产阶级专政，认为英国可以通过议会斗争和平过渡到共产主义。这一时期最有影响的领导是波立特。

20 世纪 50 年代以后英共在国内政治生活中的影响逐渐缩小，党报发行量大幅度下降，1950 年以后它在下院不再保有席位，但在工会中仍有相当影响力。1956 年受苏共二十大和随后的匈牙利事件与波兰的波兹南事件的影响，有数千名党员先后退党。20 世纪 60 年代国际共运因公开大论战而发生的分裂使英共陷入困境。1968 年“布拉格之春”和苏联入侵捷克，党内在对苏的态度上逐渐形成尖锐对立的两派，矛盾加剧，又有许多党的干部和党员退党，有的被开除出

党。反对英共国内国际路线的一部分党员于 1968 年 4 月另立 Communist Party of Britain (Marxist-Leninist)。1977 年 7 月，党内发生分裂，有 500 多人的反对派宣布退党，另立新的组织 New Communist Party of Britain。英共参加了 1957 年和 1960 年的共产党和工人党国际会议，基本上支持苏共和苏联政府奉行的政策。但其在苏联入侵捷克、阿富汗等问题上持批评态度。英共认为每个共产党都是独立自主的；主张发展国际缓和与合作，削减军费和裁军；主张英国退出欧洲共同体和北大西洋公约组织。

进入 20 世纪 80 年代，总书记为 G. 麦克伦南，党内形成了以《今日马克思主义》理论刊物为中心的“欧洲共产主义派”和以党报《晨星报》为核心的反对派。“欧洲共产主义派”主张和平过渡，反对使用无产阶级专政的提法。1977 年的党代会上提出依靠工人阶级领导的广泛的民主联盟的主张，要把议会外的群众斗争和议会斗争相结合，选出一个决心实行社会主义的议会多数和政府，分阶段实行社会主义。党的最高权力机关代表大会每两年举行一次。其组织分全国执行委员会、地区委员会和支部三级。1984 年约有 1.8 万名党员。

1989 年东欧剧变对该党冲击很大，1990 年 1 月尼娜·坦普尔当选为总书记后抛弃列宁主义，主张把该党变成一股“主张女权，维护环境，实施民主社会主义的势力”。同年 12 月，大不列颠共产党（英共 CPGB）召开四十二大。一方面，大会否决了立即解散党组织的主张；另一方面，大会也否决了用马列主义更新党的主张。此后，大不列颠共产党（英共 CPGB）徒有虚名。1991 年 3 月，大不列颠共产党（CPGB）执委会决定更改党的名称。同年 11 月，大不列颠共产党（英共 CPGB）召开四十三大，决定将党的名称改为“民主左翼”；决定以三个小人手拉手的图案取代镰刀、锤子的党旗和党徽图案；决定党刊《今日马克思主义》停办。至此，经历了 71 年历史的大不列颠共产党（英共 CPGB）终结了。

1991 年随着苏联的解体，成立于 1920 年的英国最大的共产党组织——英国共产党也宣告解散。此后，英国林林总总信仰共产主义或社会主义的 20 多个党派，大多以小规模活动。目前在英国，以共产党命名的组织至少有 5 个，其成员大多在 50 人到 1000 人之间。这 5 个共产党组织分别为：英国共产党 (Communist Party of Britain)、英国共产党（马列主义）[Communist Party of Britain (Marxist-Leninist)]、大不列颠共产党（马列主义）[Communist Party of Great Britain (Marxist-Leninist)]、大不列颠共产党（临时中央委员会）[Communist Party of Great Britain (Provisional Central Committee)]、英国新共产党 (New Communist Party of Britain)。其中英共 (CPB) 是人数最多、影响较大的共产党组织。

第三部分　党的理论和组织状况

现在的英共是在原英共内部以党报《晨星报》为核心的反对派的基础上于1988年4月成立的。它声称继承了原英国共产党（CPGB）的传统，仍把民主集中制作为组织原则。该党的最高权力机关是全国代表大会，每两年举行一次。党报是《晨星报》。党员人数不足千人。其青年团体是青年共产主义联盟，是世界民主青年联盟的成员。总书记罗伯特·格里菲斯（Robert Griffith），威尔士人，1998年1月就任至今。该党虽然人数不多，但在英国工会运动、反战联盟、核裁军运动中有很大影响。2000年，该党在原英国共产党（CPGB）党纲的基础上，制定了新党纲《英国走向社会主义的道路》，此后英共根据形势的变化，又多次对党纲进行了修订。英共（CPB）从1997年开始参加英国各类政治选举，但收效甚微。

今天的英共（CPB）是当代英国若干共产党组织中影响较大的一个。该党在原英国共产党（CPGB）1991年演变为“民主左翼”后，逐渐把英国共产党这个名称和旗帜接过来，并声称继承了原英国共产党（CPGB）的传统。党的最高领导机构为党的执行委员会，党的中央执行委员会一般由25人左右组成，党的最高领导人为党的总书记。英共在原英共党纲的基础上重新制定了新党纲——《英国走向社会主义的道路》。新党纲重申了党是必须建立在马克思列宁主义的基础上的，这个基础使它能够分析资本主义社会的性质，并能制定一个通向社会主义的战略；英共是为社会主义革命而组建的，它必须不断地牢固扎根于工人阶级之中，但不再提党是工人阶级的先锋队组织，而主张把党建成一个群众性的党，必须成为一块政治磁铁，从劳工运动和所有其他阶层中把新的力量吸引到自己方面来；民主与集中的有机结合产生了党的最高组织原则——民主集中制，在党内不仅注重充分发挥每一名党员在制订计划、执行政策和选举党的领导中的主动性和创造性，而且又强调集中，一旦政策决定下来，它就必须作为一个有纪律的团结的集体开展战斗。

第四部分　党的国内实践活动

2017年是英国决定脱欧后的第一年。何时脱欧、如何脱欧是摆在所有英国人面前的必须作答的难题。英国各政治派别从各自的政治立场出发，就何时脱欧、以何种方式脱欧等问题阐述各自的观点与主张。

英共在脱欧问题上立场观点一直十分鲜明，主张硬脱欧，反对软脱欧。英国脱欧公投后，英国与欧盟之间就分手进行了艰难的谈判，并最终于2017年12月8日达成了英国脱欧第一阶段协议。协议公布后，英共第一时间对该协议进行谴责，英共总书记罗伯特·格里菲斯认为大企业的少数派保守党政府在谈判中忠实地贯彻了欧盟商业咨询委员会建议，即在可以预见的未来要把英国与欧盟单一市场绑在一起，并为这个令人生疑的特殊待遇支付高额的费用；同时他提醒欧盟会利用爱尔兰边境问题以所谓的“监管结盟”的借口，要求英国继续服从欧盟的规则和制度，主张英国与欧盟的商业边界应以爱尔兰海为标志，要求英国不能屈服于“阿尔斯太效忠者否决权”；英共之所以反对欧盟单一市场，是因为其规则会禁止未来的工党政府实施它的公共支出、国家对工业的援助和铁路公有化政策，同时欧盟单一市场规则也将极大地限制英国与中国、澳大利亚、加拿大和其他国家进行贸易谈判；英共还对第一阶段协议中提出了高额“分手费”进行了猛烈的抨击，认为这个协议是勒索式的“分手协议”，如果英国支付高达350亿至390亿英镑的脱欧费，就意味着未来政府公共支出的削减，为此必须选出一个左翼领导的工党政府，结束紧缩政策，并对富人和大企业征税。

在英国脱欧进程中，英共对英国新自由主义的选择提出警告。英共认为大企业和保守党政府在英国未来和与欧盟关系问题上可能存在分歧，但这两个阵营都没有提供一条有益于英国工人和人民的发展道路；伦敦金融城的大多数金融垄断企业及其在保守党、自由民主党和工党的代表都希望脱欧发生逆转，并让英国采取新自由主义的规则和欧盟单一市场体制，伦敦金融城那些由美国和英国所拥有的“冒险资本主义”企业和保守党支持者提出的替代方案就是英国脱欧后通过谈判来商定世界自由贸易和自由运动条约；对于欧盟对伦敦金融城的庞大的避税、洗钱和资产转移的温和监管表示担忧。因此英共呼吁工党提出一个替代方案，以取代任何大商业市场力量的统治，这个替代方案就是英国脱欧和退出单一市场后英国保留与美国、中国和日本相同的市场准入条件；当前英国保守党和工党领导人提出的过渡安排实际上是英国作为欧盟成员身份的延续，是一种维护欧盟条约和机构的过渡性协议，其结果必将使英国脱欧进程遭到破坏。英共执委约翰·福斯特还进一步明确指出大企业正向特蕾莎·梅首相和脱欧谈判团队施加压力，要求英国与欧盟达成一项旨在通过实施一种替代的经济和政治战略来防止任何形式的民主干预经济的协议；他警告说与欧盟签订的任何接受现有单一市场或关税联盟规则和制度的过渡性安排和条约，都将意味着取缔旨在增加当地就业、促进工会主义、提高技能和研发投资的支持产业、控制资本、监管贸易、利用公共采购合同的政策；保守党政府和大企业老板正在寻求与推崇资本主义自由市场规则、把企业利润放在工人和消费者利益之上的美国、加拿大和其他国家达成贸易和投资协议。为避免这样的后果发生，英共表示在英国与欧盟达成重新加入欧洲自由贸易协定及其欧洲经济区之前，迫切需要举行大选推翻少数党保守党政府。

英国脱欧带来的影响是巨大而又深刻的。关于英共如何应对脱欧带来的挑战，约翰·福斯特认为必须做好以下几个方面的工作：一是开展广泛的运动以确保退出欧盟所取得的进步成果，尤其是强调要通过国家援助、国有化、国家投资银行、公共采购合同和经济监管来重新获得重建产业的权力；二是呼吁左翼反种族国际主义与保守党和英国独立党的右翼民粹主义作斗争，认为左翼反种族国际主义与支持新自由主义堡垒的欧洲是不相容的，新自由主义堡垒的欧洲对来自第三世界的人员和商品设置了重重障碍；三是要求与整个欧洲乃至更加广泛的进步力量展开密切的合作；四是将苏格兰民族党的“抱怨政治”转化为复兴英格兰工人运动的“阶级政治”。

进入21世纪以来影响英国发展进程的又一重大政治事件就是苏格兰与威尔士的地位问题。长期以来，作为英国重要组成部分的苏格兰与威尔士一直存在民族分离主义倾向，并且苏格兰于2015年举行了独立公投。在是否赞成苏格兰与威尔士独立的问题上，英共一直坚持苏格兰和威尔士人民和民族拥有决定自己未来的权利，但英共对苏格兰民族党在保留英国通货和君主并继续成为欧盟和北约成员资格的条件下能否谋求真正的独立的政策表示怀疑；认为只有当独立于欧盟之外并且伦敦金融城的金融部门的大量财富转移到劳动人民手中时，才能为苏格兰政府在资本主义垄断主导经济的条件下提供拥有决定性干预的权力和资源。

在如何发展英国经济问题上，英共反对实行新自由主义政策，主张脱欧后重建英国产业，提高大企业公司税，增加国民健康服务体系的开支和地方政府的房屋建设，实现充分就业；主张加大对公共服务部门的投入，终止各种形式的私有化；取消公共部门工人1%的工资上限规定，反对减少养老金、社会福利和学校膳食开支，停止实施紧缩政策；主张在集体谈判的框架内监管劳工，而不是允许跨国公司利用劳动力的自由流动来进行剥削，大宗商品和资本的流动也应受到监管。

在外交政策上，英共一贯主张英国实行独立的外交政策，反对英国屈从于美国和欧盟；反对北约东扩，主张英国退出北约。谴责英国保守党政府对美国和北约侵略政策的支持，认为英国政府对中东地区血腥的混乱负有不可推卸的责任，其追随美国和北约的侵略扩张政策已造成数十万无辜生命的损失，对沙特阿拉伯政权屠杀大量也门人民的行径不仅视而不见，而且英国首相访问了沙特的独裁者，这无疑是对其口口声声维护人权的莫大嘲讽。为此英共敦促全力支持停止战争联盟和核裁军运动，呼吁召开全国保卫人民大会以反对美英两国战争贩子。

第五部分　党的国际实践活动

英共作为英国的小党派，虽然不能像大党那样对国际事务发挥重要影响作用，但从不置身事外，以自身对国际事务的是非曲直的判断表明立场与观点。对 2017 年美国在叙利亚、中东、朝鲜半岛等地区推行的侵略扩张政策进行了严厉批评，认为美国的侵略是造成上述地区局势紧张的根源；认为美国无视中国为缓和朝鲜半岛局势所作的努力，并陈兵东亚，拒绝从该区域撤回军舰，朝鲜半岛爆发核战争的危险就无法消除。

2017 年欧洲发生了一件大事：西班牙的加泰罗尼亚的独立公投事件。当地时间 2014 年 9 月 19 日，西班牙巴塞罗那的加泰罗尼亚议会通过一项法律，准许加泰罗尼亚举行公投来决定自己的命运。2014 年 9 月 20 日凌晨，西班牙加泰罗尼亚议会批准了独立投票法案。27 日，加泰罗尼亚大区主席马斯签署法令，正式确定于 2014 年 11 月 9 日进行独立公投。2014 年 10 月 14 日，马斯表示自治区政府在另一个法律框架下继续推进独立投票，以绕过西班牙宪法法院此前中止公投的法令。2014 年 11 月 9 日，加泰罗尼亚举行象征式独立公投。2015 年11 月9 日，西班牙加泰罗尼亚议会投票赞成了从西班牙独立的决议，并推出了所谓的独立路线图。2016 年 10 月 6 日，加泰罗尼亚议会通过法案，2017 年 9 月再举行独立公投。10 月 2 日凌晨，加泰罗尼亚自治区政府宣布，90％的选票支持加泰罗尼亚成立独立共和国。西班牙中央政府则宣布公投无效。10 月 10 日，加泰区政府就表示将暂时搁置十天前发出的独立宣言，以期望与西班牙政府进行谈判。10 月 27 日，加泰罗尼亚议会投票宣布从西班牙独立。西班牙中央政府认定公投违宪，并启动宪法第 155 条，于 30 日正式收回加泰罗尼亚自治权，全面接管这一地区，同时解散加区政府和议会，解除了普伊格德蒙特及一众参与煽动“独立”的前加区高官职务。11 月 8 日，西班牙宪法法院正式宣布，加泰罗尼亚议会此前单方面宣布独立无效。12 月，加泰“独派”政党宣布获得地区重选胜利。加泰罗尼亚的独立公投在欧洲及至世界范围内引起轩然大波，各种势力纷纷表明自己的立场。独立公投后英国共产党立即发表声明谴责西班牙政府为制止加泰罗尼亚的独立公投所采取的镇压行动。它向西班牙共产党、联合左翼和其他进步力量表示声援，并在萨拉戈萨举行的代表大会上集会，捍卫加泰罗尼亚人民决定民族未来的权利。英国共产党重申，所有民族都有权自决，并希望按照列宁的观点，行使这项权利，争取加强而不是削弱工人阶级及其盟友的团结以及共同反对资本主义国家权力。采取何种民族自决形式将取决于具体情况，但必须要充分认识到今天资本主义国家权力的主要方面是由诸如欧洲联盟这样的多国机构行使的。在加强工人阶级及其盟友力量的斗争中，我们必须捍卫我们现有的民主体制——这是过去通过斗争而取得的，并把工人阶级及其盟友从欧盟强加的资本主义的束缚中解放出来。同时英共产党一直认为，要达到这一目的，工人阶级及其盟友在国家议会和地方议会的力量必须得到补充和加强，只有这样才能动员劳动人民来捍卫他们对大企业和市场的权力，并按照人民的意愿来计划和投资经济开发。

2017 年 5 月英国曼彻斯特竞技场遭受恐怖袭击后，英共总书记罗伯特·格里菲斯于 23 日及时予以回应，强烈谴责恐怖分子的袭击行径，指出无论是在曼彻斯特、巴黎、伊拉克、叙利亚、巴勒斯坦、以色列还是也门，都没有任何理由证明蓄意大规模屠杀平民是正当的，并向在曼彻斯特竞技场遭受野蛮袭击的所有年轻人的家人和朋友伸出团结之手。

英共对美国“后院”的南美委内瑞拉局势十分关注。2017 年 7 月 30 日委内瑞拉根据该国民主通过的宪法 347 条建立制宪议会进行全民公决后，英国共产党对全民公决的结果表示欢迎，认为得到超过 800 万选民的支持表明对马杜罗总统的民选政府民众支持的持续扩大，公投结果是委内瑞拉人民改变政体的意愿的表达。针对美国总统特朗普和美国政府却拒绝承认公投结果的立场，英共予以谴责和驳斥。英共认为美国强加给委内瑞拉的制裁决定将给委内瑞拉人民带来进一步的困苦，实际上委内瑞拉人民已经因石油国内外经济状况的恶化和世界石油国价格崩溃遭受到严重的影响。英共对欧盟议会主席安东尼奥-塔贾尼追随美国拒绝承认委内瑞拉公投结果也予以谴责，认为安东尼奥-塔贾尼作为意大利贝卢斯科尼的右翼力量团队的成员，没有资格代表欧洲各国人民去支持唐纳德·特朗普颠覆和改变加拉加斯政权的改革方案，并指出委内瑞拉当选政府在人权、财富分配等诸多领域取得了巨大进步，因此英共有责任捍卫它。

中东地区一直是英共关注的重点。2017 年新年前伊朗爆发了大规模抗议活动，有超过 2000 名抗议者被政府当局逮捕并受到虐待。英共对伊朗现政权这一反民主行为向伊朗驻英国的代表提出正式抗议。英共认为这次抗议活动主要是物价飞涨和失业增加引起的，而抗议活动的实质是反对伊朗经济与社会的不平等，伊朗统治精英、神职人员及军方的奢侈生活与劳动人民的贫困形成鲜明对比。不过英共认为以美国为首的西方国家、以色列和沙特阿拉伯等对伊朗实施的经济制裁，是造成伊朗通货膨胀和失业增加的重要原因，同时这些国家目前还在寻求以武力在中东实施一项极为危险和反动的计划——从巴勒斯坦到叙利亚、黎巴嫩和也门。因此，英共十分赞同伊朗人民党的观点，即为了伊朗人民的未来就必须恢复自由，就必须重新发展他们过去的进步、阶级组织传统，就必须反对一切帝国主义阴谋。

英共非常关心处于困境中的乌克兰共产党。2017年7月2日，英共发表了题为《声援乌克兰共产党！NO：法西斯式的禁令!》的文章。在文中，英共再一次明确指出2015年12月乌克兰共产党（CPU）被取缔的禁令在全世界受到谴责，大赦国际称这是对言论和结社自由的公然侵犯，因此这一禁令应立即废除。英共认为在1993年取消了以前的禁令之后，乌克兰共产党是一个合法的宪法党，拥有多达10万名成员。近几年来乌克兰共产党呼吁实行议会制共和国，结束腐败的总统制，主张乌克兰联邦拥有克里米亚和东部省份，主张乌克兰各族人民人人享有平等的公民和语言权利。然而乌克兰法官和右翼政治家却在没有出示任何证据的情况下声称乌克兰共产党支持恐怖主义和国家的解体。在乌克兰现政府的统治下，乌克兰的民主大门正在被关闭，法西斯分子开始屠杀工会支持者，新纳粹营正与正规军并肩与东部的“人民共和国”开战。整个乌克兰唯有乌共才是经济、民主权利、团结、反法西斯主义与和平的社会所有权的真正代表，这就是为什么它一直是极端政权攻击的第一个目标的原因。

冷战后英共与中国共产党一直保持密切联系，英共总书记格里菲斯多次访问中国。2017年是中国共产党不平凡的一年，成功召开了党的十九大。英共在党的十九大召开期间一直密切关注大会的进程，对十八大以来中国共产党领导中国人民所取得的辉煌成就给予高度评价，认为现在发生在中国的转型具有更新以及更高的基础，国家、政党、宏观经济规划以及公共所有权对经济与社会的发展起到了核心作用；对中国坚持和平共处的基本外交政策，推进互惠互利的经济合作，以及维护联合国领导下的集体安全机制表示赞赏。2017年9月英共领导人会见了应邀出席布莱顿英国工党大会的中共代表团，英中两国共产党进行了富有成效的会谈。在中国共产党第十九次全国代表大会召开之际，英共总书记向中国共产党发来贺电表示热烈祝贺。2017年11月30日至12月3日，“中国共产党与世界政党高层对话会”在北京召开，来自120多个国家、200多个政党和政党组织的领导人齐聚北京、共商大计。英共总书记罗伯特·格里菲斯和英共执委、国际秘书约翰·福斯特应邀出席了此次对话会。此次会议期间，在24个共产党与中共中央政治局委员、中宣部部长黄坤明的对话会上，英国共产党是5个被选出的发言代表之一。在论坛上，罗伯特·格里菲斯赞扬了中国巨大的发展成就，认为这些成就的取得是基于对经济中的关键部门进行规划和实行公有制，并指出只有这样，才能确保工人和人民分享新技术的好处；中国愿意与其他国家开展互惠互利项目合作，是为了帮助他们独立发展、摆脱西方垄断资本的统治；现在中国共产党正在建设性地挑战世界各地的政党，以建设一个和平、发展和安全的世界。他特别欢迎中共最近作出的在共产党和工人党的年度国际会议中发挥核心作用的决定，认为这是中共对外开放的又一重要标志。在论坛会上，英共还解释了英国赢得左翼领导的工党政府大选对于英国走上和平、发展和安全的道路的重要性；介绍了英共的脱欧的立场，概述了英共的“共产主义复兴”的进程，表示英共将在 2018 年 11 月召开党的五十五大上发布党纲——《英国通往社会主义的道路》的最新修订草案，欢迎中共驻英国大使馆代表列席党的五十五大。

第六部分　结语

2017 年英共依然处于边缘化的境地，党员人数少、社会影响力弱的现状没有得到根本改变，其影响英国、欧洲经济社会发展进程的方式十分有限，依然主要通过英共网站、英共主办的报纸和杂志发表评论文章，或通过召开会议、通过决议、发表声明等来阐明自身的立场、观点与看法。如何摆脱生存与发展的困境、走进英国政治舞台中央是摆在英共面前亟待解决的现实课题。

（撰稿人：湖北科技学院马克思主义学院　商文斌）

2017年西班牙共产党年度发展报告

第一部分　概况

1. 国名：西班牙王国（简称西班牙）

2. 国体：君主立宪制

3. 人口：4650万（截至2017年）

4. 国土面积：50.5925万平方公里

5. 政党名称：西班牙共产党（简称西共）

6. 成立时间：1920年4月15日

7. 党员人数：西班牙共产党共1.05万名（截至2017年4月），西班牙联合左翼7.2041万名（截至2016年5月）

8. 全国主席或总书记：

创始人：儒勒·于贝尔·德罗兹

名誉主席：多洛雷斯·伊巴露丽

现任总书记：何塞·路易斯·森特里亚

联合左翼现任联邦协调员：阿尔贝托·加尔松

9. 政党地位：合法党（1986年建立联合左翼，简称IU）

10. 社会团体或群众组织：西班牙共产主义青年联盟（UJCE）

11. 大众传媒的运用：西班牙共产党党报《工人世界》、党的理论刊物《我们的旗帜》、西班牙共产党官网

12. 最近一次代表大会或会议：西班牙共产党第二十次代表大会（2017年）

13. 最近一次参加的选举：西班牙第九届地方选举（2015年）、西班牙第二轮大选（2016年）

第二部分　党的产生及发展简史

一、党的初创与民族民主革命时期（1920—1939年）

西共的前身是由西班牙的共产党和西班牙共产主义工人党合并而成，前者是由西班牙社会主义青年组织“社会主义青年联盟”改组而成，1920年4月15日正式成立西班牙共产党。“社会主义青年联盟”是受俄国十月社会主义革命胜利的影响，并在共产国际的指导下，于1920年3月决定改组为共产党，并于1920年4月15日召开代表大会，成立西班牙的共产党，同时加入了共产国际；后者是由持不同政见的社会主义者和西班牙总工会（UGT）的部分成员组成，该党是从西班牙工人社会党中分裂而出，并于1921年4月正式建立的。1921年11月14日两党正式合并成新的统一的西班牙共产党，并于1922年3月在西班牙塞维利亚召开了党的第一次代表大会。

1923年9月，里维拉的独裁统治建立后，西共被迫转入地下。1931年4月，西班牙资产阶级革命爆发。4月14日，西班牙第二共和国正式建立，西共恢复了合法地位。1934年10月，在共产党、社会党和无政府主义者的联合领导下，阿斯图里亚斯地区的工人群众发动了总罢工和起义（史称“阿斯图里亚斯工人起义”），西共通过这场运动进一步提高了自己的影响力。1936年1月，在西共的努力下，西班牙的左翼政党共同签署了《人民阵线纲领》。在1936年2月西班牙大选中，由西共与西班牙工人社会党（PSOE）、共和左翼（IR）、加泰罗尼亚行动（AC）等建立的“人民阵线”以微弱优势获得胜利，进而建立了一个左翼联合政府。“人民阵线”的胜利是西共等左翼力量通过议会斗争取得执政权的初步尝试。

1936年西班牙民族革命战争爆发后，西共为在西班牙恢复民主和平、保卫第二共和国的革命果实而斗争，领导建立了“第五团”并接受国际纵队的支援。国际进步力量积极支持西班牙联合政府，并由来自54个国家的大约35000名志愿人员组成了国际纵队，成为西班牙共产党和西班牙人民的坚定支持者，这其中也有部分中国人参加了国际纵队，在三年内战中坚持不懈地同国内的法西斯主义势力作斗争。在1938年的埃布罗河战役中，由共产党领导的超过十万人的力量同佛朗哥法西斯叛军进行战斗，但最终因寡不敌众而失败，西班牙内战最终也以共产党等左翼力量的失败而告终。

二、反对佛朗哥独裁统治的地下斗争时期（1939—1976 年）

1939 年 4 月西班牙内战结束后，以佛朗哥为首的独裁政权正式建立，西共被宣布为非法，被迫转入地下继续进行斗争。在佛朗哥独裁统治时期，大部分的西共党员流亡海外，一部分西共的领导人被捕入狱，而另一部分坚守在西班牙的共产党员同法西斯独裁力量坚持了长达 11 年的斗争①。在 1942 年前，西共在何塞·迪亚斯的领导下，在政治上接受苏共的指导，并选择将暴力革命作为主要斗争方式。1942 年 3 月，多洛雷斯·伊巴露丽接替因病去世的何塞·迪亚斯担任西共总书记，她除了派遣一部分共产党员潜伏回国领导游击战争外，还在国际上通过政治宣传对佛朗哥独裁统治发动强大的舆论攻势。

1954 年 11 月 11 日至 15 日，西共在布拉格召开了党的第五次代表大会，大会通过了由党的总书记伊巴露丽所作的政治报告，并通过了《西班牙共产党为争取西班牙的独立和民主，争取彻底改善西班牙人民的生活的纲领》。1956 年 8 月，西共在民主德国召开了具有历史意义的“八月全会”，会议宣布改变西共的斗争策略，逐步实行“民族和解政策”并通过和平方式实现社会主义。1960 年 1 月在布拉格召开的第六次代表大会上，“革新派”代表卡里略当选为党的总书记，西共也开始全面宣传民族和解，并进一步确立了在实现多党制的议会民主制下通过议会斗争的和平方式实现社会主义的方针。

20 世纪 60 年代后，以卡里略为总书记的西共积极探索一条“民主的、多元化的社会主义”道路，并将议会斗争作为主要的方式，但这一过程中也面临着来自党内外的重重阻力和挑战：一方面，以卡里略为代表的“革新派”所进行的政治革新从一开始就遭到了党内“保守派”以及“亲苏派”的强烈反对，西共也面临着组织分裂的危险，“从 1962—1972 年的十年间，西共就发生了六次分裂”②；另一方面，西共在政治上逐渐倾向“欧共”路线，在不断进行政治革新和转型的同时，与苏共的关系也全面恶化。

三、合法化争取民主和进步的议会斗争时期（1977—1986 年）

1975 年 11 月 20 日，独裁者佛朗哥去世。同月 27 日，胡安·卡洛斯一世正式加冕西班牙国王，西班牙也开启了民主化改革的新时期。1977 年 4 月 9 日，西共重新在政治上恢复了合法地位。在恢复合法化后，西共也迫切需要通过政治

---

① 于海青，董晋．欧洲共产党与反法西斯抵抗运动［M］．北京：社会科学文献出版社，2016：65．

② 颜杰峰，祖金玉．西班牙共产党分裂的历史考察［J］．毛泽东邓小平理论研究，2007（6）：78-84．

转型恢复政治力量，并进一步将党的理论转向“欧洲共产主义”的方向上。西共是较早倡导“欧共”并亲身实践的三个“支柱”党之一（其余是意共和法共）。1976年6月在东柏林举行的欧洲共产党会议上，西共总书记卡里略、法共总书记马歇在会议发言中公开打出“欧共”的旗帜，并阐明了其理论和策略。1977年3月，西共、意共、法共领导人在马德里会晤，通过了西欧国家《在民主、自由中实现社会主义》的纲领，正式标志着“欧共”的诞生。在1978年4月召开的西共九大上，西共将“欧共”的基本理论与政策写入党章，正式宣布放弃列宁主义的主张，并将“马克思列宁主义的党”改为“马克思主义的、革命的、民主的政党”。

“欧共”的理论纲领在党内引发激烈矛盾和分歧，党内矛盾不断积聚并最终导致西共在20世纪80年代中期一分为三。“20世纪80年代以来，西共内部明显分为三派，即以卡里略为首的‘欧共’派，主张继续追随苏共的亲苏派和主张进一步向自由化方向发展的‘欧共’革新派。”① 1981年7月西共十大召开，内部的严重分歧充分暴露出来，1982年选举失利后，党内派别斗争和矛盾白热化。1983年11月召开的西共十一大上作出了“革新”西共的决定，但党内在“革新”问题上存在严重分歧，已于1983年10月辞去西共中央执委职务的加列戈在1984年1月离开西共，他带领党内倾向于支持苏联政策的部分党员，同从西共分裂出来的一些组织成立了西班牙人民共产党（PCPE）。1985年4月19日，西共中央召开特别会议，将卡里略等19人开除出中央委员会。1986年10月19日，卡里略同其支持者在马德里召开了“争取共产党人团结大会”。1987年2月6日，卡里略正式领导建立了西班牙劳动者党（共产党人团结）（PTE—UC）。西共在20世纪80年代三次大的分裂中力量遭受重创，党员人数从1977年时的19万锐减至1983年的8.28万②，在1982年的大选中仅获得4%的选票（4个议席），这是自民主化以来的最低值。

四、争取左翼联合的和平民主自由斗争时期（1986年至今）

1986年的西班牙大选前夕，西共通过与社会主义行动党、人民共产党、进步联盟、共和左翼等谈判，建立了“联合左翼”（IU），提出了共同的竞选纲领和统一的候选人。1992年，“联左”正式注册成为一个政党。20世纪90年代苏东剧变的爆发，引发西共党员思想上的极大混乱。西共内部主张取消西共的独立性、取消西共在“联左”的主导地位以及加强同工人社会党主导的“左翼共同家

① 倪新兵，王勇. 当代西方的科学社会主义运动［M］. 广州：中山大学出版社，2012：88.

② Luis Ramiro-Ferndndez. Electoral Competition，Organizational Constraints and Party Change：The Communist Party of Spain（PCE）and United Left（IU），1986-2000［J］. Journal of Communist Studies and Transition Politics，2004，20（2）：1-29.

园”进行合作的党内“取消派”与以总书记胡利奥·安吉塔为首的“主流派”在党的十三大（1991 年 12 月召开）上激烈斗争，最终以“主流派”的获胜避免了西共走向瓦解。

西共通过党的十三大保留了党的名称和组织独立性，但以西共为主体的“联左”在新千年之际依然存在重重矛盾与斗争。在 2001 年前，西共总书记按照惯例担任“联左”的联邦协调员。1986 年“联左”成立时的协调员为西共总书记赫拉尔多·伊格莱西亚斯；1986—1999 年“联左”协调员为西共总书记胡里奥·安吉塔；1999—2001 年“联左”协调员为西共总书记弗朗西斯科·弗鲁托斯。但随着“联左”内部矛盾和斗争的加剧，包括总书记弗朗西斯科·弗鲁托斯、“联左”创始人之一的安杰利斯·马埃斯特罗以及“联左”在阿斯图里亚斯的秘书长和总协调员加斯帕·利亚马萨雷斯围绕协调员之争形成了“联左”内部持不同观点的三派，最终结果以总书记对利亚马萨雷斯的支持使其成功担任“联左”的协调员，而马埃斯特罗则在 2004 年退出“联左”并加入 Corriente Roja，西班牙红色左翼政党，Corriente Roja 原为“联左”成员，因认为“联左”在意识形态上失去了共产主义色彩而于 2002 年退出“联左”。这次矛盾的公开化不仅使得“联左”陷入了新的危机，也影响了“联左”在大选中的表现，在 2004 年和 2008 年的两次大选中，“联左”分别仅获得 5 个和 2 个席位，政治影响跌入历史谷底。

2008 年经济危机的爆发为西共的发展带来了新的契机，这表现在以西共为主体的“联左”在 2011 年西班牙大选中的复苏（11 个席位，为 1996 年大选以来的最好表现）。经济危机爆发后，“联左”围绕经济危机的根源、实质以及应对策略等提出了自己的看法，特别是对西班牙政府的紧缩政策以及欧盟一体化持批评态度，这促使部分选民转而支持“联左”。但现实的问题是，对社会的不满情绪已经沸腾，国家层面的举措失效已经允许“联左”制定更为大胆的举措，但它并没有抓住机会，取而代之的是左翼激进民粹主义政党“我们能”党的崛起。“我们能”党以其鲜明的反紧缩立场和更为激进化、民粹化的斗争策略获得了大量底层民众的支持，而“联左”由于没有提出能够从根本上解决危机的方案，在与“我们能”党的竞争中处于不利地位。在 2015 年 12 月西班牙大选中，“联左”仅获得 2 个席位，而“我们能”党则获得了 69 个席位。在 2016 年 6 月西班牙第二轮大选中，“联左”更是放弃独立参选，转而与“我们能”党建立名为 Unidos Podemos 的选举联盟，这是“联左”历史上第一次既不是独立参选也不是参加由自己主导的选举联盟。“我们能”党作为新兴替代左翼给“联左”带来了巨大的挑战，在进一步压缩其政治空间的同时，“联左”的组织独立性也面临危险。

第三部分 党的理论与组织状况

作为发达资本主义国家中最具代表性的共产党之一，西共从西班牙的具体国情出发，提出了一系列的新思想、新观点、新理论，充分展现出一个与时俱进的马克思主义政党强大的生命力、战斗力和创造力。20 世纪 60 年代以来，西共逐渐抛弃在理论战略上全面接受苏共指导的做法，开始尝试自主进行理论上的革新。20 世纪 70 年代，西共是最早提出并接受“欧洲共产主义”的共产党之一。20 世纪 80 年代，伴随“欧共”理论政策在党内引发的矛盾和论战，最终导致西共一分为三。1986 年，西共领导建立了“联合左翼”，成为发达资本主义国家共产党中较早开始探索左翼联合新形式的共产党之一。20 世纪 90 年代，苏东剧变的爆发引起西共内部思想上的极大混乱。在这种情况下，西共坚持不改变党的名称，不解散党，始终将实现共产主义作为最终奋斗目标，提出了具有西班牙特色的社会主义替代方案。伴随西班牙国内外形势的变化发展（在 2004 年、2008 年两次大选中失利、全球经济危机的爆发）、西共自身发展面临的困难，西共积极调整思想、组织战略，以谋求党的新发展。

一、党的指导思想

西共以马克思列宁主义作为党的指导思想。西班牙共产党前身为西班牙“社会主义青年联盟”，其在共产国际的指导下，于 1920 年 4 月正式成立西班牙共产党，并加入共产国际。西班牙国内政治的动荡，造成西共发展跌宕频繁。西班牙结束佛朗哥独裁统治后，为西共合法化发展提供机遇，其迫切需要恢复政治力量，将其理论思想转向“欧洲共产主义”，并于 1978 年在西共九大上，将“欧共”理论写入党章，取消列宁主义的提法。西共十九大通过的党章中明确西共以革命的马克思主义及解放斗争中总结的政治和文化理论为基础，践行马克思、恩格斯及其他马克思主义思想家的思想理论。对于列宁主义采取一种辩证的态度，“批判地学习由列宁领导的十月革命而开始的社会主义革命的经验，坚持以革命的马克思主义为思想理论基础，自主地研究和发展西方发达国家的革命问题”①。西共二十大则重新将列宁主义列入党的指导思想，指出列宁为马克思的理论实践

① 王建，程晓辰．西班牙共产党与人民共产党的理论分歧及其影响［J］．当代世界社会主义问题，2017（1）：15-25.

提供了政治实践，能够帮助党更好地适应环境变化。

二、党的性质和组织原则

西共在坚持马克思主义为指导思想的基础上，重提列宁主义，旨在构建根植于群众的阶级型政党，积极转变党的角色定位，由选举党向社会运动政党转型，建立新民主的国家。西共十九大章程明确指出："西班牙共产党是一个革命的、国际主义的、团结的、共和的、联邦的、女权主义的以及宗教分离的世俗政党。"并将党的角色定义为有鲜明特色的"选举党"。在西共召开的二十大第二阶段会议中，明确指出将推动西共所在的联合左翼实现从选举党向社会运动转型，并将其称为实现最广泛人民团结发展和巩固的组织，以实现共产主义运动的内部联盟，以构建新国家。

在 2017 年 12 月结束的西共第二十次代表大会第二阶段会议上，经过党内多方力量因素的推动，最终重新确立民主集中制作为党的组织原则。1991 年召开的西共十三大上，西共正式放弃民主集中制，遵行内部民主原则，同时强调党的集体领导、统一行动和内部团结。西共由马德里共产党、安达卢西亚共产党、阿拉贡共产党、阿斯图里亚斯共产党、巴斯克共产党等十五个联邦共产党以及建立在德国、法国、卢森堡和瑞典的分支机构组成，并且与加泰罗尼亚社会统一党保持兄弟党的关系。重新确立的民主集中制原则强调要遵守民主讨论后的多数决策，逐渐实现西共在全国范围内集中化的组织模式，并将超越西共之前具有联邦性质的政治组织模式。

三、党的阶级力量联合方针

在阶级力量联合方面，西共采取更为广泛的阶级力量联合方针，对内主张以联合左翼为载体，形成一个广泛的左翼力量联盟，对外则同代表不同阶级利益的政党展开广泛合作。在西共历史上，一直拥有与左翼力量、资产阶级进行联盟合作的传统，其中包括 1936 年"人民阵线"的形成（在随后大选中获得胜利，组建左翼政府）和 1986 年联合左翼的建立（在 1989 年大选中，一跃成为西班牙第三大政治力量）。在 2016 年第二轮大选中，西共主导的联合左翼与西班牙激进左翼政党"我们能"党组建 Unidos Podemos 竞选联盟，进一步彰显了西共在阶级力量联合上的广泛性、多元性和超阶级性。

四、党与联合左翼的关系

联合左翼作为 20 世纪 80 年代西共扭转选举颓势的重要举措，现已成为西共政治活动的重要载体。其以整体形式加入联合左翼，并保持自身的独立性。西共是联合左翼成立至今唯一具有历史延续性的政党，西共党员同时也是联合左翼的成员。在组织政策上，西共在保持自身独立性、自主性的同时，积极与联合左翼在政策上保持一致性。西共十九大明确提出："西共党内有关讨论、发表言论、制定政治路线及方针、对内对外的政策提议都与联合左翼所提出的以上各项保持一致。”由于西共与联合左翼积极开展政治活动，其政治实践取得辉煌成果。随后受苏东剧变、全球经济危机影响以及西共、联合左翼内部变化，西共与联合左翼在20世纪90年代后发展较为坎坷。在西共二十大中就其与联合左翼及其他左翼力量的关系展开讨论，强烈呼吁联合左翼由选举党的角色向社会运动政党转型，以构建另一种“反资本主义替代”。

五、党实现社会主义的斗争策略

西共放弃无产阶级专政的革命方式，代之以工人阶级领导权，在斗争策略上寻求替代激进式革命的民主方案。西共十七大章程指出，党替代资本主义活动的中心任务是实现政治、经济、社会和文化的完全民主。西共强调以完全民主的方式实现对资本主义的辩证否定和超越，在斗争的道路上选择渐进的、温和的议会斗争方式，在斗争的策略上主张通过联合左翼对西班牙的政治、经济、社会和文化进行完全的民主变革，最终通过和平的、民主的、自由的方式走向社会主义，主张多元化、民主化、革新化的社会主义，以实现全人类解放。西共二十大会议上明确指出要积极恢复西班牙国家政治经济主权，构建“另一种欧洲一体化计划”，充分发挥共产党在工人运动中的作用，将马克思理论转变为社会主义的具体行动。

第四部分　党的实践活动

一、胜利召开第二十次代表大会（第二阶段会议）

胜利召开党的第二十次代表大会（第二阶段会议），重提列宁主义成为西共意识形态和组织战略的新变化。

西共第二十次代表大会共分两个阶段召开，2016年4月9日举行第一阶段会议之后，西共于2017年12月1日至3日在马德里召开第二十次代表大会（第二阶段会议），会议根据第一阶段会议结束后出现的新形势、新变化、新发展，围绕国内外发展态势进行了广泛讨论与表决。此次会议议题涉及共产主义、21世纪帝国主义、共产党在工人运动中发挥的作用、西班牙国内政权等多个方面，指出要不断加强同世界各国共产党之间的联系，坚持以国际共产党会议为纽带，全面深化与欧盟及欧元区决裂的战略，重新发挥西共在工人运动中的领导作用。

在表决方面，选举律师恩里克·圣地亚哥为党的总书记唯一候选人。

西共在第二十次代表大会第二阶段会议中，最为重要的变化是重提列宁主义。早在 1978 年召开的西共九大上，西共曾明确宣布放弃列宁主义，将“欧共”的理论与政策写入党章，同时将西共是“马克思列宁主义的政党”改为“马克思主义的、革命的、民主的政党”。伴随西共党内关于是否恢复列宁主义的呼声日益高涨，国际共产主义运动的内部联合等热议问题以及西共在政治实践中出现的问题，最终西共二十大在意识形态方面同意恢复列宁主义的指导地位，并在党的组织原则、战略策略方面也做出较大调整，强调要坚持民主集中制原则，并重新确立西共的联盟地位。西共二十大第二阶段会议将对西共的政治实践、西方共产主义运动产生深刻影响。

二、参加第十九届共产党和工人党国际会议

2017 年 11 月 2 日至 3 日，由俄罗斯联邦共产党承办的第十九届共产党和工人党国际会议在俄罗斯圣彼得堡市举行。这次大会以十月社会主义革命胜利 100 周年为契机，主要围绕当前帝国主义内外政策加紧背景下，对世界和平与发展带来的影响、争取和平的社会主义斗争等主题，凝聚世界共产党、工人党的力量，谋求共产主义运动大发展。这次大会审议通过由中国共产党、匈牙利工人党以及朝鲜劳动党加入工作组的申请，签署了《团结声明》并由俄罗斯联邦共产党发表了《呼吁书》。

三、召开关于叙利亚战争的决议

西共召开关于叙利亚战争的决议，强调要坚持公平、持久、和平的对话，促进该地区稳定。2017 年 3 月 5 日，西共在马德里召开关于叙利亚战争的决议，该决议以 33 票赞成、1 票弃权通过。决议中指出叙利亚战争给人民带来的苦难、贫穷，而美国及其北约盟国、英国、法国等国家却忽视自己的责任，寻求让世界忘记它们的罪行。叙利亚人民面对战争带来的苦难，在 2011 年 3 月举行抗议活动，要求进行政治和经济改革，但却遭到政府当局的镇压，并滋生恐怖主义势力。针对叙利亚现状，西共表示声援叙利亚人民，支持他们和整个中东地区争取平等、社会正义、民主和自觉的斗争；支持与中东地区的妇女一同争取权利和发展平等；希望叙利亚政府和各个反叙利亚的武装派别之间进行和平谈判；强烈谴责西方国家政府的行动，严重干涉叙利亚人民及其合法政府的权力，要求其停止干涉；呼吁欧盟放弃作为美国乡绅的角色，拒绝成为中东地区不稳定的因素，坚决捍卫第三国的主权、并尊重国家法的权威性；同时支持正发生在叙利亚北部的社会转型，以及叙利亚共产党人捍卫国家进步、反对瓦哈比狂热主义的斗争。

第五部分　结语

2017年，西班牙国内政局不稳，加泰罗尼亚地区宣布独立，国内失业率居高不下，欧洲难民危机等都对西共的政策实践造成影响。西共在新形势下如何进行调整与转型发展成为需要关注的问题，在此背景下，西共召开二十大，积极与各成员党协商讨论，以谋求新的发展。通过西共党内多方面讨论，西共二十大在党的意识形态、组织原则、发展战略方面做出重大调整，重新将列宁主义纳为党的指导思想，将民主集中制作为党的组织原则，并积极发挥党在工人运动中的作用，指导工人开展反对新自由主义的街头斗争，建立一种反资本主义替代，实现新欧洲一体化发展。

总而言之，西班牙共产党作为欧洲共产主义政党、发达资本主义国家共产党之一，其在世界共产主义运动发展态势及前景上发挥着不可或缺的作用。

（撰稿人：辽宁大学马克思主义学院　王建）

2017年意大利重建共产党研究年度报告

第一部分 概况

1. 国名：意大利

2. 人口：6080万（数据截至2017年11月）

3. 国土面积：30.1338万平方公里

4. 政党名称：意大利重建共产党（简称重建共）

5. 成立时间：1991年12月12日

6. 党员人数：约2万名

7. 全国主席或总书记：毛里奇奥·阿切尔博

8. 政治局成员或全国委员会成员：加里尼·盖伦、保罗·费雷罗、埃莱奥诺拉·福伦扎

9. 政党地位：合法党

10. 社会团体或群众组织：青年共产主义者

11. 大众传媒的运用：党的机关报《解放报》，意大利重建共产党官网

12. 最近一次代表大会或会议：意大利重建共产党第十次全国代表大会（2017年3月31日至4月2日）

13. 最近一次参加的选举：意大利共和国参议院选举（2013年）

第二部分　党的产生及发展简史

1991年1月31日，意大利共产党改名为意大利左翼民主党，正式放弃了共产主义道路，以科苏塔为代表的90名坚持共产主义信念的代表愤然离场，宣布组建“重建运动”。同年12月12日，重建运动与拥有7000名党员的无产阶级民主党合并，意大利重建共产党正式成立。意大利总工会前领导人塞尔焦·加拉维尼出任第一任全国书记，1991年底，重建共约拥有党员15万人。重建共既是意大利原共产党的共产主义遗产主要继承者，也是一个革新的共产主义政党。

重建共成立之初，为与意大利左翼民主党划清界限，凸显共产党的性质，重建共坚持坚决的政府反对派的态度，采取激进的政策，与其他左翼政党时有冲突，但是重建共坚持着共产党的目标和原则，积极推动工人群众的斗争，保护工人群众的利益，实力迅速增强。1992年5月，重建共在众议院选举中获票5.62%，获得35个席位，成为议会的第五大党。

1991年到1993年重建共作为政府坚决的反对派，以维护工人和弱势群体的利益为目标，赢得了群众的欢迎。这个时期重建共的组织规模保持了稳定，每年招募的党员以及流失的党员数量基本持平，在选举中的得票率也稳定在6%左右。

1994年4月1日以“共产主义力量—替代性左翼”为主题的重建共二大召开，贝尔蒂诺蒂接任全国书记，并且提出了“以参政为目标”的政治纲领，争取单独或联合执政成为重建共努力的方向。1995年6月，由于对迪尼政府财政政策的分歧使加拉维尼、马格里等人另组团结共产党人党并加入左翼民主党，参与橄榄树联盟的创建，这是重建共的第一次分裂。1996年中左力量在普罗迪领导下组建橄榄树联盟参选，重建共仍采取了合作态度，但却与之保持一定距离，没有直接参加联盟，而是采取了签订选举协议的方式，这次选举以橄榄树联盟的胜利告终，意大利共和国历史上第一个中左政府诞生。重建共在众议院获得了8.6%投票。

1993年到1996年期间，重建共实现了从反对党到参政党的转变，坚持为维护工人阶级和弱势群体利益而展开斗争，这一时期重建共赢得了群众的支持，党员人数也相对稳定，但是在和中左联盟的两次对立中两者之间的矛盾越来越凸显，重建共在之后的发展中也面临着更多的问题。

1998年，普罗迪政府爆发财政预算案危机，重建共多数成员认为，政府没有解决失业及劳工市场结构问题，也未落实35小时工作制。政府的立场也日趋强硬，并开始试图寻找能够代替重建共的政治盟友，加大了双方分歧。外部压力加剧了重建共内部冲突。建党元老、主席科苏塔秉持原意共总书记贝林格的“制度长征”观点，主张加强与中左势力的合作，反对贝尔蒂诺蒂为阻止政府通过财政法案而不惜冒中右势力上台危险的做法。然而，1998年10月的罗马全国政治委员会会议上，56.6%的代表支持贝尔蒂诺蒂，科苏塔决定辞职。10月9日，重建共取消对政府的支持，科苏塔带领8名参议员和18名众议员为首的势力出走，组建意大利共产党人党，加入了继任的达莱马政府。1999年3月18号，以“替代旧社会”为主题的重建共四大召开，会议决定支持退出中左联盟，回归反对党角色。但是在1999年欧洲选举中，重建共仅获得4.3%的选票，相当于1996年的一半。从政坛消失的危险迫使它再次与中左联盟妥协。由于1998年的分裂危机严重打击了意大利左翼，尤其是重建共，2001年大选，中左势力各党选举成绩均严重下滑。

2004年10月，重建共产党党员尼奇·文多拉当选阿普里亚大区区长，他是重建共成立以来党员担任的唯一一位大区区长。2004年贝尔蒂诺蒂当选为欧洲左翼党主席，重建共重新加入中左联盟，2006年大选中，中左获得大胜，贝尔蒂诺蒂当选为众议院主席，达到其个人政治生涯的巅峰。这是重建共自成立以来第一次加入政府。2006年4月大选，重建共以中左联盟成员的身份参加，经过五年的调整，得票率明显回暖，获得27个参议席和41个众议席，贝尔蒂诺蒂当选众议院议长，辞去了全国书记一职，5月，弗朗西斯科·焦尔达诺当选新任全国书记。保罗·费雷罗进入普罗迪政府担任社会团结部长。

2008之后，重建共选举情况急转直下，由于重建共和中左联盟的多次矛盾和分歧，中左政党觉得重建共并不是一个可靠的合作政党，2007年10月左翼民主党人党与“雏菊花联盟”以及其他几个中左小党合并，成立民主党，奉行更加务实的政策取向，决定在未来的选举中只和赞同自己纲领的政党结盟。重建共无法接受而退出中左联盟，同年12月与意大利共产党人党、民主左翼、绿党组成彩虹左翼，共同参加选举。但彩虹左翼在2008年大选中惨败，重建共总书记乔尔达诺引咎辞职。这也是重建共自建立以来第一次没有进入议会。2008年7月24日以“让我们开始吧”为主题的重建共七大召开，认为需要保卫重建共身份特征的保罗·费雷罗接任全国书记，“随着内部分歧升级恶化，重建共遭遇了重大的组织创伤”①，党内分歧严重，多数派无法控制全党。2009年1月，少数派领袖尼奇·文拉多因不同意重建共疏远中左联盟的政策，另组左派运动，党员仅剩5万。自此之后，党员人数逐渐减少，截至2015年，党员人数只有1.6万，并且在2016年党内的埃内斯托派和意大利共产党人党合并成现在的意大利共产

① 李凯旋.论意大利共产主义政党的碎片化困境与发展前景[J].马克思主义研究，2016(9)：144-152.

党（2016年），党在意大利政坛上的影响力也越来越小。

从2016年至2017年，党内人数基本保持不变，2018年毛里奇奥·阿切尔博当选为重建共新一届党的领导人，积极开展群众运动，参加选举。目前，重建共党员人数有所上升，达到2万人，党外支持率也有所上升①。

第三部分　党的理论和组织状况

一、指导思想

重建共六大修订的党章规定：重建共是一个工人阶级的、自由的政治组织，是男女劳动者、青年、知识分子及所有为了争取改变资本主义社会而联合起来的公民的政治组织，目的是通过建立共产主义社会使劳动者的劳动得到解放。为实现这一目标，重建共遵从社会主义的基本原理和马克思主义思想。重建共提出要革新工人运动的传统，革新自十月革命以来整个20世纪共产党人的传统，革新从反法西斯抵抗运动中获取的人民群众斗争、参与民主的重要经验的意大利传统。

党章规定，重建共的奋斗目标是在意大利、欧洲乃至全世界前进并确立人民自由、社会公正、世界和平与团结的目标，主张努力保护自然与环境，充分强调性别差异，主张妇女解放和自由。力求将超越资本主义作为建立一个民主的、男女自由且平等的社会主义社会条件。积极反对反犹主义和各种形式的种族主义、歧视和剥削。坚决反对所有专制主义、官僚主义、斯大林主义的思想，反对以等级制度和一致通过为模式的党内报告或组织的任何思想和实践活动。为此，重建共的基本任务是：与全世界所有反资本主义的政治力量和运动团结合作，建立反对资本主义全球化阵营。在欧盟，重建共的目的是在相对立的左翼政党、共产党之间建立永久和机制性的关系，并使公民社会的左翼运动和协会也加入进来。

重建共强调实现社会主义的目标，需要党加强和工人群众的联系，使党真正成为工人阶级和人民群众的领导者。面对资本主义复杂的环境，要不断开展同资本主义的社会斗争，重建共强调，社会主义必须是由共产党领导的，因此更要加强党的组织建设，今后在全国每个联邦建立一个党组织，加强内部的联系和沟通，强化党领导全局、协调各方的能力。同时也要避免斯大林时期一党专政的局

① 意大利重建共产党党纲［EB/OL］.［2018-01-20］. http：//web. rifondazione. it/home/.

面，这不是意大利社会主义的应有之义，在重建共之外，允许其他政党的存在，政党的多元形式是可以保留的，前提是维护意大利社会主义制度。

二、组织结构和组织原则

重建共最高决策机构为全国代表大会，决定党的政治路线和纲领，每3年召开一次。闭会期间，大会选举产生的全国政治委员会为党的最高机构，由259人组成，委员会选举产生全国书记、司库、书记处（11人）和领导机构（28人）。全国书记主持领导机构、协调书记处的工作，代表全党。现任全国书记为毛里奇奥·阿切尔博。全国保障委员会（26人，相当于纪律检查委员会）在全国范围内选举产生，可以参加全国政治委员会但无投票权。目前组织建制分大区委员会、省委员会、基层支部，在全国20个大区均有委员会，省一级党委121个，在全国8100个市镇中有2500个基层支部。党员主要来自劳动阶层。

党章规定，重建共党内组织和全部生活都是以自由和民主为基础。党员可以在代表大会或者在重大政治问题讨论期间，以集体或派别等各种形式自由和透明地表达自己的观点，自由辩论和多元立场代表了党内民主生活的实质。党的领导机构和执行机构根据党章的规定选举产生，党的各级组织遵照上级组织的指示努力在地方、全国和国际层面上实现党的各级组织相应的政治目标。在特别重要的政治问题上，领导机构有时可以根据党章规定的准则和程序组织全体党员协商，也可采取投票的方式。

重建共认为，建党不能从组织建党开始，而要从思想建党开始，如果不能从理论上、思想上同其他党派划清界限，就不可能建立一个真正的无产阶级政党。重建共要想说服群众，使其成为实现社会主义的现实基础，必须揭示目前意大利主流意识形态所呈现的新自由主义和资本主义父权制的危害，必须转变人们的思想，改变人们的固有思维。使人们意识到经济危机是产能过剩和生产不足的危机，是资本主义基本矛盾生产社会化和生产资料私人占有之间的矛盾。必须打破人们对社会主义未来生活和工作条件注定恶化的思想，培养人们进行社会主义的斗争意识。进一步使社会主义意识形态在社会发挥作用。1917年十月革命对重建共的意义，正是在于它使社会主义变为现实，推动了国际共产主义运动的发展。但是意大利的历史是一个错综复杂的发展过程，从法西斯主义到贝卢斯科尼再到理性主义，人们长期生活在社会钝化、缺乏信任和信奉宗教的过程中。但是在这之后，20世纪70年代资本主义的统治出现危机，1968和1969两年与资本主义斗争为实施扩大工人权益和福利建设措施奠定基础。目前统治阶级正在试图削减工人的成就，让重建共重新认识到资本主义斗争的周期性和长期性，重建共的政治斗争不会屈服于统治阶级。今后重建共要加大对社会阶级构成的调查和分析工作，了解目前资本主义物化的具体形式，及其改变人们思想、工作状况，进入社会生产和再生产的过程，了解生产部类的技术构成是如何在社会生产中生成资本主义剩余价值。只有充分了解资本主义生产的每个环节，才能更好地分离资本主义利益，促进社会的正常竞争和发展。

同时，重建共强调分析和利用社会冲突来对抗资本主义的统治必须重新成为其行动的核心，重建共必须让党重新融入社会，力争成为斗争的先锋，抓住社会变革的条件，对资本主义的变化快速做出反应，以便能够把人们从现有的情况中解放出来。借鉴社会党的做法，互惠互利，团结一致。党的作用不是包办一切，而是建立各种途径使人们积极参与到社会建设中。重建共要在实践中实现质的飞跃，共产党人不仅是和资本主义斗争的代表，而且还是能对社会突发事件采取积极解决措施的先进政党。而对于那些新的社会联合体，重建共可以和这些社会联盟合作，制定共同政策目标，抵制资本主义的攻击，反对资本主义剥削。另一方面，与欧洲资本主义的斗争也是重建共斗争的重要组成部分，欧洲冲突是改变欧盟经济和体制结构不可或缺的因素。要加强与欧洲左翼党、与各国共产党开展合作，提高其在欧洲的地位。

三、重建共产党内存在的问题

重建共认为，青年党员是党的新鲜血液，也是党扩大其自身影响力和发展的基础。但是自2009年以来，重建共失去了大概有三万名党员（从47000名到15000多名），这使得党内成员的政治热情备受打击。党的理事机构、政策委员会和中央机构的会议至今没有达到法定代表人数。并且党内年龄断层比较严重，25至35岁之间党员人数甚少，且参加党内会议的积极性也不高。由于党近年的失误和宣传马克思主义的力度不够，大众对党的社会认同明显下降。

目前，党的社会认同仅限于小的范围内，首先，几乎没有和共产主义意识形态身份相符的左翼政党，但是在意大利目前的政治环境下，要想获得政治话语权，必须和其他左翼政党合作，这有可能导致重建共阶级和意识形态身份的模糊；其次，在开展群众斗争和运动过程中，重建共还没有真正找到自己的位置和优势，重建共不仅仅是一个捍卫劳工权利的社会团体，更是一个共产主义政党，不能忽视其作为共产主义政党的使命，应灵活地开展斗争，在意大利政治、社会、国家问题上，发挥共产党的优越性。

重建共强调，党目前更重要的是要在艰苦的环境中生存下来，对于重建共来说，党的思想建设和组织建设是重中之重，重建共不能成为一个空有政治外壳的党，必须加强党自身建设。没有坚定的共产主义信仰，没有严密的组织形式和制度，就只是一个没有前途的党。除此之外，党现在存在着不能在经济上自给自足、没有通达的信息机构等缺陷，这是党进一步发展的最大障碍，尤其在和资本主义斗争的过程中，这些短板使得人民群众对重建共的误解进一步加深，也使党陷入了困境之中。

四、2017 年意大利重建共产党第十次全国代表大会的主要内容

2017 年 3 月 31 日至 4 月 2 日，重建共召开了“新的人道主义”第十次全国代表大会，对国际社会政治经济上的不平等以及经济危机以来包括意大利在内资本主义国家所面临的政治经济问题做了概括和总结，明确了党以后的奋斗目标和实现社会主义的路径。

1. 资本主义经济特征和经济危机

重建共指出，近年来资本主义国家和宣传媒体相互配合不断为新自由主义等政策辩护，使人民相信经济危机的根源是由于资源的短缺，因此不断削减劳工的社会福利。但是从现实情况来看，资本主义经济发展模式是建立在破坏自然资源的基础之上的，当经济危机爆发时，资本主义国家首先是立刻采取各种方法手段转嫁危机，并没有真正去了解资本主义发展模式的缺陷和资本主义市场的负面作用。当今经济危机是资本主义社会基本矛盾生产社会化和生产资料私人占有之间的矛盾引起的，资本主义国家行为的主要目标是掩饰资本主义经济的固有弊端，进一步维护新自由主义，不断引导扩大工人、企业、国家各个层面的竞争，防止不同社会主体之间的重组建构而带来社会的转变。

重建共认为，当今资本主义国家的危机，其根源并不是资源的短缺，而是资本主义无法克服自身的缺陷，马克思指出，“因为社会上文明过度，生活资料太多，工业和商业太发达。社会所拥有的生产力已经不能再促进资产阶级文明和资产阶级所有制的发展；相反，生产力已经强大到这种关系所不能适应的地步，它已经受到这种关系的阻碍；而它一着手克服这种障碍，就使得整个资产阶级社会陷入混乱，就使资产阶级所有制的存在受到威胁。如何克服这种危机呢？一方面不得不消灭大量生产力，另一方面夺取新的市场，更加彻底地利用旧的市场”①。而这种办法，也是导致资本主义危机更加严重的办法。资本主义本身就是矛盾的过程，一方面将工作时间缩短到最低限度，另一方面把工作时间作为衡量财富的唯一指标，虽然工作时间形式上减少了，但是资本家加大工作量，从而占用了更多的不必要的工作时间。正如马克思所言：“工资和利润是互成反比的。资本的份额即利润越增加，则劳动的份额即日工资就越降低；反之亦然。利润增加多少，工资就降低多少；而利润降低多少，工资就增加多少。”② 资本的来源就是“成本”和“收入”之间的差距：需要支付工资与必要劳动时间所支付的差额，以及不必要劳动时间所形成的利润积累，通过社会分工和生产率的提高，不断减少所需的必要工作时间。而且历史上资本主义生产组织的特殊形式反映了其生产的周期性以及生产和消费之间的不平衡性，在工艺和制造业方面，需求由供给驱

---

① 马克思，恩格斯．马克思恩格斯选集：第 1 卷［M］．北京：人民出版社，2012：406.

② 马克思，恩格斯．马克思恩格斯选集：第 1 卷［M］．北京：人民出版社，2012：348.

动，生产逐步扩大，企业扩大规模进行生产，这样生产就先于消费和供应的需求，这就是在当今社会中的无政府状态造成很多社会经济问题的根源。其结果就是资本主义在结构上需要资本购买剩余产品，另一方面是销售产品的生产不是由消费决定，在这些条件尚未实现的情况下，不能保证实现利润的再积累和生产的再扩大，投资和生产一旦被阻断，就会导致生产大瘫痪。

早在资本主义的另一个重大危机中，即1929年，凯恩斯说过："我们应该记住，我们正在经历的不是一场短缺的危机，而是泡沫经济造成的危机，压迫我们的不是自然，而是我们自己的固执和贪婪，阻止我们享受科学发明的成果。"①罗斯福新政采用凯恩斯政策，帮助美国渡过了经济大危机。但其政策也为20世纪70年代的经济危机埋下了新的矛盾。

2. 全球化对欧洲局势的影响

重建共认为，全球化彻底改变了阶级冲突的形成条件。在第二次世界大战后，阶级矛盾的表现形式是与实施布雷顿森林体系的周期一致的，在凯恩斯主义政策的背景下，西方国家的劳工运动一般都能在政治上积极开展活动。在政治层面上，以公民干预经济和福利发展的民主规划为目标，通过工会的作用，重新分配工人收入，减少工作时间，以资本主义劳动组织的实践形式不断解决工人问题，这些干预措施在资本主义市场上起到了一定的作用。但是全球化改变了这一局面，在政治局势复杂化，经济制度改变，生产和市场结构变化的过程中，欧洲国家层面已逐渐失去了在资本市场的说服力，这一结果导致了经济结构性的改变，从根本上改变了经济框架，在国家和国际化金融资本的基础上，在国家和国际工会上降低了资本方面的权力。但是，实现社会主义要争取更多的斗争，因为如果工人斗争不能有效地影响资本积累，欧洲作为世界上最大的市场和生产系统，还是能够有效地建立起影响资本的政治和民主力量，因此我们要实现人民群众当家作主的目标，必须在资本主义积累过程中，争取更多人民的权利。

3. 意大利社会的种族歧视和不平等

在越来越多的不平等现象和社会冲突的背景下，意大利的社会野蛮行为日益增加，在这之间就是穷人之间的战争。重建共认为，2017年意大利可能像其他欧洲国家一样，通过压制政策来"控制移民"以抵制仇外的民粹主义。意大利政府可能在最坏的情况下继续使用博西菲尼法，对非法移民和黑人集中地区进行报复驱逐，这种带有种族歧视的做法是新自由主义的影响，它将穷人和富人的差距拉大，使社会文化和团结受到挑战，威胁社会公平和正义。在金融危机期间，意大利政府提出的社会框架，使得社会的不满情绪日益高涨，也使统治阶级孤立化。但是目前社会的抗议活动远远不及过去十几年在群众和群众运动中的影响。

① 意大利重建共产党第十次全国代表大会资料［EB/OL］.［2018-01-20］. http://www.rifondazione.it/primapagina/?page_id=26892.

社会矛盾日益凸显，经济停滞、工作和环境问题使人们面临更多的挑战，但是社会冲突和斗争都没有能够撼动新自由主义霸权，改变我们的生存局面。这也是为什么意大利的“穷人之战”和种族主义引起社会不满却没有改变意大利政治局面的原因。

重建共认为，在过去的几年里，意大利没有出现一个激进和有力的左翼共产党，也没有哪个政党在理论和实践上引起社会运动的发展。重建共目睹了意大利左翼共产党的衰落，失去动员能力。例如 2000 年进行的反对社会运动，因为没有达到所需数量的组织和社会公民投票的签名而失败。在这其中工会存在的问题很大，特别是在打击蒙蒂政府的新自由主义政策时，没有使群众信服的政治意见，并且在社会文化发展中，很多形势的变化对重建共的存在和发展带来影响，一方面社会群众寄希望于小型行动和地方行动主义能够解决现实问题，另一方面面对社会困难的局势，人们更多地倾向右翼民粹主义解决社会矛盾，修宪公投的失败和右翼势力在议会选举中获得更多的席位让右翼民粹主义看到了希望，不断壮大其力量。

4. 发展欧洲的社会主义运动

重建共认为，要想使各国人民拥有对经济和金融的主权，必须利用两个因素，一是针对每个国家和整个欧洲大陆开展抗议新自由主义的大规模群众运动建设；二是单方面不服从于国家和超国家的条约。很明显，这两个因素在欧洲社会之间缺乏，希腊的事件进一步显示出欧洲政治、工会运动政治动员的困难，今天的欧洲危机，是我们工人运动发展的契机，近年来欧洲左翼党的力量和运动也逐渐发展起来，因此，在国家乃至欧洲建立工人活动目标是必不可少的：实现拒绝财政契约到债务重组；建立新的中央银行确定其任务，促进充分就业；恢复宏观调控创造就业机会，保证工人的最低收入。

除了工人运动的发展，重建共强调共产党要从各个领域开始，在各个国家建立起广泛的民主形式。尤其是包括意大利在内的西方资本主义国家，积极发展各个国家的宪政民主，重建共认为不服从欧盟条约的政治斗争到目前为止是适当的，充分利用国家权力和政府，为社会弱势群体和社会阶层的利益制定政策。重建共也表示打破新自由主义的条约的困难性，需要我们不断壮大共产党的力量，为实现目标不断努力。

5. 修宪公投后重建共的任务

重建共认为，修宪公投失败是意大利人民的选择，拒绝了欧盟等国际组织所谓的自由，这是具有历史意义的成就，人民群众由于受经济危机的影响，更理智思考政府宣传与他们现实生活的距离。在这次公投中工人、失业人员、年轻人、妇女和南方投票表示反对，他们发动多种形式运动反对政府和自由政策，这些修宪运动已经产生了强大的影响，防止意大利走向威权主义的可能性，并且公投表明意大利群众在扩大民主、维护个人权利、反对新自由主义的意愿，这个民主的遗产在修宪公投后能警惕新的攻击，为社会的发展制定新的建议和建立新的运动奠定基础。

对修改宪法实施的统一运动绝对不应该是为了形成新的政治领导，而是要实现人们的独立生活。重建共认为，在修宪公投后，建立替代性左翼的任务更具有现实基础。显而易见的是，那些积极参与替代性左翼建设的人，很多也是为了公投启动的人，重建共今后的任务是通过左翼公约在每个城市和国家建立反对新自由主义的左翼，替代民主党和欧洲社会党。在社会实践和重建共党组织建立真正的开放的民主，使人们能够以各种形式参与政治、社会、文化生活。在制度上创造一个统一的代表制，一个统一和多元化的左翼反自由主义者，在之后的选举中，能够代表社会的倡议。

重建共所要建立的替代性左翼，是能够团结起来，以建立左翼力量的方式实行真正的创新：实现政党的多元化，改革比例代表选举制，不能在政策和具体做法上降低政党多元化的形式。为此，重建共和其他欧洲国家一直在努力，在公民投票后，各级发起倡议，打破新自由主义，捍卫共同物质基础和权利，真正地重建国家，重建共认为，与自由主义相比，替代民主党的宪法已经成为具体的竞选生活。

6. 重建共实现社会主义的目标

重建共的作用和功能不仅仅是意大利共产党的继承者，而是根据意大利的现实状况制定目标来应对其发生的危机。重建共认为，资本主义的生产关系和新自由主义的构想是为了摧毁意大利人对共产主义的信念，而现在意大利的现实状况具有推翻资本主义存在着可能性，也是避免社会关系矛盾进一步恶化的必要条件。因此，重建共需要加强其社会存在感，在政治、社会、文化上为资本主义向社会主义过渡而努力，重建共的政治目标是推翻资本主义，实现社会主义，因此除了要改变意大利的现实状况，也要建立必要的权力关系。在欧洲和国家组织上，建立反欧盟的左翼的政治实体，成为所有努力建立替代欧盟的人的共同家园，巩固和建立广泛的阵容，维护社会和民间的民主权利斗争。

重建共认为，在新的时期要重新定义党的目标：一方面是坚定共产主义的信念，以及如何说服群众，成为实现社会主义的力量基础；另一方面，改变重建共当前建立冲突和社会和解的工作方法。

首先要想说服群众，成为实现社会主义的力量基础，必须揭示目前意大利主流意识形态所呈现的新自由主义和资本主义父权制的危害，构建社会公平竞争的环境，必须转变人们的思想，推翻人们现有的固有思维成为重建共需要解决的巨大任务。使人们意识到经济危机是产能过剩和生产不足的危机，作为资本来调解它创造财富能力的危机，它是在工作中通过减少再分配中人类的发展潜力，把个人和集体发展的潜力绑架上减少生产和增加市场份额的机制。必须打破人们未来生活和工作条件注定恶化的思想，培养人们进行社会主义的斗争意识，建立超越现在事物可能性的历史意识。意识形态的主导用一种社会固化的方式使人们认为这是不变的现实态度。1917年苏联革命对重建共的意义，正是因为它突出推翻现有制度的可能性，但是意大利的历史不仅仅是一个被动的过程，从法西斯主义到贝卢斯科尼再到理性主义，人们长期生活在社会钝化和缺乏信任、寻求天意的过程中。但是在这些时代后，20世纪70年代资本主义的统治出现危机，以及1968、1969两年的斗争以及战后几年为实施扩大工人权益和福利建设措施奠定基础。目前统治阶级正在努力削减工人的成就，让重建共重新认识到资本主义斗争的周期性和长期性，重建共的政治斗争不会屈服于现有阶级的意识。今后重建共要加大对社会阶级构成的调查和分析工作，了解目前资本主义物化的具体形式，其改变人们思想、工作状况，进入社会生产和再生产的过程，了解生产部类的技术构成是如何在社会生产中生成资本主义剩余价值，只有充分了解资本主义生产的每个环节，才能更好地分离资本主义利益，促进社会的正常竞争和发展。

同时，重建共要利用对社会冲突的调查，分析和利用社会冲突来对抗资本主义的统治必须重新成为其行动的核心，重建共必须把党重新融入社会，力争成为斗争的先锋，抓住社会变革的条件，对资本主义的变化快速做出反应，以便能够把人们从现有的情况中解放出来。借鉴社会党的做法，互惠互利，团结一致。党的作用不是自己做一切，而是建立各种途径使人们积极参与社会建设中。重建共要在实践中实现身份的质的飞跃，共产党人和共产主义不仅是抗议的代表，而且还是能对社会突发事件采取积极解决措施。那些自我组织、自我生产和新现实主义的人正在成为一个新的社会联合体，重建共可以和这些社会联盟合作，制定共同的政策目标，抵制国家的攻击，反对资本主义剥削。另一方面，与欧洲的斗争也是重建共斗争的重要组成部分，加强与欧洲左翼党的合作，发展不同的运动，这也意味着不同平台的工会的发展与合作。欧洲冲突的发展是改变欧盟经济和体制结构不可或缺的因素。

重建共指出，目前重建共的力量有所削弱，尤其是在地方一级的机构，这样的形势也说明了重建共要重新发展的重要性，如果所有的党组织都在衰落，那么重建共就面临着总体的政治危机。重建共的目标是通过纠正党的错误，消除社会变化的不利影响，最大限度地促进党的发展和壮大。首先，重建共强调党组织的建设的重要性，今后在全国每个联邦建立一个党组织，加强内部的联系和沟通，不断扩大重建共的影响力。大力发展党的社会工作，作为其文化和政治社会层面上反自由主义的复合体，充分利用青年聚会、讨论论坛、书展等形式来扩大其社会、文化、政治影响力。重建共必须和社会群众紧紧联系在一起，如果重建共想要实现其改革的目标，必须加强党的建设，帮助意大利实现根本转变。

第四部分　党的国内实践活动

重建共不仅重视理论建设，同时也是注重实践的马克思主义政党，从成立至今，重建共根据国内国际的形势变化，进行了社会主义实践探索活动，除参加议会选举外，重建共还积极领导群众运动和斗争，为促进世界社会主义运动的团结与合作不断努力。

一、积极参与选举，通过议会途径探索向社会主义过渡

从1991年成立至今，意大利重建共产党共参加了7次国内议会选举和五次欧洲议会选举，虽然近年来意大利重建共的影响力不断减弱，但是意大利重建共积极参与国家大选，力求进入政府，取得话语权。

首先，原来的意大利共产党是意大利的第二大政党，但是分裂后成立的意大利重建共产党的影响力明显减弱，这使得重建共在意大利选举中处于先天不利的地位。然而在20世纪90年代中前期，重建共一度能够获取相当可观的选举成绩，这和意大利选举制度改革前有利小党生存的特点有直接关系，并且当时的意大利的“净手运动”使得意大利重建共的支持率大幅增加，这些都为意大利重建共赢得了良好的生存环境。但是意大利选举制度改革后，重建共不得不与其他政党联盟才能进入议会，这时期的重建共政策失误也使其影响力逐渐减弱，首先是重建共在中左和中右政党的态度转变，重建共对中右政党的联盟持坚决的反对态度，重建共在选举中和左翼政党联盟，但是重建共在联盟中又强调着其保持共产党的独立性，对于左翼政党的联盟时有冲突，重建共的政治策略使它失去了很多群众基础，也使得左翼政党对于重建共多有不满，使得重建共影响力逐渐减弱。

在选举的过程中，重建共有着丰富的选举经验和实践方式。首先，重建共时刻保持着共产党的先进性，无论是在选举中还是在选举后，重建共都坚定地维护工人阶级的利益，对于政府和执政党危害工人群众的利益时，重建共利用网络、媒体等多种形式进行抗争。其次，在议会选举和地方选举前，重建共会展开国民大会确定候选人，制定选举方案和选举政策，召开新闻发布会，积极宣传重建共的政治立场。最后，在选举结束后，在地方选举或议会选举中重建共如果有重建共的党员获得选举的胜利，重建共会积极践行共产党的原则和立场，维护社会和广大人民群众的利益。

重建共在选举过程中，一方面重建共积极宣传其党的性质和立场，扩大在社

会和议会中的影响力；另一当面，不断组织群众运动，利用网络、媒体等手段与新自由主义、垄断组织做斗争，为实现意大利社会主义不断努力。

二、开展多种形式的群众运动

重建共认为，在资本主义国家，群众运动是反对资本主义政策，维护工人阶级利益的最好方式，尤其是在新自由主义政策实施以来，社会矛盾凸显，更有利于重建共开展反垄断、反资本主义的斗争，进一步扩大其群众基础和影响力。

首先，在传统节日或重大事件周年来临之际，开展多种形式的纪念活动，例如三八妇女节、五一劳动节、十月革命胜利纪念日、反法西斯胜利纪念日等，重建共会联合其他左翼政党或欧洲共产党开展丰富的纪念活动，进一步唤醒人们对资本主义的认识，坚定党内和社会对共产主义和社会主义的信念，维护工人阶级和广大社会弱势群体的利益。

其次，针对国内发生的重大事件或突发事件，意大利政府制定不公平制度、压迫和损害工人阶级利益等行为时，意大利重建共会积极发动群众，采取罢工、示威游行、利用新闻媒体发声表示抗议等形式反对资本主义的侵略和压迫，反对资本主义的战争。

对于国际的重大事件和突发事件，像北约峰会、欧盟峰会、恐怖袭击、帝国主义开展的民主侵略战争，意大利重建共会积极支持各个地区共产主义工作者开展反帝反侵略的自卫活动，对遭受恐怖袭击的国家和人民表示哀悼，不断扩大其国际影响力。

2017 年 5 月到 7 月，意大利重建共组织多种形式的群众运动：5 月 17 日，重建共支持工人和工会的全面罢工运动，维护工人阶级的利益；5 月 21 日，重建共召开左翼政治势力会议，和左翼政党讨论当今意大利的局势和发展状况；5 月 24 日，重建共发表声明支持和维系“你知道我是文化遗产专业”的全国动员运动，因为新自由主义政策只会造成人民遗产的破坏，而重建共则坚定支持年轻学生和专业人士保护文化遗产；5 月 27 日，开展示威游行，谴责 G7 峰会通过军事打击移民、搁浅人道主义船只的帝国主义政策；6 月 13 日，重建共参加在罗马举行的水上运动论坛，同期举行示威活动，抗议资本主义对生态系统的破坏；6 月 14 日，重建共参与巴勒莫左翼活动，肯定巴勒莫妇女和男子为社会主义发展所做的贡献；6 月 17 日，重建共开展打击贩运和暴力对待妇女的斗争，反对意大利卖淫合法的政策；6 月 26 日，重建共支持运输和物流业的工人罢工运动，保障工人的合法利益，反对超时加工；6 月 28 日，重建共和意大利自耕农协会、绿色组织在万神殿广场开展反对意大利政府仓促批准 CETA 条约的抗议活动，威胁意大利生态平衡；6 月 29 日，重建共开展反对欧盟禁止意大利港口对利比亚人道主义援助的斗争；6 月 30 日，开展纪念热内亚反法西斯战争胜利的游行；7 月 8 日，游行声援曼图亚省的随意解雇工人的运动；同时要求释放参加反对 G20 峰会的六名意大利人。近年来，重建共在支持社会反帝、反资本主义的运动中发挥了积极的作用，同时支持世界社会主义的发展和正义的战争与运动，为世界社会主义的发展作出了贡献。

三、维护妇女权益，反对男权主义

2017年党的第十次全国代表大会上，重建共指出，“妇女的斗争是以自由为主，为每个人建立一个免受身体和殖民化的自由而进行的斗争，获得平等和平等的地位是同等重要的。今天，新的资本主义的男性主导地位，虽然具有赋予妇女权利的性质，但是对待女性的态度和方式是行使资本主义社会的新自由主义组织的功能，女性处于商品化社会的适当位置，性别冲突的目的是建立一个差异不会导致卑劣的社会，而是承认男女平等的决心，这个冲突，对于女性来说，是从家庭到社会，几个世纪以来，被剥夺了的权利，也是在反资本主义和反男权主义上推动社会发展的变革和运动”①。

2016年11月26日，重建共开展了维护女性利益的运动，这是女权主义政治主体的新的突破，打破了一个几乎没有社会冲突的沉默，重建共致力于把女性从以前的从属地位解脱出来，把维护女权运动和反全球化以及反对资本主义的斗争结合起来。为进一步维护女性的权利，重建共积极声援世界无产阶级运动，例如西班牙阿根廷广场开展的妇女运动、波兰妇女运动，以及在马德里召开的女权主义革命前景的讨论会；2017年2月27日，重建共在罗马举行的国际妇女大会上公开表示，抵制政府对历史文物的破坏；3月8日，重建共支持女性平等运动的全国罢工，在当天，包括米兰、都灵在内大多城市交通运输、家政服务业举行了声势浩大的罢工运动，使政府进一步认识到性别平等的重要性。

四、积极发挥青年共产党人的作用

青年共产党人是重建共的青年组织，也是意大利的一个左翼青年组织，并且是世界民主青年联盟的成员，2013年大概拥有7880名成员。虽然近年来加入重建共的青年越来越少，但是青年共产党和重建共一直保持着密切联系，在宣传马克思主义和开展群众运动中起到了积极的作用。

近两年，重建共和青年共产党人充分利用人民家园、青年聚会、讨论会、书展等形式，广泛开展党的工作，建立其社会、文化和政治关系网络。“党是阶级的先锋队；它的任务绝不是反映群众的一般情绪，而是引导群众前进。”② 2017年1月起，政府提出了对教职工作人员的裁员方案，即使是具有多年教龄的教职员工也可能被解雇，并且进一步压榨教师的剩余价值引起社会的不满，重建共和

① Tenth Communist Congress—New Humanitarianism [EB/OL].（2016-11-28）[2018-01-20]. http://www.rifondazione.it/primapagina/?p=26551.

② 中共中央党校经典著作选编组. 列宁论科学社会主义 [M]. 北京：中共中央党校出版社，1987：190.

青年共产党人积极准备，在 1 月 8 日配合罢工教师在罗马进行示威游行，据统计，此次罢工游行达到五千人。除此之外，青年共产党人也开展了丰富的文化宣传活动，更加贴近生活、贴近学生，例如 2017 年 1 月 30 日，青年共产党人和学生组织在米兰达·芬奇高中开展关于社会平等问题电影主题研讨会，在讨论会上，青年共产党人宣传真正的民主和平等，学生对目前意大利社会问题做了热烈的讨论。重建共高度评价了青年共产党人在活动中发挥的作用，并公开表示学校禁止学生言论自由及开展活动自由权利是不符合宪法精神的，强调教育需要更多的民主和平等。

并且重建共还强调党的内部建设，积极主动地落实干部培训政策，尤其是对青年共产党人的培训和联系，近年来重建共每年三月份由党中央举办党员培训班，不断提高党员的理论素养和实践能力。2017 年，意大利重建共的党报《解放报》日发行量约为 11000 份，成为青年共产党人日常学习的主要来源。

第五部分　党的国际实践活动

虽然意大利重建共产党近年来面临着党内人数下降的困境，意大利右翼及民粹主义抬头的趋势，但是意大利重建共没有放弃社会主义道路，在世界社会主义运动的低潮期，重建共也是积极探索和实践，为促进世界社会主义运动的团结和合作而努力。

一、积极发展与其他国家共产党及左翼力量的关系

意大利重建共产党是欧洲左翼党成立的原始党派之一，除在本国内进行反帝反资本主义的斗争，重建共积极与欧洲共产党以及世界共产党合作，发展相互关系，开展多种形式的合作活动。

第一，积极参与国际组织和会议，例如共产党和工人党会议，它是一个共产主义政党和组织国际间合作交流会议，该会议共有来自世界 85 个国家的 120 多个共产党和工人党参加，共产党和工人党国际会议目前一年召开一次，其影响力日渐增大。据统计，意大利重建共分别参与了第一次至第八次会议、第十次至第十四次会议，积极和世界各共产主义政党积极探索在资本主义危机下，怎样保障工人阶级的利益，为实现社会主义而斗争。

其次，意大利在欧洲积极进入欧洲议会，加强其在欧洲的影响力和话语权。很多加入欧洲左翼党的成员也是欧洲联合左翼党团的成员，意大利重建共希望加

入欧洲左翼党，在欧洲议会能改变现有政治体系，积极改善社会福利、反对资本主义和战争，实现人的民主和平等。

意大利重建共积极和其他左翼政党、国际组织开展活动，2017年意大利重建共召开“左翼政党”论坛，邀请所有的左翼政党参加，2016年参加欧洲共产党组织的十月革命纪念活动，宣传共产主义。并且欧洲左翼党和意大利重建共前任书记保罗·费列罗应邀参加玻利维亚召开的关于世界犯罪与和平的会议，抨击美国和欧洲的新自由主义对南美洲种族主义和战争；意大利积极利用媒体等手段支持委内瑞拉的反法西斯主义战争和政变的策略，维护当地的和平。意大利重建共也积极和生态组织和人权组织合作，联合对抗美国霸权政策，维护人类的生存权利，尤其是欧洲的难民问题，意大利重建共不断发声，希望欧洲能改变现有的强制措施，对难民给予应有的人道主义援助。

除此之外，意大利重建共注重党的自身发展，重建共每四年召开一次党的代表大会，积极探索在意大利实现社会主义的可能性，在2017年第十次全国代表大会，重建共收到了越南共产党等共产党和工人党的祝贺，说明重建共虽然势力减小，但仍和其他国家共产党和工人党保持着密切的联系。

二、同各种群众组织建立联系，提高意大利重建共产党在国际群众组织中的影响力

意大利重建共十分注重与国际群众组织的关系，近年来，通过意大利重建共在国内外活动来看，目前重建共联系较为紧密的是世界民主青年联盟、世界气候组织、国际妇女联合会等。

意大利重建共和世界民主青年联盟主要是其左翼青年共产党人来发生联系的。青年共产党人在意大利重建共的领导下，积极开展反帝反资本主义的斗争。2017年4月25日，青年共产党人开展活动和游行，反对意大利对工人阶级的剥削，为工人阶级发声，并且青年共产党人在2017年5月22日针对托斯卡纳大学的学生缴纳多余费用进行示威游行，要求当地税务机关彻查托斯卡纳大学的财务状况，共产党人也会配合重建共的反新自由主义的斗争，在2017年7月开展纪念热内亚活动、抗议G7峰会的召开等等，重建共表示，未来将更加注重青年共产党人的发展，积极与世界民主青年联盟开展反帝反资本主义的斗争，培养更多的青年共产党人。

近年来随着人类生存环境的恶化，世界上有很多地区饱受贫困和饥饿的困扰，尤其是工业革命以来，世界面临着全球气候变暖、生态环境遭破坏的困境，重建共近年来越来越关注人类的生存和发展，在美国特朗普宣布退出巴黎协议时，重建共发布声明谴责美国的行为，认为其威胁世界的和平与发展；并且意大利重建共在意大利积极和环境保护组织、生态保护组织合作，在意大利开展多种形式的活动保护生态环境，重建共强调，在未来会开展更多的活动，反对新自由主义带来的环境危机和生存危机。

第六部分　结语

意大利重建共产党的早期发展和成就，对其他发达资本主义国家的共产党探索社会主义道路起到了积极作用。但是，党内分歧过多、实践能力不足等内部原因导致了重建共分裂和衰落。资本主义制度的限制、宣传媒体渠道的狭窄、政府的打压等外部原因，也加速了重建共的衰落。重建共在曲折而艰辛的探索过程中，始终坚持马克思主义，用马克思主义理论武装全党，加强党的自身建设，提高党把控全局的能力。近年来党面临的国内和国际环境日益复杂，但是我们看到了党理论素养和实践能力的提高。对内，重建共仔细研究资本主义的新变化，实事求是，结合时代特点不断丰富和调整其关于发展社会主义的理论主张；对外，重建共并不局限于西欧的发展，认真分析世界局势的变化，关注发展中国家的动态和支持新兴共产主义政党的发展。与此同时，党在这两年开展了形式多样的群众运动，积极参加议会选举，维护弱势群体的利益，尤其是为女性平等所开展的运动、反对就业法案所做的努力不仅取得了一定的成绩，也使重建共的国际形象大幅提高。

重建共近年来发生了积极的变化，但其面临的现实仍然十分严峻，意大利国内右翼势力迅速崛起，人民群众的恐惧心理和保护主义都使得重建共的生存异常艰难，尤其是意大利的选举制度使重建共实现通过议会选举来和平过渡到社会主义的目标更是难上加难。重建共对未来始终满怀信心，其对左翼政党的合作理念也日渐成熟。虽然重建共曾经拒绝了意大利共产党（2016）的合并，但是两党从2017年开始积极合作，未来也将为欧洲议会选举继续并肩作战，这无疑是壮大意大利共产主义政党力量的关键一步。重建共只要不断加强党的自身建设，处理好党内分歧，密切联系人民群众，在今后的发展道路上，其势力和影响力会逐渐壮大，理论和实践上会取得更大的成就。

（撰稿人：中共中央党校研究生院　元晓晓

华中师范大学国外马克思主义政党研究中心　周华平）

2017年葡萄牙共产党年度发展报告

第一部分　概况

1. 国名：葡萄牙共和国（简称葡萄牙）
2. 人口：1034万
3. 国土面积：9.2212万平方公里
4. 政党名称：葡萄牙共产党（简称葡共）
5. 成立时间：1921年3月6日
6. 党员人数：54280名（2016年12月）
7. 全国主席或总书记：热罗尼姆·德索萨
8. 政党地位：合法党，在野党
9. 大众传媒的运用：党的机关报《前进报》
10. 最近一次代表大会或会议：第二十次全国代表大会（2016年12月）

第二部分　党的产生及发展简史

1921年3月6日，葡萄牙共产党（以下简称葡共）成立，1922年正式加入共产国际。1926 年 5 月 28 日，葡共被右翼政府宣布为非法。1974 年 4 月 25 日葡萄牙爆发“四月革命”后获得合法地位并参与政府执政，支持和推动新政府在经济、政治和社会领域进行了一系列为向社会主义过渡创造条件的民主改革。11 月 25 日，左翼军人发动的政变失败，葡共被迫退出各个政府部门，从此成为在野党。

1976 年 4 月 2 日的葡萄牙制宪会议通过了肯定“四月革命”以及民主改革成果的新宪法。葡共认为新宪法确立了葡萄牙的民主制度，为葡萄牙的政治民主化发展奠定了制度基础，说明葡萄牙仍蕴藏着社会主义和革命的巨大潜力。

1976 年 4 月 25 日，葡萄牙第一次议会选举的结果，使葡萄牙新的政党体系得以确立，社会党、社会民主党、社会民主中心党（1995 年 2 月更名为人民党）和共产党成为葡萄牙多党制模式中的四大支柱。葡共认为选举产生的社会党政府执行了一系列恶化劳动人民生活条件的政策，开始了资本主义、大庄园主和帝国主义复辟的第一次全面进攻。为此，1976 年 11 月召开的葡共第八次全国代表大会，制定了主要通过和平道路过渡到社会主义，争取“民主替代”和建立救国民主政府的行动纲领。1979 年 5 月的葡共九大、1983 年 12 月的葡共十大坚持和延续了八大的政策方针，但连续的大选受挫，未能实现既定的目标。

20 世纪 80 年代中后期，葡共面临的国际国内形势发生了重大变化，葡共对走向社会主义道路的探索进入了为争取实现“先进民主”和社会主义而斗争的新的历史阶段。面对社会民主党和社会党交替保持第一大党地位，葡萄牙的私有化改革以及加入欧盟等新形势，葡共认为已不太可能重新发动社会主义的改造进程，必须根据形势的发展调整党的政治策略。1988 年 12 月葡共召开第十二次全国代表大会，修改了党纲和党章，提出了争取在 21 世纪前夕实现“先进民主”的新的战略任务。

葡共十二大之后，国际局势风云突变，东欧社会主义政权相继垮台，反共浪潮席卷整个欧洲大地。1990 年 5 月葡共召开第十三次全国特别代表大会，分析了葡萄牙国内外形势的变化，特别是东欧社会主义国家演变的原因及其影响，认为东欧国家的变化并不意味着社会主义彻底失败和资本主义制度优越。葡共重申，葡共将一如既往地坚持共产主义理想，坚持社会主义道路，坚持马克思列宁主义和共产党的特征，坚持民主集中制原则和无产阶级的国际主义。

1992 年 12 月召开的葡共十四大，通过对苏东剧变的原因进行深入讨论，对 20 世纪末资本主义进行深刻剖析，对如何恢复、更新和振兴社会主义达成了共识。大会明确指出，历史的未来是属于社会主义的，苏东剧变并不意味着共产主义理想的失败，而是“背离了共产主义理想”的一种模式的失败。要恢复、更新和振兴社会主义，必须克服和抛弃这一模式。大会丰富和充实了十二大提出的“先进民主”纲领的具体内容和目标，重申党在现阶段的主要任务仍然是为在葡萄牙实现“先进民主”而斗争，强调民主和社会主义是葡萄牙的未来，实现“先进民主”的目标，就是为葡萄牙走向社会主义创造有利条件。

十四大以后，葡共根据世界社会主义运动处于低潮、经济全球化迅猛发展、葡萄牙加入欧盟以及国际金融危机等新的历史条件，在坚持社会主义和共产主义最终奋斗目标的同时，重申和进一步充实完善了“先进民主”纲领，提出了“建设一个更加强大的党”的重大任务，为增强党在社会、政治和选举中的影响力，参与政府执政，为在葡萄牙的政治、经济、社会、文化和对外政策方面全面实现“先进民主”目标进行了不懈的理论与实践探索。

分别于1996年12月、2000年12月、2004年11月、2008年11月、2012年11月、2016年12月召开的第十五、十六、十七、十八、十九、二十次全国代表大会，葡共进一步充实完善了“先进民主”纲领，提出了“建设一个更加强大的党”，切实增强党在社会、政治和选举中的影响力，参与政府执政，“为民主和社会主义而奋斗”的重大任务，强调要继续把马克思主义的基本原理同葡萄牙的具体实际相结合，继续探索自己的社会主义道路。

第三部分　党的理论和组织状况

一、指导思想

葡共的指导思想是马克思列宁主义。最高目标是在葡萄牙建设社会主义和共产主义，消灭人剥削人的制度，确保葡萄牙人民有效地享有政治权利、社会福利和文化权利，实现人人平等，尊重人权，崇尚自由与和平。

葡共认为，社会主义取代资本主义是历史发展的必然趋势。社会主义是消灭了人剥削人、人压迫人现象，没有阶级对立的社会；是实行经济、社会、政治、文化相辅相成的民主，保证人民群众长期、创造性地参与国家生活的社会；是消除了各种歧视、不平等、不公正和社会弊病的社会。共产主义将是物质极大丰富，没有阶级差别，人人平等自由的社会，是自由和自觉的劳动者的社会。在这个社会中，劳动不仅是财富的源泉，也是一种创造性的活动，是快乐、自由和个人价值的源泉。

葡共认为，社会主义的核心价值和基本特征是实现政治、经济、社会、文化不可分割的民主。社会主义不可能有一个固定的模式。葡萄牙未来的社会主义制度，不可避免地有其特殊性和独创性：在政治领域，始终坚持人民主权和民主自由原则，劳动群众自下而上选举产生国家机构并参与国家事务的管理，实现国家政治生活的民主化，坚持无产阶级专政，实行多党制或各种社会革命力量的联合。在经济领域，实行主要生产资料的公有制和多种所有制经济共存共生，注重对全国经济资源进行协调开发，在更好实现科技进步的基础上发挥经济的活力和效力。在社会领域，应致力于把劳动者从各种形式的压迫剥削中解放出来，实现充分就业，实行按劳分配，保障劳动权利，发展社会服务，保护生态环境，消除重大社会弊端。在文化和道德领域，应把文化变成全体人民的财富、工具和活动，使人民群众充分接受教育，实现高水平的文化民主，基于自由、公民义务、尊重人的尊严，尊重自然、团结、友好、和平的理念，塑造社会和个人的道德与觉悟。

葡共强调，社会主义社会的这些基本特征不是一成不变的，它必须经受实践的检验，并根据人民的意志进行修改和完善。

葡共既有“对未来社会主义社会的设想和规划”，即最高纲领，也有“独特而具体的现阶段的‘先进民主’纲领”，即最低纲领。其基本内容或目标包括五个方面：①政治民主。“在葡萄牙建立一个人民当家作主的自由政治制度，代表人民利益和全民民主参与的现代化国家。”“在民主法治的基础上对国家机器进行改造，使其为国家和人民的利益和需求提供充分服务。”②经济民主。促进建立在富有活力的现代化混合型经济基础上的服务于国家和人民的经济发展，其目标是旨在提高葡萄牙人民的生活水平和生活质量，实现充分就业，最大程度地满足人民的需求，公正、公平地分享社会财富，维护国家的经济独立。建立一个不被垄断阶级所控制的混合经济结构，实行多种所有制成分并存，经济力量要服从民主政权，接受国家经济杠杆的调控，避免受到大资本的控制和国外势力的影响。③社会民主。为劳动者和广大葡萄牙人民提供更好的物质和精神生活条件，消除严重的社会不平等和不公正现象，消灭失业、贫困、卖淫、吸毒等严重的社会弊端，确保葡萄牙人民的生活水平以及物质和文化福利随着当代生产力发展的潜力和可能性的发挥而相应地得到改善和提高。④文化民主。实行保证人民普遍参与文化自由创造和享有文化成果的文化政策，保证人民能够真正行使文化权利，为个人全面发展以及社会文化价值全面发展创造条件，其根本宗旨是致力于提高劳动人民和广大公民积极参与和组织社会生活各个领域活动的水平，提高对民主价值观的认同度。⑤对外政策。与各国人民和平共处、友好合作，实现葡萄牙的独立自主和领土完整。葡萄牙应选择建立一个能够维护国家主权和领土完整、实现政治、军事决策自主、保护国家和人民安全的政治前景，为积极发展国际关系、消除核威胁、维护世界和平做出自己独特的贡献。

葡共认为，“先进民主”纲领与在葡萄牙建设社会主义和共产主义这一最终目标之间的关系，是最低纲领和最高纲领之间的关系。当前为实现“先进民主”而斗争，属于民族民主革命的范畴，是葡共从葡萄牙的现实出发而制定的最低纲领。而实现社会主义和共产主义是葡共的最终目标，也是葡共的最高纲领。社会主义包含了“先进民主”的基本要素，实现“先进民主”将为实现社会主义提供必要条件。

二、组织结构和组织原则

葡共的组织原则是民主集中制。葡共强调在深化党内民主的基础上，普遍实行统一的指导方针和统一的中央领导，并应根据新形势新情况不断总结经验，创造性地发展民主集中制。

葡共党章规定：从基层到中央选举党的各级领导机关，选举单位拥有对当选人的罢免权。领导机关的责任就是定期向上级机关汇报其活动，听取意见和建议，为思考、决策和组织运转提供参考。各级党组织在其职责范围内有权做出相应的决策，并应报告上一级领导机关。在工作、思考、决策和党的组织活动中，自由表达观点，提出意见，参与讨论，争取更多的党员参加党的活动并为党做出贡献。对于一致通过和大多数认可而采取的决定，所有党员都要执行。坚持集体工作和集体领导的原则。基层党的组织在章程原则、政治路线、高层决策许可的范围内，拥有对本辖区广泛的决策和倡导权。严格执行党的章程，并在党的政治平台、党的建议和党允许的范围内开展活动，不允许拉帮结派（小团体和内部结党倾向）。

葡共是按照民主集中制原则组织起来的由中央组织、地方组织和基层组织构成的完整组织体系。党的最高领导机关是党的全国代表大会、中央委员会和中央监察委员会。党的全国代表大会是党的最高权力机关。每四年召开一次。中央委员会负责召集党的全国代表大会，提出大会议题，决定会议议程。经中央委员会决定，可召开党的特别全国代表大会，并由中央确定会议主旨和工作细则。

新的中央委员会由党的代表大会产生。在党的全国代表大会闭会期间，中央委员会有权召开党的全国会议，就党的各项工作重点进行研究，但全国会议必须目的明确，准备充分，所做决议不能违背党的全国代表大会的政治决议。党的代表大会闭会期间，中央委员会领导全党工作，负责落实党的全国代表大会的方针、决议，领导党的政治思想工作和组织工作。中央委员会从中央委员中选举中央政治委员会、中央委员会书记处和中央监察委员会。中央政治委员会在中央委员会全会闭会期间负责政治领导，直接管理地方组织、行业党组织和党的活动。中央书记处负责党的日常工作，负责委派干部、监督实施中央委员会指定的临时任务。中央监察委员会负责监督党员的违纪行为，有权处理各级机构和党员的违纪行为，监督党的财务工作。党的总书记从中央委员会委员中选出。

党的地方组织结构按照国家行政区设立。各地、各行业的地方党组织的最高权力机关是相应的党的代表大会。党的各级代表大会的职权是制定大会议程，对过去的活动做出评估，研究和制定党在本辖区活动的方针，选举本级领导机构。

支部是党的最基层组织，是党联系工人阶级、劳动者、人民群众的基础和基本环节，也是党发动和领导群众开展斗争的主要依靠。企业、工作和居住地、行业、各类社会文化和行政活动领域等基层单位，凡是有 3 名以上正式党员的，都应当成立党的支部，所有党员都应参加一个党的支部。支部党员大会是支部的最高权力机构，负责审议支部的工作，确定支部的工作方针，选举支部书记处。支部书记处领导支部的日常工作，定期向支部大会和上级直属领导机构报告工作。

三、党员资格

葡共党章规定：承认党的纲领和章程，可以申请加入葡萄牙共产党。入党属个人行为。申请人党的人，至少要有一名正式党员的介绍，并对申请人做出全面的评价。在申请人不认识任何正式党员时，接受申请的党组织负责对申请人的了解，申请人应予配合。批准入党后，将其编入一个支部，确定应缴纳党费金额，发放党证。

葡共党章规定：所有党员享有平等的权利和义务。

参加党的组织活动，按时缴纳党费，是党员的基本义务。党员不得再参加其他政党或党派组织。除此之外，党员还要履行如下义务：以党的章程约束自己的言行。为实施党的纲领、执行党的政治路线及加强党的组织建设，提高党的威望和影响而努力工作。增强党的团结和凝聚力。定期参加党组织举行的会议和活动。参加关于开展党的活动的讨论，向党提出建议，加强与劳动者、其他劳动阶层和人民的联系，维护他们的合法权益。个人承担参加党组织活动的一切费用。发展新党员。阅读并宣传党的刊物，如：《前进报》《党员》和党的文献。努力提高党员自身的文化素质和政治思想水平。开展并提倡批评和自我批评。按照党组织要求更新党证。严格遵循党内问题党内解决的原则。有责任对全党和全社会进行伦理道德的引导。在变更住址和工作单位时须及时通知所在党组织，如果变动涉及不同区域党组织，则需与将要转入的党组织联系。

党员享有的权利有：有权参加所属机关党组织的党员大会、地区会议、代表大会的讨论，并有自由发言权；享有对党的政治路线的建议权；有权对所属机关、党的组织会议及其他机构工作和其他党员行为提出看法、批评和建议。参加党内选举并提出建议，享有选举权和被选举权。拥有对党的总体工作、决策及所在党组织领导班子情况的知情权。向所在基层组织或党的上级领导机关直接报告事关党的利益的重大问题。党员被判定违纪并上诉到上级机关或中央监察委员会时，他有可能最终被免责，也可能仍须承受纪律处罚，但会被提前告知。参加所在党组织会议，决定党员活动内容和行为规范。提出意见和建议，甚至有权要求获悉高层（包括中央委员会）的活动情况，并在有效时间内得到答复。

葡共党章规定：退党的以及承认犯过明显错误，或不参加党的组织生活、没有正当原因连续两次不更新党证的党员，取消其党员资格。退党的决定要由当事人所在党组织的领导机关做出，并报上级领导机关批准，同时允许当事人向中央监察委员会上诉。

葡共采取团结广大劳动者的社会联盟政策。基本社会联盟政策是与工人阶级、农民阶级（中小资产农民）、知识分子和中间阶层结成广泛的社会联盟。注重营造一支包括工人、职员、知识分子、技术人员、中小资产农民、中小工商服务业业主、妇女、青年、退休人员和靠社会帮扶的群体、残疾人在内的社会力量，联合他们参与国家的一切社会事务。联合所有爱国民主力量，加强与他们的相互协作，并带领他们实现他们的政治主张。

第四部分　党的国内实践活动

2017 年是十月革命胜利 100 周年，葡共开展一系列纪念活动，高度评价了十月革命的伟大历史意义，重申了葡共的性质和共产主义理想，强调葡共为了维护人民的利益，实现先进民主，社会主义和共产主义要发挥应有的作用。葡共总书记热罗尼姆·德索萨在 1 月 28 日纪念十月革命 100 周年开幕式上发表讲话，重申“我们将纪念十月革命 100 周年，我们现在是，将来也是共产主义者!”，强调最重要的是葡共要坚定共产主义理想。5 月 24 日，葡共开展“社会主义，现在和未来都是必要的”专题活动，包括“工人和人民在社会主义中会找到他们实现理想的答案”“我们深信，社会主义和共产主义是人类的未来，我们追求我们的斗争”“十月革命的百年纪念”“和平、友谊，人与人之间的合作”“我们将纪念十月革命一百周年，重申我们现在是，将来也是共产主义者”“纪念十月革命一百周年，肯定社会主义是现在和未来的需求”“提高工人和人民对十月革命的意义和成就的认识”等。6 月 17 日，为了纪念十月革命 100 周年，葡共在里斯本召开“社会主义，现在与未来的需求”研讨会。葡共总书记热罗尼姆·德索萨发表讲话，强调苏联社会主义伟大的政治、经济、社会、文化、科学和文明成就及其对促进工人和人民解放斗争的巨大贡献。11 月 7 日，葡共在里斯本举行纪念十月革命 100 周年集会，葡共总书记热罗尼姆·德索萨在里斯本发表“我们深信，社会主义和共产主义是人类的未来，我们追求我们的斗争”的讲话，强调这场革命不仅动摇了以剥削和压迫为基础的世界，而且将以其榜样的力量、其进步的革命成就、一贯坚持的行动和原则，维护工人和农民的权利。12 月 9 日，葡共在波尔图市纪念十月革命 100 年。葡共总书记热罗尼姆·德索萨强调“工人和人民在社会主义中才会找到实现理想的答案”。“我们纪念十月革命 100 年，重申葡共将坚定不移地为葡萄牙人民未来实现社会主义而奋斗。通过这些纪念活动，葡共更加强大，更加坚信我们所从事的正义斗争。”

2017 年也是葡共成立 96 周年。2017 年 3 月 4 日，葡共召开成立 96 周年庆祝大会。葡共总书记热罗尼姆·德索萨发表讲话，重申葡共一直维护工人、人民和国家利益，而且是不可替代的力量。葡共对工人和人民的斗争充满信心，对自身的优势充满信心，这源于对葡共坚定的信念，它为工人、人民的斗争和生活赋予了意义，指明了希望之路。葡共始终坚定信念，为了维护人民的利益，实现先进民主、社会主义和共产主义发挥应有的作用。

2017 年也是四月革命胜利 43 周年。2017 年 4 月 22 日，为了庆祝葡萄牙四月革命 43 周年，葡共总书记热罗尼姆·德索萨发表关于《我们庆祝四月革命对于葡萄牙的过去、现在和未来事业发展的意义》讲话。葡共重申，1974 年 4 月 25 日葡萄牙人民从其历史上最黑暗的时期站起来，庆祝四月革命就是要庆祝葡萄牙人民斗争所取得的这一伟大成就。

2017 年葡共一如既往地注重加强党的建设。2017 年 2 月 18 日至 19 日，葡萄牙共产党中央委员举行会议，分析了国际形势、社会政治形势和群众斗争的发展。在葡共第二十次代表大会方案指导下，此次会议评估了党的活动，政治主动性和加强党的建设等问题，确定了地方选举的主要目标和指导方针，肯定了基民盟（联盟）工作及其工作能力。葡共决定，将于 2018 年 2 月 24 日和 25 日举行纪念卡尔·马克思诞辰 200 周年会议。9 月 3 日，葡共举行《前进报》节集会。10 月 29 日，葡萄牙共产党中央委员会于 2017 年 10 月 29 日举行会议，分析了葡萄牙国情的变化，指出了群众斗争发展的重要性，启动了应对措施，以加强组织建设，强化身份认同和党的建设。

在庆祝“五一”国际劳动节和反法西斯战争胜利 72 周年之际，葡共再次阐明了自己的政治立场和奋斗目标。5 月 1 日，葡共总书记热罗尼姆·德索萨在里斯本“五一”聚会上作《纪念伟大的劳动节并为之奋斗》发言，并强调在新的政治形势下斗争不会停止或消退。5 月 9 日，葡共总书记热罗尼姆·德索萨在塞沙尔发表题为《葡萄牙共产党论反法西斯战争和战后世界》的讲话。作为一个爱国主义和国际主义的党，葡共重申自己的承诺，无论在国内还是国际上，葡共都会用自己的行动，在国际共产主义和革命运动以及反帝国主义阵线的框架下，促进和平、爱国、民主和进步的力量在行动中团结起来，尤其要为以下目标而斗争：解散北约；反对欧盟的军事化；关闭外国军事基地；争取裁军，尤其是废除核武器和其他大规模杀伤性武器，解除美国的反导系统；为了维护各国主权，确保每个民族在不受外国干涉的情况下决定自己的发展道路。德索萨强调要为捍卫国家主权和独立而奋斗，为爱国的、左翼的替代政策而斗争，为回归四月道路而斗争，葡共要为各族人民的和平与自由作出最大的贡献。

葡共积极参加地方选举和议会斗争。6 月 25 日，葡共发表中央委员会会议公报，会议公报分析了国际局势、经济、社会、政治形势的演变以及群众斗争的发展形势。葡共中央委员会还审查了地方选举筹备工作和进展情况，确定了主要干预措施、政治行动和加强党的建设工作。7 月 12 日，葡萄牙共产党总书记热罗尼姆·德索萨在共和国议会上就“国家现状和事实表明国家需要爱国和左翼政策”发表讲话。德索萨强调，葡萄牙需要爱国和左派政策来应对结构性问题并恢复经济发展。葡萄牙需要重新找回它的发展道路，以维护增强葡萄牙人民的权利和改善葡萄牙人民的生活条件。这条道路需要一项能够使葡萄牙享有平等、自由的权利，能够得到世界和欧洲国家肯定的政策。这是葡萄牙必须选择的道路，也是确保葡萄牙可持续发展和主权发展的必经之路。12 月 7 日，葡共总书记热罗尼姆·德索萨在洛里什 2018 年国家预算的辩论中作题为《2018 年国家预算——进步与局限：爱国主义和左翼政策的斗争》的发言，德索萨认为，在国家政治生活进入新阶段的这两年中，葡共和工人通过共同开展的斗争和采取果断措施行动在一定程度上能够恢复工人和人民的权利、工资、收入，回应了葡萄牙人民的关切。葡共对葡萄牙社会发展的贡献是显而易见的，没有葡共这些措施行动，葡萄牙就不可能取得发展成就。葡萄牙需要爱国和左翼政策，葡共是该国需要替代政策的强大支持力量。12 月 21 日，葡萄牙共产党总书记热罗尼姆·德索萨总书记在里斯本《新闻日报》153 周年大会上发表讲话，强调“没有什么能够迫使葡萄牙放弃选择自己的社会经济结构和政治制度的权利”。葡共认为，目前葡萄牙的情况反映了几十年来右翼政策和欧洲联盟一体化所累积的问题，这些问题相互关联，导致该国面临越来越弱化和从属地位的局面。

葡共积极维护工人阶级的权利和利益。11 月 14 日，葡共总书记热罗尼姆·德索萨发表关于“重视劳动和劳动者——全面增加工资和提高最低工资标准”的讲话。葡共依靠工人的支持和参与，同时重申并承诺工人们可以依靠葡共。借鉴历史教训和历史的经验，从工人们一个多世纪到现在的行动和斗争来看，工人们的权利和成就从来不是立法者的恩赐或发现，而是他们发起的行动和斗争的结果。

葡共积极支持巴勒斯坦人民和阿拉伯人民反对侵略的斗争。12 月 6 日，葡萄牙共产党新闻办公室发布关于美国承认耶路撒冷为以色列首都的声明，葡共强烈谴责美国总统宣布耶路撒冷为以色列首都的决定，葡共认为，这一决定表明了美国对以色列犹太复国主义政策的明确支持，这是对殉国的巴勒斯坦人民和阿拉伯人民的挑衅，后果是相当危险和不可预测的。

第五部分　党的国际实践活动

2017 年，葡共积极参与国际活动，注重共产党和工人党的国际合作。3 月 25 日，葡共应邀请参加在罗马举行的意大利共产党国际倡议活动，该倡议的主题是“共产党人和欧洲联盟——对自由主义的批判和共产党人为了维护国家统一所进行的斗争”。3 月 30 日，葡共应邀参加了在圣保罗举办的巴西共产党研讨会，大会主题为“俄罗斯革命遗产和教训、资本主义危机趋势、21 世纪社会主义新斗争”。3月31日至4月2日，葡共出席了意大利重建共产党第十次代表大会。5月12日至14日，应捷克和摩拉维亚共产党的邀请，葡共总书记热罗尼莫·德索萨率领葡共代表团访问捷克共和国，会见了捷克和摩拉维亚共产党主席、副议长沃伊切赫·菲利普。6月1日至3日，葡共出席了在巴西利亚举行的第六次工人党代表大会。葡共积极声援抵抗反动计划和帝国主义。6月3日至4日，葡共参加了巴塞罗那地区巴达洛纳大剧院举行的加泰罗尼亚共产党第一次代表大会。6月2日至4日，葡共派代表参加了在蒙得维的亚举行的乌拉圭共产党第三十一次大会。6月11日至15日，葡共代表团访问古巴共和国。葡共要求停止美国对古巴的封锁和关闭美国在关塔那摩的军事基地，重申其相信古巴共产党和古巴人民将能够克服困难，继续走社会主义道路。6月22日至25日，葡共代表团出席了在加拉加斯委内瑞拉共产党举行的第十五次会议。7月10日至15日，葡共出席南非共产党第十四届代表大会。7月13日至16日，葡共出席在波哥大举行的哥伦比亚共产党第二十二次代表大会。7月15日至19日，葡共出席圣保罗论坛第二十三次会议。葡共重申其加强反帝国主义阵线的承诺。会议决定，下一届圣保罗论坛将于2018年在古巴举行。9月29日至10月1日，葡共参加西班牙共产党组织的“十月革命一百周年纪念展”活动，其中包括政治文化活动和十月革命一百周年展览。10月8日至10日，葡共参加在加尔各答印度共产党和工人党举行的国际研讨会，纪念由印度共产党（PCI）推动的十月革命。研讨会的主题是“伟大的十月社会主义革命100周年：过去和现在建设社会主义的经验和教训与当代世界共产主义者的策略”。11月17日至19日，葡共中央秘书处鲁伊·布拉加代表参加巴西共产党第十四次代表大会，重申葡共与巴西共产党团结一致，支持巴西共产党为维护巴西工人和人民的利益而进行的斗争，希望加深双方的友好合作关系。11月11日，葡共参加在布拉格举行的第四十二届政治理论会议，本届大会主题为“论共产主义运动的理论与实践，暨纪念十月革命100周年和《共产党宣言》发表170周年”。11月27日，葡共谴责波兰当局针对波兰共产党采取的迫害措施，要求停止政治迫害。

葡共高度重视发展同中国共产党的关系。9月3日，葡共总书记热罗尼姆·德索萨在里斯本会见应邀出席该党前进报节的中国共产党代表、中联部副部长徐绿平一行。德索萨感谢中共代表出席前进报节，表示愿继续加强两党对话与合作，为促进国家关系以及世界的和平与发展贡献力量。徐绿平表示，中国共产党重视同葡共的传统友好关系，愿与葡方共同努力，推动中葡、中欧关系稳定向前发展。11月23日至12月3日，葡共代表团访问中国。葡共代表团前往上海、沙溪、西安、延安等，参观很多历史文化景点，特别是参观了上海中国共产党一大会址纪念馆。访问期间，葡共代表团介绍了葡萄牙的政治局势和葡共为了维护国家和人民的利益所进行的斗争，希望继续深化两国交流与合作。代表团表示通过此次访问加深了对中国特色社会主义的了解和认同，相信中国和中国人民在中国共产党领导下将取得更大成就。12月5日，以葡共全国书记处书记保罗·雷蒙多为首的葡共干部考察团到中共北京市委党校交流访问。此次交流是葡共来华参加中国共产党与世界政党高层论坛系列活动的一个重要环节。葡共关注中国共产党第十九次代表大会的主要精神，特别是从历史和现实的角度深入了解中国共产党加强自身建设的做法和经验。

葡共旗帜鲜明地反对美国和北约破坏和平的侵略行为，支持叙利亚人民的反抗斗争，声援玻利瓦尔革命和委内瑞拉、古巴、巴勒斯坦等国人民的正义斗争。4月7日，葡共谴责美国对叙利亚的侵略。葡共重申，声援叙利亚人民抵抗美国的侵略，捍卫国家主权独立和领土完整。4月19日，葡共就“危险的国际形势和争取和平的紧迫性”发表看法。由于特朗普政府的不负责任以及包括北约和欧盟在内的盟友的支持，美国军国主义升级，世界面临着破坏性的地区冲突，甚至是全球性的冲突。4月19日，葡共重申声援玻利瓦尔革命和委内瑞拉人民，并声明谴责帝国主义干涉和破坏稳定的犯罪行为，呼吁委内瑞拉玻利瓦尔共和国要加强与各国人民之间的合作，以实现主权独立和社会解放。5月9日，葡共举行庆祝世界反法西斯战争胜利集会，葡共认为，在纪念十月革命100周年之际，庆祝世界反纳粹法西斯主义胜利具有特别的意义。葡共重申其在葡萄牙和国际上的承诺，在国际共产主义和革命运动以及反帝国主义阵线的框架内，特别是在争取解散北约的斗争中，以自己的实际行动为团结、和平、爱国、民主和进步贡献力量；反对欧盟的军事化；关闭外国军事基地；争取裁军，特别是取消核武器和其他大规模毁灭性武器，拆除美国的反导系统；为了维护各国主权，确保每个民族在不受外来干涉的情况下都有权决定自己的发展道路。5月24日，葡共中央秘书处成员Pedro Guerreiro在里斯本公开发表声明，反对在布鲁塞尔举行的北约首脑会议，北约应对世界的战争和不安全局势承担主要责任。5月29日，葡共谴责美帝国主义和北约的侵略政策以及欧洲联盟的图谋，表示声援所有为争取其权利和主权而斗争的人民，包括中东和拉丁美洲人民。葡共认为，北约的解体是维护国家主权和世界和平的关键。7月5日，葡共参加委内瑞拉玻利瓦尔共和国驻葡萄牙大使馆在里斯本西蒙·玻利瓦尔雕像前举行了纪念《委内瑞拉独立法》签署206周年的纪念活动。葡共倡议声援玻利瓦尔革命。7月31日，葡共欢迎委内瑞拉人民为维护民主与和平而努力，重申委内瑞拉人民有责任和能力决定自己国家的未来。8月3日，葡共就关于葡萄牙政府不承认委内瑞拉全国制宪大会的决定发表看法，葡共认为，这违背了该国的利益以及恢复政治稳定所必要的条件，重申秉持尊重委内瑞拉主权和宪法秩序的态度。8月23日，葡共以极大的愤慨谴责欧盟在爱沙尼亚举行的反共产主义倡议，葡共认为要极力抗议反共产主义的这种蒙昧主义的表现。8月27日至31日，葡共参加了哥伦比亚革命武装力量全国代表大会。葡共重申支持哥伦比亚人民的斗争。9月21日，葡共明确拒绝欧洲联盟和加拿大之间签订的“全面经济和贸易协定”（CETA）。葡共认为，该协定损害了工人、人民和国家的利益。9 月 21 日，葡共就西班牙的民族问题，特别是加泰罗尼亚的局势发表看法。西班牙的民族问题必须从该国的历史和现实的复杂性来审视。问题的解决必须尊重各族人民的政治意愿，而不是使用胁迫和镇压。9 月 25 日，葡共对德国联邦议会选举的结果发表看法，德国选举的结果表明欧盟的矛盾日益加深。葡共相信，德国的工人和人民将继续为了维护他们的权益而努力奋斗，以实现社会进步与和平的新进程。11 月 2 日，葡共赞成联合国大会投票结果，要求美国停止对古巴共和国的经济、商业和金融的封锁，并鼓励古巴共产党和古巴人民面对美国干涉主义政策进行斗争，捍卫决定其命运和主权权利，追寻社会主义革命道路。11 月 2 日，应巴勒斯坦民族解放组织的邀请，葡共参加了在巴勒斯坦拉姆安拉举行的“《巴尔福宣言》100 周年”会议。11 月 4 日，葡共在《巴尔福宣言》100 周年即将到来之际，重申长期以来声援巴勒斯坦人民的斗争。11 月 6 日，应巴勒斯坦解放组织的邀请，葡共参加了在比利时布鲁塞尔举行的第一届以色列殖民地欧洲会议。葡共重申，葡共长期以来一直声援巴勒斯坦人民的正义事业，并为维护巴勒斯坦人民的不可剥夺的权利而英勇奋斗，谴责以美国为首的北约、欧洲联盟等在这一战略区域进行的侵略与干涉。11 月 14 日，葡共强烈谴责欧盟对委内瑞拉玻利瓦尔共和国采取的制裁措施。葡共重申，声援委内瑞拉玻利瓦尔共和国和委内瑞拉人民，坚决维护他们的独立和主权，相信委内瑞拉人民能够找到解决办法，克服严峻挑战。12 月 6 日，葡共强烈谴责美国总统特朗普宣布美国承认耶路撒冷为以色列首都的行为，这一举动表明美国支持以色列的犹太复国主义政策，是对殉难的巴勒斯坦人民和阿拉伯人民的挑衅，将破坏巴以和平进程，增加中东地区的不稳定性，后果是极其危险和不可预测的。12 月 7 日，葡共就葡萄牙政府加入欧盟在军事领域的“永久结构性合作”(PESCO) 发表了看法。葡共认为，“永久结构性合作”旨在共同发展欧洲军事实力，增加了战争的危险。葡共呼吁欧盟成员国的所有进步力量和公民参与，要求解散北约，反对欧盟军事化，抵抗帝国主义战争。12 月 8 日至 10 日，应解放巴勒斯坦民主阵线的邀请，葡共出席了在荷兰海牙举行的欧洲捍卫巴勒斯坦囚犯联盟第四次代表大会。葡共声援巴勒斯坦人民为了国家的独立和合法的权利而进行的英勇斗争，尊重巴勒斯坦难民返回家园的权利，要求释放以色列境内所有巴勒斯坦政治犯。12 月 14 日，葡共声援巴勒斯坦人民，强烈谴责美国总统通过承认耶路撒冷为以色列首都的决定，认为这项决定严重地破坏了巴勒斯坦人民抵抗以色列的正义斗争。12 月 14 日，葡共就欧盟“永久结构性合作”防务合作协议正式出台发表看法。葡共认为欧盟此举是为了在经历英国“脱欧”等危机后加强内部团结，改变欧洲在军事上对美国及其主导的北大西洋公约组织过于依赖的局面，促进欧洲区域军事一体化，但此举是相当危险的。

第六部分　结语

综观2017年葡共的实践活动，在其一如既往地呈现出理论和政策的连贯性、稳定性的鲜明特征的同时，也展现出在国内国际事务中立场坚定、观点鲜明、敢于斗争的突出特点。

1. 通过纪念俄国十月革命胜利100周年、庆祝葡共成立96周年和举行《前进报》节等一系列活动，一再强调和重申了葡共的性质、指导思想、理想信念和奋斗目标。在这些重要活动的讲话中，葡共总书记热罗尼姆·德索萨指出，葡共“现在是，将来也是共产主义者”，葡共一直为维护工人、人民和国家利益而斗争，是葡萄牙不可替代的力量，在实现先进民主、社会主义和共产主义发挥应有的作用，为工人、人民的斗争和生活赋予了意义，指明了希望之路。

2. 通过庆祝葡萄牙四月革命43周年，再次重申四月革命的伟大成就对于葡萄牙发展的历史意义，强调葡共要秉持四月革命的光荣传统和基本精神，努力为在葡萄牙实现先进民主、社会主义和共产主义而斗争。

3. 强调葡共作为一个爱国主义和国际主义的党，要致力于构建反帝国主义的联合阵线。葡共重申要用自己的行动，促进和平、爱国、民主和进步的力量在行动中团结起来，为解散北约、反对欧盟的军事化、关闭外国军事基地、争取裁军尤其是废除核武器和其他大规模杀伤性武器、解除美国的反导系统、维护各国主权、在葡萄牙实行左翼替代政策而斗争。积极参与共产党和工人党的国际交流与合作，特别是与中国共产党的交往，高度评价中国特色社会主义建设取得的伟大成就。

4. 在国内积极参加地方选举、加强党的建设、维护工人的权利，在国际上谴责美国的以色列犹太复国主义政策，支持巴勒斯坦人民和阿拉伯人民的斗争，谴责美国对叙利亚的侵略，声援玻利瓦尔革命和委内瑞拉人民，谴责美国和北约的侵略政策以及欧洲联盟的图谋，声援所有为争取其权利和主权而斗争的人民。

（撰稿人：中共郑州市委党校　张文化）

2017年澳大利亚共产党年度发展报告

第一部分　概况

1. 国名：澳大利亚联邦（简称澳大利亚）

2. 人口：2378.1169万（2015年）

3. 国土面积：761.7930万平方公里

4. 政党名称：澳大利亚共产党（简称澳共）

5. 成立时间：1920年10月30日

6. 全国主席和总书记：党主席为温尼·莫利纳（Vinnie Molina）、总书记为鲍勃·布立吞（Bob Briton）

7. 政党地位：合法党，在野党

8. 群众组织：澳大利亚共产主义青年团

9. 大众传媒的运用：党的机关报《卫报》（The Guardian）、党的理论刊物《澳大利亚马克思主义评论》（Australian Marxist Review）、网站 http://www.cpa.org.au/contact-us/index.html

10. 最近一次代表大会：第十三次全国代表大会（2017年12月1日至3日）

第二部分　党的产生及发展简史

澳大利亚共产党的发展历程分为四个时期。

一、建党初期

1917 年俄国十月革命的胜利大大地推动了马列主义在澳大利亚工人阶级中的传播。1920 年 10 月 30 日，由澳大利亚社会党发起，在悉尼召开澳大利亚各社会主义者小组和左翼团体会议，一致决定成立澳大利亚共产党。

澳共成立后，就立刻投入维护工人阶级利益的斗争中。建党后澳共的一个工作重点是在工会中进行活动，通过宣传鼓动支持工人的经济斗争。1923 年 8 月，新南威尔士的失业现象不断恶化，严重威胁到工人的生存。澳共为维护失业工人权益而发起了一系列抗议示威运动，并运用统一战线策略联合多个工会和地方劳工联盟组织了一个左翼运动。这个左翼运动将党的革命目标同反映当前工人利益要求的纲领结合起来。

在 1929—1933 年资本主义经济危机期间，以迈尔斯为总书记的澳共新中央委员会将工作重点放在帮助被解雇的煤矿矿工，并在煤矿区建立了许多基层委员会，提出“全体罢工”的口号。虽然总罢工因遭到改良主义的背叛而失败，但是却为澳共赢得了煤矿区工人的大力支持。在 1930 年 10 月新南威尔士举行的州选中，澳共得到 54 个议席，获得 19000 张选票。1932 年澳共的党员数量增加了 4 倍。

二、发展壮大期

在资本主义经济危机不断加剧的背景下，法西斯主义开始在全世界抬头，德意日法西斯在欧洲和亚洲形成了两个战争策源地。为反对法西斯主义，澳共开始了保卫和平与民主的新时期。澳共发动了抵制日货运动，并组织罢工运动，反对把战争物资运往日本，大力支持中国人民的抗日斗争；澳共要求政府对意大利实行全面经济制裁并封闭苏伊士运河；澳共号召人民全力支持西班牙共和政府的反法西斯斗争。

1941 年 6 月 22 日，纳粹德国进攻苏联。澳共宣布全力支持反法西斯人民解放战争，号召全国与苏联建立最密切的关系，全力支持苏联，并呼吁西方国家在欧洲开辟第二战场，以便使英国和苏联能对共同敌人给以联合的打击。同时，澳共号召全力加强军事力量，号召工业中的工人以最大的努力来生产一切战争所需的物资。在反法西斯战争期间，大约有 4000 名澳共党员在军队中服役。

在领导人民开展反法西斯斗争的过程中，澳共提高并扩大了在人民中的影响力，但却招致本国资产阶级政府的恐惧和攻击。1940 年 6 月 15 日，孟席斯政府宣布澳共为非法团体。1941 年 10 月 3 日柯廷工党政府上台，它解除了对澳共的禁令，从而使澳共的发展更加迅速。在 1943 年联邦选举中，澳共和新南威尔士州工党达成了统一战线的协议，最终于 1944 年 1 月完成了合并工作。这次合并使澳共人数发展到历史最高峰，达到 2.3 万人。至此，澳共成为公认的国家事务中的一支重要政治力量。

战后，由于受到当时整个资本主义世界中反苏反共浪潮的冲击，澳大利亚的右翼势力抬头。自由党领袖孟席斯在 1949 年 12 月的澳大利亚联邦大选中获胜。孟席斯上台后不遗余力地进行迫害澳共和进步工会的活动，澳共领导广大的工人群众与之进行了英勇的斗争。1949 年 3 月 5 日澳共总书记夏基发表谈话，支持法共领袖多列士的反战声明，反对侵略性的北大西洋公约。澳大利亚“联邦特种法庭”竟然因此而指控夏基，并予以判刑。夏基对最高法院的上诉也被驳回。这个事件激起了澳大利亚工人阶级的抗议怒潮。迫于人民的压力，澳大利亚政府于 1950 年 11 月 24 日把夏基从悉尼监狱中释放。

澳共在这一时期进行的另一个重大斗争，是反对孟席斯政府“解散共产党法案”的斗争。1950 年 4 月 27 日，孟席斯向众议院提出一个“解散共产党法案”。该法案于 10 月 19 日在参院通过。接着，孟席斯政府在第二天在该法案经总督麦克尔批准后予以公布施行。然而，孟席斯政府所有这一切反共、反人民的行为都遭到了工人阶级和共产党人的有力反击。澳大利亚司法部长慑于广大人民的反对，不得不于 10 月 21 日下令由最高法院发布临时禁令，限制反共法案某些条款的实施，随后又于 10 月 25 日宣布将该项禁令的有效期间无限期延长。经过几个月的斗争，到 1951 年 3 月 9 日，高等法院以 6 票对 1 票否决了孟席斯的“解散共产党法案”。

三、逐渐衰落期

在 20 世纪六七十年代，澳共发生的两次大分裂严重削弱了党的力量。

20 世纪 50 年代中期，国际共运出现的一系列事件，如苏共二十大、波兰“波兹南事件”和匈牙利“十月事件”，造成澳共党内出现意见分歧，不少党员提出退党。到 1958 年，澳共党员人数降至 5850 人，直接削弱了澳共的力量。

在 20 世纪 60 年代初期，中苏大论战直接引起国际共产主义运动的分裂，这也突出地表现在澳共的内部。中苏两党的分歧公开化和加剧之后，澳共领导层采取了支持苏共的立场，并于 1963 年中断同中国共产党的关系。但是希尔、鲁塞尔、米勒、马隆和其他一些党员干部反对这一做法。1963 年 6 月 20 日，亲苏的澳共中央执行委员会把维多利亚州的七名委员中的五名委员（即希尔、约翰逊、罗素、米勒和马隆）清出去。1963 年 11 月 11 日，以希尔为首的数百名党员发表《澳大利亚马克思列宁主义者宣言》，反对澳共中央在许多问题上的观点，支持中国共产党的立场。1964 年 3 月 24 日，澳大利亚马列主义者创办的《先锋报》一项声明，说："澳大利亚马克思列宁主义者最近举行了会议。会议经过充分讨论后决定摒弃阿隆斯先生、狄克逊先生和夏基先生的领导，而以澳共（马列主义者）的名称重新建立澳大利亚共产主义运动。"①

1965 年 6 月 9 日，澳共中央书记处书记、副主席劳里·阿隆斯接替劳伦斯·夏基任澳共总书记。1966 年澳共开始对苏联国内的一些问题提出批评。1968 年，苏联出兵捷克斯洛伐克。澳共全国委员会通过投票决定对苏联的侵略行为进行谴责。其中，有 37 票支持，2 票反对。然而，以政治局委员帕·克兰西为首的亲苏派却表示支持苏联，指责以阿隆斯为首的领导层反苏和反对国际共产主义运动，认为他们日益在澳大利亚走上一条机会主义的路线，放弃了无产阶级国际主义的马列主义原则，陷入了狭隘的民族主义。亲苏派是少数派，出版了自己的刊物《澳大利亚社会主义者》（The Australian Socialist），并拒绝遵守党的规则。阿隆斯以此为借口驱逐了亲苏派的关键领导人。1970 年 3 月澳共第二十二次代表大会通过了《澳共的目标、方式和组织》的纲领性文件，取消了马克思列宁主义在党的意识形态中的指导地位以及党应在对澳大利亚社会进行社会主义改造过程中发挥主导作用的提法。在此期间，支持苏共路线的澳共党员在悉尼召开代表大会，宣布成立澳大利亚社会主义党。1971 年约 400 澳共党员由于反对澳共领导层的政策而集体退党。1971 年 12 月 5 日澳大利亚社会主义党正式脱离澳共。在这次分裂之前澳共党员数量四五千名，在分裂之后在 1972 年初澳共党员数量减少至 2500 名②。

到 20 世纪 70 年代末，澳共已失去对工人阶级的信心，认为学生和学者已经代替工人阶级成为社会的革命部分。因此，澳共领导人撤销了许多工厂的党组织。他们放弃马克思主义，宣称马克思主义已经过时，革命政党已不合时宜。到 20 世纪 80 年代初，澳共党员不足 2000 人。

1984 年 4 月 17 日以澳共全国领导核心成员马克·塔夫特和全国执行委员会委员伯尼·塔夫特为首的 23 名维多利亚州州委会委员突然宣布退出澳共。18 日，全国委员李·伯明翰等 14 人在昆士兰州宣布退出澳共。随后又有维多利亚州 5 名党员退党。这是二次大战结束以来澳共的第三次大分裂，给澳共带来了极大的困难。

1984 年 11 月 3 日至 4 日，澳共在悉尼召开第二十八次全国代表大会。大会

---

① 高举马列主义旗帜、反对现代修正主义——希尔当选为主席、马隆和奥谢当选为副主席［N］. 参考消息，1964-03-28.

② Richard F. Stear. Yearbook on International Communist Affairs［M］. Washington：Hoover Institution Publications，1973：408.

提出了筹建“独立的社会主义党”——“新左翼党”的设想，号召左翼和进步运动积极分子共同努力，在澳大利亚建立更有效的、更具感召力和更充满信心的社会主义。1987年11月底，澳共同其他一些左翼政党代表及独立人士举行会议，并把该会议作为建党磋商第一阶段结束的标志。

1989年东欧剧变对澳大利亚社会主义运动造成重大冲击，使澳共党内思想更加混乱，加速了它的演变。同年12月，澳共召开第三十次特别代表大会，决定澳共将逐渐停止其自身的政治活动，要求党员同其他左翼人士磋商，加快新左翼党的筹建工作。1990年7月，新左翼党宣告成立，有数百人。澳共于1990年年底前自动解散，但其党报《论坛报》一直坚持到1991年4月3日最后一期为止。

四、重建时期

从原澳共中分裂出来的澳大利亚社会主义党一直努力把马列主义的原则正确地应用于澳大利亚社会的现实，努力把工人阶级联合起来为了和平和社会进步而斗争，目标是建立工人阶级的统一战线来与垄断资本主义作斗争①。针对苏东剧变带来的困难局面，澳大利亚社会主义党在1990年9月28日至10月1日及时地召开特别会议，就苏联的经验和戈尔巴乔夫的改革等问题在全党内进行了广泛而深入的讨论，在此基础上形成了决议，发布了政治声明，以马克思主义为指导对苏东剧变进行了辩证而深刻的分析，对统一全党的思想、坚定党员的社会主义信念、稳定党的队伍和巩固党的组织发挥了关键的作用。

1996年10月4日至7日澳大利亚社会主义召开了第八次全国代表大会，会上通过决议将党的名称改名为“澳共”，并声称将继承原澳共的优秀传统。这次更名是澳大利亚社会主义党对共产主义和马克思列宁主义信仰的重申，受到多数工会会员的欢迎。澳大利亚社会主义党主席米德叶顿指出，这次改名的原因主要有：澳大利亚社会主义党自成立之日起，一直视自己为一个共产主义性质的政党；改名为共产党更能明确无疑地表明，该党是以马列主义为意识形态的，并能证明该党对社会主义的承诺。而且，霍华德政府的政策正使工人在工资、工作条件和行业工会等方面受到史无前例的打击，而共产主义的思想则能给普通工人提供安全保障。此次改名，有利于联合其他政党的力量，从而成为主流政治中一支可供选民选择的力量。

2005年9月30日至10月3日澳共在悉尼召开了第十次全国代表大会，大会的口号是“在工人阶级中建党，每一个党员都是活动家”。大会选举出新的中央委员会，通过了新党纲和政治决议。这次大会对资本主义制度进行了深刻分析，进一步总结了20世纪社会主义历史进程的经验教训，阐明了澳共对未来社

---

① Pat Clancy. The Formation of the Socialist Party of Australia in Communists and the Labour Movement National Conference [R]. Melbourne，1980：2.

会主义社会的新构想，并对澳大利亚社会主义发展道路进行了系统的规划，对澳共在 21 世纪的活动具有根本性的指导意义。

2009 年 10 月 2 日至 5 日，澳共在悉尼召开了第十一次全国代表大会。来自澳大利亚全国各地的 70 名代表及约 200 名支持者参加了大会。大会以“资本主义的失败和社会主义的必要性”为主题，讨论了党自十大以来的工作，选举产生了新一届中央委员会，通过了新的政治决议，并通过了声援洪都拉斯和哥伦比亚的斗争以及危地马拉共产党成立 1 周年的特别决议。澳共总书记米德叶顿在澳共十一大开幕式上说：“我们的目标是建立一个解决战争、剥削、环境破坏、压迫、贫穷、失业、愚昧、种族主义和不公正等资本主义固有问题的社会……旧制度一次又一次地失败，而社会主义的中国、古巴和越南在人类责任、经济责任和环境责任等方面发挥了领头羊的作用。社会主义对于我们的生存和未来是至关重要的。这就是我们把共产党称作未来的党的根本原因。”2013 年 10 月 4 日至 7 日，澳共召开了第十二次全国代表大会，通过了《为了建立社会主义的澳大利亚而积极行动和团结起来》的政治决议。2017 年 12 月 1 日至 3 日，澳大利亚共产党在悉尼召开第十三次全国代表大会，通过了《让党走进人民》的政治决议，分析了国内外形势，为党确定了新时期的主要斗争任务和斗争策略。

在资本主义经济危机席卷全球的背景之下，澳共正在扭转苏东剧变以来的被动局面，加强党的凝聚力，并进入一个更加活跃的阶段，正在更加努力地探索一条适合澳大利亚国情的社会主义发展道路。

第三部分　党的理论和组织状况

一、指导思想

澳大利亚共产党强调要科学对待马列主义，将其创造性地运用于澳大利亚本国的实践中。2005 年澳大利亚共产党十大通过的新党纲旗帜鲜明地重申：“澳大利亚共产党以马克思和恩格斯创立的、由列宁进一步发展的科学社会主义为指导，这使他能够理解社会发展的规律和事件的发展方向。澳大利亚共产党把马列主义当作活的科学，而不是教条。”

澳大利亚共产党强调要坚持科学社会主义基本原理的普遍性，同时主张根据澳大利亚的情况来研究马列主义，并将它应用于实践之中，以丰富的实践经验来发展和完善理论。澳大利亚共产党强调：“没有理论指导的实践是盲目的，而没有实践的理论是没有结果的。因此，理论必须成为每个党员每天活动的一部分。思想和理论必须随着社会发展以及社会和自然中新问题的产生而不断发展，必须找到适合新情况的答案。所有时候都必须理论联系实际，通过每日的事件来验证理论和政策。"① 澳大利亚共产党十大通过的政治决议指出："澳大利亚共产党坚持马克思、恩格斯和列宁的科学社会主义。这要求我们把辩证唯物主义、历史唯物主义、马克思主义政治经济学的应用作为我们分析问题和开展工作的基础。在澳大利亚共产党开展活动的过程中，新问题不断出现。如果党员对马克思主义有深刻的认识，并能把它运用到他们所面临的独特情况中，他们将能够找到正确的答案，制定出最好的政策。"

澳大利亚共产党强调，要注意防止两种偏离马列主义的做法。第一种是教条主义和宗派主义，第二种是否定阶级斗争和共产党的必要性。澳大利亚共产党认为目前需要克服的主要障碍是对马克思主义的狭隘的、教条主义的理解，这种思想拒绝承认世界在变化。澳大利亚共产党强调，共产党要毫不偏离经过检验的马列主义理论和实践，同时还要拥有新的观点和经验。世界形势不断地发生变化，必须分析这些新的变化，把它们加入理论知识和实践经验的宝库中。

为了提高广大党员和人民群众的思想觉悟，澳大利亚共产党采取了以下措施：第一，利用党的机关报刊大力进行宣传教育。澳大利亚共产党定期出版发行周报《卫报》和中央机关的理论刊物《澳大利亚马克思主义评论》，并通过党自己的出版机构出版各种书籍和小册子，对澳大利亚政府的反动政策进行了批判和揭露，同时对马克思主义的理论、党的思想路线和方针政策进行了生动阐释和大力宣传，发挥了鼓舞党员斗志、提高党员的理论素养和思想觉悟水平、扩大党的影响等重要的作用。这些刊物逐渐成为澳大利亚共产党揭批资本主义制度的喉舌。苏东剧变以后，资产阶级掀起了一波又一波的反共宣传，澳大利亚共产党对此进行了坚决的斗争，不断地揭露资产阶级恣意歪曲历史、抹黑社会主义制度和世界社会主义运动的阴谋，积极宣传 20 世纪社会主义国家所取得的伟大成就，又对社会主义国家所出现的失误进行了深刻的反思；强调苏东剧变不是社会主义的失败，历史并没有终结于资本主义；强调要把阶级分析法作为分析苏东剧变的根本方法，把历史唯物主义和辩证唯物主义作为分析苏东剧变的根本指导思想，多次召开会议使广大党员对苏东剧变进行广泛而深入的讨论，并在此基础上形成多数党员都赞同的决议，以此来统一全党的思想，坚定了多数党员对社会主义的理想信念。澳大利亚共产党指出："澳大利亚共产党的全国报纸《卫报》发挥着核心作用。它有助于教育和组织党员及其支持者采取行动，把问题公开、真诚地告知工人，不受既得利益的控制。它有助于指导党的活动。我们的报纸把党和党

① Communist Party of Australia. Program [EB/OL]. (2005-10-01) [2017-10-01]. https://www.cpa.org.au/resources/cpa-doc-current/cpa-program.pdf.

员与工人阶级和全体劳动人民中的有强烈阶级意识和政治敏感性的成员联系起来。"① 澳大利亚共产党要求其所有党员分发《卫报》，使其在工人阶级和进步的积极分子中得到广泛传播。第二，创办和发展各级"共产主义大学"，对广大党员和干部进行马克思主义的教育和培训，使广大党员和干部坚定社会主义和共产主义的理想信念，并掌握马克思主义的世界观和方法论，为其从事各种实践活动提供理论的指导。第三，利用因特网等现代通信工具，及时地把党的周报《卫报》和理论刊物《澳大利亚马克思主义评论》、党的重要文献、重大事项和重要活动等信息置于网上，并利用微博和 E-mail 等通信手段与广大党员和群众进行交流，及时了解广大党员干部和人民群众对党的看法和建议，对广大党员和群众进行马克思主义的教育，并通过网络接受工人群众的入党申请，扩大党的影响。

二、组织结构和组织原则

澳大利亚共产党《党章》第 11 条规定："党的最高权力机关是党的全国代表大会，每四年召开一次。全国代表大会的职能和权力包括：确定党的政策；接收、讨论和决定中央委员会提交的报告；在需要时修改党的纲领和章程；决定中央委员会的成员人数，选举中央委员会；选举出一个选举委员会，包括一名选举监察官员和两名监察官；就中央委员会提交的任何事项作出决定。全国代表大会的代表应包括即将卸任的中央委员会成员以及州大会和地区大会选举的代表。代表数量应不少于即将卸任的中央委员会成员数的两倍。"

澳大利亚共产党中央委员会设在悉尼。在五个州设有基层组织：新南威尔士州设有悉尼区委员会，下设纽卡斯尔支部和里弗赖纳支部；昆士兰州设有布里斯班支部；南澳州设有南澳州委员会；维多利亚州设有墨尔本支部；西澳州设有西澳州支部。中央委员会选举总书记、党主席和其他职位；每个分部、州和地区委员会选举自己的代表，其中包括秘书、主席和出纳。

澳大利亚共产党强调，共产党员参加党的生活意味着积极参与所属党支部的生活，包括出席会议，参与讨论，承担责任以帮助实现党支部的计划和决定。这不仅是党员的权利，而且也是一种责任。必须提高每个党支部的思想工作能力和组织能力，加强党支部的领导机构，并激励党支部成员和支持者参加公共运动。

澳大利亚共产党的党支部建立在车间、企业、地方、学习场所或其他地方，它们能够把党员组织起来，使他们能够开展工作，在工人和社区进行活动，扩大澳大利亚共产党的影响。澳大利亚共产党强调，必须优先在工作场所建立党支部，设立工作场所的就业组织。目前澳大利亚共产党严重缺乏这方面的工作，因此必须把它当作一个优先事项。澳大利亚共产党党员必须在工作场所积极地开展活动，进行协调，发挥共产党的领导作用。

---

① Warren Smith. A brief history of Australian Unionism and the role of the Communist Party [M]. New Age Publishers Pty Ltd，2000 .

澳大利亚共产党的党章规定，民主集中制是其组织原则。这是一个确定大部分党员的意志，并把它转换为具有约束力的决策的过程。澳大利亚共产党定期地通过民主集中的程序来选择自己的领导层。民主和集中不是相互独立和对立的过程，两者的辩证统一构成了民主集中制。它是一个统一的整体。正确和充分地运用民主集中制，将确保澳大利亚共产党在各种问题上拥有一个统一的路线，拥有一个有凝聚力的高效而权威的中央领导集体，而不是一个支离破碎的领导集体，拥有一个充满活力和民主的党内生活，将大大提高党员的团结和主动性，使上级党组织和下级党组织之间拥有紧密的联系，并确保所有党员都执行多数党员通过的决议，确保下级党组织按照上级党组织的决定行事，提高党的工作效率。澳大利亚共产党不允许在党内存在派别和分裂活动。

民主集中制的主要原则包括：第一，通过无记名投票来选举中央、州和地方委员会以及党支部委员会。第二，在实践中检验党的决策，分析和研究实践活动，从中借鉴经验，实行批评和自我批评，其宗旨是加强党组织及其党员的工作。第三，处于领导地位的党组织定期为受其领导的党组织作报告。下级组织向上级组织报告其工作中出现的问题，上级党组织为下级党组织提供指导，下级党组织接受这种协助。第四，各级党组织都遵守集体领导的原则。所有重要的问题都要集体决定，而在执行决策过程中把责任分配到个人。第五，必须遵守按照民主集中制的程序正确作出的决定，下级党组织执行上级党组织的决定，少数人执行多数人的决定。第六，由党组织定期和有效地检查各级党组织所作决定的执行情况。

三、党员资格

澳大利亚共产党党章第 2 条规定：“澳大利亚共产党向年满 16 岁、经常居住在澳大利亚的任何人开放。入党的条件是接受澳大利亚共产党的纲领和章程，加入一个党组织并参加其活动，遵守党的决议，并上交党费。凡证实有特殊情况妨碍其参加其党组织的活动时，可以作出安排使该党员在一个特定的时间内免除其党员的义务。应安排该党员代表党去参加其他活动。”党章第 5 条规定：“申请加入澳大利亚共产党必须由申请人填写入党申请书，由提名人签名，并提交给某个党组织，该党组织召开会议进行讨论，参加会议的党员都可以发表自己的意见，表示支持或反对。申请人在成为正式党员前，必须参加指定的党组织或与指定党组织保持联系三个月，至少参加三次政治教育的讨论，讨论内容包括澳大利亚共产党的结构、政策和思想。若党组织认为申请人还不具备入党的条件，则可以拒绝申请，或推迟一段时期再作决定，在这段时间内申请人需要代表澳大利亚共产党进行一些活动或进一步地学习。”①

① Communist Party of Australia. Constitution [EB/OL]. (2017-12-01) [2017-12-31]. http://www.cpa.org.au/resources/index.html.

这种严格的入党程序保证了加入澳大利亚共产党的党员都具有坚定的社会主义理想信念、较高的组织纪律性和较强的活动能力，保证了澳大利亚共产党的团结一致和战斗力。

澳大利亚共产党的宗旨在于把澳大利亚从资本主义变为社会主义，其党员包括工业工人、科学家、技师、作家、个体农户和来自各阶层的进步人士，不管男女老少与民族的差异。澳大利亚共产党目前的规模仍然过小，而无法有效承担其面临的许多任务和责任。增加党员数量仍然是一个急迫的任务。澳大利亚共产党相信，共产党员在正确理论指导下进行的活动将鼓励更多的人加入澳大利亚共产党。重要的是以有原则而刻苦的工作方式开展工作，以赢得其他活动家参加澳大利亚共产党正在进行的具体斗争和事业。澳大利亚共产党群众工作的重点是发动和加强群众运动，以实现澳大利亚进步的社会变革。澳大利亚共产党通过在这些运动中坚持不懈的努力和高尚的工作而推动越来越多的人加入澳大利亚共产党。

澳大利亚共产党的党章规定，共产党员的职责包括：第一，要建立和加强党的组织，扩大它在人民群众中的政治影响。第二，要向劳动人民解释党的纲领，并赢得他们的支持，努力使他们支持社会主义的立场，使其加入共产党。团结一致地工作，积极捍卫劳动人民的切身利益，巩固和扩大党与劳动人民的联系。第三，维护和加强党的团结，提高自己的政治认识，不断学习马克思列宁主义的知识；遵守党的纪律和党章的要求。第四，要开展批评与自我批评，旨在改善党员的工作方式，大力发展集体的工作方法和党的民主生活。第五，加入并帮助建立工会、个体农户组织或专业组织，并根据党的纲领和政策争取在这些组织中发挥领导作用，通过这些途径来扩大党在这些组织中的影响，并促使他们支持党的政策。

第四部分　党的国内实践活动

一、纪念十月革命100周年

2017年11月1日，澳大利亚共产党开始庆祝伟大的十月社会主义革命100周年，庆祝活动持续一个月。

在伟大的革命家列宁的领导下，工人阶级掌握政权，俄国人民经受住了战争、外国军事干涉、贸易禁运和其他形式的破坏，忍受巨大的艰辛和牺牲，根据人民的需要结束剥削，建设了重要的基础设施和现代化社会。苏联有许多资本主义国家不能吹嘘的好成绩，其中包括：充分就业、免费的全民保健服务和药品、免费教育、带薪产假、合法堕胎、妇女同工同酬以及为母亲提供额外的国家服务和福利。此外，从苏联的第一次建设社会主义的经验中也可以学到很多教训。100 周年纪念是一个反思这些问题的时候，并思考如何最好地展开斗争。毫无疑问，未来的道路将是不平坦的，是曲折前进的。

澳大利亚共产党在《卫报》中刊登了列宁的开创性著作《帝国主义：资本主义的最高阶段》的第一部分，虽然它是在 1916 年写成的，但与今天的工人阶级斗争仍然有密切联系。

二、积极参加议会竞选活动

参加议会竞选是澳大利亚共产党实践活动的重要内容之一。进入 21 世纪，澳大利亚共产党把联邦大选视为一个为澳大利亚选民提供替代性政策的机会。

在 2016 年的联邦选举中，有 10％的登记选民没有投票，5％的投票是非正式的，还有 25％的投票投给了两个主要资产阶级政党以外的其他政党，这表现了人们对主要党派及其政策的普遍失望情绪。然而，在选举中支持左翼的人数相对较少。绿党已经吸引了一大批追随者和民众投票，但它不是工人阶级的政党，屈服于一些压力而在一些关键问题上持有错误的立场，在其队伍中混杂着右翼党员。无论是在国际上还是在澳大利亚，主要的政治人物、媒体垄断组织和教育系统都对左翼政党，特别是共产党发动了无情的攻击。选举制度给左翼政党充分参与选举制造了障碍，其中包括登记为政党的要求。澳大利亚共产党强调，虽然党不能成为一个为了选举而存在的党，但是应继续参加各级政府的选举，在斗争中提出其亲民、亲和平、反帝国主义和反垄断联盟的替代方案。

由于澳大利亚共产党积极地开展竞选活动、捍卫人民的权利和生活水平，它赢得了许多社会人士和一部分工会运动的支持，提高了知名度，并招募了一些新的党员，其中包括一些年轻人。澳大利亚共产党现在仍在开展运动，要求进行选举改革和实行比例代表制，以便使更小的进步政党能够在更加民主的基础上参加竞选。

三、加强党的建设

澳大利亚共产党坚信，建设一个新的公正社会的决定性因素是建立一个更大、更有影响力的政党，使其在许多关键斗争领域发挥领导作用。一些党支部已通过一些必要的工作提高了党的竞选运动的效率。奥本和阿德莱德港分支的党员在城市委员会中取得了政党代表权。这是通过在社会中开展统一的、卓有成效的竞选活动来实现的。澳大利亚共产党呼吁所有党员加强阶级斗争，并在未来四年中把工作重点放在把党支部建设成为政治活动中心上，在群众运动中开展行动，以此来赢得争取社会变革的斗争。通过参与日常斗争，澳大利亚共产党可以赢得人民的信心，证明党是其当前利益和长期利益的最佳拥护者。通过日常斗争，可以建立一个在政治上和组织上能够挑战和击败资本主义体系的力量。澳大利亚共产党党员必须成为非党派组织的积极分子，加强和促进这些组织的目标，并以适当的方式向这些组织介绍党的政策，其中最重要的是工会。竞选活动不仅仅是发传单，它应该包括一系列的活动，使党能够与工人交谈，解释问题，并提出党的观点。它必须精心策划，有针对性和有组织地开展运动。它必须以满足人民的需要和利益为目标，并致力于实现变革。

澳大利亚共产党的目标是建立一个能够在工人阶级及其潜在盟友之间发挥重大影响力的政党。只有在社区、工会和群众运动的不同领域进行持续、建设性和可见的活动和组织工作才能最终实现这一目标。澳大利亚的左派力量软弱而分裂。在这种情况下，至关重要的是澳大利亚共产党要发挥领导作用，把替代资本主义的工人阶级方案提供给人民。当党员试图分析世界各地发生的事件并参与身边斗争时，马克思列宁主义就是其理解和确定方向的重要工具。对这一理论的认识使他们对社会主义的最终胜利充满信心。没有理论指导的实践是盲目的实践，而离开实践的理论是空洞的理论。必须建立一个由各级党的领导人组成的专门小组，确保党内政治理论教育的规划和运行。这必须成为新一届中央委员会的主要任务之一。

自上届大会以来，澳大利亚共产党的思想政治教育在国家层面有了显著的改善。自2013年以来，每个非大选年都举办了两所全国性党校。这些学校将理论与实践主题结合起来，目标是提高党支部的技能，以便在其竞选活动和党建活动中应用。澳大利亚共产党十三大强调，新的中央委员会还需要做更多的工作，以确保新党员接受马克思列宁主义的基本教育，并增加现有党员的知识。

四、加强党媒建设

澳大利亚共产党的媒体包括所有沟通形式。《卫报》仍然是其中心事业，它使读者了解竞选活动的进展情况，并分析了在国内和国际上影响工人生活的事件，直接报告党员参与的斗争。《卫报》是党成功地走进人民的必不可少的工具。澳大利亚共产党十三大强调，在未来一段时期，要提高《卫报》的销售额。党的媒体还包括《澳大利亚马克思主义评论》、党制作的传单、党和分支机构的标志和各种社交媒体。各分支机构应在其工作范围内定期发布通讯或传单，以传播党对当地或工作场所问题的政策和意见。必须继续发展网上业务，更充分地利用社交媒体。每个分支机构都应该努力建立一些反映党支部正在做什么的社交媒体网站，并努力将朋友和追随者聚集到该网站。要在分支机构、州支部、全国委员会的社交媒体网站和出版物之间建立明确的联系。

五、加强统一战线工作

目前，澳大利亚共产党和澳大利亚工会运动缺乏实力，单靠自己无法击败右翼势力。然而，若能够与其他进步社会力量加强团结，就能够击败极右势力对工会和其他民主权利的攻击，维护和改善医疗保险、公共教育和其他公共服务，使土著人民获得权利，使环境得到保护。这些斗争和许多其他斗争需要不同进步力量之间的最大团结和合作，以创造一个强大的变革力量。

澳大利亚共产党确定了三个关键的加强团结的层面：左翼政治力量的团结、工人阶级的团结和民主的、人民的团结。三者各有其自身的基础和特点。然而，所有形式的团结是相互依存、相互联系和互相影响的。

澳大利亚共产党是统一战线的重要组成部分。它毫无保留地为统一战线的目标和加强团结而工作。工人阶级在争取和平、民族独立、民主、经济安全和进步的斗争中发挥领导作用，同时还必须对其他反垄断力量的需要给予具体的支持。这可能包括小企业、家庭农场主和其他受垄断资本剥削的群体。

澳大利亚共产党总书记鲍勃·布里顿（Bob Briton）在第十三次全国代表大会的讲话中表示："我很高兴看到我们与澳大利亚共产党（马列）的关系发展得更加密切。我们必须继续深化同这些同志和其他人的工作关系，不分党派或其他分歧，因为在这场正在展开的斗争中，我们需要有共同目标的盟友，在工人的斗争中打败我们的敌人。"①

六、捍卫工人阶级和其他受剥削人民的利益

在这个多层面危机日益加深的时代，工人阶级和其他受剥削人民面临着许多挑战。有许多紧急事物需要澳大利亚共产党参与。

2017 年 11 月 1 日，澳大利亚共产党强烈地谴责上周澳大利亚联邦警察突袭澳大利亚工人联合会办公室，这表明特恩布尔政府对工人的战争升级。这种挑衅行动已经证实了工会运动和广大社区成员的担忧，即警察国家的权力正在被用来试图破坏这个国家的工会运动。这次袭击事件发生在几十年来对工会权利不断攻击的背景之下，与剥夺工人通过艰苦奋斗得到权利的其他举措是一致的。其目的是在面临更多的剥削和失业增加的情况下，让工人们无所作为。澳大利亚共产党认为就业部长必须辞职。澳大利亚的工人和工会成员面对凶猛的联合政府对公民民主权利的空前攻击和法西斯式的立法，只能通过加强工人阶级的团结和开展有组织的斗争才能打败他们。现在需要最大的统一和大胆的行动来挫败这个代表雇主阶层的反人民议程。在这些努力中，澳大利亚共产党将发挥自己的作用。

澳大利亚共产党十三大指出，在今后一个时期澳大利亚共产党有两项主要任务：第一，捍卫工会和其他民主权利；第二，通过参与和平与环境保护运动确保人类的生存。当前的重点是捍卫民主权利。工人阶级将是抵制资本攻势的最重要力量，而澳大利亚共产党的分析和指导将是至关重要的。争取民主权利进程的一部分是澳大利亚共产党参与打破澳大利亚的两党制。澳大利亚共产党是一个活动

---

① Communist Party of Australia. Political Resolution[EB/OL].(2017-12-01)[2017-12-31].(2007)https://www.cpa.org.au/resources/index.html.

家的政党，强调要在工作场所和社会中找到实现经济和社会彻底变革的主要力量。

七、召开第十三次全国代表大会

2017 年 12 月 1 日至 3 日，澳大利亚共产党在悉尼召开第十三次全国代表大会。大会选举出新的中央委员会。鲍勃·布里顿再次当选为党的总书记。团结是此次大会的一个主题。大会经过热烈讨论一致通过了《让党走进人民》的政治决议，分析了国内外形势，为党确定了新时期的主要斗争任务和斗争策略。大会的一个特点是妇女党员数和年轻党员数量增加了。大会最后一天举行了年轻党员的会议。自上届大会以来，澳大利亚共产党党员人数的增加促使其决定扩大中央委员会、执行委员会和秘书处的人数。参加大会开幕式的嘉宾包括老挝、中华人民共和国、古巴等社会主义国家的驻澳使馆代表。中国大使馆代表在大会上宣读了中共中央的贺词。

第五部分　党的国际实践活动

2017 年澳大利亚共产党积极开展国际实践活动，为维护世界和平而斗争，支持和声援遭受美国威胁的中国和朝鲜等社会主义国家，积极参加共产党和工人党国际会议。

一、为反对战争、维护世界和平而斗争

2017 年 4 月 12 日，澳大利亚共产党发表声明，强烈谴责美军轰炸叙利亚的行为，认为这是对一个主权国家的袭击，是违反国际法的。特朗普政府要求阿萨德政府对所谓的有毒气体袭击负责。美国历史上曾经有过为侵略创造借口的例子，比如所谓的伊拉克大规模毁灭性武器的存在。澳大利亚共产党指出，美国采取这一行动，加重了核武器国家之间的重大冲突的风险，并为和平解决冲突制造了障碍。美国对叙利亚空军基地的袭击事件加强了近几周来遭受严重挫折的叙利亚恐怖分子的士气。澳大利亚政府和劳工反对派对特朗普行政当局的支持是可以预测的，但也是不负责任的。澳大利亚共产党呼吁所有成员和支持者加入反战运动。

澳大利亚共产党十三大指出，帝国主义的暴力本性表现在发动战争和侵略的政策以及对国家主权和独立的破坏上。战争一直是帝国主义的一大标志。为了剥

削和掠夺资源，帝国主义对主权国家的暴行空前严重。资产阶级媒体的谎言和宣传使公众陷入思想混乱状态之中。帝国主义之间的矛盾日益尖锐，对世界市场、资源丰富地区和能源路线的争夺愈演愈烈。随着武器转让和大量军事预算的不断增加，亚洲和太平洋许多国家越来越军事化。各国越来越倾向于把增加武器、威胁使用武力或真正使用武力作为处理外部安全事务和确保国内社会秩序的主要工具。在即将到来的时期出现了发生战争的真正危险，甚至可能是核战争。澳大利亚当局通过自己扩大军事力量、增加对该区域的军火销售以及外交政策的军事化而协助了这些进程。

澳大利亚共产党呼吁所有党员采取行动，以改变澳大利亚当局的外交政策和国防政策。澳大利亚共产党指出，澳大利亚需要实行独立和不结盟的外交政策，真正服务于澳大利亚的国防需要和该地区的和平与稳定的需要。现在应抛弃《美澳新条约》，关闭美国在澳大利亚土地上的军事基地，驱逐美国在达尔文的海军陆战队，终止美澳联合战争游戏。特别是要拆除在松树峡地区的战争和监视基地，因为它们使澳大利亚成为潜在的核打击目标和恐怖袭击目标，并破坏了澳大利亚的独立和主权。使澳大利亚政府支持联合国关于禁止核武器条约也是摆在澳大利亚共产党面前的一个优先事项①。

二、支持和声援遭受美国威胁的中国和朝鲜等社会主义国家

澳大利亚共产党十三大指出，虽然中国的崛起意味着地缘政治权力的重大改变，但中国对美国的国家安全几乎不构成任何威胁。中国与美国之间巨大的军事差距证明了这一基本事实。在军事上，美国的力量还得到其包围着中国的盟友(日本、韩国等)及其全球军事基地网络的补充。美国拥有超过1000个海外军事基地，在134个国家部署美军精锐部队，每年要举行170多次军演，仅仅在亚太地区每年美国海军就要访问250多个他国港口。美国有能力对中国实施经济制裁，能够阻断中国工业所需的资源和产品，甚至威胁中国的生存。美国的战争计划包括封锁中国，因此中国更加需要发展新的丝绸之路、打通亚欧贸易路线、使中国的贸易摆脱美国控制地区。中国南海岛屿争端问题需要有关各方协商处理。澳大利亚不需要、也不应该干涉。美国的主要动机不是保护航行自由，而是为了能够在近岸对中国进行军事侦察。澳大利亚当局支持美国军舰在中国海岸附近肆无忌惮地航行，这一立场是完全不能接受的。任何国家都不会允许这样的威胁存在。所谓澳大利亚政府应利用其军事力量实施“航行自由”的建议是不诚实、不必要和危险的。中国的反应是为了保护其空中和海上交通路线。

2017年8月16日，澳大利亚共产党汉娜·米德尔顿（Hannah Middleton）博士发表声明，呼吁通过谈判解决美国与朝鲜的矛盾，反对冲突的升级。美国总

① Communist Party of Australia. Political Resolution［EB/OL］.（2017-12-01）［2017-12-31］. https：//www. cpa. org. au/resources/index. html.

统特朗普宣称对美国的任何威胁都将遭遇“炮火、愤怒和力量”。美国已经将核动力和核武装的船只、潜艇和飞机派驻关岛。美国警告朝鲜说已经准备好使用武力来阻止朝鲜的弹道导弹和核项目。朝鲜反驳说准备用战略核力量给华盛顿一个“严重的教训”，以回应美国的军事行动。汉娜·米德尔顿博士强调，美国的任何袭击的后果都将是灾难性的，不仅对朝鲜，而且对韩国、日本以及任何美国、澳大利亚或其他在朝鲜的报复打击范围内的人来说都是如此。美国对朝鲜的入侵将会招致越过三八线的大规模报复，同时也会在非军事区两侧造成成千上万甚至上百万的韩国平民的死亡。在关岛，有17.4万名男子、妇女和儿童将因朝鲜在太平洋环礁岛上的导弹袭击而丧生或受伤。

8月16日，澳大利亚共产党发表声明，声援朝鲜和委内瑞拉。澳大利亚共产党对于特朗普行政当局最近针对朝鲜和委内瑞拉的发言和行为感到愤慨。特朗普的威胁，尤其是那些针对朝鲜的威胁，带来了不断升级的核冲突的巨大危险，有可能导致地球上所有生命的毁灭。对于这种疯狂，人民必须明确地拒绝。

澳大利亚共产党十三大强调，必须把朝鲜作为一个主权国家对待，并遵循通常的外交礼仪和礼节。美国在朝鲜边境建立了一支拥有50年历史的永久军事力量，美国拥有世界上最大的军火库，经常拒绝谈判，或者不履行协议。取消美国一年一度的演练入侵朝鲜的军事演习将有助于消除战争威胁，甚至是核战争的威胁。没有通过真正的、真诚的谈判达成真正的和平条约、最终实现朝鲜半岛的无核化，就不会有和平，更不用说统一。必须尽一切努力将澳大利亚政府的立场从盲目屈从于美国计划转变为支持谈判，尤其是因为美国在澳大利亚松树谷的军事设施将在美国对朝鲜的常规和核武攻击中发挥关键作用。

三、支持和声援拉美人民的斗争

2017年5月17日，澳大利亚共产党发表声明，声援玻利瓦尔革命、尼古拉斯·马杜罗（Nicolas Maduro）政府和委内瑞拉人民。澳大利亚共产党指出，几个月以来，右翼反对派采取煽动暴力的战略，牺牲社会人士和警察的生命。这些暴力事件的影像随后被大众媒体转载，并作为反革命的媒体运动的一部分在世界各地播出。澳大利亚共产党谴责对进步党成员、积极分子以及国外支持者和外交使团的攻击。澳大利亚共产党认为，食品和其他必需品的囤积居奇违反了委内瑞拉人民的基本人权，目的是诋毁马杜罗总统的政府。澳大利亚共产党支持玻利瓦尔政府进行民族和解对话，呼吁所有澳大利亚共产党的成员和支持者为了乌戈·查韦斯创立的进步革命运动的未来而参加玻利瓦尔革命。此时，美帝国主义和精英阶层对委内瑞拉人民及其政府充满敌意。这些力量正在制造破坏和混乱。

7月29日，在悉尼市政厅外，澳大利亚-瑞拉团结网组织了一次集会。这次集会是为了支持委内瑞拉人民在星期六的选举中投票。许多国家如美国和其他西方国家都谴责委内瑞拉选举是不民主的，并煽动委内瑞拉人民抵制最近的选举结果。在这次集会上，澳大利亚共产党发布了支持委内瑞拉的声明。澳大利亚共产党表示，支持尼古拉斯·马杜罗总统的宪法政府。委内瑞拉的玻利瓦尔革命扫除了新自由主义的力量。新自由主义给穷人、普通工人带来了巨大的痛苦和大规模的不平等现象。

四、积极参与共产党和工人党国际会议

澳大利亚共产党非常重视加强国际共产主义运动的团结与合作，积极参加共产党和工人党国际会议。自 1999 年以来共产党和工人党国际会议共召开十八届会议。除了第十届和十七届共产党和工人党国际会议之外，澳大利亚共产党参加了其他各届会议，在大会上积极发言和交流，谋求与其他国家共产党协调立场和采取共同行动。2017 年 11 月 2—3 日，澳大利亚共产党参加了在俄罗斯圣彼得堡召开的第十九届共产党和工人党国际会议，在大会上作了主题发言。

第六部分　结语

苏东剧变是世界社会主义运动的一大挫折，使资本主义世界体系扩展至苏联和东欧国家。随着能够制衡美国的苏联的解体，美国成为世界唯一的超级大国。美国凭借自己超强的经济和军事势力，大力推行霸权主义和全球扩张政策，在全世界到处干涉，并在全世界推广新自由主义政策。福山的所谓历史将终结于资本主义的“历史终结论”甚嚣尘上。在此背景下，包括澳共在内的多数资本主义国家共产党都处于十分困难的境地。但是资本主义世界在面临金融危机所暴露出反人民的本质，以及当今社会主义国家所显现出的制度优越性，为澳共的发展提供了有利的外部形势。此次资本主义经济危机的爆发也证明了马克思主义的真理性。马克思的著作在澳大利亚成为畅销书籍。马克思主义的信仰者努力通过学习马克思的著作来认清资本主义经济危机的根源和本质，而资产阶级也试图从马克思的著作中寻找解决资本主义经济危机的方法和途径，以便能够对资本主义的经济体制进行调整和修补。然而，马克思所揭示的真理是，只有以社会主义代替资本主义，才能够从根本上解决和避免资本主义经济危机。越来越多的澳大利亚工人将从马克思的著作中学到这一真理，从而为澳共带来越来越多的支持者和新党员。资本主义经济危机的迅猛爆发改变了苏东剧变以来澳共在道义上的被动局面，无疑为澳共的发展带来了难得的机遇。

然而，当前在澳大利亚人民中比较普遍存在的是改良主义的要求，而要求用社会主义取代资本主义的只是少数先进分子。要改变这种状况，需要一个较长的

发展过程。这种社会环境，对于以实现社会主义为奋斗目标的澳共而言，是十分不利的。在澳大利亚，包括宣传费在内的竞选费用不断增长，竞选已变成为一种金钱政治。澳大利亚自由党和工党凭借着资产阶级的大量捐助和贿赂，耗费大量资金用于竞选广告和宣传，控制着社会的舆论。主要由工人阶级先进分子组成的澳共的资金来源比较缺乏，除了党员所交的党费外，主要靠其周报《卫报》的销售收入。资金的缺乏使澳共在参加竞选时处于一个十分不利的地位。另外，一百多年来澳大利亚工党和自由党两大政党主宰着澳大利亚的政治舞台，而澳大利亚的选举制度使无党派独立人士或小党很难赢得众议院席位。澳大利亚选举联邦众议院议员时采用单议席选区制，在单一选区胜者得全票。虽然有的小党或无党派独立人士在选区得到了一定数量的选票，但是如果这些选票没有达到相对多数，那么这些选票就毫无价值。澳大利亚工党现在是澳大利亚最大的工人阶级组织。而在工党内部存在着强大的反对共产党的势力，他们把持着工党，使工党实施了许多限制和反对共产党的政策。在选举中，澳大利亚大部分工人把选票投给了工党。这是澳共所面临的一大挑战。

总体来看，目前澳共面临的挑战要大于机遇，澳共离成长为一个具有重大影响的群众性政党的目标还有一段不短的距离，因此澳共在探索澳大利亚社会主义发展道路的征程上还会遇到不少的曲折和坎坷。然而，坚定地以马列主义为指导、以社会主义为奋斗目标的澳共决不会气馁，它一定会通过不断地调整政策以团结广大的工人阶级、劳动人民和其他进步人士，坚决地反对澳大利亚垄断资产阶级对工人阶级和广大人民的剥削和压迫，克服重重困难，最终在澳大利亚实现社会主义。

（撰稿人：温州大学马克思主义学院　杨成果）

2017年发展中国家共产党·导论

2017年恰逢十月社会主义革命胜利100周年，地处亚洲、非洲、拉美等地的广大发展中国家共产党审时度势，从本国国情出发，召开系列会议和研讨会以及纪念活动，树立社会主义是未来的理想信念，积极加强党的建设，积极从事反对资本主义和帝国主义的斗争，维护人民民主权利。在国际层面上，他们继续声援受帝国主义和强权政治压迫和侵略的国家和人民，维护世界和平与公平正义，召开了多种形式的会议，努力实现地区和国际层面的联动，继续推动国际共产主义运动的发展。

一、召开系列会议，纪念十月革命胜利100周年

十月社会主义革命的伟大胜利是人类历史上的重要事件，它极大地促进了国际共产主义运动的发展，开辟了人类历史的新纪元。广大发展中国家共产党参加并组织各种会议，以多种方式隆重地纪念这一历史事件。

他们纷纷在共产党和工人党国际会议或多种地区会议的交流平台上表达了对十月革命的看法，充分肯定了十月革命的伟大意义。2017年1月23日，在布鲁塞尔召开的欧洲共产党会议，“伟大的十月社会主义革命”是会议主题之一，出席会议的45个欧洲共产党和工人党中有许多来自发展中国家。8月12日，在俄罗斯圣彼得堡由俄罗斯共产主义工人党主持召开了共产党和工人党国际理论会议，会议主题为“伟大的十月社会主义革命100周年，当代共产主义者的教训和任务”。会议通过的《八月宣言》认为伟大的十月革命是人类历史上最伟大的事件，人类的未来不是资本主义，而是社会主义革命和社会主义共产主义建设的新世界。会议认为，工人和被剥削压迫的人民奋起斗争，铲除腐朽的、剥削性的资本主义制度，建设社会主义，然后实现共产主义，这是全人类不可避免和更加美好未来的唯一方案。包括墨西哥共产党、斯里兰卡人民解放阵线、阿塞拜疆共产党、保加利亚共产党等在内的发展中国家共产党共同出席了此次会议。10月27日—29日在德国的盖尔森基兴召开了十月革命胜利100周年理论与实践国际研讨会及系列相关文化庆典活动。11月2日—3日，在圣彼得堡召开了第19次共产党和工人党国际会议。出席会议的共产党和工人党隆重纪念伟大的十月社会主

义革命胜利100周年，共述共产主义的伟大理想以及推动反帝国主义、争取和平和社会主义的斗争。如在第19次共产党和工人党国际会议上，巴基斯坦共产党认为，十月革命“在人类历史上第一次向世界被压迫阶级指明了一条打破社会奴役、不公正、政治不平等和经济不平等的锁链的光辉道路”①。斯里兰卡共产党主席拉亚·克鲁瑞认为：“苏联共产党政府的倒台和前社会主义国家共产党统治的崩溃是短暂的，这种崩溃并不是社会主义的失败。”

各国共产党更是以纪念十月革命胜利100周年为契机，积极推进党的建设，加强党群关系，扩大党的影响，实现党的新的发展。“我们将建设一个强大的党，并努力建立一个由五个左翼政党组成的社会主义联盟，增强国家进步力量的团结和凝聚力。”②

在这一重要的历史纪念活动中，许多发展中国家共产党除了参加国际性会议外，也各自举办纪念十月革命胜利100周年理论研讨会和纪念活动。这些会议在党内深化了对十月革命历史意义、苏联社会主义建设的经验和教训、资本主义的新变化、社会主义的前途和命运、共产党的任务等国际共运基本问题的认识。如10月下旬，土耳其共产党在伊兹密尔组织了一次为了社会主义和共和国的大型群众活动，以纪念十月社会主义革命胜利100周年和土耳其共和国成立94周年。11月10日下午，孟加拉国共产党在达卡举行纪念十月革命100周年研讨会，会议主题为“当代资本主义与十月革命的相关性”。会议指出，在十月革命100周年之际，全世界社会主义者的红旗队伍已经证明，这个时代是社会主义的时代，资本主义的衰落是必然的，要加强世界马克思主义者的相互合作和团结。

二、积极推进党的建设与发展

共产党的建设与发展是推动国际共产主义运动发展的引擎。发展中国家共产党普遍面临国内同类政党众多、政党发展受国内外不良环境制约的挑战，因此党的建设和发展是使自身立于不败之地的保证。2017年，广大发展中国家共产党通过召开党代会和研讨会、扩大宣传、加强党纪等方式多管齐下，在党的建设和发展上付出了诸多的努力。

为了加强党的建设，2017年，有的发展中国家共产党召开了几年一度的党的代表大会，有的组织召开理论研讨会、形势政策分析会。例如，5月27日—28日，土耳其共产党在伊斯坦布尔召开了第十二次代表大会，来自全国的383名代表参加会议，有14名国外共产党代表参加了会议。大会主要讨论了“党纲序言”“论党和生活”“十月社会主义革命一百周年的革命之路”“轴心帝国主义

---

① 刘春元. 为反对帝国主义战争、争取和平与实现社会主义而斗争：“第19届共产党和工人党国际会议”评析［J］. 马克思主义研究，2018，215（5）：143-153.

② 李海玉，贾俊娟. 第十九次共产党和工人党国际会议的主要理论主张述论［J］. 河南理工大学学报（社会科学版），2019（4）：100-106.

论”等议题，会议做出了关于“社会主义年”的决定，并决定在十月革命周年纪念日组织一场伟大的“社会主义节日”。11 月 17 日—19 日，巴西共产党第十四次代表大会在首都巴西利亚举行，大会通过了题为“广阔的阵线：巴西的新道路——民主、独立、发展、社会进步”的大会报告。9 月 5 日，委内瑞拉马克思列宁主义共产党发表了中央委员会第五次全体会议决议，对 2008 年以来资本主义经济危机以及委内瑞拉国内外形势做出研判。而为了召开好党代会，各国共产党都提前召开若干次会议，做各方面的精心准备。如印度共产党为了 2018 年顺利召开党的代表大会，印共中央和支部于 2017 年召开了多次会议，审议并评估过去的活动、社会经济政治发展以及未来三年的政策，为 2018 年 4 月 25 日至 4 月 29 日在喀拉拉邦举行第二十三届党代表大会做准备。

宣传教育既是加强党员政治素质和业务能力的有效方式，也是密切党群联系、扩大党的影响的重要手段。在新媒体时代，众多发展中国家共产党除了充分利用传统的报刊、传单、电台等宣传渠道外，还大力开发了许多新媒体资源。广大发展中国家共产党在利用网络媒体方面不如发达国家共产党，有些发达国家共产党，如美国，在网站建设、特别是新媒体利用上进展顺利，除了党中央建设有统一的网站、机关刊物、Facebook、Twitter 等之外，大部分州党委甚至部分俱乐部都建设相应的现代网络媒体。尽管如此，许多发展中国家共产党也充分利用现代网络媒体，发布党的理论决策，发布党的近期活动预告，利用影音、图像和文字的方式公开报道党从事的实践活动，吸纳社会捐助，吸收新党员，扩大党的影响。如 2017 年上半年，针对社会上流传印度共产党接受企业家 180 万卢比的谣言，印度共产党通过官网和其他社会媒体于 2017 年 8 月发布了“印度共产党关于资金筹集的说明”，说明印度共产党多年来没有收过任何一笔企业的资金捐助。

加强党的纪律建设，也是各国共产党加强党的建设的重要内容。部分共产党通过网络媒体公布违反党纪的党员的情况通报，对广大党员无疑具有很好的警示作用，对净化党员队伍、树立党在群众中的威信也有积极意义。2017 年 9 月 17 日，印度共产党（马克思主义）通过官网公布了“西孟加拉邦委员会委员关于开除利塔布拉特 · 邦多帕德维（Ritabrata Bandopadhyay）党籍的声明”，向党内外说明了原因和处理结果，党内调查委员会对利塔布拉特 · 邦多帕德维的指控是：（1）不断泄漏内部事务并向媒体公开谈论；（2）与妇女有不正当关系；（3）收入与支出之间严重不一致；（4）奢侈的生活方式与党员不符。党的这一决定得到了不少媒体和人民的公开好评。

三、发动反对统治阶级、反对资本主义和帝国主义的斗争，维护工人和人民权益，为奋力实现社会主义而斗争

2017 年，世界经济虽然有复苏的迹象，但是整体上仍然增长动力不足，金融危机对工人阶级和世界人民的恶劣影响仍在持续和深化。帝国主义、霸权主

义、单边主义等行径在世界各地屡见不鲜，给广大发展中国家的工人和人民的生活造成了严重的影响。广大发展中国家的共产党行动起来，开展了形式多样的反对统治阶级、反对资本主义和反对帝国主义的斗争。

发展中国家共产党，除了少数共产党通过选举在国家政权结构中占据了一席之地，成为执政者或执政联盟中的成员外，大多数共产党都是在野党，甚至相当一部分没有获得任何议席。许多共产党因此对执政者和统治阶级进行了猛烈抨击，与统治阶级的斗争便成为党的政治活动的重要内容。例如，2017 年 9 月 26 日，印度共产党（马克思主义）政治局发表声明，对之前印度总理信誓旦旦的“处理腐败没有妥协或宽大”的言论展开抨击，指出印度人民党的反腐斗争是虚伪的，认为“三年来政府完全没有执行议会制定建立的公民监督法案，总理的反腐言论是以打击腐败的名义而有选择性地反对政治对手案件的一个掩护，同时保护自己涉嫌巨额腐败的政党和高层”①。

以美国为首的西方国家为了自身统治阶级的利益，把侵略的触角伸向世界各地，引起了世界各地、特别是发展中国家人民的不满和反抗。反对帝国主义、霸权主义以及西方国家强加而来的新自由主义的斗争则成为发展中国家共产党团结带领工人阶级和人民斗争的主线之一。2017 年 11 月，在第十九次共产党和工人党国际会议上，叙利亚共产党强烈抨击了帝国主义的“大中东新计划”②，指出美帝国主义国家对叙利亚展开了直接的军事侵略，并在叙利亚建立了许多美军军事基地。而土耳其、北约等国乘机而上，占领了叙利亚的许多领土。伊朗杜德党则指出，反对中东战争威胁，反对北约和美帝国主义更广泛的侵略政策和霸权主义的斗争，仍然是全世界爱好和平的人民面临的主要挑战。全球资本主义的深刻和广泛的经济危机正在吞噬一切。垄断资本主义正在创造一个更加不人道和不平等的世界，亿万人民被剥夺了最基本的人权和民主权利，陷入令人震惊的贫困，唐纳德·特朗普这样政府的出现显然在世界范围内促进了种族主义的传播和美国帝国主义的统治，应该为世界各地的进步人民敲响警钟③。

密切联系群众、维护工人阶级和人民的利益是共产党活动的宗旨和保持长盛不衰的奥秘。共产党不是清谈官，而是肩负着改变世界的历史使命。广大发展中国家共产党通过抗议、声援、呼吁、组织罢工和示威游行、提交立法提案、提供直接帮助等多种方式积极维护和实现工人阶级和人民的利益。这可以说是他们的日常生活，例子举不胜举。如 2017 年 7 月，南非共产党第四十四届大会决定开

① Press Statement. Hypocrisy of Fight against Corruption [EB/OL]. (2017-09-26) [2018-12-01]. http://www. cpim. org/pressbriefs/hypocrisy-fight-against-corruption.

② 19 IMCWP，Contribution of Syrian CP [EB/OL]. (2017-11-23) [2018-12-01]. http://www. solidnet. org/article/dbc66d36-e2c1-11e8-a7f8-42723ed76c54/.

③ 19 IMCWP，Contribution of Tudeh Party of Iram [EB/OL]. (2017-11-30) [2018-12-01]. http://www. solidnet. org/article/89e0fa23-e2c4-11e8-a7f8-42723ed76c54/.

展每年一度的“红十月”运动，重点是“建立和加强社会动员，消除性别暴力和其他暴力”；10 月，南非共产党将利用“伟大的十月社会主义革命”的 100 周年庆祝活动，发起反对暴力的“红十月”运动，加强工人阶级妇女反对针对妇女的暴力行为的斗争。10 月 5 日，委内瑞拉红旗党发表声明称，要为捍卫民主教育和教师权益而斗争。11 月 10 日，巴西共产党（PCB）联合多个进步组织走上街头，积极参加了巴西民族斗争日的活动，抗议政府损害人民生活的和削弱人民的权利。

推翻资本主义的统治、实现社会主义和共产主义是共产党人的目标任务。在纪念十月革命胜利 100 周年的活动中，各国共产党高度赞扬了苏维埃社会主义共和国的历史成绩，更加确信当前仍是一个从资本主义和帝国主义向社会主义过渡的时代，社会主义仍然是人类文明演进的客观必然。2017 年 11 月，在第 19 次共产党和工人党国际会议上，伊朗杜德党指出：“苏联的开端和十月革命的胜利证明了另一个世界是可能的；通过运用人道主义原则，实际上可以在资本主义的废墟上建立一个基于平等、社会正义与和平的不同世界。”①

五、弘扬国际主义精神，开展对外交流与联系

共产党是解放无产阶级并最终解放全人类的政党，其特殊使命决定了自身的国际性。广大发展中国家共产党在推进自身党的建设和发展、维护本国工人阶级和人民的利益的同时，也弘扬国际主义精神，积极开展对外交流与联系。只是，在具体的交流与联系的方式上存在一定的认知上的差异。整体而言，2017 年的发展中国家共产党的国际主义交流与联系主要体现在以下方面：

声援是当今世界共产党显示国际团结和合作的常见方式。受帝国主义、资产阶级、恐怖主义及自然灾难的影响，世界并不太平，许多国家和地区的人民处于水深火热之中。2017 年，中东、拉美、中亚、北非等地的工人阶级及其政党收到了来自世界各地共产党组织的声援、问候和帮助。例如，2017 年 11 月 13 日，欧盟理事会在布鲁塞尔举行会议，同意立即向委内瑞拉提出所谓的欧盟法规，对委内瑞拉制定了一系列制裁、惩罚和限制性措施。哥伦比亚共产党发表声明，谴责欧盟法规侵犯了委内瑞拉的主权。声明指出，在所有这些干涉的背后，都是欧洲和北美跨国公司伸出的邪恶之手，是靠欧洲和美国的政府与政治力量的真正拥有者来主导的，这些跨国公司越来越贪婪，想要接管拥有丰富自然资源的委内瑞拉玻利瓦尔共和国。9 月 13 号，委内瑞拉共产党政治局发表声明，对最近几周广泛的国际声援表示感谢，特别是欧洲最近发生了对委内瑞拉人民和革命声援的重要示威。委内瑞拉共产党国际关系秘书罗尔斯·温默指出，与委内瑞拉人民国际团结的网络正在加强。

① 19 IMCWP，Contribution of Tudeh Party of Iram［EB/OL］.（2017-11-30）［2018-12-01］. http：//www. solidnet. org/article/89e0fa23-e2c4-11e8-a7f8-42723ed76c54/.

开展国际和地区会议是国际主义交流与合作的主要形式。马克思主义自形成以来就十分注重世界社会主义运动的国际联合。马克思曾指出："联合的行动，至少是各文明国家的联合的行动，是无产阶级获得解放的首要条件之一。"① 就国际会议而言，主要包括各个政党汇报工作情况、交流各自对共同关注的重大问题的看法和观点、商讨应对资本主义的策略、在友好讨论和协商的基础上达成《共同声明》、签署相关决议、制订联合行动计划等步骤。2017 年，发展中国家共产党组织并参加了许多规模大小不同的国际会议，如共产党和工人党国际会议、欧洲共产党会议、马列主义政党和组织国际会议、革命政党和组织国际协调会（ICOR）等。会议成了国际联合的新形式，也是主要形式。

开展纪念活动是延续国际共产主义运动历史传统、凝聚革命力量的有效方式。各国共产党通常会对国际共运历史长河中的重要历史人物和历史事件开展多种形式的纪念活动。2017 年的十月革命胜利 100 周年之际，各国共产党进行了丰富多彩的纪念活动，极大地扩大了共产党和共产主义事业在世界各地的影响。此外，部分共产党也对领导人的去世和诞辰、斗争胜利日和重要节假日开展了纪念活动。如 10 月 15 日，孟加拉国共产党为该党的革命领袖亚信·乌丁·蒙道（Jasim Uddin Mondal）的去世组织了悼念活动。11 月 29 日，哥伦比亚共产党官网发文，对已故古巴革命的杰出领袖和思想家阿曼多·哈特表示哀悼。5 月 30 日，土耳其共产党发表文章纪念"六月抵抗"四周年，并于 5 月 31 日晚举行纪念活动。

把保护生态环境作为共产党重要目标任务。在生态环境问题上，许多国家共产党紧密联动，共同发声、发力，体现了国际主义的统一性。关注全球气候变化，维护生态安全是全人类的共同任务。然而，受资本主义利益集团的影响，某些霸权国家不顾世界人民的福祉，以国家利益受损为由，拒绝承担更多的责任和义务，贸然退出来之不易的巴黎气候协议。这一行为也遭到了以保护生态环境为己任的共产党人的激烈批评。2017 年 6 月 3 日，针对美国突然宣布退出巴黎气候协议的决定，印度共产党发表正式声明，对美国总统退出该协议的高度不负责任的决定表示震惊和愤怒，要求美国重新考虑该决定并加入巴黎气候协议，并呼吁印度、中国等国应通过国际平台和联合国组织对美国施加压力。

2017 年已经过去，广大发展中国家共产党虽然没有迎来发展的历史性突破，仍然面临着机遇与挑战并存的现状。十月革命的炮火催人奋进，成为鼓舞共产党人奋进的号角。2018 年，又是不平凡的一年，马克思诞辰 200 周年的纪念活动必将带来新一轮的马克思热潮。而这对各国共产党人来说，迎来的既是希望，也是继续奋斗的征程。

（撰稿人：华中师范大学国外马克思主义政党研究中心　余维海）

① 马克思，恩格斯．共产党宣言［M］．北京：人民出版社，2014：47.

2017年印度共产党（马克思主义）年度发展报告

第一部分　概况

1. 国名：印度共和国（简称印度）

2. 人口：12.95亿（世界银行2014年统计数据）

3. 国土面积：约298万平方公里（不包括中印边境印占区和克什米尔印度实际控制区等）

4. 政党名称：印度共产党（马克思主义者）［Communist Party of India (Marxist)，简称印共（马）］

5. 成立时间：1920年10月，罗易等人在苏联的塔什干成立了印度共产党；1964年，以孙达拉雅和南布迪里巴德为代表的一派脱离印度共产党，新成立了共产党组织，即印度共产党（马克思主义）

6. 党员人数：105万名

7. 全国总书记：西塔拉姆·亚丘里（Sitaram Yechury）

8. 政治局成员或全国委员会成员：西塔拉姆·亚丘里（Sitaram Yechury）、普拉卡什·卡拉特（Prakash Karat）、S. 拉玛查德拉·佩莱（S. Ramachandran Pillai）、比曼·巴苏（Biman Basu）、曼尼克·萨卡尔（Manik Sarkar）、皮纳拉伊·维加亚（Pinarayi Vijayan）、B. V. 拉甘乌鲁（B. V. Raghavulu）、博琳达·卡拉特（Brinda Karat）、科迪耶里·巴拉克里什南（Kodiyeri Balakrishnan）、M. A. 巴比（M. A. Baby）、S. 卡塔·米什拉（S. Kanta Mishra）、A. K. 帕德马纳博汗（A. K. Padmanabhan）、汗南·莫拉（Hannan Mollah）、莫哈德·萨琳姆

(Mohd Salim)、苏博汗什尼·阿里（Subhashini Ali)、G. 拉玛克里什南（G. Ramakrishnan)

9. 政党地位：合法党（曾在西孟加拉邦连续执政34年，2011年5月在该邦议会选举中失败，丧失了执政地位。此外，该党还在喀拉拉和特里普拉等邦长期或多次执政）

10. 社会团体或群众组织：印度工会中心、全印农民协会、印度学生联合会、全印民主妇女协会、印度民主青年联合会、全印农业工人联合会

11. 大众传媒的运用：印共（马）党的机关报刊有《人民民主》（People' s Democracy)、《马克思主义者》（The Marxist)、《人民潮流》（Lok Lahar)、印共（马）网站 http：//www. cpim. org

12. 最近一次代表大会或会议：印共（马）第二十一次代表大会（2015年4月14日至19日）

13. 最近一次参加的全国大选：在2014年举行的第十六届人民院选举中，印共（马）仅获得9个席位和3.2%的选票。这次选举堪称印共（马）人民院选举史上的"滑铁卢"，是失败最惨烈的一次

最近一次参加的地方议会选举：2017年3月，印共（马）积极参与了北方邦、北阿坎德邦、旁遮普邦等邦的议会选举，结果并不理想。

第二部分　党的产生及发展简史

印共（马）的前身为原印度共产党，1920年10月成立于苏联塔什干。由于内部长期存在派系斗争且愈演愈烈，1964年10月，以孙达拉雅为代表的较为激进的一派单独召开党的七大，通过了新党纲，标志着印共正式分裂，随后党的名称更改为印度共产党（马克思主义）。印共（马）成立以来50多年的发展历程可分为以下三个阶段。

一、建党初期的生存抗争与探索（1964—1976年）

成立之初到20世纪70年代中期，印共（马）的生存环境一直很恶劣。国际上，有以美国为代表的资本主义阵营对社会主义的打压；同时，由于采取独立自主政策，印共（马）遭到苏共及多数尾随苏共政策的共产党的反对和敌视。在国内，印共（马）受到国大党当局的大力打压。此外，印共（马）自身也发生了新的分裂，以查鲁·马宗达为代表的激进派（也称"纳萨尔巴里派"）于1969年

4 月 22 日成立了印度共产党（马克思列宁主义）。这次分裂使印共（马）的力量遭受空前巨大的损失。这个时期，印共（马）积极探索印度社会主义的道路。在 1964 年 10 月至 11 月间召开的七大上，印共（马）根据当时的国际国内形势，独立自主地制定了党的纲领、路线、战略及策略等，提出并详细阐述了它的“人民民主革命”理论，确立了“人民民主革命”的道路。此外，印共（马）还进行了合法的议会斗争。在 1967 年举行的地方议会选举中，以印共（马）为首的联合阵线在西孟加拉邦和喀拉拉邦取得了胜利，并组成了联合阵线政府。虽然由于当局的破坏，两个联合阵线政府的存在时间都不长，但在当时的特殊环境下，印共（马）能在两个邦的议会选举中取得胜利实属不易。

二、70 年代中期以后的发展与探索（1977—1989 年）

这个时期，国际形势总体上逐步趋向缓和。印度的国内形势发生了剧烈的变化。在 1977 年 3 月举行的第六届全国大选中国大党遭到致命性打击，执政 30 年来，首次被迫沦为在野党。虽然在 1980 年的第七届大选中国大党再次赢得了执政地位，但在 1989 年的第九届大选中再次落败。国大党的衰落在客观上为印共（马）的发展创造了条件。据统计，印共（马）的党员人数从 1977 年的 15.7 万人发展到 1988 年的 46.5 万人，几乎增长了两倍。这个时期，印共（马）的议会斗争也取得了不错的成绩。就全国大选而言，尽管印共（马）的表现时好时坏，但其所获席位总体呈上升趋势。在地方议会选举中，印共（马）的收获颇丰。1977 年 6 月，在西孟加拉邦举行的议会选举中，印共（马）领导的左翼阵线赢得总共 294 个席位中的 228 席，其中印共（马）独得 177 席，并组成了印共（马）领导的左翼阵线政府。此后，印共（马）在西孟加拉邦确立了长期而稳定的执政地位。此外，印共（马）在喀拉拉邦和特里普拉邦也是数次获得选举胜利并执政。

三、苏东剧变以来的新发展与面临的新困境（1990 年至今）

苏东剧变对印共（马）造成了不小的冲击，但印共（马）的力量仍得到了较快的增长，其党员队伍从 1991 年的 57.9 万人增加到目前的 105 万人，群众组织成员从 2880 万人增加到 5310 多万人。这个时期，印共（马）在议会选举中的表现时好时坏。在 20 世纪 90 年代所举行的 4 次人民院选举中，印共（马）所获得的席位数和所获选票的比例并没有增长，但在 2004 年的第十四届人民院选举中，印共（马）却获得了前所未有的好成绩，赢得 43 个议席。在 2009 年举行的第十五届人民院选举中，印共（马）遭受重创，仅获得 16 个席位。在 2014 年举行的第十六届人民院选举中，印共（马）受挫更大，只获得 9 个议席。1976 年以来，印共（马）在西孟加拉邦一直保持执政地位，然而在 2011 年 5 月该邦举行的议会选举中，印共（马）及其领导的左翼阵线惨遭失败，在总共 294 个席位中仅获得 62 席，其中印共（马）占 40 席，丧失了自 1977 年以来持续 34 年的执政地位。在 2016 年 4 月举行的西孟加拉邦第十六届邦议会选举中，印共（马）只获得 26 个席位，比第十五届邦议会选举还少了 14 个席位。90 年代以来，印共（马）在喀拉拉邦时而执政，时而在野。2016 年 5 月，喀拉拉邦举行第十四届邦议会选举，左翼民主阵线在 140 个席位中获得 91 个议席，印共（马）独得 58 席，左翼民主阵线重新赢得了执政地位。自 1993 年始，印共（马）在特里普拉邦一直持续执政至今。目前，在特里普拉邦总共 60 个议席中，左翼阵线占 50 席，其中印共（马）独占 49 席。在 2015 年 4 月 14 日至 19 日召开的印共（马）第二十一次代表大会上共选出 91 名中央委员会，在 4 月 19 日召开的中央委员会全会上共选出 16 名中央政治局委员，并选举西塔拉姆·亚丘里为党的全国总书记。

第三部分　党的理论和组织状况

一、指导思想和基本理论

1. 指导思想

印共（马）党章规定，印共（马）是印度工人阶级的革命先锋队，以马列主义哲学和原则作为党一切行动的指南，它的目标是建立无产阶级专政的国家并实现社会主义和共产主义。

2. 基本理论

经过几十年不断探索、丰富和发展，印共（马）逐步形成了一个内涵比较丰富的“人民民主革命”理论体系，其主要内容包括以下几个方面：一是对世界形势的总体判断。印共（马）认为，资本主义国家生产力的发展，没有也不可能消除资本主义所固有的根本矛盾，社会主义取代资本主义的最终趋势不会改变；当今世界存在着四大矛盾，即“世界社会主义力量和帝国主义力量之间、帝国主义和发展中国家人民之间、帝国主义国家之间以及资本主义国家内部劳资之间的矛盾”，其中，第一大矛盾在当今时代最为突出，占主导地位。二是关于印度的国家性质及社会状况。印共（马）认为，印度国家的性质是大资产阶级领导的资产—地主阶级联合统治。三是关于“人民民主革命”的性质、任务、手段及阶级力量。印共（马）认为，现阶段印度的革命是新型的由工人阶级组织和领导的、以工农联盟为基础的、有中产阶级和非垄断资产阶级参加的反封建、反垄断、反帝国主义的“人民民主革命”。革命的首要任务是完成激进的土地改革，彻底扫除封建和半封建残余对农业和工业生产力的束缚。四是关于建设“印度人民革命党”。印共（马）致力于把党建设成为一个具有广泛群众基础的革命性政党，强调要从思想、政治、组织及作风等各方面不断加强自身建设。五是关于社会主义经济。印共（马）认为，在社会主义建设的过程中，要有不同形式的财产所有权形式同时存在，如国家所有制、集体所有制、合作制以及小型个体所有制等；实行计划以及均衡发展是社会主义固有的相对于资本主义的最大的优势，但在整个社会主义阶段，商品货币关系是必不可少的。

二、组织原则和组织结构

1. 组织原则

印共（马）党章规定，在党内实行民主集中制原则，它是党的组织基础，也是党内生活的指导原则。民主集中制就是集中指导下的民主和民主基础上的集中领导。主要内容包括：①党员少数服从多数；下级党组织服从上级党组织的决定和命令；个人服从集体；全党各个组织服从党的全国代表大会和中央委员会。②各级党委应定期向下级报告工作，基层或下级党委同样也应及时向上级党委汇报工作。③各级党委应该严格地按照集体决策和个人负责相结合的原则行使职能。

2. 组织结构

印共（马）拥有从基层组织到中央委员会、中央政治局的一整套完整的组织架构。中央委员会由全国党代会选举产生，中央委员会在中央委员中选出政治局、书记处和总书记。书记处在政治局的领导下工作，负责处理党中央的日常事务。邦级和县级党的最高机关分别是邦和县的党员大会，通过党员大会选举产生邦委会和县委会。党的基层单位是党的支部，党支部按职业或地域设立。

第四部分　党的国内实践活动

一、2017年召开的重要会议及新观点

印共（马）分别于2017年1月6日至8日、4月18日至19日、7月24日至26日召开了三次中央委员会全会，分别通过了《政治发展报告》等文件，分析自身面临的国内外形势及采取的策略和措施。

1. 2017年1月印共（马）中央委员会全会及其观点

2017年1月6日至8日，印共（马）在喀拉拉邦首府特里凡得琅召开中央

委员会全会，通过了《政治发展报告》，阐述了印共（马）关于国际国内形势的观点。就世界经济形势而言，印共（马）认为，自上一次中央委员会会议（2016 年 9 月）以来，全球性经济危机仍在持续，资本主义系统性经济危机进一步加深。美国、欧盟、日本等经济体的经济增长远低于预期。同时，由于大多数人的收入增长水平很低，全球性收入差距拉大。这一状况又造成内需不足，抑制了投资，进而影响了就业。高额的公司债务和不断下降的盈利能力使全球资本主义经济雪上加霜。提振投资者信心的迫切需要招致国际金融资本的不断打压，进而影响到所有发展中的经济体。2016 年底，世界上最富有者的资产规模已达 2370 亿美元，远大于年初的数量。尽管全球资本主义危机持续不断，但对人民的压榨和剥削没有丝毫减少，这进一步导致富者愈富，穷者愈穷。这些现象进一步证实了上次中央全会得出的结论：全球资本主义经济难以走出资本主义系统性危机。然而，正如上次全党代表大会和随后召开的中央委员会会议指出的那样，尽管资本主义危机严重，但它不会自动灭亡。在一个强有力的社会主义政治替代力量出现之前，资本主义可通过进一步加大对人民的盘剥而走出危机的阴影。与此同时，在左翼力量缺失的情况下，右翼政治势力就会压制人民对于盘剥的不满。

就国际政治形势而言，印共（马）认为，不少国家的政治开始向右偏，许多发达资本主义国家的右翼政治势力不断崛起，唐纳德·特朗普赢得美国大选胜利就是一个典型的例子。特朗普当选美国总统，出乎许多人的意料，无论是国际上，还是美国国内，人们普遍感到震惊和不安。特朗普的竞选演说聚焦于种族主义、厌女主义、本土主义和威权主义，得到一大批选民的支持。特朗普反对移民，歧视妇女和少数民族，排斥伊斯兰教。很大一部分美国白人积极响应特朗普的竞选，共同反对新自由主义，渴望恢复失去的“美国梦”。在对外政策上，特朗普政府也表现出强烈的右翼倾向，如，扬言退出奥巴马时期力推的跨太平洋伙伴关系协定（TPP）；再如，准备对中国采取强硬措施，特别是在贸易和经济领域。此外，英国退出欧盟，意大利右翼势力的新自由主义经济改革及其修宪动议，都是政治右翼化的表现。当然，在有些国家，右翼势力也在选举中遭受了打击，如塞浦路斯共产党在该国地方性议会选举中取得了重要的胜利；又如，在奥地利总统选举中，社会民主—绿色联盟击败了极右翼势力候选人；再如在罗马尼亚，中左翼社会民主党赢得了选举胜利。

《政治发展报告》列举了一些国家爆发的反对新自由主义紧缩政策的群众运动和斗争。如希腊爆发的反对新自由主义的全国总罢工和游行示威；西班牙爆发了大规模的要求加薪和增加养老金以及取消紧缩政策的反抗运动，3 万多人参加了由全国最大工会组织的游行；英国铁路工人、邮政工人以及卫生人员继续进行示威游行和罢工；在捷克共和国，邮政和通信工人举行了要求增加工资和反对紧缩政策的罢工；等等。尽管各地的斗争不断高涨，但右翼势力都能够加以镇压。

《政治发展报告》也论及了拉丁美洲的形势。《报告》认为，菲德尔·卡斯特罗的去世对拉丁美洲的政治是一个巨大的损失，尤其是对左翼力量更是如此。美帝国主义持续不断地在干涉这一地区的内部事务，尤其是那些左翼力量领导的国家。在委内瑞拉，这种粗暴的干涉非常明显，右翼势力正在致力于颠覆玻利瓦尔政府。反对派动议弹劾马杜罗总统，但由于技术原因没能成功。最近选举上台的阿根廷和巴西右翼政府试图把委内瑞拉踢出地区性组织——南方共同市场(Mercosur)，然而，这一做法招致委内瑞拉的坚决抵制，并得到了一些国家左翼进步政府的帮助和支持。总的来看，在拉丁美洲，美帝国主义支持和教唆下的左翼和右翼之间的较量持续不断，左翼力量争取民众支持打败美帝支持下的右翼势力的能力将决定该地区的政治走向。

《政治发展报告》还论及了中国的发展情况。《报告》指出，在全球性资本主义经济危机持续上演的背景下，2016 年中国经济实现了预期 6.5%—7%的增长目标。在全球经济不景气的大背景下，中国政府积极调整供需结构，进一步扩大内需以推动经济增长和增加就业，目前，这一政策已开始显现效果。2016 年，中国实现了 1000 万农村贫困人口脱贫的目标，而中国的贫困线远比印度要高，也高于国际标准。

《政治发展报告》用较长的篇幅分析了印度国内经济形势的发展变化。《报告》指出，莫迪总理于 2016 年 11 月 8 日宣布的禁止面额 500 和 1000 卢比钞票在市场上流通的决定，给印度经济的许多领域造成了巨大的损失，使数千万人陷入痛苦，生活失去保障。莫迪承诺，过了 50 天的过渡期，一切恢复正常，然而，事实是正常远未恢复。相反，民众的痛苦与日俱增，人们还被禁止从银行取现。政府给出的解释是，之所以采取这项措施，主要是为了打击黑钱和腐败。但印共(马）认为，这项政策不仅不能消除腐败，反而会导致更高和更新形式的腐败。这项措施给印度经济带来了严重的冲击，据统计，印度工业生产指数下降 2 个百分点，制造业下降 2.5%，资本货物生产更是下降近 30%。有数据显示，在禁止大额货币流通措施出台的第一周，对外出口工业生产领域，如纺织业、皮革业和珠宝业，已丧失了 40 万个工作岗位，大约 3190 万人依靠这三个领域的工作收入来维持生存。在随后的一个时期，很多人失去了工作。零售业更是下降了 75%。由于人们缺乏现金购买，鲜活商品交易严重萎缩，以至于许多地区的蔬菜和鱼不停地腐烂。印共（马）认为，数字支付的说法非常可笑，因为在广大的印度农村，只有 13%的人有互联网，26%的人口使用智能手机。总之，禁止大额货币流通的负面作用很大，数千万印度民众受到极大影响，这注定带来经济上的不平等。自印度人民党政府上台执政的两年多来，不平等日益加剧，在 2014 年，占人口总量 1%的超级富豪拥有的财富相当于国内生产总值（GDP）的 49%，而到 2016 年，莫迪政府的新自由主义政策使这一比例提升到 58.4%。在禁止大额货币流通措施影响之下，富者愈富，贫者愈贫的现象会愈演愈烈。印共（马）认为，禁止大额货币流通的真正目的是实现现金经济向数字经济的转型，然而，在印度广大农村地区互联网和银行体系发展水平非常低的情况下，不远的将来通过数字系统进行交易几乎没有可能性。禁止大额货币流通的另一个目的是推进新自由主义改革进程，这当然会加大对多数下层民众的经济盘剥，进一步降低他们的购买力。与此同时，推行数字交易会使国际金融资本和公司获得最大化的利润，每一笔数字交易都含有交易费用，这会加重消费者的负担，当然这也是大公司的利润来源。显而易见，印度政府采取的这种禁止大额货币流通的措施从属于它的新自由主义改革框架，也在很大程度上体现着对帝国主义的顺从。印度不仅是美帝国主义在防御方面的附属合作伙伴，现在也是国际金融资本攫取最大化掠夺性利润的帮凶。

《政治发展报告》呼吁左翼和民主力量要团结起来，实现统一行动。《报告》指出，印共（马）第二十一次全国代表大会曾明确提出实现左翼和民主力量统一的倡议，并提出五条具体举措：第一，继续推进“贱民”（受压迫者）运动，联合印共的农业劳动组织和共和党的农业劳动阵线，在全国中心城市发动联合集会；第二，推进反教派主义运动，西孟加拉邦40年来第一次出现了严重的教派冲突，一方面是印度人民党和执政的草根国大党在利用和纵容印度教教派主义情绪，另一方面是穆斯林原教旨主义不断制造麻烦和危险，因此，必须在全国范围内采取紧急措施对这些问题加以制止；第三，与知识分子建立联系，印共（马）应牵头成立由知识分子、青年学生以及老师组成的委员会，共同反对印度人民党政府推行的教育政策；第四，扩大群众组织平台，要积极同印共、其他左翼政党和民主力量联合，还要扩大范围，联合各种社会力量，建立最广泛的统一战线，共同反对教派主义和印度人民党政府的新自由主义经济改革；第五，要同穆斯林和其他少数民族建立紧密联系，为其争取更多的权利。此外，印共（马）中央委员会还要求各邦要依据实际情况开展斗争。

2.2017年4月印共（马）中央委员会全会及其观点

2017年4月18日至19日，印共（马）召开了本年度的第二次中央委员会全会，通过了《政治发展报告》，阐述了印共（马）关于国际国内形势的观点。《报告》从以下几个方面阐述了国际形势。

第一，全球经济仍不景气。正如印共（马）在上次中央委员会全会分析的那样，2008年金融危机爆发以来，全球经济并未出现明显起色。根据经济合作与发展组织（OECD）2017年3月发布的全球展望报告，全球经济预期增长率不足3%，是2009年以来最低的，也低于危机前20年4%的平均增长率。根据国际货币基金组织的预测，经济复苏的前景很不确定，但一定不会恢复到发达经济体20世纪90年代后期的水平和发展中经济体21世纪前10年中期的水平。

第二，全球贫富差距不断扩大。全球经济漫长的不景气和持续的资本主义危机使富人与穷人之间、富国与穷国之间的差距进一步拉大。自20世纪90年代初以来，无论就全球而言，还是就各个国家而言，劳动收入在GDP中的占比出现明显下降。

第三，特朗普政权受欢迎度不高。印共（马）认为，特朗普上台后采取了一系列十分有争议的措施，给美国社会带来不少问题。如，他刚就任总统，就针对7 个伊斯兰国家签署了一项反对移民的命令。总之，他反对移民、歧视妇女及少数民族等右翼化政策倾向激化了矛盾，造成了社会的不稳定。有报道显示，特朗普上台后，对印度裔、非洲裔、拉丁美洲裔美国人以及穆斯林的袭击越来越多。在对内政策上，特朗普砍掉了各种联邦福利计划的预算资金，而增加了军事开支拨款，还专门划拨经费，建设美国——墨西哥边界墙。特朗普试图废止奥巴马总统签署实施的医疗保险法案，由于受到来自下层民众大面积的反对，没能成功，而这还造成了共和党内部的分歧。在对外政策方面，特朗普命令暂停美国在巴黎气候变化大会上所作出的关于减少碳排放以及其他方面的承诺，而另一方面，特朗普却又同一些国家推进一对一的双边贸易和经济协定。美国借口叙利亚使用化学武器，向叙利亚空军基地发射了 59 枚战斧巡航式导弹，这当然招致了叙利亚、俄罗斯等国的抗议和反对。《政治发展报告》论及了中国的发展情况，报告指出，2016 年，中国的经济增长贡献了全球经济增长的 30%，全年新增城镇就业岗位 1314 万个，城镇失业率是近年来的新低，只有 4.02%。报告还分析了南美洲、英国、欧洲、韩国、南非等国以及巴基斯坦、孟加拉国等邻国的情况。

本次中央委员会通过的《政治发展报告》从以下几个方面论述了印度国内的发展情况。

第一，最近的选举情况。在北方邦的议会选举中，印度人民党获得了压倒性胜利，赢得 3/4 的席位。印度人民党还保持着 2014 年大选中的强劲势头，在北阿坎德邦的选举中，印度人民党同样获得了巨大的胜利。不过，印度人民党与阿卡利党联盟在旁遮普邦的选举中败给了印度国民大会党。印共（马）在这些邦的选举中表现不佳。

第二，左翼联合的情况。在这些选举中，左翼联合遭遇巨大压力。旁遮普邦的印共（马列）脱离了左翼阵线，在北方邦和旁遮普邦，印共（马列）同其他左翼政党共同竞争席位，造成了左翼力量的分散和损失。印共（马）强调，加强左翼联合是其既定的目标和任务之一，必须立即同印共（马列）展开讨论。在喀拉拉邦，前进集团（the Forward Bloc）和革命社会党（the RSP）参加了国大党领导的联合民主阵线（UDF），而在西孟加拉邦，它们却是左翼阵线的一部分。印度社会主义团结中心（共产主义）已宣称，他们在西孟加拉邦和喀拉拉邦不会同印共（马）建立密切联系，只会参加人民的斗争。在喀拉拉邦，印共公开发表了它同印共（马）和左翼民主阵线政府的分歧，而并没有在邦内阁或左翼民主阵线委员会会议上进行讨论。可见，推进左翼和民主力量的团结统一，已成为摆在全党面前一项迫切需要完成的任务，各邦委员会应根据自己的具体情况具体对待。

第三，印度人民党和国民志愿团的联合进攻。《政治发展报告》指出，伴随着最近的选举胜利，印度人民党和国民志愿团①（Rashtriya Swayamsevak Sang 联合行动，通过各种手段宣扬宗教极端主义，强化宗教极端势力，在北方邦和北阿坎德邦，表现得尤为突出。自莫迪总理执政以来，国民志愿团力量和影响力迅速在全国各地扩大。自从阿迪特亚纳斯在北方邦执政以来，借口关闭非法屠宰场，政府瞄准了各地所有屠宰场和肉店，对少数民族进行了恶毒的进攻，无辜群众被错误地杀害。印度是世界上最大的肉类出口国，而北方邦就占到将近50%的肉类出口量，多达250万人的生存直接或间接与此相关，他们的生活受到很大的影响。阿迪特亚纳斯本人就是一个著名的印度教狂热分子，有煽动教派冲突和多宗刑事案件的记录。对教育机构特别是对尼赫鲁大学、海得拉巴德中央大学等这样的教育机构的大规模袭击有增无减，其他学术、文化和历史研究机构也同样受到攻击，其目的就是要阻止和破坏这些机构所基于的印度世俗——民主共和国宪法原则之上的导向和定位。为了抑制学生社团中的反印度人民党情绪，政府严格限制了尼赫鲁大学的招生数量，期望建立在世俗民主原则之上的科学的和人道的研究能得到控制。印度人民党和国民志愿团对印共（马）和左翼发动了更为猖狂的进攻。他们把印共（马）和左翼当作了前进道路上的绊脚石，想方设法要加以清除。在喀拉拉邦，国民志愿团对刚执政不久的左翼民主阵线政府展开了破坏行动，已有6名印共（马）工作人员被杀，几十个印共（马）党员受伤，印共（马）在喀拉拉邦的办公场所和房子遭到严重破坏。国民志愿团公开悬赏，谁如果能割掉印共（马）政治局委员、喀拉拉邦首席部长皮纳拉伊·维加亚的脑袋，就给谁奖励1000万卢比。在特里普拉邦，印度人民党为2018年的邦议会选举在紧锣密鼓地准备着，它已经完全吞并了草根国大党（the Trinamul Congress），已取代国大党成为反左翼和反共产主义的中心。印度人民党曾试图挑起部族和非部族人口之间的冲突，但未能成功。在西孟加拉邦，最近补选后的结果显示，印度人民党获得30%的选票，成为第二大党，草根国大党获得55%的选票，仍保持第一大党的地位，而左翼政党合起来只获得10%的选票。国民志愿团和印度人民党就是要致力于阻止印共（马）和左翼在西孟加拉邦再次执政。

第四，印度的经济发展情况。尽管对GDP预期增长率进行了大肆渲染，但反映经济基本面的指标却与宣扬的增长率并不相符。据印度中央银行（the Reserve Bank of India）数据，2015年1月至2017年1月期间，印度各大银行向大、中、小、微工业企业发放的贷款总额只增长了0.29%，这反映出无论是制造业增长率还是就业增长率，都是微不足道的。当经济中固定资本形成总额下降时，GDP就不可能实现8%的可持续增长率。固定资本形成总额占GDP的比重由2014—2015年时的30%下降到2016—2017年时的27%，固定资本形成总额

---

① 国民志愿团是K. B. 赫奇沃于1925年创建的一个印度教教徒的组织。该组织反对其他宗教，竭力鼓吹印度教高于一切。

的增长率由 2015—2016 年时的 6.11%下降到 2016—2017 年时的 0.57%。这意味着未来印度制造业和工业发展的基础不牢，潜力不大。这一切对总体就业形势自然有着不利影响，自 2008 年经济危机以来，政府每年都要在八个劳动密集型产业开展就业调查，迄今为止，劳工部已发布了三份报告。据 2016 年 4 月 1 日发布的数据，这八个劳动密集型领域共雇佣工人 2000 万人。然而，2016 年 4 月至 9 月，这些领域只增加了 10.9 万个工作岗位，这与莫迪总理每年新增 2000 万个就业岗位的承诺相去甚远。广大农村地区的农业困境加剧了农民的痛苦。印度南部雨季无雨，造成了大面积农业歉收。在泰米尔纳杜邦，数百名农民自杀，中央政府和邦政府一直没有站出来提供任何援助，尽管有大规模的游行队伍已走到德里议会门口。《政治发展报告》还批评了印度人民党的新自由主义经济政策，认为印度人民党政府加快了公共领域私有化的速度。

第五，印度的贫富差距。印度人民党执政两年来，贫富差距呈指数式增长，据统计，最富的 1%的人口占全国财富总量的比重从 49%上升到 58.4%，而 2000 年时，这一比重只有 36.8%。根据瑞士瑞信银行（Credit Suisse）的报告，占印度总人口 70%的低收入人群仅占有 7%的财富，而 2010 年时，这一比例为 14%。另据最新国家抽样调查数据，印度富人家庭和穷人家庭开支差距愈来愈大，10%的最富有家庭平均持有资产达 1.5 千万卢比，这是最贫穷 10%的城市家庭平均持有资产量的 50034 倍。这种贫富差距不只体现在穷人和富人之间，富人和中产阶级之间的贫富差距也日益拉大。除去最富有 10%的人口，紧随其后 10%的次富有者平均持有资产量 350 万卢比，最富有 10%的人口平均持有的资产量是次富有 10%的人口（中产阶级上层）平均持有资产量的 4 倍。印度的贫富差距通过消费支出也能看得一清二楚。城市中 5%的最富有人口每月人均消费支出是最贫穷 5%的人口每月人均消费支出的 15 倍，差不多是中产阶级月人均消费支出的 5 倍。事实上，有一半左右的印度人口除了维持生存必需的消费品支出外，几乎没有任何其他消费支出。

3.2017 年 7 月印共（马）全会及其观点

2017 年 7 月 24 日至 26 日，印共（马）召开了本年度的第三次中央委员会全会，通过了《政治发展报告》，阐述了印共（马）关于国际国内形势的观点。《报告》除了批判美国粗暴干涉叙利亚、委内瑞拉等国内政的帝国主义行径外，还从以下几个方面阐述了国际形势。

第一，全球经济情况。《报告》指出，根据世界银行六月份报告，全球经济出现温和复苏。但世界银行同时预测，从长期来看，生产和投资的下降会进一步弱化发达经济体和新兴市场国家及发展中国家的增长潜力。新兴市场国家及发展中国家的财政失衡状况比较严重，2016 年，这些国家中将近 60%的国家负债占到 GDP 的 10%以上。很显然，严峻的财政压力继续会影响全球经济。这种情况会造成严重的后果，那就是全球性的政府开支的进一步缩减，以应对紧张的财政压力，这又会造成大量的失业和社会保障资金的削减。很清楚，全球资本主义经济正在试图通过加大剥削世界各国劳动人民的方式来摆脱十多年来的系统性危机。

第二，上海合作组织。最近，印度和巴基斯坦已被上海合作组织发展为完全会员，这个包括俄罗斯、中国和印度的地区性组织占有世界上44%的人口和25%的GDP。上海合作组织最初是一个安全联盟，其成立的目的是反对恐怖主义、分裂主义和极端主义，随后，其功能扩展为推进贸易、经济、技术等方面的合作，印度将在中亚国家获得更多便利，这里拥有丰富的能源和矿产资源。然而，伴随着印度同美国在军事和战略领域不断加强的合作以及印度外交政策的转向，印度在上海合作组织的前景就要打一个问号了。印度是上海合作组织中唯一一个没有参与中国“一带一路”倡议的国家，而且，在当前中印关系出现僵局的情况下，随着印度的加入，上海合作组织如何发挥其作用只能拭目以待。

本次中央委员会通过的《政治发展报告》从以下几个方面论述了印度国内的发展情况。

第一，印度人民党加强了全方位的进攻。最近几个月，印度人民党政府对人民加强了全方位的进攻：新自由主义经济政策给人民带来了更大的痛苦；利用私人武装攻击贱民和少数民族的宗教极端化行为；对人民民主权利的进攻及对议会机构的破坏；进一步沦为美帝国主义的战略伙伴及外交政策的转向。就宗教极端化而言，宗教渗透到了印度的每一个议会机构，像印度考古调查院这样的教育研究机构也安插有国民志愿团的人，目的就是要推进宗教极端化和重新改写历史。他们疯狂努力，就是要让所有公共机构宗教化，在这样的进攻之下，奉行世俗主义和民主的人们就会受到很大威胁，这给整个国家带来了挑战。在印度人民党和国民志愿团的影响和纵容之下，妇女的权利受到严重侵害，无法得到保障，如近几个月就发生了数起强奸妇女的事件。

第二，印度经济情况。《报告》认为，印度经济持续低迷，禁止大额现钞流通所造成的恶果和混乱正在显现。农业困境加剧，农民自杀数量不断增加，自发的和有组织的农民反抗运动随处可见。莫迪政府并没有兑现竞选时所作的确保农产品价格高出成本价1.5倍的承诺。印共（马）呼吁尽快就保护农产品价格进行立法，必要时，政府应对农产品价格进行补偿。印度人民党失当的经济政策造成大面积的失业，越来越多的人感到不安。据印度经济监测中心（the Centre for Monitoring Indian Economy）数据，在2016年1—4月份至2017年1—4月份期间，正规部门的就业人数从9300万下降到8600万，大约700万人沦为失业状态。报道称，在服务业领域就没有创造新工作机会。IT行业特别是机器人领域，同样有大量人口失业。莫迪政府曾承诺每年新增2000万个就业岗位，但都落空了，而每年还新增1500万的青年需要就业，这势必会在青年当中造成不安。

第三，公共部门的大面积私有化。印度人民党政府新自由主义经济政策的一个重要内容是，公共部门的大面积私有化。国防生产领域的大规模私有化正在推进，这在喂肥国外军火生产商的同时，还对印度的安全带来了隐患。印度的铁路是印度国家和人民的生命线，也要走向私有化，与此相连的各种服务业都要由私营企业来经营，这将对数千万以铁路工作为生的印度人民造成很大的痛苦。金融改革将使银行和金融机构完全脱离公众监督和社会控制，也会对人民的生活带来很大的负面影响。印度航空拥有数量庞大的不动产和其他资产，包括很多宝贵的绘画和艺术作品，现在在私有化名义下，这一切都要交给私人资本以获取最大利润。

第四，增加税负问题。《报告》指出，印共（马）密切关注 2017 年 7 月 1 日开始执行的货物和服务税（Goods and Services Tax）的不利影响，该税收给普通老百姓、小微企业、商人和非组织部门从业者增加了新的负担，对纺织、烟草、医药、建筑、运输、服装、小型报纸、火柴与烟花等行业都造成了严重的负面影响，农业及相关领域也受到了影响。尽管政府宣称货物和服务税使许多商品价格下降，但由于极不公平的税收结构，许多商品和服务实际上涨价了。对货物和服务征税是莫迪政府新自由主义政策的一部分，这次征税有利于大企业，在减税领域减少的税收并没有转移到消费者身上，从而使企业获得了额外的收益。这次征税尤其不公平的是：残疾人的医疗器械征税 5%，妇女用卫生巾征税 12%，合成纱征税 18%，一些基本药物也按相应的税率征税，这些物品都是下层老百姓的必需品，价格都出现不同程度的上涨，直接影响了普通老百姓的生活。《报告》指出，这次征税破坏了联邦结构，对各邦的权利造成了负面的影响。印共（马）强烈要求中央政府通过税收委员会立即采取措施，重新检讨税收结构，消除或减少不合理和不公正的税收。如，残疾人使用的医疗器械、国家规定的基本药物品种等，应完全免税。印共（马）主张，税收委员会的决定必须要经过议会的审核和监督。

第五，左翼邦政府艰难执政。目前，以印共（马）为首的左翼阵线和左翼民主阵线分别在特里普拉邦和喀拉拉邦执政。它们必须随时应对来自印度人民党和国民志愿团这样强大敌人的疯狂进攻。尽管如此，它们仍然取得了喜人的业绩。印度政府最新数据显示，在印度各邦当中，有两个邦的健康指标和教育指标名列前茅，那就是特里普拉邦和喀拉拉邦。就特里普拉邦而言，识字率达到了 96%，男人预期寿命为 71 岁，女人预期寿命为 73 岁，这两个指标在各邦中是最好的。

二、印共（马）的议会活动

2017 年，印共（马）积极参与了北方邦、北阿坎德邦、旁遮普邦等邦举行的议会选举，结果如表 1：

表1　2017年印共（马）在议会选举中所获得的选票①

邦名	2007年		2012年		2017年	
	竞选席位	所获选票	竞选席位	所获选票	竞选席位	所获选票
北方邦	14	159028	17	69040	26	35207
旁遮普邦	12	35147	9	21719	12	10901
北阿坎德邦			6	11602	6	3817

在北方邦，印共（马）作为左翼阵线的一个组成部分，参与竞选26个席位，共获得35207张选票，所有左翼政党合起来所获得的选票也不超过总选票的1%。《报告》指出，这是印共（马）在北方邦历次议会选举中成绩最糟糕的一次。在该邦2012年的议会选举中，印共（马）只竞选17个席位，所获得的选票数是2017年所获选票数的近两倍。

除了西孟加拉邦、喀拉拉邦和特里普拉邦这三个印共（马）传统的重要根据地外，旁遮普邦同泰米尔纳杜邦和安得拉邦一样，也曾是印共（马）排名靠前的据点。自甘地领导的非暴力不合作运动和随后的自由斗争兴起之时起，印度共产党一直在旁遮普邦有着重要的影响。在本次选举中，印共（马）与其他左翼政党协调好竞选12个席位，但四个左翼政党中，印共（马列）与其他党有矛盾，退出了联盟，左翼政党只获得总选票的0.6%，而印共（马）仅获得总选票的0.07%。

在北阿坎德邦，印共（马）竞争6个席位，获得3817张选票，而在2012年，印共（马）同样竞争6个席位，却获得11602张选票。这说明，印共（马）在该邦的影响力有所减弱。

在曼尼普尔邦，印共（马）只竞选两个席位。尽管条件困难，但结果也很糟糕。其中一个席位共有22905张选票，印共（马）只获得129张选票，而另一个席位共有30224张选票，印共（马）只获得85张选票。在果阿邦，印共（马）没有参与竞选。

印共（马）强调指出，在上述参选不利的背景之下，党应当重新强调在党的组织全会上通过的决定。组织全会曾强调，在加强党的独立基础和政治能力方面，没有捷径可走。只有通过加强党自身和群众组织的力量，充分发动群众运动，才有可能完成选举中既定的目标任务，党在选举中的表现，完全依赖于党自身的力量和影响力。中央委员会有必要恢复过去在竞选中使用的标准，即决定是否参与一个地方竞选，最基本的要素是看该地区群众运动和群众斗争的状况以及群众组织自身的发展情况。不具备这些要素，单纯参加选举不会有好结果。党的

① 参见：https://www.cpim.org/documents/report-political-developments.

组织全会召开已有 15 个月了，许多邦也召开了组织会议。在 2018 年 4 月党的二十二大召开之前，必须要对过去工作中存在的问题和缺陷作认真的审视和检讨。

三、印共（马）领导、参与的群众运动和斗争

印共（马）历来重视群众斗争。2015 年 12 月召开的组织会议决定，要进一步加强阶级斗争和群众斗争，要组成由农业工人、贫苦农民、农民工、农村贫苦的工匠等组成的广泛的阵线，反对农村的地主和富人；要组织城市工业工人，建立地区性组织协调工会、青年和妇女等组织。2017 年，印共（马）及其群众组织领导、参与了以下一些群众活动和斗争。

1. 贾坎德邦反征地运动。2017 年 2 月 7 日，左翼政党在拉奇召开会议，决定揭发邦政府打着发展的旗号允许大企业掠夺贾坎德邦部族和土著居民土地的阴谋。邦政府以贾坎德邦全球投资峰会的名义，准备于 2 月 16 日至 17 日在拉奇召开一个企业家峰会。邦政府已将修改有关土地租约法案的意见送给了总统批准，这将为征收部族和其他农业社区的农用地打开了闸门。左翼政党会议决定，将于 2 月 15 日召开一个具有广泛群众基础的集会，计划发动一场运动，将邀请各领域的名人和社会组织发表他们的观点。左翼政党呼吁所有社会组织、个人和其他反对党联合起来发动反对政府反人民、亲公司的群众性抵抗运动。这次会议由印共（马）贾坎德邦委员会书记 G. K. 巴克希主持,还有印共贾坎德邦委员会书记、印共（马列）贾坎德邦委员会书记等参会。

2. 印共（马）喀拉拉邦委会书记在芒格洛尔集会上发表演讲。2017 年 2 月 26 日，卡纳塔克邦芒格洛尔市举行旨在促进宗教和睦的大型集会，印共（马）喀拉拉邦委员会书记、喀拉拉邦首席部长皮纳拉伊·维加亚应卡纳塔克邦首席部长之邀参加集会并发表演讲。皮纳拉伊·维加亚指出，很高兴能参加这样一个集会，特别是维护宗教和睦的集会。在今天的印度，维护宗教和睦显得尤为重要，因为有人蓄意破坏宗教和谐相处，其幕后力量便是国民志愿团，而它恰恰又领导着印度联邦政府，包括印度联邦政府总理都得要听它的命令。国民志愿团成立于 1925 年，自成立之日起，它就宣扬和鼓动宗教冲突和宗教仇恨。它不仅不把国家看成一个整体，反而还以宗教划线，制造分裂，在各种宗教冲突中扮演主角，破坏国家和人民的团结。著名的印度独立运动之父——圣雄甘地就是被国民志愿团激进分子杀害的，类似的事件不胜枚举。在喀拉拉邦，逐渐形成了一个世俗化力量很强的社会，最强大的力量是共产主义运动，尤其是印共（马），国民志愿团视其为最基本的敌人。而恰恰就在喀拉拉邦，国民志愿团想站稳脚跟，清除共产主义运动，加强宗教在社会中的影响力。翻开喀拉拉邦的历史就会看到，205 名同志被国民志愿团极端分子杀害。我们呼吁，一切进步人士共同反对国民志愿团。

3. 谴责旁遮普警察对学生的粗暴行为。2017 年 4 月 12 日，印共、印共（马）、印共（马列）解放阵线等旁遮普左翼政党强烈谴责前一天警察对旁遮普大

学生用棍棒大打出手的镇压，这些大学生因反对学校过高的收费（是常规费用的11倍）而在副校长办公室前进行示威。在这次镇压中，60多名学生受伤，其中10多名学生受重伤住院。左翼政党已联合发表书面申明：据媒体报道，警察在不同地点反复殴打学生，学生躲无可躲，只好跑到教堂去避难，但仍未能被放过，警察甚至连媒体记者和摄影师也不放过。警察和校方还宣称学生们的这次抗议行动为煽动叛乱的非法行为。这次镇压无所不用其极，棍棒、高压水枪、催泪弹等不分青红皂白一起派上用场。左翼政党领导人一致要求，过高的收费必须降下来，中央政府和邦政府应当承担大学的相关开支和费用，他们拒绝“谁使用谁付费”的原则，认为政府应当增加教育、健康等重要社会领域的开支。左翼政党领导人进一步强烈要求，禁止警察进入教育机构，应对旁遮普邦大学抗议学生所受的残酷镇压开展司法调查。

4. 贾坎德邦左翼政党关于食品与工作会。2017年6月2日，左翼政党在印共（马）的办公场所召开了一次会议，参会人员有印共（马）贾坎德邦委员会书记G. K.巴克斯和邦委员会秘书处成员拉杰德拉·辛格·穆恩达，印共（马列）贾坎德邦委员会书记贾纳丹·普拉萨德等。本次会议表达了左翼党派对贾坎德邦政府的反人民政策、宗教暴力事件的不断攀升、强征土地、法律秩序的不断恶化以及其他有关人民的火烧眉毛的事情的严重关切。会议决定，7月30日在拉奇组织一个全邦性的会议，将会邀请不同社会组织和群众组织参会，届时，会议还会讨论食品安全和就业问题。

5. 印共（马）为维沙卡帕特南医疗机构募集资金和食物。2018年6月3日，印共（马）积极分子已募集到一笔资金，为维沙卡帕特南饱受疟疾之苦的部落民提供医药和卫生设施。许多老百姓以及小商人积极响应，都捐出了大米等食物。印共（马）在部落民生活区设立了一个免费餐饮中心，还计划在部落民生活区为初级卫生中心病人提供免费食品，募集到的资金和食品正是要供给这些中心。

6. 印共（马）为安得拉邦饱受疟疾之苦的部落民村庄提供药物和治疗。2017年7月22日，印共（马）积极分子开始行动，在维沙卡帕特南饱受疟疾之苦的部落民生活区为他们提供治疗。许多部落民在最近几个月因患疟疾而死亡。政府承诺在部落民公共医疗中心为他们24小时提供治疗服务，但是实际上，没有哪一家公共医疗中心这样做，哪怕有人不断死去。许多部落民村庄没有公路，病人只好徒步去医疗中心，于是，印共（马）就组织志愿服务医疗队，带着药物徒步行走到村子为村民治疗。有的村子自印度独立从没有任何一位医生涉足。

7. 印共（马）加紧活动帮助安得拉邦流离失所的达利特（贱民）。2017年7月29日，印共（马）积极支持安得拉邦德瓦拉帕利地区流离失所的达利特，印共（马）政治局委员拉格哈乌鲁造访了这个地区，并加入达利特的抗议活动，为他们寻求公正。他同样领导这里的人民耕种那曾经属于他们的土地，然而，这些土地却被高等种姓的人占了，而政府却置之不理，完全默认。印共（马）正在调拨资金，帮助达利特拿起法律武器进行斗争，追回22亩曾由40户达利特家庭长期耕种的土地。

8. 印共（马）在贾坎德邦为争取部落民权益继续战斗。2017 年 8 月 26 日，贾坎德邦政府宣布，政府日前决定在拉特哈尔县实施一个项目，即撤除 168 个村庄，建立一个缓冲区以备临时居住。第一阶段，已通知了 8 个村庄，尽管遭到了村民们的强烈反抗。政府的这一做法完全违反了森林权益法，也违反了野生动植物保护法。印共（马）领导布里达・卡拉特、G. K. 巴克什等，于 2017 年 8 月 25 日在加鲁区参加了不同村庄的几个乡村委员会，听取了村民们强烈反对撤除的意见和观点，村民们热烈欢迎印共（马）领导的到来及其所给予的支持。布里达・卡拉特指出，贾坎德邦人民的主要威胁来自政府、领导和警察，答案只能是团结、团结斗争。

9. 西孟加拉邦左翼十八党的一致行动。2017 年 9 月 13 日，左翼十八个政党的领导和积极分子游行到警察局总部，即加尔各答拉尔巴扎街，要求立即逮捕纳拉达刺杀行动与萨拉达奇特基金诈骗案犯罪嫌疑人。草根国大党和印度人民党之间的勾结延误了调查程序。左翼政党领导人呼吁西孟加拉邦人民一如既往地传承好本邦长期以来形成的宗教和睦局面。左翼阵线主席和印共（马）政治局成员比曼・罗斯和印共（马）西孟加拉邦委员会书记苏尔亚・坎塔参加了这次集会。

10. 印共（马）组织发动比哈尔邦首府巴特纳大游行。2017 年 9 月 21 日，印共（马）在比哈尔邦首府巴特纳组织发动了数千人参加的旨在抗议联邦中央政府和比哈尔邦政府各种反人民政策的大型示威游行活动。印共（马）总书记西塔拉姆・亚秋里在集会上发表了演讲。示威游行提出了以下一些要求：第一，建设永久性的防水防洪设施，给在旱涝灾害中受损的家庭提供必要的援助和补偿；第二，确保劳工工时饱满，薪水按时发放；第三，社会保险金提高到每月 3000 卢比；第四，结束宗教分裂政治局面，严惩宗教冲突制造者。

11. 奥里萨集会。2017 年 9 月 30 日，数百名低种姓人群在奥里萨邦马尔坎吉里县奇特拉克达举行了大型集会，人们手拿红旗，高举标语，上面写着：土地、房屋、工作和每天 600 卢比工资、道路和电力等等，他们誓要同印度人民党的分裂政治和莫迪政府的错误执政作斗争。印共（马）奥里萨邦委员会书记阿里・吉舍尔・帕特奈克、印共（马）马尔坎吉里县会议召集人布拉加・马吉等在大会上作了重点发言。

12. 喀拉拉邦左翼民主阵线组织的大游行。2017 年 10 月 21 日，喀拉拉邦左翼民主阵线发动了反印度人民党的游行，揭露联邦中央政府的反人民政策以及印度人民党-国民志愿团相互勾结的做法，同时，宣传和推广喀拉拉邦左翼民主阵线政府的发展方案。游行队伍分两路，北路由印共（马）喀拉拉邦委员会书记科迪叶里・巴拉克里萨南领导，而南路由印共喀拉拉邦委员会书记卡南姆・拉吉德拉率领。游行进入到第二天，成千上万的人群沿街列队，欢迎由印共（马）喀拉拉邦委员会书记、政治局委员科迪叶里・巴拉克里萨南领导的北路游行队伍。随后，在卡萨拉高德的乌杜马召开了第一次会议，成千上万的群众参加了会议。在会上，科迪叶里·巴拉克里萨南号召大家要团结一致同分裂势力作斗争，同时，描绘了左翼民主阵线政府的发展规划，并指出，政府的基本目标是确保全方位的发展，左翼阵线政府将设立明确时限来执行政策，实现目标。国大党和印度人民党非常清楚，在接下来几年，喀拉拉邦发展模式将会成为受关注的样板，国大党和印度人民党都想阻止它发展。印度人民党竭尽全力来破坏喀拉拉邦的和平与和谐，它还威胁要打击喀拉拉邦的共产党。不过，印共（马）强调，它已做好了抵抗的准备。

13. 印共（马）在西孟加拉邦举行大型集会。2017 年 11 月 26 日，印共（马）积极分子在西孟加拉邦杜加普尔组织了一个大型集会，要求立即恢复杜加普尔一些地方的供水供电（早些时候因为杜加普尔拦河坝一扇门出现故障而导致停水停电）。草根国大党的暴徒继续敌视人民，为了阻止本次集会，他们袭击了印共（马）的同志，有数名同志受伤。11 月 28 日，抗议活动继续进行，印共（马）的同志发动了另外一场集会，当局对问题视而不见，但印共（马）的同志明确指出，斗争将会来临。

四、印共（马）的党内建设

1. 印共（马）的组织发展概况

2015 年 4 月召开党的二十一大时，印共（马）的党员人数是 105.8 万，到 2017 年底，其党员人数为 104.8 万。近两年不仅没有增加，还略有下降，这说明党的二十一大后印共（马）的力量发展并不理想。此外，还有一个突出的问题，那就是印共（马）各邦党组织力量的分布严重失衡，其中西孟加拉、喀拉拉和特里普拉三个邦党员人数占党员总数的 73%，群众组织人数占群众组织总人数的 76%，而在地处印地语腹地的北方邦、哈里亚纳、比哈尔等地，印共（马）的力量非常薄弱。

印共（马）共有 23 个邦委员会和 3 个邦级组织委员会（主要指安达曼-尼柯巴尔岛、果阿和曼尼普尔邦，每个邦的党员数不足 1000 名）。印共（马）许多邦委员会缺乏工作人员，只有 14 个邦的邦委员会及群众组织中心的工作秘书超过 5 人。在印共（马）力量薄弱的一些邦，邦委员会甚至不能处理重要地区的组织问题，宗派主义、个人主义及违反民主集中制原则的做法不仅得不到纠正，而且愈演愈烈。印共（马）有 285 个县委员会（不包括区级委员会）、约 90000 个党支部。据印共（马）自己估计，大约一半的党支部几乎不开展活动。按照规定，每个支部一个月应开会一次，一年要召开 12 次会议，但绝大多数支部不能按照规定进行。2017 年，印共（马）在组织建设方面没有出台新的措施和办法。

2. 印共（马）拥有的各种媒体

印共（马）中央机关出版发行两份报纸和两份刊物，即《人民民主》（周报，英文）、《人民潮流》（周报，印地文）、《马克思主义者》（季刊，英文）、《人民潮流》（半月刊，乌尔都文）。其中《人民民主》和《人民潮流》是印共（马）中央机关报，《马克思主义者》是印共（马）创办的季刊。由于种种原因，近年来，这些报纸和刊物的发行量都有所下降。印共（马）中央机关的网站为 http：//www. cpim. org，使用的社交媒体包括 Facebook、Twitter、Whatsapp 以及其他类似的 App。

五、印共（马）同左翼政党的关系

1. 印共（马）同印共的关系

1964 年老印共分裂后，印共（马）与印共之间一直是相互敌对、相互攻击。但从 20 世纪 70 年代末开始，两党间关系开始改善，特别是进入 90 年代以来，两党之间的合作越来越多。印共甚至于 1986 年 3 月在帕特纳（Patna）召开的十三大上希望两党重新实现统一。此后又多次强调，两党应重新实现统一。但印共（马）对印共提出的主张态度消极，它并不赞成两党统一，只提“促进左翼联合”（其中包括印共）。由于印共（马）的态度消极，印共后来不再提及实现两党统一的问题。目前，两党在共同对付印度人民党和国民志愿团等问题上立场一致，能较好地合作，而在某些问题上以及在一些邦，两党的合作往往不会一帆风顺。

2. 印共（马）同其他左翼政党的联合

印共（马）一直比较重视同印度国内其他左翼政党的联合。1964 年印共（马）新成立后不久，就在一些邦积极同左翼政党建立关系，相互支持。在喀拉拉邦，印共（马）同印共、社会主义党、社会主义革命党、喀拉拉社会主义党以及穆斯林联盟等组成联合阵线。在西孟加拉邦，建立了一个包括印共（马）、印共、前进集团、国大党穆克吉派等众多左翼政党组成的左翼民主阵线。左翼民主阵线的前身是左翼阵线。1977 年 6 月，在西孟加拉邦的议会选举中，印共（马）同前进集团、社会主义革命党等左翼政党（不包括印共）组成左翼阵线，并赢得选举胜利。一年以后，印共加入了印共（马）领导的左翼阵线，并参加了西孟加拉邦的左翼阵线政府。1978 年 4 月，印共（马）十大重新制定了统一战线政策，主张在左翼阵线的基础上，建立包括印共等左派政党在内的左翼民主阵线。在 1980 年喀拉拉邦议会选举中，印共抛弃了原来以国大党为首的联盟，转而加入以印共（马）为首的左翼民主阵线，从而使左翼民主阵线获胜，并组成了左翼民主阵线政府。

第五部分　党的国际实践活动

印共（马）同中国共产党、古巴共产党、俄罗斯共产党等长期保持友好往来。每逢印共（马）召开全国代表大会，这些共产党都会派代表团列席会议，相应地，印共（马）也会派代表团参加这些共产党的代表大会。印共（马）同中国共产党的交往相对较多，多次派代表团来华参观访问。2017年，印共（马）的对外交往比较少，较有影响的有两次。

2017年11月30日至12月3日，印共（马）中央委员会总书记西塔拉姆·亚丘里应中国共产党之邀，出席中国共产党在北京举办的"中国共产党与世界政党高层对话会"，同行的还有印共（马）中央委员巴达尔·萨罗伊和阿瓦德什·库马尔。印共（马）总书记西塔拉姆·亚秋里在接受记者采访时指出，中国共产党带领中国人民取得的成就在人类历史上十分突出。她带领中国人民克服重重困难，实现民族解放，建立新中国，使中华民族焕发出蓬勃生机，取得了社会主义建设的伟大成就。

2017年12月23日，印共（马）中央委员会总书记西塔拉姆·亚丘里专门向尼泊尔共产党（联合马列）主席K. P. 奥利（K. P. Oli）、尼泊尔共产党（毛主义中心）主席普拉昌达·普什帕·卡马尔·达哈尔（Prachanda Pushpa Kamal Dahal）发贺信，祝贺他们在尼泊尔大选和省议会选举中结成联盟并取得的巨大胜利。

第六部分　结语

2017年印共（马）没有召开全国代表大会，分别在1月、4月和7月召开了三次中央全会，分别通过了《政治发展报告》，全面阐述了其关于国内外形势的观点。2017年，印共（马）积极参与了北方邦、北阿坎德邦、旁遮普邦等邦举行的议会选举，但效果不佳，所获得的选票较之以往都有不同程度的下降，形势不容乐观。在组织建设方面，印共（马）虽然十分重视发展壮大自己的力量，但 2017 年的党员人数较之 2015 年不仅没有增加，反而还略有下降。在群众运动方面，印共（马）虽然同左翼政党在一些邦开展了不同形式的群众活动和斗争，但影响力都很有限。

总体来看，2017 年是印共（马）缓慢而平稳发展的一年，既没有大起，也没有大落，既没有取得重大的成绩，也没有巨大的失败。当前面临的主要困难和问题就是如何进一步发展壮大自身力量，提升其在国内的影响力。印度是一个国情极其复杂的国家，印共（马）一路走来能从小到大不断发展，是因为它一直能采取较为灵活的策略和方法，不断克服各种困难，应对各种复杂局面。目前，印共（马）的发展仍面临重重困难和阻力，将来的形势或许会更加不利，其发展会充满更多挫折。即使如此，仍有理由认为，印共（马）是印度进步力量的主要代表，更是印度共产主义运动的主力军，追求的是印度的正义事业，代表了印度大多数人民的利益，契合人民需要，符合历史潮流，其发展前景光明，但道路会充满曲折。

（撰稿人：中共陕西省委党校　苗光新）

2017 年尼泊尔共产党（毛主义中心）年度发展报告

第一部分　概况

1. 国名：尼泊尔联邦民主共和国（简称尼泊尔）

2. 人口：约 2850 万（2016 年）

3. 国土面积：14.7181 万平方公里

4. 政党名称：尼泊尔共产党（毛主义中心）

5. 成立时间：1995 年 3 月

6. 党员人数：30 万名左右

7. 全国主席：普什帕·卡玛尔·达哈尔（Pushpa Kamal Dahal），化名普拉昌达（Prachanda）

8. 政治局成员或全国委员会成员：不详

9. 政党地位：合法党，执政党（尼泊尔第三大党）

10. 社会团体或群众组织：全尼泊尔妇女联合会（革命）、共产主义青年团、全尼泊尔民族独立学生联盟（革命）、全尼泊尔工会联盟（革命）

11. 大众传媒的运用：http：//ucpnmaoist. org

12. 最近一次代表大会或会议：党的第七次代表大会（2013 年 2 月 2 日至 8 日）

13. 最近一次参加的选举：尼泊尔新宪法制定后的第一次全国大选（地方、省议会和联邦议会选举）（2017 年 5 月至 12 月）

第二部分　党的产生及发展简史

尼联共（毛主义）的前身是1949年4月22日成立的尼泊尔共产党。在长达63年的时间里，它由一个建立时仅有5人的松散的小党发展成为尼泊尔第一大党和主要执政党。在这期间，尼联共（毛主义）先后经历了尼泊尔共产党、尼共（四大）、尼共（新火炬）、尼共（团结中心）、尼共（毛主义）、尼联共（毛主义）、尼共（毛主义中心）七个阶段。

一、尼泊尔共产党

1949年4月22日，尼泊尔的共产主义者普什帕·拉尔·施瑞斯塔（Pushpa Lal Shrestha）与奈雷·巴哈杜尔·卡玛查亚（Nara Bahadur Karmacharya）、纳拉杨·比拉斯·乔希（Narayan Bilas Joshi）、哥文达·维迪亚（Govinda Vaidya）、莫提·代维（Moti Devi）在印度加尔各答组建了尼泊尔共产党。之所以选择4月22日，是因为这一天为列宁的诞辰日。由于尼共是在普什帕·拉尔·施瑞斯塔倡导下成立的，他也因此被称为“尼泊尔共产主义运动之父”。同年9月15日，尼共发布了建党宣言，宣言详细地阐述了尼泊尔的政治、社会和经济形势，分析了当前的政治方案，强调要将国家和人民从封建专制统治和外国控制下解放出来。宣言也强调要赋予在经济上、社会上和文化上受剥削和歧视的人们以各种民主权利和自由，使他们成为国家的真正主人。1954年1月30日，尼共在加德满都附近的帕坦秘密召开了第一次全国代表大会，这次会议标志着党在组织上的正式创立。曼·摩汉·阿迪卡里（Man Mohan Adhikari）当选为总书记，并成立了由施瑞斯塔和阿迪卡里等5人组成的政治局，下设由10人组成的中央委员会。尼共一大通过了党章、党纲和党的政策决议，确立了反帝反封建的“新民主主义革命”的政治纲领。

二、尼共（四大）

1960年12月15日，马亨德拉国王发动王室政变夺权，解散大会党内阁和议会两院，改首相内阁为大臣会议制，由王室直接控制政府。王室政变后，曼·摩汉·阿迪卡里与沙穆布·拉穆·什雷斯塔（Shambhu Ram Shrestha）、莫汉·比克拉姆·辛格（Mohan Bikram Singh）等领导人被捕入狱，尼共在组织上基本处于瘫痪状态。1974年9月，尼共党内一部分坚持以毛泽东思想为指导，以暴力革命夺取政权作为斗争策略的党员在莫汉·比克拉姆·辛格、耐玛尔·拉玛（Nirmal Lama）的领导下，在印度的瓦纳西（Varansi）召开了尼共第四次代表大会，辛格当选为总书记，这次大会所成立的党被称为尼共（四大）。这标志着尼泊尔“毛派”政党的正式诞生。20 世纪 70 年代中期，尼共（四大）也成为尼泊尔最大的和组织得最好的共产党组织。

三、尼共（新火炬）

1976 年毛泽东的逝世以及“四人帮”的倒台在尼共（四大）内引起了激烈的争论。拉玛对中国新的领导人表示认同，而辛格则指责中国在走修正主义道路，将邓小平为代表的中共领导层斥为“反革命”，并表示忠于正统的毛主义和支持“文化大革命”。11 月，尼共（四大）发生分裂，以辛格为首的多数“左派”分裂出去，成立尼共（火炬），尼联共（毛主义）的现任领导人普拉昌达（Prachanda）、基兰（Kiran）和巴特拉伊（（Baburam Bhattarai）当时都是尼共（火炬）领导层的主要成员；而尼共（四大）余部则由拉玛继续领导并沿用原名。1985 年 11 月，辛格因其反党行为被开除出党。同月，辛格以尼共（火炬）的名义组建了新的五人中央委员会。为了与辛格领导的尼共（火炬）区别开来，原来的尼共（火炬）则改名为尼共（新火炬），由基兰担任总书记。1989 年，尼共（新火炬）在加德满都举行武装暴动，但暴动最终以失败而告终。尼共（新火炬）领导层对此次暴动进行了猛烈的批评，并将暴动失败的原因归咎于基兰，撤销了基兰的总书记职务，并选举普拉昌达为总书记。

四、尼共（团结中心）

1990 年 11 月 9 日，比兰德拉国王颁布了新宪法，宣布实行君主立宪制。普拉昌达领导的尼共（新火炬）、耐玛尔·拉玛领导的尼共（四大）、鲁普拉·比斯瓦卡玛（Ruplal Biswakarma）领导的尼共（农民组织）对新宪法持反对态度，并决定联合起来共同抵制 1991 年举行的大选。1990 年 11 月 23 日，三党合并组建了尼共（团结中心），普拉昌达当选为总书记。尼共（团结中心）成立不久，跟随辛格的巴特拉伊博士也带领着尼共（火炬）的部分党员加入了尼共（团结中心）。尼共（团结中心）成立后，党内出现了采取何种方式来实现革命性变革的争论。普拉昌达为首的一派认为武装斗争时机已成熟，主张进行中国式的持久的“人民战争”来夺取政权；而以拉玛为首的一派则主张走苏联式的城市暴动的道路。1994 年 5 月，尼共（团结中心）一分为二成两个同名党，即尼共（团结中心）拉玛派、尼共（团结中心）普拉昌达派。

五、尼共（毛主义）

1995 年 3 月，普拉昌达领导的团结中心召开中央委员会第三次扩大会议，将党名改为尼泊尔共产党（毛主义）。1996—2006 年，尼共（毛主义）进行了长达10年的“人民战争”，其活动和影响范围已波及68个县，人口达1000多万，全国80%的农村地区处于他们的控制或影响之下。2006年11月尼共（毛主义）与七党联盟政府签订了全面和平协议。2007年4月，尼共（毛主义）加入过渡政府。2008年4月，尼共（毛主义）参加尼泊尔首届制宪议会选举，在总共601个席位中获得220个议席，成为制宪议会第一大党。2008年8月，尼共（毛主义）组建联合政府，普拉昌达任总理。

六、尼联共（毛主义）

2009年1月11日，尼共（毛主义）与尼共（团结中心-火炬）合并，成立了尼联共（毛主义）。2009年5月4日，普拉昌达由于不满总统否决其解除陆军参谋长卡特瓦尔（Katawal）的职务的决定而宣布辞职，尼联共（毛主义）联合政府在执政短短9个月后宣告垮台。在2011年8月28日下午举行的尼泊尔制宪会议总理选举中，尼联共（毛主义）副主席巴布拉姆·巴特拉伊获得594席中的340票，成为尼泊尔第三十五任总理。尼联共（毛主义）也因此得以在2年3个月之后再次执政。2012年5月3日，按照尼联共（毛主义）与其他四个主要议会党派达成“五点协议”，巴特拉伊政府的48位部长集体辞职，为尼泊尔主要政党组建一个新的联合政府并继续推动制宪进程铺平道路。2013年5月27日，巴特拉伊宣布第一届制宪议会解散。2013年11月19日第二届制宪会议选举。在选举产生的575个席位中，尼联共（毛主义）排在尼泊尔大会党尼共（联合马列）之后居于第三位。

七、尼共（毛主义中心）

2016年5月20日，尼联共（毛主义）与萨帕（Thapa）领导的尼共—毛、马翠卡·雅达夫（Matrika Yadav）领导的尼共毛、玛尼·萨帕（Mani Thapa）领导的革命共产党等10个毛派政党聚集加德满都，宣布合并成立一个由普拉昌达领导的新毛派政党——尼共（毛主义中心）。

第三部分　党的理论和组织状况

一、指导思想

尼共（毛主义中心）的前身尼共和尼共（四大）时期是以马列主义作为党的

指导思想的。尼共（新火炬）成立后，党的指导思想由马列主义改为了马列毛主义。1991年11月，尼共（团结中心）召开了第一次代表大会。大会通过了题为《尼共（团结中心）的政治路线》的政治报告，报告提出要以马列毛主义作为党的指导思想，以建立一个无产阶级领导的、以工农联盟为基础的、反帝反封建的人民民主专政的新民主主义共和国作为战略目标，为了实现这一目标，大会决定采取农村包围城市的“人民战争”道路。1995年3月，尼共（团结中心）召开中央委员会第三次扩大会议，将党名改为尼共（毛主义），并通过了题为《尼泊尔武装斗争的战略和策略》的报告，报告回顾了尼泊尔的革命斗争的历史，结合尼泊尔国情和革命斗争的实践创造性地提出，根据毛主义理论，尼泊尔阶级斗争是持久的，要经过战略防御、战略相持和战略进攻三个阶段，从而以此为基础解决了尼泊尔人民战争的基本问题。

2001年，尼共（毛主义）开展的人民战争进入了战略相持阶段。普拉昌达与其他尼共（毛主义）领导人根据国内外形势的变化，在吸取国际共产主义运动的经验教训的基础上，提出了普拉昌达路线，并将普拉昌达路线同马列毛主义一样，并列作为党的指导思想。“普拉昌达路线”是人民起义模式和人民战争模式的融合。2013年2月2日至8日，尼联共（毛主义）在马克万布县（Makwanpur）的赫托达（Hetauda）主持召开了尼联共（毛主义）第七次全国代表大会。此次大会将党的指导思想由马列毛主义、普拉昌达路线，改为马列主义毛泽东思想。

二、组织结构和组织原则

尼共（毛主义中心）的组织结构包括：全国代表大会、政治局常务委员会、政治局、中央委员会、地方委员会、县委员会、乡镇级委员会、村级委员会、党支部。

党的组织原则为：①党员接受党组织领导。②少数服从多数。③下级服从上级。④全党接受中央委员会的领导。⑤中央委员会服从全国党员代表大会的领导。⑥全国党员代表大会是全党的最高权力机关。⑦由全国党员代表大会选举产生的中央委员会负责召集和召开全国代表大会。

三、党员资格

尼共（毛主义中心）党章规定，所有遵守党的章程、政策、在党的下属组织或人民发展委员会有一年或以上的工作经历，年满十六岁的人员都可以向党提交入党申请书。符合入党标准的尼泊尔公民需要有一名入党介绍人并向居住的党地方委员会提交申请书；地方委员会书记同意申请后，申请人成为预备党员；预备党员通过地方委员会六个月考察期后，可以成为正式党员。在特殊情况下，中央委员会可以破格吸纳非党员成为预备党员或党员。预备党员的考察期通常为六个月。新党员需缴纳十卢比的入党费，今后每年缴纳十卢比党费。人民运动期间入党的党员可向当时注册地点的地方委员会提交申请，重新获得党员身份。地方委员会须向上级委员会说明情况并备案。各级委员会有权组建下属组织并向该组织颁发证书。下属组织成员可以是非党员，也可获得身份证明。下属组织必须遵守各级委员会的决定。预备党员拥有除选举权和被选举权以外的正式党员的所有权利。

第四部分　党的国内实践活动

一、尼共（毛主义中心）召开的重要会议

2017 年 4 月 23 日，尼共（毛主义中心）中央委员会在党主席、总理普拉昌达的官邸举行会议，会议通报了政府为了保证地方选举的顺利举行，准备与 24 日与马迪西民主联合阵线签署协议的相关情况。普拉昌达说，协议的主要目的是为地方选举创造良好的氛围，同时也敦促主要政党履行其政治责任。他已经与马迪西政党达成共识，现在任何人都不能破坏选举。他强调，这是一个为所有政党创造参加选举氛围的最佳时刻，党的领导干部要把精力集中在选举方面。会议决定将采取积极措施保证这一协议的执行①。

2017 年 6 月 11 日 在加德满都其住所举办的一个聚会上，尼共（毛主义中心）主席普拉昌达敦促奈特·比克拉姆·昌德（Netra Bikram Chand）领导的尼泊尔共产党和基兰领导的尼共（革命）与尼共（毛主义中心）实现合并。他说，他正为尼泊尔形成一个统一的共产主义运动而努力②。昌德领导的共产党早先已经宣布要挫败地方选举，而班迪亚领导的尼共（革命）则以爱国人民民主阵线的名义参加了投票。

在 2017 年 5 月 14 日和 6 月 28 日举行的尼泊尔第一阶段和第二阶段 617 个地方单位的选举中，尼共（毛主义中心）的候选人只获得了 84 个高级职位。

---

① CPN-MC CC approves agreement with UDMF［EB/OL］.（2017-04-24）［2018-02-10］. https://thehimalayantimes. com/kathmandu/. cpn-mc-central-committee-approves-agreement-united-democratic-madhesi-front/.

② Dahal urges Chand，Baidya for merger［EB/OL］.（2017-06-11）［2018-02-10］. http：//kathmandupost. ekantipur. com/printedition/news/2017-06-11/dahal-urges-chand-baidya-for-merger. html.

2017年7月12日，尼共（毛主义中心）中央领导层会议在党主席普拉昌达的住所召开，普拉昌达认为，党自身的问题是导致选举失利的主因。会议指出，党合并后没有加强党的组织建设、候选人选拔工作不到位、党的不同派别之间的存在利益冲突等是党在选举中名列第三的重要原因。而对大会党和尼共（联合马列）滥用资金以及他们的雇员的不当行为党也没有给与足够的重视①。

2017年7月17日，尼共（毛主义中心）7个省的负责人聚集在加德满都党的总部，总结地方选举失利的原因。第7省负责人莱克·拉吉·巴塔（Lekh Raj Bhatta）认为，党的领导人对党组织的管理不力是选举失利的主要原因。他进一步指出，党的领导人选举经验缺乏、准备不足、与地方党组织联系较少、其他政党贿赂投票者也是选举失利的重要原因。第2省负责人马翠卡·亚达夫（Matrika Yadav）认为，第2省的党组织没有为选举做充分的准备是失利的主要原因。党主席普拉昌达指出，选举失利与党组织没有很好地向选民宣传党的竞选纲领以及党委会缺乏管理有很大关系。

2017年10月3日，尼共（毛主义中心）、尼共（联合马列）、新力量党在加德满都举行新闻发布会，宣布在省级选举和议会选举后三党进行合并。尼共（毛主义中心）领导人，政府内务部长贾纳丹·萨玛（Janardan Sharma）宣读了三党签署的六点协议。他说，在选举后，三党将合并成一个统一的共产党。一个由8名成员的联合协调委员会将很快组建，为合并做准备。委员会中四人来自尼共（联合马列）、三人来自尼共（毛主义中心）、一人来自新力量党。尼共（毛主义中心）主席普拉昌达指出："尼泊尔人民希望左翼政府实现国家的繁荣和发展，我们应该不辜负实现人民的期望，领导国家实现社会主义。"②

2017年12月19日，尼共（毛主义中心）领导层在加德满都的党部召开会议，讨论在新政府形成前与尼共（联合马列）的合并事宜。会议认为，在新政府形成前，两党应该以"互相尊重"的方式来确定双方在合并后的新党和内阁中所占的份额。针对尼共（联合马列）决定由奥利来领导新党和政府的建议，会议强调，总理、党主席、议会党团主席这三个职位不能由尼共（联合马列）独占③。

---

① CPN-MC reviews poll results [EB/OL].（2017-07-12）[2018-02-10]. https://thehimalayantimes.com/nepal/cpn-maoist-centre-reviews-poll-results/.

② UML, Maoist Centre, Naya Shakti to unify after poll-partnership [EB/OL].（2017-10-03）[2018-02-10]. https://thehimalayantimes. com/kathmandu/uml-maoist-centre-naya-shakti-party-merge/.

③ Party merger before new govt [EB/OL].（2017-12-19）[2018-02-10]. http://kathmandupost. ekantipur. com/printedition/news/2017-12-19/party-merger-before-new-govt.html.

二、尼共（毛主义中心）与尼共（联合马列）在 2017 年尼泊尔大选中取得压倒性胜利

尼泊尔省议会选举和联邦议会选举于 2017 年 11 月和 12 月分两阶段同时进行，第一阶段选举于 2017 年 11 月 26 日在 32 个山区县举行，选举产生 37 名众议院议员和 74 名省议会议员。第二阶段选于 12 月 7 日在其余 45 个县举行，选举产生 128 名众议院议员和 256 名省议会议员。在选举前，尼共（联合马列）和尼共（毛主义中心）结为左翼联盟，并按 60∶40 的比例分配 165 个选区竞选，两党在各自的选区相互支持①。在省议会选举中，尼共（联合马列）、尼共（毛主义中心）、大会党分别以 168 席、73 席、41 席居第一、第二和第三名。在众议院的选举中，尼共（联合马列）获 121 席（直接选举议席 80 席，比例选举议席 41 席）、大会党获 63 席（直接选举议席 23 席，比例选举议席 40 席）和尼共（毛主义中心）获 53 席（直接选举议席 36 席，比例选举议席 17 席），分居第一、第二和第三名。尼共（联合马列）和尼共（毛主义中心）组成的左翼联盟共获得总议席的 63.27%②，取得压倒性胜利。在国民议会选举中，尼共（联合马列）获 27 席，尼共（毛主义中心）获 13 席，尼泊尔大会党获 12 席，尼泊尔人民党和尼泊尔联邦社会主义论坛各获 2 席，左翼联盟在国民议会的总席位超过 2/3，占绝对多数③。

第五部分　党的国际实践活动

2017 年 3 月 23 日下午，尼泊尔总理普拉昌达在加德满都会见了正在尼访问的国务委员兼国防部长常万全一行。普拉昌达说，尼中两国友谊源远流长，两国关系根基深厚。尼方高度认同并赞赏中国经济社会发展取得的巨大成就，高度评价中方“亲诚惠容”的周边外交理念，感谢中方在尼经济社会发展、国防和军队

① 78 % UML，58 % Maoist candidates won polls [EB/OL].（2017-12-15）[2018-02-10]. http：//www. myrepublica. com/news/32593/.

② Nepal Observer [EB/OL].（2017-12-17）[2018-02-10]. http://nepalobserver. nepalresearch. org/archive/0044. pdf.

③ Left Alliance sweeps polls to upper house of Nepal's Parliament [EB/OL].（2018-02-08）[2018-02-10]. https：//www. hindustantimes. com/world-news/left-alliance-sweeps-polls-to-upper-house-of-nepal-s-parliament/story-FeaMlgQ5XEBfpv6LukNp2N. html.

建设，特别是灾后重建方面提供的宝贵支持和巨大帮助。尼方始终坚持“一个中国”政策，坚定支持并积极参与“一带一路”建设，愿与中方加强多边领域协调配合，深化务实合作维护好共同利益。常万全说，中尼两国唇齿相依，亲如兄弟。建交62年来，双边关系持续巩固发展。中方感谢尼方在涉藏、台湾等涉及中方核心利益问题上给予的大力支持，也坚定支持尼方维护独立、主权、领土完整的努力，尊重尼泊尔人民自主选择的社会制度和发展道路。近年来，两国领导人就深化双边关系达成重要共识，为两国两军关系发展指明了方向。中方愿与尼方一道，不断推动和深化世代友好的全面合作伙伴关系，共同造福两国人民①。

2017年3月23—27日，尼共（毛主义中心）主席、尼泊尔总理普拉昌达受邀出席博鳌亚洲论坛2017年年会，并对中国进行正式访问。3月27日，中国国家主席习近平在人民大会堂会见尼泊尔总理普拉昌达。习近平指出，中尼友好合作符合两国和两国人民的根本利益。当前，中尼关系深入发展。两国保持了政府、政党等各层级密切往来，稳步推进互联互通、灾后重建、基础设施、人文交流等领域合作。他对此感到高兴。双方要继续一道努力，维护中尼关系发展积极势头，开创中尼友好合作新局面。习近平强调，中尼要不断增进政治互信，继续加强各层级往来，在涉及彼此核心利益的重大问题上相互支持。要坚定推进互利合作，以共建“一带一路”为契机，扎实推进互联互通、自由贸易安排、农业、产能、能源、灾后重建等各领域合作，扩大双向投资和贸易，促进双边贸易平衡可持续发展。双方要丰富人文交流内涵，深化旅游、文化、青年、媒体等领域合作，将地方合作走深走实。要深化执法安全合作。中方愿同尼方加强在联合国等多边机构内的合作，就气候变化、可持续发展等问题协调立场，维护共同利益。普拉昌达表示，中国是尼泊尔的友好邻邦，尼方衷心感谢中方长期以来给予的支持、特别是为尼灾后重建提供的宝贵帮助。近年来，尼中双边关系取得新的进展。尼泊尔坚定奉行一个中国政策，支持“一带一路”倡议，愿积极拓展同中方在贸易投资、交通运输、基础设施、旅游、航空等领域的合作，密切人文交流，以更好造福两国人民。尼方赞赏中国在国际事务中发挥的重要和积极作用，愿同中方在国际和地区事务中密切协调合作。

2017年8月15日，正在尼泊尔访问的国务院副总理汪洋会见了尼共（毛中心）主席、前总理普拉昌达和尼共（联）主席、前总理奥利。汪洋表示，中国共产党愿同尼各党派密切友好往来，加强治国理政经验交流，共同推进中尼友好合作。普拉昌达、奥利表示，尼各党派都支持发展对华关系，将继续同中方加强友好交往②。

---

① 尼泊尔总理普拉昌达会见常万全［EB/OL］.(2017-03-24)［2018-02-10］.http://www.mod.gov.cn/diplomacy/2017-03/24/content_4778410.htm.

② 汪洋同尼泊尔副总理加查达尔会谈［EB/OL］.（2017-08-15）［2018-02-10］. www.chinanews. com/m/gn/2017/08-15/8305646. shtml.

第六部分 结语

一、尼共（毛主义中心）取得的成绩

2017年是尼泊尔的大选年，在2017年5月、6月、9月举行的尼泊尔地方选举中，尼共（毛主义中心）5441个职位，名列第三。① 2017年10月3日，尼共（联合马列）和尼共（毛主义中心）结为左翼联盟，在大选中获得总议席的63.27%，取得压倒性胜利并于2018年2月15日组建左翼联盟政府。左翼联盟的获胜并即将合并成一个新的共产党，这将使尼泊尔共产主义运动迎来期盼已久的大整合，共产党长期执政的局面也将在尼泊尔出现，这将对尼泊尔的政治稳定、经济繁荣和社会发展产生深远影响。

二、尼共（毛主义中心）及左翼联盟面临的问题和挑战

尽管取得了一些成绩，但对于尼共（毛主义中心）来说，无论是从党本身来说，还是从左翼联盟的执政前景来看，其面临的困难和挑战都是十分巨大的。

首先，能否解决两党面临的理论分歧和理论困境是尼共（毛主义中心）及左翼联盟面临的首要挑战。列宁指出："没有革命的理论，就不可能有被压迫阶级的即历史上最革命的阶级的世界上最伟大的解放运动。"② 尽管尼共（联合马列）和尼共（毛主义中心）两党领导人对合并的可行性充满信心，但是合并涉及理论、组织、政治和其他相关问题，而这其中理论方面的问题最为关键。目前尼共（联合马列）以"人民多党民主"作为自己的思想路线，主张接受多党政治，通过和平斗争的方式消灭封建主义、官僚买办资本和帝国主义的剥削和压迫，逐步向社会主义过渡③。而尼共（毛主义中心）以"发展21世纪民主"作为自己的思想路线，主张通过和平手段但不完全放弃革命道路来完成新民主主义革命的未竟的事业，并为社会主义革命做准备。对于尼共（联合马列）和尼共（毛主义中

① Results of local elections in Nepal，2017［R/OL］.［2018-02-10］http：//nepalresearch.com/charts_tables/local_election_results_2.pdf.

② 列宁. 列宁专题文集：论马克思主义［M］. 北京：人民出版社，2009：298.

③ 刘洪才. 当代世界共产党党章党纲选编［M］. 北京：当代世界出版社，2009：100-101.

心）来讲，共产主义政党的原则立场目前还只是停留党的身份标识的层面上，而对于怎样利用资产阶级民主来实现社会主义还没有在理论上作出明确解释。如何求同存异，在马克思主义的框架内找到双方都能接受的思想路线，并对未来尼泊尔的社会主义发展道路作出理论阐释，将是对尼共（毛主义中心）和左翼联盟的一大挑战①。

第二，如何妥善处理特莱平原的马迪西人问题将是尼共（毛主义中心）及左翼联盟面临的又一挑战。特莱（Tarai）在尼泊尔语里的意思是“低洼地、平原”，主是指夹在喜马拉雅丘陵和印度河—恒河冲积平原之间的低洼地带，这一地带从西到东贯穿尼泊尔南部②。特莱平原面积约为34109平方公里，约占尼泊尔国土面积的23.1%，分布着尼泊尔75个县中的20个县，人口约占尼泊尔人口的一半③。18世纪末以来，由于大量印度移民从印度来到特莱平原开荒定居，这些印度裔的移民就被称为马迪西人（Madhesis或Madhesi people）。1814年11月，英国驻印度总督赫斯廷斯勋爵（Lord Hastings）以边界问题为借口向尼泊尔宣战，尼英战争爆发。在尼英战争中，一些马迪西人因对廓尔喀沙阿王朝的残酷剥削和压迫感到不满而站到了英国侵略者一方，因此马迪西人也被沙阿王朝统治者视为“英国的走狗和尼泊尔的敌人”④。此后历代统治者都延续了对马迪西人的不信任政策，马迪西人在身份、语言以及政府机构的代表性等方面都受到了歧视。自20世纪50年代开始，随着拉纳家族专制统治的终结，马迪西人的民族意识也开始觉醒，马迪西民族主义也由此兴起，一些马迪西人自己的政党也逐渐形成，并成为马迪西民族运动的领导力量。在马迪西政党的领导下，马迪西人的争取民族权益的斗争也由自发走向自觉。2007年1月尼泊尔议会颁布临时宪法后，马迪西人民权利论坛（Madhesi Janadhikar Forum）因临时宪法没有充分考虑马迪西人的权益而号召马迪西人举行总罢工，第一次马迪西运动由此爆发。2008年马迪西人民权利论坛、特莱马迪西民主党（Terai Madhes Loktantrik Party）、尼泊尔亲善党（Nepal Sadbhavana Party）共同发起了第二次马迪西运动。2015年9月新宪法颁布后，又爆发了第三次马迪西运动。马迪西运动的主要诉求主要有以下四个方面：一是在联邦区划中设立两个特莱-马迪西省，一个从贾帕（Jhapa）到奇特万（Chitwan），叫作马迪西省（Madhes）；另一个从奇

① Dr. Narad Bharadwaj. Left Ideological Vacuity [EB/OL]. [2018-02-10]. http://therisingnepal.org.np/news/21685.

② Jason Miklian. Nepal's Terai: Constructing an Ethnic Conflict [N]. South Asia Briefing Paper, 2008-07-20.

③ Bishnu Raj Upreti, Suman Babu Paudel, Safal Ghimire. Ignored or ill-represented? The Grievance of Terai-Madhes Conflict in Nepal [M]. New Delhi: Adroit Publishers, 2012: 12.

④ J. K. Goait. History of Tarai in Nepal [EB/OL]. (2007-04-04) [2017-12-10]. https://madhesi.wordpress.com/2007/04/04/history-of-terai-in-nepal/.

特万（Chitwan）到坎昌布尔（Kanchanpur），叫作塔鲁省（Tharuhat）。二是选区的划分应该根据人口多少而不是根据地理方位。三是在所有省级机构中实行比例代表制。四是保证所有由尼泊尔籍母亲生出的孩子享有平等的公民权①。上述诉求的核心是实现马迪西人独立建省，完全自治。虽然马迪西人捍卫自身权益的诉求有一定的合理性，但是鉴于马迪西人与印度的亲缘关系，以及印度对尼泊尔所推行的“斐济过程”战略，尼泊尔各界担心，一旦马迪西人的上述诉求得以实现，尼泊尔的主权和领土完整就会遭受破坏。因此，对于马迪西人提出的修改宪法的要求，尼泊尔主要政党，特别是尼共（联合马列）给予了坚决的抵制。由于马迪西人问题已经成为当前影响尼泊尔政局稳定的主要因素，左翼联盟执政后，如何妥善处理这一问题将是其面临的又一挑战。

第三，如何处理与印度的关系也将是尼共（毛主义中心）及左翼联盟面临的难题。尼泊尔位于中印之间，其地缘战略地位十分重要。为了防止尼泊尔倒向中国，操纵和控制主要政党就成为印度控制尼泊尔政局的主要手段。尽管长期以来中国对尼泊尔一直严格坚持和平共处五项原则和党际关系四原则，从不插手尼泊尔的内部事务，但印度却认为尼泊尔共产主义势力与中国有着特殊的关系，为此竭尽所能对尼共（毛）和尼共（联合马列）进行打压，并支持大会党、马迪西政党上台执政。印度对 2009 年 5 月普拉昌达领导的尼共（毛）与尼共（联合马列）联合政府和 2016 年 7 月奥利领导的尼共（联合马列）与尼共（毛主义中心）联合政府的倒台起到了幕后推手的作用。2015 年 10 月，尼泊尔大会党主席过渡政府总理苏希尔·柯伊拉腊（Sushil Koirala）在印度的授意下，漠视大会党在此前与尼共（联合马列）达成的支持尼共（联合马列）主席奥利担任尼泊尔政府总理的“君子协议”，决定与奥利竞争总理一职。印度的目的是通过支持亲印的苏希尔·柯伊拉腊当选总理以继续掌控尼泊尔政局，以便在以后的新宪法修订中有利于马迪西人。在左翼联盟组建后，印度政府还向普拉昌达施压，告诉他这是一个不好的选择②。随着尼泊尔共产党上台执政，印度可能会操纵尼国内的亲印势力扰乱尼泊尔政局，并伺机离间和拆散左翼联盟及其组建的政府。由于尼泊尔对印度的经济依赖度目前达到 65%以上。两国间年贸易总量约 50 亿美元，占尼泊尔外贸总量的三分之二。尼泊尔与第三国贸易进出口货物的约 98%要经过印度。燃油等一些关键商品供应，尼泊

① The Secret to Resolving Madhes Andolan III Demands [EB/OL]. (2015-11-24) [2018-01-21]. http://www.madhesiyouth.com/opinion/secret-to-resolving-madhes-andolan/.

② Nandalal Tiwari. Prachanda Taking Another Stride? [EB/OL]. [2018-01-21] http://therisingnepal.org.np/news/21855.

尔几乎百分之百依赖印度①。因此，印度也会利用经济手段对尼泊尔共产党政府进行威胁和干预。考虑到尼印两国密切的政治、经济、文化和宗教关系，以及印度对尼泊尔的影响深厚，尼泊尔共产党上台后不会贸然与印度翻脸，如何在坚决维护民族独立、国家主权、领土完整的前提下，维持与印度的正常关系，也将是尼共（毛主义中心）及左翼联盟面临的难题。

（撰稿人：云南大学马克思主义学院　袁群）

① 尼新总理访问中国签大单 印媒：我们正失去尼泊尔［EB/OL］.（2016-03-27）［2018-02-10］. http://military.china.com/important/11132797/20160327/22314735_1.html.

2017年南非共产党年度发展报告

第一部分　概况

1. 国名：南非共和国（简称南非）

2. 人口：5496万（2016年7月）

3. 国土面积：121.909万平方公里（2016年7月）

4. 政党名称：南非共产党（简称南非共）

5. 成立时间：1921年7月30日

6. 党员人数：约28.4万名

7. 全国主席和总书记①：总书记布莱德·恩齐曼德（Blade Nzimande），全国主席特胡拉西·耐克西（Thulasi Nxesi）

8. 主要领导及相关情况：索利·马佩拉、克瑞斯·玛哈瓦纳、特胡拉西·耐克西、焦泽·穆洛穆帕（中央委员会委员34人，政治局成员19人）

9. 政党地位：合法党，执政党［南非共产党与南非非洲人国民大会（简称南非国大）、南非工会大会进行联合执政，在南非11个政党中地位仅次于南非非洲人国民大会］

10. 群众组织：共青团（南非共的群众组织）

11. 大众传媒的运用：

南非共的党刊为《非洲共产主义者》②（The African Communist）、官方正

---

① Offices / Staff [R/OL]. [2017-08-10]. http://www.sacp.org.za/.

② 刘洪才. 当代世界共产党党章党纲选编[M]. 北京：当代世界出版社，2009：364.

式网站为 http：//www. sacp. org. za、党报为《劳动》（Umsebenzi），另外还办有《劳动在线》（Umsebenzi Online）和《工会》（Umsebenzi）两种出版物

12. 最近一次代表大会或会议：党的十四大（2017 年 7 月 10 日至 15 日）①

第二部分　党的产生及发展简史

南非共 90 多年的艰难斗争历程，可大致分为三个阶段：第一阶段，初创时期的斗争与被迫解散时期（从 1921 年至 1952 年）；第二阶段，党的重建与反种族主义斗争时期（从 1953 年至 1994 年）；第三阶段，南非共争取民主和社会主义的斗争时期（从 1995 年至今）②。

一、初创时期的斗争与被迫解散的时期（1921—1952 年）

从 20 世纪 20 年代至 50 年代，南非共经历了诞生、矛盾积累，进而被迫解散的重大变化。

1. 南非共的创立

南非共是在南非的阶级矛盾、种族矛盾不断激化，工人阶级作为独立的政治力量登上历史舞台，伟大的十月革命的影响日益深化的历史条件下建立的。

自 17 世纪以来，南非历经了 3 个多世纪种族主义制度的统治。白人享有种种特权，而南非黑人则失去了各种生存和发展的权利。第一次世界大战后，随着采矿业的繁荣和制造业的兴起，南非的无产阶级队伍开始作为一支独立的政治力量登上了历史舞台，为南非共的建立打下了坚实的阶级基础。同时，在十月革命的影响下，南非建立了工业社会主义者联盟等数个革命团体，奠定了南非共的组织基础。

1921 年 7 月 29 日，南非工党的左翼——南非国际社会主义者联盟与开普敦犹太人社会主义学会、开普敦共产党、约翰内斯堡犹太人社会主义学会、德班马克思俱乐部等白人革命团体联合召开会议，筹备组建南非的共产主义组织，并将名称定为“南非的共产党”，决定参加共产国际。7 月 30 日至 8 月 1 日在开普敦

---

① South African Communist Party of 14th National Congress Declaration [EB/OL]. [2017-08-10]. http：//www. sacp. org. za/.

② 程光德. 种族主义废除后南非共产党对社会主义的新探索 [M]. 北京：中国社会科学出版社，2013：11-20.

召开了“南非的共产党”的成立大会，会议选举威廉·安德鲁斯为党的总书记，泰勒为党的主席，西德尼·珀西瓦尔·邦廷为司库，戴维·伊玛·琼斯为出席共产国际的代表；大会还通过了《推翻资本主义制度》的宣言。这次会议标志着南非共的成立。

2. 成立初期的斗争与党内矛盾

南非共成立之初在维护工人阶级的基本权益，参与和领导反对种族主义统治的斗争中做出了自己的贡献，并使党的力量获得了一定的发展。

20 世纪 20 年代初，南非共参与领导了南非白人矿工的罢工斗争，把矛头直接对准了资产阶级。20 年代末，南非共开始同南非其他群众组织，如（南非）非国大、工商业工人大会等建立了合作关系，并成立了民族统一战线组织——“非洲民族权利同盟”。30 年代早期，由于共产国际的负面影响，南非共内出现了党派之争。40 年代至 60 年代，南非共发动群众，以非暴力不合作方式进行斗争。

南非共在其发展过程中，承受着自身两个方面的限制：一是“白人沙文主义”导致的内部矛盾。南非共在建党之初党员以白人为主，主要维护白人利益，这严重影响了党员队伍的团结和党的发展壮大。二是共产国际的错误指导引起的内部矛盾。20 世纪 20 年代初至 30 年代初，共产国际要求南非共产党采取“非白人民族主义”政策，使党“布尔什维克化”，结果导致对拒绝接受共产国际指示的党员的“清洗”，包括将党的创始人威廉·亨利·安德鲁斯等数十位领导人和大批党员开除出党，使党的力量严重削弱。

3. 南非共被迫解散

对南非共生存和发展的最大威胁，是来自白人种族主义统治者的残酷镇压。1946 年 8 月兰德矿工大罢工之后，南非政府以“扰乱治安”的罪名，逮捕了南非共总书记科台尼和中央委员会全体成员，并对他们进行了长达两年之久的审判。1950 年 5 月，南非国民党政府颁布了《镇压共产主义条例》，宣布共产党为“非法”组织。这项法律赋予南非当局有权用共产主义罪名控告任何一个公民。南非共失去了公开、合法地反对种族主义斗争的条件。在这种形势下，南非共中央因受合法主义思想的影响，同时也为了保存党的实力，在未征询基层组织意见的情况下做出了关于党自行解散的决议。

二、南非共的重建与反种族主义斗争的胜利时期(1953—1994 年)

从 20 世纪 50 年代初至 90 年代，南非共进行了重建，并取得了反种族主义斗争的阶段性胜利。

1. 南非共产党的重建

南非共解散后，党员仍在（南非）非国大等合法群众组织掩护下继续从事政治活动。1953 年初，南非共重新秘密建立党的地下组织，制定了纲领，并改称现名，即南非共产党。

秘密重建后的南非共，吸取了历史经验教训，决定同时采取公开和地下两种方式进行斗争。1960 年至 1963 年间，南非共部分中央领导人在国内被捕。此后，南非当局进一步加强对南非共打击的力度，到 1965 年，在国内的地下组织受到严重破坏的情况下，大部分领导人被迫流亡国外，党的总部于 1963 年迁至伦敦。1981 年，从伦敦迁至安哥拉的罗安达，次年迁至莫桑比克的马普托，1984 年又迁至赞比亚的卢萨卡。此后，南非共以伦敦和达累斯萨拉姆为中心，在南非流亡人士较多的非洲国家建立了秘密的党组织，与国内的秘密的党组织相配合。

2. 南非共领导的反对种族主义斗争

在党的中央领导机构流亡国外期间，南非共与（南非）非国大等民族民主力量合作，领导和组织南非人民进行了多种形式的反对种族主义的斗争。

首先，南非共自 1962 年 11 月至 1991 年 12 月先后秘密召开了七次党代会，为南非人民反对种族主义的斗争从理论、纲领和策略上提供了正确指导。其次，南非共通过派党员秘密回国、在国内建立秘密党组织等方式，对国内工人、学生及其他群众民主运动进行直接领导。再次，1955 年，南非共与“（南非）非国大”等四个群众组织共同建立了统一战线组织：“人民大会联盟运动”，发起并召开了多种族的“人民大会”，以共同反对白人种族主义的统治。最后，南非共在 20 世纪 60 至 80 年代，采取了武装斗争的策略反对种族主义者的统治。

由于以南非非国大为代表的民族解放运动日益得到各个民主阶级和进步力量的广泛支持，与此同时，南非国内经济危机日益加深。1990 年 2 月，南非总统德克勒克宣布解除对南非共的禁令，南非共在经历了 40 年的非法状态后终于实现了合法化。

3. 恢复合法地位初期南非共的新发展（1991—1994 年）

恢复合法地位无疑给南非共带来了新的发展机遇，但恰在此时苏东剧变发生了，这使南非共面临着严峻的考验。在苏东剧变的巨大冲击下，党内的思想陷于极度的混乱，甚至出现了取消主义的倾向。为此，以乔·斯洛沃、克里斯·哈尼为首的党中央沉着冷静地分析了苏东剧变的原因，科学地回答了苏东社会主义国家为什么失败、社会主义向何处去等重大理论与实践问题，阐述了党的理论观点和政策主张，获得南非广大人民的认同和支持，同时也统一了党内思想认识，党的组织获得新的发展。1989 年仅为 5000 人。受苏东剧变影响，1990 年南非共恢复合法地位时党员人数又减少到 2000 余人。1991 年南非共八大时立即增加到 21000 人，增长了近 10 倍。1992 年又增至 40000 人，1993 年增至 50000 人①。

南非共是 1994 年南非大选前制宪谈判中的一支重要力量。1994 年 4 月 26 日至 29 日，南非各族人民进行了历史上首次多种族的大选。南非共总书记乔·斯洛沃当选为南非民族团结政府的内政部长。南非共成为以（南非）非国大为首

① Adams Simon. Comrade Minister：The South African Communist Party and the Transition from Apartheid to Democra [M]. New York：Nova Science Publisher，2001：14.

新政府“三方执政联盟”的重要一方，在其 90 多年的艰难历程中首次成为“参与国家管理的党”，并成为南非国内仅次于（南非）非国大的政治力量，在社会生活中发挥着独特的重要作用。南非共党员在（南非）非国大全国执委中占1/3，(南非）非国大总书记、副总书记都是南非共党员。在南非议会 400 个议席中，南非共党成员约占 1/5；有 7 名南非共党员在中央政府担任部长职务。

1994 年南非民主政权的建立，标志着南非 300 多年种族隔离制度的彻底结束，一个民主的新南非从此诞生。南非共由此进入了一个新的历史发展阶段。

三、南非共争取民主和社会主义的斗争时期（1995 年至今）

从 20 世纪 90 年代初至今，南非共在取得反种族主义重大胜利基础上，积极开展了争取民主和社会主义的一系列斗争。

1995 年至今，是南非共争取民主和社会主义斗争的新阶段。南非共自 1995 年九大制定“未来属于社会主义，建设自今日开始”的政治路线后，紧接着又制定了争取民主和社会主义的纲领和策略，经过 1998 年十大，2002 年十一大，2013 年十三大的补充修改，2017 年十四大形成了争取民主和社会主义的比较完整的理论、纲领和策略，为南非人民胜利开展争取民主和社会主义的斗争提供了行动指南。

1994 年民主南非新政府成立以来，以南非非国大为领导、由南非共、南非非国大、南非共工会大会组成的“三方执政联盟”，开启了南非发展的新时代。南非共作为南非执政联盟的一部分，南非共为南非人民争取南非民主和社会主义事业奠定了政治基础。在这一新的阶段，一方面，制定了争取民主和社会主义的理论、纲领、策略；另一方面，南非共又积极领导和推动开展了一些卓有成效的争取民主和社会主义的斗争，从而不断推动南非的社会进步和发展。

第三部分　党的理论和组织状况

一、指导思想

1921 年南非共成立的宣言和《南非共产党章程》① 没有明确阐明党的指导思想，但含有马列主义理论之意。

① 程光德. 种族主义废除后南非共产党对社会主义的新探索［M］. 北京：中国社会科学出版社，2013：141-166.

1984年12月，第六次全国代表大会通过的《南非共产党章程》第二部分“宗旨”明确指出：“党的最终目标是在马克思列宁主义原则指导下建立社会主义社会。”

1991年12月南非共第八次代表大会通过，2002年7月第十一次代表大会修订的《南非共产党章程》第四条“指导方针”明确规定：“南非共以被历史经验证明为放之四海而皆准的马克思列宁主义基本原理为指导，领导工人阶级实现民族和社会解放。这些基本原理是由卡尔·马克思、弗里德里希·恩格斯和列宁所创立、并由其他伟大的革命家丰富完善的。”

2012年7月11至15日，南非共在夸祖鲁-纳塔尔省的祖鲁兰大学召开第十三次全国代表大会，对党章进行修改，南非共新党章强调要继续坚持马克思列宁主义的指导方针，即在领导工人阶级实现民族解放和社会解放的进程中，党以被历史经验证明了的普遍适用的马克思列宁主义原则为指导。

二、组织结构和组织原则

2012年7月11日至15日的最新《南非共产党党章》对党的组织结构和组织原则有明确规定。

关于党的组织机构，该党章第七至二十一条对南非共产党的组织结构进行了详细说明。南非共党的组织机构分为中央和地方两层，中央机构包括党的代表大会、中央委员会、政治局、党的总书记、全国主席、全国副主席、副总书记和全国司库。地方机构包括省级及以下机构，省级以下机构分区级和支部。党的代表大会是党的最高权力机构。中央委员会由代表大会选出的35名委员以及党的总书记、全国主席、全国副主席、副总书记和全国司库组成，各省的书记和主席为当然成员。由总书记和2名副总书记组成的书记处，由总书记领导。中央委员会应在代表大会闭会后立即举行会议，从中央委员中选出11名成员成立政治局，11名成员需得到至少60%的中央委员一致同意。如果没有达成至少60%的一致同意，那么中央委员会将会通过无记名投票的方式选出11名政治局成员。应有至少7名政治局成员被分配给具体的职务，如组织、筹款、政治教育以及国际事务。总书记是党的最高公职人员。全国主席作为南非共的公职人员，排于总书记之后，也是党的各个机构的当然成员。全国司库在中央委员会和政治局指导下，采取各种必要措施，确保南非共有足够的资金，开展政治和组织工作。南非共按全国9个省的行政区设立9个省级机构。在各个省，设立以下党的组织：省委员会和省执行委员会，区委员会和区执行委员会，支部和支部执行委员会。在有6名以上党员而无法设立党支部的情况下可成立南非共党小组。党小组应在最近的支部执委会中有1名代表。

另外，对共青团和街区委员会也有明确说明。共青团员的年龄应在14岁至35岁之间。共青团应坚持党的章程、纲领、目标、指导方针以及政策。共青团是党的一个自治的青年组织。对于共青团在党的组织结构中的地位，新党章作出了明确规定：共青团的全国书记和全国主席是党的中央委员会的当然成员；共青团的全国书记是党的政治局的当然成员。南非共新党章对党的街区委员会、党的街区执行委员会的成立及其运行机制作出了明确规定：在地理区域比较大且至少拥有10个支部的街区，经党的区执行委员会批准后，可以建立党的街区委员会，与此同时街区应至少包括5个拥有不少于500名党员的相毗邻的党支部。

关于组织原则，在党的基本组织原则中特别增加和明确了民主集中制这一共产党人普遍遵循的根本组织原则。在2002年版党章中，南非共规定了确保党的团结和统一的条款，例如，党员必须捍卫党的利益，执行党的决议；党的下级组织和党员必须执行上级组织的所有决议；党员有权在党内坚持自己的观点，直到下一届党代会根据本党章授予的权力决定或改变党的政策；所有党的上级组织在制定和执行党的政策时……应尽可能同下级组织和党员进行定期的和有效的协商以及决不允许拉帮结派，等等。这些条款都体现了民主集中制的基本原则，但是党章中并未明确提出民主集中制这一概念。南非共新党章在党的"基本组织原则"这一条款中，将民主集中制作为一条首要的原则单列出来，并且提出南非共"应以民主集中制这一共产党人历来遵循的普遍原则来运行"，从而明确了民主集中制在党的基本组织原则中应有的地位和作用。

三、党员资格

2012年南非共产党党章第五条明确规定了入党条件、入党手续等要求。

入党条件：①年满16岁的南非公民，承认南非共产党的纲领及政策。愿意执行党的决议，在党的一个组织中积极工作，并按照规定缴纳党费的，作为临时成员服务1年可以申请加入南非共产党。②在南非不具有公民资格或永久居留资格的人其申请如果被中央委员会接受，可被接纳为准成员。准成员应享有完全的宪法权利和义务，但不得作为南非共任何一级执行委员会行使选举权。

入党手续：①发展党员在省执行委员会、省委会和区执行委员会、区委会的监督下，主要由党支部负责。②一名党员作为合格党员的年限不包括申请成为正式党员之前的一年预备期。③入党申请如被支部拒绝，申请人包括临时成员有权向区委员会提出申诉。如申诉再次被拒绝，申请人有权向上级党组织逐级提出申诉。④所有党员应每年更新一次成员资格以保持南非共产党员身份。

欢迎各个阶级成员加入南非共产党。对党员的宗教信仰持不干涉态度。

第四部分　党的国内实践活动

一、南非共产党召开的重要代表大会和代表会议

南非共2017年1月6日在约翰内斯堡索韦托阿瓦隆公墓举行乔·斯洛沃逝世22周年纪念会。

纪念会上有南非共第二副总书记索利·玛帕拉和非国大副总统西里尔·拉马萨发表讲话，还有来自南非工会大会和其他机构代表及南非共青团的代表参加。讲话指出，乔·斯洛沃是一个杰出的解放者和完全的社会解放鉴定支持者。他曾用各种力量为被压迫和被剥削的人服务，包括在第二次世界大战中与德国帝国主义者希特勒战斗。乔·斯沃洛和曼德拉是南非共和非国大联盟军事组织——“民族之矛”奠基者，作为克里斯·哈尼的继任者，他也在担任莫桑比克总部负责人。作为南非共总书记，在他逝世前，他还是南非共的中央主席，非国大全国执行委员会委员，也是1994年民主突破后首任住房部长。斯洛沃由于为自由和完全解放斗争而被记住，他在1969年第一次非国大战略和战术的制定中做出了很大贡献。斯洛沃发表了《社会主义失败了吗》和《南非工人阶级和民族民主革命》，他为20世纪90年代民主过渡谈判中打破僵局贡献了聪明才智，他促成了1994年不分种族的第一次大选。

2017年2月24日，南非共在约翰内斯堡召开第十三届中央委员会第19次季度全体会议。会议的目的是评估南非迈向社会主义道路政治计划的执行情况。中央委员会在会议期间讨论南非共与非国大的联盟状况，南非面临的形势，南非经济、社会变化、国际形势及南非共面临的任务，并评估计划7月召开的南非共十四大的准备情况。

2017年3月19日，南非共举行前领导人坦博纪念会。南非共总书记布莱德·恩齐曼迪在讲话中指出，坦博为南非获得自由，民族独立和社会解放做出了突出的贡献。南非共总书记将利用庆祝坦博诞辰100周年这个重要机会，反思非国大领导的联盟，前进的道路和面临的挑战。

2017年4月9日，南非共西开普敦省委联合非国大及古巴的朋友一起在开普敦市卡哈也沙举行南非共已故总书记克里斯·哈尼纪念会。讲话人员包括三位同志：南非共第二副总书记索利·玛帕拉，非国大执行委员会委员、南非人权事务部长琳迪维·西苏鲁，古巴驻南非大使卡洛· 菲曼斯。南非共4月23日在姆

巴塞鲁一圭达行政区（曼德拉地区范围）也举行了南非已故总书记克里斯·哈尼逝世 24 周年纪念会。讲话人包括麦瑟比思· 琼娜斯同志、南非共省委书记丽勒·卡沙、非国大副总统克瑞·马佛沙。讲话目的是向已故前总书记克里斯·哈尼致敬。

2017 年 7 月 10 日，南非共第一副总书记杰里米·克洛宁和第二副总书记索利·马帕拉在约翰内斯堡伯切伍德酒店一起出席共同促进南非政策会，政策会对南非总统祖马进行了批评。

2017 年 8 月 13 日，南非共在北开普敦举行南非共 96 周年纪念大会，大会由联盟代表和南非共青团代表讲话。

从南非共 2017 年一系列纪念会的讲话可以看出南非共的理论变化有五点，其根据就是南非共十四大重新判断了南非面临的新形势：非常危险的现实，即 20 世纪 90 年代中期重要的民主和宪政成果将被侵蚀，特别是"捕获"国家有关公共资源的深层威胁。南非共有五点理论上的新变化：

1. 重申民族民主革命第二阶段的战略。重申对作为通向社会主义南非的最直接途径的民族民主革命第二阶段的战略承诺，为了加强这一战略观点的实际内容，还采取许多干预措施。

2. 继续加强联盟工作。南非共将继续致力于加强和巩固与非国大的联盟。南非共致力于与其战略盟友南非工会大会紧密合作，在召开紧急的国家就业峰会之前一起制定以就业为中心的经济政策的共同方针。

3. 推进"民主式""共享式"经济发展。承诺通过扩大黑人小规模农业的重大动力来推动激进的土地改革，更加强调集体或社会所有制和民主控制，通过对"空户"地主的大型农业活动征收土地税推进。土改还必须推进公有土地使用权的民主化，包括废除支撑它的父权制。呼吁加强《竞争法》，以便管理部门不仅能处理市场合谋者，而且还能处理私人垄断资本主义市场支配地位。这一方式利于投资，创造就业机会，合作化和小企业发展，这是一条引领他们进行更大社会化的新增长道路。重新定位南非共关于经济部门转型的方式，需要摆脱对于私人黑人所有权的过度关注，更多地强调赋予公共和社会所有权。需要建立一个主权国家财富基金，以便矿产资源收益使所有人受益，而不是少数人。

4. 打击破坏经济的寄生阶级。重申国家对不劳而获的阶级进行打击的重要立场，包括建立独立的司法委员会，恢复透明的善治制度。在越来越多的证据面前，应该对参与寄生掠夺的企业和个人提起诉讼。

5. 更加重视党的建设。面对众多挑战，南非共非常清楚南非共所有干部的责任，重视南非共党的团结和稳定，致力于持续的组织更新。承诺在工作场所、社区、学习场所以及所有其他重要的权力地点发挥先锋作用。

二、南非共产党在议会外领导群众开展的维护群众的政治、经济和社会权益的斗争

2017年2月6日，南非共西开普省委在开普敦国民议会外举行一个纠察会，加强南非共反对寻租和“寄生（资产）阶级”占领企业和掠夺南非国有企业。纠察会高举南非共旗帜，纠察会由南非共省书记和非国大的执行主席卡亚·思古拉领导。此外，南非共第二副总书记索利·玛帕拉将具体落实领导该纠察会的任务，并在纪念坦博和斯洛沃会上讲话。2月9日举行学习乔·斯洛沃的活动，2月11日举行乔·斯洛沃和坦博纪念讲话。

2017年9月13日，南非共豪登省委和南非工会大会就2019年大选的联合计划举行新闻发布会。发布会介绍南非工会大会最近的准备，预定于2017年9月17日举行反“捕获”国家和腐败行动日，会议还将阐明南非共和南非工会大会在2019年之前将进行的主要工作。

2017年9月27日，南非共对参加南非工会大会举行罢工计划进行具体安排。南非共在豪登省等九个省均派党的主要领导参加，其中在约翰内斯堡的首场罢工中南非共总书记布莱德·恩齐曼迪亲自参加。

2017年10月29日，南非共在姆普兰加省举行2017—2018“红十月”运动大会。本次“红十月”运动大会运动的主题是：“停止基于性别的暴力——反对虐待妇女”，其目标是建一个广泛的爱国阵线。倡议组织和个人终止普遍的暴力，尤其是性别暴力。南非共第二副总书记索利·玛帕拉代表南非共中央委员会和政治局讲话，玛佩拉将利用这个机会反思南非共面临的挑战，回顾2017年10月27—28日星期六举行的特别中央委员会会议的主要成果，包括在2017年10月20日星期四举行的联盟会议。

2017年11月28日，南非共发布了关于可能减少供应水的声明。南非共对水和卫生部通知市政当局如果他们未能支付其历史性水债将减少大部分供水的消息深表关切。南非共呼吁政府找到解决问题的根源，包括群众的困境，并探寻解决措施，而不是只会作出伤害贫困和工人阶级家庭的鲁莽决定。南非共要求，必须优先确保善政部门的供水，并在水务局中制止部门中发生的掠夺行为，并追究涉嫌渎职者的责任。南非共将在即将于2017年12月1日至3日（星期五至星期日）举行的中央委员会扩大会议上讨论此事。

2017年12月12日，南非共摩西马布海达区委在夸祖鲁——纳塔尔省糖雷旭鲁体育场组织2017—2018“红十月”运动主要集会。“红十月”运动主要集会旨在建立最广泛的爱国阵线，以抗议犯罪，包括腐败、暴力、特别是性别暴力，2017—2018“红十月”运动大型集会是南非共1917年俄国伟大的十月社会主义革命百年纪念活动的主要平台。南非共总书记布莱德·恩齐曼迪在集会上代表中央委员会、政治局和南非共党员讲话。集会将由党员、社区人员和南非共支持者、国际嘉宾、南非共共青团成员、南非共党的联盟代表参加，并将得到他们的

支持。

南非共开展的上述六个集会，一是扩大了南非共在南非普通民众中的威信和在南非国内的影响力；二是为南非普通民众争取了保障性权利；三是促进了南非经济向民众分享方向发展。

三、该国共产党与其他各类政党的关系

南非共目前还是在南非非国大主导下，与南非非国大及南非工会大会成为“三方执政联盟”之一。

第五部分　党的国际实践活动

一、对重大国际事件的态度

南非共对重大国际事件一贯积极关注。2017年3月26日、4月30日南非共在豪登省举行两场“伟大的十月社会主义革命”纪念会。南非共第二副总书记索利·玛帕拉在豪登省纪念伟大的十月社会主义革命纪念会上进行演讲。南非共3月份集中关注1917年俄国十月社会主义革命及其与南非民族民主革命的关联性。豪登省的演讲是2017年2月举行的百年庆典十月社会主义革命的一部分，这是2月第二次重要讲话，第一次讲话关注的是历史上俄国二月革命。南非共西开普敦省委2017年10月11日也举行十月社会主义革命百年纪念活动。纪念活动总结了俄国革命的教训和阐明其重要性，指出在南非政治面临挑战及资本主义持续野蛮行为情况下，迫切需要为更加平等、公正和社会主义南非加强斗争。

2017年5月15日，南非共自由省省委举行纠察会声援巴勒斯坦囚犯绝食抗议。巴勒斯坦囚犯为了一个更好的监狱条件、自由和尊严自4月17日发起了绝食抗议，绝食抗议是抗议以色列任意拘留许多未经审判的巴勒斯坦人及以色列非法占领巴勒斯坦地区而争取自由斗争的一部分。南非共邀请媒体进行报道，南非共还邀请对纠察会和声援巴勒斯坦囚犯感兴趣的人参加。

2017年10月30日，南非共在T. 西思自由公园举行古巴前总书记菲德尔·卡斯特罗逝世一周年纪念日。南非共总书记布莱德·恩齐曼迪在大会上演讲，主题为“纪念菲德尔·卡斯特罗的革命遗产：他对非洲的国际主义的承诺”。

二、与其他国家共产党的关系

2017 年 11 月 28 日，南非共举行津巴布韦研讨会。研讨会讨论津巴布韦的政治和经济形势报告会。研讨会由克里斯·哈尼研究院联合南非共工会大会和津巴布韦共产党举办。研讨会主题为“津巴布韦过渡期内工人阶级斗争的可能地区”。发言人包括五位：南非共第二副总书记克瑞斯·玛哈瓦纳、津巴布韦共产党总书记卡布索·玛比赫纳、南非马菲杰档案研究院院长迦西尼、克里斯·哈尼研究院高级研究员哈特比博士及南非工会大会中央办事处工作人员。

三、参加国际共产主义运动的会议和活动等

2017 年 11 月 2 日，南非共参加了在俄罗斯的圣彼得堡举行的第十九届共产党和工人党的国际会议。第十九次会议的重点是通过各项活动纪念十月社会主义革命 100 周年。南非共认为，纪念 1917 年革命 100 周年，在当前经历的严重资本主义危机，且不知道危机何时才能结束的背景下，重新主张马克思主义和马克思列宁主义意识形态更为重要。南非共必须继续发挥自己的作用，将这项工作优先列入共产党和工人党的国际会议以及事务委员会的工作里，并建立一个机制，尽可能列入影响非洲大陆的问题，并设法报告和协调非洲大陆上的进步左翼力量。十月社会主义革命重要的周年纪念活动提供了一个极好的机会，以提醒世界社会主义的重要性，强调社会主义的成就；提供了替代全能的资本的选择，并动员所有力量为工人阶级光明思想的胜利而斗争。

第六部分　结语

2017 年南非共取得了三方面进展：一是扩大了南非共在南非普通民众中的威信和在南非国内的影响力。比如南非共通过坦博纪念会，南非共已故总书记克里斯·哈尼纪念会，南非共 96 周年纪念大会，第十三届中央委员会第十九次全体会议，举行 2017—2018“红十月”运动大会，南非共十四大宣言等讲话和宣言，向南非民众宣示南非共将继续致力于加强和巩固与非国大的联盟。这次代表大会南非共决心继续在巩固工人阶级和先进力量的民众阵线方面发挥主导作业，推动、深化和捍卫我们的民主和国家主权。二是为南非普通民众争取了各种权利，促进了南非经济向民众分享方向发展。通过举行纠察会，促进南非政策会，及参加南非工会大会举行的罢工为南非民众争取实质性民生权利。三是扩大了南

非共的国际影响。通过举行古巴前总书记菲德尔·卡斯特罗逝世一周年纪念会，举行津巴布韦研讨会，参加第十九届共产党和工人党的国际会议等活动等扩大了南非共的国际声誉和影响。

存在的问题：由于南非正面临非常危险的现实，即 20 世纪 90 年代中期重要的民主和宪政成果将被侵蚀，特别是与“捕获”国家有关公共资源的深层威胁，包括南非经济结构转型不能满足民众再分配，主要社会经济再分配努力几乎完全被概念化为自上而下的国家“传递”方案，腐败，无政府主义市场将继续对南非的环境造成不可逆转的破坏等。

在民族民主革命的第二阶段，需要利用国家权力和民众力量，将南非经济与占全球主导地位的帝国主义政治经济相对脱钩，改变南非扭曲的内部发展，使南非走上一条新的增长和发展道路。

民族民主革命第二阶段的三个重点是必须确保城市和农村工人阶级社区具有更大的恢复力，争取两性平等和可持续发展。民族民主革命激进的第二阶段要求南非打破“交付”和纯粹“再分配”状态的概念，这意味着通过一个根深蒂固的竞选联盟，重建民众行动主义和集体自我赋权。还需要巩固一个民主的发展型国家，发动工人阶级社区力量，建立一种严格的国家能力，以规范土地使用、水的使用和自然资源的开采。

（撰稿人：武汉理工大学政治与行政学院　程光德）

2017 年斯里兰卡人民解放阵线年度发展报告

第一部分　概况

1. 国名：斯里兰卡民主社会主义共和国（简称斯里兰卡）

2. 人口：2120 万（2016 年）

3. 国土面积：6.561 万平方公里

4. 政党名称：人民解放阵线（Janatha Vimukthi Peramuna，简称 JVP）

5. 成立时间：1970 年 8 月 10 日

6. 党员人数：不详

7. 全国主席和总书记：现领袖阿努拉·迪萨纳亚克（Anura Dissanayaka），总书记蒂尔文·席尔瓦（Tilvin Silva）

8. 政治局成员或全国委员会成员：领袖阿努拉·迪萨纳亚克（Anura Dissanayaka）、总书记蒂尔文·席尔瓦、信息部部长维杰萨·赫拉斯（Vijitha Herath）、行政部部长 K. D.Lalkantha、组织部部长 Bimal Ratnayaka 和财政部部长 Sunil Handunneththi；中央委员会成员 29 人（略）

9. 政党地位：合法党，在野党

10. 群众组织：社会主义青年联盟（Socialist Youth Union，简称 SYU）、社会主义学生联合会（Socialist Students Union，简称 SSU）、人民解放阵线等

11. 大众传媒的运用：党的机关报 Niyamuwa 、Senshakthi 、RedPower 和 Vivarana，党的网站 http ：//www. jvpsrilanka. com / english

12. 最近一次代表大会或会议：全国代表大会（2014 年 2 月 10 日）

13. 最近一次参加的选举：本届议会选举（2015 年 8 月，获得 6 个席位）

第二部分　党的产生及发展简史

一、斯里兰卡人民解放阵线的诞生

20 世纪 60 年代初期，刚刚上台的资产阶级政府陷入了深刻的经济、政治和社会危机，却不能提出合理的解决方案。在左翼政党和左翼工会的组织下，工人阶级领导人民群众几乎把政府推翻，并使联合左翼阵线上台执政。但是在这个关键时刻，由于中苏论战的影响，斯里兰卡共产党和兰卡平等社会党选择了与资产阶级政府合作，来推行社会主义革命目标。罗哈纳·维杰维拉（Rohana Wijeweera）意图纠正，但遭到斯里兰卡共产党（北京）领导人山姆戛纳坦的不满，之后被驱逐出党。罗哈纳·维杰维拉开始着手创建一个新的政党，以便能够领导人民在斯里兰卡建立一个社会主义政府。

1965 年，极右翼的统一国民党在斯里兰卡大选中获胜，并上台执政。最初为了避免统一国民党政府的镇压，罗哈纳·维杰维拉创建的新政党以半秘密的方式组织工人、农民、学生和青年人活动。新政党在最初的三年中遭遇了非常严峻的困难。1966 年之后，新政党将活动的主要阵地转向农村。新政党的组织机构按照从下至上的顺序，从村委员会、分区委员会、地区委员会再到中央委员会层层建立起来。1968—1969 年间，新政党开始向城市里的大学进行组织渗透，拓展队伍。1970 年 8 月 10 日，新政党在科伦坡召开了由 21 人参加的中央委员会会议，这 21 个成员是分别来自 21 个地区的区委书记。会议宣布党的诞生，并向人民宣传党的政策和未来的政治活动。为区分于已经存在的“共产党”名称，新政党命名为人民解放阵线。此后，斯里兰卡人民解放阵线在其他城市举行了公众集会，出版了 3 份报纸，即党的机关报《人民解放》、工人运动刊物《红色政权》和学生运动刊物《爱国者》。

二、反抗当局镇压的顽强斗争

在斯里兰卡人民解放阵线刚刚成立之际，斯里兰卡自由党、兰卡平等社会党和斯里兰卡共产党的三位总书记就发布了一个联合声明，宣称斯里兰卡人民解放阵线是美国中央情报局的圈套，罗哈纳·维杰维拉是美国中央情报局的间谍。联合政府加紧了对斯里兰卡人民解放阵线的镇压，逮捕它的活动家（截至 1971 年 4 月 1 日，超过 500 名斯里兰卡人民解放阵线党员及其支持者被逮捕），还采取了一系列的挑衅性镇压措施，形势对人民解放阵线越来越不利。

1971年4月5日，斯里兰卡人民解放阵线党员被迫拿起枪杆子反抗政府的血腥镇压。此次武装斗争持续了四个多月，一直到8月才平息。此次暴动使政府失去了对一些地方的控制权，近100个警察局遭到了袭击。政府残酷地镇压了斯里兰卡人民解放阵线的“四月起义”，近1万名党员和支持者被杀害，2万名党员和支持者被逮捕。此后，政府采取新方法来对狱中的党员进行洗脑。然而，斯里兰卡人民解放阵线却在很短的时间内在全国和监狱中重新组织起来，并对1971年4月以前和1971—1974年时期的活动的经验、教训进行了认真的总结，采取行动纠正错误，以便使自己重新组织起来。

1976年，《紧急状态法》被取消，政府对斯里兰卡人民解放阵线的禁令走到了尽头，使该党能够重新作为一个合法政党开展行动。1977年统一国民党执政，恢复合法地位的人民解放阵线在组织建构上得以重新建设起来，并在1978年召开了第一次全国代表大会。之后，人民解放阵线尝试在工会组织建设和工人罢工运动中发挥影响力。

1987年7月29日，斯里兰卡统一国民党领导人贾亚瓦德纳与印度签署《为在斯里兰卡建立和平与正常秩序的印度——斯里兰卡协议》，即《印斯和平协议》。人民解放阵线号召全国人民开展“保卫祖国运动”，拿起武器，武装反对统一国民党政府和印度维和部队。当局实施了破坏人民解放阵线的阴谋。1989年11月12日，人民解放阵线领导人罗哈纳·维杰维拉和当时的总书记被捕。13日，两人在拘禁时被杀。7月，内战宣告失败。

人民解放阵线在成立后的20年间，两次拿起武器，进行革命武装暴动。由于种种原因，两次暴动都归于失败。但这两次武装暴动都撼动了资产阶级政权，使得该政党在民众中的认同度不断获得提升，提高了人民解放阵线在本国和国际上的影响力。

三、合法的议会斗争

1982年，罗哈纳·维杰维拉参加总统竞选，共获得28580张选票，成为斯里兰卡第三大政党。但是，1983年实行的紧急状态法，使人民解放阵线的议会道路宣告中止。

人民解放阵线对议会道路的第二次尝试，是在1987年至1989年暴动失败后。由于大部分领导被杀，人民解放阵线的元气大伤。1990年2月份，苏玛瓦萨（Somawansa Amarasinghe）流亡海外。在他的努力下，人民解放阵线得以重建。1993年五一节，总统普雷马德萨在炸弹爆炸中身亡。斯里兰卡的政治局势开始发生转向，自由党在1994年大选中蠢蠢欲动。人民解放阵线也意识到1994年大选将是其再次进入公共政治领域中的绝好机会。作为总书记的苏玛瓦萨在国外给选举委员会写的信中提出人民解放阵线要求以“民族救亡阵线”的名义参加大选。1994年，斯里兰卡人民解放阵线参加了大选，获得了议会225个席位中的 1 席。

2001 年，斯里兰卡人民解放阵线与斯里兰卡自由党进行谈判，以实施有利于人民的政策、反对重新殖民化和分裂斯里兰卡的纲领为基础建立联盟。2004 年 1 月两者组成了统一人民自由联盟（UPFA）。统一人民自由联盟在 2004 年的大选中获胜，人民解放阵线 4 名政治局委员担任了联盟政府的内阁部长，当年的省议会选举中人民解放阵线也获得了 80 个省议会席位。后来由于和自由党在电力局私有化等问题上出现分歧，在 2005 年 6 月 16 日，斯里兰卡人民解放阵线决定退出统一人民自由联盟政府和联盟本身。斯里兰卡人民解放阵线在合法的议会斗争中，通过联合进步力量，不断增加议会席位，扩大了自身的政治影响力。

2015 年 7 月 23 日，人民解放阵线开始了自己的议会选举竞选宣传，8 月份举行了新一届的议会选举中，人民解放阵线获得了 6 个议会席位，成为议会中第四大党，也是第二大反对党。2020 年大选即将到来，人民解放阵线欲扩大政治联盟，同其他进步力量联合起来参加大选，以赢得更大的成功。

第三部分　党的理论和组织状况

人民解放阵线经过 50 多年的发展以后，逐渐形成了政党的理论基础。20 世纪 90 年代以后，人民解放阵线走上议会斗争道路，主张“反对帝国主义、资本主义，实现社会主义革命”“坚定民族解放战略”“建立反帝民主联盟”“运用人民赋予的权力为人民谋福利”等，外交上主张改善和发展与邻国的关系，反对别国干涉斯里兰卡内部事务。

一、反对帝国主义

人民解放阵线认为帝国主义始终是人民解放阵线的敌人，是斯里兰卡的敌人，它现在依旧奴役着斯里兰卡。现任人民解放阵线总书记的蒂文·席尔瓦（Tilvin Silva）认为，斯里兰卡目前正处于经济危机中，印度、美国等帝国主义国家利用种族、人权等问题来干涉影响斯里兰卡，从而实现它们自己在斯里兰卡的利益。帝国主义采取的新殖民主义政策，有时通过直接武装侵略表现出来，伊拉克、阿富汗、科索沃就是最好的例证。人民解放阵线认为，在斯里兰卡帝国主义国家试图利用民族分裂主义分割斯里兰卡，或是利用金融贷款来支配斯里兰卡的经济。尤其是以美国为代表的发达资本主义国家操纵着世界银行和国际货币基金组织，利用类似的金融机构，把它们的经济势力深入到斯里兰卡经济生活中来。它们促使斯里兰卡资产阶级政府从外国机构获得“信用援助”，以扩大基础设施建设，这一举措更多的是为了满足外国投资者的需要，而不是为了本国人民的利益。这一政策的结果是信贷风险加大，人民负担加重，使斯里兰卡陷入债务陷阱。另一方面，对斯里兰卡而言，国家掌控经济的时代不复存在，政府大力推行以私有化为主导的开放经济，使得国有资产被变卖，教育、医疗、交通运输等服务领域也进行了私有化改革，而政府也不得不面对来自各方力量的抗议浪潮。在这种情况下，政府不惜诉诸不民主的方式动用警察和武装部队，甚至征用了非法武装团伙来镇压民众的抗议。

二、对革命群众基础的判断

人民解放阵线成立之初，它的革命依靠力量是主要是大学生以及南部地区农村地带的农民。在1987年的爱国武装斗争期间，更是得到民众的广泛支持。从诞生至今，人民解放阵线和工人阶级建立统一战线，维护他们的权利，群众基础越来越广泛。人民解放阵线前领导人苏玛瓦萨2012年接受《红色政权》（Red Power）记者采访时提出，现在帝国主义的自由主义政策失败已经非常明显，现在资本主义的自由主义在过去的三到五年内伤害的不仅仅是工人阶级，还包括广大的其他阶层群众。因此，人民解放阵线要据此建立广泛的统一战线。这个统一战线中，工人阶级是毫无疑问的领导阶级。此外，人民解放阵线还要团结其他一切受压迫人民和他们的组织、政党，来建构“反对帝国主义人民广泛阵线”的基础。

人民解放阵线认为，资本主义的系统性危机为建立广泛的反帝民主联盟创造了前所未有的有利条件，要战胜帝国主义的强大力量，可以把被压迫的人民和他们的组织、政党联合起来，建立广泛的“反帝民主联盟”，来战胜帝国主义。在联盟当中，工人阶级是民主和进步的人民的领袖，人民解放阵线也将不懈努力地团结工人阶级，发挥领导作用。人民解放阵线认为，要在斯里兰卡实现社会主义革命的胜利，当务之急是在无产阶级领导下，团结国内乃至全世界所有反帝进步力量，争取民族独立和人民解放。人民解放阵线把建立一个广泛的“反帝民主联盟”作为他们引领斯里兰卡人民取得社会主义胜利的战略途径，这也是工人阶级革命政党的紧迫任务。

三、对种族问题的态度

人民解放阵线是以马克思主义列宁主义为指导的左翼政党，马克思主义列宁主义的民族理论也是人民解放阵线民族问题上的指导理论。在这种思想、理论指导下，人民解放阵线主张民族之间应该是平等、非暴力与合作共存的和谐关系。

人民解放阵线在民族问题上，一直反对泰米尔人的独立运动。因而，也被视为僧伽罗民族主义政党，而不是社会主义政党。20世纪80年代初期，人民解放阵线内以莱昂内尔为代表的一些高级领导人，把泰米尔独立运动看成是左派运动，甚至主张让人民解放阵线加入这个运动中来。针对此种主张，1983 年 7 月 21 日至 23 日，人民解放阵线召开中央委员会特别澄清在这个问题上党的立场问题。会议中，维杰维拉提出用马克思列宁主义的民族自决权力来分析和看待泰米尔人的独立运动。

人民解放阵线根据马克思列宁主义民族观点，将斯里兰卡的民族问题置于阶级斗争的框架和社会主义发展目标之下，认为马克思主义不属于任何社群主义，也反对少数人对抗多数人的社群主义。人民解放阵线坚持列宁所说的民族自决权应该是民族共同体的自决权的观点。所以，人民解放阵线反对资产阶级政府所采取的简单的“分权”方案。因为这种分权不是代表被压迫人民，它只有利于统治者和资本主义制度中的领导人。人民解放阵线也反对资产阶级政府的联邦主义。它认为任何事物都有两面性，联邦主义也可能被用来分裂国家。

四、党的组织和政治文化

人民解放阵线深刻意识到，一个革命政党的存在和发展必须建立在马克思列宁主义思想的基础之上。人民解放阵线坚持自己革命政党本色，从建党开始就非常强调党员纪律，保持革命精神。该党曾两次发动武装起义，反对资本主义制度，都遭到了残酷的镇压。领导人罗哈纳·维杰维拉和成千上万的人在与敌人战斗的过程中献出了宝贵的生命。直至如今，人民解放阵线的所有领导人和全职党员都是职业革命家。与其他政党尤其是右翼政党相比，斯里兰卡人民解放阵线确立了崭新的政治传统，创造了新的政治文化。人民解放阵线指出，我们党的领导人和党员不求回报地为人民服务，我们不鼓励、不主张个人利益和荣耀。自 1965 年以来，斯里兰卡人民解放阵线组建了为人民服务的志愿者队伍，志愿者没有获得任何工资或党的津贴。当选为议会或地方政府机构公职人员的党员都要把他们从纳税人那里得来的工资贡献给党，这部分基金用于资助服务于人民需要的项目。在人民解放阵线内部，杜绝腐败行为。党员通过拒绝浪费和奢侈品消费来节省公共资金，用努力工作来证明他们能够为人民提供更好的服务，踏踏实实地做人民的公仆。

人民解放阵线在思想上、组织上都是一个统一的组织。其组织原则是民主集中制，通过党内组织的民主讨论集体做出决定。开展自我批评和批评在组织内被视为评价人民解放阵线的政治活动最重要的手段。

第四部分　党的国内实践活动

一、与执政党的斗争

人民解放阵线是目前西里塞纳（Maithripala Sirisena）政府中的第四大党，也是最大的反对党，它的政治影响力远远超过了传统左派。2015 年西里塞纳上台后，人民解放阵线一方面要求彻底清算前政府的腐败问题，另一方面不断揭露现政府对民众的欺骗和腐败。对此，人民解放阵线议员，现任政府公共事业部主席的苏尼尔·汉德奈蒂（Sunil Handunnetti）2017 年 5 月 17 日接受《今日锡兰》记者采访时表示："在这两年里，这个政府抢的钱比 10 年前的马欣达·拉贾帕克萨（Mahinda Rajapaksa）政权多得多。"西里塞纳新政府正在失去民心。现在偷窃、欺诈和腐败已经像传染病一样蔓延开来，政府的财政浪费情况处处可见，如农业部租用后却弃之不用达数月之久的一幢大楼，每月租金超过 200 万斯卢。

2017 年 3 月 16 日至 19 日人民解放阵线在马塔拉（Matara）地区开展的党的协调周活动上表示，自由党和统一国民党都没有能力管理国家。人民解放阵线在描述统一国民党和自由党领导下的斯里兰卡比作一个大家庭，而执政党的所作所为是"儿子们卖掉了国家资源"来获得好处。人民已经无法继续忍受现政府的种种行为。人民解放阵线认为，这个国家的大多数人，包括自由党、统一国民党、僧伽罗人、穆斯林和泰米尔人，都采取了一些措施来击败专制政权，以便建立一个新的政府。

人民解放阵线结合"议会内外"两个斗争平台反对西里塞纳政府的各种有损民众利益的政策：2016 年人民解放阵线反对增加人民生活负担的增值税法案（VAT Bill），支持联合反对派对财政部长卡鲁那亚克（Ravi Karunanayake）的不信任议案；2017 年 7 月 22 日人民解放阵线在维哈马哈德维（Viharamahadevi）开展了旨在推翻现政府的抗议活动。在反对南亚技术与医学学院（SAITM）合法性进程中，人民解放阵线支持社会各界力量的抗议活动，同时将保护免费教育融入反对资产阶级政权的社会主义运动中。

二、参与地方议会选举，筹备 2020 年大选

2017 年斯里兰卡地方议会选举还在筹备之中。上届地方议会选举是在 2011

年 3 月举行，其任期应当截止于 2015 年 3 月，本届议会选举由于种种原因被推迟了 2 年多时间。人民解放阵线主张增加妇女代表的比例，完善地方议会选举制度，同时反对无限期地延长地方议会选举时间。最终选举委员会决定选举提名时间为 2017 年 12 月 20 日至 2018 年 1 月 11 日，选举将于 2018 年 1 月 20 日至 31 日期间进行。为此，人民解放阵线向选举委员会提交了 311 个地方议会的候选人名单，同时人民解放阵线积极开展选举宣传动员活动。2017 年 12 月 17 日，该党召开由所有候选参加全国选举动员大会。大会上人民解放阵线提出“国家发展的权力与战胜腐败”的竞选口号，同时将“为人民和国家服务、不求任何特权与回报地服务民众、贡献所有从公务员岗位获得的工资”等道德准则在内的 12 项原则作为候选人的提名要求。

2018 年的地方议会选举是各政党的一次关键角逐，它也是未来 2020 年大选的预演。人民解放阵线一方面筹备即将展开的地方议会选举，同时也在着手准备 2020 年大选。2015 年大选之后的新一届议会选举，人民解放阵线获得了 6 个议会席位，成为议会中第四大党，也是第二大反对党，最大的左翼反对党。斯里兰卡法律规定允许各政党通过联盟形成政治力量参加大选，因而斯里兰卡的政党极易“卡特尔化”。

2017 年 8 月 4 日至 7 日，人民解放阵线在汉班托塔区进行为期四天的“建立人民政权的地区运动”中，党主席迪萨纳亚克在拉纳的一场集会中曾表示人民解放阵线将与能够发展国家的最强有力的中坚力量一起参与 2020 年大选。这意味着人民解放阵线可能会放弃此前两届大选以独立政党身份参加选举，而是要结成新的联盟。新联盟一旦形成，必将使人民解放阵线的影响力大为增加。人民解放阵线官网 8 月 19 日刊载的一篇文章援引了总书记席尔瓦的言论，再次确证此消息。文章称，席尔瓦表示 2020 年人民解放阵线将组建一个由人民力量构成的广泛的阵线，人民解放阵线甚至可以考虑根据联盟需要，更改其在各次竞选中一直使用的“警铃”符号，而选择其他更适应新的选举阵营的符号来参加下一次竞选。

三、变革现行的“行政总统制”宪法模式

斯里兰卡的法国式行政总统制度源于 1978 年的斯里兰卡宪法。1977 年，统一国民党党上台后，获得了国家议会中的 5/6 多数，即赢得 168 个席位中的 140。统一国民党领袖贾亚瓦德纳（JR Jayawardene）利用在议会中的绝对优势，颁布了斯里兰卡成立共和国后的第二部宪法，并于 1978 年 8 月 31 日生效。斯里兰卡 1978 年宪法第 4 条规定，人民通过选举总统来行使包括国防在内的行政权力。2015 年以来，现总统西里塞纳（Maithripala Sirisena）着手修改 1978 年宪法，并顺利通过了斯里兰卡宪法第 19 修正案。第 19 修正案对总统权力作出了部分限制，但没有根本改变行政总统的现状，也没有能让各个政党满意。

人民解放阵线致力于废除行政总统，积极推动旨在彻底废除行政总统的斯里

兰卡宪法第20修正案的出台。2017年10月18日的记者招待会上，人民解放阵线信息部长赫拉斯指出，新宪法（第20修正案）必须废除行政总统，西里塞纳如果要参加下次总统大选必须废除行政总统，否则将会一败涂地。为能推动新宪法的出台，人民解放阵线一方面需要获得各党派在议会中的支持，另一方面它也以个人身份在积极酝酿自己的宪法修改方案。

第五部分　党的国际实践活动

一、对当代资本主义的分析

斯里兰卡人民解放阵线认为，自2008年以来，美国经济陷入衰退，美国政府把纳税人的钱转移到私人银行和金融公司，并剥夺人民的基本权利，借此来渡过危机。成千上万的美国民众走上街头，抗议资本主义的腐朽制度。危机蔓延到欧洲，一个又一个的国家陷入衰退。工人和穷人被剥夺了就业、养老金、教育、医疗卫生等社会福利待遇；欧洲国家的公民也都走上街头。实践证明，资本主义作为一种社会制度已经腐朽，2008年金融危机是一场系统性的危机。金融危机爆发的直接原因，是世界上发达的资本主义缺乏适当的中央控制，国家不愿直接干预，来改变自然资源、经济资源的巨大浪费——这些使资本主义国家政府无力引导经济发展，防止其国内发生金融危机，导致经济崩溃。但这并不是危机爆发的根源，人民解放阵线坚持马克思主义观点分析资本主义危机的实质，因而认为，经济危机爆发的原因要从资本主义制度的内部去寻找。人民解放阵线再次强调，危机的真正原因是资本主义基本矛盾的激化，即社会化大生产和资本家个人所有制之间的矛盾。资本主义的目标是追逐利润，而不是满足人民需要。

传统资本主义聚集的欧洲大陆也正面临着经济不稳定、民粹主义崛起和难民潮等等问题。人民解放阵线刊物《红色政权》2017年1月刊载了名为“右翼政党的崛起是资本主义危机的产物”的文章。文章援引了德国著名的贝塔斯曼基金的一项研究称，“欧洲的选民倾向于右翼政党，因为他们害怕全球化”。“瑞典的民主党人，法国的国民阵线，荷兰的自由党和其他右翼的声音呼吁他们曾经开放的国家关闭大门并向内转向。”在移民危机、经济增长乏力以及对欧盟日益失望的情况下，越来越多的欧洲国家的右翼政党在选举中取得了胜利。

人民解放阵线坚持威廉·罗宾逊（William I Robinson）认为，世界资本主义体系正经历着其500年历史中最严重的危机。在过去几十年里，世界资本主义经历了一场深刻的全球化重组。帝国主义和世界资本主义无法摆脱危机，各种危机的重负全部转移到了人民群众身上，工人群体受到了进一步的剥削。事实证明，在资本主义面临的每年加剧的危机中，除了社会主义之外，没有其他解决办法，没有解决危机的办法。因此，包括劳动群众在内的受压迫的人民被迫走上了一条斗争的道路，以保护他们的权利，从而战胜了资本主义，建立了一个新的社会。

二、对全球化的认识

人民解放阵线认为在全球化的背景下，帝国主义蔓延到世界的所有角落。20 年前，资本主义制度的危机是全球化本身的危机。现在，全球化的创造者和它的顾问们突然抛弃了全球化，向保护主义的撤退，这实际上是在走向孤立的。人民解放阵线认为美国新一届政府试图通过寻求保护主义作为危机的解决方案，但这种做法永远不会成为他们解决危机的有效方案。

随着英国人投票决定退出欧盟，而唐纳德·特朗普当选为美国总统，日益高涨的保护主义浪潮似乎正在席卷西方。然而，向内向型政治和经济的转变不应被视为全球化终结的前奏，而是互换更新全球化趋势的信号——全球化 2.0。在欧洲的其他地区，反全球化的势头有所增强。2016 年，法国出台的一项针对布基尼泳衣的禁令已经在 30 个城镇被采用，后来引发了激烈的公众辩论，并在法庭上被推翻。为了使全球化适应当前的环境，世界需要推出它的 2.0 版本。

人民解放阵线认为当今世界是一个高度融合的世界，它也给各个民族带来了挑战。随着跨国界移民变得相对容易和频繁，与不同种族的新邻居或不同宗教的新同事打招呼不再是一件稀罕事。当经济状况良好时，这可能不是问题，但经济低谷时，人们不可避免地把矛盾指向新来移民者。在美国对墨西哥移民问题上，特朗普发誓要修建一条巨大的边境墙，并让墨西哥为之买单，这只会加剧美国的移民问题。

人民解放阵线提出全球化的 2.0 版本时指出，这个全球化的新版本应该有一个更公平的分配模式，更多的发展中国家参与其中并从中受益。财富两极分化危害着世界稳定与发展，这种趋势需要妥善处理。一体化，而不是分离，应该继续成为主要趋势。只有通过更有效、更有机地结合不同背景的人，世界才能以稳健的步伐前进。应考虑制定一项更具包容性的移民政策，并通过彻底的审议准则和更多的耐心。

三、对美国发展状况的看法

2017 年 1 月 20 日，美国新任总统唐纳德·特朗普宣誓就职。他在就职后所做言行在国际社会中引起了巨大的争议。他的就职演说与美国其他总统不同。特朗普在演讲接近尾声时，也在呼吁团结。特朗普表示，将寻求与世界各国的友好关系，但同时也强调对任何国家来说把自己的利益放在第一位，这无疑是正确的。

在担任总统期间，特朗普签署了在美国、墨西哥边境修建隔离墙的行政命令，并表示这堵墙的费用应该由墨西哥承担。为此，墨西哥总统反对这一举动，并取消了与特朗普的会晤。此外，特朗普还退出了跨太平洋伙伴关系协定（TPP）。在移民和伊斯兰教问题上特朗普加坚持更加强硬立场，发布了行政命令，禁止七个穆斯林为主的国家前往美国。很明显，从特朗普当选后的表现来看，他打破前任总统的一贯做法。人民解放阵线认为“特朗普主义”是美国经济和政治危机的深化造成结果。

2017年6月21日斯里兰卡总理维克勒马辛哈（Ranil Wickremesinghe）向议会表示，斯里兰卡将延长斯里兰卡与美国的采购与跨服务协定（the Acquisition and Cross-Services Agreement，ACSA），该协定于2007年由斯里兰卡上任总统拉贾帕克萨执政期间与美国政府签订，为期10年，2017年3月到期。按照采购与跨服务协定相关规定，允许美国和斯里兰卡在维和任务、人道主义行动或联合演习中，提供和交换补给物资、加油等服务。

2017年3月5日人民解放阵线在自己的总部举行的新闻发布会上，席尔瓦同志对该协议的延长发出警告称，目前政府正准备延长美国、斯里兰卡拉贾帕克萨政府在十年前签署的协议，该协议受到所有爱国人士的关注。该协议有损于斯里兰卡国家利益，人民解放阵线不同意延长该协议的期限。席尔瓦同志明确表示，这项协议是在没有与人民进行任何讨论的情况下达成的。然而，斯里兰卡前政府作出的错误决定，对现政府而言没必要重蹈其覆辙。对斯里兰卡与美国的关系问题上，席尔瓦指出斯里兰卡是主权国家，不需要和其他国家对抗，也无需屈从于任何国家。如果政府一意孤行，延长协议期限，人民解放阵线将采取一切措施，来形成强烈的公众舆论反对它。

四、在中国相关问题上的态度、立场

斯里兰卡人民解放阵线对待中国以及中国共产党的立场与态度问题上存在两个方面的表现。

其一，坚持马克思主义意识形态一致性基础上“兄弟”政党基本情感，期望中国在中国共产党的带领下更加富强。

2017年8月29日，在中国共产党的邀请下，人民解放阵线总书记席尔瓦启程前往中国进行为期12天的访问。其间，席尔瓦参与了由中国共产党组织的南亚左翼政党理论干部研修，以及纪念俄国十月革命100周年等活动。席尔瓦高度赞扬了中国改革开放、反腐败领域取得的成果。

中共十九大召开吸引全世界的关注。斯里兰卡人民解放阵线总书记席尔瓦代表人民解放阵线向中国共产党第十九次全国代表大会的召开发来公开贺信。席尔瓦在贺信中说：“我们始终高度重视发展与中国共产党、中国政府及其人民的关系，相信中国共产党十九大将深化世界进步势力之间的双边合作，我们承诺不断发展和丰富与中国共产党、中国人民之间的关系。”

其二，在中国对斯里兰卡投资尤其是港口建设问题上坚持本民族的基本利益立场，反对斯里兰卡政府对中国投资项目上的让步。

2013 年底，斯里兰卡政府以“马欣达愿景”为指导，欲将斯里兰卡建设成为国际航运、航空、旅游和商业、能源和知识经济中心，打造成为连接东西方的重要枢纽。在这一背景下，斯政府计划将科伦坡、汉班托塔、亭可马里和贾夫纳等主要城市建设成为国际商务大都市。2015 年西里塞纳（Maithripala Sirisena）上台后，对外政策与前任政府不同，在中国和印度之间保持“动态平衡”。而新政府成立后斯里兰卡的经济发展状况却是不容乐观。据斯里兰卡统计部门称，2015 年斯里兰卡经济增长 4.8%，2014 年为 4.9%，2016 年却只有 4.4%；2015 年斯里兰卡商品出口占 GDP 的比例为 13.1%，2016 年下降至 12.7%；2015 年商品进口占 GDP 的比例为 23.5%，2016 年上升为 23.9%；2015 年公共债务占 GDP 的比例为 77.6%，2016 年上升至 79.3%。① 加之，新政府对斯里兰卡印度洋航运和物流中心的战略定位促使其恢复到与中国的合作中来。2015 年 3 月，西里塞纳访华会见习近平主席时，申明了支持中国在斯港口项目建设的立场。2017 年 7 月 29 日，中国招商局港口控股有限公司与斯里兰卡港务局在科伦坡正式签署了汉班托塔港特许经营协议。根据协议规定，新成立的两家斯里兰卡港务局的全资公司，即汉港集团有限公司（HIPG）和汉港服务有限责任公司（HIPS）被授予持有汉班托塔港口股权。中国招商局港口控股有限公司将在这两家新公司中分别占股 85%和 49.3%，斯里兰卡港务局分别占股 15%和 50.7%。这意味着中资在这两家合资公司中共占股比例将达到 70%。该协议有效期为 99 年，10 年后中斯双方将逐步调整股权比例，并最终达到各占 50%比例要求。

人民解放阵线认为斯政府向中国公司“出售”港口，是出卖了可以造福人民的资源，现政府的行为不仅出卖了国家利益，而且也影响到了国家的主权。2017 年 1 月人民解放阵线向政府发布公开信，对政府在汉班托塔港口的计划提出抗议。2017 年 1 月 5 日在人民解放阵线的领导下，大批民众聚集在汉班托塔区的阿姆波兰托塔（Ambalanthota）进行示威游行。示威者高举“别动汉班托塔港和人民的土地”旗号反对政府将汉班图塔港以及 1.5 万英亩的土地出让给一家中国公司进行投资。

五、参与各种国际左翼政党会议

2017 年 2 月，人民解放阵线组织部部长拉斯纳卡参加了瑞典共产党第十八次代表大会之后，访问了德国，并参加了在德国杜塞尔多夫、柏林和亚琛举行的研讨会、会议等活动。他向在德国的斯里兰卡人表示，资本主义统治者是如何在

① 唐鹏琪. 斯里兰卡汉班托塔港股权转让的背景、目的及其意义［J］. 南亚研究季刊，2017，170（3）：76-82.

经济、政治和文化上摧毁这个国家的，并把斯里兰卡带到了“悬崖”边上。拉斯纳卡介绍了资本主义阶级统治者是如何在斯里兰卡通过两个资本主义政党欺骗人民，之后又在统治失败时又联合起来统治斯里兰卡人民。他还向大会介绍了人民解放阵线旨在挽救这个国家免受毁灭性的打击而采取的行动规划，以及人民解放阵线为把斯里兰卡变革成为一个人人都能生活的国家所做出的奉献和牺牲。他说，在实施这样的规划时，还需要得到所有居住在国外的斯里兰卡人的支持和奉献。在德国马列主义政党的邀请下，拉斯纳卡同志还参加了庆祝十月革命100周年的一系列纪念活动。活动期间，拉斯纳卡还表示，人民解放阵线是世界社会主义者反帝国主义斗争的一支重要力量，它将完全支持德国马列主义政党在德国所做的工作。

2017年2月在12日拉斯纳卡参加了在哥本哈根举行的斯里兰卡人会议。其间他曾与丹麦的人民解放阵线成员、支持者和居住在该国的许多斯里兰卡人进行过讨论。他还在研讨会上作了“为什么斯里兰卡需要真正的改变”的主题发言。此外，他还在丹麦共产党的邀请下，与丹麦共产党领导人彼得森（Jorgen Petersen）就“资本主义危机中共产党的任务和重要责任”的议题进行了讨论。

2017年7月，人民解放阵线的几位领导人还参加了各种由人民解放阵线外联部在国外组织的会议、研讨会和集会。2017年7月16日，人民解放阵线政治局成员参加了该党在英国主办的研讨会，主题是“代表英国伯明翰的新道路”。

2017年7月15日的一个研讨会上，人民解放阵线中央委员会成员萨马拉辛哈（Wasantha Samarasinghe）在日本的斯里兰卡人集会中发表主题为“当前的政治形势和国家的未来”演讲。

第六部分　结语

2014年2月2日，斯里兰卡人民解放阵线换届以后，形成了第三代人民解放阵线领导集体，并提出了“新社会主义”的政治理念，并在斯里兰卡当代现实基础上，继续坚持以议会道路为主的革命形式，通过现有的政治框架参与公共政治，影响政治发展和实现自己的革命主张，成效显著。2015年8月，人民解放阵线在新一届的议会选举中获得了6个议会席位，成为议会选举中第四大党，也是第二大反对党。2015年9月，人民解放阵线遂以反对党的身份向西里塞纳政府提出包括完全废除行政总统，引入新的选举体系，促进议会中的党派多元化等在内的20条改革措施。四年里，人民解放阵线通过如救灾、抚慰居民、游行、集会、经济危机宣讲等形式，使选民基础不断扩大，提升了自身的影响力。人民解放阵线还对现行宪法当中的国家结构提出改革方案：

①将建立无产阶级政权，社会主义宪法将被确立为国家的基本法，建立社会主义共和国，举行全民投票，实行人民授权的宪法；②反对分裂国家和任意集中化；③社会政治凝聚力和民族将以少数群体的平等和自我管理为基础。斯里兰卡人民解放阵线从建党到现在，始终重视团结群众的力量。人民解放阵线是目前西里塞纳（Maithripala Sirisena）政府中的第四大党，也是最大的反对党，它的政治影响力远远超过了传统左派，在推行“新社会主义”过程中，日益成为取代人民自由联盟的反对右派的左翼力量。

在斯里兰卡，由统一国民党和自由党建立的西方民主制度，并长期主导政坛，以“马克思主义”思想和“新社会主义”理念为指导的人民解放阵线近年来以极具“亲民”的执政理念，吸引了众多民众的支持。斯里兰卡《卫报》称人民解放阵线关心“价格、失业、移民工人和政府腐败”，与“各种群体保持良好的关系”，他们开启了斯里兰卡“创造性”的政治。从前总统拉贾帕克萨执政以来，人民解放阵线一直就是反对政府腐败的“急先锋”。2015 年西里塞纳上台后，人民解放阵线一方面要求彻底清算前政府的腐败问题；另一方面不断揭露现政府对民众的欺骗和腐败。此外，人民解放阵线结合议会内外两个斗争空间反对西里塞纳政府的各种有损民众利益的政策，如 2016 年反对增加人民生活负担的增值税法案（VAT Bill），支持联合反对派对财政部长卡鲁那亚克（Ravi Karunanayake）的不信任议案，以及 2017 年 7 月 22 日在维哈马哈德维（Viharamahadevi）发起的旨在推翻现政府的抗议活动。

尽管人民解放阵线的新社会主义受到了来自各方的指责，如认为人民解放阵线的新社会主义理念不具备马克思主义的社会主义观所应有的阶级压迫的现实根基，也没有 1972 年斯里兰卡的公有制社会主义改革的经济基础建构的类似性。但是，人民解放阵线在斯里兰卡当代的政治模式之下，坚持议会斗争，甚至进行街头抗议，并公开向执政者宣扬“争取在 2020 年夺取政权”，从而期望改变国家运行方向。其斗争锋芒不仅指向资产阶级的政党，同时也指向斯里兰卡的资本主义制度。

在资本主义大环境下寻求发展，人民解放阵线的社会主义革命道路依旧任重道远。即使取得如此成就，当前人民解放阵线面临的问题仍不容小觑。1994 年，斯里兰卡人民解放阵线与斯里兰卡进步阵线建立的“民族救亡阵线”联盟在大选中获得议会 225 个席位中的 1 席，到 2015 年，人民解放阵线已获得 6 席。但如若要在议会当中实现自己的政治理想，目前的席位还是远远不够的，甚至在现处境下，人民解放阵线提出的议案在议会还难以通过和落实。政党发展经费不足和国民的宗教信仰与马克思主义信仰的冲突也使党的发展受限。

（撰稿人：云南大学马克思主义学院　杜敏）

2017 年土耳其共产党年度发展报告

第一部分　概况

1. 国名：土耳其共和国
2. 人口：8081.052 万
3. 国土面积：78.3562 万平方公里
4. 政党名称：土耳其共产党
5. 成立时间：1920 年 9 月 10 日
6. 党员人数：约 5000 名
7. 中央主席：凯末尔·奥库扬
8. 政党地位：合法党，参政党
9. 社会团体或群众组织：社会主义培训班（高校）、工会组织、阿拉维派劳动者组织、文艺组织、社会主义者大会（the Assembly of Socialists）、大学理事会联盟（the Association of University Councils）、希克梅特（Nazım Hikmet）文化中心、希克梅特学会、马列主义研究中心
10. 大众传媒的运用：《左派》、官方网站 http：//www. tkp. org/；报纸及媒体
11. 最近一次代表大会或会议：党的第十二次代表大会（2017 年 5 月 27 日至 28 日）
12. 最近一次参加的选举：土耳其议会选举（2015 年 11 月）

第二部分　党的产生及发展简史

1920 年，土耳其共产党在阿塞拜疆巴库成立。受政治环境的影响，该党在历史上曾多次遭到压制与禁止，生存条件十分恶劣，只能在地下和国外开展斗争。建党以来，土耳其共产党内部派系斗争相当剧烈，发生了数次分裂。现存的土耳其共产党是由社会主义力量党更名而来的。2001 年，社会主义力量党更名为土耳其共产党（Türkiye Komünist Partisi，TKP），并宣称继承了土耳其左翼革命运动的全部遗产和经验。所以，应从广义上梳理土耳其共产党的发展史，即追溯至最早的左翼政党——1920 年的土耳其共产党。

一、1920—1960 年：土耳其共产党的早期艰苦斗争

19 世纪末，马克思主义思想传入土耳其，但由于工业落后，工人数量较少，马克思主义思想成长的土壤贫瘠，无法成立一个工人阶级政党，更遑论共产党了。1920 年在共产国际的帮助下，土耳其共产党在阿塞拜疆巴库宣布成立，并召开了第一次代表大会，选举了穆斯塔法·苏普希（Mustafa Subhi）为党主席。建党后，土耳其共产党积极参加民族解放斗争，为建立共和国而努力。但共和国建立后，政府却严厉镇压共产党，甚至颁布《土耳其维持秩序法》禁止共产党和工农社会主义党的活动。因此，土耳其共产党不得不将组织机构转移国外，不得不将斗争活动转入地下。后期随着工业的发展，工人数量的增长，土耳其共产党慢慢扩大，吸引了许多知识分子的加入，如著名诗人海柯梅特。1926 年，该党决定有步骤地组织人民群众对资产阶级专政展开不可调和的、持久的斗争，建立以工农联盟为基础的苏维埃政权。1927 年至 1932 年间，土耳其共产党内部开展了两次清洗活动，党组织遭到了破坏。二战期间，土耳其共产党领导人民与勾结德国法西斯的土耳其反动政府进行了坚决斗争①。二战后，土耳其政府在法律上允许成立新的政治组织，受此影响，土耳其国内出现了许多以“工人”“社会主义”命名的政党。但土耳其社会主义运动的迅速发展引起了政府的恐慌与不安。1946 年土耳其政府开始镇压社会主义运动，直至 1950 年全面禁止社会主义运动。在此恶劣条件下，土耳其共产党的国内组织陷于瘫痪，成员纷纷流亡海外，

① 刘春元. 土耳其共产党对社会主义的探索 [J]. 当代世界与社会主义，2010（5）：67-71.

但流亡海外的成员依然坚持斗争，提出了“废除同美国签订的一切奴役协定”等口号。

二、1960—1980年：土耳其社会主义运动的大发展

1961年，土耳其通过了历史上最民主、最自由的宪法，政治环境相对宽松。部分工会领导抓住机遇，成立了土耳其工人党（Turkish Labour Party）。在工人和知识分子的帮助下，该党发展为群众性组织，在多个地区建立了党支部。1965年土耳其工人党参加选举，赢得了15个议席。受此鼓舞，该党决定把党的路线从为赢得民主转型而斗争转移到实现社会主义目标上来。“土耳其工人党是一个社会主义政党，其目标在于用社会主义取代资本主义体制，把工人阶级组织起来，领导他们走向胜利。”① 1966年土耳其工人党召开大会，提出民主革命和社会主义革命具有不可分割性的新战略，认为有必要进行第二次民族解放战争，以反对帝国主义对土耳其的统治。1971年土耳其发生军事政变，左派遭到严重迫害，工人党被禁止活动。1973年土耳其的政治生活恢复了正常化，但社会主义内部却出现了严重分裂，部分党员开始建立独立的社会主义政党。其中，最典型的是1978年从土耳其工人党中分裂出来的社会主义力量（Socialist Power）——2001年成立的土耳其共产党的前身。

共产主义者抓住每一次与社会主义者合作的机会。1959年土耳其共产党开始派党员回国加入一些群众组织开展活动。20世纪60年代该党在欧洲成立国外局，依赖于苏联共产党的支持。1973年土耳其共产党召开政治局会议，选举伊斯梅尔·比林（Ismail Bilen）为总书记并起草新的党纲党章。20世纪70年代中期，由于政府的宽容政策，土耳其共产党日益活跃并发展为较有影响力的左翼政党，拥有半合法的群众组织，但党的领导机构仍在国外。20世纪70年代后期，社会主义运动的分裂和社会主义政党之间的紧张关系最终导致社会主义的支持者把选票投给其他候选人。比林认为，土耳其工人党、社会主义工人党与土耳其共产党一样受科学社会主义思想的指导，故需要寻找与这些党建立斗争联盟的方式方法②。但是，各个社会主义政党都把自己视为唯一合法的、真正的社会主义代表，谴责其他政党分裂社会主义运动，所以直至1980年，土耳其工人党和社会主义工人党都拒绝合作。

三、1980—2000年：左翼运动的衰落和社会主义力量党的顽强斗争

1980年土耳其再次发生军事政变，上千名共产党员遭遇逮捕和监禁。面对

---

① Igor Lipovsky. The Legal Socialist Parties of Turkey，1960-1980 [J]. Middle Eastern Studies，1991，27（1）：94-111.

② Igor Lipovsky. The Legal Socialist Parties of Turkey，1960-1980 [J]. Middle Eastern Studies，1991，27（1）：94-111.

如此高压环境，土耳其共产党继续开展活动，如1983年召开第五次代表大会，提出开拓群众阵地，团结左翼力量，推翻军事独裁政府，建立民族民主政府；1984年宣布与其他五个左翼政党建立联盟，共同推进争取民主的斗争；1986年提出要克服思想上、政治上和组织上的缺点和不足，增强党内团结以及与工人党的合作。1987年，土耳其共产党宣布和1974年重建的土耳其工人党合并为土耳其联合共产党。为使该党获得合法地位，两党总书记海达尔·库特卢（Haydar Kutlu）和尼哈特·萨尔根（Nihat Sargin）在政治流亡中回到土耳其，却遭遇逮捕，后在舆论压力下被释放。1990年正式向内政部递交建党申请和36位建党人的名单后，土耳其共产党和土耳其工人党合并为合法的土耳其联合共产党。该党坚持科学社会主义和国际主义，主张在土耳其实现政治和社会生活的民主化，经济上实行国家经济计划化，实行工业、外贸、银行及保险业国有化，推进土地改革等。然而，1991年底土耳其联合共产党在事实上遭到了禁止。

20世纪90年代，在新自由主义思潮盛行、工会影响力衰退的背景下，社会主义力量党成立了。该党坚持集体主义、社会主义和启蒙原则，反对帝国主义、私有化与伊斯兰原教旨主义。2000年社会主义力量党发起了要求恢复早期共产党人、著名诗人海柯梅特国籍的群众运动。在该活动的影响下，社会主义力量党的群众基础进一步扩大。同年，该党希望尽可能早地采用共产党名称，为此，将党报改名为《共产主义力量》，作为转向共产党的过渡。

四、2001年至今：新成立的土耳其共产党的曲折发展

2001年社会主义力量党认为，恢复共产党名称的条件已成熟，遂决定更名为“土耳其共产党”，并赢得了合法地位。这个新成立的土耳其共产党宣称继承了土耳其左翼革命运动的全部遗产和经验①。2004年土耳其共产党召开第七次代表大会，一致通过了新党纲。新党纲指出，剥削、阶级斗争和阶级解放是三个非常重要的概念，阶级斗争是消灭剥削的前提条件，阶级解放是全人类解放的前提条件。资本主义制度是在私有制的基础上建立的，而私有制是社会分工、阶级压迫和阶级差别的根源，阶级社会的统治者是财产所有者。该党强调，要消灭阶级社会及其政权，就必须消灭私有制，实行计划经济，使得生产资料成为整个社会的财产。2009年土耳其共产党召开第九次代表大会，对2008年爆发的金融危机进行了深刻剖析，认为这不是一场简单的“金融危机”，资本主义应对危机的实质是为了掩盖危机爆发的根源，维护资产阶级的利益。

2014年7月15日，土耳其共产党内部出现矛盾，发生了分裂危机，以凯末尔·奥库杨（Kemal Okuyan）和埃德米尔·居莱尔（Aydemir Güler）为代表的一派成立了新土耳其共产党（Communist Party，Turkey），以埃尔坎·巴斯

① 刘春元. 土耳其共产党对社会主义的探索[J]. 当代世界与社会主义，2010（5）：67-71.

(Erkan Bas）和梅廷·库赫卢（Metin Culhaolu）为代表的一派成立了土耳其人民共产党（People's Communist Party of Turkey)。分裂后的双方决定停止使用原土耳其共产党的名称和徽章，以保护社会主义运动的遗产。2017 年初，在亚萨尔·切利克（Yaşar Çelik）等七名原土耳其共产党成员的强烈呼吁下，土耳其共产党召开了“回归”大会，宣布继续以土耳其共产党的名义在政治舞台上开展活动①。这意味着新土耳其共产党和土耳其人民共产党的矛盾有所缓和，党内团结趋向得以增强。

第三部分　党的理论和组织状况

一、指导思想

不同历史时期，土耳其共产党及左翼革命运动的指导思想略有不同，但整体上还是以马克思主义和共产主义为指导思想。

1920 年 9 月 20 日，聚集在苏联的土耳其社会主义者在阿塞拜疆巴库成立了土耳其共产党后，在党纲党章中强调以共产主义思想为指导。

20 世纪 60 年代，土耳其工人党内部逐渐发生了分裂，形成了两种思想战略方向，即社会主义革命派主张，无产阶级在革命中发挥主要作用，应以社会主义为主要目标；而民族民主革命派认为土耳其的资产阶级革命进程还没有完成，资产阶级革命应是主要目标，在此之后才能以社会主义为主要目标。1987 年，土耳其共产党分裂为土耳其共产党和土耳其马克思列宁主义者，两派在思想上分别以马克思主义和马克思列宁主义为指导。

2001 年，新成立的土耳其共产党在党纲党章中提出以共产主义为指导思想。该党认为，共产主义是解放全人类的思想体系，因为它要求公平地分配现有财富，公平自由地利用人类积累的生产力和潜在的力量来创造财富和繁荣。该党还认为，共产主义是现实的运动，因为它对如何利用今天的可能性来实现社会目的的问题给予了具体有效的分析。

2014 年土耳其共产党发生分裂后，新土耳其共产党将自身定义为工人阶级政治斗争的工具，社会主义革命的先锋队，并把具有普遍性的马克思列宁主义作

① TKP Returns Back to Struggle [EB/OL].（2017-01-23）[2018-06-29]. http://icp.sol.org.tr/europe/tkp-returns-back-struggle.

为一切工作的指导原则，反对在社会主义斗争中忽略此原则的绝对主义、教条主义和民族主义。

2017 年，新土耳其共产党和土耳其人民共产党修复裂痕，恢复为原土耳其共产党后，也相应地恢复了原土耳其共产党的指导思想，即共产主义思想。

二、组织结构和组织原则

土耳其共产党的组织机构包括：全国代表大会、中央委员会、地方组织等。其中地方组织负责在工厂、车间、办公室、农场、学校和兵营建立和发展基层组织并巩固这些基层团体和组织。

土耳其共产党的组织原则是民主集中制。其内容包括：①党员接受党组织领导。②少数服从多数，下级服从上级，所有从下到上的行政组织通过自由选举加以确定。③全党接受中央委员会的领导。④全国党员代表大会是全党的最高权力机关。⑤党的行政组织通过自由选举加以确定，选民有权召回任何未完成任期的代表。⑥工人阶级联合全部由土耳其、库尔德和其他国家、民族成员组成基层组织。⑦由全国党员代表大会选举产生的中央委员会负责召集和召开全国代表大会。

三、党员资格

土耳其共产党党章规定，所有遵守党的章程、政策，在党的下属组织或工人阶级运动中表现突出的，所有年满 16 岁的公民都有权提交入党申请书、有参与选举和被选举党员的权利。

第四部分　党的国内实践活动

一、召开的重要代表大会和代表会议

对土耳其共产党而言，2017 年是非常重要的一年。在这一年里，新土耳其共产党和土耳其人民共产党达成了共识，化解了分裂危机，恢复了“土耳其共产党”名称，并规划了 2017 年 6 月至 2018 年 6 月的政治目标和组织目标。

2017 年 1 月 22 日，土耳其共产党举行“回归”大会，宣布恢复党的名称，重返政治舞台。2014 年土耳其共产党内部曾发生危机，一分为二为新土耳其共产党和土耳其人民共产党。分裂后，两党决定停止使用原“土耳其共产党”的名称和徽章，暂停以“土耳其共产党”的名义开展活动，从而保护“土耳其共产党”这一名称及其政党遗产①。不过，在切利克等七名党员的强烈呼吁下，2017年初土耳其共产党召开大会，宣布重返政治舞台，继续以“土耳其共产党”的名义开展政治活动。这意味着新土耳其共产党和土耳其人民共产党的矛盾出现缓和，党内团结趋向明显增强。该党在大会上提出，由2014年成立的中央委员会继续负责党内外事务直至第十二次代表大会的召开，并任命奥库扬为土耳其共产党中央委员会总书记。奥库扬在大会闭幕辞中以“共产党有何作用?”抛砖引玉，指出共产党作为一个致力于推翻资本主义制度的政党，需关注工人阶级利益和资产阶级利益的不可调和性。他还将苏维埃革命、古巴革命和德国社会民主党的大选结果进行对比，指出共产党领导的苏维埃革命和古巴革命最终推翻了资本主义统治，而20世纪初的德国社会民主党虽获得了高额选票却不再是资本主义体系的威胁，因此，土耳其共产党要从中汲取教训，坚持推翻资本主义制度的目标②。会后，土耳其共产党发布了文件《土耳其的总统制、资本主义及与帝国主义世界的矛盾》和《劳动人民的声明》，并针对即将进行的全民公投总统制发起一场口号为“够了够了！即使并非如此，仍然反对!”的运动。

2017年4月1日，土耳其共产党伊兹密尔支部召开会议，讨论修宪公投（实现总统制）中的“否”选项，强调工人阶级不能仅仅投反对票，还需积极参与斗争和组织。会上，埃尔汗·纳尔卡奇（Erhan Nalçacı）分析，新自由主义政策在美国霸权主义的支持下向世界蔓延，尤其是最近10年利润率下降的情况下。为了提高利润率，资产阶级需要一个合作者和执行者来破坏土耳其的立法、行政、司法和监督机制，而正义与发展党就是为了满足这种需求成立的。面对正义与发展党组织的修宪公投，纳尔卡奇强调工人阶级不仅要反对个人独裁，还要反对资产阶级在全民公投环节中对其采取专制的、非法的敌对行动；工人阶级要建立一个以自己为中心的网络，具体可通过与土耳其共产党合作，阅读党刊、参加党会等活动来实现，或积极加入土耳其共产党，成为工人阶级的领导者。他还指出，反对总统制的各个团体的目的是不同的，与持反对意见的部分资产阶级不同，工人阶级的反对是有组织的③。

2017年5月27日至28日，土耳其共产党召开第十二次代表大会，会议主题为“授予土耳其人选择社会主义的权利”，全国共有383位代表出席。大会批

---

① International Communist Press. TKP Returns Back to Struggle [EB/OL].（2017-01-23）[2018-06-29]. http：//icp. sol. org. tr/europe/tkp-returns-back-struggle.

② International Communist Press. TKP Returns Back to Struggle [EB/OL].（2017-01-23）[2018-06-29]. http：//icp. sol. org. tr/europe/tkp-returns-back-struggle.

③ The Communist Party of Turkey. TKP izmir Branch Discussed the “No” Option at the Referendum [EB/OL].（2017-04-01）[2018-06-24]. https：//www. tkp. org. tr/en/haberler/tkp-izmir-branch-discussed-no-option-referandum.

准通过了《党纲的序言》《论党和党内生活》《党史文件》《党的政治目标和组织目标（2017.6—2018.6）》等文件和《六月抵抗运动四周年》《关于“富人的权力”》《与玻璃工人团结一致》《关于紧急状态的政策》《土耳其共产党的外交事务》《与委内瑞拉人民团结一致》《与古巴团结一致》等七项政治决议①。大会上，土耳其共产党谴责土耳其政府以“威胁国家安全”理由禁止玻璃工人、金属工人等的罢工行动，认为这侵犯了工人阶级最基本的权利；批评政府针对叙利亚、塞浦路斯和中东的外交政策，认为这些地区只有实现社会主义，才能出现和平与正义②。在《十月社会主义革命百年之际，我们的道路依然是革命道路》中，该党提出了“我们正处在革命的道路上”的理论，强调资产阶级和无产阶级不可能建立“公平”的关系，社会主义革命只不过是这两个阶级间的历史“清算”③。十月革命是人类挑战生产资料私有制的首次成功，证明了建立一个没有剥削、没有阶级的社会具有现实性，揭示了革命与资本主义危机之间的联系以及资产阶级民主的局限性。

2017 年 9 月 10 日，土耳其共产党在伊兹密尔、安卡拉和伊斯坦布尔召开会议，庆祝土耳其共产党成立 97 周年。该党指出，“在资本主义制度笼罩着土耳其、埃尔多安及其团体控制着土耳其的情况下开展此次庆祝活动，是为了表示土耳其共产党进一步斗争的决心”④。土耳其共产党必须加强反对资本主义掠夺者及其在政治舞台上的援助，反对宗派主义、法西斯主义、帝国主义、军国主义、反妇女的野蛮主义。奥库扬在会上发表讲话，认为“建立更公平、更自由、更和平的资本主义是不可能的，人类注定要么生活在野蛮中，要么为社会主义而战，建立一个人道主义社会”，强调“俄罗斯的寡头统治取代了苏维埃共和国，伊玛目的统治取代了土耳其共和国，我们今天聚集起来不是为了庆祝，而是宣布我们取消这场灾难的决心”⑤。

---

① Communist Party of Turkey's 12th Congress Declares 2017 as the Year of Socialism [EB/OL].（2017-05-29） [2018-06-25]. http：//news. sol. org. tr/communist-party-turkeys-12th-congress-declares-2017-year-socialism-172321.

② The Communist Party of Turkey. 12th Congress of TKP Completed [EB/OL].（2017-05-29）[2018-06-25]. https：//www. tkp. org. tr/en/duyurular/12th-congress-tkp-completed-en-es.

③ The Communist Party of Turkey. Basic Documents of the 12th Congress：“We are on the Path of Revolution” [EB/OL].（2017-05-29） [2018-06-25]. http：//www. tkp. org. tr/en/kongre-belgeleri/basic-documents-12th-congress.

④ The Communist Party of Turkey. 1997th Anniversary of TKP [EB/OL].（2017-09-10）[2018-06-20]. https：//www. tkp. org. tr/en/haberler/97th-anniversary-tkp.

⑤ The Communist Party of Turkey. Communist Party of Turkey Gathered for Its 1997th Anniversary [EB/OL].（2017-09-10）[2018-06-25]. http：//news. sol. org. tr/communist-party-turkey-gathered-its-97th-anniversary-173071.

二、议会之外开展的斗争活动

土耳其共产党除了参加议会竞选，还在议会外积极发挥作用，领导工人阶级开展斗争。该党经常通过发起群众运动、支持工人罢工等方式反对正义与发展党政府和帝国主义的不合理政策，为民众和工人阶级争取和平、民主与正义。

2017年5月1日，土耳其共产党呼吁世界工人阶级共同承担历史责任。国际劳动节之际，土耳其共产党在声明《与土耳其共产党一起过五一》① 中，指出帝国主义势力引起的地区战争和圣战组织正威胁着那些争取独立和主权的国家的安全；第三次世界大战的呼声在地球上空回响；难民们远离家园和人道主义，徘徊在生存边缘；等等。世界被黑暗围困，人民被原教旨主义、好战、剥削和迫害围困，人类要在资本主义和国际原教旨主义的黑暗中寻找出路，要坚信工人阶级的顽强抵抗会打破这种围困状态。该党认为，世界工人阶级应证明自身的力量，承担历史的责任，实现对未来社会的希冀。为此，土耳其所有的男工、女工、受教育者、青年人应与土耳其共产党一起奋斗，最终战胜伊斯兰教君主的钱、盲信者的黑暗和帝国主义者的导弹。

2017年8月11日，土耳其共产党和人民委员会②发起请愿活动，反对正义与发展党的新课程计划。每个儿童都有权获得平等、科学的教育，但埃尔多安政府一直在破坏儿童基本的受教育权，企图摧毁现有的教育系统。即将实施的新课程的教科书忽略了“进化”主题，增加了“圣战”的概念。新课程会使反对启蒙、科学和共和国的仇恨合法化，为此，土耳其共产党和人民委员会发动请愿，呼吁人们不能向伊斯兰教法学校妥协，拒绝反动的新课程计划，不能在蒙昧主义下抚养子女③。这项请愿活动获得了人们的大力支持。

① The Communist Party of Turkey. To the May Day，with TKP! [EB/OL]. (2017-05-01) [2018-06-25]. http://www.tkp.org.tr/en/aciklamalar/may-day-tkp.

② 人民委员会（the People's Committees）于2017年4月成立，目的是在土耳其政府总统埃尔多安通过压迫和欺诈手段操纵全民公决后，动员民众.

③ TKP Launches Petition Campaign against AKP's New Curriculum [EB/OL]. (2017-08-11) [2018-06-30]. http://icp.sol.org.tr/europe/tkp-launches-petition-campaign-against-akps-new-curriculm.

第五部分　党的国际实践活动

一、对重大国际事件的态度

2017 年，土耳其共产党继续关注国际政治的变化，透过现象看本质，观察各项资本主义政策背后的利益根源，并坚持自己的立场和观点，在与自身利益相关的领域积极发声，向民众揭示资本主义的目的，呼吁民众为社会主义而奋斗。

2017 年 6 月 20 日，土耳其共产党就美国的新古巴政策发表声明《特朗普的古巴政策是绝望的产物》①，声援古巴共产党及其人民。6 月 16 日，特朗普宣布为了“解放古巴”，将在旅游和经贸方面收紧奥巴马政府对古巴的政策，继续执行对古巴的经济、金融封锁和贸易禁运政策②。土耳其共产党分析，美国的新古巴政策是基于古巴侵犯人权和政治自由的指控。这项指控是反共产主义的产物，早已过时了。事实上，古巴人民在人权和政治自由方面所取得的成就是当今世界最优秀的例子。美帝国主义曾采取过同样的政策也宣告破产了。当今，美国的欺凌不能掩盖美帝国主义的绝望。古巴作为一个主权国家，只有其人民才能决定国家的未来，土耳其共产党支持古巴人民明确奋斗目标，即捍卫革命，继续斗争，直至取消对古巴的经济、金融封锁和贸易禁运政策，收回美国关塔那摩军事基地占领的领土。

2017 年 7 月 9 日，土耳其共产党发表声明《我们的抗议是对社会主义革命的呼吁》③，强调二十国集团首脑会议所说的发展是资本的发展，社会正义问题被用来证明资本主义的合理性。该党在声明中指出，首脑会议强调的发展指的是资产阶级的发展，而不是世界人民的发展；否则，默克尔的德国将如何榨取世界工人阶级的血汗，特朗普的美国将如何占领世界、制造流血事件，萨尔曼的沙特阿拉伯将如何限制女性权利。该党总结了峰会的主要内容，即为了资产阶级的利

---

① Communists Respond to Trump on Cuba [EB/OL].(2017-06-20)[2018-06-30].http://icp.sol.org.tr/international/communists-respond-trump-cuba.

② 热点问答：特朗普缘何调整美国对古巴政策 [EB/OL].(2017-06-17) [2018-06-30].http://world.huanqiu.com/hot/2017-06/10858502.html.

③ The Communist Party of Turkey. Statement of TKP on G20 Summit: “Our Protest is a Call for Socialist Revolution” [EB/OL].(2017-07-09) [2018-06-30]. http://news.sol.org.tr/statement-tkp-g20-summit-our-protest-call-socialist-revolution-172577.

益调节世界能源资源；重新定位世界贸易以使垄断利润最大化；以环保为幌子，制定新的以利润为基础的环境政策；为维持资本的独裁统治以“民主”方式组织新的袭击；用“预防经济避难”等概念掩盖那些流离失所者对美好生活的追求；把反动的恐怖主义和沙文主义引到一个容易控制的地区。该党分析，二十国集团峰会是资本主义躲避危机的无助的探索，资本家的这种战略是为了说服工人阶级屈服。该党认为，在一个剥削猖獗的世界，不会有公平的世界贸易，也不会有民主政治或环境保护，而现在正是新十月革命的好时机，呼吁民众加入社会主义斗争。

2017年12月8日，关于埃尔多安访问希腊、与齐普拉斯会晤事件，土耳其共产党发表声明《埃尔多安与齐普拉斯讨价还价》①，强调两国人民需同帝国主义和民族主义作斗争。土耳其共产党认为，埃尔多安出访希腊开启了对两国劳苦大众新一轮的攻击，两国政府主要围绕三个问题进行讨价还价：一是考虑到两国政府在国内政治中处境险恶，他们同意通过保持土耳其和希腊之间的紧张局势来转移民众的注意力；二是让区域范围内相互竞争的两国资产阶级达成合作，共同开发廉价劳动力，创造新的投资领域和掠夺自然资源；三是就难民问题而言，两国政府都试图从帝国主义在中东地区制造的悲剧中获取一定的政治影响力。总之，两国政府都想通过民族主义、种族主义和战争威胁来为资本家带来更大的利润。该党认为，虽然帝国主义世界不存在真正的友谊，但爱琴海两岸的民众既是邻居又是朋友，剥削者、资本家、帝国主义、北约是其共同敌人，必须加强斗争，反对民族主义。

二、与他国共产主义政党的党际交往

土耳其共产党对外交往的重要方式是与现存的共产党和工人党之间的党际交往，有利于发展彼此间的国际主义友谊，维系密切而富有成效的党际关系。“发展各国共产党相互之间的关系，已经成为各国共产党进行国际联系、交流经验和相互扶持的主要形式。”②

2017年3月13日，土耳其共产党和荷兰新共产党就两国政府间的危机发表联合声明，呼吁两国人民为实现社会主义而奋斗。土耳其政府和荷兰政府达成协议，禁止在荷兰向土耳其公民宣传宪法公投。联合声明认为，这是资产阶级政客在人民内部煽动民族主义情绪，试图从中获得政治利益的做法。埃尔多安政府和荷兰政府在当前危机中存在相互作用，“埃尔多安及其政府在宪法公投过程中绝

① TKP and KKE Statements on Erdogan's Visit to Greece [EB/OL].（2017-12-08）[2018-06-30]. http://icp.sol.org.tr/europe/tkp-and-kke-statements-erdogans-visit-greece.

② 聂运麟，等. 新时期 新探索 新征程——当代资本主义国家共产党的理论与实践研究[M]. 北京：经济科学出版社，2014：9.

望地依赖于外敌；而荷兰政府为克服欧盟正在经历的危机，倾向于打仇外牌”①。为此，两党呼吁两国人民加强合作和国际主义意识，反对欧盟的帝国主义政策和任何限制工人阶级、农民权利的行为，实现无产阶级团结以阻止种族主义政策。两党认为，实现一个更好的资本主义是不可能的，人民必须为社会主义而奋斗。

2017 年 4 月 5 日，土耳其共产党发表声明《与委内瑞拉共产党团结一致》②，支持委内瑞拉共产党，谴责帝国主义干预委内瑞拉内政的行为。在声明中土耳其共产党分析，一方面，美帝国主义与美洲国家组织等国际傀儡组织增强了对委内瑞拉的干预；另一方面，委内瑞拉国内反动分子通过加剧本国紧张局势，为帝国主义的干预开辟道路。国际资本主义遭受危机会不可避免地带来帝国主义的干预，这是因为国际资本主义体系内部矛盾日益突出，除了加大对劳动人民的剥削，没有其他任何办法可以解决。土耳其共产党认为，只要权力依然掌握在贪婪的资产阶级手中，劳动人民的权益就不会得到保障。委内瑞拉共产党的阶级斗争纲领有利于保存玻利瓦尔革命的成就，有利于增强民众反对帝国主义的抵抗行动，有利于彻底消灭剥削和国内外的寄生虫，对解放委内瑞拉具有重要的历史意义。因此，土耳其共产党要求委内瑞拉政府立即撤销任何可能导致委内瑞拉共产党处于非法地位的法律规定，维护兄弟党基本的合法性。

土耳其共产党与古巴共产党交往尤为密切。2017 年 3 月 8 日，土耳其共产党采访了古巴驻安卡拉大使馆的领事梅维特（Mayvet）关于古巴在保护妇女权益上的态度和努力。3 月 8 日与其说是庆祝的一天，不如说是斗争的一天。梅维特在采访中指出，古巴革命前妇女是受压迫最深的人，为保护妇女的权益，古巴成立了从社区到国家层面的妇女联合会。她还强调，历史上古巴解放妇女最重要的斗争是扫盲运动，而目前古巴妇女最重要的斗争是家庭、工作的责任分工，妇女不是要求男人帮助女人，而是追求男女之间平等分担家庭责任③。虽然古巴在妇女解放方面一直是拉美地区的先驱，但仍要继续斗争，以保护妇女已有的权益。2017 年 6 月，土耳其共产党代表团出访古巴，就欧洲和拉美当前所面临的问题和斗争交换意见，并与古巴各种群众组织的代表进行了交流。代表团与古巴共产党国际关系部代表巴拉格尔（Balaguer）讨论了欧洲和拉美当前所面临的重大问题，巴拉格尔对帝国主义的经济政治危机、古巴革命面临的挑战以及古巴经济转型过程的原则问题进行了全面的评析。代表团还访问了古巴中央工会、古巴

---

① CP of Turkey. Joint Statement by New Communist Party of Netherlands and Communist Party of Turkey [EB/OL].（2017-03-13）[2018-06-30]. http：//icp. sol. org. tr/europe/tkp-and-ncpn-declare-their-dedication-internationalist-struggle-socialism.

② Solidarity with the CP of Venezuela [EB/OL].（2017-04-05）[2018-06-30]. http：//icp. sol. org. tr/international/solidarity-cp-venezuela.

③ Communist Women in Turkey Salute the Cuban Socialism on the 8th of March [EB/OL].（2017-03-10）[2018-06-30]. http：//icp. sol. org. tr/europe/communist-women-turkey-salute-cuban-socialism-8th-march.

共青团、古巴妇女联合会和古巴人民友谊协会，了解了古巴工人的组织结构和工会活动的组织状态，探询了青年团在青年中开展的政治与意识形态活动，掌握了古巴妇女参与政治、社会和经济生活的最新数据，观察了古巴现实经济模式框架内公共企业的经济运行情况等①。

三、参加第十九次共产党与工人党国际会议

"'共产党和工人党国际会议'已成为世界各国共产党和工人党加强联系、交流思想观点和工作经验、促进世界社会主义运动发展的重要形式。"② 2002 年至 2017 年间，土耳其共产党参与了历届共产党和工人党国际会议，不仅为世界社会主义运动事业贡献了力量，还通过会议向世界人民展示了土耳其工人阶级争取社会主义的决心和努力。

2017 年 11 月 2—3 日，土耳其共产党出席了第十九次共产党和工人党国际会议，呼吁共产主义政党远离宗教反动主义、自由主义和美国在土耳其的盟友。围绕大会主题"伟大的十月社会主义革命 100 周年：坚持共产主义运动的理想，振兴反帝国主义战争，争取和平与社会主义"③，土耳其共产党强调，此次会议不仅要探讨十月革命及革命的原则和价值，还要认识被革命及其后续发展证实了的马克思列宁主义的有效性，从而认识共产主义政党所应承担的任务和使命。该党详细阐述了土耳其目前的政治状况，指出 15 年前左翼团体把国内政治的主要问题归结于"军队在政治中的作用"，明里暗里支持埃尔多安以实现非军事化和民主化的行为是错误的；指出左翼团体为率先解决库尔德问题而支持埃尔多安的行为是不对的。事实证明，埃尔多安不仅会视情况而成为美国的盟友，还展示了民主在资产阶级秩序中的含义。土耳其目前的政治现状表明，土耳其的资产阶级与民主、自由与和平并不协调，资产阶级政府的反人民性质也不会改变。对劳动人民来说，十月革命已证明除社会主义革命之外的战略都是无用的、虚假的、无意义的④。土耳其共产党分析，当前国际政治联盟体系不稳定，所有资产阶级政府都在重新定位自己的立场，资本主义正处于一场巨大的危机之中，出路难寻。面对如此情况，共产主义者要把握机会，不能迷失自己，坚持反对美帝国主义和北约，争取和平和社会主义。

---

① TKP Delegation Visits Cuba [EB/OL]. (2017-06-17) [2018-06-30]. http://icp.sol.org.tr/americasa/tkp-delegation-visits-cuba.

② 聂运麟，等. 新时期　新探索　新征程——当代资本主义国家共产党的理论与实践研究 [M]. 北京：经济科学出版社，2014：9.

③ 19th International Meeting of Communist and Workers' Parties [EB/OL]. (2017-11-03) [2018-06-30]. http://www.solidnet.org/export/sites/default/meetings-and-statements/imcwp/19th-international-meeting-of-communist-and-workers-parties/.

④ The Communist Party of Turkey. TKP at the 19th IMCWP [EB/OL]. (2017-11-03) [2018-06-30]. https://www.tkp.org.tr/en/haberler/tkp-19th-imcwp.

第六部分　结语

纵观土耳其共产党的发展史，可以发现社会主义运动一直都是土耳其左翼运动中的一股重要力量。土耳其共产党有着进一步斗争的决心，时刻关注土耳其当前所面临的困境与问题，积极反对总统制、反对政府压制工人运动、反对宗教反动主义等，要求保护工人的基本权利，发展政党间的国际主义友谊。社会主义革命是无产阶级和资产阶级之间的一种“清算”方式，十月社会主义革命的成功不仅证实了建立一个没有剥削、没有阶级的社会的现实性，还证明了马克思列宁主义的有效性。故而，土耳其共产党在纪念十月革命 100 周年之时提出，土耳其当前的道路依然是革命道路。

一个政党是否具有强大的影响力和战斗力，取决于这个政党是否具有强大的凝聚力，政党的凝聚力是其影响力和战斗力的重要基础。历史上，土耳其共产党曾发生了数次分裂与合并。这在一定程度上反映了该党内部思想繁芜丛杂，凝聚力较为薄弱。土耳其共产党要提高自己的战斗力，扩大群众基础，实现更好的发展，必须克服党内思想的不团结性和各种分裂危机，提高政党自身的凝聚力，保持党内思想的高度一致性。2017 年初，新土耳其共产党和土耳其人民共产党通过自身的努力，化解了 2014 年的分裂危机，再次以“土耳其共产党”的名义共同开展活动，反映了该党内部团结意识和凝聚力的增强。这不仅有利于提高社会主义在土耳其普通民众中的吸引力和影响力，还有利于土耳其共产党在国际共产主义运动中发挥作用。两党合二为一构成了土耳其共产党新的发展起点，期待该党在今后的探索过程中取得更多的理论成绩与实践成就。

（撰稿人：复旦大学马克思主义学院　黄冰琼
华中师范大学国外马克思主义政党研究中心　余维海）

2017 年世界共产党和工人党国际会议年度发展报告

2017 年 11 月 1 日至 7 日，由俄罗斯联邦共产党主办的题为“伟大的十月社会主义革命 100 周年：共产主义运动的理想，振兴反对帝国主义战争、争取和平与社会主义的斗争”的第十九届共产党工人党国际会议和题为“1917 年十月——社会主义的突破”的国际左翼力量论坛及相关纪念十月革命 100 周年活动在圣彼得堡和莫斯科举行。来自世界各大洲的 131 个代表团（其中共产党、工人党 103 个，左翼组织 28 个）参加了纪念活动，代表中有 60 位党的主席，15 位副主席，500 余名不同层级的议员。全世界共产党工人党及进步左翼的代表在十月革命故乡举行纪念十月革命 100 周年的盛会，引起了世界各国媒体和广大网民的关注。这里将纪念活动的情况概述如下。

一、活动议程和俄共领导人的讲话要点

在一周的时间里，俄共为纪念十月革命 100 周年安排了内容丰富的活动。2017 年 11 月 2 日至 3 日，在圣彼得堡的塔夫利达宫举行了第十九届共产党工人党国际会议。4 日，与会者参观了斯莫尔尼宫中当年宣告社会主义革命取得胜利的大礼堂和列宁工作过的办公室；参观了发出武装起义信号的“阿芙乐尔”巡洋舰和冬宫艾尔米塔什博物馆。5 日，与会代表移师莫斯科，瞻仰红场的列宁墓，并向克里姆林宫墙下已故苏联领导人的墓碑献花。6 日，举行国际左翼力量论坛，世界工会联合会、世界和平理事会等国际民主组织以及来自不同国家的 20 多个左翼政党的特使围绕“十月革命对全球政治、社会和经济进程的影响”和“俄国无产阶级革命对各国各地区社会关系产生影响的特点”两个议题发言。7 日，在莫斯科街头举行了庆祝伟大的十月社会主义革命 100 周年的游行和集会。会议期间，还在圣彼得堡的十月音乐厅和莫斯科卢日尼基体育中心音乐厅举行了盛大的文艺晚会。

活动中，作为东道主，俄共领导人久加诺夫几乎主持了每场活动并发表主旨演讲。其中，他在共产党工人党国际会议开幕式上作的题为“真正的自由是社会

主义”的主旨报告①和在国际左翼力量论坛上作的题为“社会主义——通往未来的道路”的发言②集中代表了俄共的观点，其要点如下：

1. 十月革命是人类历史上的里程碑，开启了新的文明。伟大的十月社会主义革命诞生 100 周年使我们聚集在一起。今天，在地球的每一个角落都有人在思考伟大十月革命的意义。在人类历史上，就对于世界命运的意义和影响而言，没有任何事件能与十月革命比肩。对我们每个人来说，1917 年十月革命是激动人心的壮举。这是人类通往社会主义道路上的一个伟大的里程碑。100 年前，我国的劳动者在俄国高擎起红色的旗帜。那是命运攸关的“震撼世界的十天”。那几句简单明了的口号传遍了世界的四面八方：“和平还给各族人民！”“面包还给饥饿者！”“土地还给农民！”“工厂还给工人！”“政权还给苏维埃！”所有人都听到了这些口号——首先是那些以智慧和才能创造地球上基本价值的人们，其次是殖民地的被压迫人民，还有深陷世界大战泥泞战壕里的士兵们。“阿芙乐尔”巡洋舰的探照灯不仅照亮了冬宫的墙壁，还穿透了资本主义奴役的黑夜。在俄国发生的不仅仅是最伟大的社会革命，而且第一次在这里诞生了体现人类最深切梦想——公正、平等和兄弟情谊的国家。因此，十月革命不仅是迈向史无前例的政治变革和社会变革的一步，她还放射着伟大的道德变革的光芒，这种变革改变了世界，影响了地球各地人们的世界观。正如民族解放斗争领导人，印度第一任总理尼赫鲁所说：“苏联革命将人类社会大大地向前推进了，点燃了一把永不熄灭的明亮火炬。这一革命奠定了可以引导世界的新文明的基础。”1917 年十月革命成为民族解放运动发展的转折点，加速了殖民主义体系的危机，给帝国主义造成了不可修复的打击。正如中共中央总书记习近平指出的那样：“100 年前，十月革命一声炮响，给中国送来了马克思列宁主义。中国先进分子从马克思列宁主义的科学真理中看到了解决中国问题的出路。从此，中国人民谋求民族独立、人民解放和国家富强、人民幸福的斗争就有了主心骨。”

2. 只有社会主义制度下才会发生“苏联奇迹”。此前，多世纪以来政权都掌握在剥削者手中。只因十月革命，劳动者才第一次成为国家的主人，从无能为力的劳动力转变为新世界、新历史的创造者。十月革命标志着一个新时代、新纪元的开始。工作和团结，平等、兄弟情谊和集体主义，成为它的行为准则。“苏联奇迹”是列宁-斯大林式的现代化，在 20 年的时间里，国家的实力

---

① Пресс-служба ЦК КПРФ：Настоящая свобода-это социализм. Выступление Председателя ЦК КПРФ Г. А. Зюганова на 19-й международной встрече коммунистических и рабочих партий [EB/OL].（2017-11-09）[2018-01-10]. https：//kprf. ru/party-live/cknews/170180. html.

② Пресс-служба ЦК КПРФ：Социализм-дорога в будущее Выступление Председателя ЦК КПРФ Г. А. Зюганова на международном форуме левых сил《Октябрь 1917-го-прорыв к социализму!》[EB/OL].（2017-11-06）[2018-01-10]. https：//kprf. ru/party-live/cknews/170292. html.

增加了70倍。这包括新建千百座工厂；消除文盲和形成先进科学；飞上太空和竖起强大防御盾牌；确立独一无二的教育、医疗和社会保障体系；出现了一种新人——引领时代的创造者；对儿童、妇女和老人的关怀成为国家的神圣职责；真正的创作自由使苏联的许多优秀作家有机会在恢弘的文学、音乐、戏剧和电影作品中呈现20世纪。苏联的例子证明，只有社会主义才能够充分释放人民的创造能量。如杰出的科学家爱因斯坦所说，“列宁这样的创造者更新了人类的良知”。

3. 真正的自由是社会主义。社会主义赋予每个人以自由。这种自由是——不再贫困和被剥削，不再害怕明天会失去工作，不再为住房、食物、衣物和药品花钱；不再为抚养和教育孩子花钱；不再为扶持年长的父母花钱。自由就是感觉自己是个人，而不是劳动力市场上活的商品。自由已成为所有人的财富，无论其出身、民族和职业如何。只有这样的自由，才能被认为是真正的自由。没有了这种自由，任何其他的自由都变得毫无意义。

4. 苏联的社会制度是赢得卫国战争胜利的保障。人民通过苏维埃行使权力，公共财富转到人民手里，实行公有制，这对国家的发展、对苏联的形成，起了决定性的作用。在伟大的卫国战争中，在苏联和整个地球面临巨大威胁时，苏联的社会制度成为凝聚人民的保证。这场可怕的战争只能由有共同的事业、共同的思想、共同的信仰、共同的文化和共同的财产的人来赢得。没有1917年十月的胜利，就不可能有1945年战胜法西斯主义的伟大胜利。

5. 社会主义的榜样力量影响了西方世界。反法西斯战争胜利后，世界社会主义体系形成了。社会主义在各大洲赢得了许多新的支持者。苏联对创建联合国、战后各国人民摆脱殖民主义枷锁、确认国际法最重要的原则，做出了决定性的贡献。苏联及其盟友的榜样，迫使西方各国统治阶层向劳动人民做出让步，形成“福利国家”的模式。

6. 苏联的悲剧是内外势力联手造成的。世界资本为了维持其统治，为了让资本主义的规则重新控制全世界，竭力破坏社会主义体系。然而，苏联堡垒只通过外部的攻击是不可能被夺取的。苏联的悲剧是由国内的叛徒和外部的仇敌联手造成的。把苏联解体归咎于社会主义和苏维埃政权是不可接受的。苏联解体，东欧社会主义政权倒台，再次印证了列宁的话，即共产党人应该成为时代的智者、荣誉和良心，成为效仿的楷模。执政的共产党若无视这个原则，就会导致理论工作的停滞，导致见风使舵者和变节者混进领导岗位。20世纪末，世界资本的意图得逞了。但我们深信，这只是世界资本的暂时成功，它只是推迟了其不可避免的崩溃。

7. 当代全球主义是帝国主义的最高形式。诚然，现在资本主义认为自己摆脱了两种制度的竞争，开始放弃西方在十月革命的压力下给予公民的社会保障。资本在全世界公然挑衅，肆无忌惮。当代全球主义是帝国主义的最高形式。资本对劳动人民权利的进攻变本加厉，帝国主义在世界舞台上的攻势日益增强，新的大战的威胁日益迫近。金融和经济危机加剧，这场危机的一个副产品是民族主义和分离主义情绪在当今欧洲的迅速蔓延。在世界范围内，社会分层和大规模贫困化日趋严重。即使在最富裕的资本主义国家，中产阶级也在急剧萎缩。只有超级富豪的收入持续大幅度增加。

8. 当今人类面临着生死抉择。20 世纪，资本主义的两次系统性危机催生了两次世界大战。1917 年伟大的十月革命把人类从第一次世界大战中拖了出来。1945 年五月的伟大胜利把人类从第二次世界大战中拖了出来。当前的世界危机，其结局要么是文明在灾难中自我毁灭，要么是人类在社会主义的基础上进行新的大规模的变革。这就是现今人类面临的抉择。世界将何去何从，这就取决于我们今天共同参与的斗争。在这场斗争中，坚持社会主义选择的国家——中国、古巴、越南鼓舞着我们。这些国家正在挑战资本主义的全球化，在社会主义的道路上取得进展。兄弟国家白俄罗斯的经验也很有启发性。

9. 十月之光照亮着明天的方向。当今时代再次要求共产党和左翼政党进行紧张的政治和鼓动工作。这就要求共产党和工人党制定统一的行动策略，提高其活动的协调水平，积极开展理论和实际工作。要把伟大十月革命的理想和人民的友谊变成全球千百万人的行动指南。我们共同的任务是抵制资本的进攻，巩固抵抗帝国主义扩张的阵线，加强争取真正的民主和人权的斗争，声援遭受帝国主义压力的国家，坚持揭露资本主义的罪恶本质，反对任何形式的反共主义、种族主义和军国主义。加强左翼力量的国际团结是建立反资本主义统一战线的必要条件。

真理属于我们。不可战胜的历史逻辑、马克思列宁主义思想的力量属于我们。伟大的十月革命 100 周年——不是过去的节日，而是未来的节日。

十月革命之光照亮着明天的方向。我们相信，社会主义的太阳将再次升起在俄罗斯和全世界的上空！劳动人民一定会取得胜利！

二、各国代表发言要点

各国代表首先感谢俄共邀请各国共产党工人党和左翼力量代表参加这次纪念十月革命 100 周年的盛会。代表们在发言中表达了对十月革命的敬意和继承十月革命精神的决心。同时，代表们务实地分析了当前本国及世界政治力量的对比关系和共产主义运动面临的挑战，探讨了振兴社会主义的途径和策略。

1. 盛赞十月革命的划时代意义及其对世界各地的影响

各国代表在发言中盛赞十月社会主义革命在人类历史中的重要地位及其对本国本地区的进步意义。

苏联地区的共产党人有切身的体验。如乌克兰共产党中央第一书记彼得·西蒙年科谈到，伟大十月革命的胜利和世界第一个苏维埃国家的建立，挑战了人压迫人的制度，推动了世界革命进程和民族解放运动的发展，对资本主义世界劳动人民的处境产生了有益的影响。苏联社会主义建设的经验证明，替代性的以劳动人民利益为主旨的社会发展道路是可行的。乌克兰作为苏联的一部分，变成了一个强大的工业化-农业强国，科学和文化的发展迈上了先进的行列①。阿塞拜疆共产党人党中央第一书记杰尔马·努鲁拉耶夫也谈道："伟大十月革命是20世纪全人类最重要的事件。不管资产阶级的思想家怎么泼脏水，人类关系的一切民主变革都是从十月革命开始的！有了十月革命，少数民族和弱小国家才获得了自由，沙皇俄国的仆从国才成为拥有一切特有属性的独立国家，其中包括所有苏联加盟共和国，当然也包括我们的共和国。20世纪初，在阿塞拜疆，受过高等教育的只有几十人，受过普通教育的人仅占人口的19.5%。十月革命后，阿塞拜疆在短时间内解决了文盲问题，发展速度是在资本主义生产方式下无法企及的。忘记这些就意味着数典忘祖。我们所有明智的人都铭记并十分感谢伟大的十月革命！"②

曾经为社会主义奋斗并享受过社会主义成果的原东欧的共产党人感同身受，他们纷纷表达了对革命先烈的崇高敬意和对继承革命事业的决心。匈牙利工人党领导人蒂尔默·久洛说："11月7日是匈牙利共产党人的节日，是胜利的革命的节日。它告诉我们——不要放弃！我们能在100年前赢得胜利，也能在今天赢得胜利。匈牙利的工人运动曾为实现十月革命伟大思想做出贡献，匈牙利共产党人为此而感到自豪。我们的前辈做了许多人没有做过的事情。他们曾把权力交给劳动人民，1919年，他们建立了匈牙利苏维埃共和国；1949年，他们建立了匈牙利人民共和国。不管结果如何，我们曾经建立了社会主义。"③ 斯洛伐克共产党主席约瑟夫·赫德里克说："20世纪社会主义的尝试始于俄国伟大的十月社会主义革命。这一革命表明，社会主义是对资本主义有前途的替代。这一经验对未来寻求公正与和平的社会替代具有重要意义。"④ 民主德国统一社会党前中央总书记，前国务委员会主席埃贡·克伦茨认为，苏维埃政权的第一批法令就证明了革命的社会主义性质。它们呼吁加强和平事业，唤起各国

---

① Выступление первого секретаря ЦК Компартии Украины П. Н. Симоненко на 19-й международной встрече коммунистических и рабочих партий [EB/OL].（2017-11-03） [2018-01-10]. https://kprf. ru/international/ussr/170231. html.

② Лидер коммунистов Азербайджана Тельман Нуруллаев："Под руководством коммунистических и рабочих партий весь мир придет к победе коммунистического труда!" [EB/OL].（2017-11-03）[2018-01-10]. https://kprf. ru/party-live/cknews/170226. Html.

③ 19 IMCWP, Contribution of Hungarian WP [EB/OL]. [2017-11-01]. http://www. solidnet. org/hungary-hungarian-workers-party/19-imcwp-contribution-of-hungarian-wp-en-ru/15.

④ Лидер коммунистов Словакии Йозеф Хрдличка："Социализм является перспективной альтернативой в отношении к капитализму" [EB/OL].（2017-11-03）[2018-01-10]. https://kprf. ru/international/capitalist/170225. html.

人民反对世界帝国主义的屠杀。土地转为耕作者的财产。俄国各族人民获得了平等和个人全面发展的一切条件。今天某些历史学家和政治家们试图把十月革命贬为"政变"或所谓"1917 年事件"。他深信，在法国大革命之后，唯一在历史上当之无愧地永远配得上"伟大"称号的革命，就是十月革命①。罗马尼亚社会党领导人（Gheorghiță Zbăganu）指出，现在世界上主要的大众传媒都是按照意识形态的偏好和政治利益来"纪念"十月革命的。今年反共的宣传使用了两种弹药：最小化（认为十月革命没什么了不起）和妖魔化（谎称列宁是被德国人收买的叛徒，而托洛茨基是被犹太人收买的另一叛徒）。但无论如何，他们都不能否认布尔什维克革命是上个世纪最重要的事件。而对于我们共产党人和所有进步运动而言，这一革命的意义则不同。100 年前，一个新的时代——社会主义革命的时代开始了。他代表罗马尼亚所有共产党员向十月革命 100 周年表示敬意。南斯拉夫新共产党的代表谈道："100 年前，世界上第一个工人农民的国家诞生了。伟大的十月开始了遍及俄国的广袤疆土乃至世界的胜利进军。我们有义务对那些忠于无产阶级国际主义，为争取十月社会主义革命的胜利而奋斗，并与俄罗斯兄弟和其他各国人民为保卫苏维埃共和国而不惜牺牲生命的南斯拉夫人民的英雄男儿们表达敬意和感谢！"② 塞尔维亚共产党人党副主席弗拉迪斯拉夫·米洛萨夫列维奇谈道："100 年前列宁及其战友成功地进行了伟大的十月社会主义革命，这是文明史上最重要的事件。列宁作为革命的领导者，是马克思主义的典范，是最伟大的历史人物，他把毕生都奉献给了革命。在塞尔维亚共产党人看来，今天我不是在圣彼得堡，而是在列宁格勒！"③

最早受到十月革命影响的欧洲国家的代表回顾了十月革命对本国工人运动、共产党的建立和社会变革的影响。丹麦的共产党代表谈道："对西方世界，包括小国丹麦而言，十月革命和苏联的社会主义建设具有非常重要的意义。丹麦共产党成立于 1919 年，成为共产国际的成员，这是受到了十月革命的启发。尽管我们当时还是一个小党，但我们在丹麦起到了决定性的作用，至少在 1940 年到 1945 年的德国占领期间，共产党是抵抗运动的主导力量，后来在反对丹麦加入北约和欧盟的斗争中，也是如此。丹麦的工人阶级通过苏联的成就看到，在东方创造了一个比资本主义更好的社会，这使他们相信自己的力量，

---

① Выступление Эгона Кренца на международном форуме левых сил в Москве "Октябрь 1917-го-прорыв к социализму!" ресс-служба ЦК КПРФ. [EB/OL]. (2017-11-09) [2018-01-10]. https://kprf. ru/party-live/cknews/170485. html.

② 19 IMCWP, Contribution of NCP of Yugoslavia. [EB/OL]. [2017-11-10]. http://www.solidnet.org/serbia-new-communist-party-of -yugoslavia/19-imcwp-contribution-of-ncp-of-yugoslavia-ru/.

③ Лидер коммунистов Сербии Владислав Милосавлевич: Партия Коммунисты Сербии является революционной марксистско-ленинской партией крепкой югославской ориентации [EB/OL]. (2017-11-03) [2018-01-10]. https://kprf. ru/party-live/cknews/170230. html.

在工会斗争中发挥了很大的作用。”瑞典共产党的代表谈道：“俄国的事件对瑞典社会产生了深远的影响。1917 年春天，瑞典各地的工人和军人积极行动起来。在芬特湾基地所在的城市 Seskarö，工人曾一度战胜了警察，夺取了政权并在当地建立了苏维埃。在革命情绪高涨时期，资产阶级十分紧张，连国王都打算逃离这个国家。但随着当局日益加剧的镇压和妥协，动荡最终消退。而其中最重要的原因在于，当时工人阶级没有先锋队。瑞典共产党是在那个春天的动乱后期才建立起来，而且力量薄弱。然而，伟大的十月社会主义革命为全世界被压迫人民的解放打开了大门，它的存在提升了各地工人的地位，更使帝国主义者感到绝望。十月革命决定性地迫使瑞典资产阶级向瑞典工人阶级作出了让步，因为当时瑞典工人的阶级意识和组织水平达到了相当高的程度。因此，俄国革命成功的威胁以及随之而来的社会进步，最终为瑞典福利国家的开端铺平了道路。可以说，革命的胜利和苏联的存在，是当时实行资本主义经济的瑞典社会民主化的先决条件。”奥地利劳动党的代表认为，奥地利是最先受到十月革命影响的国家之一。帝国主义战争的灾难性后果，导致了无产阶级、失业者和被遣返的士兵的罢工、示威游行和反叛的浪潮。奥地利共产党成立于 1918 年 11 月，在这一进程中发挥了主导作用。然而，由于年轻的共产党缺乏经验并出现错误，未能赢得群众的信任，尤其是工人阶级听信了社会民主党的主张，结果革命最终未能在奥地利取得成功。希腊共产党中央总书记迪米特利斯·库苏姆巴斯认为，十月革命具有历史性的意义，它改变了人类历史的命运和进程，标志着资本主义野蛮时代终结的开始和新社会曙光的到来。我们继续称圣彼得堡为列宁格勒，因为这是以革命领袖的名字命名的①。

来自亚非拉各大洲的共产党人都谈到十月革命对民族解放运动的意义。巴基斯坦共产党的代表说：“十月革命激励了帝国主义殖民地人民，帮助他们在道义上和经济上争取独立。结果有超过 111 个亚非拉国家摆脱了帝国主义的统治。”② 古巴共产党中央书记、国际部部长何塞·拉蒙·巴尔加延·卡夫雷拉说：“自由岛上的古巴人民高度赞赏俄国伟大的十月社会主义革命的意义，这一革命宣告了从资本主义向社会主义过渡时代的开始。没有十月革命，就不会有古巴 1953 —1959 年的革命，这一革命给古巴人民带来自由并摆脱了帝国主

---

① Выступление Димитриса Куцумбаса, Генерального секретаря ЦК Коммунистической партии Греции на 19-йМеждународной встрече коммунистических и рабочих партий в Ленинграде (Санкт-Петербурге) Пресс-служба ЦК КПРФ [EB/OL]. (2017-11-10) [2018-01-10]. https://kprf. ru/party-live/cknews/170502. html.

② 19 IMCWP, Contribution of CP of Pakistan. [EB/OL]. [2017-11-10]. http://www.solidnet.org/pakistan-communist-party-of-pakistan/19-imcwp-contribution-of-cp-of-pakistan-en/.

义的枷锁，获得了独立。”① 委内瑞拉交通和信息部部长埃内斯托·维勒加斯说：“十月革命对包括正在经历帝国主义冲击的委内瑞拉在内的所有国家的革命者来说，都是一件鼓舞人心的事件。”② 南非共产党总书记布莱德·恩齐曼德也高度赞赏伟大十月社会主义革命的重要性，认为这一事件决定了非洲殖民体系的瓦解③。叙利亚共产党中央总书记阿马尔·巴格达什说：“十月革命的胜利是劳动人民为了建立社会主义社会和工农国家而进行的社会斗争的重大转折点，同时也开创了民族解放运动发展的新时期。……正是在二战后民族解放运动的高涨时期，我的祖国叙利亚获得完全的民族独立。”④ 越南共产党中央对外部副部长陈得利说：“俄国十月革命取得伟大胜利，开辟了人类历史的新纪元，构建了新型的国际关系，即承认各民族的自决权、促进社会平等、使人类从法西斯统治下解放出来并成为世界民族解放运动的主要力量。”⑤ 中国共产党中央对外联络部副部长郭业洲谈道：“十月革命这一划时代事件彻底改变了人类历史发展的过程。十月革命实现了社会主义从理想到现实、从理论到实践的伟大飞跃。十月革命也为中国带来了马克思列宁主义。以毛泽东同志为首的先进分子从十月革命的成功经验中，找到了科学的方法来实现中国的民族独立和复兴。他们把马克思列宁主义同中国工人运动结合起来，创造了中国共产党，并建立了中华人民共和国。”

2. 分析当今国际局势的新变化，明确共产党的近期任务

对与会代表来说，他们的相聚，不只是为了纪念 100 年前发生的十月革命，还要讨论十月革命的原则和价值观，马克思列宁主义理论的有效性，以及今天共产党人的使命。为此，与会者在赞颂十月革命的历史意义和 20 世纪社会主义的历史功绩的同时，更多地把目光集中于当下资本主义危机以来国际形势变化的特点，交流了各国共产党所面临的现实斗争环境和应对策略。

资本主义国家之间矛盾加剧、扩军升级和战争迫近、民族主义和种族主义抬头、对劳动人民的剥削加重——这几乎是与会者对当前世界局势变化特点的普遍

① Руслан Тхагушев. Алексей Брагин. “Ветер Октября”, “Правда и Великий Октябрь”, Отсчет пошел” Пресс- служба ЦК КПРФ. [EB/OL]. (2017-11-03) [2018-01-10]. https: //kprf. ru/party-live/cknews/170216. html.

② Сергей КОЖЕМЯКИН. Наследники Великого Октября. [EB/OL]. (2017-11-03) [2018-01-10]. http: //gazeta-pravda. ru/issue/123-30620-3-8-noyabrya-2017-goda-/nasledniki-velikogo-oktyabrya/.

③ Руслан Тхагушев. Алексей Брагин. “Ветер Октября”, “Правда и Великий Октябрь”, “Отсчет пошел” Пресс-служба ЦК КПРФ. [EB/OL]. (2017-11-03) [2018-01-10]. https: //kprf. ru/party-live/cknews/170216. html.

④ Лидер сирийских коммунистов Аммар Багдаш: “Не может быть свободен народ, который угнетает другие народы” Пресс-служба ЦК КПРФ [EB/OL]. (2017-11-07) [2018-01-11]. https: //kprf. ru/party-live/opinion/170353. html.

⑤ 越南出席第 19 届共产党和工人党国际会议 [EB/OL]. (2017-11-03) [2018-01-10]. https: //zh. vietnamplus. vn/越南出席第 19 届共产党和工人党国际会议/72256. vnp.

描述。与此同时，与会者也注意到，劳资之间的斗争正在全世界高涨。工人阶级在不同的战线上作战，维护他们艰苦奋斗赢得的工会和民主权利；保护环境和2015年的日内瓦气候变化协议，以抵御地球上的生命遭受威胁；抵抗削减全球贸易造成的裁员压力；防止世界各地军事紧张局势的重新部署和扩散；改革世界贸易和金融机构；消除贫穷，尤其是在发展中国家的贫困，遏制不同阶层人口之间的差距；防止垄断获取巨额利润而损害劳动者及大多数人的利益；等等。为此，各共产党都在强化自身力量，调整行动策略。

斯里兰卡共产党领导人认为，资本主义不断处于危机之中，所谓的复苏只是一个幻想。由于美国总统唐纳德·特朗普在一些重要的全球问题上持强硬态度，资本主义国家之间的矛盾日益尖锐。新兴经济体与“金砖国家”一起，缓慢而坚定地挑战着美国在经济和政治上的霸权地位，然而资本主义尚未分崩离析。在斯里兰卡，人民的民主权利受到压制，通货膨胀上升，人民的生活水平下降。在今后一个时期，该党将继续为维护人民的利益而斗争，优先解决紧迫的问题。该党将努力建设一个更加强大的党，为加强由五个左派组成的社会主义联盟而努力，致力于形成国家进步力量的团结和凝聚力，为斯里兰卡劳动人民创造一个更美好的未来。

美国共产党代表谈道：“资本对危机作出的反应是一个包括紧缩、放松管制、环境破坏和帝国主义侵略的普适方案。由于资本对危机的回应带来更多的不平等、暴力和紧缩，资本主义的民主也面临着政治合法性的危机。今天，有数亿人用新的目光向左看。即使在美国，虽冷战的影响仍在，但年轻人却认同宣扬社会主义理想的伯尼·桑德斯这样的政治家。可是，资本主义无力兑现民主和机会的承诺，也就推动了反动势力和法西斯运动进入政治主流。极右的危险不容小觑。法西斯主义者通过提供种族主义和民族沙文主义、神权和国家暴力来解决由资本主义全球化播下的不安全因素。他们分化和瓦解工人阶级，向一些人保证工作、经济安全、权力和威望，同时又把他人置于压迫之下。这种政治议程是由资产阶级中最恶毒、最具反动性的部分确定的，在美国早已有之，只是随着特朗普的当选，提上了国家层面，这是处于危机中的资本主义的各种暴力和不民主等特征加剧的表现。要打败这个议程需要最广泛的联合。在缺乏阶级和社会主义意识的情况下，工人阶级的一部分人很可能倾向法西斯主义的思想。需要在工人阶级内部加强工作，使工人团结起来反对法西斯主义。这要求开展广泛的运动，包括工人阶级的斗争，人民的运动，甚至统治阶级中一部分人的运动。这是我们在共产国际领导下，在20世纪三四十年代反法西斯斗争中学到的。当然没有共产党作为这个斗争的核心，我们是赢不了的。我们把阻止特朗普的小丑表演、把新纳粹主义带回阴影视为民主进步决战的第一步。我们的革命斗争是要改变暴力的和不平等的资本主义社会关系，铲除种族主义和其他形式的压迫。通过推进民主，反对一切形式的不平等，我们能够赢得所需的广泛团结，以确保打败极右翼，进而取得更大的胜利。”

瑞典共产党代表认为："社会主义国家出现反革命以来，工人阶级的讨价还价能力大大减弱。社会民主党人引进的利益驱动的改革已被推翻。公共服务私有化带来了基础设施、医疗保健和教育的不稳定。我们党对资产阶级国家的性质不抱幻想，解决现有问题的唯一出路是社会主义。为此，在2017年春天举行的瑞典共产党第三十七次代表大会上，党纲作了重大修改。新党纲放弃了先前逐步走向社会主义道路的概念，因为我们认为，当代生产力已经成熟和发展到了能够客观地向社会主义过渡的程度。新党纲也采取了更强硬的反对派的立场，我们改变了原来的人民阵线策略，根据历史经验，我们要严格按照阶级的原则进行合作，以保持政治独立，确立明确的阶级地位，高举共产主义的旗帜。"

挪威共产党主席谈道：挪威需要改变制度。挪威2017年秋天的选举结果使挪威有了未来四年的资产阶级政策，这意味着：分歧加剧，以贫穷、糟糕的劳动条件、失业为代价给富人减税，通过支持北约的海外战争和颁发诺贝尔和平奖维持政治士气。纳粹的示威再次出现在挪威街头。挪威自二战以来首次在境内拥有外国军事力量——北约军人。这是违背国家基本方针的。挪威共产党要求超越国界的裁军、团结与和平，并邀请各国代表参加明年在挪威举行的抵制北约组织的'三叉戟'演习的示威游行。这次北约演习是20多年来最大规模的演习，有35000名士兵，数千辆汽车，150架飞机和70艘战舰参加。挪威共产党把党强化为挪威唯一的革命党，关注所有重要议题。然而，我们党面对强大的反对力量，他们采取一切手段使我们远离政治舞台。反共主义、改写历史、机会主义和非法监视，这就是我们的工作条件。挪威人民仍对共产主义存在恐惧心理。我们受到反共谎言的审判和惩罚。正确理解引导十月社会主义革命成功的马克思列宁主义原则，今天同100年前一样重要。

丹麦的共产党（CP in Denmark）代表认为，当前各国共产党所面临的共同任务是为和平、反对帝国主义的军备和战争而斗争。丹麦政府刚刚提出了加强丹麦军队的建议。我们党的一项重要任务是反对丹麦的欧盟成员国身份。我们希望并争取从这个欧洲的大型资本项目中完全退出。此外，同反共势力的斗争在这个时代也变得更加重要。共产党和共产主义标识被禁止。当权者试图通过大众传媒，通过儿童和青年的教育等途径将共产主义和纳粹主义等同起来。共产党人的一个非常重要的任务就是要打击反共的黑恶势力，这种势力不惜任何代价地维护资本主义，甚至采取违反民主的手段。

丹麦共产党（CP of Denmark）代表认为，今天，资本主义的特点是跨国垄断组织的规模超过了许多国家，力图在这些国家占据统治地位。在欧洲，没有一个国家能够抵抗这些垄断组织。垄断组织的统治是通过欧盟的制度来传导的。为了解放被超国家垄断组织压迫的劳动者，必须粉碎新的超国家的超级大国。对于现代欧洲工人阶级而言，抵抗欧盟是必要的，可以是渐进的和革命的。各派工党无视这一点，结果工人越来越不支持他们，转而支持表现为蔑视欧盟的民族主义者，或者投弃权票。这一情况先在法国、希腊和西班牙，最近在德国、奥地利都发生过。在丹麦，也正在上演这一结果。十月革命高举起国家主权和自决的旗帜，它突出了无产阶级国际主义和爱国主义的辩证法。这一遗产永存。

芬兰共产党领导人谈到，芬兰正在经历去民主化和拆除基本安全的进程。北约等帝国主义势力目前正在利用芬兰等北极地区作为军事演习的操场。在这一年里，芬兰军队参加了国内外众多的演习。芬兰已不能被称为中立国家了。芬兰右翼政府正在推进更多的军事化，打算利用数十亿欧元用于购买武器和其他新型军事装备。与此同时，政府削弱了社会保障和工作条件。政府正在推动数十年来最大的社会和卫生服务改革，这将削弱民主，将服务更加私有化。芬共为争取改善工作条件和社会保障，反对战争和军事化而斗争。党支持各类人民运动，只要是促进人权，拯救环境或其他任何接近党的目标的政治运动，芬共一定参与。为了及时向工人阶级提供信息，芬共努力掌握更多的新媒体工具来支持传统的报刊。芬共组织新党员学习马克思主义，以更新对统治阶级的新自由主义政治和压迫的认识。

德国共产党代表谈到，德国形势的发展证实了德共的预测：德国帝国主义在外交和内政上会变得更加咄咄逼人——针对人民群众，尤其是工人阶级。刚刚结束的德国联邦大选的结果体现了这一趋势。一个具有法西斯主义、民族主义倾向的新党赢得了13％左右的选票。为什么会出现这一结果？在德共看来，工人阶级的一部分认为自己是危机的受益者，尤其是他们将自己与生活在欧盟内外的经济较弱国家的工人阶级相比时。而工人阶级的另一部分则对自己的社会前景深感担忧。他们的担忧是对的，但他们对原因的分析是错误的。他们意识到，难民加剧了被剥削者之间的竞争，也使地方政府的财政预算枯竭。然而他们的愤怒并没有指向利用难民加紧剥削工人阶级的人，而是指向了难民。他们听信种族主义者和民族主义者的解释，而后者的目的是分化被剥削者，为垄断资本的战略服务。此外，包括德共在内的左翼运动目前还不能说服群众和整个工人阶级接受自己的解释，而且仅仅用一个“欢迎难民”的口号不足以回答他们对未来的焦虑。在德共看来，共产党人有必要解释什么是战争、大规模逃难和贫穷的原因，谁从中获益。德共也参加了选举，尽管结果不令人满意，仅得到12000张选票，但实现了党的既定目标：在竞选中重整旗鼓，使大街上有更多的红旗。2018年3月将举行党的第二十二次代表大会，其主要议题是明确党的战略目标，其中第一步是使工人阶级走出自二十世纪七八十年代开始的防守状态。这意味着工人阶级需要学习在反改革斗争中取得进展的能力。共产党人要在工人阶级和其他非垄断部门的人民群众中宣传自觉意识，以抵抗统治阶级的攻击和反对垄断资本。

葡萄牙共产党领导人提到，葡萄牙共产党在党的十九大上通过了“先进民主，四月价值是葡萄牙的未来”的纲领，认为葡萄牙革命的当前阶段是争取先进的民主。这是以二战后葡萄牙社会革命的现实为前提的民主制，是一个同时具有政治、经济、文化的民主，表达了绝大多数葡萄牙人民的利益和愿望；有反垄断和反帝的阶级内容；其中许多任务已经是社会主义社会的任务。换句话说，在先进的民主阶段和葡萄牙革命的社会主义阶段之间，没有一个“万里长城”。正如民主革命和民族革命为社会主义铺平道路一样，我们今天为之奋斗的先进民主也是社会主义斗争不可分割的一部分。

澳大利亚共产党领导人认为，今天的政治和社会背景并不令人鼓舞。一些国家的极端势力进入政坛，反工人的和种族主义的议程影响着这些国家的政策。我们处于弱势。特朗普的当选标志着军事和经济侵略升级。澳大利亚政府更密切地参与着美国的战斗计划，包括建立新的军事基地和采购昂贵的军事装备。这意味着继续降低人民的生活水平，削减基本权利。国际共产主义运动面临的一项重大任务是建立一个大规模的和平（或反战）运动，以清醒地认识威胁世界人民的根源。澳共将反战工作作为通过建设社会主义消除对和平的威胁的总体战略的一部分。澳大利亚也出现了边缘种族主义组织袭击少数民族和移民的情况。由于对高失业率，包括青年失业的不满，在工会成员中产生了“澳大利亚的工作岗位提供给澳大利亚工人”的口号。边缘思想在州议会和联邦议会中有代表性，例如种族主义者、右派民粹主义者波林·汉森的“一个民族党”。挑战与机会并存，近年来，澳共在缓慢复苏，特别是年轻的工人和学生，他们大多数人一度对共产党的历史运动不感兴趣，是作为敌视共产主义的媒体和教育制度的产物加入澳共的。真实的生活经验使他们对制度提出质疑，并积极主动学习。澳共将于2017年12月举行十三大，大会的口号是“党走进人民”。这表明党的工作重心是转向党外，扩大党在人民中的影响力。澳共将同其他力量合作，反对资本主义和帝国主义。现在已经到了显示领导和主动的时候了。

奥地利劳动党代表谈道：“在举办纪念十月革命100周年的各种活动中，我们深切地感受到，尽管在数十年来反共和非政治化的宣传之下，在工人阶级，尤其是青年中间，仍然有越来越多的人对历史事件和能够替代资本主义剥削和帝国主义战争的制度感兴趣。这激励我们继续斗争，尽管要面对强大压力，政治工作条件不利。这激励我们要加大努力，克服组织上的弱点。我们相信，21世纪将以新的、革命的阶级斗争为标志，并将导致资本主义统治的崩溃。”

南斯拉夫新共产党代表认为，在“改革”引发的地缘政治灾难之后，在巴尔干没有给工人阶级和广大人民留下希望。在南斯拉夫境内由帝国主义挑起的血腥战争和强加的占领模式之后，南斯拉夫的殖民化进程已经完成。通过私有化，塞尔维亚98%的工业潜力已被破坏，国民收入水平远低于1989年初。巴尔干地区目前是欧洲在资本主义危机时代解决生存问题的试验场。为了实施这一战略，为了对劳工运动施加压力，招募了一大批法西斯主义者和宗教原教旨主义者。今天，欧洲各国在巴尔干正在对欧盟、国际货币基金组织和北约可以施加的政治压力和附加条件的程度进行测试。南新共认为，巴尔干地区的民族问题只能在内部的反帝平台加以解决，任何所谓的“自决”，只能是为了帝国主义的利益和违背广大人民群众的利益而实施的措施。巴尔干国家和人民的统一是带来经济、国家和政治解放的唯一途径。这一方向的第一步是加强共产党的作用，为发展和加强共产党之间的积极合作提供条件。他们相信，摆脱了教条主义、机会主义和修正主义的包袱，会开创人类解放斗争的新篇章。

塞尔维亚共产党人党领导人谈道："塞共是个小党，现在还没有能力带领人民去进行革命，但不会撒谎说资本主义会变得更好。因为公民的处境越来越糟，我们都是资本主义的受害者，必须将之摧毁。我党的中央成员都有军事经验，最后的斗争是与北约的冲突。正因为我们切肤感受到了所有军事恐怖，我们才坚定地确认：只有推翻资本主义，才能出现永恒的安宁。我们不承认南斯拉夫的崩溃，正在为重建而苦苦奋斗，以使人民再次获得自由。"①

伊朗人民党代表认为："反对中东战争威胁的斗争，反对北约和美帝国主义更广泛的侵略政策和霸权主义的设计，仍然是全世界和平爱好者面临的一个重大挑战。列宁当年意识到人民渴望结束第一次世界大战，他在革命后几天就发布了和平的法令。在100年后的今天，继续争取和平和反对战争，这仍然与21世纪人类的斗争息息相关。因此，和平运动是我们为伊朗劳动人民创造更美好未来战略的重要组成部分。"

土耳其共产党领导人认为："除了社会主义战略，其他任何方案对人民而言都没有意义。十多年来，土耳其的各种左翼力量相信非军事化、民主化、加入欧盟、解决库尔德问题等等方案，希望通过改革来完善资产阶级专政，解决国家面临的问题，结果都是空梦一场！事实证明，资本主义与民主、自由、和平不相容！在土耳其，资本对工人阶级的敌视，政府的反人民性质，是不会改变的。今天，国际政治的结盟体系一直在摇摆不定。所有资产阶级政府都在重新定位自己的立场。共产党人千万不要迷失方向，在地缘战略的发展中，不要偏离重心。"

3. 总结十月革命的经验和苏东社会主义失败的教训，探讨振兴社会主义的途径

与会代表从本国和世界社会主义运动百年兴衰的视角，总结十月革命成功的经验和苏联东欧社会主义暂时失败的教训，分析苏东剧变后国际共产主义运动面临的问题，探讨摆脱困境、走向复兴的路径。尽管存在分歧，但都以同志式的坦诚态度各抒己见。

与会者普遍认为，十月革命能取得胜利，离不开正确的理论指导，马克思列宁主义仍是今天共产党人的理论指南；社会主义在人类历史上始终是必要的，而且在今天也是迫切的；在争取社会主义道路上，共产党的先锋队作用是不可取代的。然而，如何认识社会主义的理论和评价当下社会主义的实践，各国共产党人仍有分歧。

分歧之一：如何总结世界社会主义的百年经验教训。一种看法认为，"市场

① Лидер коммунистов Сербии Владислав Милосавлевич：Партия Коммунисты Сербии является революционной марксистско-ленинской партией крепкой югославской ориентации ［EB/OL］.（2017-11-03）［2018-01-10］. https：//kprf. ru/party-live/cknews/170230. html.

社会主义”导致苏东社会主义的失败和目前共产主义运动的分裂，如希腊共迪米特利斯·库苏姆巴斯强调：作为共产主义社会不成熟阶段的社会主义的建设表明了哪些规律是革命的先锋队应该知晓且不能违反的，以便自觉地和有计划地根除反革命的萌芽。具体而言，‘市场社会主义’的理论与实践是有害于社会主义建设的。这一理论要么对资本主义生产关系保持容忍，要么长期支持小商品生产，要么按照市场标准分配社会产品。这三种情况，无论单独一种还是综合起来，都会破坏中央计划，直接影响生产的社会性质和生产资料所有权的社会性质。总之，这会破坏工人政权，重建和加强反革命的力量。因此，(苏联)非但没有取得共产主义的胜利，而且在1991年重返了资本主义。今天，在21世纪，资本主义又主宰着整个世界。尽管在一些国家仍然存在着社会主义的关系，但说到底，在一个更高的社会制度的框架里，如社会主义、共产主义，两种不同性质的生产关系——资本主义剥削关系和消灭剥削的社会主义关系是不能长期共存的。要么是一种关系占上风，要么是另一种关系占上风。我们的世界观和历史经验证明，两种关系的共存只会导致反革命的出现。① 意大利共产党总书记马可·里佐持相同看法，认为列宁当时允许私有制生存，是作为暂时的退缩，迫于特殊的历史条件。列宁的立场与“市场社会主义”理论截然相反②。俄罗斯共产主义工人党领导人维克多·丘利金也认为，社会主义发展的最重要条件是向非商品性的、直接的社会性的生产方向发展。在他看来，今天这个问题不仅仍令人担心，而且导致包括俄罗斯在内的共产主义运动的分裂③。

而另一种看法则认为，失去适应时代发展的理论制高点是关键所在。在格鲁吉亚统一共产党主席铁木尔·皮皮亚看来，当今时代正在为成功的政治斗争创造条件。然而，社会主义运动却经历着最严重的、首先是思想上的危机。直到现在，共产党人还未能夺回在精神和政治方面占主导地位的主动权。他认为，夺回这种精神和政治主导权的主要障碍，是对当代社会发生的根本性变化缺乏充分的理论解释。这也是左派长期分裂、不和与对立的原因。他认为：“半个世纪前不同于以往的新社会就成熟了，但相当于《资本论》逻辑水平的理论分析直到今天还没有出现。审视一下近些年左翼运动内部的辩论和分歧的历史，可以归纳出如

① Выступление Димитриса Куцумбаса, Генерального секретаря ЦК Коммунистической партии Греции на 19-й Международной встрече коммунистических и рабочих партий в Ленинграде (Санкт-Петербурге) Пресс-служба ЦК КПРФ [EB/OL]. (2017-11-09) [2018-01-10]. https://kprf.ru/party-live/cknews/170502.html.

② Лидер итальянских коммунистов Марко Риззо: Позиция Ленина диаметрально противоположна теориям《рыночного социализма》[EB/OL]. (2017-11-07) [2018-01-10]. https://kprf.ru/party-live/opinion/170354.html.

③ “100 лет Великой Октябрьской социалистической революции и уроки для современных коммунистов”. Выступление лидера РКРП Виктора Тюлькина на международной встрече коммунистов в Ленинграде [EB/OL]. (2017-11-07) [2018-01-10]. https://kprf.ru/party-live/opinion/170347.html.

下一些阻碍我们队伍前进的基本问题。其一，当今社会的阶级结构和社会主义的社会基础；其二，‘工人阶级’‘资产阶级’‘无产阶级专政’等概念的当代意义；其三，电子时代条件下掌握政权的机制；其四，苏联社会的社会主义性质及苏联解体的原因；其五，发达的西方社会内部发生的进程和‘社会主义因素’的程度。”皮皮亚主张，国际共产党人需要对此类问题提出共同的看法。他建议可成立一个党际工作小组，组织协同的理论研究工作，可吸收左翼马克思主义学者参与。他呼吁已有相应资源，已经和社会科学家长期合作并积累了重要经验的各党，如中国共产党，应加入其中，他希望中共把自己的理论成果与大家分享，因为世界社会主义运动对中国经验缺乏了解①。

德国共产党人克伦茨认为，振兴世界社会主义应该从深入总结苏东社会主义失败的教训入手。他认为，目前对社会主义失败的原因还没有进行真正马克思主义的分析。结果，这些政党阻碍自己找到更明智、更完善、更成功的社会主义建设的方法和途径。在他看来，目前需要对十月革命以来的一个世纪人类发展的积极和消极的经验进行广泛讨论。这样的讨论当然要建立在历史唯物主义的理解之上。这种讨论的起点可包括如下几个问题：当今时代性质的定义；目前和将来的阶级、政权和所有制问题；欧洲社会主义制度瓦解的党内、民族和国际原因②。

分歧之二：非执政党如何实现社会主义。希腊共领导人认为，对于改良还是革命这个问题，他们的回答是革命，因为没有任何资产阶级的权力机关可以变成人道的。社会民主主义路线从20世纪初到现在，遭遇的是失败，也给革命的共产主义运动带来损失，促使工人依附资本主义剥削制度，解除了社会进步力量的武装。正如十月的经验所表明的，已经没有与资产阶级合作、结盟的任何可能。工人阶级只有同贫苦农民和个体劳动者联合，加强反资本主义和反垄断的斗争，才有前途③。意共领导人马可·里佐认为：“列宁和红色十月教导我们，通往社会主义的道路不是阶段性的，也没有规定一个渐进的改革过程，不存在任何完成民族民主革命的中间阶段。所谓资产阶级民主革命和分阶段的理论一直是机会主义逃避无产阶级革命的理由，特别是在意大利。这种理论不被历史所证实，总是导致失败。列宁和红色十月还教导我们，通过在议会获得多数席位来‘夺取’国

---

① Лидер грузинских коммунистов Темур Пипия：《Нынешняя эпоха стремительно создает основу для успешной политической борьбы》Пресс-служба ЦК КПРФ [EB/OL].（2017-11-07）[2018-01-10]. https：//kprf. ru/party-live/opinion/170352. html.

② Выступление Эгона Кренца на международном форуме левых сил в Москве《Октябрь 1917-го-прорыв к социализму!》ресс-служба ЦК КПРФ [EB/OL].（2017-11-09）[2018-01-10]. https：//kprf. ru/party-live/cknews/170485. html.

③ Выступление Димитриса Куцумбаса，Генерального секретаря ЦК Коммунистической партии Греции на 19-й Международной встрече коммунистических и рабочих партий в Ленинграде（Санкт-Петербурге）Пресс-служба ЦК КПРФ [EB/OL].（2017-11-09）[2018-01-10]. https：//kprf. ru/party-live/cknews/170502. html.

家的理论没有任何科学依据。仅在资产阶级的国家机关中担任职务是不够的，应该打碎资产阶级国家‘机器’，代之以新的无产阶级专政机构。接受资产阶级民主制及其在战略层面的游戏规则，无视列宁关于国家的学说，导致无产阶级的失败，这已经发生在智利，在一定程度上也发生在战后的意大利，或者正在委内瑞拉上演。不与先前的制度进行激进的、创伤的、不妥协的决裂，无产阶级革命就不可能成功。”① 奥地利劳动党认为，一切成功的革命（如十月革命）和失败的革命（如德国、奥地利和其他地方的革命）都表明了这样一个事实，即不打败和削弱工人阶级运动中的机会主义，革命的胜利是不可能的。尽管目前他们生活的环境没有爆发革命，但这丝毫不意味着反对机会主义斗争就不那么紧迫。相反，正是在这个时期，一定要打赢这场斗争。人民群众必须靠亲身经历来认识机会主义的危害，否则到了决定性的时刻才强调这一点就太迟了②。塞共米洛萨夫列维奇说：“我们深感失望，因为许多共产党都放弃了列宁主义，有些是公然的，有的则是与资产阶级秘密合作。实际上，孟什维克现在主宰布尔什维克。我们呼吁各方像列宁那样把孟什维克赶出他们的队伍。我们坚持列宁主义的坚定立场：没有暴力革命，废除资产阶级国家和建立无产阶级政权是不可能的。因此，对于现实的共产主义者来说，推翻资本主义并不是一种安静的方式。”③

而葡共的代表则认为：“列宁强调，所有国家都将实现社会主义，这是不可避免的，但并不是所有国家都会以同样的方式实现社会主义。葡共长期以来一直认为存在着一般的革命法则，如关于理论的重要性，先锋革命党的作用，工人阶级及其联盟的作用，群众的创造性参与，国家权力和主要生产资料的所有权，一般与特殊之间的辩证关系，等等。但是没有，也不可能存在一些‘模式’，彻底摆脱资本主义剥削的道路是多样的，正如共产党和其他革命力量的具体现实也是多样的。”④ 德共认为：“我们的行动是建立在这样一种设想的基础之上，即‘各国共产党应当独立自主地开展自己的政治活动。各国共产党要从本国工人阶级和本国社会的情况出发，与此同时，还要从所有国家工人的情况出发，对自己的政治活动负责’。我们反对任何来自右翼的或者左翼的夸大其辞的行为。我们心情

---

① Лидер итальянских коммунистов Марко Риззо: Позиция Ленина диаметрально противоположна теориям “рыночного социализма” [EB/OL].（2017-11-07）[2018-01-10]. https：//kprf. ru/party-live/opinion/170354. html.

② 19 IMCWP, Contribution of the Party of Labour of Austria [EB/OL]. [2017-11-09]. http：//www. solidnet. org/19th-imcwp/19-imcwp-contributions.

③ Лидер коммунистов Сербии Владислав Милосавлевич: Партия Коммунисты Сербии является революционной марксистско-ленинской партией крепкой югославской ориентации [EB/OL].（2017-11-03）[2018-01-10]. https：//kprf. ru/party-live/cknews/170230.

④ 19 IMCWP, Contribution of Paraguayan CP [EB/OL]. [2017-11-27]. http：//www. solidnet. org/portugal-portuguese-communist-party/19-imcwp-contribution-of-portuguese-cp-en-pt/.

沉痛地指出，我们的运动中还存在着某些日趋简单化和不耐烦的倾向。我们应努力克服这些问题。”

分歧之三：如何加强共产党人的国际团结。应该说，坚持国际主义原则，加强共产党的国际团结，共同反对资本主义，抵制战争，维护世界和平，是与会者的共同呼声。但是以什么形式体现这一团结，看法不一。希腊共领导人认为：“如今，帝国主义国家之间矛盾的加剧导致地区冲突和局部战争，甚至存在发生世界战争的危险。国际共产主义运动和每个共产党都不应该不作为。它们必须在每个国家、每个大陆乃至国际舞台上制定自己的反对帝国主义野蛮行为的斗争路线，以使自己的国家不卷入帝国主义干预和战争，捍卫每个国家的主权；制定使本国资产阶级失败，与资产阶级划清界限并最终推翻资产阶级，给人民带来真正和平和福祉的路线；同时，有必要制定和传播适当的口号，以促进人民斗争的高涨，准备力量，以便在革命形势具备时引导起义的工人和群众投入斗争，推翻资产阶级政权并夺取政权。我们的武器是无产阶级的国际主义。”① 阿塞拜疆共产党领导人认为：“苏共和苏联曾经是各国共产党和工人党的支柱。但苏联解体之后，国际共产主义运动几乎没有这样的支持。为了防止内部进一步分裂，有必要联合起来。因为，马克思主义经典作家给我们的‘全世界无产者，联合起来！’这个口号，不只是文字上的！”② 塞共领导人说：“世界上所有不公正的现象，都迫使我们不惜一切手段抵制资本主义。我们不主张采取冒险主义，而是要团结以革命派领导的共产主义运动，如同十月革命时期那样。我们邀请社会主义国家的共产党领导共产主义运动，并表现出更多的党际团结。让我们成为列宁主义者和国际主义者，而且是在实践中。我们请你们支持我们多年以来而且是集体的倡议——按照列宁的共产国际的形象组建新的共产国际。”③ 乌共西蒙年科提出：“法西斯主义和第三次世界大战的威胁加剧，当前的国际形势要求各兄弟党之间要加强国际联系。我们认为有必要考虑协调共产党活动的组织形式问题，可借鉴共产国际、共产党情报局及其他合作形式的经验，当然要符合现代条件。这个倡

① Выступление Димитриса Куцумбаса, Генерального секретаря ЦК Коммунистической партии Греции на 19-й Международной встрече коммунистических и рабочих партий в Ленинграде (Санкт-Петербурге) Пресс-служба ЦК КПРФ [EB/OL]. (2017-11-09) [2018-01-10]. https://kprf.ru/party-live/cknews/170502.html.

② Лидер коммунистов Азербайджана Тельман Нуруллаев: 《Под руководством коммунистических и рабочих партий весь мир придет к победе коммунистического труда!》[EB/OL]. (2017-11-03) [2018-01-10]. https://kprf.ru/party-live/cknews/170226.html.

③ Лидер коммунистов Сербии Владислав Милосавлевич: „Партия Коммунисты Сербии является революционной марксистско-ленинской партией крепкой югославской ориентации [EB/OL]. (2017-11-03) [2018-01-10]. https://kprf.ru/party-live/cknews/170230.html.

议可由中国共产党和俄罗斯联邦共产党来承担。”①

而葡萄牙共产党领导人则认为：“为了加强国际共产主义运动，维护其统一，必须尊重独立的、相互尊重的、坦率和兄弟般的辩论原则，以更好地相互了解，互不干涉内政和团结。葡共充分意识到党际之间存在着意见分歧，在国际形势的复杂性和各国国情的多样性的背景下，这是不可避免的。问题不在于存在分歧，而在于组织上集中或政治和意识形态的同质化的努力，这不是有利于，反而是阻碍国际共产主义革命运动的团结。通过差异化的路径和阶段，在一个相对漫长的历史时期，通过争取工人和民族解放的斗争，用 21 世纪的社会主义代替资本主义，这是人类发展的最坚实的前景。”德国共产党代表表达了相似的看法，他认为：“自 1999 年以来，共产党工人党国际会议试图在政治和战略问题上达成共识，并为采取共同行动而努力。我们的会议有助于分析国际阶级斗争的主要趋势和共产主义运动的战略方向。诚然，不断加强共产主义运动在政治上和意识形态上的团结，将意味着给反对帝国主义的斗争创造更好的条件。尽管如此，我们在诸如谁是我们的盟友、社会主义革命应走什么样的道路、对那些带有社会主义倾向的国家如何进行评价，或者说对类似‘金砖国家’的国家联盟如何评价等问题上依然存在着分歧。我们赞成在自主、独立、平等和自愿的基础上进行公开的观点交流，在这里我们有很好的机会来增强我们的科学思想。从所有的观点交流来看，所有兄弟党都是平等的，不论其规模和对社会的影响如何。这是我们所期待的。以我们的理解，兄弟党之间争端的解决不能公之于众。”

4. 第十九届共产党工人党国际会议呼吁书

第十九届共产党工人党国际会议的与会者通过了一份呼吁书，全文如下：

“我们——来自 77 个国家的 103 个共产党和工人党的代表，于 2017 年 11 月 2 日—3 日参加了在俄罗斯联邦圣彼得堡举行的第十九届共产党工人党国际会议，会议主题为‘伟大的十月社会主义革命 100 周年：共产主义运动的理想，振兴反对帝国主义战争，争取和平与社会主义的斗争’；

我们强调，2017 年无疑将以伟大的十月社会主义革命 100 年而载入历史；

我们深信，列宁和布尔什维克党过去和现在都是世界上的共产党人和一切革命者灵感和宝贵经验的来源；

我们重申了 1917 年十月革命事件的历史意义，这一革命开创了人类历史的新纪元，奠定了共产主义革命的胜利和社会主义战胜资本主义，经济社会可持续发展和人类不断前进，以建立一个公正的、没有人剥削人的社会并回答了 21 世纪最严峻挑战的广泛基础；

我们强调了苏联——世界上第一个工人和农民国家的成就，在短暂的历史时

---

① Выступление первого секретаря ЦК Компартии Украины П. Н. Симоненко на 19-й международной встрече коммунистических и рабочих партий [EB/OL]. (2017-11-03) [2018-01-10]. https：//kprf. ru/international/ussr/170231. html.

间内已经在经济、社会和政治一切领域取得了前所未有的成就，激发了国际共产主义运动和资本主义国家工人运动的发展，保证了和平，为战胜法西斯主义和被压迫的殖民地国家人民的民族解放运动取得成功做出了决定性的贡献；

我们意识到，在伟大的十月社会主义革命100周年之际，我们面临着一项特殊的任务，即对导致苏联解体的原因进行研究并作出正确的结论；

我们以列宁关于社会主义是一种新的社会-政治形态的学说为依据，摒弃关于20世纪末发生的反革命变化抵消了十月革命的历史意义和苏联在建设和发展新型社会中取得的成就的种种臆断；

我们讨论了为共产主义运动的理想而奋斗的经验和实践；

考虑到资本主义制度正陷入深深的系统性危机，而帝国主义的本性又是剥削的、侵略的，因而，一个现实不可否认——社会主义是今天和未来的需要；

我们欢迎工人阶级和人民参加反对帝国主义，争取主权、民族独立、和平、社会进步和社会主义的斗争。

我们呼吁所有共产党和工人党加强协调，采取以下联合行动：

——从加强反共反苏斗争的必要性出发，对目前的社会政治进程进行客观评估，不断加强与共产党、工人党、共产党员和所有面临政治迫害和禁止活动的人（如乌克兰人民和乌克兰共产党）的团结；

——就导致苏联反革命政变、资本主义复辟和社会主义阵营瓦解的原因进行学术研究和交换意见；

——组织党员和公众广泛地研究列宁的著作，讲解这些著作在现代社会中的历史意义和现实意义，为纪念《国家与革命》问世100周年，开展普及列宁著作的活动；

——为纪念马克思诞辰200周年，开展广泛的国际活动，强调他对历史的贡献以及170年前问世的《共产党宣言》和150年前问世的《资本论》的意义和现实性，应该特别重视在青年人中宣传其意义；

——促进以各种形式反对资本主义的理论和实践的交流，揭露其剥削、侵略和奸诈的本质，扩大民众、特别是青年的理论培训；

——利用‘五一节’动员劳工，在争取劳动、社会、工会和民主权利的斗争中加强统一、团结和协调；

——利用各国人民战胜纳粹法西斯的纪念日（1945年5月9日）和斯大林格勒战役胜利75周年（1943年2月2日），加强共同努力以保护人权和民主自由，反对种族主义和法西斯主义；

——国际会议的与会者强调必须反对仇俄主义；

——要求美国结束对古巴的封锁，坚决反对帝国主义针对古巴人民的打击，支持巴勒斯坦人民建立自由独立国家的权利，声援近东、非洲、拉丁美洲、亚洲和欧洲的所有受到帝国主义国家占领、围困或干预的人民，以及反对恐怖主义和宗教狂热分子的人民（叙利亚、伊拉克、玻利瓦尔的委内瑞拉、乌克兰等）；

——积极采取行动保护环境；

——扩大反对帝国主义侵略和争取和平的反帝战线，组织反对北约及其扩张行动的联合行动，包括反对核武器和外国军事基地，反对军国主义和战争，争取裁军，在国际法准则的基础上和平解决国际冲突，反对干涉朝鲜半岛和争取和平统一朝鲜。

最后，参加第十九届共产党工人党国际会议的代表们感谢俄罗斯联邦共产党的热情接待和出色的组织工作。”

（撰稿人：中国社会科学院马克思主义研究院　刘淑春）

2017年欧洲共产党会议年度报告

一、会议召开的背景

2017年1月23日，来自30个国家的41个共产党和工人党在布鲁塞尔召开第十次欧洲共产党会议。与会党代表围绕“十月革命百年诞辰”“资本主义—垄断—欧盟带来的危机、战争和贫困”“社会主义是适时和必要的”这些主题分析形势、沟通思想，凝聚共识，谋划未来。第十次欧洲共产党会议最后达成了一份所有与会党派签字并由希腊共产党发布的《新闻公报》，此次会议的主要背景如下：

1. 世界局势不确定性和变数增加，各地夹杂着动荡与不安，危及和平与发展。美欧帝国主义近年来在中东地区发起猛烈的进攻，造成局部战争不断，难民危机严重；又不断在北欧、中亚、东亚、南亚、拉美地区增加兵力部署、进行军事演习，造成地区动荡；通过各种手段围堵中国和俄国，不断扩大势力范围，激化大国矛盾；在各地诱发原教旨主义、恐怖主义，搅乱地区稳定局势，并不断引火烧身，遭受恐怖主义袭击。召开会议揭露美欧帝国主义本来面目，谋划反帝斗争是当前的紧迫任务。

2. 欧盟垄断集团为转嫁经济危机实施令人绝望的纾困政策，各国反抗进步运动此起彼伏。一方面，各垄断集团通过货币紧缩政策，减少企业税赋，削减社会预算，降低社会福利，减少工人薪水、增加工人税赋转嫁危机，使人们深陷失业和贫困的深渊之中；另一方面，欧洲各国反抗斗争此起彼伏。如2016年5月16日全法海陆空运输部门大罢工，旨在迫使政府取消劳动法改革。自2015年4月开始，反对跨大西洋贸易和投资伙伴协议的浪潮自欧洲席卷世界各国，并在45个国家得到600场示威的积极响应。在这种情况下，与工人和人民一道回击垄断集团纾困政策需要各国共产党作出积极的回应，这也是此次会议的重要任务。

3. 欧洲民粹主义崛起，资本主义一体化遭遇挫折，未来发展颇为坎坷。欧洲资本主义一体化在苏东剧变后取得重大发展，但2016年6月23日英国公投以51.9%的脱欧票给欧洲资本主义一体化进程一个沉重的打击。一旦发生“多米诺骨牌效应”，后果将难以估量。在希腊、西班牙、法国、奥地利、意大利的选举和公投中，民粹主义的党派虽然没有处处得势，但来势汹汹，给欧洲未来发展增加了更多的变数。如何看待日益崛起的民粹主义及其对欧洲未来的影响需要欧洲共产党开会研判，如此才能集思广益、沉着应对。

4. 欧洲反共产主义愈演愈烈，社会主义面对的挑战日益严峻。2016 年以来，在希腊，希腊共产党的地方议员、市长因在议会批判“金色黎明”党的法西斯主义和种族主义言论而被起诉；在乌克兰，共产党被宣布非法；在匈牙利，社会主义、共产主义被禁止使用；在波兰，波兰共产党党员因宣传社会主义言论被判处九个月的监禁；在保加利亚通过反共产主义法律，禁止宣传共产主义。面对资产阶级的疯狂进攻，借助十月革命百年诞辰，召开会议提升士气、总结经验，制定应对战略战术是顺水推舟之举。

二、会议的主要成果

1. 纪念十月革命百年诞辰、肯定十月革命意义

会议达成的第一个共识就是充分肯定十月革命的历史地位和意义。《新闻公报》指出：“十月革命是 20 世纪最重要的历史事件，是人类进程中的重要标志；它开启了资本主义向社会主义过渡的新时代；它为实现工人和人民的权利，形成了前所未有的前决条件；它推动了资本主义国家工人的斗争；它对国际共产主义运动产生了决定性影响；它把人民从殖民的枷锁中解放出来；伟大的十月革命证明了马列主义的正确性以及共产党不可替代的领导地位。”①

与会各国共产党纷纷从不同角度阐述十月革命的历史地位、鲜明特点和宝贵经验。俄罗斯联邦共产党认为，伟大的十月革命不是自发的，不是偶然的，是不可避免的；十月革命的意义不仅仅局限在俄罗斯，它是世界历史上最伟大的事件，是人类历史的转折点，是从资本主义向更进步的社会经济形态过渡的开端。

意大利共产党总结了十月革命的三个历史特点。以前的所有革命都是用一种私有制来取代另一种私有制，一种私有者阶级取代另一种私有者阶级。而十月革命是由唯一一个与私有制无关的无产阶级发动的，十月革命也并非用一种私有制取代另一种私有制，而是废除了任何私有制，有计划地分配资源，它不是为了让少数资本家变得富裕，而是为了整个社会的物质和精神需求及其多方面发展。这是社会主义革命的第一个特点。第二个特点在于崭新的国家政权。以前革命所诞生的国家是少数剥削者统治其他阶层的政治组织。苏维埃政权是无产阶级专政的具体体现，也是历史上第一次实现多数的被剥削者对少数的剥削者的统治，这证明了无产阶级专政具有真正民主的本质。通过废除生产资料私有制，苏联政权发起了废除社会的阶级差别和国家消亡的运动，希望实现生产者的完全自治。十月

① Press release from KKE [EB/OL]. [2017-01-27]. https://ecm2017.wordpress.com/ecm.

革命的第三个特点是在民族团结而非民族对立的基础上创建一个多民族的国家来解决民族问题，这样不同的民族可以和平相处且具有平等的权利。

希腊共产党赞扬道："伟大的十月革命的历史经验和意义是无与伦比的。它表明工人阶级和其他大众阶层的解放只有在经济危机和政治危机的条件下，在帝国主义战争条件下，通过推翻资本主义政权和所有制才可能实现。十月革命用实践证实了列宁关于社会主义革命在一国或数国可能取得胜利的理论是正确的；在革命形势尖锐化的情况下，需要工人阶级和贫苦大众结成联盟并在工人阶级先锋队的领导下，为建立新的工人—人民政权而开展有效的阶级斗争。"①

捷克和摩拉维亚共产党强调："十月革命第一次把世界分成两种相反制度，随后苏维埃俄国政府颁布的"和平法令"是崭新的和平外交政策的开端。它们一起成为欧洲和世界进步力量的推动器，极大地加快了第一次世界大战的结束和各民族自决的进程。"爱尔兰工人党认为："马克思明确了工人阶级的历史使命，十月革命首先将权力掌握在了工人手中。这表明，如果革命先锋队能够在变革社会的斗争鼓舞和组织工人阶级，那么社会主义的胜利是可能的。"② 波兰共产党在发言中呼吁，"一切权力归苏维埃！"这一口号在当时和今天都是实用的。葡萄牙共产党更是在2017年1月8日召开了题为《社会主义：当前和未来的希望》的盛会来宣传十月革命的历史经验和意义，回击当今这个有着剥削、压迫、侵略和掠夺本质，受着结构性危机折磨，带着悲剧性后果和危险的资本主义世界。

2. 捍卫社会主义成就，回击反革命影响

自苏东剧变以来，欧洲资产阶级妖魔化社会主义现象严重，反共产主义思潮和行为十分猖獗，甚至将社会主义等同于法西斯主义。对此，《新闻公报》指出，"反革命给人民政权带来严重的负面影响。原因、错误和背离导致社会主义的颠覆。在此过程中，资本主义因素和方法被引用解决现存问题，致使社会主义因素逐渐减弱，这才最终导致社会主义的颠覆。但反革命的发展并没有改变从资本主义向社会主义过渡的时代性质。不理想化地、客观地让工人阶级和广大人民了解20世纪真实的社会主义，回击资产阶级的诽谤，是基于反革命带来的灾难。"③

与会各共产党组织纷纷从不同角度阐述社会主义的历史成就，分析苏东剧变原因，回击欧洲反共产主义。希腊共产党在发言中坚决反对历史虚无主义观点。指出，20世纪的社会主义在生产资料社会化、有计划地组织生产的基础上解决了资本主义所不能解决的重大经济社会问题。尽管存在缺陷、弱点和错误，但不

---

① Introductory Speech of the KKE [EB/OL]. [2017-01-23]. https://ecm2017.wordpress.com/ecm-2017/51-2/.

② Contributions of workers party of Ireland [EB/OL]. [2017-01-23]. https://ecm2017.wordpress.com/ecm-2017/.

③ Press release from KKE [EB/OL]. [2017-01-23]. https://ecm2017.wordpress.com/ecm-2017.

能因此就否定社会主义制度的历史贡献和作用。关于社会主义的虚无主义观点是不可接受的，因为这种观点将社会主义的发展导入一种非科学的历史绝境，是完全错误的。

英国新共产党通过制度比较来捍卫社会主义的历史成就。英国新共产党认为，在社会主义条件下，没有剥削，没有贫民窟、没有种族主义歧视和偏见，每个人都有体面的住房、工作和良好的教育，每个人的潜力将得到释放；而在资本主义条件下，剥削者骑在数以百万计的人们的脊背上生活，在经济危机来临的情况下，法西斯主义和种族主义等独裁形式极有可能再次发生，而人们得到的是捆绑的民主和自由。

塞浦路斯劳动人民进步党总结了 20 世纪社会主义的历史贡献和社会主义阵营垮台的原因。塞浦路斯劳动人民进步党强调："社会主义是公正的可行的。它能解决巨大的社会、经济和民族问题，极大地解放和促进生产力；它能够在人民生活水平方面取得前所未有的进步；它可以保障工人对未来的安全感，并消除他们是否有工作、房屋、教育和健康的不确定性；它可以翻转人类历史上关于两性关系和妇女地位的不平等；它可以创造一种基于和平和团结的新型国际关系。苏联和社会主义阵营的解体不能证明，正如资产阶级势力所声称的那样，社会主义不能得到实施，它注定要崩溃。相反却证明了只要社会主义阵营的进程符合社会主义革命的理想、目标和原则，社会主义就会取得巨大的成就。失败和消极结果的根本原因必须在逐渐偏离社会主义价值目标以及苏联领导层故意扭曲共产主义原则的行为中去寻找。此外，我们不能忘记历史充满了这种挫折和起伏。资本主义制度本身也同样经历过这样的失败和起伏。更重要的是，20 世纪社会主义的成就与建立在雇佣制度之上的资本主义不断造成贫困、不平等、危机和战争的情形形成了鲜明的对比。世界共产党和工人党最重要的任务是捍卫社会主义制度对世界人民的利益和贡献，承担与反对共产主义相斗争的义务。"

丹麦的共产党坚信，社会主义是解决资本主义世界危机、剥削、贫穷、军备竞赛、战争、种族主义和法西斯主义的唯一真正方案。基于团结之上的社会主义是通往一个团结和可持续世界的唯一轨道。德国共产党指出，苏联社会主义创造了普遍的社会保险、免费的公共教育、放心的健康、完全的就业、多彩的文化活动。即使是在现在富有的资本主义国家，这些都是一个不可能达成的乌托邦。

3. 痛批资本主义罪恶，揭露帝国主义本质

资本主义经济危机、战争、失业等社会问题是会议的主要议题之一。《新闻公报》指出："当今资本主义力量依然强大，但不是不可战胜。危机更加强烈地暴露了资本主义的历史局限性。资本主义的危险性日益增长，同时伴随着的是资本主义对工人和人民利益的严重损害。欧洲和全球的经济困难加剧了帝国主义的内部矛盾。欧盟和北约内部以及各帝国主义国家之间的竞争愈发激烈。战争的引爆点增多，更大范围的战争的危险在增加。工人阶级和其他大众阶层的唯一可行

的出路是推翻资本主义政权和废除私有制。”①

资本主义经济危机带来的恶果是会议的众矢之的。马耳他共产党指出，现在饱受资本危机之苦已经成为欧洲工人阶级日常生活中的常态，尤其是一些南欧国家的工人正在面临着由“三驾马车”（欧洲委员会、欧洲中央银行以及国际基金货币组织）强行施加的财政紧缩政策。这些财政措施造成了高失业率、工资、养老金以及其他社会保障措施大幅减少的状况。从白领到蓝领都处于悲惨处境，低薪工人更加贫困地难以应对商品价格的不断增长，故被新称为“穷忙族”。此外，由帝国主义及北约盟国发起的侵略性战争，掠夺世界资源、造成更大灾难。葡萄牙共产党总结说，社会动荡，深刻的社会经济危机以及民主和文明的衰退是欧洲的显著特点。欧盟显示出它作为大垄断集团和跨国公司统治舞台的本质，不断侵蚀工人和人民的权利和利益，权力日益集中于欧洲主要资本主义列强，尤其是德国手中。欧洲资本主义一体化矛盾尖锐，如英国退出欧盟就是鲜明的体现。这些矛盾归因于资本主义日益严重的结构化危机，并且可能最终导致欧盟的解体。

与会多国共产党列举具体的数据批判资本主义的罪恶。意大利共产党提到，自2010年以来，世界最贫穷的一半人口的收入减少了1万亿美元（下降了38%），而世界上最富有的62个人的财富却增加了1万亿美元（增长了45%）。到2015年，这62个人收入跟世界上36亿人的收入一样多。世界最富有的1%的人口所拥有的财富超过了其他所有人的财富总和。这就是反革命后帝国主义疯狂掠夺的结果。立陶宛社会主义人民阵线列举说：“目前7.8亿人无法获得干净的饮用水，25亿人缺乏基本的卫生设施，每年至少有350万儿童死于饥饿。世界上88%的百万富翁居住在最发达的帝国主义国家（其中46%在美国），而在19世纪最富有和最贫穷国家的差距比例为3∶1，20世纪末这个比例已为74∶1。罗马尼亚社会主义党从本国的历史比较中批判资本主义。1939年（二战前资本主义经济高峰时期）罗马尼亚人均GDP为1164美元，而1989年罗马尼亚的人均GDP是9692美元，社会主义时期人均GDP实现了8倍增长！但从此以后，罗马尼亚仅2011年的人均GDP超过1989年。也就是说罗马尼亚失去了20多年的发展！芬兰共产主义工人党（争取和平和社会主义）则用失业数据来批判资产阶级纾困政策的恶果：芬兰的人口总共约550万，而芬兰的失业率很高，约有50万的劳动力没有工作，其中已有超过10万人失业超过一年，而穷人的数量接近100万，占全国人口的五分之一。”②

奥地利劳动党从“战争无非是政治通过另一种手段的继续”这句名言出发揭

① Press release from KKE [EB/OL]. [2017-01-23]. https://ecm2017.wordpress.com/ecm-2017.

② Contributions of Romanian Socialist Party and Communist Workers' Party for Peace and Socialism (Finland) [EB/OL]. [2017-01-23]. https://ecm2017.wordpress.com/ecm-2017.

露帝国主义的战争本质。21世纪各种形式的战争表面看来是各自孤立的事件或者带有文化冲突、宗教冲突或派别冲突等特点的斗争，实质上都应该看作帝国主义战争。因为战争本身就是资产阶级统治的工具，是资本主义生产方式固有矛盾尖锐化的表现。除了像叙利亚和乌克兰这样的国际层面的冲突以外，战争问题不仅涉及当前被卷入武装冲突的国家，还将受威胁的国家卷入其中，即使像奥地利这样的中立国家，事实上也已经融入欧盟和北约的军事结构。

塞浦路斯劳动人民进步党和希腊共产党从根源上指出，当前经济危机、环境威胁、暴涨的不平等、大量失业、贫困饥饿、毒品泛滥、难民危机、战争不断等一切社会问题就是资本主义生产社会化水平不断提高与生产资料和产品私人占有之间的基本矛盾造成的。发达资本主义国家政治制度的危机、民族主义和法西斯主义的重新兴起证实了资本主义的结构性僵局，再次显示出社会主义是适时和必然的。

4. 提升阶级意识，加强联合斗争

分析当前形势、总结历史经验的目的在于明确当前的任务。《新闻公报》强调，要加强同各种改良主义、机会主义和教条主义的斗争，明确反对欧盟的阶级立场和行动，加强团结和联合斗争。

希腊共产党极力反对屈服于资产阶级管理、在资本主义框架内进行改良的做法。因为历史和经验证明，在资本主义政权框架内通过议会程序而不是革命斗争由社会民主党或社会民主党与其他资产阶级政党组成的所谓“左派政府”“工人政府”没有成功实现社会主义的实例。意大利共产党批判机会主义时指出，“反革命之后不少共产党加入了欧洲左翼党，变成持有机会主义观点的社会民主党，拒绝无产阶级专政，将政治活动限制在单一的议会策略和合法斗争上、迷信通过选举征服资本主义国家而不是去推翻它。我们今天的事实表明，社会民主主义越来越认同资本主义，从工人运动中支持资产阶级的倾向转变为脱离和反对工人运动并一举成为大资本的直接政治代表”。立陶宛社会主义人民阵线强调：“虽然反革命过后已近30年，但国际共产主义运动尚未克服危机。这种情况不仅与反共情绪或改良主义或机会主义倾向有关，而且与教条主义相关。因为它们使共产党人看不清21世纪的现实。资本主义最高阶段的帝国主义没有变得更‘人性化’，反而是当今战争、贫困、危机的真正原因。而右翼煽动家和‘左翼’改革派试图将人民大众的注意力从罪恶的真正原因转移至所谓的‘人性化’制度、或各种种族主义和仇外形式上。这在今天的欧洲‘左派’政府以及由英国脱欧领衔的欧洲怀疑主义中可以看到：反对帝国主义欧盟的斗争并非激进的反资本主义，而是在狭隘的资产阶级民族主义基础上展开的。而唯一的出路就是摆脱教条主义和改良主义，严格遵守原则、忠于十月革命的思想和社会主义—共产主义事业。”

针对帝国主义尤其是欧盟的纾困政策和侵略行径，与会共产党予以强烈谴责并布局开展具体的反对举措。意大利共产党指出：“今天摆在共产党面前的问题是如何加强反对垄断资本主义及其企业集团的阶级斗争。我们要将反对欧盟，努力将脱离欧盟和其他帝国主义组织如北约的斗争与社会生产方式和统治政权的改变结合起来。”希腊共产党在发言中强调：“2008 年国际危机爆发以后的发展证明，欧盟和欧元区不是一个具有凝聚力、稳定性、持久性的机构。欧盟的政策不能减轻欧元区和欧盟内的不平衡，相反它展现了各成员国之间不断扩大的差距。根据列宁的观点，欧洲合众国不是社会主义的或将无法存在。英国新共产党赞扬了过去几年来希腊共产党领导的反对紧缩政策和反欧盟的罢工、游行示威等行动，呼吁欧洲各国共产党在各国掀起同样的行动，这样就能重新夺回工会的领导权和赢得工人和人民的支持。”葡萄牙共产党强调反对欧盟的斗争要结合本国的国情，以捍卫工人和人民利益为目标，设立具体的阶段性性目标、方案。在葡萄牙，目前与右翼政策相反的左翼爱国政策是“将国家从欧元区和欧盟的约束中解救出来；在一定期限内进行公共债务重组；提高工人劳动收入；提高国家实体性产业的生产；确保对银行的国家管制，恢复关系国家经济命脉和基本民生部门的国家管理；公共部门以为人民和国家服务为根本遵循；调整财政政策策略以缓解工人和人民的赋税压力；捍卫民主政权以及葡萄牙共和国宪法的履行”。当然，最终目的是建立一个属于工人和人民的欧洲，一个国家间和平、进步与合作的欧洲。这需要“工人和人民捍卫自身权利和国家主权的斗争不断壮大，同时关于欧盟的阶级本质意识的不断增长；有经济社会发展的独立主张并拒绝欧盟的强迫性观点；通过加强共产党社会政治影响力改变各国力量对比；共产党以及与其他进步力量之间基于突破资本主义欧洲一体化进程的团结与合作”①。

因此，加强团结与合作是本次会议得出的主要共识。波兰共产党在发言的最后强调，建立国际团结是当前国际共产主义运动一个关键问题。丹麦共产党和丹麦的共产党在发言中都表示，丹麦四个共产主义性质的党现在已经在几个领域开展了合作，虽然还有一些差异，但建立一个统一的以马克思列宁主义为指导的强大的革命性的共产党是当前的必然选择。在 2017 年 11 月四个党将提出统一的地方政府选举候选人，这就是一种重要的尝试和进步。同时，还要支持目前欧洲共产党的合作平台“欧洲共产党工人党‘倡议’”的工作。塞浦路斯劳动人民进步党强调：尽管我们在理论、战略和战术问题上存在小的和大的分歧，但这些分歧可以而且能够在相互尊重和同志式的讨论中解决，由此我们就可以加强共产党和工人党的联合行动，声援各方在其国家所进行的斗争。奥地利劳动党认为，革命的共产党和工人党之间的合作和协调必须多层次扩大，特别需要强调的是组织问题。少数的共产党必须有一定程度的组织，以便为工人阶级的利益采取果断行动。意大利共产党呼吁，欧洲共产党在各种活动中要进行更多的协调。目前，欧洲共产党和工人党“倡议”的活动应该得到积极评价，我们也在积极申请加入其中。罗马尼亚社会主义党指出：“资本主义全球化要求真正的社会主义运动要结

① Press release from KKE［EB/OL］.［2017-01-23］. https://ecm2017. wordpress. com/ecm-2017.

成联盟反对它。我们不能分裂，我们需要更多的国际合作，互相帮助。不要说漂亮话，我们应该在国际水平上组织起来。如果帝国主义的威胁是全球性的，抵抗运动应该也是全球性的!”

三、会议的特点

欧洲共产党会议是由希腊共产党倡议、各欧洲国家共产党和工人党参加的、以资本主义、欧盟和社会主义为主题范畴、以捍卫马列主义、维护工人和人民利益、反对欧盟帝国主义、反对改良主义、机会主义为宗旨的区域性会议。欧洲共产党会议充分体现出泛欧主义和反欧主义的特点，今年的会议更是如此。

首先，欧洲共产党会议是一个泛欧主义的区域联合平台。该会议是从欧洲专题性会议发展而来的。2006 年到 2008 年希腊共产党在雅典召开了三次欧洲共产党关于欧洲教育问题的专题会议。2008 年为了应对欧盟新条约和 2009 年欧盟议会选举，希腊共产党再次在雅典召开了一次欧盟国家共产党的对策性会议。2009 年、2010 年两年希腊共产党没有倡议开会。从 2011 年开始会议变成不再局限于欧盟国家内的会议，发展为全欧共产党会议。之后除了 2016 年之外，每年召开一次。2017 年召开的是第十次会议。

其次，欧洲共产党会议是一个反欧主义的区域联合平台。第一，从会议的倡导者来看，希腊共产党是以马克思列宁主义为指导的比较传统的工人政党，是本国乃至欧洲反帝反垄断反欧盟斗争的先锋队。2008 年经济危机以来，希腊共产党领导的反对紧缩政策的罢工和游行示威等活动声势浩大，成为欧洲共产主义运动的一支标杆。该党坚持无产阶级国际主义的原则，倡导并举办欧洲共产党会议是源于国际共产主义运动必须形成统一战略的需要。正如希腊共产党在 2016 年世界共产党工人党国际会议上指出的：“希腊共产党在反革命运动后承担了组织国际会议的责任，尽管有困难，但希腊共产党将继续努力组织国际会议或其他形式的国际共产主义合作平台，这在我们的估计范围之内，不仅不会与共产党和工人党国际会议冲突，而且在马克思列宁主义和无产阶级国际主义原则的指导下，会加强和促进联合行动，促进共产主义运动形成统一的革命战略。”① 第二，从今年会议的参加者来看，主要包括阿尔巴尼亚共产党、奥地利劳动党、白俄罗斯共产党、白俄罗斯的共产党—苏共的工人成员、保加利亚共产党、保加利亚共产党人党、保加利亚共产主义者联盟、英国新共产党、塞浦路斯劳动人民进步党、捷克和摩拉维亚共产党、丹麦共产党、丹麦的共产党、共产党（丹麦）、芬兰共产主义工人党、法国复兴共产主义党、法国革命党—共产党人、法国共产主义革命党、德国共产党、希腊共产党、匈牙利工人党、爱尔兰工人党、意大利共产党、拉脱维亚社会党、立陶宛社会主义人民战线、卢森堡共产党、马耳他共产

---

① 倪娜，张瑜. 第十七次共产党和工人党国际会议与共产党的紧迫任务［J］. 中国矿业大学学报（社会科学版），2016（4）：24.

党、挪威共产党、荷兰新共产党、波兰共产党、葡萄牙共产党、罗马尼亚社会主义党、俄罗斯共产主义工人党、俄罗斯联邦共产党、苏联共产党、塞尔维亚共产党、斯洛伐克共产党、西班牙人民共产党、瑞典共产党、土耳其共产党、乌克兰共产党、乌克兰共产党人联盟。所有参会的党都是坚持马克思列宁主义、坚持社会主义奋斗目标的激进左翼。“与社民党相比，激进左翼政党把改革、废除欧盟、北约和国际货币基金组织这些结构视为关键性的身份标识”①，而且还更一般地反对当代资本主义的基本社会经济结构及其价值观和实践，主张建设社会主义的、和平、进步与合作的欧洲。第三，从会议的内容来看，与会者强调十月革命的意义在于暴力革命道路的示范价值，在于其建立了无产阶级专政，在于它开辟了从资本主义向社会主义过渡的新时代；肯定社会主义在就业、医疗、养老、妇女地位改善、和平外交政策开辟、打败法西斯主义等各方面的成就；将苏东剧变视为一种反革命，并归因于苏联东欧社会主义阵营执政者背离马克思主义、背离社会主义基本原则；视欧盟为帝国主义中心，反对垄断资本、反对资产阶级的财政紧缩政策；批判改良主义、机会主义、教条主义，主张全世界无产者联合起来建设社会主义—共产主义事业。所有这些观点都反映出与会政党的反欧主义意识形态。

四、会议的作用

第一，欧洲共产党会议有助于欧洲地区共产党组织凝聚共识、加强团结和联合斗争。与会各国共产党不仅阐述自己对国际形势的看法，而且在会上介绍本国面临的基本形势、本党的基本主张和主要活动，这就为欧洲共产党分析和研判面临的国内外形势、讨论国际共产主义尤其是欧洲共产主义运动中的重大问题提供了交流的平台。在作出正确研判的基础上，欧洲共产党就可以就一些具体的问题、详细的方案等达成一定的共识，并制订细致的行动计划，从而有助于开展进一步的联合斗争。实际上，2013 年欧洲共产党会议讨论决定成立新的合作平台即欧洲共产党工人党“倡议”就是很好的证明。

第二，欧洲共产党会议为维护工人和人民利益，捍卫社会主义历史，争取和平、民主和社会主义起到了积极推动作用。欧洲共产党会议召开的这些年正处于欧洲经济危机、社会危机、政治危机等多发期。面对欧洲的多重危机，欧洲共产党会议坚持反对欧盟垄断资本集团转嫁危机于工人和人民之身的做法，向广大工人和人民揭露欧盟帝国主义本质，痛批改良主义、机会主义，声援各国共产党反击资产阶级的诽谤、污蔑，组织和发动形式多样的罢工、游行示威等活动，在议会上投票反对欧盟的纾困政策和战争动议，尽最大努力捍卫工人和人民利益。

第三，欧洲共产党会议是国际共产主义运动区域联合的重要示范。苏东剧变

---

① 卢克·马奇．欧洲激进左翼政党［M］．于海青，王静，译．北京：社会科学文献出版社，2014：14.

后，国际共产主义运动处于低潮的奋进期。国际共产主义国际联合的步伐也举步维艰。世界性的合作平台有世界共产党工人党国际会议、国际共产主义研讨会等。区域性的合作平台方面，苏东地区有由苏联共产党改组而来的“共产党联盟—苏联共产党”，在非洲有南非共产党创办的举行过三届的非洲左翼力量论坛，拉美有巴西劳工党发起的圣保罗论坛，亚洲没有社会主义多边合作机制和平台，欧洲有多个平台，如欧洲左翼党、欧洲共产党工人党“倡议”、欧洲共产党会议。其中，欧洲共产党会议虽然没有明确的约束机制，但却是这些区域性合作平台中力量不断增长、意识形态最为接近、合作成果比较丰硕、持续时间较长的大洲层次的合作平台。可以说，欧洲共产党会议能够取得如此成就也是极为不易的，它为其他大洲区域联合作出了表率。

第四，欧洲共产党会议可以而且能够吸引更多富有影响力的党参与进来。欧洲共产党会议从最初的专题性会议发展到由欧盟成员国共产党参加的学术性和策略性论坛，至今演变成包括全欧洲共产党都可以参加的会议，应该说影响不断扩大。但从今年参与的政党来看，除了俄罗斯联邦共产党、希腊共产党、塞浦路斯劳动人民进步党、捷克和摩拉维亚共产党、葡萄牙共产党等较有影响的党派之外，其他党的力量和影响还比较弱小。因此，随着欧盟社会经济危机的不断演化、国际共产主义运动的不断奋进、人民阶级意识的不断觉醒，应该会有更多富有影响力的党参与到会议中来。我们有理由相信，欧洲共产党和工人党有智慧、有能力将欧洲共产党会议越办越好。

（撰稿人：辽宁大学马克思主义学院　王喜满　张强　巩效忠）

2017 年欧洲共产党工人党“倡议”年度报告

一、欧洲共产党和工人党“倡议”的基本情况

欧洲共产党和工人党“倡议”，全称为“共产党和工人党关于研究和阐释欧洲问题、加强联合行动的倡议”(以下除必须均简称“倡议”)，在希腊共产党的提议下，于 2013 年 10 月 1 日在布鲁塞尔欧盟议会的会议室创建。

1.“倡议”性质

“倡议”是欧洲尤其是欧盟成员国内共产党和工人党合作的一种形式。它以阐明其原则和目标的创建声明为基础，既不是一个联合的政治党派，也不会像欧盟建立的那些党派那样组成“欧洲政党”。基于此，所有参与“倡议”的党派都具有同样的权利和义务，都在协商一致原则的基础上作出决定。

2. 创建声明

“倡议”创建声明阐述了如下立场：①支持科学社会主义的基本原则，愿意团结在一起为建立一个没有人对人的剥削、没有贫困、没有社会不公和没有帝国主义战争的美好社会而奋斗。②欧盟是资本主义的选择。它采取各项措施来支持垄断、资本积聚和集中，不断加强其帝国主义经济、政治和军事集团特征；它反对工人阶级、民众阶层的利益；它强化军备、奉行独裁主义、采取国家镇压和限制主权的政策。③欧盟是欧洲帝国主义的中心，它与美国和北约一起支持反对人民的激进计划，军国主义是其重要的组成部分。④每个人都有权利选择自己的发展道路，包括脱离欧盟和北约的权利，以及正确选择社会主义的权利。人民富裕、社会进步、民主权利、平等合作、和平与社会主义，是欧洲的另一番发展前景。⑤“倡议”对所有欧洲国家包括非欧盟国家共产党和工人党是开放的，其共同目标是研究和阐释欧洲问题、相互之间交流信息，加强联合行动，打破束缚工人的资本锁链。⑥凡是“欧洲左翼党”的成员都不是我们的成员。

3.“倡议”成员

目前，“倡议”的成员跟创建时一样，由来自欧盟国家和其他欧洲国家的 29

个共产党和工人党构成。它们分别是奥地利劳动党、白俄罗斯工人共产党、英国新共产党、保加利亚共产主义联盟、克罗地亚社会主义工人党、保加利亚共产党、丹麦的共产党、法国复兴共产主义党、法国革命共产主义联盟、马其顿共产党、格鲁吉亚联合共产党、希腊共产党、匈牙利工人党、爱尔兰工人党、意大利共产党-共产主义人民左翼、拉脱维亚社会主义党、立陶宛社会主义人民阵线、马耳他共产党、摩尔多瓦人民抵抗力量、挪威共产党、波兰共产党、俄罗斯共产主义工人党、苏联共产党、南斯拉夫新共产党、斯洛伐克共产党、西班牙人民共产党、瑞典共产党、土耳其共产党、乌克兰共产主义联盟。

申请加入“倡议”的条件：凡是承认创建声明并没有参与“欧洲党”的所有欧盟成员国的共产党和工人党都可以参加“倡议”。欧盟之外欧洲国家的共产党，只要愿意并承认创建声明，也可以联系和平等地加入“倡议”。具体程序是：“倡议”创建后，凡是希望加入、承认创建声明并符合条件的共产党可以向“倡议”秘书处提交申请，用英语填写程序、章程，并对党派做简要的介绍。收到申请后，秘书处在“倡议”全体会议召开前至少一个月通知所有成员党。如果任何一个成员党有异议，申请者就必须得到2个正式成员党的积极支持，这样“倡议”全体会议才能再讨论这个问题。至于是否成为正式成员党，则有“倡议”全体会议决定。如果得到四分之三以上成员党的支持，申请者就可以加入“倡议”。

“倡议”除名条件：如果参与“倡议”的党派加入了欧洲左翼党或其他“欧洲党”并成为其正式成员，就被认为自动地终止了“倡议”成员党身份，将会在“倡议”参与名单上被除名。如果参与“倡议”的党派解体了或者连年无缘无故地缺席参与“倡议”活动，就将会在“倡议”参与名单上被除名。“倡议”成员党可以自动退出“倡议”，或者如果其性质发生了改变，经四分之三的成员党同意后可以将其除名。

当然，加入欧洲左翼党或者其他欧洲党的共产党和工人党，如果其表明立场并彻底脱离欧洲左翼党，承认“倡议”创建声明和希望加入“倡议”，可以申请加入“倡议”，并遵守程序规定。

4.“倡议”机构

“倡议”设有全体会议和秘书处两个机构。全体会议由成员党在平等的基础上全员构成，每年至少召开一次，主要是交换观点、交流经验、决定成员党的联合活动、阐释对欧洲议题的立场。全体会议遵循协商一致的原则，在充分尊重成员党不同立场和观点的基础上达成共识，但不能违背“倡议”创建的基本原则。如果全体成员党同意，全体会议可以修订倡议的创建声明和程序规则。

全体会议选举产生秘书处，负责协调成员党在绝大多数议题上达成一致，并草拟联合声明。在紧急议题上，在不违背全体会议基本立场的基础上，秘书处可以自行发表声明，并决定和号召成员党参与联合行动。如果有必要，秘书处可以创建“工作组”来研究特殊问题并提交给全体会议。秘书处准备关于接收和移除成员党的议题，最终由全体会议做出决定。任何成员党，只要认为自己有能力承担起会议运输成本，有能力用英语交流，就可以申请加入秘书处。只要认为有必要、绝大多数成员党觉得可行就可以召开秘书处会议，并向所有“倡议”成员党开放。“倡议”全体会议决定秘书处的成员数量，但数量不能太多，这样才能保证其有效运行。如果秘书处成员过多，可以通过协商减少成员数量，如果协商不成，就公开投票决定。投票选举秘书处成员时，每个党派可以选举多个候选党，得票最多的党派当选，直到名额满为止，但必须保证至少一半秘书处成员来自欧盟成员国。秘书处总部设在雅典，总部网站也在那里，希腊共产党负责维护总部网站。目前，秘书处主要由九个党组成，分别是希腊共产党、匈牙利工人党、爱尔兰工人党、意大利共产党-共产主义人民左翼、拉脱维亚社会党、斯洛伐克共产党、西班牙人民共产党、瑞典共产党和土耳其共产党。

5.“倡议”的标志与联合行动

加入“倡议”的党派在接受创建声明并达成一致的基础上，确定“倡议”标志、发表欧盟议会参选声明和其他联合行动。“倡议”成员可以发行共同的海报，发布某些联合口号。加入“倡议”的党派可以将“倡议”标志与自己的党派标志结合起来使用。

6.“倡议”的财政方面

“倡议”不提供财务费。各党代表参加全体会议的费用（每年一次）、秘书处会议的费用（如果它想加入）以及联合行动的费用由每个党派自行承担。

二、欧洲共产党和工人党“倡议”的产生条件

第一，欧洲一体化遭遇重大信任危机，护欧、疑欧和反欧力量交织发展是其产生和发展的深厚社会历史条件。60 多年来，欧洲一体化不断向前发展，目前欧盟已经成为一个拥有 28 个成员国、437 万平方公里疆域、5.05 亿人口、11.7 万亿欧元产值的联合组织，其经济、政治、外交、文化和军事一体化程度越来越高。在这 60 多年里，对于欧盟的发展，从不缺少支持者，也不缺乏反对者。从政党的情况来看，如欧洲社会党团和欧洲人民党团就是坚定的护欧主义者，不少右翼民粹主义政党和激进左翼政党就是疑欧和反欧主义者。尤其是后者，“因为激进左翼政党一般持疑欧立场，试图改变欧盟的基础，开启一种新的欧洲观。当然，我们发现在某些环境下，比如在北欧国家，激进左翼政党已经把反对‘现存’的欧盟作为一个关键的身份标签”①。从欧盟广大的民众来看，疑欧和反欧的情绪也极为普遍。以西班牙为例，“据 2013 年秋天欧洲晴雨表显示，81%的受访西班牙人自称是很少或没有了解欧洲事务，这个比例比整个欧洲平均水平高出 12 个百分点。同样，71%的受访者表示他们不信任欧洲中央银行，65%的受访者对欧盟委员会不信任和 67%对欧洲议会不信任。关于欧盟在经济

① 卢克·马奇. 欧洲激进左翼政党［M］. 于海青，王静，译. 北京：社会科学文献出版社，2014：285-286.

危机中的角色，45%的受访者表示，欧盟走在了错误的道路上。西班牙人民党认为，这种情况出现绝不是偶然的，因为欧盟的这些管理机构作出的政策公开违反了西班牙劳动人民的利益”。可见，疑欧和反欧的共产党和工人党加强联合有着比较深厚的社会基础。

第二，欧洲资本主义深陷金融危机和债务危机泥潭与工人斗争的新发展是其产生与发展的经济基础和阶级条件。2008年爆发的这场金融和经济危机是1929年经济大萧条后资本主义世界最严重、最广泛、影响最为深远的一场危机，欧洲不少国家经济遭受重创，长期处于低增长或负增长的状态，部分国家到了资不抵债的地步。欧洲资本主义国家为使经济早日走出危机的阴霾，特别是深陷欧债危机的国家对内纷纷转而实施财政紧缩政策，削减社会福利甚至取消社会保障；对外联合美国和北约进行帝国主义干预和战争，在巴尔干、中东、中亚、非洲等地区争夺能源资源和市场，试图转嫁危机。资本主义为复苏经济而普遍采取的路线政策严重损害工人阶级和普通民众的基本权利，大量失业的工人和家庭再次被迫为危机“埋单”，不少国家分崩离析，民众流离失所，成为无助的难民。这种以牺牲工人阶级和普通民众利益来换取经济复苏的做法，不仅再次暴露出资本主义的狰狞本色，也进一步激化了阶级矛盾。欧洲人民反对资本主义救市政策的斗争此起彼伏，如2010年9月29日西班牙工人大罢工、2010年10月14日法国人民反退休制度改革大罢工、2012年11月14日欧洲23国工人联合大罢工等。针对欧盟国家的恐怖袭击也一波接一波，如法国巴黎的恐怖袭击、比利时布鲁塞尔恐怖袭击等等都历历在目。在这种情况下，为协调和加强工人阶级和广大民众反对深陷危机的资本主义欧盟的斗争，共产党和工人党的协调与联合就成为一种急需。这种独特的经济政治环境和积怨的各个阶级，为欧洲共产党和工人党“倡议”的产生和发展提供了战略机遇期。

第三，应对欧洲反共产主义的不断强化是其产生和发展的外在要求。苏东剧变后，尤其是进入20世纪以来，欧洲反共产主义从未停止过，而且不断进入法制化轨道。欧洲不少国家公开反对共产主义，扭曲社会主义历史，混淆共产主义与法西斯主义，助涨法西斯主义。一些波罗的海国家通过立法禁止使用和传播共产主义和法西斯标志。拉脱维亚在20世纪90年代早已实施类似法律。爱沙尼亚原计划在2007年实施有关法律，但由于当时爱沙尼亚首都塔林拆除苏军青铜战士塑像引起俄罗斯抗议，两国关系紧张，爱沙尼亚当局被迫暂停了有关法律的实施。立陶宛2012年通过和实施的相关法律规定，使用和传播共产主义和法西斯标志将面临150欧元到200欧元的罚款。原独联体国家格鲁吉亚和乌克兰也先后通过了相关法案。2011年格鲁吉亚议会通过反共产主义的“自由宪章”，对在公共场合使用带有苏联标志的行为将提起行政起诉。2015年4月9日，乌克兰议会通过法案，禁止纳粹和共产党的标志及其思想，违反者将被处以5到10年有期徒刑。乌克兰还公开宣称出席2015年5月9日莫斯科阅兵仪式的国家将破坏其与乌克兰的双边关系。在欧洲议会，还不断有资产阶级议员提出议案，要求欧盟通过反共产主义法律。因此，应对欧洲反共产主义的进攻，加强欧洲共产党和工人党的合作是最有效的还击方式之一。

第四，恢复和加强世界社会主义运动是其产生和发展的内在要求。苏东剧变给世界社会主义运动带来了巨大冲击。在欧洲，原来执政的共产党和工人党纷纷改旗易帜，坚守下来的共产党和工人党政治地位边缘化、意识形态多元化、组织机构松散化、阶级和社会基础碎片化、双边多边关系平淡化。“面对这种形势，工人阶级尝试建立一个意识形态和政治上的国际先锋组织就不仅仅是一个组织问题，或思想理论问题，而且是一个事关国际共产主义运动前途和未来的全面性问题。”① 另一方面，虽然共产党和工人党的处境困难，但相比 20 世纪 90 年代，21 世纪初的欧洲各国共产党和工人党经过顽强的斗争已基本站稳脚跟，力量和组织逐渐恢复与重组，有的甚至进入国家议会。因此，恢复和加强共产党工人党之间的联系与交流活动，共同商讨国际共产主义的重大问题，成为各国共产党工人党的必然选择。

第五，马克思主义理论和国际共产主义运动联合斗争的经验教训是其产生与发展的理论基础和历史依据。21 世纪具有不同于 19 世纪、20 世纪的新特点，但历史唯物主义基本原理仍然正确反映了人类社会的发展规律，马克思主义的资本论和帝国主义论揭示出的资本主义的秘密和规律没有过时，马克思主义的无产阶级国际主义和无产阶级政党理论仍然指导着各国共产党工人党的战略与策略。正是在马克思主义指导下，马克思主义工人政党不断探索建立不同形式和内容的国际合作平台，如国际工人协会、第二国际、第三国际、第四国际、各国共产党和工人党情报局、共产党工人党国际会议等，推动国际共产主义运动的团结与合作。实际上，从上个世纪末到现在，欧洲各国共产党就不断探索建立新的合作平台。1973—1989 年共产党及其联盟党团在欧洲一体化中十分活跃；1990 年法共、希共、葡共与东德、越南和朝鲜曾短暂尝试建立“第三个半”国际；1991 年法共和德国左翼党倡导建立了新欧洲左翼论坛；1993 年苏共 19 个主要政党创建了“共产党联盟-苏联共产党”论坛；1994 年欧洲联合左翼/北欧绿色左翼联盟党团组建；从 1998 年开始欧洲共产党各种专题性会议每年举办一次；1999 年开始每年召开一次世界共产党和工人党国际会议；2000 年欧洲反资本主义左翼创立；2000 年后红海地中海共产党会议多次召开；2004 年欧洲左翼党成立；2006 年开始每年召开巴尔干地区共产党和工人党会议。在马克思主义指导下开展的这些国际共产主义运动联合斗争无疑成为欧洲共产党和工人党“倡议”创建的宝贵经验。

第六，以希腊共产党为代表的马克思主义工人政党所付出的努力是其产生与发展的直接动因。希腊共产党是一个在欧洲甚至整个世界社会主义运动中十分活

① 王喜满. 希腊共产党探索世界社会主义国际联合的理论和对策［J］. 科学社会主义，2014（3）：143-146.

跃的马克思列宁主义工人政党。它坚持运用马克思主义理论武器，通过各种努力不断推进世界社会主义向前发展。它是“第三个半”国际的倡导者、积极参加了欧洲联合左翼/北欧绿色左翼联盟党团，2006—2008 年连续三年主办了欧洲共产党教育专题会议、1999—2005 年联系和主办了七次世界共产党和工人党国际会议，2011 年再次主办该会议，2000 年后的红海地中海共产党会议和 2006 年后巴尔干地区共产党和工人党会议也是它倡导主办的。可以说，希腊共产党为欧洲乃至世界社会主义运动做出突出贡献。欧洲共产党和工人党“倡议”也是希腊共产党首倡的，它还领导秘书处工作并承担网站建设工作。可见，欧洲共产党和工人党“倡议”的产生与发展与希腊共产党的直接贡献是密不可分的。

三、欧洲共产党和工人党“倡议”的理论主张

为揭露欧盟帝国主义性质，反击各种机会主义观点，捍卫社会主义历史，“倡议”围绕欧洲经济危机和主权债务危机、欧盟教育环境防卫政策、欧盟对外干涉活动、欧洲议会选举、欧洲反共产主义活动等议题阐述了自己的立场、观点和主张。

第一，揭示当前经济危机根源、关注危机后果和批判欧盟救市政策。

欧洲是 2008 年以来经济危机的重灾区。当前，人们正经历着资本主义危机带来的不利后果，在欧洲突出表现为高失业率。“自危机爆发以来，欧盟的失业人数是 3 千万。在 2014 年最后一个季度中，青年失业率在欧盟 28 个国家是惊人的 21.4％，在欧元区更是高达 23.2％，在希腊和西班牙青年失业率甚至超过 50％。这种情况也适用于欧盟以外的大多数主要资本主义经济体，如土耳其青年失业率为 20.4％，俄罗斯为 14.5％，乌克兰是 17.8％（2013 年）。”① 即使在这种情况下，欧盟各国不会损害垄断资本的利益，接连采取紧缩政策，大幅压缩工人阶级的工资、健康、卫生、教育、养老等各项福利，大幅降低劳动力价格，鼓吹所谓的弹性就业，废除集体劳动协议，给与雇主强制工人失业的自由，奴役工人阶级使其贫穷化，为此甚至不惜动用暴力工具镇压工人的反抗。如 2010 年 9 月 29 日西班牙工人阶级举行了反对西班牙政府紧缩政策的大罢工，西班牙政府就派警察部队进入马德里的航空公司，使用武器袭击工人，并逮捕了 8 名工人，提起了政治审讯。与资产阶级中右翼政党竭力为资本主义辩护不同，处在最前沿的“倡议”运用马克思主义理论指出此次经济危机的根源还在于资本主义固有的基本矛盾，即“建立在垄断力量和资本主义生产资料私有制基础之上的剥削制度，其特点是为了追求无限利润，使生产处于无政府状态，从而激化资本和劳工之

① Statement of the secretariat of the INITIATIVE on the situation of young workers and the state of vocational training. [EB/OL]. (2015-12-07) [2018-01-02] https://www.initiative-cwpe.org/en/news/STATEMENT-OF-THE-SECRETARIAT-OF-THE-INITIATIVE-ON-THE-SITUATION-OF-YOUNG-WORKERS-AND-THE-STATE-OF-VOCATIONAL-TRAINING/.

间的矛盾，这是资本主义经济危机爆发的基础”。“倡议”强调，欧盟资本主义的复苏水平与工人阶级付出的代价程度是正相关的。工人阶级不能被所谓资本主义的发展就是人民的繁荣所误导。工人阶级只有联合起来，为追求自身权利开展持续斗争才能终结雇主、垄断阶级及其政府的暴力镇压，才能换取真正的工作权利。

第二，在教育、环境、防卫等方面批判欧盟垄断资本立场，提出解决之道。

“倡议”认为，欧盟的教育系统是为资本主义剥削制度服务的，是为垄断资本服务的，是反人民反社会主义的。“一个教育体系反映了社会的主导思想，反映主导阶级的价值观。整个欧洲的教育系统掌握在拥有权力的垄断者手中，是维护剥削制度的工具，主要目的是教工人阶级的孩子们顺从他们的剥削者。这个教育体系本质上是一种阶级歧视，被设计来维持和加强这一点。”① 其主要表现是教育越来越交给赞助商，由垄断企业承担；教育日益商品化，只提供给那些能付得起的人，不同阶级的学生之间在教育方式、教育资源等方面有着巨大差异；不断减少国家投入、巨大的书籍短缺，严重的住宿不足、日益高涨的食堂价格、远距离的交通；教育的内容正变得越来越反动，学校的书籍包含反科学的思想架构、孤立的碎片化的知识、各种歪曲的历史、诽谤劳动和人民运动、反共反社会主义的知识、有关灵活就业和解雇自由的谎言、企业中阶级合作无限好的知识等。这样的教育现状迫使劳动人民的家庭诉诸贷款以维持学生的学业，从而承担了难以承受的负担，同时将导致年轻人思想和发展碎片化，顺从垄断资本统治的意识强化；当然，越来越多来自工人阶级和贫困阶层的学生被迫离开学校，去从事低报酬的工作。“倡议”提出，“教育应是全面的、从学前到研究生，从书籍到各种教学设备，应该尽力提供免费的教育；教育应该是普遍性的，受教育者包括移民学生、寻求庇护者和有特殊需要的学生等等；教育应该是非商业化的，这也意味着废除所有盈利的教育；教育应该是充分的，教育人员的短缺必须立即得到解决，所有毕业生必须有良好的就业权利”②。

“倡议”极力批判欧洲和其他国家的人民正在经历欧盟长期推行的环境政策，认为其带来了特别严重的后果，如水资源污染、洪水泛滥、森林被烧毁、水土持续流失、空气污染、免费绿地在城市和半城市地区大幅减少、土地进一步商业化、食品安全毫无保障、废弃物处理危害公众健康等等。“倡议”认为，欧盟要

---

① Statement of the Secretariat of the “INITIATIVE” on the problems of school students, university students and young workers［EB/OL］.（2015-11-04）［2018-01-02］https：//www.initiative-cwpe. org/en/news，Statement-of-the-Secretariat-of-the-INITIATIVE-on-the-problems-of-school-student-university-students-and-young-workers/.

② Statement of the Secretariat of the “INITIATIVE” on the problems of school students, university students and young workers［EB/OL］.（2015-11-04）［2018-01-02］. https：//www.initiative-cwpe. org/en/news，Statement-of-the-Secretariat-of-the-INITIATIVE-on-the-problems-of-school-student-university-students-and-young-workers/.

为此承担主要责任，因为欧洲自然环境不断遭受破坏，天然资源日益商品化都是资本主义长期发展的结果，是欧盟拒不奉行“污染者埋单”反动理念的结果。事实上，“只要生产资料私有制存在，环境就会继续恶化；只有建立在自然资源社会所有制及其利用社会化、中央计划以及以社会繁荣为标准而不是以利润为标准的生产的基础上，环境问题才能彻底解决”①。

“倡议”强调，欧盟的共同安全和防卫政策也越来越反动。比如，2013 年 12 月19—20 日，欧洲联盟召开关于欧洲共同安全及防卫政策的峰会，提出网络防卫政策架构及海洋安全策略，强调要加强协力合作以处理非法移民、组织型犯罪及恐怖活动，发展“远程控制飞行器系统”、空对空加油能力，成立卫星通信使用者小组，加强军事合作、成立“无人机俱乐部”等。“倡议”在欧盟峰会的当天就指出，“当工人阶级和欧洲人民正在饱受由欧盟和成员国政府为了增加大公司利益而实施的反劳工和反人民措施带来的严重后果的时候，欧洲峰会却在增加‘欧洲防卫工业’的花费，这种不顾工人阶级和人民对资源的需求，而将国民税收用于支持军事工业垄断团体发展对外侵略和干预武器，从而提升控制更大地缘政治和实施全球范围军事打击能力的做法，反映了欧盟的资本独裁性、垄断本性和帝国主义特质”②。“倡议”强调，欧洲工人阶级和普通群众必须去捍卫他们选择国家发展道路方式的权利，包括从欧盟和北约退出的权利以及选择社会主义的权利。世界和平只有在尊重人民主权权利的基础上，通过建立基于共同利益的国家合作关系上才能达到。

第三，反对军事版北约和经济版北约，批判欧盟的帝国主义性质。

在过去的几年里，欧盟和美国、北约一道发动对外干涉活动不断。它们对乌克兰进行帝国主义干涉，支持法西斯力量控制的乌克兰政府对抗俄罗斯；支持以色列对巴勒斯坦人民上演残暴袭击；武装圣战者攻打叙利亚；以“提供人道主义援助和保护”等众所周知的荒唐借口对伊拉克进行轰炸；向非洲的马里、利比亚、苏丹和乍得等国家派出远征军以剿灭曾由它们支持和武装起来的伊斯兰教徒，等等。“倡议”深度关切正在发生的大范围的战争，指出从乌克兰、地中海东南部到中东和非洲，正在上演的帝国主义侵略造成了受害国的分崩离析，成千上万的人死亡、受伤、流离失所。“这些战争是垄断集团之间为争夺利益而进行帝国主义武装对抗。在资本主义经济危机状况下，商业集团和帝国主义强国激烈

① Statement of the Secretariat of the Initiative on World Environment Day [EB/OL]. (2015-06-04) [2018-01-02]. https://www. initiative-cwpe. org/en/news/ Statement -of -the-Secretariat -of -the-Initiative- on- World- Environment- Day.

② Resolution of the COMMUNIST INITIATIVE on the EU Summit for Common Security and Defence Policy [EB/OL]. (2013-12-19) [2018-01-02]. https://www. initiative-cwpe. org/en/news, Resolution- of- the- COMMUNIST -INITIATIVE-on-the-EU-Summit- for-Common- Security- and- Defence- Policy.

的对抗集中在能源资源和运输路线上。其中，欧盟在帝国主义侵略中起着主导作用。"①

除了反对军事版北约外，"倡议"提出还要拒绝经济版北约，即"跨大西洋贸易与投资伙伴协议"。"倡议"的基本立场是：通过该协议，欧洲和美国垄断资本试图建立一个覆盖约40％的世界贸易、约占世界生产总值一半、超过8亿人的大经济区，其目的是清除大西洋两岸垄断扩张的任何障碍。协议一旦达成，与垄断利益直接相关的诸多经济部门法律、规则将进一步调整，劳动关系、健康、安全规则和结社自由的权利将被进一步更改，美国和欧洲垄断集团将有充分的自由加大对各国工人阶级的剥削，其结果是工人和绝大多数民众的生活每况愈下。因此，这项协议的谈判与资本主义国家的国际力量平衡的转变密切相关，是与新兴资本主义大国矛盾激化的结果。它只能被视为垄断政策的扩张，在根本上与广大民众的基本需求和利益相冲突。人民不能相信欧盟及"跨大西洋贸易与投资伙伴协议"机构提供的虚假承诺②。因此，"倡议"呼吁工人阶级和欧洲人民拒绝和反对这个经济版北约，这也是反对欧盟和垄断资本的重要组成部分。

第四，批判改良主义和机会主义的主要代表欧洲左翼党。

"倡议"认为，欧洲左翼党是机会主义的典型代表，实质上支持欧盟一体化，支持欧盟的帝国主义行动，并在广大民众中极力宣扬欧盟进步性的党，其危害性很大。"倡议"指出，欧洲左翼党自2004年成立以来，表现出明显的亲帝国主义立场。从欧洲左翼党的纲领和活动来看，欧洲左翼党的主导力量不能也不愿意与欧盟决裂，他们甚至呼吁欧盟在全球事务中发挥更大作用。如欧洲左翼党提出一系列迷惑理念："欧盟能够作为一个进步的政治空间存在""在社会主义和资本主义之间存在着某条中间道路""需要将现有的工具转变为为人类服务的协作型工具""通过欧元体系结构和欧洲合作模式的激进变革从根本上实现欧元区的转型"等等。如去年德国左派党就从它们宣言中删除了最初关于将欧盟看作"新自由主义、军国主义以及很不民主的政权"的论述。可见，在"倡议"看来，欧洲左翼党将欧盟看作一个潜在的维护和平与稳定的力量，而不是跨国资本主义联盟。它已经融入了欧盟的制度框架，加入妥协的行列，参与到扭曲共产主义运动和社会主义国家历史中来，曲解资本主义本质和资本主义危机的真正实质，拒绝同欧盟决裂。它及其所谓的"左翼政府"已经成为资本主义体制的"总管"，已经成为帝国主义战略的重要组成部分，已经成为全力拥护资本利益，阻碍工人阶级激进

① Statement of the Secretariat of the "INITIATIVE" on the ongoing imperialist interventions and rivalries [EB/OL].（2014-08-25）[2018-01-02]. https：//www. initiative-cwpe. org/en/news，Statement-of-the-Secretariat-of-the "INITIATIVE" on-the-ongoing-imperialist-interventions-and-rivalries.

② Statement from the European Communist Initiative on the TTIP [EB/OL].（2015-09-07）[2018-01-02]. https：//www. initiative-cwpe. org/en/news，Statement-from-the-European-Communist-Initiative-on-the-TTIP.

化的势力。社会民主主义和机会主义与阶级斗争和社会主义革命是水火不容的。当前情势下，需要的是加强共产党反对帝国主义联盟、争取社会主义和废除剥削制度的坚决斗争，而在意识形态方面加强与机会主义的斗争，必须抨击在欧洲最具代表性的欧洲左翼党。

第五，赞扬十月革命和社会主义的历史功绩，反对欧洲反共产主义进攻。

“倡议”强调十月革命的重大意义，正如列宁指出的，“重要的是，坚冰已经打破，航路已经开通，道路已经指明”①。十月革命开创了人类历史的新纪元，使人类社会由资本主义向社会主义过渡。工人阶级联合广大的贫苦阶层掌握了政治权力、生产社会化，计划经济以及工人的社会控制等的实行，最终是为了建立新的社会主义——共产主义社会来满足人们的需求。十月革命的实践充分证明，由马克思列宁主义指导下的共产党在保护广大的劳苦大众免受压迫的过程中，起着至关重要的作用。无论社会主义敌人有多少诽谤攻击，资产阶级和机会主义的辩解者们都无法抹去社会主义在人类斗争中作出的巨大贡献。苏联在反法西斯战争中起着决定性的作用。社会主义国家失业问题得到解决，工作权利得到保证，工作时间缩短，社会安全得以保障，现代卫生服务和真正的教育为人们免费提供并成为公民的现实权利。儿童、青年以及年老多病者得到应有的照顾，住房、体育、文化和创新能力得以保障。社会主义国家致力于世界和平，成为与帝国主义侵略相抗衡的力量。20 世纪末反社会主义的革命颠覆也无法改变这个新时代的特征。但共产党应该从错误中吸取教训，总结经验。无论如何，社会主义是适应时代发展需要的！因此，“倡议”强烈谴责欧洲资本主义势力发动的反共攻势，迫害和禁止共产党活动的行为，反对对共产党人的审判，反对取缔共产主义符号的做法和禁止传播共产主义思想的法案，反对将共产主义等同于法西斯主义怪物的做法。因为法西斯主义是资本主义本身的产物，并被其滋养壮大。法西斯主义是建立在资本主义剥削基础上的垄断政权的最极端形式。

四、欧洲共产党和工人党“倡议”的实践活动

根据国际形势的变化，在工人阶级和人民群众所关心的问题上，“倡议”通过发表声明、召开会议、海报宣传、干预选举、议会提案、设立项目、示威游行、组织出访等方式采取积极干预行动，加强欧洲共产党的协调与合作，扩大影响，维护人民利益。

第一，发表各种声明阐明自身立场，召开各种会议，形成决议，安排接下来的工作任务，这是目前“倡议”实践活动的主要方式。从创建至今不到三年时间，“倡议”共发布声明 29 份，内容涉及欧洲工人阶级、青年问题、妇女问题、教育问题、环境问题、防卫政策、移民问题、选举问题、社会问题、恐怖袭击问题、难民问题、卫生福利和国际问题等十多个方面。“倡议”全体会议一般每年

① 列宁. 列宁选集（第四卷）[M]. 北京：人民出版社，1995：569.

召开一次，秘书处的会议则是经常性的召开。会议的议题主要是比较紧迫的欧洲或国际问题，如2014年10月3日召开秘书处工作会议，总结一年来的工作成绩，存在的问题和主要任务；2015年5月11日，“倡议”发布了《“倡议”秘书处关于乌克兰反共产主义和危险形势的决议》；2015年8月9日“倡议”秘书处在雅典召开的会议通过了《关于人民反法西斯胜利70周年的决议》等等。

第二，通过发布宣言、海报竞赛、提出议案等方式干预欧洲议会选举和运行。如2014年1月29日“倡议”发布了《共产党和工人党关于工人阶级和人民斗争形势以及欧盟议会选举的宣言》，向广大工人、个体户、手艺人、小农场主、妇女、年轻人以及有特殊需求的人揭示了欧盟的帝国主义本质及其欺骗性，呼吁欧洲各国共产党和工人党为建设一个人民富裕、社会进步、民主平等的社会主义联盟而奋斗。2014年3月26日，在欧洲议会选举前，“倡议”秘书处组织了一场海报设计竞赛活动，围绕“欧洲人民反欧盟以及国家资本主义联盟的斗争”这一主题，在欧洲范围内呼吁年轻的创造者、设计者和艺术家通过图画的形式表达欧洲人民反对欧盟的行为和愿望。优胜作品将被“倡议”使用和推荐，并在全欧洲进行展示。希腊共产党的两位欧洲议会议员索蒂里奥斯（Sotirios）和康斯坦丁（Konstantinos）还就欧洲共同防卫体系改革、欧盟-土耳其协议、希腊经济调整计划、欧洲刑警组织、地中海形势、土耳其政府的专制与政治迫害、对乌克兰共产主义青年的迫害、对叙利亚共产主义青年的迫害、以色列对巴勒斯坦儿童的谋杀、北约在爱琴海的军事行动、难民问题、日益增多的恐怖袭击等问题在欧洲议会或提出议案，或进行辩护，或进行批判，表达自己的立场。

第三，通过发布声明、出版刊物等方式支持成员的选举斗争和社会主义斗争。支持“倡议”成员在各国的选举活动，为其在整个欧洲进行宣传造势活动也是“倡议”的一项重要活动。如2015年5月20日“倡议”发表了《支持西班牙人民共产党选举的团结声明》。声明宣扬了西班牙人民共产党在西班牙举行的地方和区域选举中的口号是“工人阶级的声音”，只有西班牙人民共产党是真正维护工人阶级的权利的党。在2015年5月20日“倡议”发表的《支持土耳其共产党选举斗争的声明》中，“要求释放因为敌视政府而没有任何法律依据被逮捕的三名土耳其共产党员。而土耳其共产党的候选名单由纯女性构成。这550女候选人名单对妇女权利在土耳其遭受严重侵犯的情况来说是一个巨大的挑战，表明了土耳其劳动妇女有权就职于伊斯兰政府”①。另外，针对格鲁吉亚议会通过反共产主义“自由宪章”，2014年1月29日，“倡议”发布的《格鲁吉亚议会禁止共产主义思想》声明指出，“格鲁吉亚议会通过的禁止共产主义思想和使用共产党标志的法案是违反格鲁吉亚宪法的。该法案严重侵犯了格鲁吉亚人民的言论自

① Solidarity Statement with the Communist Party，Turkey [EB/OL].（2015-05-15）[2018-01-10]. https://www.initiative-cwpe.org/en/news/Solidarity-Statement-with-the-Communist-Party，Turkey.

由，是对格鲁吉亚富足的社会主义历史的否定，是反人类反历史的”①。“2015年5月11日，《欧洲共产党“倡议”秘书处关于乌克兰反共产主义和危险形势的决议》强调，“随着法西斯主义在乌克兰崛起，乌克兰发生反共产主义攻势的危险情势就并非偶然了。乌克兰议会通过法案，将共产主义等同于法西斯主义，并禁止传播共产主义和共产党标志，其目的是进一步固化反共产主义歇斯底里，将共产党和其他反帝国主义组织的抵抗运动视为非法，以便从乌克兰人民的意识中抹掉共产主义印记”。“倡议”全力支持乌克兰共产党，并呼吁坚决加强共产党人在各个国家的活动，给乌克兰反共产主义以打击。更为重要的是，“倡议”要核查每个国家的反对共产主义事件，并在欧盟议会组织一次集体干预。同时，出版关于共产主义运动为人民而斗争的书籍，使广大青年了解社会主义的历史贡献、了解社会主义的历史真相。

第四，通过出访、组织游行示威、设立研究项目等活动声援正义斗争和反帝国主义斗争。自“倡议”创建以来，各成员党在本国组织了很多次反对欧盟紧缩政策和本国压缩人们福利的示威游行活动，取得了一定的成效，其中希腊共产党领导的希腊工人运动成为整个欧洲工人运动的突击队。在2013年欧盟安全峰会和2014年北约威尔士峰会召开期间，“倡议”也组织了反对欧盟共同安全和防卫政策和北约侵略行径的示威游行活动。针对遭受迫害和侵略而形势紧迫的巴勒斯坦和乌克兰，2014年“倡议”全体会议作出了派出代表团访问巴勒斯坦和乌克兰的决定，并在2015年成功出访，表达了对两国人民和共产党人的支持，扩大了影响，同时还作出了要对以色列进行抵制、撤资和制裁的决定。为了更好地揭露欧盟和北约的侵略行为，“倡议”还在巴尔干半岛发起成立了一个研究北约和其军事基地作用的项目。

五、欧洲共产党和工人党“倡议”的特点与作用

（一）特点

欧洲共产党和工人党“倡议”是一个欧洲地区反欧主义十分明显的合作平台。

1. 从“倡议”的性质来看，它是一个新型的反欧多边合作平台。第一，它不是过去“共产国际”类型的共产党国际组织，参加“倡议”的各党不是“倡议”的支部，也没有要求必须是坚持民主集中制的党，也没有规定成员必须遵守“倡议”作出的决议，但它与“共产国际”又有部分相同点，参加的党都必须坚持批判机会主义和改良主义，都必须坚持科学社会主义基本原则，都必须坚持批判帝国主义的欧盟。第二，它是一个游离于欧盟体制外的合作平台，不是一个欧

① Prohibition of the Communist ideology by the Parliament of Georgia [EB/OL].（2014-01-29）[2018-01-10]. https：//www. initiative-cwpe. org/en/news，Prohibition-of-the-Communist-ideology-by-the-Parliament-of-Georgia.

洲议会的“欧洲政党”。因为欧洲政党是建立在“马斯特利赫特条约”“欧洲政党法”等基础上的，欧洲议会对欧洲政党有强大的约束力，因此，“倡议”是一个虽然创建于欧洲议会会议室，但却“身处”欧洲议会之外的反欧盟的共产党合作平台，它不希望为了争取欧盟的财政支持而放弃反对欧盟的立场，或者被迫社会民主党化。第三，它也不同于“世界共产党工人党国际会议”这样的合作平台，当然从规模看，欧洲共产党和工人党“倡议”更加区域化、小型化；从成员看，“世界共产党工人党国际会议”更加多元化，大多数世界共产党和工人党都可以与会，而欧洲共产党和工人党“倡议”的成员则必须是坚持科学社会主义基本原则并反对欧盟资本主义一体化的共产党；从内容看，世界共产党工人党国际会议涉及问题更为广泛，而欧洲共产党和工人党“倡议”更加专题化，主要针对的是欧洲问题。因此，“倡议”是一个以科学社会主义基本原则为基础，以反欧盟资本主义一体化为主要斗争目标，以欧洲共产党为主要成员的新型多边合作平台。

2. 从组成成员来看，包含了欧洲大多数国家的数量小，但十分坚定地反欧主义共产党和工人党，甚至还有托洛茨基主义的党。具体地说，第一，都是各自国家中边缘化或者力量比较小的共产党。参加会议的共产党从党员的数量来看，没有超过三万的，从目前在本国的地位来看，像希腊共产党这样在议会中有席位的党少之又少，不少成员还面临着各自国家反共产主义的攻势。第二，在欧洲激进左翼线谱上，属于更为保守的激进左翼。参加“倡议”的共产党是那些在苏东剧变后仍然坚持马克思列宁主义，仍然极力反对社会民主党化、大多坚持民主集中制，仍然反对欧盟现存体制的党。第三，以欧盟国家共产党为主，但也有不少欧盟之外的党参加，如俄罗斯、白俄罗斯、乌克兰等国家的共产党组织也参与了进来。第四，其成员力量虽小，但数量众多，与欧洲左翼党来自20个国家及26个成员党相比，欧洲共产党工人党“倡议”由来自27个国家的29个党组成，其成员几乎遍及整个欧洲。第五，在参加“倡议”的成员中还有托洛茨基主义的党，如法国革命共产主义同盟，这是欧洲共产党工人党团结合作出现的新现象。

3. 从组织原则来看，独立自主且比较平等，但极力反对改良主义和机会主义政党。欧洲共产党工人党“倡议”的运行框架具有以下几个特点。第一，独立自主。与会的各党有选择参加和不参加的权利，在会上有发表不同意见和观点的，其参与产生的费用也各自承担。第二，比较平等。不管与会党力量大小，各党在“倡议”中的地位上都是平等的，权利义务也是相同的，没有任何一个政党有超越其他政党的任何特权。第三，协商一致。“倡议”作出的决定、发表的声明，开展的活动都是在全体会议充分讨论，尊重各种意见建议的基础上，协调作出的。秘书处虽然有紧急情况下的自行发表声明、号召成员党参与活动的特殊权利，但也是在遵守基本立场的基础上作出的。第四，排他性。欧洲共产党工人党“倡议”具有指向性的排他性。即如果一个共产党是“倡议”的成员，就不能是欧洲左翼党的成员，两者不可兼得。因此，“倡议”实际上与其所认为的改良主义和机会主义的欧洲左翼党是对立的。

4. 从联合活动来看，欧洲共产党工人党“倡议”的理论和实践活动聚焦欧洲、反帝反欧、捍卫社会主义。第一，以研究和阐释欧盟问题为主要问题域。“倡议”研究和阐释的问题都是与欧盟相关的问题，即使有些问题看起来不是欧盟领域范围内的事情，但却与欧盟有着千丝万缕的联系。第二，以反帝反垄断反资本主义和捍卫并实现社会主义为主要目标。“倡议”的奋斗目标不是在欧盟内部实现改良，而是从要求脱离欧盟和北约，建设一个人民富裕、社会进步、民主平等、和平美好、没有人剥削人的社会主义欧洲。第三，以希腊共产党为主导。虽然看起来欧洲共产党工人党“倡议”有29个政党，秘书处也有9个政党，但实际上真正起主导作用的是希腊共产党。因为，“倡议”是希腊共产党发起成立的，秘书处总部也在雅典，网站也有希腊共产党维护，议题大多由希腊共产党提起，每年的秘书处工作报告也由希腊共产党国际部负责人来做。另外，希腊共产党本身在所有成员中是力量比较大、活动比较多的，希腊共产党不仅在本国议会有议席，在欧洲议会也有2个议席。因此，希腊共产党的理论主张和实践活动在欧洲共产党工人党“倡议”中的作用是显而易见的。

（二）作用

第一，“倡议”的创建是欧洲共产主义运动的一大表现。苏东剧变后，不少人认为国际共产主义运动已经消失不见了。应该说，“倡议”的创建说明在欧洲不仅存在着疯狂的反共产主义宣传、法律和暴力，还有一些坚持马克思主义无产阶级国际主义的共产党在为之奋斗。姑且不论其前途如何，但这种勇于奋斗，敢于联合起来旗帜鲜明地反对欧盟、反对北约的精神，试图彻底改变欧盟，从源头上维护工人阶级根本利益的做法，也代表了欧洲的一种声音，也是当代国际共产主义运动的一种声音。

第二，“倡议”有利于推动欧洲反帝反垄断反战争的斗争，有利于维护欧洲工人阶级和普通民众的根本利益。“倡议”创建的初衷就是要加强欧洲各国共产党和工人党的联合与协作，积极开展揭露欧盟帝国主义本质的斗争，反对帝国主义干涉和战争的斗争，维护在资本主义危机中遭受打击的工人阶级和普通民众利益。从目标的角度来看是正义的，符合工人阶级和广大民众利益的，也在一定程度上反映了工人阶级、移民、妇女、小手工业者等社会群体的声音。应该说，它站在了维护工人阶级和广大民众利益的最前沿，站在反帝反垄断反战斗争的前沿，也站在了维护社会主义、捍卫社会主义的前线。

第三，有利于欧洲共产党的部分团结，但又客观上造成了与其他类型共产党的分离。欧洲共产党在联合与合作方面之前也探索了不同的形式，如新欧洲左翼论坛、“共产党联盟-苏联共产党”论坛等左翼论坛、欧洲联合左翼/北欧绿色左翼联盟党团等左翼议会党团、欧洲反资本主义左翼和欧洲左翼党等欧洲政党联合组织、红海地中海共产党会议和巴尔干地区共产党工人党会议等。尤其是欧洲左翼党的成立，不仅其内部分歧严重，而且其对欧盟的态度也比较模糊，因此，引起了不少激进左翼政党的批评。“倡议”的创建，应该说将批判或者反对欧洲左翼党的共产党团结了起来，但在事实上也造成了欧洲共产党的分离。从目前来看，欧洲的共产党主要有三类。一类是欧洲左翼党成员，一类是欧洲共产党工人党“倡议”成员，还有一类就是游离于这两种形式之外的部分共产党。

第四，“倡议”的作用总体来说还是比较弱小，影响力尚待提高。其秘书处的 2015 年工作报告很好地概括了其目前的处境。“当前的主要问题是要坚定地支持其功能和活动，同时加强各党在各国的斗争。也就是说，各党要有责任感，加强对欧盟现状的研究，并根据意识形态和政治斗争的需要提出具体干预措施并努力使其实现。迄今为止积累的经验表明，在干预方面我们在短期内取得了进展，尤其是秘书处成员内部抓住一切机会，在‘倡议’创建声明的基础上，开展了具有革命性的干预活动。接下来，让更多的共产党，共产党的朋友，各个国家的工人阶级了解‘倡议’的活动是极其重要的一点。”①

总体来看，欧洲共产党和工人党“倡议”是欧洲共产主义运动团结合作的最新平台。在欧洲一体化和欧洲经济危机不断深化、欧洲反共产主义不断强化、欧盟对外干涉活动日益频繁和欧洲人民反抗情绪不断激化的情况下，欧洲范围内立场相近的马克思主义工人政党为揭露欧盟帝国主义本质，捍卫欧洲人民利益、追求欧洲社会主义美好未来、加强欧洲地区共产党的团结协作，在 2013 年创建了这一游离于欧盟体制之外的“倡议”平台。该平台的创建在一定程度上汇聚了反欧盟的欧洲共产主义力量，为欧洲共产党和工人党分析形势、沟通思想、凝聚共识、谋划未来创造了条件。

（撰稿人：辽宁大学马克思主义学院　王喜满　韩愚　牛雅茜）

① “INITIATIVE” of the CPs of Europe: report of work and decisions regarding its next activities [EB/OL]. (2014-10-08) [2018-01-10]. http: //www. initiative-cwpe. org/en/news/ “INITIATIVE” of the CPs of Europe: Report of work and decisions regarding its next activities.

2017 年国际共运大事记

一月大事记

1 月 6 日，南非共产党召开前总书记乔·斯洛沃同志逝世 22 周年纪念大会。

1 月 6 日至 8 日，印度共产党（马克思主义）召开中央委员会全会，通过了《政治发展报告》，分析了自身面临的国内外形势及采取的策略和措施。

1 月 11 日，美共参加了在康涅狄格州哈特福德议会大厦女性游行集会，并指出，女权就是人权，在支持女权问题上，“我们绝不后退”。

1 月 12 日至 15 日，应中国共产党中央委员会总书记、中华人民共和国主席习近平的邀请，越南共产党中央委员会总书记阮富仲正式访问中国。

1 月 15 至 18 日，日本共产党召开第二十七次代表大会。

1 月 21 日，俄罗斯联邦共产党组织纪念列宁逝世 93 周年活动。

1 月 22 日，土耳其共产党举行“回归”大会，宣布恢复党的名称，继续以“土耳其共产党”的名义开展政治活动。

1 月 23 日，来自 30 个国家的 41 个共产党和工人党在布鲁塞尔召开第十次欧洲共产党会议。与会党代表围绕“十月革命百年诞辰，资本主义-垄断-欧盟带来的危机、战争和贫困，社会主义是适时和必要的”的主题分析形势，沟通思想，凝聚共识，谋划未来，最后达成了一份所有与会党派签字并由希腊共产党发布的《新闻公报》。

1 月 25 日，朝鲜劳动党中央委员会发布关于 2017 年年底召开万里马先驱大会的公报。

1 月 28 日，葡萄牙共产党召开纪念十月革命一百周年大会，葡萄牙共产党总书记热罗尼姆·德索萨在开幕式上发表讲话，重申“我们将纪念十月革命一百周年，我们现在是，将来也是共产主义者!”，强调最重要的是葡萄牙共产党要坚定共产主义理想。

二月大事记

2 月 6 日，南非共产党西开普省委在开普敦举行纠察会，加强南非共产党反对寻租和“寄生（资产）阶级”占领企业和掠夺南非国有企业。

2月7日，俄罗斯联邦共产党在莫斯科主办人民爱国力量理事会会议。

2月12日，朝鲜发射“北极星-2”型地对地中远程战略弹道导弹。

2月15日，朝鲜劳动党在平壤举行金正日诞辰75周年庆祝中央报告大会。

2月21日，古巴领导人劳尔·卡斯特罗接见了由美国佛蒙特州民主党参议员帕特里克·莱希（Patrick Leahy）和密西西比州共和党参议员萨德·科克伦（Thad Cochran）率领的美国国会代表团。

2月18日至19日，葡萄牙共产党中央委员举行会议，分析了国际形势、社会政治形势和群众斗争的发展。

2月21日，日本共产党代表团访问越南。

2月24日，南非共产党在约翰内斯堡召开第十三届中央委员会第十九次全体会议。

2月28日，白俄罗斯共产党召开第四届中央全会。

三月大事记

3月1日，越南共产党和中央理论委员会第二次会议召开，研究完善社会主义定向市场经济体制的实践和理论问题、继续革新私营经济发展鼓励机制和政策的理论和实践问题。

3月3日至13日，中国人民政治协商会议第十二届全国委员会第五次会议在北京召开。

3月4日，葡萄牙共产党召开成立96周年庆祝大会。

3月5日，俄罗斯联邦共产党组织纪念斯大林逝世64周年活动。

3月5日至15日，中华人民共和国第十二届全国人民代表大会第五次会议在北京召开。

3月6日，老挝国会主席巴妮应邀对越南进行正式友好访问。

3月19日，朝鲜劳动党委员长、国务委员会委员长、人民军最高司令官金正恩观看国防科学院新研发的朝鲜式大功率发动机地上点火试验。金正恩指出，新型大功率发动机的研制和完成，为朝鲜在宇宙开发领域也堂堂地比肩世界一流的卫星运载能力，巩固了科技基础，堪称“3·18革命”的历史性日子。

3月25日，俄罗斯共产党在莫斯科举行中央委员会和中央纪律监察委员会联席全体会议，提出与反苏反俄作斗争任务。

3月26日、4月30日，南非共产党豪登省举行两场“伟大的十月社会主义革命”纪念会。

3月31日至4月2日，意大利重建共产党召开了“新的人道主义”第十次全国代表大会，对国际社会政治经济上的不平等以及经济危机以来，包括意大利在内的资本主义国家所面临的政治经济问题做了概括和总结，明确了党以后的奋斗目标和实现社会主义的路径。

四月大事记

4 月 1 日，土耳其共产党伊兹密尔支部召开会议，讨论修宪公投（实现总统制）中的“否”选项，强调工人阶级不能仅仅投反对票，还需积极参与斗争和组织。

4 月 9 日，南非共产党西开普敦联合非国大及古巴的友人一起在开普敦市卡哈也沙举行南非共已故总书记克里斯·哈尼纪念会。

4 月 12 日，澳大利亚共产党发表声明，强烈谴责美军轰炸叙利亚的行为，认为这是对一个主权国家的袭击，是违反国际法的。

4 月 17 日，美国共产党全国委员会发表声明，谴责美国对叙利亚的军事打击，认为这是对地区和世界和平的非法威胁，要求美国停止对叙利亚的干预。

4 月 18 日至 19 日，印共（马）召开中央委员会全会，通过了《政治发展报告》，分析了自身面临的国内外形势及采取的策略和措施。

4 月 19 日，在古巴首都哈瓦那召开的古巴第九届全国人民政权代表大会上，迪亚斯-卡内尔当选为古巴国务委员会主席。

4 月 23 日，南非共产党在姆巴塞鲁—圭达行政区（曼德拉地区范围）举行了南非已故总书记克里斯·哈尼逝世 24 周年纪念会。

五月大事记

5 月 1 日，保加利亚共产者联盟、保加利亚共产党人党、保加利亚共产党和保加利亚工人党（共产者）27 年以来首次于 5 月 1 日共同举行游行活动。从阿里亚娜湖到兄弟墓，巴维尔·伊万诺夫、斯巴思·斯巴索夫、瓦西里·科拉罗夫以及“切·格瓦拉”运动代表等共产党人在红旗的指引下行进。游行队伍宣读了节日宣言和米尔切·亚历山大罗夫关于工人斗争的发言。保加利亚共产者联盟主席巴维尔·伊万诺夫代表“切·格瓦拉”运动表达了阶级斗争以及同商业压榨斗争的目标，号召建立左翼空间，即劳动者力量的推翻资本主义的联盟。

5 月 1 日，土耳其共产党发表《与土耳其共产党一起过五一》的声明，呼吁世界工人阶级共同承担历史责任。

5 月 5 日，越南共产党十二届五中全会举行。会议通过《关于完善社会主义定向的市场经济体制的决议》《关于继续重组和革新提高国企效益的决议》《关于发展私营经济使之成为社会主义定向市场经济的重要动力的决议》。会议高票通过对越共政治局委员、胡志明市市委书记、越南国家油气集团前党委书记和董事长丁罗升进行处分的决定，对丁罗升处以警告，并免除其越共十二届政治局委员的职务。

5 月 9 日，葡萄牙共产党举行庆祝世界反法西斯战争胜利集会，认为在纪念十月革命 100 周年之际，庆祝世界反纳粹法西斯主义胜利具有特别的意义。

5 月 12 日至 13 日，摩尔多瓦共产党人党举行纪念十月革命 100 周年和列宁

《四月提纲》学术研讨会。

5月14日，朝鲜试射地对地中程战略火箭“火星-12”型，朝鲜最高领导人金正恩在现场指挥。

5月15日，应中国国家主席习近平邀请，越南国家主席陈大光对中国进行国事访问并出席“一带一路”国际合作高峰论坛。访问期间，双方签署了《中国外交部和越南外交部关于加强新形势下合作的协议》《中国商务部和越南工贸部关于电子商务合作的谅解备忘录》《中共中央党校与越南胡志明国家政治行政学院合作谅解备忘录》等合作文件。

5月17日，澳大利亚共产党发表声明，声援玻利瓦尔革命、尼古拉斯·马杜罗政府和委内瑞拉人民。

5月21日，意大利重建共产党召开左翼政治势力会议，和左翼政党讨论意大利的局势和发展状况。

5月22日，朝鲜再次进行“北极星-2”型地对地中远程战略弹道导弹试射，朝鲜最高领导人金正恩到现场观看。李秉哲、金正植、郑升一、赵甬元等朝鲜劳动党中央委员会责任干部与朝鲜人民军战略司令官、战略军大将金洛谦等随同参加了活动。

5月22日，越南十四届国会第三次会议召开。

5月22日—25日，第二十届平壤春季国际商品展览会在三大革命展览馆举行。朝鲜、中国、白俄罗斯、伊朗、意大利、印尼、越南、古巴等国家和地区的230家公司参加了展览会。

5月23日，古巴共产党中央书记处书记何塞·拉蒙·巴拉格尔·卡弗雷拉（Jose Ramon Balaguer Cabrera）率团访越。

5月24日，尼泊尔总理普拉昌达正式宣布辞去总理职务。普拉昌达当天在首都加德满都向全国发表电视讲话。在约40分钟的讲话中，他谈到他在不到300天时间内的主要政绩，包括经济快速增长、电力不再短缺等。

5月25日，第十三次中越两党理论研讨会在河南郑州举行。越共中央政治局委员、中央书记处书记、中央宣教部部长武文赏率团出席会议。同日，越南政府发出《关于管理和发展工业集群的决议》。

5月27日，摩尔多瓦共产主义青年团举行第八次全国代表大会。

5月27日至28日，俄罗斯联邦共产党在莫斯科召开了第十七次全国代表大会。

5月27日至28日，土耳其共产党召开第十二次代表大会，会议主题为“授予土耳其人选择社会主义的权利”，全国共有383位代表出席。大会批准通过了《党纲的序言》《论党和党内生活》《党史文件》《党的政治目标和组织目标（2017.6-2018.6）》等文件和《六月抵抗运动四周年》《关于“富人的权力”》《与玻璃工人团结一致》《关于紧急状态的政策》《土耳其共产党的外交事务》《与委内瑞拉人民团结一致》《与古巴团结一致》等七项政治决议。

六月大事记

6月3日，越南共产党中央做出《关于完善社会主义定向市场经济体制的决议》。

6月5日，摩尔多瓦共产党人党及摩尔多瓦共产主义青年团成员向诗人普希金纪念碑敬献鲜花，纪念普希金诞辰218年。

6月17日，葡萄牙共产党在里斯本召开“社会主义，现在与未来的需求”研讨会，纪念十月革命100周年。

6月21日，越南十四届国会第三次会议闭幕。会议通过13项法律提案和5项决议草案。13项法律提案包括：《铁路法（修订）》《外商管理法》《武器、爆炸性材料和辅助工具管理使用法》《中小企业补助法》《国家资产管理使用法（修订）》《水利法》《技术转交法（修订）》《国家赔偿责任法（修订）》《警卫法》《旅游法（修订）》《法律援助法（修订）》《规划法》《第100/2015/QH13号刑事法若干条例补充修订》。5项决议草案包括：《关于实施刑事法的决议》《关于制定2018年法律法规计划的决议》《关于信用组织坏账处理的决议》《关于批准越南-老挝关于修改边境线起点的划界协议补充协议的决议》《关于批准越南-老挝边界线和界碑议定书的决议》。

七月大事记

7月1日，摩尔多瓦共产党人党中央八届三中全会举行，大会主题探讨如何加强摩尔多瓦共产党人党与社会组织的合作和联系

7月4日，朝鲜试射洲际弹道火箭“火星-14”型，朝鲜最高领导人金正恩在现场指挥和观摩。

7月10日，南非共产党第一副总书记杰里米·克洛宁和第二副总书记索利·马帕拉在约翰内斯堡伯切伍德酒店一起出席促进南非政策会，政策会对南非总统祖马进行了批评。

7月7日，在中国人民抗日战争纪念馆举行了纪念全民族抗战爆发80周年仪式。

7月10日—15日，南非共产党在豪登省召开南非共产党十四大，大会选举产生2017—2020任期的中央委员会委员。

7月14日至17日，古巴共产党出席了在尼加拉瓜举行的拉美左翼及进步力量的盛会——第二十三届圣保罗论坛。

7月18日，越南-老挝建交55周年暨友好合作协议签订40周年纪念活动在河内隆重举行。

7月22日，斯里兰卡人民解放阵线在维哈马哈德维（Viharamahadevi）开展了旨在推翻现政府的抗议活动。

7月24日至26日，印度共产党（马克思主义）召开中央委员会全会，通过

了《政治发展报告》，分析了自身面临的国内外形势及采取的策略和措施。

7月26日至27日，中国共产党举办省部级主要领导干部“学习习近平总书记重要讲话精神，迎接党的十九大”专题研讨班，习近平总书记在开班仪式上发表了重要讲话。

八月大事记

8月1日，庆祝中国人民解放军建军90周年大会在北京人民大会堂隆重举行。中共中央总书记、国家主席、中央军委主席习近平在大会上发表重要讲话。

8月3日，越南共产党与老挝人民革命党理论研讨会第五次会议在富国岛举行。

8月9日，朝鲜人民军战略军司令官金络谦发表声明，朝鲜人民军战略军慎重地考虑同时发射4枚“火星-12”型中远程战略弹道火箭的关岛包围射击方案，以压制和牵制关岛主要军事基地，并向美国发出严正警告的信号。

8月11日，土耳其共产党和人民委员会发起请愿活动，反对正义与发展党的新课程计划。

8月13日，南非共产党在北开普敦举行了南非共96周年纪念大会。

8月26日，越南、日本两国共产党理论研讨会第七次会议在东京召开，越共中央政治局委员范明正出席会议。

8月31日，俄罗斯联邦共产党向社会发出题为“时代要求实行社会主义”的呼吁书，为即将于9月10日举行的地方选举造势。

九月大事记

9月3日，朝鲜劳动党中央委员会政治局常务委员会会议在平壤举行。朝鲜劳动党中央政治局常委金正恩、金永南、黄炳誓、朴奉珠、崔龙海等参加了会议。会议通过党中央政治局常务委员会决定“作为达成完善国家核力量终结阶段目标的一部分进行洲际弹道火箭可携带的氢弹试验”，金正恩签署进行氢弹试验的命令。

9月9日，朝鲜民主主义人民共和国建国69周年庆祝宴会在平壤玉流馆举行。朝鲜劳动党中央政治局常委、最高人民会议常任委员长金永南、朝鲜劳动党政治局常委、朝鲜国务委员会副委员长、内阁总理朴奉珠等党和国家、军队的负责人员、友党委员长、武力机关、内阁、劳动团体、省、中央机关人员以及功劳者参加了宴会。

9月10日，土耳其共产党在伊兹密尔、安卡拉和伊斯坦布尔召开会议，庆祝土耳其共产党成立97周年。

9月10日，俄罗斯联邦共产党参加16个联邦主体中14个的行政长官竞选，以及全部6个地区立法会的竞选，结果在地区行政长官选举中，俄共推举的候选人在11个地区的得票率第二，无人当选，在地区议会选举中，平均得票率

(12.62%) 位居第二，但从得票数与投入选举资金的比率来看，俄共取得了最佳的竞选成绩。

9 月 13 日，南非共产党豪登省委和南非工会大会就 2019 年大选的联合计划举行新闻发布会。

9 月 18 日，应阮富仲邀请，中共中央政治局常委、中央书记处书记刘云山对越南进行正式访问。

9 月 21 日，印度共产党（马克思主义）在比哈尔邦首府巴特纳组织发动了数千人参加的旨在抗议联邦中央政府和比哈尔邦政府各种反人民政策的大型示威游行活动。印共（马）总书记西塔拉姆·亚秋里在集会上发表了演讲。

9 月 21 日，俄罗斯共产党在圣彼得堡主办了科技实践大会，会议主题为《列宁与伟大的十月革命》。

9 月 25 日，第 13 届平壤秋季国际商品展在三大革命展览馆拉开帷幕。朝鲜内阁副总理李周午、对外经济相金英才、平壤市人民委员会副委员长金仁哲、经贸部门干部，来自世界多个国家和地区的代表团、驻朝外交使节出席了开幕式。

9 月 26 日，在俄国十月革命胜利 100 周年前夕，“十月革命与中国特色社会主义”理论研讨会在北京举行。中共中央政治局委员、中央书记处书记、中宣部部长刘奇葆出席并讲话。

9 月 27 日，南非共产党就参加南非工会大会举行罢工计划进行具体安排。

十月大事记

10 月 3 日，尼泊尔共产党（毛主义中心）、尼泊尔共产党（联合马列）和新力量党组建左翼联盟，参加即将举行的省议会和全国议会选举。

10 月 4 日，越共十二届六中全会召开。会议通过《关于继续革新和调整政治体系组织机构使之精干高效的若干问题的决议》《关于继续革新公立事业单位组织体系和管理、提高其活动质量和效果的决议《关于在新形势下加强保护、维护和提高人民健康水平工作的决议》《关于新形势下人口工作的决议》。会议补选潘庭镯、阮春胜担任第十二届中央书记处书记。经讨论和审议，越共中央委员会决定对阮春英进行纪律处分，撤销其岘港市市委书记、岘港市常务委员会委员、越共岘港市委员会委员（2015—2020 年任期）职务，同时免除其越共第十二届中央委员会委员的职务。

10 月 7 日，朝鲜劳动党第七届中央委员会第二次全体会议在首都平壤举行，补选朴光浩、朴泰成、太宗秀、安正秀、李容浩为党中央政治局委员，补选崔辉、朴太德、金与正、郑京泽为党中央政治局候补委员，选举朴光浩、朴泰成、太宗秀、朴太德、安正秀、崔辉为党中央委员会副委员长，补选崔龙海、李炳哲、郑京泽、张吉城为党中央军事委员会委员。

10 月 8 日，古巴在圣克拉拉市举行千人集会，纪念格瓦拉逝世 50 周年。

10 月 8 日，越南共产党代表团参加在印度举办的十月革命 100 周年纪念国际研讨会。

10月11日，南非共产党西开普敦省委举行俄国十月社会主义革命百年纪念活动。

10月14日至22日，美国共产党派代表团参加在俄罗斯索契举办的第十九届世界青年学生节。

10月18日至24日，中国共产党第十九次全国代表大会在北京召开。10月25日，十九届一中全会召开，选举习近平为中央委员会总书记。

10月21日，喀拉拉邦左翼民主阵线发动了反印度人民党的游行，揭露联邦中央政府的反人民政策以及印度人民党—国民志愿团相互勾结的做法，同时，宣传和推广喀拉拉邦左翼民主阵线政府的发展方案。

10月22日，日本共产党参加第48届众议院选举。

10月29日，俄罗斯联邦共产党组织纪念列宁共产主义青年团成立99周年。

10月29日，南非共产党在姆普兰加省举行2017—2018“红十月”运动大会。本次“红十月”运动大会运动的主题是：“停止基于性别的暴力——反对虐待妇女。”

10月30日，南非共产党在T.西思自由公园举行古巴前总书记菲德尔·卡斯特罗逝世一周年纪念会。

十一月大事记

11月1日，澳大利亚共产党开始庆祝伟大的十月社会主义革命100周年，庆祝活动持续了一整个月。

11月1日至7日，由俄共倡议和主办，以“纪念伟大的十月社会主义革命100周年”为主题的第十九届共产党工人党国际会议和国际左翼力量论坛及相关纪念活动先后在俄罗斯圣彼得堡和莫斯科举行。

11月7日，古巴政府在首都哈瓦那的卡尔·马克思剧院举行了高规格的纪念活动。

11月3日，白俄罗斯共产党在明斯克举办了纪念十月革命100周年纪念活动。

11月5日，越共中央委员会、国会、国家主席、政府、越南祖国阵线中央委员会和河内市委在河内举行俄罗斯十月革命100周年纪念典礼。越共中央总书记阮富仲、越共原中央总书记农德孟，国家主席陈大光、原国家主席张晋创，政府总理阮春福，国会主席阮氏金银、原国会主席阮生雄，河内市市委书记黄忠海，越南祖国阵线中央委员会主席陈清敏等出席。

11月7日，古巴共产党举行十月革命100周年的纪念活动，古巴共产党中央委员会第一书记、古巴国务委员会主席兼部长会议主席、古巴共产党中央政治局委员和革命武装力量总司令劳尔·卡斯特罗发表讲话。

11月7日，葡萄牙共产党在里斯本举行纪念十月革命100周年集会，葡共总书记热罗尼姆·德索萨在里斯本发表“我们深信，社会主义和共产主义是人类的未来，我们追求我们的斗争”的讲话。

11月7日，摩尔多瓦共产党人党隆重举行纪念十月革命100周年活动。这一天，在基希纳乌列宁纪念碑前举行了盛大的集会活动，摩共中央委员会成员、摩共党的积极分子、国家议会代表、摩共的同情者参加了这次活动。

11月8日，2017 APEC工商领导人峰会在越南岘港举行。会议围绕区域经济一体化、包容性增长、互联互通、互联网数字经济、可持续发展等议题展开讨论。

11月11日，亚太经合组织第二十五次领导人非正式会议在岘港举行。澳大利亚总理马尔科姆、文莱国王哈吉、加拿大总理贾斯廷、智利总统米歇尔·巴切莱特·赫里亚、中共中央总书记、国家主席习近平、中国香港特首林郑月娥、印尼总统佐科、日本首相安倍晋三、韩国总统文在寅、马来西亚总理纳吉布、墨西哥总统培尼亚、新西兰总理杰辛达、巴布亚新几内亚总理彼得·奥尼尔、秘鲁总统佩德罗、菲律宾总统杜特尔特、俄罗斯总统普京、新加坡总理李显龙、泰国总理巴育、美国总统特朗普出席了会议。会议通过《岘港宣言》。

11月11日至12日，美国共产党在芝加哥召开党建工作会议。

11月14日，摩尔多瓦共产党人党中央委员会政治局会议召开例行会议。大会讨论下列问题：①鲍德尼克市、基希纳乌市、恰德伦卡市摩共基层党的纪律检查委员会活动协调工作；②执行摩共八大决议的情况，关于举办十月社会主义革命100周年的情况；③奥赫伊和特伦尼斯地区委员会总结和选举大会的具体情况；④签署《共产党人报》2018年的协议；⑤奥克妮萨摩共纪律检查委员会的申请；⑥听取摩共代表参加俄共中央举办的十月革命100周年学术会议的情况汇报。

11月17日至19日，巴西共产党（PCdoB）第十四次代表大会在巴西首都巴西利亚举行。

11月25日，古巴举行了纪念菲德尔·卡斯特罗逝世一周年活动。

11月25日，越南十四届国会第四次会议闭幕。会议审议通过6项法律草案：《公债管理法》《水产法》《林业法》《规划法》《越南驻外代表机构法（修订）》《信用组织法（修订）》。通过《2018年经济社会发展规划》《2018年国家财政预算决议》《2018年中央财政预算分配决议》《关于调整实施国会关于革新高中教育教科书和课程决议的决议》《关于2017—2020阶段东部北南高速路若干路段建设项目投资主张的决议》《关于继续改革国家行政机构组织使之精干高效的决议》《关于龙城国际机场征地赔偿补贴拆迁项目可行性研究报告的决议》。

11月26日，印度共产党（马克思主义）积极分子在西孟加拉邦杜加普尔组织了一个大型集会，要求立即恢复杜加普尔一些地方的供水供电（早些时候因为杜加普尔拦河坝一扇门出现故障而导致停水停电）。为了阻止本次集会，草根国大党的暴徒袭击了印共（马）的同志，有数名同志受伤。

11月28日，南非共产党举行津巴布韦研讨会，讨论津巴布韦的政治和经济形势。

11月28日，南非共产党发布了关于可能减少供应水的声明。

11月29日，朝鲜成功试射“火星-15”型洲际弹道火箭，朝鲜劳动党委员长、朝鲜国务委员会委员长、朝鲜人民军最高司令官金正恩亲自在指导。洲际弹道火箭上升至最高顶点高度4475公里，用53分钟时间飞行950公里距离，准确地落在朝鲜东海公海上的预定目标水域。金正恩强调，今天是实现了完成国家核力量的历史大业、火箭强国伟业的意义深远的日子。

11月29日，摩尔多瓦共产党人党总书记沃罗宁与摩共市、区级第一书记举行会谈。主要讨论基层党组织的总结和选举会议的开展情况。这次会议还公布支持《祝胜利的老兵新年快乐》的国际活动。这次会议还讨论了与摩尔多瓦妇女组织及摩尔多瓦共青团组织的合作。

11月30日至12月3日，中共中央对外联络部在北京主办中国共产党与世界政党高层对话会。本次高层对话围绕“构建人类命运共同体、共同建设美好世界：政党的责任”这一主题，就“习近平新时代中国特色社会主义思想”“新时代中国：新发展、新理念”“创新世界、中国贡献”“加强政党建设：政党的挑战和未来”“建设美好国家：政党的实践和经验”“共建‘一带一路’：政党的参与和贡献”“引领构建人类命运共同体：政党的角色和责任”等议题进行了广泛深入的对话交流，共同探讨人类社会未来发展方向和现实问题的应对之道，推动构建人类命运共同体，携手建设美好世界。世界上120多个国家近300个政党和政治组织的领导人共600多名中外代表参加了此次会议。

十二月大事记

12月1日至3日，澳大利亚共产党在悉尼召开第十三次全国代表大会。

12月1日至3日，葡萄牙共产党在马德里召开第二十次代表大会（第二阶段会议），会议重提列宁主义和民主集中制原则。

12月8日，十四届国会常委会召开非常会议，决定免去丁罗升国会代表的权限和职务；越共中央政治局决定停止丁罗升参加党的组织生活；越南公安部调查警察机关办对丁罗升发出起诉书和拘留令，立案调查。

12月9日，葡萄牙共产党在波尔图市纪念十月革命100周年。

12月12日，南非共产党摩西马布海达委员会在夸祖鲁-纳塔尔省糖雷旭鲁体育场组织2017—2018“红十月”运动主要集会。

12月12至13日，朝鲜第8次军需工业大会在平壤举行。金正恩在大会上庄严宣布，靠自己的力量和技术开发原子弹、氢弹和“火星-15”型洲际弹道火箭等新的战略武器系统，成就完善国家核力量的大业，是党和人民付出昂贵的代价，通过殊死的斗争争取的伟大历史性胜利。

12月17日，斯里兰卡人民解放阵线召开由所有候选人参加的全国选举动员大会，为地方议会选举积极开展宣传动员活动。

在 2017 年 12 月结束的尼泊尔大选中，尼共（联合马列）和尼共（毛主义中心）组成的左翼联盟（新力量党在大选前退出了左翼联盟）共获得总议席的 63.27%，取得压倒性胜利。

12 月 17 日，朝鲜领导人金正日逝世 6 周年之际，朝鲜中央政治局常委、最高人民会议常任委员会委员长金永南、中央政治局常委、国务委员会副委员长、内阁总理朴奉珠等国家和军队、各省、中央一级机关干部，前往锦绣山太阳宫，向金正日表示崇高的敬意。

12 月 19 日，应阮富仲和陈大光的邀请，老挝人民革命党中央委员会总书记、国家主席本扬对越南进行正式访问。

12 月 21 日至 23 日，朝鲜劳动党第 5 次支部委员长大会在平壤举行。朝鲜劳动党委员长金正恩致开幕词。朝鲜劳动党中央政治局常委、党中央副委员长崔龙海做报告。

12 月 23 日，俄罗斯联邦共产党在莫斯科召开第十七次全国代表大会第二阶段会议，推举俄罗斯“列宁国营农场”董事长帕维尔·格鲁季宁代表俄共参加拟于 2018 年 3 月 18 日举行的俄罗斯总统选举。